Du Contrat Social

PAR J. J. ROUSSEAU

民約論

早期译本合编与资料汇辑

邬国义　编校

图书在版编目(CIP)数据

《民约论》早期译本合编与资料汇辑／邬国义编校
. —上海：上海古籍出版社，2021.12
ISBN 978－7－5732－0145－4

Ⅰ.①民…　Ⅱ.①邬…　Ⅲ.①政治哲学－法国－近代
Ⅳ.①D095.654.1②B565.26

中国版本图书馆 CIP 数据核字(2021)第 243626 号

《民约论》早期译本合编与资料汇辑

邬国义　编校

上海古籍出版社出版发行

(上海市闵行区号景路 159 弄 1－5 号 A 座 5F　邮政编码 201101)

(1) 网址：www.guji.com.cn

(2) E-mail：guji1@guji.com.cn

(3) 易文网网址：www.ewen.co

常熟市人民印刷有限公司印刷

开本 710×1000　1/16　印张 48　插页 8　字数 762,000
2021 年 12 月第 1 版　2021 年 12 月第 1 次印刷
ISBN 978－7－5732－0145－4

K · 3086　定价：228.00 元

如有质量问题,请与承印公司联系

大儒革命家卢骚像

（1901 年出洋学生编辑所译《革命前法朗西二世纪事》）

政治学大家法儒卢梭

（《新民丛报》1902 年第 5 号）

世界第一民权主义大家卢梭

（《民报》1905 年第 1 号）

卢骚像

（1907 年世界社《近世界六十名人》）

卢骚铜像（在瑞西）

（《大中华》1916 年第 2 卷）

1898 年上海大同译书局石印本封面

上海大同译书局本版权页

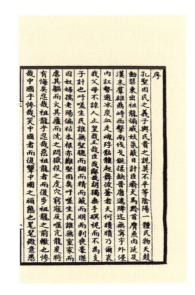

上海大同译书局本序

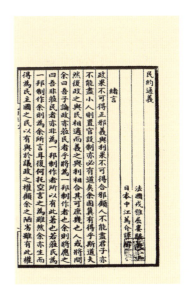

上海大同译书局本正文首页

译者中江兆民像

1882 年日本东京佛学塾本版权页

中江兆民《民约译解叙》

东京佛学塾本正文首页

上海图书馆藏铅印本封面

上海图书馆藏本序

上海图书馆藏本正文首页

《译书汇编》1900 年第 1 期封面

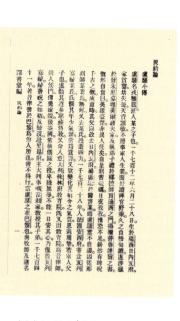

译书汇编本《卢骚小传》

译者杨廷栋像

1902 年上海文明书局本封面

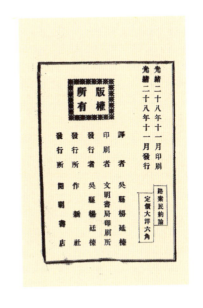

上海文明书局本版权页

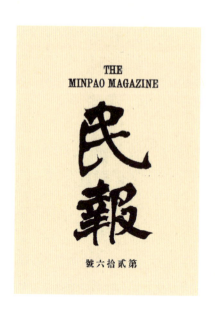

《民报》1910 年第 26 号封面

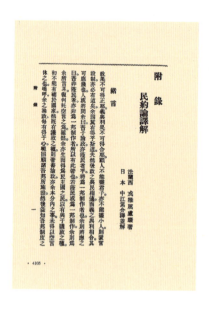

《民约论译解》民报本正文首页

<table>
<tr><td>

法國盧梭先生原著

日本中江篤介先生漢譯

共和原理民約論

東京民國社發行

</td><td>

民國三年七月五日印刷·

民國三年七月十日發行

原著者 法國盧梭

漢譯者 日本中江篤介

發行者 民國社
東京市芝區兩佐久間町一丁目三番地

印刷所 三秀舍
東京市神田區美土代町二丁目一番地

民約論奧附

定價大洋角五分

</td></tr>
</table>

1914 年东京国民社本封面　　　　　　　　　东京国民社本版权页

田桐《重刊中江先生汉译民约论叙》　　　　　玄玄子（田桐）题词

1914年上海泰东书局本封面

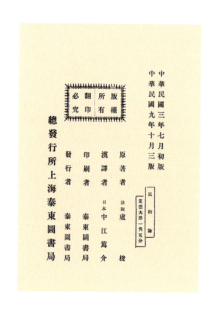

上海泰东书局本版权页

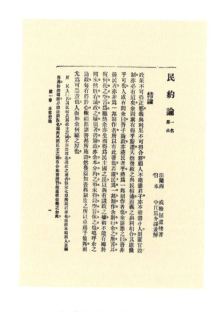

上海泰东书局本正文首页

1918 年上海中华书局本封面

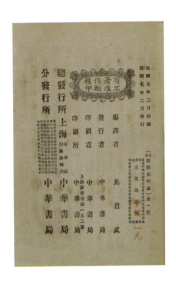

上海中华书局本版权页

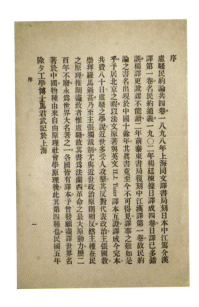

马君武《足本卢骚民约论序》

译者马君武像

1903 年上海国学社《中江笃介传》封面

《中江笃介传》版权页

《中江笃介传》正文首页

前　言

卢梭(Jean Jacque Rousseau)是 18 世纪法国杰出的启蒙思想家,亦是近代民主主义理论的奠基者。他的《民约论》(Du Contrat Social,今通译《社会契约论》),被公认为树立西方近代民主政治的经典之作,对欧美乃至中国近代民主思潮的发生、驱动,具有极为重大且持久弥深的影响。如所周知,在清末民初,有两部译作即严译《天演论》与卢梭《民约论》是最为引人注目的,它们与近代中国均有着极为密切的关联。从某种意涵上说,其在知识理论之旅中,所奠下的进化观以及蕴藏的民主、共和、革命的话语理念,在此后并构成了近代中国行进的主旋律。

据现有的资料,中文文献中最早提及卢梭的名字的,是 1878 年时任驻英公使郭嵩焘的《伦敦与巴黎日记》,他第一次提到了"乐苏"(卢梭)的名字,称法国百年前有名"华尔得尔"(即伏尔泰)者,"同时有乐苏者,持论亦同"。[1] 同年日本高桥二郎以汉文译述改编的《法兰西志》,和 1879 年冈本监辅编纂的《万国史记》,都说到"罗苏著书",当时四方争传,"时有孟的士鸠、屋尔体、卢骚诸大儒,各著书排击政法……欲以抑君威,伸民权"。[2] 此后王韬辑撰的《重订法国志略》,便曾采录了《法兰西志》上的文字与内容。1880 年代至 1990 年代初,美国传教士谢卫楼(Davelle Z. Sheffield)所著的《万国通鉴》,李提摩太(Timothy Richard)译、蔡尔康述的《泰西新史揽要》,也相继介绍了伏尔泰、卢梭等人的学说及其影响。不过,虽说在这一时期,卢梭的名字及其学说已零星地被介绍进中国,个别的人物,如任职于驻日公使馆的黄遵宪,在 1879、1880 年间已读到过卢梭的著作,然而,在1898 年戊戌变法之前,当时国人对于卢梭及其《民约论》所知甚为有限,尚

---

〔1〕 郭嵩焘:《郭嵩焘日记》第 3 卷,湖南人民出版社 1982 年版,第 495 页。

〔2〕 (法)犹里著,(日)高桥二郎译述:《法兰西志》卷五,明治十一年(1878)版,第 17 页。(日)冈本监辅编纂:《万国史记》卷一〇,明治十一年(1879)版,第 18 页。

1

处于认识懵懂的状态。

有关清末民初以来卢梭《民约论》在中国的传入及其影响,海内外学界已有过不少的研究。20 世纪八十年代初,日本学者岛田虔次在上海图书馆发现了《民约通义》,证实卢梭的《民约论》最初是通过中江笃介(即中江兆民)《民约译解》汉译本而传入中国的,引起了中外学界的广泛注意。如狭间直树所说:"这一版本的存在首先是由岛田虔次氏发现的,推定发行年代为 1898 年。"〔1〕之后狭间直树又著文论述了 1914 年田桐等在日本东京民国社重刊的《共和原理民约论》,及同年上海泰东书局重新复刻中江汉译的《民约论》等。中江兆民在日本有"东方卢梭"之称,在中国近代出现了诸多卢梭《民约论》的中译本,而其中竟有五六种都是中江《民约译解》的翻刻本,可见其对中国社会的影响之深。

数年前,笔者发现了上海大同译书局 1898 年出版的《民约通义》的最初版本。此书今藏苏州大学图书馆,封面题"民约通义",内封版权页有"上海大同译书局石印"字样,正文首页署名为"法国戒雅屈娄骚著,日本中江笃介译解"。这一新发现的初刊本,提供了与中江《民约译解》相对照的原始文本,有利于我们研究其与中江《民约译解》所作的修改与文本的异同,从而更好地把握其传入中国的初始状况。它不仅可以纠正以往研究中的一些错误认识,并有利于澄清《民约通义》早期版本著录的混淆及其相互间的关系问题。通过几种文本的比较分析,可以厘清大同译书局本、上图本两者之间的相互关系,证明上图本《民约通义》只是大同译书局本的翻印本,比较清晰地知道大同译书局本和上图本的两次修改的具体情况。有关其详,可参看本书后附录的拙作《〈民约通义〉:上海大同译书局初刊本的新发现及其意义》。

大同译书局本《民约通义》的新发现,更为重要的是揭示了康梁维新派与卢梭《民约论》之间的关联。之前有一种观点认为,在戊戌变法时期,康有为、梁启超均未提到或引用过《民约通义》,因此,这一时期康梁维新派的"民权说"与卢梭的《民约论》似乎并没有多少联系,只是在戊戌政变后,他们流亡日本,在 1901、1902 年间,梁启超才接触、宣传卢梭及其《民约论》学说。然而,《民约通义》1898 年由大同译书局刊印出版,这一事实本身便证

---

〔1〕 (日)狭间直树著,管宁译:《卢梭〈民约论〉与中国》,中国社会科学院近代史研究所编:《"近代中国与世界"国际学术讨论会论文集》,第 581 页。

明了其与康梁维新派的密切关系。它使当时的中国人包括康梁维新派在内的士人第一次接触到了《民约论》,由此开创了卢梭《民约论》在近代中国早期传播的先河,激起了先进的中国人对西方社会契约观念的向往和追求,这无疑是中国近代思想史上的一件大事。

上述新发现的上海大同译书局《民约通义》,在版本上已十分稀见难得,因其资料弥足珍贵,故此次整理,即以此1898年初刊本为底本,参校他本,加以校点董理。同时,搜罗了包括1882年日本东京佛学塾出版的中江兆民汉译本《民约译解》,上图藏本《民约通义》,以及之后1910年《民报》刊《民约论译解》,1914年东京国民社《共和原理民约论》,和同年上海泰东书局版《民约论》。如此,前后相续,就成为一个相当完整的系列。其中除《民报》刊本较为常见外,东京国民社的《共和原理民约论》,原系在日本东京大学经济学部发现的孤本,经查国内也有少量的存在,如南京图书馆便藏有此本,也是颇为值得珍视的版本。需说明的是,为便于研究对照,现将中汇汉译本《民约译解》放置于上海大同译书局《民约通义》之后。又因上图藏本《民约通义》与之关系密切,亦并附于其后。

早期译作中与日本渠道相关的另一种重要译本,是留日学生杨廷栋据日译本转译的《民约论》。它最初连载于1900—1901年底《译书汇编》第1、2、4、9期上,但仅为前半部分。此后又译出全文,改名为《路索民约论》,1902年由上海文明书局出版。该译作第一次完整表述了卢梭《社会契约论》四卷的主要内容,然两者前后译文有所不同,不仅原译名"卢骚"改作"路索",书中有些重要概念也作了更改,如将原文第二章标题"社会之原起"改为"家族",原译文"社会"则多改作"群","家族社会"亦改为"家族之群"或"家族之制"。故在整理中,依然保留了在《译书汇编》上连载部分的内容,以反映其译作前后不同的变化。

之后,1913年《大同周报》曾刊登兰士译《卢梭民约论》,然仅登载《译序》和目次,后未见刊完。1918年,上海中华书局出版了马君武译《足本卢骚民约论》。作为第一部根据法语原著完整翻译的《民约论》,它以法文与英文H.J.Tozer译本互证,是第一次直接从西文翻译的《民约论》全文本。此书以后曾多次再版,对卢梭思想在近代中国的传播起过相当大的作用,是影响颇大的一个重要文本。将上述译本收集汇聚在一起,可以说包括了在1919年"五四"运动之前所有《民约论》的译本。这对于研究清末民初以来卢梭《民约论》的传播,无疑提供了最基本的资料。通过比照分析以上多种译本与原著之间的差别,其译作或多或少适应性的修改,我们可以进一步探寻当时思想界对卢梭学说的解读、传播、接受、影响及其在中国近现代史上的意义。

需要指出的是,此后在民国期间还有两种《民约论》的译作,即 1935 年商务印书馆出版的徐百齐、丘瑾璋译述的《社约论》,1944 年重庆作家书屋出版的卫惠林翻译的《民约论》。此两种译本因时间较晚,也较为易得,故不再收入。至于新中国成立以后,最习见而通行的本子则是 1958 年法律出版社出版的何兆武译本《民约论》,1963 年由商务印书馆重版,更名为《社会契约论》,已为大家所熟知,就不必赘述了。

本书第二部分为卢梭传纪学说资料汇辑,主要从各种不同的论著、报纸、期刊、文集、日记、奏稿、科考案卷等中,搜集辑录了自 1878 年郭嵩焘在日记中最早提到"乐苏"其人,至 20 世纪初期梁启超和革命派等的相关宣传,到 1920 年代初中国对卢梭及《民约论》的绍介、宣传、接受、流播等相关资料。内容包括早期撰译介绍的卢梭传记资料,和绍介、评论卢梭其人其书,探讨其思想学说的时评、论文之类。其中既有当时读书人日记中有关阅读卢梭论著的记载,也包括一些书院、学堂及科举考试中涉及卢梭的试题及考生答卷等,以及一些诗文、小说、戏曲中反映的相关内容,乃至官府或教育大臣讥嘲、抨击卢梭学说等反面的言论,以较丰富、立体地展现当时社会各阶层对其不同的态度与反应,更全面地反映它在当时社会各领域、各层面的接受和传播状况。

在资料收集上,原则上详于早期文献的搜罗,稍晚的则辑取其有代表性的言论,大体上按时间先后加以编排,以反映其传播的历史进程和后续影响。其中有些已属珍稀资料,如《广益丛报》1903 年第 4 号刊登的安寿生《读〈万法精理〉〈民约论〉书后》,虽说仅为短短的半篇,但却是迄今未曾有人引用过的早期文献。诸如此类,不烦一一列举。

在此次整理中,按现在通行的出版要求作了分段、标点。对原文中的一些错字、衍字和倒误作了校改,并参考相关的日文原著作了校订,或据文意加以改正。如中江兆民《民约译解》汉译本出版时,后面附有勘误表,便据之首先作了改正。凡校改之处,误字加( )号标识,将改正之字置于其后,并以〔 〕标示。至于有些明显的错漏衍脱,则径为改正,此下不出校注。

书后还包括以下两个附录:(1)《民约论》著录及广告,包括以往书目文献、日记中的记载,以及至 1940 年代末报刊上刊登的有关《民约论》的出版广告等,以更好地反映其在中国近代知识界,乃至一般民众间的流播状况。还收录了日本幸德传次郎(即幸德秋水)著、黄以任译的《中江笃介传》。这是关于最早的汉译本《民约译解》作者中江兆民的传纪,1903 年上海明权社出版发行,现已是稀缺的版本,故一并收入。(2) 拙作长文《〈民约通义〉:上海大同译书局初刊本的新发现及其意义》。文中论述了上海大同译书局初刊本的发现,及其与早期几种译本的相互关系和几次修改的情况,有助于读者厘清版本源流,认知其价值与意义。

　　虽说资料的汇辑整理,并非学术论著可比,在现有的学术考评体系中也不受待见,在某种意义上,可以说是“为他人作嫁衣裳”的工作。不过就我本人而言,倒十分乐意做这样一项工作,且甘之如饴。因为我始终认为,文献资料整理是一项基础性的工作,尤其是突破性的新资料的发现,更会给人以意外之喜,深化并推进学术的创新与发展。希望此书的整理出版,能为卢梭《民约论》的研究起到一点推波助澜的作用。最后,在收集资料过程中,得到上海图书馆、南京图书馆、苏州大学图书馆、华东师范大学图书馆给予的资料便利与热忱服务,在此谨表诚挚的感谢。

邬国义

2020 年夏于华东师范大学

目　　录

《民约论》早期译本

民约通义　　　　　　　　　　法国　戎雅屈娄骚著
　　　　　　　　　　　　　　　　日本　中江笃介译解
　　　　　　　　　　　　　　　上海大同译书局 1898 年版

民约译解　　　　　　　　　法朗西　戎雅屈娄骚著
　　　　　　　　　　　　　　　日本　中江笃介译并解
　　　　　　　　　　　　东京佛学塾出版局 1882 年 10 月版

民约通义

法国　卢骚著

上海图书馆藏翻印本

民约论

法国　卢骚著

《译书汇编》1900 年第 1、2、4、9 期

路索民约论　　　　　　　　　　　　　　　法国 路索著

　　　　　　　　　　　　　　　　　　　　吴县 杨廷栋译

　　　　　　　　　　　　　　　上海文明书局 1902 年 12 月版

民约论译解

法兰西　戎雅屈卢骚著

日本　中江笃介译并解

《民报》1910 年第 26 号

卢梭民约论

卢梭著

兰士译

《大同周报》1913 年第 1、2 期

共和原理民约论

法兰西　戎雅屈卢梭著

日本　中江笃介译并解

后学　田桐校字

东京民国社 1914 年 7 月版

民约论

法兰西　戎雅屈卢梭著

日本　中江笃介译并解

上海泰东图书局 1914 年 7 月版

足本卢骚民约论

马君武译

上海中华书局 1918 年 2 月版

卢梭传记学说资料

《民约论》早期译本

民约通义

法国　戎雅屈娄骚著

日本　中江笃介译解

上海大同译书局 1898 年版

序

孔圣因民之义，子舆民贵之说，莫不平等阴阳，一体民物。天鼓动，彗东出，祖龙煽威，妖氛蔽日，计臣瘉犬马，黔首膺鱼肉。延及汉末，群雄鼎峙，西击南伐，戈鋋揉缺。晋唐递降，迄无宁宇，外侵内讧，势逾冰炭，血走魂殍，骷髅起舞。彼苍者天，何瞆瞆乃尔。哀我父母，不谅人止，皇哉王哉，臣哉邻哉。胡独垂手瞑视，而不为支子计也。吁嗟生民，谁无圣聪，而锢而精，而蔽而明，而剥丧豪杰，囚奴妇孺，老阳偏枯，本根亦难坚固矣。吁嗟生民，谁无室家，而虐其躯，而火其庐，而沉之闷狱，投之虎穴，穷寇反噬，亢龙爰将有悔矣。忍哉祖龙乎，忍哉恶祖龙者而复步祖龙之前辙也。惨哉中国乎，惨哉笑中国者而复颦中国之顽态也。罜罜微意，愚者昧之，而智者明之。智者明之，又不得不沉详而咏叹之，如娄骚《民约》一书是已。余读其书，想见其为人。月凉风萧，犹低徊展卷而不能已。余岂敢(忘)〔妄〕[1]崇詒论，以失吾忠厚之人心哉。余亦岂忍靦然阿世，以悖吾孔圣因民之微意哉！戊戌春东莞咽血咙嘲子志。

〔1〕 妄，据文意改。

民约通义目录

绪　言

法国　戎雅屈娄骚著
日本　中江笃介译解

　　政果不可得正邪？义与利果不可得合邪？顾人不能尽君子，亦不能尽小人，则置官设制，亦必有道矣。余固冀有得乎斯道，夫然后政之与民相适，而义之与利相合，其可庶几也。人或将问余曰：吾子论政，亦莅民者乎，将为一邦制作者也？余则将应之曰：吾非莅民者，亦非为一邦制作者，所以有此著也。若莅民为一邦制作，余则为余所言耳，复何托空言之为？虽然，余亦生而得为民主国之民，以有与于议政之权。顾余之陋劣，虽有此权，初不能有补于国家。然既有议政之权，则著书论政，亦余本分内之事，未得以空言斥之也。呜呼，余之论政，每有得于心，辄顾照诸吾邦所施设，然后益知吾邦制度之所以卓越乎他邦，而尤为可崇重也。如余者，何享福之厚也。

　　民主国者，谓民相共为政主国，不别置尊也。议政之权者，即第七章所谓君权也。娄骚本瑞西人，其称吾邦，即斥〔1〕瑞西，非斥法朗西也。瑞西夙循民主之制，有合此书所旨，故娄骚崇奖之如此。

---

〔1〕　斥，即指，下同。

第一章　本卷旨趣

　　昔在人之初生也，皆趣舍由己，不仰人处分，是之谓自由之权。今也天下尽不免徽纆之困，王公大人之属，自托人上，详而察之，其蒙羁束，或有甚庸人者。顾自由权，天之所以与我俾得自立也。而今如是，此其故何也？吾不得而知之也。但于弃其自由权之道，自有得正与否焉，此余之所欲论之也。

　　是段一篇之大纲领，盖以为上古之时，邦国未建，制度未设，人人肆意为生，无受人约束，自由权尤盛之候也。及邦国既建，制度既设，尊卑有常，贫富有别，不复如上古人之肆意为生。即帝王之贵，虽威福自由，往往乎外为强臣之所胁，内为媒嬖之所制，动不如意，比庸人居家颇自恣，或有劣焉，亦非能有自由权也。夫所谓自由权者，天之所与人令得肆意为生也，则宜贵重顾惜，罔之或失也。而今尽天下之人，皆丧失之矣。此天下之一大变事也。所以致此变者，当有所从来，而吾未之能知也。盖作者于其题号《不平等论》书中，论此变之所从来极详。兹言不知者，是书之旨趣，不在于此故也。虽然，自由权亦有二焉。上古之人，肆意为生，绝无被检束，纯乎天者也。故谓之天命之自由，本章所云即是也。民相共约，建邦国，设法度，兴自治之制，斯以得各遂其生、长其利，杂乎人者也。故谓之人义之自由，第六章以下所云即是也。天命之自由，本无限极，而其弊也，不免交侵互夺之患，于是咸自弃其天命之自由，相约建邦国，作制度以自治，而人义之自由生焉。如此者，所谓弃自由权之正道也，无他，弃其一而取其二，究竟无有所丧。若不然，豪猾之徒，见我之相争不已，不能自怀其生，因逞其诈力，胁制于我，而我从奉之君之，就听命焉。如此者，非所谓弃自由权之正道也，无他，天命之自由与人义之自由，并失之也。论究此二者之得失，正本卷之旨趣也。

　　人或曰，人之所以致失自由权者，有强勇力者制之也，此邦国之本也。吁，曷其然？夫民为强者之所制，不得已而从之，固无不可。一旦自振拔，蹶起破其衡轭，则孰得而御之。何者？彼其初所赖以夺我之自由权者，独有威强而已。故我今亦赖我之威强以复之,彼复有何辞于我? 若此则是邦国者,天下党聚之最杌陧不安者也。曷其然? 夫邦国者,凡党聚之类之所取法焉,宜别有所本也,不宜如此之不安也。然则邦国者,果何所本也? 曰此非本于天理之自然,而本于民之相共为约也。民之相共为约者如之何? 曰姑舍此,余请先明邦国所以非本于天理之故焉。

是段一篇驳论之纲领。自下第二章至第五章,总是论邦国所以非本于天理之故,且反覆究诘,著以威强为邦国之本之非,然后自第六章方入民约之本论,词义极明瞭,故不下解,下效此。

第二章　家　　族

人之相聚为党,其类亦蕃矣。其最首起且出于自然者,莫逾于家族焉。然子之仰食于父,独在婴孩不能自存之候而已。及其年长,三明以镶之,百艺以磨之,则膂力之余,还当自养矣。于是为父者,不必婴视其子,为子者亦不容待食于父,而各得以自守,此自然之理也。世之为父子者,子既长,犹与父居,每事必咨禀而后行,子固欲其如是也,非由不得已也。由是言之,家族亦因约而立者矣。且夫父子之所以各自守而不容偏爱者,天命乃使尔也。盖自主之权,天之所以与人也,故为人之道,莫重于自图其生,而其当务之急,在乎为己,不在乎为人。是以人苟成长更事,凡可以便身者,皆自择而自取之,所谓自主权也。既自主矣,虽父子之亲,亦不能自恃也。

世之欲人主专断为政者,动引家族为说,曰有家而后有国,君犹父也,民犹子也。君之与民,本各有自主之权,无有优劣。独名之所系,则君莅乎上,民奉乎下,而邦国斯立矣。此言殊似近理,独奈父之于子,爱念罔极,其抚摩顾复,出乎至情,益故可得也。至于君则不然,倘非有爱民之心,而独据尊莅下,特欲作威福而已,岂能有益于民哉?

荷兰亘鲁士著书论政,以为立政非为图民利,援希腊、罗马蓄奴隶为征。夫希、罗之有奴隶,古昔之恶制,非不易之理也。亘鲁士之立言,每因事实以为道理,可谓助桀为虐者矣。

事实之与道理,不得相混。盖事实者,所有之事也;道理者,所当有之事也。故若由事实而言之,为民父母而肆威虐者有,为国宰相而恣贪冒者有,为父而不慈者,为子而不孝者,行诈者,为盗者,天下何不有?若见其如此,曰是道理也,则可乎?今亘鲁士主张专断之制,引往古恶制为征,此因实事为道理者也,非助桀为虐乎?

大块上生民,其丽不亿,而阅古帝王,眇乎不上数十百。生民果为属于帝王耶,将帝王属于生民也?通览亘鲁士之书,察其旨,盖以生民属帝王者矣。其后英吉利遏必亦有此说,蹈袭亘鲁士意耳。假如此,则民庶犹群畜也,帝王犹牧人也,牧人之豢养群畜,直为击椎充食耳,爰云乎哉?

　　罗马帝加里互刺,以为牧人之与群畜,尊卑悬绝,人主与民,亦犹此也。乃曰人主,神也,民庶,禽兽也,以神莅禽兽,何为不可?此言比伦传之。

　　罗马帝之言,与遏必、亘鲁士同旨。盖希腊阿李士德,先三人者有言,曰人固不相等,或为人上,或为奴隶,皆天之所命。吁,此不辨本末之论也。夫生长奴隶之家者,必有奴隶之情,无怪也。彼自少时,常在困辱之地,气习一成,至无复自加奋励,若希腊由李士之僚友然。史传由李士之僚甲乙等数人,沉缅好色,积成昏愚,而意气扬扬,犹甚自得。故世之有奴隶者,威虐造之于初,昏惰保之于后,乌有所谓命乎,天为奴隶者哉?

　　阿李士德以为有生而人上者,有生而奴隶者,尊卑盖命于天,此谬见也。世之有奴隶者,由强暴弱、黠欺愚而然。而一为奴隶,志气萎苶,无能复奋发,图脱于阮。况为之子孙者,习屈辱之久,反至自以为乐,若由李士之僚友亦是已。然则强者驱人为奴隶,是本也,奴隶人自安屈辱,是末也。今阿李士德见奴隶人自安屈辱,以为命于天,此不辨本末也。

　　由此观之,人主之虐民,民之屈人主,为胥失于道也明矣。独亚当、诺暗,是二帝者,余殊不愿讥议。亚当开辟始祖,诺暗遭洪水之祸,生类荡尽,而诺暗独得免难。其三子分处亚细亚、阿非利加、欧罗巴,实为黄、黑、晢三族类之祖。据希腊史,撒邾娄之三子分居三区,为后世人类始祖,此必同事异传也。夫是数帝者,为人类之始祖,则虽余之微贱,若据谱牒按检,或为其宗裔,未可知。果然,宇内正统之君,非别人,即余也。余安敢轻议之,不值一笑耳。且也亚当之为君,即鲁蟠孙之在岛也。野史载鲁蟠孙遇飓,漂至孤岛,上岸四望,阒寂无一人。亚当岳降之初,无与此异,则逆谋祸乱,并非所虞,晏然以得守其位。如此者,初不容拟议也。

　　主人之虐奴非也,则人主之虐民亦非也。世或有据家世为说者,曰今之帝王,皆缵先世基绪,非也。若以家世,则天下人类,孰不自父天母地而生者?虽乃余之微贱,亦为天帝遗裔,则与世帝王奚别?世人又以宗支为轩轾,尤非也。上古悠邈,谱牒之作,特载籍以后之事尔。则如余者,亦未必非天帝宗家之裔也。且开辟之始,而罡罡,而旴旴,天下无所谓民者,故不依约立政,初无虞于祸乱。今之帝王,未得一例视也。都用谐(谑)〔谑〕〔1〕论驳,潜心玩味,然后作者旨得矣。

---

〔1〕 谑,据文意改。

第三章　强　者　之　权

虽天下之至强者,不变其力为权,不可以永使其众。虽天下之至弱者,不变其屈为义,不可以久事其上。我唯强,故能服人。一旦人亦成强,则必将抗我者也。虽然,所谓变力为权,变屈为义,吾见其不易为也。凡强云者,非谓气形之力乎?权者,非谓理义之效乎?吾未知何由能变力为权也。凡屈云者,非谓志之困乎?义者,非谓事之宜乎?吾未知何由能变屈为义也。且凡屈乎人者,皆出不得已也,非择而取之也。苟非择而取之,是亦自全之一计云尔,何义之有?是故强者之权,人之所疾莫甚焉。然而吾观世之为君臣,莫不据此权建基者,何也?

今假为有所谓强者之权乎,吾必见义理之纷纭颠倒,无所底止也。夫以力为权者,初无所谓义矣。苟无所谓义,何理之生?夫我有力而能制人,一旦又有人力胜我,我亦为其所制。若是转辗不已,祸乱相继于无穷。夫藉力制人,而为合于义,则藉力抗人,亦为合于义矣。力之所在,即权之所在也,则天下之人,将唯力是求。吁嗟,赖乎力仅存者,岂得谓之权哉?且凡力不赡而屈,出不得已也,非由义而断也。既不由义而断矣,酖毒扼昧,何施不可?是知强者之权,威力耳,非权也,权之名耳,无其实也。

僧侣辈动辄云,见强者从之。顾是言也,非谓力屈而后从邪?果然,其意固无不可。但力屈而后从者,出不得已也,则虽微是言,人亦将从之矣。又云,凡力之类,皆天之所与也,因欲人之无抗之,何其谬也。苟言天焉,疾疫之流行亦天也,若见得疾呼医,曰是逆天也,可乎?行路遇贼,力不能与为敌,不得已释盘缠授之,固无不可。若虽足与为敌,而徒见贼携铳,曰是力之类也,辄亦释盘缠授之,则人谁不笑我者?

僧门徒侣,往往诬天为说,乃云若为强者所加,当即听从,勿得相抗。顾疾疫之为虐,亦天也,然呼医请治,谁谓不可?盗贼要我于途,亦天也,然自非万不得已,不须释盘缠以授焉。夫暴君污吏,藉势威以虐我者,疾疫之类耳,盗贼之类耳,何不可抗之有?以贼喻暴君,以盘缠喻权,读者宜细嚼玩味焉。

由是观之,力不可以为权,屈不可以为义。而帝云王云,其权苟不合于道,无须听从也。

第四章 奴 隶

人咸相等,无有贵贱,而又力无以为权,则世之欲建立威权,令合于道者,非相共为约,复无别法可求。

亘鲁士又云,人若欲自弃其权,从人听命,孰得而御之?然则一国之民,自弃其权,奉君听命,亦何不可之有?是言也,辞意殊晻昧,请先就弃字论之。夫所谓弃者,与之谓邪,将卖之谓邪?顾为人奴者,非自与也,自鬻也。苦衣食不赡,就人自鬻是矣。至于民,吾不知何故自鬻为人臣也。夫君也者,养于臣者也,非能养臣也。剌弗列有云,人主之为生,费极广。吁嗟,为人臣者,既举其身奉之,又举其财供之,吾未见有何所遗也。

人或云,人主专断为政,能使臣庶相辑和无争。此或然。然吾观世之为帝王者,往往好大玩戎,轻用民死,否崇侈靡,重敛不知厌。或大臣弄威柄,诛求无已。若此则臣民之蒙祸,比其互相争,有加无减,其相辑和,适所以贾祸也,吾未见其利也。且人之所愿,岂无急于辑和者哉?若以辑和而已,昔希腊人之在悉古鲁,比其死也,亦颇得相和不争。史载希腊人战败就虏,被投悉古鲁之壑,猛兽来(抟)〔搏〕[1],相继皆为所噬杀。若此者,亦人之所愿乎?

观乎此,则民之就君,自鬻为臣,无有所利亦明矣。若曰自举身与人,无征直,悖理莫此为甚。世或有若人,非痴则颠。若复曰举国人自举身与君,无征直,则是举国人皆病狂丧心也,岂有是理哉?且丧心之人,其言固不足置信,我焉得据以为我权哉?

纵人人得自举身与人,儿子则不得并与之也明矣。何者?儿子亦人也,亦有自由权,岂复得恣与人为奴哉?子之方幼,父代子与人约为图利固可。至于代子与人约为奴,虽父之尊,无有是权,无他,有背天理也。然则专断为政者,若欲其权之少有合道,当听国人。及其成长更事,仍奉其上与否,并任意自择之。果能如是乎,已非复专断也矣。

且夫弃自由权者,弃为人之德也,弃为人之务也,自屏于人类之外也。

---

〔1〕 搏,据日本中江笃介汉译《民约译解》(东京佛学塾出版局 1882 年版,以下简称东京佛学塾本)改。

若然者,谓之自弃而靡所遗。吁嗟,人自弃而靡所遗,复安所取偿哉? 若然者,固天命之所不容也。夫人一弃自由权,虽有心肠,不得而自用,所行非其心,所为非其情,如此则为善不可以为君子,为不善不可以为小人。既不得为君子,又不得为小人,是亦禽兽也已。不宁此而已也,凡与人约为奴者,有约之名,而无其实也。凡约云者,必相分权,若彼专乎令,而我专乎从,安在其为分权哉? 彼专乎令而我专乎从,则彼之于我,何施不可? 吁嗟,彼之使我,威权无所限,而我之事彼,屈辱无所底,唯此一事,不既足以(壤)〔坏〕〔1〕约之旨,令不成乎? 且我既自弃而靡所遗矣,则凡我之有,皆彼之有也。一旦彼挟其权以临我焉,我欲亦挟我权以对之,则我之权,即彼之权也。吁嗟,挟人之权以对人,天下宁有是理哉? 余故曰,与人约为奴者,有约之名而无其实也。

亘鲁士及诸为亘鲁士家言者,以战为奴隶所出。其言曰,战胜虏敌,得杀而无宥,于是就虏者,弃其自由权以求活。巧哉乎言也,果若是也,主人之与奴隶,皆有以自利矣。虽然,所谓战胜杀敌无宥者,见其大有违于战之道也,请推战之本而论之。

昔者邦国之未立也,人人肆意为生,离合聚散,无有定形。既无由与战,又无由与保和。要之,相与仇视者,非人之本性也明矣。且战也者,两国交伐之谓,非两人交斗之谓也。上古之时,土地非私有,无以为国,则战无由生也。其或一人二人交斗,固不得为战。及乎土地有主,国有民人,战又有法,不得恣虏人为奴也。

又凡私斗之类,皆一时忿悁之所发,要无可准。又若法朗西王路易第九,听诸侯私相伐以决争,及僧人假托神敕,立期令相与媾和,则要封建为政之弊,悖理莫甚焉,安足置齿牙间也。

故曰战也者,国与国交伐之谓也,非人与人交斗之谓也。两国人之相为敌,要一时之事耳,非以其为是国之人故,特以其为是国之军人故耳。是知国者,必以国为敌,不得以人为敌。何则? 国之与人,初不同伦,其不可相与有为也明矣。夫是道也,古今苟知礼义之国,莫不皆以此为战之要。何以明其然? 曰且不见请战期一法乎? 凡出师伐人国,必先遣使请战期,是虽为使其国得为备,抑亦使其众得避祸,是以除军人外,往往荷担以逃也。故若伐人国,无请战期,潜师掩其不备,以有卤获,无论其为帝为王,为

---

〔1〕 坏,据文意改。

将相,为庶民,直贼耳,不得以敌目之也。

是故古今苟知行兵之道者,伐人国,入其境,诸属公府者,或卤掠充军须,至于诸人之身与财(赌)〔贿〕〔1〕,必严禁勿得犯。彼固知敬敌国民,即所以庇己国民也。且也战之所旨,在伐敌国,不在戕敌人。故敌人执兵拒斗者,杀之固可,苟舍兵请降,不得复杀之。彼既舍兵还初服,是亦一庶人耳,我乌得杀之哉?又战或有得平行入国都,是时也,出师之志既得,不得复有虏获也。

凡兹所言,皆原于事物自然之理,确乎不可易。固非如亘鲁士辈,稽古昔诗人言,妄断为说也。

夫战胜夺人国、奴人民,自以为当然者,皆不过据向所谓强者权为说焉耳。夫战胜举敌国,固不得肆杀其民。既不得杀民,则亦不得奴之也明矣。何也?人之得杀其敌,特在为其抗己,而不得已之候而已。若得以为奴,则不得复以为戮。苟不得以为戮,不得复以为奴矣。夫人已舍兵请服,我不得复杀之;我不得杀之,而且使其弃自由权以求活。如是者,岂道也哉?彼亘鲁士辈,既自奴役之权而出生杀之权,又自生杀之权而出奴役之权,孰为本,孰为末,若循环无端,其悖于理,岂不昭然明白也哉。

且纵战胜敌,而无宥其在敌人,若敌国民为之奴者,不须永祗臣节,苟得机便,辄蹶起,复与为敌,以图脱于阨耳。何也?自由权者,我之贵重之,与性命无异,而彼必夺诸我也。盖其活我也,非有德于我,彼其心必曰,徒杀之无益,不如夺其自由权之为愈。则彼之活我,以自利耳,何有德于我?嗟乎,彼既活我以为奴,而我犹伺便以图自脱,则彼之与我相为敌,略无异于初也。则名虽曰权,曷尝有补于力?彼或曰,汝向弃自由权以求活,是亦约也,汝今乃负约。我辄答曰:是约也,汝固与我约相为敌无已,我今者非负约,正践约耳。则彼复有何辞于我?

由此观之,奴役之权,非独违于道,而亦违于理,初不成意义也。言奴者不言权,言权者不言奴,此二语义不相容。有人于此,与人约曰:由是约,利之所在,吾专享之,害之所在,汝专受之。又曰:吾之所约,我固当守之,汝虽有不便,亦当守之。斯约也,毋论其两人相与,或君民相与,皆违道违理,不成意义也。

---

〔1〕 贿,书中多处作“财贿”,今据改。

第五章　终不可不以约为国本

凡余之前所论驳,其言皆谬戾无成理。今纵舍此,特就事实而征焉,世之主张专断之制者,亦不得持其说。何以言之?夫据法以治国,与藉威以御众,其迹相去几何也。有人于此,恃其威强以服众,虽有百万之众,吾必曰是一主人与众奴隶也,必不曰是一君与众民也。吾必曰是种落也,必不曰是邦国也。何者?彼藉威御众,不分人以利,不分人以利者,何以为君?是人也,席卷宇内,包举四海,不免为独夫。其所利非众所利也,私利也。彼挟其私利以临众,非独夫而何?丛祠之柏,高指乎天,大蔽于牛,一(且)〔且〕[1]天火来毁,灰烬随风散落,不可收拾。独夫殒命,其众崩溃,亦与此无异。若是者,岂得谓为国哉?

亘鲁士曰,一邦之民,皆奉命于君。信斯言也,是其未奉命之前,既已有邦矣。既有邦,斯有政矣,所谓奉命之事亦政也,苟政也,则不得不议而定之。果如是,与其论民之所以奉于君也,不若先论邦之所由以建也。建邦之事,势必在奉命之前,则论政术者,当托始于是也。

假如其奉命之前,未有邦乎,吾不知其何由得成奉命之事也。众相会,咸皆同意,而无一人自异则善。若不幸百人欲之,而十人不欲之,则百人者何由得行其议邪?众相议决事者,必较持议多寡固是矣,然此亦非豫有约不可。而未有邦之前,无有约之类也。是知其议立王之前,更有一事咸为同意所定者,此正余之所欲论之也。何谓也?曰相约建邦是也。

亘鲁士言,国民立君,托之以专断之权。娄骚则言,民相共约建邦,当在立君之前,所谓民约也。民约一立,人人坚守条规,立君之事,必不为也。首章至是,专驳专断之制,自下章方入本论。

---

[1]　且,据文意改。

第六章 民 约

人恒言,昔者人之肆意为生也,不经久,天灾与人祸交侵,其力远越我之力,至不可复御。此或然。夫人一至于此极,非大有爱力变其生计,族类几乎灭矣。虽然,所谓变生计者,其事殆不易为也。盖人之智力本命乎天,不可暴而殖。故若欲捍患御灾以自保,非相倚为党,共合其力,然后率之,令出于一,无别法可求。虽然,此有患焉。夫我之力,于我之自存,尤不可欠者也。我若与众合力,不复得而独用,则得无损于我之身乎?呜呼,是所谓变计之难者,而民约之诀,尽在于此。盖当时事情委曲,虽不可得而考,理则亘古今一者也。兹乃推众人所当同然,而叙其言如左。

众相共言曰,吾等安得相倚成一党,赖其全力以保生?曰吾等安得相共系束羁縻成一团,而实绝无为人所抑制,各有自由权,与曩时无异。此乃国之所以成国,民之所以成民也,而民约则论次之条目者也。所谓民约之条目,其旨极严极整,不得有少变改。苟有变改,一时并坠地,无复见效矣。所谓民约之条目,未尝闻有举之口,亦未闻有笔之书。然其旨意原乎义,本于情,确乎不可易。而凡为民者,未始不默采暗听,以为邦国之本焉。其或有背戾者,于是乎纲维解纽,人人肆意徇情,大坏极弊,然后人义之自由敛迹,而复归入曩日天命之自由矣。

英吉利勉杂母云:娄骚民约,世未闻有若者。彼岂不读此一段,故为是言邪?娄骚固言,民约之条目,未尝闻有举之口、笔之书。盖娄骚尤恶世之论政术者,往往徒据实迹而为说,故本书专推道理立言,论义之所当然,而事之有无,初非所问也。勉杂母论用,而娄骚论体;勉杂母论末,而娄骚论本;勉杂母单论利,而娄骚并论义,其有不合也固宜。

所谓民约之条目虽多端,然合之则成一,曰党人咸皆举其权尽纳之于党是也。党人咸皆举其权纳之于党,而无一人自异,如是然后得分利均矣。分利均,然后利己害人之心无由生矣。党人尽纳其权而无所遗,如是然后相纽结也,周而无亏隙可求,而无有一人诉屈者矣。不尔,若党人各有所保守,而不肯尽纳,则无以为党也。何者?党本无共主,一旦我与党有争,而我据我所保之权以抵拒,则谁复决之者?若此人人就一事得自用其权焉,则其后也,将就万事自用其权矣。夫如是,则曩日肆意为生之势复生,而党之力非成暴则成空矣。由此观之,民约也者,人人相将自举身以与于众者也,非向所谓自举身以与于君者也。虽自举与众也,实无有所与。何以言之?夫人人皆自举与众,而无一人自异,则是无一人无所得乎众者也。无一人无所得乎众者,则是无一人无所自偿者也。故曰虽自举与众,实无有所与也。非独此而已,人人自与众,而众藉其全力以拥护之,则是人人之为守,比其自为守,不更大固乎?是则人人之于民约,无乎所失而有乎所得矣。

是故民约也者,提其要而言,曰人人自举其身与其力,供之于众用,率之以众意之所同然是也。

民约已成,于是乎地变而为邦,人变而为民。民也者,众意之相结而成体者也。是体也,以议院为心腹,以律例为气血,斯以宣畅其意思者也。是体也,不自有形,而以众身为形,不自有意,而以众意为意。是体也,昔人称之曰国,今也称之曰官。官者,裁理群职之谓也。自其与众往复而称亦曰官,自其出令而称曰君,他人称之曰邦,合其众而称之曰民,自其议律例而称曰士,自其循法令而称曰臣。虽然,此等称谓或有相通用不分别,寻其本义,宜如此云尔。

第七章 君

由前所述推之,民约之为物可知已,曰是君与臣交盟所成也。然所谓君者,以不过为众人相合者,虽云君臣交盟,实人人躬自盟也。何以言之?曰众人相倚为一体,将议而发令,即君也,非别置尊奉之。而凡与此约者,皆有与乎为君也。自其将出乎令而言,则君与其臣盟。自其将奉乎令而言,则臣与其君盟。故曰虽云君臣交盟,实人人躬自盟也。讼律之法言,以为凡躬自誓,不必须践言。然则民约亦不必须践言乎?曰否。兹所谓君者,合众而成,故臣之于君,犹片段之于全体,非如讼律所云躬自誓之类也。

是故众共议所定,在人人必不可不遵踏焉。人人皆一身而两职,故其为君所定,为臣不可不循之。若为不循,是一人而背于众,臣而背于君也。至于为君所定,而亦为君改之,则十易之不为病矣。何也?君也者,众相合所成,常守其职,不可得而分别,是以今日有所兴,明日或废之。盖众议一决,虽宪令最重者,改之可,废之可。虽即民约,改之可,解之亦可。是正讼律所云躬自誓之类也。夫自我兴之矣,而不得自我废之,则天下岂有是理哉?

若夫与他邦往复交结所约,虽由众议,不得有渝。无他,在是时非复躬自誓之类,而信义之可崇,在两国间与在两人间,无以异也。

虽然,官云君云,赖民约所置。故苟事有乖民约大本,虽其与他邦所约,亟坏之勿履可也。若显悖君权,别有所奉戴为君之类,皆所以破坏民约。夫民约乃官、君所由立也,坏所由立,复何约之为?

民约既成,邦国既立,有侵一人,而望无害于国不可得。况有〔侵〕[1]国,而望无害于众人乎?国犹身腹也,众人犹四肢也,伤其心腹,而无赢其四肢,有是理乎?故凡与此约者,其为君发令,与为臣承命,并不可不常相保助。是固义之所在,而亦利之所存也。为君出令,能不违于义乎,为臣必享之利焉。为臣举职,能不背于道乎,为君必获之福焉。君云臣云,初非有两人也。夫君合众而成,则君之所利,必众之所利,无有相抵,而君之出令,

---

[1] 侵,原阙,据东京佛学塾本补。

在臣无须(铃)〔钤〕[1]制焉。众共发令,以图害于众,无有是理也。即众共发令,以图害一人若数人,亦无有之。是则俟更论辨,方可明白。

更论辨者,指第二卷第六章论法令。

是故君唯无立,立则以义始终而已,公意之所在,君之所存也。若夫臣之于君,则不然。其享利于君虽洵大,若不豫为之防,不可以保其无背民约。何也?夫人人皆一身而两职,故其为君之所令,为臣或有不悦矣,公意之所欲,私情或有不愿矣。且也其为君也,非己独专,而必与众偕。且所谓君,无形体可见,至于臣则心思嗜欲,耳目肺肠,皆己专所有。于是乎视其当为国服者,若专益于众,而己曾无与者。乃云我之服是务,在我极可惮,而我即不服,在众不必有害,于是乎为臣之务是逃,而为君之利是守。此习一成,民约坏堕,不可救止。故曰不豫为之防,不可以保其无背民约也。

是故欲防民约之或坠空文,必当有一术寓乎其中。曰若有人不肯循法令,众共出力,必使循而后止。曰若是则无乃害于人之自由权乎?曰不然,正强令人保自由权云尔。何也?凡民约之本旨,在令人人奉众之命令,而无蒙人之抑制,故循夫法令,即所以远抑制之祸也。今是人乃敢背于约,故迫令其必履之者,正欲其远抑制之祸焉耳。呜呼,此一项者,政术之枢纽,而无此,则凡官之所令,皆不免为悖慢与暴恣,而其弊必有不可胜言者矣。虽然,此一项本人人之愿欲,而民约之所由起,故不必明载焉。

---

[1] 钤,据文意改。

第八章　人　　世〔1〕

　　民约既立，人人循法制为生，谓之出天之世，而入人之世。夫人一出天世入人世，于其身也，所变更大。盖曩也直情径行，绝无检饬，血气之所驱，唯嗜欲是徇，与禽兽无以别。今也每事商之于理，揆之于义，合则为君子，不合则为小人，而善恶之名始可指焉。曩也人人唯图利己，不知有他人。今也利害祸福，必与众偕，无得自异焉。盖人之出天世入人世，所失则有矣，然若取所得较之，优足以相偿。何以言之？夫众相合为生，于是乎智虑益成广博，情性益成高远，而夫所以为万物之灵者斯立矣。视之曩者昏昏芒芒，与草木俱长，与鹿豕俱生，绝无自修，相胜不甚远乎？虽然，所虞亦有一焉。盖智窦一开，不可复得而塞，不幸一旦趣向失宜，于是乎变诈相靡，诡谲相荡，浇漓败坏之极，无能复自振厉。而其末也，至相踵为奸雄所压服而后已，而自由之权，扫地而尽矣。若不然，人人能自戒饬，遵践约规，千年如一日，则此约之成，人生之庆幸，莫大于此。而为后世子孙者，亦将相庆言曰：於戏，我祖宗之圣，夙运神智，相共盟以创永世之基，俾我侪得出禽兽之境，而入人类之域。呜呼，岂可谖哉！

　　抑因此约所失，与其所得，请得比而较之。盖其所失，则曰天命之自由也，其所得，则曰人义之自由也。天命之自由，无有限极，人人唯力是视，凡其所欲得，出力求之，必不能而后止。人义之自由，建之以众意所同然，而限之亦以众意所同然。是故由天命之自由所得，谓之夺有之权，谓之先有之权。夺有之权，乘人之弱不能为守而行之。先有之权，先人之未下功而行之。此二者虽名曰权，实与力俱亡耳。由人义之自由所得，谓之保有之权，此权文书以著之，生灭俱无涉于力。

　　天命之自由，人人唯力是视，故毋论土地、财赇，若见人之无所守，若之未下手，辄进而取之，所谓夺有之权与先有之权也。而一旦复有人力逾我，我亦为其所夺矣。故曰此二权者，与力俱生，与力俱灭也。人义之自由，民约所置，亦民约所限。盖民约既立，法制既设，土地、财赇，必有定主，所谓

─────────────

〔1〕　世，目录原作"民"。

保有之权也。而此权者，文书为之征，故得之与失之，并无关于力。此三权者，下章论之更详。

因此约所得，更有一端。何谓也？曰心之自由是也。夫为形气之所驱，不知自克修省者，是亦奴隶之类耳。至于自我为法，而自我循之者，其心胸绰有余裕。虽然，论心之自由，理学之事，非是书之旨，议论之序，偶及此云尔。

邦国未建之时，人人纵欲徇情，不知自修厉，故就貌而观，虽如极活泼自由，实不免为形气之所驱役，本心始未能为主宰，非奴隶之类乎？民约既立，凡为士者，莫不皆与议法，故曰自我为法。而法制既设，莫〔不〕[1]皆相率循之，故曰自我循之。夫自为法而自循之，则我之本心，曾不少有受抑制，故曰心胸绰有余裕。要之，因民约所得，比其所失，相逾远甚。故第六章末段亦言，人人之于民约，无乎所失而有乎所得矣，参观而益明白。

---

〔1〕 不，据东京佛学塾本补。

第九章 土 地

民约之方成,人人咸举其身,及其当下所有土地,纳之于君,无所复留焉。然此特不过以为名,而实皆得自守其土地,支用其利,与初无异。盖如是,庶人、土地相合以成邦也。曰人人必举其土地纳之于君者,何也?曰君合众身而成,邦合众土而成,势力极强,故赖君之力为守,比人人自为守更坚固。不唯此而已,此约者,凡法律之所寄基,可崇重莫逾于是,故我举我土地纳之于君,为名尤正,不可复侵。夫既得以正乎名,又得以增乎力,此众人之所以必纳土地于君也。

民约之未立,人人之有土地,皆不过据前所论先有之权。及约已立,土地皆为君有,而我则从而享之矣。于是乎先有之权,变为保有之权,而不可复侵焉。然若自他邦而观,我之有土地,终不免为据先有之权。何者?所谓民约在是邦,虽洵为法律所寄基,极可崇重,其与他邦初无有交涉,而众邦之间,固无有共主,何由得有变更权乎?虽然,所谓先有之权,其为力何如?曰此权比前所论威强之权,颇为可凭,然亦必须保有之,然后方始见效矣。盖法制之未设,苟不可欠于自保者,皆得取而用之,有主与无主,固非所问,而先有之权未足深恃也。民约已立,人人于其所有之外,无得复肆抢夺焉。于是我若见一地无主,先人而有之,得以守之。是知先有之权,在天世力极微,而在人世力益大。是知在人世,人之所以重我之先有权,而无敢或侵者,非为是土地之为我之有,而特为其非己有也。故曰先有之权,必须保有之权,然后见效矣。凡欲就土地行先有权者,必具三者而后可。曰是地无主,而未有一人奠居者也。曰所据有才足充衣食,无余赢也。曰既据有即就施功,不令空在也。夫我未有书券,自非就施功,无以征我之为主也。且夫土地者,天之所以养人类,而苟享生是世者,莫不皆得寄食托居焉,所谓天无虚设者也。然而我若见一地未有主,从而尽据有之,令他人不得复来托生,则非我实夺天物,而致人于穷困乎?然则非自虐之也,一间耳。昔者是班人纽熟斯,航至弥利坚南部,欲为其主,大有恢广版图之志。然未几,他国王亦皆遣兵来侵,与土人俱割地殆尽,其属是班牙者无几。故曰欲行先有权者,必具三者而后可也。

由前所论推之,邦之为物可知也,曰此合庶人、土田所成。盖君权既及乎庶人之身,又及庶人之所有,并身与土地皆司之,此正君之所以令众庶效忠贞之节,而〔无〕[1]敢或违之大柄也。顾古昔诸国王专断为政者,若白尔西王,若悉笃王,若玛施土王,皆不自称曰白尔西国王、悉笃国王、玛施土国王,而特称白尔西人中之王,悉笃人中之王,玛施土人中之王。彼岂知司庶人之身之利,而未知并司庶人之土地之利邪?近世法朗西、是班牙、英吉利诸国,其王皆自冒国王之号,因得以并土地、人民皆司之,是则可谓巧攘民主国之利,以固其私权矣。

庶人既皆举其土地纳之于官,然后从而复受之,于是乎名虽为借地者,实据有其土地,与初无异。夫庶人皆为借地者,而土地皆为官之有,故若有人侵夺我土地,若有邻国人来寇,官则出力为我御之,必克复而后止。是知庶人之纳其土于官,虽为益于君权,而其自益者实大也。虽然,君之于土地,与庶人之于土地,其权自有相异者,请详而论之。

凡兹所论,系本有土地而后相合为邦者。若未有土地之前,欲相合为邦乎,当先相一地足容其众者,即据而有之,于是众民相与共有之,无或分异。或检踏而均分之,或广狭有差,皆自君定之。若众共有土地焉尔,分土地,毋别其均而分之与广狭有差,君之于土地,其权必在庶人之上。盖不如此,则相结之心不固,而君权成空矣。

前乎此所论,皆先有土地,然后相约成国。故第九章云,民约之方成,人人举其当下所有土地,纳之于君。盖当下所有,或有广者,或有狭者,官乃因而书券,以著人人保有之权。故同章又云,先有之权,必须保有之权,然后见效。第八章亦云,保有之权,文书以著之,生灭俱无涉于力,前〔后〕[2]参考方明白。又未有土地,欲相约成国,当先相土地就而寄迹焉。是时也,或众共有土地,无或分异,或均而分之,或广狭有差,皆议而定之,所谓自君定之也。若众共有土地,无或分异,则是官专有土地,而庶人初无所得擅也。故曰若众共有土地则已,苟有分异,则毋论其均与不均,皆庶人有所得擅矣。庶人有所得擅,而议院之公权,不胜乎庶人之私权,则君权有所不及,而法令有所不行矣。故君之于土地,其权当在庶人之上,盖众议一决,收买土地若别有所令,庶人不得而拒之也。

---

〔1〕 无,据东京佛学塾本补。
〔2〕 后,据东京佛学塾本补。

由此观之,邦国之所当为法可知矣,曰均不均是也。盖天之降才,固不能均,有智者焉,有愚者焉,而其肆意为生,所谓天命之自由,无有限极,民约一立,权力成均,不得复有侵夺,此即前所云弃自由之正道也。若智者欺愚,强者暴弱,而无所顾惮,复何邦之为?乃举此以为本卷之殿云。

民约译解

法朗西　戎雅屈娄骚著
日　　本　中江笃介译并解

东京佛学塾出版局 1882 年 10 月版

叙

　　圣人垂教示法，六经炳耀，与日月争光，人伦之道至矣。其言政也，曰行夏之时，乘殷之辂，服周之冕，乐则《韶舞》，放郑声，远佞人。盖政也者，与时推移，不逆于人情，斯为美矣。语曰："善者因之，其次利道之，最下者与之争。"故唐虞禅而兴，燕哙让而亡。禹传于子，而为万世帝王之法，讼狱讴歌，亦足以见民心之所向焉。至如盖宽饶，方汉宣帝之世，魏丙为政，充国治兵，火德再炽之时，妄进"五帝官天下"之说，以自速祸。虽砥节直道而行，抑不料时揆人情，何狂戆之甚也。

　　近时泰西诸国，各张雄乎一方，文物之丰，学术之精，兵马之强，法、英、日弥利坚北部，最其尤者也。而其为政，或立君置相，或民相共主治，体制虽各不同，要皆置所谓国会者，令民票选有誉望者荐之，自租赋律例、海陆军政，以至与邻国往复交接，一由众议取决焉。其广通民志，防祸乱于未萌，岂亦因人情，而裁成者非邪？传曰："物有本末。"不穷其本，安足知其末？西方诸国之立政制治，盖亦有本矣。

　　希腊、罗马尚矣，就法、英、日三国观之，距今数十百年，孟得士瓜、娄骚、罗克、宾撒母、礼弗尼、广笃之徒，皆雄俊闳伟，以淹博之识，通达之材，著书论治道之要，理密分毫芒，辞华夺万色，举世溷浊莫我知，嗷嗷腾口而曾少不屈挠，以为考诸今古而不谬。自时厥后，硕学辈出，相共切劘讲学论政。无几天下喝然向风，学士大夫，以至闾巷小民，咸知改易风俗。更革官制之不可欠于时，挺身出力，万死不顾，斯以一洗曩日之陋习，而古今之间，凿一大鸿沟矣。由此观之，渊源所自，孟、娄诸子之力，实居多焉。而后世最推娄骚为之首者，以其所旨，在于令民自修治，而勿为官所抑制也。

　　吾邦自古神圣相承,德化隆洽,而中兴以来,为治遍观于泰西诸国,取长补短,文物益备,而士庶亦相竞,以自治为志。然则讲娄骚诸子之业,以穷泰西制度渊源,在今日当务之急。予也迁陋,处世靡所知晓,至于旁行之书,夙覃思所诵习,聊自觉有得,聚徒教授有年于此。顷者与二三子谋,取娄骚所著《民约》者译之,逐卷镂行,以问于世,亦唯欲不负为昭代之民云尔。如妄崇异域习俗,以激吾邦忠厚之人心,予岂敢焉。

　　明治十五年秋九月,中江笃介撰。

民约译解绪言

译 者 绪 言

当法朗西王路易第十五在御之时,戎雅屈与孟得士瓜、遏尔的儿诸子,著书论政,鼓倡自治之说。而戎雅屈为最剀切,所著《民约》一书,掊击时政,不遗余力,以明民之有权,后世论政术者,举为称首。但其人天姿刚烈,加以负才矜豪,不喜循人轨辙,是以论事,或不能无矫激之病,学士辈往往有所指摘焉。抑《民约》立意极深远,措辞极婉约,人或苦于难解。余自蚤岁嗜读此书,久久觉有所得,乃取译之,其难解处,从加之解,名曰《民约译解》。首卷适成,即刊行,欲与世之同嗜者共玩诵之。若夫文辞之陋,大方君子,幸赐恕焉。

著 者 绪 言

余尝不自揣,欲著一书,尽论世制度风俗,与夫人伦大道,及一切有关系治道者,穷究之道理,黾勉就业,盖亦有年矣。既而自知精力不足以酬志,而中道废止。即如本书,特不过为其一节耳。唯本书所论,比其余似少有可观者。且又哀然成数卷,故不忍遂弃,乃裁而汇之,以问于世尔。其余则已委风尘,今不复留只楮矣。

民约译解卷之一目次

民约译解卷之一

民约一名原政

法朗西　戎雅屈娄骚著
日本　　中江笃介译并解

　　政果不可得正邪？义与利果不可得合邪？顾人不能尽君子，亦不能尽小人，则置官设制，亦必有道矣。余固冀有得乎斯道，夫然后政之与民相适，而义之与利相合，其可庶几也。人或将问余曰：吾子论政，亦莅民者乎，将为一邦制作者也？余则将应之曰：吾非莅民者，亦非为一邦制作者，所以有此著也。若莅民为一邦制作，余则为余所言耳，复何托空言之为？虽然，余亦生而得为民主国之民，以有与于议政之权。顾余之陋劣，虽有此权，初不能有补于国家。然既有议政之权，则著书论政，亦余本分内之事，未得以空言斥之也。呜呼，余之论政，每有得于心，辄顾照诸吾邦所施设，然后益知吾邦制度之所以卓越乎他邦，而尤为可崇重也。如余者，何享福之厚也。

　　（解）民主国者，谓民相共为政主国，不别置尊也。议政之权者，即第七章所谓君权也。娄骚本瑞西人，其称吾邦，即斥[1]瑞西，非斥法朗西也。瑞西夙循民主之制，有合此书所旨，故娄骚崇奖之如此。

---

[1]　斥，即指，下同。

第一章　本卷旨趣

　　昔在人之初生也,皆趣舍由己,不仰人处分,是之谓自由之权。今也天下尽不免徽纆之困,王公大人之属,自托人上,详而察之,其蒙羁束,或有甚庸人者。顾自由权,天之所以与我俾得自立也。而今如是,此其故何也?吾不得而知之也。但于弃其自由权之道,自有得正与否焉,此余之所欲论之也。

　　(解)是段一篇之大纲领,盖以为上古之时,邦国未建,制度未设,人人肆意为生,无受人约束,自由权尤盛之候也。及邦国既建,制度既设,尊卑有常,贫富有别,不复如上古人之肆意为生。即帝王之贵,虽威福自由,往往乎外为强臣之所胁,内为媒嬖之所制,动不如意,比庸人居家颇自恣,或有劣焉,亦非能有自由权也。夫所谓自由权者,天之所与人令得肆意为生也,则宜贵重顾惜,罔之或失也。而今尽天下之人,皆丧失之矣。此天下之一大变事也。所以致此变者,当有所从来,而吾未之能知也。盖作者于其题号《不平等论》书中,论此变之所从来极详。兹言不知者,是书之旨趣,不在于此故也。虽然,自由权亦有二焉。上古之人,肆意为生,绝无被检束,纯乎天者也。故谓之天命之自由,本章所云即是也。民相共约,建邦国,设法度,兴自治之制,斯以得各遂其生、长其利,杂乎人者也。故谓之人义之自由,第六章以下所云即是也。天命之自由,本无限极,而其弊也,不免交侵互夺之患,于是咸自弃其天命之自由,相约建邦国,作制度以自治,而人义之自由生焉。如此者,所谓弃自由权之正道也,无他,弃其一而取其二,究竟无有所丧也。若不然,豪猾之徒,见我之相争不已,不能自怀其生,因逞其诈力,胁制于我,而我从奉之君之,就听命焉。如此者,非所谓弃自由权之正道也,无他,天命之自由与人义之自由,并失之也。论究此二者之得失,正本卷之旨趣也。

　　人或曰,人之所以致失自由权者,有强勇力者制之也,此邦国之本也。吁,曷其然?夫民为强者之所制,不得已而从之,固无不可。一旦自振拔,蹶起破其衡轭,则孰得而御之。何者?彼其初所赖以夺我之自由权者,独有威强而已。故我今亦赖我之威强以复之,彼复有何辞于我? 若此则是邦国者,天下党聚之最杌陧不安者也。曷其然? 夫邦国者,凡党聚之类之所取法焉,宜别有所本也,不宜如此之不安也。然则邦国者,果何所本也? 曰此非本于天理之自然,而本于民之相共为约也。民之相共为约者如之何? 曰姑舍此,余请先明邦国所以非本于天理之故焉。

(解)是段一篇驳论之纲领。自下第二章至第五章,总是论邦国所以非本于天理之故,且反覆究诘,著以威强为邦国之本之非,然后自第六章方入民约之本论,词义极明瞭,故不下解,下效此。

第二章　家　　族

　　人之相聚为党,其类亦蕃矣。其最首起且最自然出者,莫逾于家族焉。然子之统属于父,独在婴孩不能自存之候而已。及其年长,不复须属于父,而天然之羁纽解矣。于是为父者,不必为子操作,而为子者亦不必承受于父,而各得以自守,此自然之理也。世之为父子者,子既长,犹与父居,每事必咨禀而后行,子固欲其如是也,非由不得已也。由是言之,家族亦因约而立者矣。且夫父子之所以各自守不相羁属者,天命乃使尔也。盖自主之权,天之所以与人也,故为人之道,莫重于自图其生,而其当务之急,在乎为己,不在乎为人。是以人苟成长更事,凡可以便身者,皆自择而自取之,所谓自主权也。既自主矣,虽父之尊,无得而制也。

　　世之欲人主专断为政者,动引家族为说,曰有家而后有国,君犹父也,民犹子也。君之与民,本各有自主之权,无有优劣,独为相为益。而君莅乎上,民奉乎下,而邦国斯立矣。此言殊似近理,独奈父之于子,爱念罔极,其抚摩顾复,出乎至情,益故可得也。至于君则不然,初非有爱民之心,而其据尊莅下,特欲作威福而已,岂能有益于民哉?

　　荷兰亘鲁士著书论政,以为立政非为图民利,援希腊、罗马蓄奴隶为征。夫希、罗之有奴隶,古昔之恶制,非不易之理也。亘鲁士之立言,每因事实以为道理,可谓助桀为虐者矣。

　　(解)事实之与道理,不得相混。盖事实者,所有之事也;道理者,所当有之事也。故若由事实而言之,为民父母而肆威虐者有,为国宰相而恣贪冒者有,为父而不慈者,为子而不孝者,行诈者,为盗者,天下何不有?若见其如此,曰是道理也,则可乎?今亘鲁士主张专断之制,引往古恶制为征,此因事实为道理者也,非助桀为虐乎?

　　大块上生民,其丽不亿,而帝云王云,不上仅仅数十百。生民果为属于帝王耶,将帝王属于生民也?通览亘鲁士之书,察其旨,盖以生民属帝王者矣。其后英吉利遏必亦有此说,蹈袭亘鲁士意耳。假如此,则民庶犹群畜也,帝王犹牧人也,牧人之豢养群畜,直为击椎充食耳,爱云乎哉?

罗马帝加里互剌,以为牧人之与群畜,尊卑悬绝,人主与民,亦犹此也。乃曰人主,神也,民庶,禽兽也,以神莅禽兽,何为不可? 此言比伦传之。

罗马帝之言,与遏必、亘鲁士同旨。盖希腊阿李士德,先三人者有言,曰人固不相等,或为人上,或为奴隶,皆天之所命。吁,此不辨本末之论也。夫生长奴隶之家者,必有奴隶之情,无怪也。彼自少时,常在困辱之地,气习一成,至无复意自奋励,若希腊由李士之僚友然。史传由李士之僚甲乙等数人,淫纵久成昏愚,而意气扬扬甚自得。故世之有奴隶,威虐造之于初,昏惰保之于后,乌有所谓命乎,天为奴隶者哉?

(解)阿李士德以为有生而人上者,有生而奴隶者,尊卑盖命于天,此谬见也。世之有奴隶者,由强暴弱、黠欺愚而然。而一为奴隶,志气萎苶,无能复奋发,图脱于阮。况为之子孙者,习屈辱之久,反至自以为乐,若由李士之僚友亦是已。然则强者驱人为奴隶,是本也,奴隶人自安屈辱,是末也。今阿李士德见奴隶人自安屈辱,以为命于天,此不辨本末也。

由此观之,人主之虐民,民之屈人主,为胥失于道也明矣。独亚当、诺暟,是二帝者,余殊不愿讥议。亚当开辟始祖,诺暟遭洪水之祸,生类荡尽,而诺暟独得免难。其三子分处亚细、阿非利加、欧罗,实为黄、黑、皙三族类之祖。据希腊史,撒邾娄之三子分居三区,为后世人类始祖,此必同事异传也。夫是数帝者,为人类之始祖,则虽余之微贱,若据谱牒按检,或为其宗裔,未可知。果然,宇内正统之君,非别人,即余也。余安敢于议之,不直一笑耳。且也亚当之为君,即鲁蟠孙之在岛也。野史载鲁蟠孙遇飓,漂至孤岛,上岸四望,阒寂无一人。亚当岳降之初,无与此异,则逆谋祸乱,并非所虞,晏然以得守其位。如此者,初不须有议也。

(解)主人之虐奴非也,则人主之虐民亦非也。世或有据家世为说者,曰今之帝王,皆缵先世基绪,非也。若以家世,则天下人类,孰不自亚当、诺暟而出者? 虽乃余之微贱,亦忝为二帝之裔,则与世帝王奚别? 世人又以宗支为轩轾,尤非也。上古悠邈,谱牒之作,特载籍以后之事尔。则如余

33

者,亦未必非二帝宗家之裔也。且亚当之为帝,属开(关)〔辟〕〔1〕之初,天
下无所谓民者,故不依约立政,初无虞于祸乱。今之帝王,未得一例视也。
都用谐(谑)〔谲〕〔2〕论驳,潜心玩味,然后作者旨得矣。

---

〔1〕 辟,据文意改。
〔2〕 谲,据文意改。

第三章　强　者　之　权

虽天下之至强者，不变其力为权，不可以永使其众。虽天下之至弱者，不变其屈为义，不可以久事其上。我唯强，故能服人。一旦人亦成强，则必将抗我者也。虽然，所谓变力为权，变屈为义，吾见其不易为也。凡强云者，非谓气形之力乎？权者，非谓理义之效乎？吾未知何由能变力为权也。凡屈云者，非谓志之困乎？义者，非谓事之宜乎？吾未知何由能变屈为义也。且凡屈乎人者，皆出不得已也，非择而取之也。苟非择而取之，是亦自全之一计云尔，何义之有？是故强者之权，人之所疾莫甚焉。然而吾观世之为君臣，莫不据此权建基者，何也？

今假为有所谓强者之权乎，吾必见义理之纷纭颠倒，无所底止也。夫以力为权者，初无所事义矣。苟无所事义，何理之生？夫我有力而能制人，一旦又有人力胜我，我亦为其所制。若是转辗不已，祸乱相继于无穷。夫籍力制人，而为合于义，则籍力抗人，亦为合于义矣。力之所在，即权之所在也，则天下之人，将唯力是求。吁嗟，赖乎力仅存者，岂得谓之权哉？且凡力不赡而屈，出不得已也，非由义而断也。既不由义而断矣，酖毒扼昧，何施不可？是知强者之权，威力耳，非权也，权之名耳，无其实也。

僧侣辈动辄云，见强者从之。顾是言也，非谓力屈而后从邪？果然，其意固无不可。但力屈而后从者，出不得已也，则虽微是言，人亦将从之矣。又云，凡力之类，皆天之所与也，因欲人之无抗之，何其缪也。苟言天焉，疾疫之流行亦天也，若见得疾呼医，曰是逆天也，可乎？行路遇贼，力不能与为敌，不得已释盘缠授之，固无不可。若虽足与为敌，而徒见贼携铳，曰是力之类也，辄亦释盘缠授之，则人谁不笑我者？

（解）僧门徒往往诬天为说，乃云若为强者所加，当即听从，勿得抗。顾疾疫之为虐，亦天也，然呼医请治，谁谓不可？贼要我于涂，亦天也，然自非万不得已，不须释盘缠以授焉。夫暴君污吏，藉势威以虐我者，疾疫之类耳，贼之类耳，何不可抗之有？以贼喻暴君，以盘缠喻权，读者宜细嚼玩味焉。

由是观之，力不可以为权，屈不可以为义。而帝云王云，其权苟不合于道，无须听从也。

第四章　奴　　隶

人咸相等，无有贵贱，而又力无以为权，则世之欲建立威权，令合于道者，非相共为约，无复别法可求。

亘鲁士又云，人若欲自弃其权，从人听命，孰得而御之？然则一国之民，自弃其权，奉君听命，亦何不可之有？是言也，辞意殊晻昧，请先就弃字论之。夫所谓弃者，与之谓邪，将卖之谓邪？顾为人奴者，非自与也，自鬻也。苦衣食不赡，就人自鬻是矣。至于民，吾不知何故自鬻为人臣也。夫君也者，养于臣者也，非能养臣也。刺弗列有云，人主之为生，费极广。吁嗟，为人臣者，既举其身奉之，又举其财供之，吾未见何有所遗也。

人或云，人主专断为政，能使臣庶相辑和无争。此或然。然吾观世之为帝王者，往往好大玩戎，轻用民死，否崇侈靡，重敛不知厌。或大臣弄威柄，诛求无已。若此则臣民之蒙祸，比其互相争，有加无减，其相辑和，适所以买祸也，吾未见其利也。且人之所愿，岂无急于辑和者哉？若以辑和而已，昔希腊人之在悉古鲁，比其死也，亦颇得相和不争。史载希腊人战败就虏，被投悉古鲁之壑，猛兽来搏，相继皆为所噬杀。若此者，亦人之所愿乎？

观乎此，则民之就君，自鬻为臣，无有所利亦明矣。若曰自举身与人，无征直，悖理莫此为甚。世或有若人，非痴则颠。若复曰举国人自举身与君，无征直，则是举国人皆病狂丧心也，岂有是理哉？且丧心之人，其言固不足置信，我焉得据以为我权哉？

纵人人得自举身与人，儿子则不得并与之也明矣。何者？儿子亦人也，亦有自由权，岂复得恣与人为奴哉？子之方幼，父代子与人约为图利固可。至于代子与人约为奴，虽父之尊，无有是权，无他，有背天理也。然则专断为政者，若欲其权之少有合道，当听国人。及其成长更事，仍奉其上与否，并任意自择之。果能如是乎，已非复专断也矣。

且夫弃自由权者，弃为人之德也，弃为人之务也，自屏于人类之外也。若然者，谓之自弃而靡所遗。吁嗟，人自弃而靡所遗，复安所取偿哉？若然者，固天命之所不容也。夫人一弃自由权，虽有心肠，不得而自用，所行非其心，所为非其情，如此则为善不可以为君子，为不善不可以为小人。既不得为君子，又不得为小人，是亦禽兽也已。不宁此而已也，凡与人约为奴者,有约之名,而无其实也。凡约云者,必相分权,若彼专乎令,而我专乎从,安在其为分权哉?彼专乎令而我专乎从,则彼之于我,何施不可?吁嗟,彼之使我,威权无所限,而我之事彼,屈辱无所底,唯此一事,不既足以(壤)〔坏〕〔1〕约之旨,令不成乎?且我既自弃而靡所遗矣,则凡我之有,皆彼之有也。一旦彼挟其权以临我焉,我欲亦挟我权以对之,则我之权,即彼之权也。吁嗟,挟人之权以对人,天下宁有是理哉?余故曰,与人约为奴者,有约之名而无其实也。

亘鲁士及诸为亘鲁士家言者,以战为奴隶所出。其言曰,战胜虏敌,得杀而无宥,于是就虏者,弃其自由权以求活。巧哉乎言也,果若是也,主人之与奴隶,皆有以自利矣。虽然,所谓战胜杀敌无宥者,见其大有违于战之道也,请推战之本而论之。

昔者邦国之未立也,人人肆意为生,离合聚散,无有定形。既无由与战,又无由与保和。要之,相与仇视者,非人之本性也明矣。且战也者,两国交伐之谓,非两人交斗之谓也。上古之时,土地非私有,无以为国,则战无由生也。其或一人二人交斗,固不得为战。及乎土地有主,国有民人,战又有法,不得恣虏人为奴也。

又凡私斗之类,皆一时忿悁之所发,要无可准。又若法朗西王路易第九,听诸侯私相伐以决争,及僧人假托神敕,立期令相与媾和,则要封建为政之弊,悖理莫甚焉,安足置齿牙间也。

故曰战也者,国与国交伐之谓也,非人与人交斗之谓也。两国人之相为敌,要一时之事耳,非以其为是国之人故,特以其为是国之军人故耳。是知国者,必以国为敌,不得以人为敌。何则?国之与人,初不同伦,其不可相与有为也明矣。夫是道也,古今苟知礼义之国,莫不皆以此为战之要。何以明其然?曰且不见请战期一法乎?凡出师伐人国,必先遣使请战期,是虽为使其国得为备,抑亦使其众得避祸,是以除军人外,往往荷担以逃也。故若伐人国,无请战期,潜师掩其不备,以有卤获,无论其为帝为王,为将相,为庶民,直贼耳,不得以敌目之也。

是故古今苟知行兵之道者,伐人国,入其境,诸属公府者,或卤掠充军须,至于诸人之身与财(赌)〔贿〕〔2〕,必严禁勿得犯。彼固知敬敌国民,即

---

〔1〕 坏,据文意改。
〔2〕 贿,书中多处作"财贿",今据改。

所以庇己国民也。且也战之所旨,在伐敌国,不在戕敌人。故敌人执兵拒
斗者,杀之固可,苟舍兵请降,不得复杀之。彼既舍兵还初服,是亦一庶人
耳,我乌得杀之哉? 又战或有得平行入国都,是时也,出师之志既得,不得
复有虏获也。

凡兹所言,皆原于事物自然之理,确乎不可易。固非如亘鲁士辈,稽古
昔诗人言,妄断为说也。

夫战胜夺人国、奴人民,自以为当然者,皆不过据向所谓强者权为说焉
耳。夫战胜举敌国,固不得肆杀其民。既不得杀民,则亦不得奴之也明矣。
何也? 人之得杀其敌,特在为其抗己,而不得已之候而已。若得以为奴,则
不得复以为戮。苟不得以为戮,不得复以为奴矣。夫人已舍兵请服,我不
得复杀之;我不得杀之,而且使其弃自由权以求活。如是者,岂道也哉? 彼
亘鲁士辈,既自奴役之权而出生杀之权,又自生杀之权而出奴役之权,孰为
本,孰为末,若循环无端,其悖于理,岂不昭然明白也哉。

且纵战胜得杀敌,而无宥在其敌人,若敌国民为之奴者,不须永祗臣
节,苟得机便,辄蹶起,复与为敌,以图脱于阨耳。何也? 自由权者,我之贵
重之,与性命无异,而彼必夺诸我也。盖其活我也,非有德于我,彼其心必
曰,徒杀之无益,不如夺其自由之为愈也。则彼之活我,以自利耳,何有德
于我? 嗟乎,彼既活我以为奴,而我犹伺便以图自脱,则彼之与我相为敌,
略无异于初也。则名虽曰权,曷尝有补于力? 彼或曰,汝向弃自由权以求
活,是亦约也,汝今乃负约。我辄答曰:是约也,汝固与我约相为敌无已,我
今者非负约,正践约耳。则彼复有何辞于我?

由此观之,奴役之权,非独违于道,而亦违于理,初不成意义也。言奴
者不言权,言权者不言奴,此二语义不相容。有人于此,与人约曰:由是约,
吾专享之利,汝专当之害。又曰:吾便是约间,我固当守之,汝虽有不便,亦
当守之。斯约也,毋论其两人相与,与君民相与,皆违道违理,不成意义也。

第五章　终不可不以约为国本

凡余之前所论驳,其言皆缪戾无成理。今纵舍此,特就事实而征焉,世之主张专断之制者,亦不得持其说。何以言之? 夫据法以治国,与藉威以御众,其迹相去如何也。有人于此,恃其威强以服众,虽有百万之众,吾必曰是一主人与众奴隶也,必不曰是一君与众民也。吾必曰是种落也,必不曰是邦国也。何者? 彼藉威御众,不分人以利,不分人以利者,何以为君? 是人也,席卷宇内,包举四海,不免为独夫。其所利非众所利也,私利也。彼挟其私利以临众,非独夫而何? 丛祠之柏,高指乎天,大蔽于牛,一(且)〔旦〕〔1〕天火来毁,灰烬随风散落,不可收拾。独夫殒命,其众崩溃,亦与此无异。若是者,岂得谓为国哉?

亘鲁士曰,一邦之民,得自举与于君。信斯言也,是其未自与之前,既已有邦矣。既有邦,斯有政矣,所谓自与之事亦政也,苟政也,则不得不议而定之。果如是,与其论民之所以与于君也,不若先论邦之所由以建也。建邦之事,势必在自与之前,则论政术者,当托始于是也。

假为其自与君之前,未有邦乎,吾不知其何由得成自与之事也。众相会,咸皆同意,而无一人自异则善。若不幸百人欲之,而十人不欲之,则百人者何由得行其议邪? 众相议决事者,必较持议多寡固是矣,然此亦非豫有约不可。而未有邦之前,无有约之类也。是知民之议立王之前,更有一事咸皆同意所定者,此正余之所欲论之也。何谓也? 曰相共约建邦是也。

(解)亘鲁士言,国民立君,托之以专断之权。娄骚则言,民相共约建邦,当在立君之前,所谓民约也。民约一立,人人坚守条规,立君之事,必不为也。首章至是,专驳专断之制,自下章方入本论。

---

〔1〕　旦,据文意改。

第六章 民　约

　　人恒言,昔者人之肆意为生也,不经久,天灾与人祸交侵,其力远越我之力,至不可复御。此或然。夫人一至于此极,非大有变其生计,族类几乎灭矣。虽然,所谓变生计者,其事殆不易为也。盖人之智力本命乎天,不可暴而殖。故若欲捍患御灾以自保,非相倚为党,共合其力,然后率之,令出于一,无别法可求。虽然,此有患焉。夫我之力,于我之自存,尤不可欠者也。我若与众合力,不复得而独用,则得无损于我之身乎? 呜呼,是所谓变计之难者,而民约之诀,尽在于此。盖当时事情委曲,虽不可得而考,理则亘古今一者也。兹乃推众人所当同然,而叙其言如左。

　　众相共言曰,吾等安得相倚成一党,赖其全力以保生? 曰吾等安得相共系束羁縻成一团,而实绝无为人所抑制,各有自由权,与曩时无异。此乃国之所以成国,民之所以成民也,而民约则论次之条目者也。所谓民约之条目,其旨极严极整,不得有少变改。苟有变改,一时并坠地,无复见效矣。所谓民约之条目,未尝闻有举之口,亦未闻有笔之书。然其旨意原乎义,本于情,确乎不可易。而凡为民者,未始不默采暗听,以为邦国之本焉。其或有背戾者,于是乎纲维解纽,人人肆意徇情,大坏极弊,然后人义之自由敛迹,而复归入曩日天命之自由矣。

　　(解)英吉利勉杂母云:娄骚民约,世未闻有若者。彼岂不读此一段,故为是言邪? 娄骚固言,民约之条目,未尝闻有举之口、笔之书。盖娄骚尤恶世之论政术者,往往徒据实迹而为说,故本书专推道理立言,论义之所当然,而事之有无,初非所问也。勉杂母论用,而娄骚论体;勉杂母论末,而娄骚论本;勉杂母单论利,而娄骚并论义,其有不合也固宜。

　　所谓民约之条目虽多端,然合之则成一,曰党人咸皆举其权尽纳之于党是也。党人咸皆举其权纳之于党,而无一人自异,如是然后得分利均矣。分利均,然后自利害人之心无由生矣。党人尽纳其权而无所遗,如是然后得相纽结也,周而无亏隙可求,而无有一人诉屈者矣。不尔,若党人各有所保守,而不肯尽纳,则无以为党也。何者? 党本无共主,一旦我与党有争,而我据我所保之权以抵拒,则谁复决之者?若此人人就一事得自用其权焉,则其后也,将就万事自用其权矣。夫如是,则曩日肆意为生之势复生,而党之力非成暴则成空矣。由此观之,民约也者,人人相将自举身以与于众者也,非向所谓自举身以与于君者也。虽自举与众也,实无有所与。何以言之?夫人人皆自举与众,而无一人自异,则是无一人无所得乎众者也。无一人无所得乎众者,则是无一人无所自偿者也。故曰虽自举与众,实无有所与也。非独此而已,人人自与众,而众藉其全力以拥护之,则是人人之为守,比其自为守,不更大固乎?是则人人之于民约,无乎所失而有乎所得矣。

是故民约也者,提其要而言,曰人人自举其身与其力,供之于众用,率之以众意之所同然是也。

民约已成,于是乎地变而为邦,人变而为民。民也者,众意之相结而成体者也。是体也,以议院为心腹,以律例为气血,斯以宣畅其意思者也。是体也,不自有形,而以众身为形,不自有意,而以众意为意。是体也,昔人称之曰国,今也称之曰官。官者,裁理群职之谓也。自其与众往复而称亦曰官,自其出令而称曰君,他人称之曰邦,合其众而称之曰民,自其议律例而称曰士,自其循法令而称曰臣。虽然,此等称谓或有相通用不分别,寻其本义,宜如此云尔。

第七章　君

由前所述推之,民约之为物可知已,曰是君与臣交盟所成也。然所谓君者,以不过为众人相合者,虽云君臣交盟,实人人躬自盟也。何以言之?曰众人相倚为一体,将议而发令,即君也,非别置尊奉之。而凡与此约者,皆有与乎为君也。自其将出乎令而言,则君与其臣盟。自其将奉乎令而言,则臣与其君盟。故曰虽云君臣交盟,实人人躬自盟也。讼律之法言,以为凡躬自誓,不必须践言。然则民约亦不必须践言乎?曰否。兹所谓君者,合众而成,故臣之于君,犹片段之于全体,非如讼律所云躬自誓之类也。

是故众共议所定,在人人必不可不遵踏焉。人人皆一身而两职,故其为君所定,为臣不可不循之。若为不循,是一人而背于众,臣而背于君也。至于为君所定,而亦为君改之,则十易之不为病矣。何也?君也者,众相合所成,常常而一职,不可得而分别,是以今日有所兴,明日或废之。盖众议一决,虽宪令最重者,改之可,废之可。虽即民约,改之可,解之亦可。是正讼律所云躬自誓之类也。夫自我兴之矣,而不得自我废之,则天下岂有是理哉?

若夫与他邦往复交结所约,虽由众议,不得有渝。无他,在是时非复躬自誓之类,而信义之可崇,在两国间与在两人间,无以异也。

虽然,官云君云,赖民约所置。故苟事有乖民约大本,虽其与他邦所约,亟坏之勿履可也。若约割与君权,约别有所奉戴为君之类,皆所以破坏民约。夫民约乃官、君所由也,坏所由立,复何约之为?

民约既成,邦国既立,有侵一人,而望无害于国不可得。况有侵国,而望无害于众人乎?国犹身腹也,众人犹四肢也,伤其心腹,而无赢其四肢,有是理乎?故凡与此约者,其为君发令,与为臣承命,并不可不常相共致助。是固义之所在,而亦利之所存也。为君出令,能不违于义乎,为臣必享之利焉。为臣举职,能不背于道乎,为君必获之福焉。君云臣云,初非有两人也。夫君合众而成,则君之所利,必众之所利,无有相抵,而君之出令,在臣无须(铃)〔钤〕[1]制焉。众共发令,以图害于众,无有是理也。即众共

---

〔1〕　钤,据文意改。

发令,以图害一人若数人,亦无有之。是则俟更论辨,方明白。

(解)更论辨者,指第二卷第六章论法令。

是故君唯无立,立则以义始终而已,公意之所在,君之所存也。若夫臣之于君,则不然。其享利于君虽洵大,若不豫为之防,不可以保其无背民约。何也?夫人人皆一身而两职,故其为君之所令,为臣或有不悦矣,公意之所欲,私情或有不愿矣。且也其为君也,非己独专,而必与众偕。且所谓君,无形体可见,至于臣则心思嗜欲,耳目肺肠,皆己专所有。于是乎视其当为国服者,若专益于众,而己曾无与者。乃云我之服是务,在我极可惮,而我即不服,在众不必有害,于是乎为臣之务是逃,而为君之利是守。此习一成,民约坏堕,不可救止。故曰不豫为之防,不可以保其无背民约也。

是故欲防民约之或坠空文,必当有一项插在其中。曰若有人不肯循法令,众共出力,必使循而后止。曰若是则无乃害于人之自由权乎?曰不然,正强令人保自由权云尔。何也?凡民约之本旨,在令人人奉众之命令,而无蒙人之抑制,故循夫法令,即所以远抑制之祸也。今是人乃敢背于约,故迫令其必履之者,正欲其远抑制之祸焉耳。呜呼,此一项者,政术之枢纽,而无此,则凡官之所令,皆不免为悖慢与暴恣,而其弊必有不可胜言者矣。虽然,此一项本人人之愿欲,而民约之所由起,故不必明载焉。

第八章　人　　世

民约既立，人人循法制为生，谓之出天之世，而入人之世。夫人一出天世入人世，于其身也，所变更极大。盖曩也直情径行，绝无自检饬，血气之所驱，唯嗜欲是徇，与禽兽无以别。今也每事商之于理，揆之于义，合则为君子，不合则为小人，而善恶之名始可指焉。曩也人人唯图利己，不知有他人。今也利害祸福，必与众偕，无得自异焉。盖人之出天世入人世，所失则有矣，然若取所得较之，优足以相偿。何以言之？夫众相合为生，于是乎智虑益成广博，情性益成高远，而夫所以为万物之灵者斯立矣。视之曩者昏昏芒芒，与草木俱长，与鹿豕俱生，绝无自修，相胜不甚远乎？虽然，所虞亦有一焉。盖智窦一开，不可复得而塞，不幸一旦趣向失宜，于是乎变诈相靡，诡谲相荡，浇漓败坏之极，无能复自振厉。而其末也，至相踸为奸雄所压服而后已，而自由之权，扫地而尽矣。若不然，人人能自戒饬，遵践约规，千年如一日，则此约之成，人生之庆幸，莫大于此。而为后世子孙者，亦将相庆言曰：於戏，我祖先之圣，凤运神智，相共盟以创永世之基，俾我侪得出禽兽之境，而入人类之域。呜呼，岂可谖哉！

抑因此约所失，与其所得，请得比而较之。盖其所失，则曰天命之自由也，其所得，则曰人义之自由也。天命之自由，无有限极，人人唯力是视，凡其所欲得，出力求之，必不能而后止。人义之自由，建之以众意所同然，而限之亦以众意所同然。是故由天命之自由所得，谓之夺有之权，谓之先有之权。夺有之权，乘人之弱不能为守而行之。先有之权，先人之未下功而行之。此二者虽名曰权，实与力俱亡耳。由人义之自由所得，谓之保有之权，此权文书以著之，生灭俱无涉于力。

（解）天命之自由，人人唯力是视，故毋论土地、财贿，若见人之无为守，若人之未下手，辄进而取之，所谓夺有之权与先有之权也。而一旦复有人力逾我，我亦为其所夺矣。故曰此二权者，与力俱生，与力俱灭也。人义之自由，民约所置，亦民约所限。盖民约既立，法制既设，土地、财贿，必有定主，所谓保有之权也。而此权者，文书为之征，故得之与失之，并无关于力。此三权者，下章论之更详。

　　因此约所得，更有一。何谓也？曰心之自由是也。夫为形气之所驱，不知自克修者，是亦奴隶之类耳。至于自我为法，而自我循之者，其心胸绰有余裕。虽然，论心之自由，理学之事，非是书之旨，议论之序，偶及此云尔。

　　（解）邦国未建之时，人人纵欲徇情，不知自修厉，故就貌而观，虽如极活泼自由，实不免为形气之所驱役，本心始未能为主宰，非奴隶之类乎？民约既立，凡为士者，莫不皆与议法，故曰自我为法。而法制既设，莫不皆相率循之，故曰自我循之。夫自为法而自循之，则我之本心，曾不少有受抑制，故曰心胸绰有余裕。要之，因民约所得，比其所失，相逾远甚。故第六章末段亦言，人人之于民约，无乎所失而有乎所得矣，参观而益明白。

第九章 土 地

民约之方成，人人咸举其身，及其当下所有土地，纳之于君，无所复留焉。然此特不过以为名，而实皆得自守其土地，支用其利，与初无异。盖如是，庶人、土地相合以成邦。曰人人必举其土地纳之于君者，何也？曰君合众身而成，邦合众土而成，势力极强，故赖君之力为守，比人人自为守更坚固。不唯此而已，此约者，凡法律之所寄基，可崇重莫逾于是，故我举我土地纳之于君，为名尤正，不可复侵。夫既得以正乎名，又得以增乎力，此众人之所以必纳土地于君也。

民约之未立，人人之有土地，皆不过据前所论先有之权。及约已立，土地皆为君有，而我则从而享之矣。于是乎先有之权，变为保有之权，而不可复侵焉。然若自他邦而观，我之有土地，终不免为据先有之权。何者？所谓民约在是邦，虽洵为法律所寄基，极可崇重，其与他邦初无有交涉，而众邦之间，固无有共主，何由得有变更乎权？虽然，所谓先有之权，其为力如何？曰此权比前所论威强之权，颇为可凭，然亦必须保有之权，然后方始见效矣。盖法制之未设，苟不可欠于自保者，皆得取而用之，有主与无主，固非所问，而先有之权未足深恃也。民约已立，人人其所有之外，无得复肆抢夺焉。于是我若见一地无主，先人而有之，得以守之。是知先有之权，在天世力极微，而在人世力益大。是知在人世，人之所以重我之先有权，而无敢或侵者，非为是土地之为我之有，而特为其非己有也。故曰先有之权，必须保有之权，然后见效矣。凡欲就土地行先有权者，必具三者而后可。曰是地无主，而未有一人奠居者也。曰所据有才足充衣食，无余赢也。曰既据有即就施功，不令空在也。夫我未有书券，自非就施功，无以征我之为主也。且夫土地者，天之所以养人类，而苟享生是世者，莫不皆得寄食托居焉，所谓天无虚设者也。然而我若见一地未有主，从而尽据有之，令他人不得复来托生，则非我实夺天物，而致人于穷困乎？然则非自虐之也，一间耳。昔者是班人纽熟斯，航至弥利坚南部，欲为其主，大有广版图。然未几，他国王亦皆遣兵来侵，与土人俱割地殆尽，其属是班牙者无几。故曰欲行先有权者，必具三者而后可也。

由前所论推之,邦之为物可知也,曰此合庶人、土田所成也。盖君权既及乎庶人之身,又及庶人之有,并身与土地皆司之,此正君之所以令众庶效忠贞之节,无敢或违之大柄也。顾古昔诸国王专断为政者,若白尔西王,若悉笃王,若玛施土王,皆不自称曰白尔西国王、悉笃国王、玛施土国王,而特称白尔西人中之王,悉笃人中之王,玛施土人中之王。彼岂知司庶人之身之利,而未知并司庶人之土地之利邪?近世法朗西、是班牙、英吉利诸国,其王皆自冒国王之号,因得以并土地、人民皆司之,是则可谓巧攘民主国之利,以固其私权矣。

庶人既皆举其土地纳之于官,然后从而复受之,于是乎名虽为借地者,实据有其土地,与初无异。夫庶人皆为借地者,而土地皆为官之有,故若有人侵夺我土地,若有邻国人来寇,官则出力为我御之,必克复而后止。是知庶人之纳其土于官,虽为益于君权,而其自益者实大也。虽然,君之于土地,与庶人之于土地,其权自有相异者,请详而论之。

凡兹所论,系本有土地而后相合为邦者。若有未有土地之前,欲相合为邦乎,当先相一地足容其众者,即据而有之,于是众相共有之,无分异。或检蹜而均分之,或广狭有差,皆自君定之。若众共有土地则已,苟分土地,毋别其均而分之与广狭有差,君之于土地,其权必在庶人之上。盖不如此,则相结之心不固,而君权成空矣。

(解)前乎此所论,皆先有土地,然后相约成国。故第九章云,民约之方成,人人举其当下所有土地,纳之于君。盖当下所有,或有广者,或有狭者,官乃因而书券,以著人人保有之权。故同章又云,先有之权,必须保有之权,然后见效。第八章亦云,保有之权,文书以著之,生灭俱无涉于力,前后参考方明白。又未有土地,欲相约成国,当先相土地就而寄迹焉。是时也,或众共有土地,无分异,或均而分之,或广狭有差,皆议而定之,所谓自君定之也。若众共有土地,无分异,则是官专有土地,而庶人初无所得擅也。故曰若众共有土地则已,苟有分异,则毋论其均与不均,皆庶人有所得擅矣。庶人有所得擅,而议院之公权,不胜乎庶人之私权,则君权有所不及,而法令有所不行矣。故君之于土地,其权当在庶人之上,盖众议一决,收买土地若别有所令,庶人不得而拒之也。

由此观之,邦国之所当为法可知已,曰均不均是也。盖天之降才,固不能均,有智者焉,有愚者焉,而其肆意为生,所谓天命之自由,无有限极,民约一立,权力成均,不得复有侵,此即前所云弃自由之正道也。若智者欺愚,强者暴弱,而无所顾惮,复何邦之为?乃举此以为本卷之殿云。

民约通义

法国　卢骚著

上海图书馆藏翻印本

序

　　孔圣因民之义,子舆民贵之说,莫不平等阴阳,一体民物。天鼓动,彗东出,祖龙煽威,妖氛蔽日,计臣瘉犬马,黔首膴鱼肉。延及汉末,群雄鼎峙,西击南伐,戈鋋揉缺。晋朝递降,迄无宁宇,外侵内讧,势逾冰炭,血走魂殍,骷髅起舞。彼苍者天,何瞆瞆乃尔。哀我父母,不谅人止,皇哉王哉,臣哉邻哉。胡独垂手瞑视,而不为支子计也。吁嗟生民,谁无圣聪,而锢而精,而蔽而明,而剥丧豪杰,因奴妇孺,老阳偏枯,本根亦难坚固矣。吁嗟生民,谁无室家,而虐其躯,而火其庐,而沉之囹狱,投之虎穴,穷寇反噬,亢龙将有悔矣。忍哉祖龙乎,忽哉恶祖龙者而复步祖龙之前辙也。惨哉中国乎,惨哉笑中国者而复鞏中国之顽态也。毘毘微意,愚者昧之,而智者明之。智者明之,又不得不沉详而咏叹之,如卢骚《民约》一书是已。余读其书,想见其为人。月凉风萧,犹低徊展卷而不能已。余岂敢(忘)〔妄〕[1]崇谄论,以失吾忠厚之人心哉。余亦岂忍觍然阿世,以悖吾孔圣因民之微意哉! 戊戌春东莞咽血咙哳子志。

---

〔1〕　妄,据文意改。

民约通义目录

绪　言

法国　卢骚著

政果不可得正邪？义与利果不可得合邪？顾人不能尽君子，亦不能尽小人，则置官设制，亦必有道矣。余固冀有得乎斯道，夫然后政之与民相适，而义之与利相合，其可庶几也。人或将问余曰：吾子论政，亦莅民者乎，将为一邦制作者也？余则将应之曰：吾非莅民者，亦非为一邦制作者，所以有此著也。若莅民为一邦制作，余则为余所言耳，复何托空言之为？虽然，余亦生而得为民主国之民，以有与于议政之权。顾余之陋劣，虽有此权，初不能有补于国家。然既有议政之权，则著书论政，亦余本分内之事，未得以空言斥之也。呜呼，余之论政，每有得于心，辄顾照诸吾邦所施设，然后益知吾邦制度之所以卓越乎他邦，而尤为可崇重也。如余者，何享福之厚也。

民主国者，谓民相共为政，[1]国不别置尊也。议政之权者，即第七章所谓君权也。卢骚本瑞西人，其称吾邦，即指瑞西，非指法兰西也。瑞西夙循民主之制，有合此书之旨，故卢骚崇奖之如此。

---

〔1〕　原标点如此。

第一章 本卷旨趣

昔在人之初生也,皆趣舍由己,不仰人处分,是之谓自由之权。今也天下尽不免徽纆之困,王公大人之属,自托人上,详而察之,其蒙羁束,或有甚庸人者。顾自由权,天之所以与我,俾得自立也。而今如是,此其故何也?吾不得而知之也。但于弃其自由权之道,自有得正与否焉,此余之所欲论之也。

是段一篇之大纲领,盖以为上古之时,邦国未建,制度未设,人人肆意为生,无受人约束,自由权尤盛之(侯)〔候〕[1]也。及邦国既建,制度既设,尊卑有常,贫富有别,不复如上古人之肆意为生。即帝王之贵,虽威福自由,往往外为强臣之所胁,内为媟嬖之所制,动不如意,比庸人居家颇自恣,或有劣焉,亦非能有自由权也。夫所谓自由权者,天之所与人令得肆意为生也,则宜贵重顾惜,罔之或失也。而今尽天下之人,皆丧失之矣。此天下之一大变事也。所以致此变者,当有所从来,而吾未之能知也。盖作者于其题号《不平等论》书中,论此变之所从来极详。兹言不知者,是书之旨趣,不在于此故也。虽然,自由权亦有二焉。上古之人,肆意为生,绝无被检束,纯乎天者也。故谓之天命之自由,本章所云即是也。民相共约,建邦国,设法度,兴自治之制,斯以得各遂其生、长其利,杂乎人者也。故谓之人义之自由,第六章以下所云即是也。天命之自由,本无限极,而其弊也,不免交侵互夺之患,于是咸自弃其天命之自由,相约建邦国,作制度以自治,而人义之自由生焉。如此者,所谓弃自由(观)〔权〕[2]之正道也,无他,弃其一而取其二,究竟无有所丧也。若不然,豪猾之徒,见我之相争不已,不能自怀其生,因逞其诈力,胁制于我,而我从而奉之君之,且听命焉。如此者,非所谓弃自由权之正道也,无他,天命之自由与人义之自由,并失之也。论究此二者之得失,正本卷之旨趣也。

---

〔1〕 候,据东京佛学塾本、大同译书局本改。
〔2〕 权,据东京佛学塾本、大同译书局本改。

人或曰，人之所以致失自由权者，有强勇力者制之也，此邦国之本也。吁，曷其然？夫民为强者之所制，不得已而从之，固无不可。一旦自振拔，蹶起破其衡轭，则孰得而御之。何者？彼其初所赖以夺我之自由权者，独有威强而已。故我今亦赖我之威强以复之，彼复有何辞于我？若此则是邦国者，天下党聚之最杌陧不安者也。曷其然？夫邦国者，凡党聚之类之所取法焉，宜别有所本也，不宜如此之不安也。然则邦国者，果何所本也？曰此非本于天理之自然，而本于民之相共为约也。民之相共为约者如之何？曰姑舍此，余请先明邦国所以非本于天理之故焉。

是段一篇驳论之纲领。自下第二章至第五章，总是论邦国所以非本于天理之故，且反覆究诘，著以威强为邦国之本之非，然后自第六章方入民约之本论，词义极明瞭，故不下解，下效此。

第二章 家 族

人之相聚为党,其类亦蕃矣。其最首起且出于自然者,莫逾于家族焉。然子之仰食于父,独在婴孩不能自存之候而已。及其年长,三明以鑴之,百艺以磨之,则力当自养矣。于是为父者,不必婴视其子,为子者亦不容待食于父,而各得以自守,此自然之理也。世之为父子者,子既长,犹与父居,每事必咨禀而后行,子固欲其如是也,非由不得已也。由是言之,家族亦因约而立者矣。且夫父子之所以各自守而不容偏爱者,天命乃使尔也。盖自主之权,天之所以与人也,故为人之道,莫重于自图其生,而其当务之急,在乎为己,不在乎为人。是以人苟成长更事,凡可以便身者,皆自择而自取之,所谓自主权也。既自主矣,虽父子之亲,亦不能自恃也。

世之欲人主专断为政者,动引家族为说,曰有家而后有国,君犹父也,民犹子也。君之与民,本各有自主之权,无有优劣。独名之所系,则君莅乎上,民奉乎下,而邦国立矣。此言殊似近理,独父之于子,爱念罔极,其抚摩顾复,出乎至情,故益也。至于君则不然,倘非有爱民之心,而独据尊莅下,特欲作威福而已,岂能有益于民哉?

荷兰亘鲁士著书论政,以为立政非为图民利,援希腊、罗马蓄奴隶为征。夫希、罗之有奴隶,古昔之恶制,弗不易之理也。亘鲁士之立言,每因事实以为道理,可谓助桀为虐者矣。

事实之与道理,不得相混。盖事实者,所有之事也;道理者,所当有之事也。故若由事实而言之,有为民父母而肆威虐者,有为国宰相而恣贪冒者,有为父而不慈者,为子而不孝者,行诈者,为盗者,天下何不有?若见其如此,曰是道理也,则可乎?今亘鲁士主张专断之制,引往古恶制为征,此因实事为道理者也,非助桀为虐乎?

大块上生民,其丽不亿,而阅古帝王,眇乎不上数十百。生民果为属于帝王耶,将帝王属于生民也?通览亘鲁士之书,察其旨,盖以生民属帝王者矣。其后英吉利霍必亦有此说,蹈袭亘鲁士意耳。假如此,则民庶犹群畜也,帝王犹牧人也,牧人之豢养群畜,直为击椎充食耳,爱云乎哉?

罗马帝加里互剌,以为牧人之与群畜,尊卑悬绝,人主与民,亦犹此也。乃曰人主,神也,民庶,禽兽也,以神莅禽兽,何为不可?此言比伦传之。

罗马帝之言,与霍必、亘鲁士同旨。盖希腊阿里士德,先三人者有言,曰人固不相等,或为人上,或为奴隶,皆天之所命。吁,此不辨本末之论也。夫生长奴隶之家者,必有奴隶之情,无怪也。彼自少时,常在困辱之地,气习一成,至无复自加奋励,若希腊由李士之僚友然。史传由李士之僚甲乙等数人,沉缅好色,积成昏愚,而意气扬扬,犹甚自得。故世之有奴隶者,威虐造之于初,昏惰保之于后,乌有所谓命乎,天而为奴隶者哉?

阿里士德以为有生而人上者,有生而奴隶者,尊卑盖命于天,此谬见也。世之有奴隶者,由强暴弱、黠欺愚而然。而一为奴隶,志气萎苶,无能复奋发,图脱于阸。况为之子孙者,习屈辱之久,反至自以为乐,若由李士之僚友亦是已。然则强者驱人为奴隶,是本也,奴隶人自安屈辱,是末也。今阿李士德见奴隶人自安屈辱,以为命于天,此不辨本末也。

由此观之,人主之虐民,民之屈人主,为胥失于(于)〔1〕道也明矣。独亚当、诺暨,是二帝者,余殊不愿讥议。亚当开辟始祖,诺暨遭洪水之祸,生类荡尽,而诺暨独得免难。其三子分处亚细亚、阿非利加、欧罗巴,实为黄、黑、白三族类之祖。据希腊史,撒邠娄之三子分居三区,为后世人类始祖,此必同事异传也。夫是数帝者,为人类之始祖,则虽余之微贱,若据谱牒按检,或为其宗裔,未可知。果然,宇内正统之君,非别人,即余也。余安敢轻议之,不值一笑耳。且也亚当之为君,即鲁蟠孙之在岛也。野史载鲁蟠孙遇飓,漂至孤岛,上岸四望,阒寂无一人。亚当岳降之初,无与此异,则逆谋祸乱,并非所虞,晏然以得守其位。如此者,初不容拟议也。

主人之虐奴非也,则人主之虐民亦非也。世或有据家世为说者,曰今之帝王,皆缵先世基绪,非也。若以家世,则天下人类,孰不自父天母地而生者?虽乃余之微贱,亦为天帝遗裔,则与世帝王奚别?世人又以宗支为

---

〔1〕 于,据东京佛学塾本、大同译书局本删。

轩轾,尤非也。上古悠邈,谱牒之作,特载籍以后之事尔。则如余者,亦未必非天帝宗家之裔也。且开辟之始,而噩噩,而盱盱,天下无所谓民者,故不依约立政,初无虞于祸乱。今之帝王,未得一例视也。都用谐谑论驳,潜心玩味,然后作者旨得矣。

第三章　强 者 之 权

虽天下之至强者,不变其力为权,不可以永使其众。虽天下之至弱者,不变其屈为义,不可以久事其上。我唯强,故能服人。一旦人亦成强,则必将抗我者也。虽然,所谓变力为权,变屈为义,吾见其不易为也。凡强云者,非谓气形之力乎?权者,非谓理义之效乎?吾未知何由能变力为权也。凡屈云者,非谓志之困乎?义者,非谓事之宜乎?吾未知何由能变屈为义也。且凡屈乎人者,皆出不得已也,非择而取之也。苟非择而取之,是亦自全之一计云尔,何义之有?是故强者之权,人之所疾莫甚焉。然而吾观世之为君臣,莫不据此权建基者,何也?

今假为有所谓强者之权乎,吾必见义理之纷纭颠倒,无所底止也。夫以力为权者,初无所谓义矣。苟无所谓义,何理之生?夫我有力而能制人,一旦又有人力胜我,我亦为其所制。若是转辗不已,祸乱相继于无穷。夫藉力制人,而为合于义,则藉力抗人,亦为合于义矣。力之所在,即权之所在也,则天下之人,将唯力是求。吁嗟,赖乎力仅存者,岂得谓之权哉?且凡力不赡而屈,出不得已也,非由义而断也。既不由义而断矣,酖毒扤昧,何施不可?是知强者之权,威力耳,非权也,权之名耳,无其实也。

僧侣辈动辄云,见强者从之。顾是言也,非谓力屈而后从邪?果然,其意固无不可。但力屈而后从者,出不得已也,则虽微是言,人亦将从之矣。又云,凡力之类,皆天之所与也,因欲人之无抗之,何其谬矣。苟言天焉,疾疫之流行亦天也,若见得疾呼医,曰是逆天也,可乎?行路遇贼,力不能与为敌,不得已释盘缠授之,固无不可。若虽足与为敌,而徒见贼携铳,曰是力之类也,辄亦释盘缠授之,则人谁不笑我者?

僧门徒侣,往往诿天为说,乃云若为强者所加,当即听从,勿得相抗。顾疾疫之为虐,亦天也,然呼医请治,谁谓不可?盗贼要我于途,亦天也,然自非万不得已,不须释盘缠以授焉。夫暴君污吏,藉势威以虐我者,疾疫之类耳,盗贼之类耳,何不可抗之有?以贼喻暴君,以盘缠喻权,读者宜细嚼玩味焉。

由是观之,力不可以为权,屈不可以为义。而帝云王云,其权苟不合于道,无须听从也。

第四章　奴　　隶

人咸相等,无有贵贱,而又力无以为权,则世之欲建立威权,令合于道者,非相共为约,复无别法可求。

亘鲁士又云,人若欲自弃其权,从人听命,孰得而御之?然则一国之民,自弃其权,奉君听命,亦何不可之有?是言也,辞意殊晻昧,请先就弃字论之。夫所谓弃者,与之谓邪,将卖之谓邪?顾为人奴者,非自与也,自鬻也。苦衣食不赡,就人自鬻是矣。至于民,吾不知何故自鬻为人臣也。夫君也者,养于臣者也,非能养臣也。刺弗列有云,人主之为生,费极广。吁嗟,为人臣者,既举其身奉之,又举其财供之,吾未见有何所遗也。

人或云,人主专断为政,能使臣庶相辑和无争。此或然。然吾观世之为帝王者,往往好大玩戎,轻用民死,否则崇侈靡,重敛不知厌。或大臣弄威柄,诛求无已。若此则臣民之蒙祸,比其互相争,有加无减,其相辑和,适所以贾祸也,吾未见其利也。且人之所愿,岂无急于辑和者哉?若以辑和而已,昔希腊人之在悉古鲁,比其死也,亦颇得相和不争。史载希腊人战败就虏,被投悉古鲁之壑,猛兽来(抟)〔搏〕[1],相继皆为所噬杀。若此者,亦人之所愿乎?

观乎此,则民之就君,自鬻为臣,无有所利亦明矣。若曰自举身与人,无征直,悖理莫此为甚。世或有若人,非痴则颠。若复曰举国人自举身与君,无征直,则是举国人皆病狂丧心也,岂有是理哉?且丧心之人,其言固不足置信,我焉得据以为我权哉?

纵人人得自举身与人,儿子则不得并与之也明矣。何者?儿子亦人也,亦有自由权,岂复得恣与人为奴哉?子之方幼,父代子与人约为图利固可。至于代子与人约为奴,虽父之尊,无有是权,无他,有背天理也。然则专断为政者,若欲其权之少有合道,当听国人。及其成长更事,仍奉其上与否,并任意自择之。果能如是乎,已非复专断也矣。

且夫弃自由权者,弃为人之德也,弃为人之务也,自屏于人类之外也。若然者,谓之自弃而靡所遗。吁嗟,人自弃而靡所遗,复安所取偿哉?若然者,固天命之所不容也。夫人一弃自由权,虽有心肠,不得而自用,所行非其心,

---

〔1〕　搏,据东京佛学塾本改。

所为非其情,如此则为善不可以为君子,为不善不可以为小人。既不得为君子,又不得为小人,是亦禽兽也已。不宁此而已也,凡与人约为奴者,有约之名,而无其实也。凡约云者,必相分权,若彼专乎令,而我专乎从,安在其为分权哉?彼专乎令而我专乎从,则彼之于我,何施不可?吁嗟,彼之使我,威权无所限,而我之事彼,屈辱无所底,唯此一事,不既足以坏约之旨,令不成乎?且我既自弃而靡所遗矣,则凡我之有,皆彼之有也。一旦彼挟其权以临我焉,我欲亦挟我权以对之,则我之权,即彼之权也。吁嗟,挟人之权以对人,天下宁有是理哉?余故曰,与人约为奴者,有约之名而无其实也。

亘鲁士及诸为亘鲁士家言者,以战为奴隶所出。其言曰,战胜虏敌,得杀而无宥,于是就虏者,弃其自由权以求活。巧哉乎言也,果若是也,主人之与奴隶,皆有以自利矣。虽然,所谓战胜杀敌无宥者,见其大有违于战之道也,请推战之本而论之。

昔者邦国之未立也,人人肆意为生,离合聚散,无有定形。既无由与战,又无由与保和。要之,相与仇视者,非人之本性也明矣。且战也者,两国交伐之谓,非两人交斗之谓也。上古之时,土地非私有,无以为国,则战无由生也。其或一人二人交斗,固不得为战。及乎土地有主,国有民人,战又有法,不得恣虏人为奴也。

又凡私斗之类,皆一时忿悁之所发,要无可准。又若法兰西王路易第九,听诸侯私相伐以决争,及僧人假托神敕,立期令相与媾和,则要封建为政之弊,悖理莫甚焉,安足置齿牙间也。

故曰战也者,国与国交伐之谓也,非人与人交斗之谓也。两国人之相为敌,要一时之事耳,非以其为是国之人故,特以其为是国之军人故耳。是知国者,必以国为敌,不得以人为敌。何则?国之与人,初不同伦,其不可相与有为也明矣。夫是道也,古今苟知礼义之国,莫不皆以此为战之要。何以明其然?曰且不见请战期一法乎?凡出师伐人国,必先遣使请战期,是虽为使其国得为备,抑亦使其众得避祸,是以除军人外,往往荷担以逃也。故若伐人国,无请战期,潜师掩其不备,以有卤获,无论其为帝为王,为将相,为庶民,直贼耳,不得以敌目之也。

是故古今苟知行兵之道者,伐人国,入其境,诸属公府者,(成)〔或〕〔1〕卤

---

〔1〕 或,据东京佛学塾本、大同译书局本改。

掠充军须,至于诸人之身与财(赌)〔贿〕[1],必严禁勿得犯。彼固知敬敌国民,即所以庇己国民也。且也战之所旨,在伐敌国,不在戕敌人。故敌人执兵拒斗者,杀之固可,苟舍兵请降,不得复杀之。彼既舍兵还初服,是亦一庶人耳,我乌得杀之哉? 又战或有得平行人国都,是时也,出师之志既得,不得复有虏获也。

凡兹所言,皆原于事物自然之理,确乎不可易。固非如亘鲁士辈,稽古昔诗人言,妄断为说也。

夫战胜夺人国、奴人民,自以为当然者,皆不过据向所谓强者权为说焉耳。夫战胜举敌国,固不得肆杀其民。既不得杀民,则亦不得奴之也明矣。何也? 人之得杀其敌,特在为其抗己,而不得已之候而已。若得以为奴,则不得复以为戮。苟不得以为戮,不得复以为奴矣。夫人已舍兵请服,我不得复杀之;我不得杀之,而且使其弃自由权以求活。如是者,岂道也哉? 彼亘鲁士辈,既自奴役之权而出生杀之权,又自生杀之权而出奴役之权,孰为本,孰为末,若循环无端,其悖于理,岂不昭然明白也哉。

且纵战胜敌,而无宥其在敌人,若敌国民为之奴者,不须永祗臣节,苟得机便,辄蹶起,复与为敌,以图脱于阨耳。何也? 自由权者,我之贵重之,与性命无异,而彼必夺诸我也。盖其活我也,非有德于我,彼其心必曰,徒杀之无益,不如夺其自由权之为愈也。则彼之活我,以自利耳,何有德于我? 嗟乎,彼既活我以为奴,而我犹伺便以图自脱,则彼之与我为敌,略无异于初也。则名虽曰权,曷尝有补于力? 彼或曰,汝向弃自由权以求活,是亦约也,汝今乃负约。我辄答曰:是约也,汝固与我约相为敌无已,我今者非负约,正践约耳。则彼复有何辞于我?

由此观之,奴役之权,非独违于道,而亦违于理,初不成意义也。言奴者不言权,言权者不言奴,此二语义不相容。有人于此,与人约曰:由是约,利之所在,吾专享之,害之所在,汝专受之。又曰:吾之所约,我固当守之,汝虽有不便,亦当守之。斯约也,毋论其两人相与约,与君民相与约,皆违道违理,不成意义也。

---

〔1〕 贿,书中多处作"财贿",今据改。

第五章 终不可不以约为国本

凡余之前所论驳,其言(背)〔皆〕[1]谬戾无成理。今特就事实而征焉,世之主张专断之制者,亦不得持其说。何以言之?夫据法以治国,与藉威以御众,其迹相去几何也。有人于此,恃其威强以服众,虽有百万之众,吾必曰是一主人与众奴隶也,必不曰是一君与众民也。吾必曰是种落也,必不曰是邦国也。何者?彼藉威御众,不分人以利,不分人以利者,何以为君?是人也,席卷(字)〔宇〕[2]内,包举四海,不免为独夫。其所利非众所利也,私利也。彼挟其私利以临众,非独夫而何?丛祠之柏,高指乎天,大蔽于牛,一旦天火来毁,灰烬随风散落,不可收拾。独夫殒命,其众崩溃,亦与此无异。若是者,岂得谓为国哉?

亘鲁士曰,一邦之民,皆奉命于君。信斯言也,是其未奉命之前,既已有邦矣。既有邦,斯有政矣,所谓奉命之事亦政也,苟政也,则不得不议而定之。果如是,与其论民之所以奉于君也,不若论民之共约而建邦也。建邦之事,势必在奉命之前,则论政术者,当托始于是也。

假如其奉命之前,未有邦乎?吾不知其何由得成奉命之事也。众相会,咸皆同意,而无一人自异则善。若不幸百人欲之,而十人不欲之,则百人者何由得行其议邪?众相议决事者,必较持议多寡固是矣,然此亦非豫有约不可。而未有邦之前,无有约之类也。是知其议立王之前,更有一事咸为同意所定者,此正余之所欲论之也。何谓也?曰相约建邦是也。

亘鲁士言,国民立君,托之以专断之权。卢骚则言,民相共约建邦,当在立君之前,所谓民约也。民约一立,人人坚守条规,立君之事,必不为也。首章至是,专驳专断之制,自下章方入本论。

---

[1] 皆,据东京佛学塾本、大同译书局本改。
[2] 宇,据东京佛学塾本、大同译书局本改。

第六章 民　　约

　　人恒言,昔者人之肆意为生也,不经久,天灾与人祸交侵,其力远越我之力,至不可复御。此或然。夫人一至于此极,非大有爱力变其生计,族类几乎灭矣。虽然,所谓变生计者,其事殆不易为也。盖人之智力本命乎天,不可暴而殖。故若欲捍患御灾以自保,非相倚为党,共合其力,然后率之,令出于一,无别法可求。虽然,此有患焉。夫我之力,于我之自存,尤不可欠者也。我若与众合力,不复得而独用,则得无损于我之身乎?呜呼,是所谓变计之难者,而民约之诀,尽在于此。盖当时事情委曲,虽不可得而考,理则亘古今一者也。兹乃推众人所当同然,而叙其言如左。

　　众相共言曰,吾等安得相倚成一党,赖其全力以保生?曰吾等安得相共系束羁縻成一团,而实绝无为人所抑制,各有自由权,与曩时无异。此乃国之所以成国,民之所以成民也,而民约则论次之条目者也。所谓民约之条目,其旨极严极整,不得有少变改。苟有变改,一时并坠地,无复见效矣。所谓民约之条目,未尝闻有举之口,亦未闻有笔之书。然其旨意原乎义,本于情,确乎不可易。而凡为民者,未始不默采暗听,以为邦国之本焉。其或有背戾者,于是乎纲维解纽,人人肆意徇情,大坏极弊,然后人义之自由敛迹,而复归入曩日天命之自由矣。

　　英吉利勉杂母云:卢骚民约,世未闻有及者。彼岂不读此一段,故为是言邪?卢骚固言,民约之条目,未尝闻有举之口、笔之书。盖卢骚尤恶世之论政术者,往往徒据实迹而为说,故本书专推道理立言,论义之所当然,而事之有无,初非所问也。勉杂母论用,而卢骚论体;勉杂母论末,而卢骚论本;勉杂母单论利,而卢骚并论义,其有不合也固宜。

　　所谓民约之条目虽多端,然合之则成一,曰党人咸皆举其权尽纳之于党是也。党人咸皆举其权纳之于党,而无一人自异,如是然后得分利均矣。分利均,然后利己害人之心无由生矣。党人尽纳其权而无所遗,如是然后相纽结也周,而无亏隙可求,而无有一人诉屈者矣。不尔,若党人各有所保守,而不肯尽纳,则无以为党也。何者?党本无共主,一旦我与党有争,而我据我所保之权以抵拒,则谁复决之者? 若此人人就一事得自用其权焉,则其后也,将就万事自用其权矣。夫如是,则曩日肆意为生之势复生,而党之力非成暴则成空矣。由此观之,民约也者,人人相将自举身以与于众者也,非向所谓自举身以与于君者也。虽自举与众也,实无有所与。何以言之? 夫人人皆自举与众,而无一人自异,则是无一人无所得乎众者也。无一人无所得乎众者,则是无一人无所自偿者也。故曰虽自举与众,实无有所与也。非独此而已,人人自与众,而众藉其全力以拥护之,则是人人之为守,比其自为守,不更大固乎? 是则人人之于民约,无所失而有所得矣。

是故民约也者,提其要而言,曰人人自举其身与其力,供之于众用,率之以众意之所同然是也。

民约已成,于是乎地变而为邦,人变而为民。民也者,众意之相结而成体者也。是体也,以议院为心腹,以律例为气血,斯以宣畅其意思者也。是体也,不自有形,而以众身为形,不自有意,而以众意为意。是体也,昔人称之曰国,今也称之曰官。官者,裁理群职之谓也,自其与众往复而称亦曰官,自其出令而称曰君,他人称之曰邦,合其众而称之曰民,自其议律例而称曰士,自其循法令而称曰臣。虽然,此等称谓,或有相通用不分别,寻其本义,宜如此云尔。

第七章　君

由前所述推之，民约之为物可知已，曰是君与臣交盟所成也。然所谓君者，以不过乎众人相合者，虽云君臣交盟，实人人躬自盟也。何以言之？曰众人相倚为一体，将议而发令，即君也，非别置尊奉之。而凡与此约者，皆有与乎为君也。自其将出乎令而言，则君与其臣盟。自其将奉乎令而言，则臣与其君盟。故曰虽云君臣交盟，实人人躬自盟也。讼律之法言，以为凡躬自誓，不必须践言。然则民约亦不必须践言乎？曰否。兹所谓君者，合众而成，故臣之于君，犹片段之于全体，非如讼律所云躬自誓之类也。

是故众共议所定，在人人必不可不遵踏焉。人人皆一身而两职，故其为君所定，臣不可不循之。若为不循，是一人而背于众，臣而背于君也。至于为君所定，而亦为君改之，则十易之不为病矣。何也？君也者，众相合所成，常守其职，不可得而分别，是以今日有所兴，明日或废之。盖众议一决，虽宪令最重者，改之可，废之可。虽即民约，改之可，解之亦可。是正讼律所云躬自誓之类也。夫自我兴之矣，而不得自我废之，则天下岂有是理哉？

若夫与他邦往复交结所约，虽由众议，不得有渝。无他，在是时非复躬自誓之类，而信义之可崇，在两国间与两人间，无以异也。

虽然，官云君云，赖民约所置。故苟事有乖民约大本，虽其与他邦所约，亟坏之勿履可也。若显悖君权，别有所奉戴为君之类，皆所以破坏民约。夫民约乃官、君所由立也，坏所由立，复何约之为？

民约既成，邦国既立，有侵一人，而望无害于国不可得。况有侵国，而望无害于众人乎？国犹身腹也，众人犹四肢也，伤其心腹，而无羸其四肢，有是理乎？故凡与此约者，其为君发令，与为臣承命，并不可不常相保助。是固义之所在，而亦利之所存也。为君出令，能不违于义乎，为臣必享之利焉。为臣举职，能不背于道乎，为君必获之福焉。君云臣云，初非有两人也。夫君合众而成，则君之所利，必众之所利，无有相抵，而君之出令，在臣无须（铃）〔钤〕〔1〕制焉。众共发令，以图害于众，无有是理也。即众共发令，以图害一人若数人，亦无有之。是则俟更论辨，方可明白。

---

〔1〕　钤，据文意改。

更论辨者,指第二卷第六章论法令。

是故君唯无立,立则以义始终而已,公意之所在,君之所存也。若夫臣之于君,则不然。其享利于君虽大,若不豫为之防,不可以保其无背民约。何也?夫人人皆一身而两职,故其为君之所令,为臣或有不悦矣,公意之所欲,私情或有不愿矣。且也其为君也,非己独专,而必与众偕。且所谓君,无形体可见,至于臣则心思嗜欲,耳目肺肠,皆己所专有。于是乎视其当为国服者,若专益于众,而己曾无与者。乃云我之服是务,在我极可惮,而我即不服,在众不必有害,于是乎为臣之务是逃,而为君之利是守。此习一成,民约坏堕,不可救止。故曰不豫为之防,不可以保其无背民约也。

是故欲防民约之或坠空文,必当为之法令于其中。曰若有人不肯循法令,众共出力,必使循而后止。曰若是则无乃害于人之自由权乎?曰不然,正强令人保自由权云尔。何也?凡民约之本旨,在令人人奉众之命令,而无蒙人之抑制,故循夫法令,即所以远抑制之祸也。今是人乃敢背于约,故迫令其必履之者,正欲其远抑制之祸焉耳。呜呼,此一项者,政术之枢纽,而无此,则凡官之所令,皆不免为悖慢与暴恣,而其弊必有不可胜言者矣。虽然,此一项本人人之愿欲,而民约之所由起,故不必明载焉。

第八章 人 世

民约既立,人人循法制为生,谓之出天之世,而入人之世。夫人一出天世入人世,于其身也,所变更大。盖曩也直情径行,绝无检饬,血气之所(躯)〔驱〕[1],唯嗜欲是徇,与禽兽无以别。今也每事商之于理,揆之于义,合则为君子,不合则为小人,而善恶之名始可指焉。曩也人人唯图利己,不知有他人。今也利害祸福,必与众偕,无得自异焉。盖人之出天世入人世,所失则有矣,然若取所得较之,优足以相偿。何以言之? 夫众相合为生,于是乎智虑益广博,情性益高远,而所以为万物之灵者斯立矣。视之曩者昏昏芒芒,与草木俱长,与鹿豕俱生,绝无自修,相胜不甚远乎? 虽然,所虞亦有一焉。盖智窦一开,不可复得而塞,不幸一旦趣向失宜,于是乎变诈相靡,诡谲相荡,浇漓败坏之极,无能复自振厉。而其末也,至相踵为奸雄所压服而后已,而自由之权,扫地而尽矣。若不然,人人能自戒饬,遵践约规,千年如一日,则此约之成,人生之庆幸,莫大于此。而为后世子孙者,亦将相庆言曰:於戏,我祖宗之圣,凤运神智,相共盟以创永世之基,俾我侪得出禽兽之境,而入人类之域。呜呼,岂可谖哉!

抑因此约所失,与其所得,请得而比较之。盖其所失,则曰天命之自由也,其所得,则曰人义之自由也。天命之自由,无有限极,人人唯力是视,凡其所欲得,出力求之,必不能而后止。人义之自由,建之以众意所同然,而限之亦以众意所同然。是故由天命之自由所得,谓之夺有之权,谓之先有之权。夺有之权,乘人之弱不能为守而行之。先有之权,先人之未下手而行之。此二者虽名曰权,实与力俱亡耳。由人义之自由所得,谓之保有之权,此权者文书以著之,生灭俱无涉于力。

天命之自由,人人唯力是视,故毋论土地、财贿,若见人之无所守或未下手,辄进而取之,所谓夺有之权与先有之权也。而一旦复有人力逾我,我亦为其所夺矣。故曰此二权者,与力俱生,与力俱灭也。人义之自由,民约所置,亦民约所限。盖民约既立,法制既设,土地、财贿,必有定主,所谓保

---

〔1〕 驱,据东京佛学塾本改。

有之权也。而此权者，文书为之征，故得之与失之，并无关于力。此三权者，下章论之更详。

因此约所得，更有一端。何谓也？曰心之自由是也。夫为形气之所驱，不知自克修省者，是亦奴隶之类耳。至于自我为法，而自我循之者，其心胸绰有余裕。虽然，论心之自由，理学之事，非是书之旨，议论之序，偶及此云尔。

邦国未建之时，人人纵欲徇情，不知自修厉，故就貌而观，虽如极活泼自由，实不免为形气之所驱役，本心始未能为主宰，非奴隶之类乎？民约既立，凡为士者，莫不皆与议法，故曰自我为法。而法制既设，莫不率循之，故曰自我循。夫自为法而自循之，则我之本心，曾不少受抑制，故曰心胸绰有余裕。要之，因民约所得，比其所失，相逾远甚。故第六章末段亦言，人人之于民约，无所失而有所得矣，参观而益明白。

第九章 土　　地

民约之方成,人人咸举其身,及其当下所有土地,纳之于君,无所复留焉。然此特不过以为名,而实皆得自守其土地,支用其利,与初无异。盖如是,庶人、土地相合以成邦也。曰人人必举其土地纳之于君者,何也? 曰君合众身而成,邦合众土而成,势力极强,故赖君之力为守,比人人自为守更坚固。不唯此而已,此约者,凡法律之所寄基,可崇重莫逾于是,故我举我土地纳之于君,为名尤正,不可复侵。夫既得正其名,又得增其力,此众人之所以必纳土地于君也。

民约之未立,人人之有土地,皆不过据前所论先有之权。及约已立,土地皆为君有,而我则从而享之矣。于是乎先有之权,变为保有之权,而不可复侵焉。然若自他邦而观,我之有土地,终不免为据先有之权。何者? 所谓民约在是邦,虽洵为法律所寄基,极可崇重,其与(地)〔1〕他邦初无有交涉,而众邦之间,固无有共主,何由得有变更权乎? 虽然,所谓先有之权,其为力何如? 曰此权比前所论威强之权,颇为可凭,然亦必须保有之,方始见效。盖法制之未设,苟不可欠于自保者,皆得取而用之,有主与无主,固非所问,而先有之权未足深恃也。民约已立,人人于其所有之外,无得复肆抢夺焉。于是我若见一地无主,先人而有之,得以守之。是知先有之权,在天世力极微,而在人世力益大。是知在人世,人之所以重我之先有权,而无敢或侵者,非为是土地之为我之有,而特为其非己有也。故曰先有之权,必须保有之权,然后见效矣。凡欲就土地行先有权者,必具三者而后可。曰是地无主,而未有一人奠居者也。曰所据有才足充衣食,无余赢也。曰既据有即就施功,不令空在也。夫我未有书券,自非就施功,无以征我之为主也。且夫土地者,天之所以养人类,而苟享生是世者,莫不皆得寄食托居焉,所谓天无虚设者也。然而我若见一地未有主,从而尽据有之,令他人不得复来托生,则非我实夺天物,而致人于穷困乎? 然则非自虐之也,一间耳。昔者西班人纽熟斯,航至弥利坚南部,欲为其主,大有恢广版图之志。然未几,他国王亦皆遣兵来侵,与土人

---

〔1〕 地,据东京佛学塾本、大同译书局本删。

俱割地殆尽，其属西班牙者无几。故曰欲行先有权者，必具三者而后可也。

由前所论推之，邦之为物可知也，曰此合庶人、土田所成也。盖君权既及乎庶人之身，又及庶人之所有，并身与土地皆司之，此正君之所以令众庶效忠贞之节，而莫敢或违之大柄也。顾古昔诸国王专断为政者，若白尔西王，若悉笃王，若玛施土王，皆不自称曰白尔西国王、悉笃国王、玛施土国王，而特称白尔西人中之王，悉笃人中之王，玛施土人中之王。彼岂知司庶人之身之利，而未知并司庶人之土地之利邪？近世法兰西、西班牙、英吉利诸国，其王皆自冒国王之号，因得以并土地、人民皆司之，是则可谓巧攘民主国之利，以固其私权矣。

庶人既皆举其土地纳之于官，然后从而复受之，于是乎名虽为借地者，实据有其土地，与初无异。夫庶人皆为借地者，而土地皆为官之有，故若有人侵夺我土地，若有邻国人来寇，官则出力为我御之，必克复而后止。是知庶人之纳其土于官，虽为益于君权，而其自益者实大也。虽然，君之于土地，与庶人之于土地，其权自有相异者，请详而论之。

凡兹所论，系本有土地而后相合为邦者。若未有土地之前，欲相合为邦，当先相一地足容其众者，即据而有之，于是众民相与共有之，无或分异。或检踏而均分之，或广狭有差，皆自君定之。若众共有土地焉尔，分土地，毋别其均而分之与广狭有差，君之于土地，其权必在庶人之上。盖不如此，则相结之心不固，而君权成空矣。

前此所论，皆先有土地，然后相约成国。故第九章云，民约之方成，人人举其当下所有土地，纳之于君。盖当下所有，或有广者，或有狭者，官乃因而书券，以著人人保有之权。故同章又云，先有之权，必须保有之权，然后见效。第八章亦云，保有之权，文书以著之，生灭俱无涉于力，前后参考方明白。又未有土地，欲相约成国，当先相土地就而寄迹焉。是时也，或众共有土地，无或分异，或均而分之，或广狭有差，皆议而定之，所谓自君定之也。若众共有土地，无或分异，则是官专有土地，而庶人初无所得擅也。故曰若众共有土地则已，苟有分异，则毋论其均与不均，皆庶人有所得擅矣。庶人有所得擅，而议院之公权，不胜乎庶人之私权，则君权有所不及，而法令有所不行矣。故君之于土地，其权当在庶人之上，盖众议一决，收买土地若别有所令，庶人不得而拒之也。

　　由此观之,(那)〔邦〕[1]国之所当为法可知矣,曰均不均是也。盖天之降才,故不能均,有智者焉,有愚者焉,而其肆意为生,所谓天命之自由,无有限极,民约一立,权力成均,不得复有侵夺,此即前所云弃自由之正道也。若智者欺愚,强者暴弱,而无所顾惮,复何邦之为? 乃举此以为本卷之殿云。

---

〔1〕 邦,据东京佛学塾本、大同译书局本改。

民约论

法国　卢骚著

《译书汇编》1900 年第 1、2、4、9 期

卢 骚 小 传

卢骚[1]名戎雅屈，匠人某之子也，一千七百十二年六月二十八日，生于瑞西日内瓦府。家贫窭，幼失母。天资颖敏，不屑事家人生业，而好读稗官野乘，久之自悟句读，遂涉猎于发朱惠、募理英尔诸大家。及执弟子礼于乡校师良边西之门，得读普鲁达尔之书，慨然自奋曰："英雄豪杰，非异人任矣。"自是刻苦砥砺，日夜孜孜，惟恐不足，崭然有睥睨千古之概。成童时，其父以故去日内瓦府，属卢骚于佣书某，而卢骚意不自适，因从雕刻师某业焉。无何，又去某氏，漫游四方。一千七百二十八年，入法国安西府，寄食瓦列寡妇某氏。氏悯其年少气锐，常为贫窭，又欲变化其狷介之气质，恩遇周挚，若家人父子也。遂劝其遵奉耶苏旧教，又命入意大利株林府教育院。既又出教育院，为音律师，出入侯门，仅免冻馁。后益困，常执仆隶之役，卑贱屈辱，不能一日安其心，乃复投瓦列寡妇，妇善视之如初。及妇没，赴里昂府，主大判事吗当剌家，教授其子弟。一千七百四十一年，著音律书于巴黎，为伶人所沮，书不得行。当卢骚之在巴黎也，与牧师及诸名流乡老相往来，奢侈浮靡，颇为都俗所眩。于是自请为法国公使孟侦义侯记室，随往意大利威内斯府。而傲慢自喜之心不少悛，侯数规之，不听，怒逐之，乃归巴黎。一千七百四十八年，征税官犹磐招为记室。一千七百四十九年，穷乏益酷，恒终日不得一炊，遂矫正其所著书，务求合俗，出而售之，仅获旦夕之饷焉。

一千七百五十年，埃戎大学校征文天下，论工艺学术有益世教与否。

---

[1]　卢骚，杨廷栋译《路索民约论》(上海文明书局 1902 年版，以下简称上海文明书局本)作"路索"，以下均同。

卢骚方偕其友步游街市,得大学校征文之报。其友曰:"子孰取焉?"曰:"吾将论其益。"友曰:"不然。与其论其益,何如论其害,以博名利于当事者之为得也。"卢骚沉吟久之,抚掌跃然曰:"有是哉!谨闻命矣。"后文出,果得优等,名噪一时。而卢骚不自足,日缮乐谱,为衣食计。一千七百五十二年,著一书,颜曰《度宛德兰》,专述己见,痛斥法国音律之弊,于是怨谤纷起,几无容身之地。一千七百五十三年,埃戎大学校又征文于天下,卢骚乃著《人类不等论》,一时脍炙人口,靡然从风,儿童走卒,无不称道之者。自是肆力于政治之学,而往往与学士宿儒不合,排之者众,群将摭拾其失,以起疑狱。大惧,避至日内瓦府。又奉耶苏[1]新教,欲为共和国人民。瑞人阻之,不遑意,而还巴黎。惠比倭夫人资以金帛,因著音乐辞书等数种,又著《教育论》,言天道之真理,造化之妙用,以排斥耶苏教之豫言奇迹者。巴黎议会命毁其书,且将拘而置诸重典,又奔瑞西。与其国人争论不合,复还巴黎。会法政府命吏物色卢骚,搜捕甚亟,乃闭户不敢外出,时或微服而行云。一千七百六十六年,应非迷氏聘,赴英伦敦。与僚友有隙,又还法国。自变姓名,潜居诸州郡,而屡与人龃龉,不能久居于一处。一千七百七十年五月,卒归巴黎。自谓天下之人,皆仇视我也,怏怏不乐,遂发狂疾。仁刺达伯惜其有志不遂,为与田宅数亩,隐居自养。一千七百七十一年,著《波兰政体考》,至一千七百七十八年业成。此书鸿富奥博,而于民约之旨,尤反覆三致意焉。是年三月,暴卒于英儿念维。或云病毙,或云遭仇人之毒,官吏检视,则自杀也。

卢骚性锐达,少有大志,然好为过激诡异之论,虽屡为世人所挫折,而其志益坚。晚年自愤世人不己容,遂至发狂自戕。於戏,不其悲夫!当卢骚之身,前后数十年间,未闻有一语褒及之者,而异日革命之功,实以卢骚之自由论为之发轫[2]也。一千七百九十四年,改葬遗骸于巴黎之招魂社,又刻石肖像于日内瓦府。后数年,巴黎人购大理石,刻半身像于武良街。至今人称谓戎雅屈卢骚街,缙绅大夫,过其街者,必式礼焉。

---

〔1〕 耶苏,上海文明书局本作"耶稣",下同。
〔2〕 发轫,上海文明书局本作"发动"。

第　一　编

法国　卢骚著

正道公益,经纶天下,不可偏废。以之立法,则得其当,而众人亦因之以安。吾辈推究世之所谓光明正大之国政者,无他,端在保全众人各自之权利,及众人一体之利益而已。客有问于余曰：子非帝王,又无立法之职,而徒事著书,论国政,议立法,宁无越俎之嫌乎？余因晓之曰：余非帝王,又无立法之职,固也。唯其非帝非王,又无立法之职,所以著书而论国政,操笔而议立法。使余为帝为王,而有立法之职,则余所欲者行之,余所否者革之,亦何必托之楮墨,而徒费时日也哉？夫余生于自由之国,即为一国人民之一,岂无参预政事之权利乎？即不能参预政事,而深察国政,推阐新理,亦政治家不可不尽之义务矣。兹姑就余所见,辑成一书,其于国家适用与否,余固未暇计及,而要余志则唯有利于国家是求,如有采余说者,未始非一世之幸焉。[1]

---

〔1〕　上海文明书局本无以上内容。

第一章 要 旨

人生天地之间,于事物之轻重,行为之取舍,皆不必假手他人,一唯我之所欲为,此所谓自由权也。然人或不能保有此权,每至事物行为,不能任我自由,而为他人所牵制,即如仰给于君长之人,其事物行为,较之常人,已多束缚。何也?所谓自由权者,皆有不羁独立之性,一旦为人干涉,则大而生死荣辱,小而起居食息,俱不得少参己见。桎梏之苦,无甚此者,而人或有习不为怪者,窃为余所不解也。

或曰:国家成立之初,强者奋起,恃其威力,以胁弱者。当此之时,弱者自由之权,为强者所夺,亦常道也。果如此言,则弱为强制,出于不得已耳。苟一旦脱其钳制,不得不谓之盛业也明矣。盖彼夺我之权,仅恃威力,我亦以威力复我之权,尚何可议之有?然则所谓国家者,不过杀伐之场已耳。强者吞弱,弱者并强,干戈相寻,终无宁日。于此而欲成立国家之基,乌可得哉?夫国家也者,集众人而为之,相守相望,各人权利,不相轻侮,而后国家之基于以成立。盖国家之基,非由天然,而系人为之契约也。

第二章　社会之原起[1]

人之相聚而成社会[2]也,无如家族社会[3]为最古。余观父子之间,慈爱之心,油然而生,亦仅于子尚幼稚,一切不能自为之时已耳。迨其子渐长,自知生存之道,而后父子之间,枢纽既绝,其父不得牵制其子,其子亦不必从属其父,各归自立之途而止。然于此时也,凡事物行为,子犹与父谘商而后处置,则由父子之私情,而非出于天然者也。执是言之,则虽曰父子,亦有契约存乎其间矣。夫人之各归自立,不受羁束,亦本性然也,何独于父子而不然乎? 要之,人之生也,以能自知生存之道为第一要义。盖自能知之,则不受他人干涉,而随在可以自给,然后事物之轻重,行为之取舍,胥不仰给于人,一听己之所欲为。所谓自主自由之权,皆我固有者也。

人不云乎,家族社会[4],实为人民、国家之原起。君犹其父,民犹其子,而有生之初,君民皆有自主自由之权,非利于己,各执所守而不变。故君守于上,民守于下,而国家于以成立也。此论似是,实有大谬不然者。夫国之与家,其趣不同,父子之间,慈爱出于天然,虽偶有一时不合,而互相眷顾,终有偿其失之一日。君则异是,始也不爱其民,己居于上,民驱于下,作威作福,妄自尊大,而独自解曰:"民犹子也。"是亦悖理之甚者也,非特无益于民,直谓之虐民而已矣。

荷兰学士某之说曰,人生行为取舍之权,非民所有,一任官之所为。且引希腊、罗马蓄养奴隶之事为证。余究其要旨所在,不过助君为虐而已。何也? 希腊、罗马之制,实往古之暴政也。

天下生灵亿兆,而号称帝王者,仅仅数十百人。将以亿兆属之数十百乎,抑以数十百属之亿兆乎? 读遍荷兰学士之书,则直以亿兆属之数十百耳。英学士某,亦袭其覆辙。要之,彼等所论议,不过视人民为牛羊,帝王为牧人,帝王之保护人民,犹牧人之刍养牛羊而已。

罗马帝某及其学士某之说曰,君主之贵于人民,犹牧人之贵于牛羊,故

---

[1]　社会之原起,上海文明书局本此标题改作"家族"。
[2]　社会,上海文明书局本作"群"。
[3]　家族社会,上海文明书局本作"家族之群"。
[4]　家族社会,上海文明书局本作"家庭之制"。

君主为神为圣,人民则为禽为兽,以神圣而制禽兽,亦天然不易之理也。

　　罗马帝某及荷、英学士之说,其旨皆同。盖彼等所习闻之说,奉为圭臬者,希腊人挨立司他脱尔之说也。挨氏言之曰,人之天性,至不平等,有赋于天者为奴隶之性,有赋于天者为君主之性。

　　挨氏之言,人或谓近理,实则不揣其本,而齐其末之说也。夫生于奴隶之中,自不能无奴隶之态。当其始生之时,即束缚之,驰骤之,以没其天性。迨其长也,遂安于阘茸,而以贱业为快,如希腊淫荡之流,纵欲败度,藉以自豪,绝无羞恶之心。习惯成自然,而后奴隶之心,竟若天纵之矣。盖始则威之虐之,使其俯首听命,而不敢逆己,终则昏之愚之,使其虽欲自奋,而无所适从。于是逞臆为谭者,佥谓奴隶之性,赋之于天。呜呼,天果有以奴隶之性赋于人者哉?

　　太古邈矣,不必远论。草昧初辟,生灵悉罹洪水之厄,其免于难者,不过诺爱一人。后以世界之地,拆之为三,而以其三子分王各地。其三子者,即亚细亚、阿非利加及欧罗巴,各人种之始祖也。夫三人既为人类之始祖,而其子孙蔓延至于今日,则虽至贱如余,亦其苗裔无疑也。若余审其谱系,则余或为其嫡派,当享有王天下之权利,要未可知,而人亦不能非余者也。然此亦笑谭而已,使余纵有王天下之权利,将谁以余为天下之王哉?且当诺爱称王于天下之时,天下仅有诺爱一人,欲王则王,无牵制我者,如落平生之主无人岛,亦其例也。稗史谓落平生尝航海,忽遇飙风,流至一岛,极目荒凉,不见人迹,是与诺爱之世无异也。夫天下无人,则争竞不作,祸乱不起,政治、法律,俱无所用,独我一人,安居其位,余亦安用此天下,而以不经之说,骇人耳目也哉?然当此之时,君之者我,民之者我,以一人而兼君民之役,岂即以一人而备神圣、禽兽之贵贱乎?抑其性之赋于天者,具有君主、奴隶之二性乎?余益见嚣嚣之说之不可通也。

第三章　强　者　之　权

天下之强有力者,必变其力为权利,否则不足以使众。天下之弱者,必易其从顺为义务,否则不可以事人。故权利之所归,即强弱之攸分。权在我则我强彼弱,权移彼则彼强我弱,强者制弱,弱者服强。执其权以制人,裕如也。而此权利,世人每阳斥之而阴实用之,余尝求其故而不得。夫所谓强有力者,非由淫威而然乎,曷谓之权利也? 其从顺于强有力者,或由顾虑切己之利害,而出于不得不然,又曷谓之义务也?

强者之力,非真权也,虚名而已。凡人之以力服人者,不顾理义之如何,一旦我有力则即以制人,设又有力甚于我而欲制我者,我即为其所制。若是则成一争竞之天下,日夜不足,皆唯强力之是求。我欲制人,人欲制我,将嚣然不可终日矣。且夫制也者,非中心悦而诚服之,力不足也,是以出于不得已而为人所制,则其有力即欲制人也,可操券俟之。故曰强者之力,非真权,虚名而已。

教士辄曰:“从顺强者。”此言也,为彼此情之所好而设则可,若为力不足而不得不然则不可。盖使弱者之从顺强者,不啻益强者以暴力,而使之虐人也。教士又言曰:“人有权利,受之于天,弱者之从顺强者,亦势为之也。”此言也,亦背理之甚者矣。苟云受之于天,则疾病流行,亦天所为,人之疗治疾病,延医服药,不得不谓之逆天矣。又使余忽遇匪徒,手持器械,余力不敌,遂以一身所有者与之,是彼匪徒之力,亦由天授。余欲保持所有,防范匪徒,则亦不得不谓之逆天矣。天下宁有是理哉? 夫匪徒之力,在有器械以惧人,而所以惧人者,利人之弱而欲饱其私壑也。何得妄托受于天者之说哉?

是以强力不得为权利,从顺不得为义务。虽在帝王,苟非光明正大之权利,犹不能从顺,矧其他乎? 余得而断之曰:天下权利,非由强力,而由于契约也。

第四章 奴 隶

人皆平等,无贵贱上下之别,既无从属他人之责,又无制驭他人之权利。然芸芸之众,不能无一人以统治之,而统治之者,既无藉乎强力,则不外由于治人者,与治于人者之契约而已。

或曰:人有以一己权利,让诸他人,而凡事悉听他人之命者矣。若是则一国之民,让其权利与君,而委身事之,一唯君命是听,亦何不可之有? 甚矣其说之不可通也。夫让也者,举我所有,转与他人之义。如奴隶辈,一己生计不能自营,遂以身事人,不过为衣食计耳。若夫民则固未尝仰衣食于君,而君则实仰衣食于民者,何得视民为奴隶也哉? 或又曰:为人君者,货财不可不多。是何言也? 夫民既举身事君,而又欲悉敛其财,以餍私欲,则民将何以存其身也?

或曰:专断之君,每使一国人民,得蒙安宁之福。是或有之。然使有君擅欲立功绝域,侵扰邻封。销耗府库,杀戮将士,于民果何所益哉? 又或苛敛人民,供其淫侈,将终致一国人民,流离颠沛,无所控告,其祸尤甚于兵燹,岂得谓蒙安宁之福哉? 夫人心所好,莫逾安宁,然欲偷旦夕之安宁,而不恤其他,则虽在缧绁中,犹安宁也。往古希腊人,每谓陷于深山巨窟中,当其未饱狼虎之时,即为安宁。或者之说,得毋类是。余不知人果乐有此安宁乎哉?

由是观之,民之事君,不如奴隶之事人也明矣。夫得人价而与人以值,交易之道然也。若不得人价,而即举身事人,天下之大愚也,直谓之妄人而已矣。至一国之人,不得其价于君,而群一国之人,为君之奴隶,则一国皆妄人也。有是理乎? 且既曰妄人,则其言必不足征,而其事又乌足责哉?

若夫人人竟举其身以事人,而其子孙必不能与其祖若父,同举其身以事人。盖其子孙亦犹是人,而赋自由权于天者也。祖若父既甘为奴隶而不悔,又欲强其子孙,联袂而奴隶也,则直欲以奴隶世其家,而百年无以自拔矣。揆诸天理,岂得谓平? 人民之于政府也亦然,顺政府者固听其自由,逆政府者亦任其自由,庶与专断之政府不可同日语也。

人之暴弃自由权者,即暴弃天与之明德,而自外生成也。夫是之谓自暴自弃,人而至于自暴自弃,亦复何责? 但既暴弃自由之后,其弊所至,当有不可胜言者。夫有自由者为人，人而暴弃自由，则虽其具官骸，非我所有，动与心悖，行与事违，日为善而不得为善人，日为恶而不得为恶人。是与禽兽无异也。不宁唯是，契约之成立，奴隶不与焉。盖契约云者，相互之辞，既为奴隶，则不得仰首伸眉，论列是非，唯供人驱策而已。盖主人之于奴隶，虽逞其威福，严其压制，而奴隶之屈服卑辱，犹终岁不得少息。且也终岁劳苦之奴隶，曾无丝粟之报，所得利益，主人之利益，非奴隶所得而过问。呜呼，圆颅方趾，自顾不殊恒人，徒以暴弃自由之故，致终身不齿于人类，是亦大可哀矣。

哥鲁智斯及其他学者，每谓奴隶之生，由于战争。其言曰：战胜之国，虏掠敌人，以其军之既败也，就虏之人，亦谓与其死于疆场，宁舍自由而生，遂悉举一己固有之权利，归于主人，以全其余生。于是主人之压制，无所不至。盖由彼之一生，以自由所易而得，虽苦压制，而不能与主人相抗，是即奴隶之所以生也。执是说也，所谓主人者，压制使役，但求利己；奴隶者，竭力奉事主人，以求保其余生。是彼此所共利，而合于契约之旨者也。然战争之国，肆意虏掠，非理之公，今请明之如左。

太古之世，邦国未立，人人无不可为之事，亦无不可不为之责，或合或离，一任己之所欲。当此之时，既无所谓和亲，又无所谓战争，可知战争云者，非人固有之性也。迨后世立国结党，便交际，通往来，于此而有阻我所为者，不得已征伐他国，芟灭异党，战争之风于以启。若是则于无国可立，无党可结之世，与夫交际不通之地，俱无战争者矣。至人与人争，则曰私斗，不得谓之战争。凡有国者，不特私斗之禁綦严，即战争之事，亦不得不为之制限也。

私斗之始，虽万殊不同，抉其原之所在，要不外乘一时之血气，以快其积忿而已。法王路易第九之时，许民私斗，而使牧师操和事之权，实为一国之弊政，而悖理之甚者也。

战争之始，由于国与国之公敌，而非由于人与人之私斗也。衅端既启，不得不藉国人以捍御外侮，于是以披坚执锐者为兵为卒，盖所以示别常人而已。若是则当战争之时，仇视一国则可，仇视一人则不可。夫一人与一国，固非同类者也。

是说也，历世不变者也。夫命将出师，征伐他国，必预以宣战之书，播告遐迩。非预告他国政府，使得为备之说也，盖预告他国人民，使无辜者得以避祸他徙，不致临时仓卒，妄遭涂毒也。播告之后，凡一国人民，除披坚执锐者外,举其身命、财产,悉措诸无虞之地。夫亦行我心之所安,而示不与一人为敌之至意也。若乘人不备,卒然袭之,肆行屠戮,则直豺虎之不若,岂国与国战争之所为哉?秉义之君,伐人之国,入人之境,遇财产之为官府所有者,取充军实,其为人民一己所有者,秋毫不得以力取,是重视人民一己之权利,即不敢侵人一己之自由也。且充战争者之量,不过欲墟人之国,子人之民,扩我版图而止,岂唯戕贼人民之为哉?故凡敌国之人,以械拒我,不得已而杀之,犹之可也。至舍其器械,束手就缚之时,则既不为我敌,其所有器械,亦非敌我之器械,于此而犹悍然不顾,日唯嗜杀以为快,余有以知其必无人心者也。设于战争之时,所如风靡,一举而平其都城,再举而覆其政府,凡府库、仓廪、子女、玉帛,旧日之为敌国所有者,一旦为我所有,则善守之,宝藏之,唯恐不至。其亦思人民亦我人民也,何忍以捕虏视之?哥鲁智斯辈,盖亦返其本矣。

其以余说为不然者,虽百计罗织,而无如中外古今,断无一为人主擅作威福,一为奴隶历遍艰辛之理。即以契约而论,亦岂有一人唯利是图,终身享之而不尽,一人唯害是甘,从此一蹶而不振者哉?奴隶之说,虽为战争时相利之约,然以一国之公敌,而集矢于一人之身,则不知国之与人,其类本不相同,固与理论相背驰。要之,天无私覆,地无私载,人无不平等者,此理如日月经天、江湖行地,亘古不可磨灭。圣人复起,不易吾言矣。

第五章　论契约为立国之基

世人犹有以余说为不然,今请证以事实,则排余者无所容其喙,而即以明余说之非谬,使天下后世不得引为口实也。夫依威福以驭人,与执法以治国,其得失利害,相去奚啻霄壤。今有一人也,恃强制人,受其制者,虽累千万,亦不过以一主人,而佣众奴隶而已,不得谓君之驭民也。集其奴隶,称为部落,不得谓之邦国也,又何政治之可施,法律之可定,货财之可殖也哉?盖彼既恃威力以制人,则所得利益,悉归一己,曾不愿以余沥溉人。夫临人而挟私利,其分崩离析,可翘足俟之。譬诸怪松古柏,虽苍翠蓊郁,蔽日干霄,一旦焚以烈火,则灰烬且归乌有,复何枝干之可识?树犹如此,矧以独夫而踞民上,其又足恃乎哉。

哥鲁智斯曰,一国人民,不妨委其身于帝王。由是说也,一国人民尚未委身于帝王之前,其民固亦有国也。亦既有国,则必有一国之制度。当创立制度之时,必取决于众议,孰者为是,孰者为否,而后择其数之众者行之。此即基于契约之说也。故未有帝王以前,先由人民缔结契约,集合人民,此立国之始基也。

设未有帝王以前,而人民不知缔结契约,则安得有选举帝王之事?当众人相集之时,公举一人为帝王,众意金同则可。苟百人中有十人之意不自适,则百人者亦何得以数之多寡,强人以必同哉?凡相集决事,固取决于数之众寡为最公,然此非相约于先不可。要之,未有帝王以前,无人民之契约,则既无昔日之帝王,又无今日之国家,将长此獉獉狉狉,至不可纪极之年代,犹然洪荒初辟之日也。契约一日不结,则国家一日不立,故曰立国之基始于契约也。

第六章　民　约

翳古以来,天灾人祸,流行不息。群天下之人,厄于暴君污吏者,数千百辈。夫天地生物,固无高卑之可别。历古既久,遂大悖其初心,并一人固有之权利,亦屈而不伸,是必有阻我之物在也。于此阻我之物,去之不竭其源,拔之不绝其本,则不特不能复我固有之权利,人类亦几于绝灭。为今之计,世人所孜孜不可少缓之急务,唯在变革事势,复我曩昔所失之权利,为世界之完人而已。

人欲复我固有之权利,不得不尽去阻我之物。然一人之力有限,以有限之力,而当无穷之阻我之物,是犹蚍蜉而撼大树,事之不济,无待蓍龟矣。必也人人竭其能尽之力,集合一气,分而不散,誓尽去之而后已。前者方仆,后者踵至,所谓众志成城,必有偿我所欲之一日。语曰:"匹夫不可夺志也。"况芸芸者如此其众乎!舍是道也,有甘世为奴隶,供人驱策而已。其谓犹有他说,可去阻我之物者,非余所敢知也。

或谓人之生也,以能自保生存为第一要义,今举有限之力,为国而竭,则无论无以谋一己之生,抑亦逆天行事,惧酿他变也。是说也,请以余说明之。

人人竭其能尽之力,合而为一,以去阻我之物。夫亦以我一己之力,去我一己之害也。国也者,人人之国,即一己之国也。一己之力,不足去人人之国之害,遂以人人之力,共去人人之国之害。其事半,其功(陪)〔倍〕[1],实天下之至便。且事半功(陪)〔倍〕之说,即为成立国家之始基,而民约之本源也。

民约之本源如是,不可得而易,可易者即为民约之虚名,而其效遂失。盖民约也者,欲视而无形可见,欲闻而无声可听,欲言而无辞可设,先天地而始,后天地而终,为人所万不可缺者。若有人也,欲得民约而破裂之,则将上无以立国,下无以为家,利害损益,俱任一己之私,是太古猓狑之风,复见于今日也。

虽然,民约之条目綦繁,其极不可得而知,请以一言蔽之曰,各人举其

---

[1]　倍,据上海文明书局本改,下同。

身体权利,投之于国,以成巩固无弊之国家是也。且各人所投之权利,悉归平等,无强弱多寡之分。既归平等,则无相侵之患,而举国之人,长蒙太平之福于无穷矣。

且夫一国,犹会社也,集资设立,义同公司。一国之人,犹社员也。犹云股东也。在社之员,各敛财产,纳诸会社,而后可以孑然独立,无匮乏之虞。譬诸置一器焉,以一人为之,则虽大有力者,犹惧不给,集十人为之,则虽中人之家,已裕如矣。此为天下至庸之理,孩提以上无不知之者。然既集众而为,忽有一人也,欲以众人之权利,攘而纳之私箧之中,则同社之人,群将起与为难,于此时也,必公选一人,俾长社事。凡社中是非,悉取决于社长,而后是者直之,非者曲之,一人之私见不得逞,即众人之利益可以全。否则各为己谋,弃蔑公理,驯至懦者率为鱼肉,而黠者肆其贪婪,是虽存会社之名,而与会社之实,已大相径庭矣。

不宁唯是,在社之员,非特敛其财产,纳诸会社之中,必且敛其财产,纳诸同社诸员之手。盖唯如是,而后互相维系,不计私利,得一益也,同社享之,遇一害也,同社分之。天下而有如是之会社,则其业必盛,其利必巨,其事必久。非若市井之徒,可以一言而撼其基,微利而离其群,朝夕而败其功也。此可为豫言者也。

是故民约之旨,在各人举其身家权利,合而为一,务取决于公理,以定治国之法。国一日不亡,家一日不灭,世界一日不毁,则民约亦不可一日废,譬犹官之于骸,不可须臾离者也。

会社之集众人而为富,一国之合众人而为群,皆基于契约也。迨其既集既合之后,则一夫得失,即与全体痛痒相关,故得享起居食息之安乐,悉出全体之所赐,而原其功于契约。然则契约之有益于人,其功顾不伟哉!

第七章 君 主

余之所谓民约者,与民法之所谓契约之旨,大相径庭。盖民法之所谓契约者,无不可不尽之责,循守与否,悉以己意决之。至民约则为社会人民[1],互相缔结之约。夫既以社会[2]为人民之全体,则人民必为社会之一肢,而所结之契约,亦与己与己约无殊也。故人民之于社会,固有不可不尽之责;而人民之[于][3]君主,亦有不可不尽之责。请得而明辩之。

凡为人民,各有二者应尽之责。一为事之取决于社会全体者,一为君主意见。已为社会全体所议决者,俱不得妄以己见,以相排斥,而君主应尽之责,亦有一定不可变者。盖君主之意见,即取决于众之意见也。君主也者,亦即社会全体之一肢也。苟有人也,妄为排斥,不已与成立社会之初心,自相刺谬乎?至民法所谓之契约,循守与否,取决己意之理,非余说所应有,其是其非,存而不论可也。要之,取决于众之事,即为社会全体意见之所在,无论法之如何,终无引以压制社会全体之理,余可自信此说之不谬也。

天下之事,不有前因,必无后果。夫取决于众,推立君主,是为民约之因;人民之于君主,有应尽之责,是为民约之果。若夫君主妄逞己意,而与民约之旨相背驰,则君民之义既绝,应尽之责亦随之而灭。且君主之中,甚或有损本国之利,以益他人者,是犹脔割肢体,以饲邻里,宁有是理哉?

积百千万人而成一国,犹具官骸而为一身,苟有害及全体,则一国之人无或幸免。故凡有可以害吾全体者,必竭全体之力以除之,凡有可以福吾全体者,必竭全体之力以求之。是百千万人之于一国,官骸之于一身,皆痛痒相关,患难共共,而各有不可不尽之责在也。如君主、人民,相合而为国,则君主之所利,即人民之利也,人民之所利,亦君主之利也。君主、人民之间,断无利界之可分,如欲攘窃人民之利益为君主所私有,则与割肉充腹之说无殊矣。且夫天生民而立之君,使司牧之,充为君之量,亦唯有利于国,

---

[1] 社会人民,上海文明书局本作"通国人民"。
[2] 社会,上海文明书局本作"国家",以下"社会"亦多改为"国家"。
[3] 于,据上海文明书局本补。

使无一夫不得其所而已。即在一国人民之所求,亦何以加此？余愿治人者与治于人者,交尽其责。勿以一己之私,而偾全体之公益也。

或谓以一人之意见,而决社会之公议,则人必先私后公可知也。所谓义务者,尽之于我不见益,而不尽亦无害于众人,故社会为人民全体之说,妄而已矣。要之,无论何人,不尽义务而得权利,亦何不可之有？呜呼,是实覆灭社会之说也。生民以来,岂有欲营私利而蔑公益,欲庇一己而毁社会之理哉？余恐一己不可庇,而暴横之虞随其后;私利不可营,而败亡之祸接踵而至也。

如以民约之理而言,苟有一人,不顺公理。必合社会全体之力,强之使顺而后已,是谓默约。此约已历奏肤功,要亦使人人得自由于社会之间而已。盖强人以顺公理,为保持社会之要旨,而营私之徒,亦可由此而得社会之公益也。

第八章 人 世

混茫初辟，上者为天，下者为地。行走于其间者，其卧徐徐，其觉于于，饥而食，食而息，穴居巢处以为室，木石、鹿豕以为侣，即有所为，亦唯力是恃，奴彼弱者，以餍一己之私，是为天然之世。但穷溯太荒，无裨学说，自天然之世，递嬗而至人造之世，人心丕变，风气斯殊。尊礼节，重交际，曩之以力威人者，一变而为义务，曩之以力自给者，一变而为权利，举凡营私自利之心，悉与革除。天然之世，以质胜，人造之世，以文胜，此人世之利益所由来也。在尚文之世，虽不如尚质之世，可以清净寂灭，老死不与人往来，而才技之精，智识之启，与夫志量之高旷，实为人造之世之明效大验也。虽时至今日，人世所为，犹不能弊绝风清，而上追数千年来，历有进步，已非獉狉旧习之可同日语矣。是故以不识不知之人类，出而纳诸轨物之中，使得优游于光天化日，以至于今也，亦足以明人治之功，而于社会创立之日，乌得不馨香祷祝之哉？

人造之世，有因民约而有所失者，有因民约而有所得者。所失者何？则天然之自由及吾心之所欲而以力得之者也，所谓无限之权力也。所得者何？则人造之自由，及吾人所应有，而他人所不得而侵者也，所谓有限之权利也。据天然之自由，则强者益强，弱者益弱，而不能归于一致。有人造之自由，则通国人民不分强弱，一心从公，而保平等之利益。不特此也，在人造之世，一身皆有自由之权利，必且出其权利以佐社会[1]之公益。凡公益之所在，即可以一己之权利，使匹夫上侪于君主，而使君主下伍于庶民，特不得以营私之意，介于其间尔。若为私欲所陷，妄有所为，则不得谓之自由。如从吾所好，制定法律，而自诩为无上之自由，则其所谓自由，为彼自制法律所治之自由，而非吾所谓自由也。

---

〔1〕 社会，上海文明书局本作"国家"。

第九章　土　　地

　　当社会[1]创立之时,一国人民各罄其权利、财产,纳诸社会而不靳。盖各人散其所有,不免为暴横者所觊觎,集之于一,则安固无失。虽有黠者,亦无所施其技。或有以社会公同之权利,视为君主私箧之所存,是大谬也。夫社会云者,既集各人之权利、财产而成,则社会之中,唯履公同之约,而保持各人之权利、财产,为其定例而已。在他国之人而言,固不以此说为然,视我所有,不过为先得之权利而已。何也? 吾人所有之国,为吾人所先占,使此地先为他人所得,则此国即为他人之国,于我何有? 而得之之后,又必有以维其所得之权。不然,人之多欲,谁不如我? 未有纪载以前,求得此权者甚多,此自然之理也。迨既结契约,各据其所先得之权利,分土而治,则苟非我权利所应有之地,不得妄取丝粟。其在天然之世,先得权利,恒惴惴焉惧为强者所夺。至人造之世,则至重可贵者,莫逾于此。苟有维之之术,则何虑强者之夺? 余今抉其得此权利之由。厥有三说:一、必其地为无主之地;二、各守其界,不得占越;三、既有土地,而后蓄牧耕植,次第播行,以示有土地者之所作为,而即以坚他人之信。具此三说,则虽有悍且黠者,亦不得毫末损我。盖我所有之土地,非他人之土地,而实为我所应有者也。

　　先得之权,非不顾是非,而可任意扩张者也,必也设限定制,以谋增我国之福祉,而无害他人之利益。设有人焉,偶一旦托足他人之地,而即以己为其地之主,又藉一时之势力,以其地之人,徙之远方,迨其归也,谓不得复享其地之权利。夫谁信之? 甚或蹂躏他人之土地,肆掠他人之物产,以餍其无穷之贪欲,是直谓之残贼而已矣,何权利之足云? 于此时也,而犹自释曰:伸我权也,广我利也,不出于残贼,则我欲不得而偿。呜呼,天道好还,悖而入者亦悖而出,以残贼之计,而仅底成功,断无久享之理。请以纽奇拔拉之事证之。纽奇者,西班牙人,凤自负,渡南美占领全洲及南海诸岛,欲悉举其地,以扩西班牙之版图。无如计出残贼,而曩昔所谓一世之英雄,一反手间,皆烟销影灭,而不可复睹。外不足以拒诸国之相侵,内无以安各地

_____

〔1〕　社会,上海文明书局本作"国家",以下"社会"亦多改为"国家"。

之反侧。回首当日之志,固欲囊括八荒,席卷五洲,而卒至天地虽大,求得七尺之地,以容一身,犹不可得。此皆历历在人耳目,岂非残贼者理无久享之明证哉。

人人集其占领之地,相合而为一国,选立君主,因以各人公同之权利,假之于君,此所谓社会之权利也。以社会之权利,散为各人所有,则所谓物权也,人权也,人民日用起居之益,俱由物权、人权而后得,要其义则不可有戾于社会之权利而已。是理也,往古波斯、司施的、麦西腾诸王,皆未尝知之者也。今日之所谓王有一国者,如法兰西、西班牙、英吉利诸国所称一国之王者,皆王其土地,而并王其土地所有之人民也,波斯、司施的、麦西腾诸王,皆自谓人民之王,则其所以谓王者,仅为人民之王,而非一国之王也,不亦可异哉。

今也世人观于社会所以成立之故,而惊为极造化之妙用,此无他,当社会集合各人占领之地,非由剥夺而然也。不宁唯是,以剥夺之权利,一变而为社会真实之权利,以占领之权利,一变而为各人所有之权利。昔日之以各人占领之地,纳诸社会,是亦与社会以公有之地,委诸各人无异也。于是人民之于社会,各竭其心力,以图社会永久之利,遇有外患内衅,足以为社会公益之害者,必以全力去之。是岂仅为国家之益哉,而于人民各人之利,亦不可胜言也。

各人所占领之地,无论其为众人所公有,为一人所私有,而各人一己所有之土地,及所有之权利,不得与社会公有之土地及公有之权利争,不然则社会之纲纪颓废,各唯私利之是营,而社会所有之主权,亦归乌有矣。

此为第一编结尾之章,请以一言蔽之曰:民约也者,以为人之天性,虽有强弱愚智之不同,而以义理所生之制限,使强不得凌弱,智不得辱愚,天下之人,悉享平等之权利。立国之基即在是,而万国所行之政体,亦于是立也。

第 二 编

第一章 论主权上

洪荒之世，人各顾己，然而营私日甚，所感斯殊。每有己之所害，人以为利，己之所利，人以为害，彼此相持，骚然无宁日。于是集众立约，遵奉法律，凡事之利害，与众共之，一己为轻，众人为重，而后好恶既同，自不至日唯私利是图，而置众人于不顾矣。盖国之所以成立者，由于全国之人，并力一心，以众人之利害，为一己之利害，遇有利于众人者，始终以之，遇有害于众人者，誓死除之。否则人各一心，敝屣公义，虽野蛮之部落，亦不过如是而已。既不足以立国，而亦何所用其法律哉！故成立国家，准以众人之利害，而定一国之趋向，是谓主权。

主权者，所以定一国之趋向，而非可让与他人者也。若可擅以一己之私，让与他人，则谓之放弃其主权矣。犹君主为一国之躯体，不得妄以他人代任其责，此尽人皆知者也。故以主权让与他人者，或出于万不得已，然而强夺主权，厥名暴横，其有害于公益者，非浅鲜也。

今欲使全国之人，急公罔私，同其利害，是固非朝夕所能至。即使全国之人，俱能如余之说，亦不敢必其亘古不变也。凡一人之心，偏于私爱，不顾他人者为多。所谓以众人之利害，为一己之利害之说，名虽甚美，而核之事实，固相反也。故欲以公益变人之私爱，且欲使之亘古不变，是实天下之大难，而非人力所可强。譬犹君主之所为，以人民之所趋向为的，人民今日之所尚，今日即为之，人民明日之所尚，亦于今日为之，则吾见其难矣。因势更革，与时推移，进化日深，风气丕变，非特明日所尚，不能豫期于今日，甚且今日所尚，亦将鄙弃而不屑道矣。若欲固执目前之见，以概将来，其弊将不可胜言也。

是以下之事上，甘居牛马，而唯以畏葸卑陋为尚，则余之说不可行，而进化更不可必。日复一日，且将失其天赋自由之本性，而上复獉狉之旧习矣。于此时也，有王者起，亦不过仗其阴鸷刚悍之资，奴隶人民，而困人民于水深火热之中，不得一睹吾辈所谓政治世界而已耳。

君主所为之事,要于不昧公理,而使人民实享自由之福者也。故君主虽有集思广益之自由,亦有独断独行之自由。若夫民智未开之时,而又拘文牵义,束缚君主,则一国之中,将终古长夜,无复开明之日矣。虽然,专制之君不能使人民实享自由之福,而辄引余说为口实,自谓独断独行者,亦君主之自由,则适见其不知自量,而逆天悖理之甚者矣。

第二章　论主权下

　　一国所为之事,合全国之人而为者有之,集国中数人而为者有之,其合全国之人而为者,为一国主权之所定,而著为一国法律者也。集国中数人而为者,为政府数人之意见,以益主权所未备者也。故主权所定者,既以著为法律,则全国之人一律遵守,绝无疑义者也。此又主权不可分之说也。

　　主权之不可分既如此,然不可分者主权之体,不得不分者主权之用,此亦言政治者不可不知者也。征税判讼,宣战构和,管理地方,订立条约,与夫一切立法行政之权,不得不分别界限,各专其责,情势然也。夫事之离合聚散,亦何常之有?君主也者,犹躯体也,人民也者,犹分支也。躯体、分支,相合而成人,于是一身之中,手足耳目,口鼻心腹,各司其动作视听之用,各极其运化消积之宜,然后血脉周流,肤革充盈,而人亦得以优游终其天年矣。譬诸眩人之技术者,于座客前,脔割童孩,断其手足,投诸空中,迨其堕也,童孩已完全如故。政治家之论主权曰,使通国人民分任各事,而后以分任各事之人,合为一国,亦不过如脔割童孩之说而已。

　　世之政学家,每于主权之说,不能得其要领,而又不能明辨体用之界,故凡与他国有和战之事,皆视为主权之所定。不知宣战之书,构和之约,皆非主权所定之法律,不过遵奉昔日主权所定之法律而为之施行也尔。此盖主权之用,而政学家亦谓为主权之体,何所见之左也。

　　余今广集诸说,以明主权之不可分,而即以释他人之谬见。夫国中立法、行政之权,皆奉行主权所定之法律,而所为之事,即为主权所统治者也。或有不知己见之谬,而猥为天下无主权不可分离之说。不知既立为国,即有一国之主权,主权所在,万古不移,又何可分之有?国可灭,家可亡,而主权终无可分之日。虽然,当日主权可分之说,一倡百和,言政治者深信其说,举世若狂,不知其非。在彼倡此说者之意,不过欲分别君民之权而已。哥鲁智斯、巴比尔者,所谓颖敏英迈之徒也,亦为邪说所惑。哥鲁智斯所著《国法论》,第三、四章中所言,其显著者也。后以不善己国之所为,避居法国,谒见路易第十三,献其所著之书。推哥鲁智斯所持之说,无非剥夺人民之权利,而以生杀予夺之权奉诸君主,自返本心,一若无间然者。巴比尔又译其书,献诸英王哲而治第一。呜呼,可谓残贼之尤者矣。先是奇狭姆[1]者,黜雅屈第二之位,巴比尔力言雅屈自逊王位,而目奇狭姆为悖逆之徒,妄逞私见,而欲以欺诈之说,掩饰天下耳目,其罪固不容于诛,卒至其说不能通行于世,复何怪耶?噫,苟彼二人者,果能见理不阿,则千载后,仰之为圣贤,崇之为豪杰,其片言半语,皆足奉为准绳。何至其骨已朽,而犹为识者所唾骂,乃竟逞其谬说,流毒后世,徒陷斯民于穷乏束缚之地,而博身后不美之名而已。呜呼,立言之不可不慎也,有如是夫。

---

[1] 奇狭姆,上海文明书局本作"奇洽摩",以下同。

第三章 论舆论不为外物所惑

观于前章所论，可知全国之人，各尽其心，以求增一国之福祚，其意固为公而溥也。然人民之所为，责其必合于道，亦势有所不能。虽其求保一身之权利，而使国人常蒙泰平之福，其心固孜孜不息，而于所以求之之理，茫然不知，则彼虽日求保吾权利，福吾国人，其终也非特不见其利，而害滋多矣。此直与求灾招祸者，无所差别也。

人之思想，唯求有益众人，而便于一己也尔。其求有益众人之心，即求便一己之心，相积而成者也。且也物我之间，利害相同，则一己之心，亦即众人之心也，而又何公私之可分哉？

一国人民，智识上达，发为论议，互相竞争。迨中有一说，不能通行国中，遂设立党派，各持门户，倾轧攻击，无或已时。一党之中，自谓招集同志，所为之事，不与舆论相背驰。然以全国之人视之，则各党所为，皆不过一己之私意已耳。故所立之说，必全国中意见相同者多，而后谓之不背舆论。若仅集数十百人，坚持一家之言，而窃附不背舆论之列，是亦可异之甚者矣。故各国党派，每有一党之说，行之不远，而卒为势盛力众之党所压制者，盖自然之理也。

洵哉利吉喜[1]之言曰：一国之人，皆有不背舆论之思想，则全国一党，而论议亦归于一辙。若一国之中，朝立一党，暮立一党，而各党又竭力扩张，设法维持，使己党各员，不生异议，是亦可矣，而终不免有倾轧攻击之嫌，抑何与不背舆论之旨刺谬乎哉？好立党派者，可以观矣。

---

[1] 利吉喜，上海文明书局本作"利吉希"。

第四章 君主之权限

一国之中,因缔结民约,而所得无限之大权,赋之于天。譬犹人之身体手足,自有屈伸俯仰之权,而国中无限之大权,即为一国舆论所统辖。故由集合众人之生命财产,而结为团体,因国民之趋向,而定为舆论。夫而后国家成立,众人有所思虑,可以裨益国家之所未备者,皆为国家所至重,而不可忽者矣。试以机械观之,一轮有损,全体为之不便,国家亦然。全国之人,既各以其所有之权利(傅)〔付〕[1]诸国家,而国家即统辖人民之权利,补其不足,抑其过度,然后底于平等,而无弱肉强食之虞。虽然,国家也者,无形之人;无形之人,不能为有形之事,乃选立一人,俾长国事,字曰君主。君主也者,即代执众人之权利,而为之统辖之也。如御者然,东西南北,一听乘者之意,御者不与也。唯善为驾驭,使不至有颠覆倾侧之危,斯为御者之专责耳。

君主虽与国民相连合,而代为统辖国民之权利,至各人所有天然之自由,则不可委之于君主。自由者,天赋之权利也。其君民共有之权利,及君民共尽之义务,俱不得与天赋之权利,同类而共视者。虽为君主,而其一身所有之权利,应尽之义务,与国民一人所有之权利,应尽之义务,无丝毫歧异者也。故曰君民之于国家,不可不享平等之权利,亦不可不尽平等之义务,此万古不易之通例也。

国家有应为之事,必藉国民之力,则国民自应竭力为之,以尽义务。但必详审所为之事,有益国家与否。若妄以一己之私,而强国民尽无益之义务,则直牛马人民、奴隶人民,无复君主之道矣。牛马人民、奴隶人民而可忍,孰不可忍也?

一国中所为之事,皆由缔结民约而起,事非民约所应为,则虽有君主之令,亦决无遵守之理。据民约之旨,尽吾应尽之义务,非求有益于君主也,求保吾一己之权利,谋增吾一国之福祚耳。故吾之遵守民约者,非他人强我而遵守也。或有以维持民约之志,陷于偏私谬妄,而不顾国家之利害,是谓天夺其魄,而丧失固有之性者矣。由是观之,人人有平等之权利,众人有

---

〔1〕 付,据上海文明书局本改。

相同之趋向,皆天性然也。所谓是非之心,人皆有之,良智良能,孩提以上,无不知之者也。故法律之可统治国民者,必为国民所承诺之法律而后可,否则置舆论于不问,而唯以一己之私,钳制国民,是谓独夫,是谓民贼。极其弊,必至一国之中,公理灭亡,暗无天日,可为豫言者矣。司其责者,可不慎欤?

群数千万人于一国之中,则其国之利害好恶,应与国人共之。忽有人焉,妄求一己之权,迥出他人之上,则争心将作,而其原由于一己之私,于此而欲执可行可守之法,以评其曲直,岂不甚善?无如其说之不可通也。譬诸甲乙相殴,直甲则乙谓我私,直乙则甲谓我私,无已则取决于公论乎?然一国公论,亦变为一偏之见,则无曲直他人之权。夫一国公论,至无曲直他人之权,尚得谓之公论乎哉?如雅典人民,任意废黜其君长,而各有生杀操纵之权,凡政府之职,人民皆可擅自为之。然试问雅典一国,尚有公论与否?以余言之,则不过无主之国,而人民皆有自为官吏之权而已。

人民一己之意,欲为通国之公论,则其说有二:论议精当,万世不易,一也。利益周普,一国共享,二也。而二说又必相辅而后行。惟问论议之精当与否,则必置利害于不顾,而民日以困。唯求利益之周普与否,则必舍是非于不问,而俗日以偷。语曰:"不偏不倚,中庸之道。"言利者不离于道,言道者不讳言利,此治人律己不可磨灭之说也。

民约既立,则一国之中,无尊卑上下之分,既赋圆颅方趾之形,即得享平等自由之福。故维持国民之范围,保全国民之权利,使无一夫不获其所,而民约之道尚矣。夫君主也者,人民之体;人民也者,君主之支。一国所立之民约,非上下相立之约,而支体相立之约也。一国之人谋增一国之福,利益之所以公而溥也。君主有君主之权,人民有人民之权,各不相侵,国家之所以安而治也。一国之人,遵守民约而外,无可遵可守之事,崇奉公论而外,无可崇可奉之人。故君主应得之权利,即以君主之于人民所应尽之义务为准,人民应得之权利,即以人民之于君主所应尽之义务为准。是为民约,是为平等。此义至精,非浅知之夫所尝梦见者也。

君主之权,虽为至尊至大,而不得越民约之限。在民约之中,所允为君主之财货、自由及一切权利,则君主皆可举而用之。譬诸甲国君主,于乙国人民,即无应尽之义务。应尽之义务既不可越其限,则应得之权利,亦不得越其限也可知矣。君主而妄越其限,以济一己之私,则一国之中,人人得而诛之,此亦人民固有之权也。

君主之权限与人民之权限,判若两途。天下万国,民约既立,则各人所有之权,永无损失之日。或有时焉,举各人所有之权,归于君主,非敢轻弃所有以媚人也。盖欲求便其身家,福其国人,而一切权利较盛曩昔而已。譬犹商贾,弃其耗资亏本之业,而更求他计,亦人情之常。一国之人,各举其权,归于君主,自有不可已者在也。且各人所有之权,常藉国家为之保护维持,以底于安。今为国家而罄其权于君,何不可之有?不幸一国之中,内乱纷起,外患凭陵,则为人民者,必视身家性命为无足重轻之物,而后各竭其力。事成则社稷之福,己亦得庆生还,否则为国流血,俎豆千秋,而国家卒赖其力以成独立之业,后世子孙,席其余荫,同享泰平,或驾昔日而上之,固与妄逞臆见,好勇斗狠者,不可同日语矣。

第五章　生杀之权

　　或谓各人轻弃一己之权，而不能自保其身家，甚至视性命为身外之物，抑何疏于自卫之道[1]也。呜呼，或者之说，是真舛驰而不可通矣。夫人孰不爱生恶死，然国家有害，波及一人，国之不存，人于何有，尚何身家性命之可计？与其为亡国之人，不若为国而亡之为快。故遇国家有事，不得不舍身弃家，以赴国难。芟灭害我之人，而保我固有之利，为国即所以为己，此亦人民应尽之责也。不幸为国而死，亦无可如何，归诸命数而已。譬诸一家遇火，主人冲户破壁以救之，而误伤其生，信如或者之说，则将以自杀律之乎，何不思之甚也。要之，竭力为国，不顾夷险，不避死生，利国而外，别无利己之方，此固万世不易之常道也。如或者之说，则人皆饱食暖衣，闭户不知世事，视国家之治乱，如秦越之肥瘠。呜呼，为人民者，岂不乐享此安闲之福，而为独善之身乎？无如今日以往，大地之上，已无若是之国矣。

　　民约之义，在保护结约之人。然天下万事，必先历遍艰辛，而后可以安享无怍。不观开创之人，驱猛兽，翦荆棘，辟草莱，生聚而教训之，方足以立于大地之上乎？此盖欲求他人保我之生命，则我必出其生命，以保护他人，报施之道宜然也。由是言之，人民之所以有权利者，赖有国家，国家之所以能巩固者，赖有民约。则国家之治乱，人民之责，民约之存废，全国之责，其理昭昭，可以知矣。故君主虽责人民以死报国，人民亦无以自诿。盖今日以前所得之安居乐业，非彼苍之所赋畀，而实民约之所赐，兹之捐躯以徇者，即所以报民约生成之德也。杀人者死，立法宜然。盖好生恶死，人情之常，今出于常情之外，负气杀人，则不得不甘受死刑，理势然也。反常之人，待以反常之刑，所谓苦乐感应，自业自得，又何足怪？

　　干犯国纪，谓之叛逆。叛逆之徒，敝屣民约，则一国之中，不认为一国之人。至盗弄兵器，破坏大局，则一国之人，皆欲得而甘心者也。当叛逆之徒扰乱国家之时，逆徒存则国家亡，国家存则逆徒败，无并立之理。而国人之诛逆徒也，不曰杀戮国人，而曰扑灭国敌，所以绝其人耳。故一国之中，

─────────

[1]　之道，上海文明书局本作"之甚"。

设立裁判各官,凡有违犯民约者,听各官之判决,然后定其可为国人与否,播告通国。罪之小者,违犯民约者亦微,则以禁狱科之。罪之大者,违犯民约者亦巨,甚为国家之公敌,则窜诸远方,处以死刑。皆所谓仁之至义之尽也,又何可议之有哉?

虽然,隆盛之世法尚简,将亡之国法尚繁,故法之繁简,即可以觇国家之治乱。且人性皆善,彼虽逞其血气,妄杀无辜,而究其良智良能,初无异于他人,特蔽其本性则为恶,启其天良则为善而已。判讼各官,必先平心审慎,使两造皆无怨怼之心。不然,锻炼周纳,何求不遂? 致死者不可以复生,绝者不可以复属,此所谓上干天和,下丛人怨者也。

赦罪之权,非为君主市惠而设,行其权者,亦不多见。其在文明之国,囹圄空虚,非由政府之仁慈,而由人民之不轻撄文(纲)〔网〕〔1〕也。叔季之世,法令滋章,吏议繁苛,衣赭衣者,半于道左。呜呼,何其谬也。夫法令者治之具,非制治清浊之源,仅使民知所趋避而已,未闻有以刑法立国者也。昔罗马共和之世,政府仁慈,非有加于后日,而民之陷于罪辟者少。近世屡颁赦罪之诏,而犯之者愈众,然后知妇人之仁,不足以立国。余恐赦罪之说不行于天下,将有日也,恨余未及见之焉耳。

---

〔1〕 网,据文意改。

第六章 法　　律

民约也者,犹一人之生气也;法律也者,犹全身之脉络也。故所定法律,皆赖民约之力,而后能流通往复,以保一国之生存。上鉴既往,下测将来,必使事事物物,不偏不倚,归于中正而后已。

人之好善,出自天性,虽未结民约而前已然矣。但人人好善之性,独不藉夫民约之力,世之学者,遂倡为人性之善源出于天之说,而奉天为至善之真宰。呜呼,是亦妄也。体国经野,自有常道,若以人性之善,托诸于天,则一国之利害得失,俱非人间应问之事。不设政府,不立法律,不饮不食,不作不息,群一国之人,方屏足仰首,以听冥冥中之操纵。试执此说,语之五尺童子,亦莫不笑其荒诞,矧欲援为立国之道也哉。故舍良智良能而外,别无立国之道。因其良智良能,立为相守相望之约,使通国之人,无不尽义务之权利,亦无不得权利之义务。否则各任己意,论列是非,人所善者恶之,人所恶者善之,彼此扰扰,终无宁日。且君子所定之法,君子践之,小人所定之法,小人乐之。于此时也,欲分权利、义务之界,使各人归于平等,舍民约、法律外,无他术矣。天然之世,非利于己,即无应尽之义务,是仅用诸日常琐事之间,而非立国之道也。立国之道维何? 曰权利、义务,一律平等,而视法律为界限,即视法律所定之界限,以维彼此之范围。法律之恉,如是已耳。

人造之世,事有关于一国者,有关于一人者。一人为私,一国为公,既曰私事,则无与于众人可知也。而私事亦有国内、国外之分,国内私事,与一国人民,犹有相关系者,国外私事,则非己国权限之所及矣。是以通国之人,而决通国之事,与我决我事无殊也。即通国之中,有一人所创之议,异于众人,亦无分裂国家全体之理。盖二人之说,终必决以舆论,舆论之所在,即公理之所在。故曰法律者,一国之定法也。

一国法律,归于平等,自天子达于庶人,莫不遵守,且有一定之权限,而非一人所得而私。故法律虽可保护利益,而无予夺之权,法律可以维持政府,而无创立之权。要之,利害是非,关乎一己之权利者,非立法权所得而干与者也。

由是观之,立法之权,为一国之人所公有。所定之法,决于舆论,则谓为国人无不应有立法之权可也。君主虽贵,而不得越法律之限。盖君主为国家之一肢,一肢之力,不足以损全体者也。既为法律,断无偏倚之弊,人虽至愚,不闻有自立偏倚之法律,以自治者也。一国法律不得不遵,人生起居动作,法律之中皆缕载详记者也。

官吏文告,可得而变更之,一国法律,则虽为君主,亦不得妄以一己之意,少有增减。凡有可增可减者,不得谓之法律,文告而已。所谓文告者,非由主权所颁,政府之意旨而已。

如余之说,有能以法驭国者,不问其政体如何,皆可以共和视之。盖一国法律,为一国之人所公立,则一国之事与一人一家之事无异也。故立国必至共和政体,而后其国不可亡,职是故也。

一国法律,人民有遵守之义务,即有干与之权利。然聪明睿智者不可多得,甚且善恶不知,曲直不辨,以至愚之人,定一国之法律,而求其不悖公理,是亦难矣。夫自求多福,谁不如我,而不知所以求之之理,迨其终也,福不可得,祸害且随其后。故一国之人,鉴往追来,知一国之中,不可无人以长之,各人知识,亦不可无人以启之,遂举天纵特达之人,俾长国事,本其所知,教导齐民。于是各人闻见,随以扩张,凡有可以益吾国人者,无不知之,上下一心,肢体协力,而其国遂无可亡之日,所有主权亦巩固不可动摇矣。余是以知立法者之不可以已也。

第七章　立　法　者

立法之人，必其所具智识，卓越寻常，而所立之法，皆适一国之人心而后可。且也甘以其身家性命，为一国之牺牲，不偏不党，维持公益，积心处虑，以求其令闻广誉，传诸无穷，而使一国之人，长蒙平等之福。立法者而能如是也，始尽立法之责，而无遗憾矣。

希腊学士普拉顿尝著一书，言君民权限，归于平等。罗马帝加里喜拉，又推广其说。证以实事，二氏之说，皆有可观。然谓为君主者，必具绝类超群之资，则君主可常为立法之人，是大不然。盖所谓君主者，仅践立法者所定之范围，而无制定法律之权者也。立法者犹创造机器之人，君主则犹司机之匠人耳。孟德斯鸠曰："上古之世，立法者即为国家之元首，后世文明日进，则元首即在法律之中。"洵哉言也！

余今谨为制定法律、统驭国人者，正告之曰：因其既往，测其将来，临事而惧，好谋而成，不顾夷险，不择利害，心众人之心，而后其国不可败，人心不可离，所立之法，亦安往而不得其所哉。盖一国之人，分之则弱，合之则强。今举彼此不相问讯之人，集为利害相同之人，于是不得不出其天赋独立不羁之权，委诸人，分界而治，交尽其责。立法之人，虽亦有天赋独立不羁之权，而定一国之法律，不得不藉一国之权，此自然之势也。迨各人既出其天赋独立不羁之权，其一己所有之权，虽若不可得而见，而全体之权，已为至强，且至巩固不可动摇者矣，所立之法，亦更历万世而无可疵议者矣。使各人不出其权以委诸人，则全体断无成立之理，而一己所有之权，亦将为强者所吞并。故合各人之力为全体所公有，与散全体之力为各人所私有，其强弱胜负，判若霄壤。此非余一人之私言，天下万世之公言也。是以立法者，必为一国中非常之人。既为一国中非常之人，必为一国非常之事。然立法之权，与一国之政府不同，又与一国之主权不同。盖有立法之权者，必无治人之权；有治人之权者，必无立法之权。不然，法由我立，人由我治，不为专制者几希矣。是岂余所论立法之本恉哉？

昔有里寇路者，斯巴达之立法者也，当创立法律之初，先逊王位。希腊诸国，每以立法之权，委诸外人。伊大利、奇衰坡诸国，皆窃师其法，而由是道也，历致齐民于衽席，国家承平，亦累世而不衰。返观罗马，则其国之不幸,有为仁人君子所不忍闻见者矣。罗马虽在极盛之时,其人民之为暴君酷吏所涂炭者,较诸国叔季之世为尤甚。"汝曰曷丧,予及汝偕亡"之说,闾巷相传,无或已时。此无他,立法之权与行法之权,为一人所并有,则所立之法,偏于一人之爱憎,民命不堪,非其所恤,末流之弊,遂足以亡国而有余,无可深讳者也。

虽然,罗马立法者非有任意立法之权者也。观其立法之初,诏示国人曰:"予一人所定条例,必为通国人民所承允,然后著为定律,咨尔众庶,其各仰体斯意。"

由是观之,罗马立法之人,不得操有立法之权,为人民者,亦不得放弃其立法之权。使立法者欲攘窃其权,为一人所私有,则人民应出全力以抗之。何也?民约之公例曰,统治国人之法律,不得不以国人公定之法律,即以一人所定之法律,亦必经国人承允而后可,承允与否,悉听国人之自由。不若是而求其所立之法,适用于通国之中,则余未见其可也。

或谓立法之事,非尽人可预者也,是又不然。一则一人智力,有所不逮,一则立法之初,必有无形之权利,而后立法之功可葳。有是二理,非合通国之人,则余不知其法之能立矣。

天下之人,凡遇不如己者,而欲语以如己之所知,导以如己之所为,则彼必冥然罔觉,木然不知。且以所语所导为不经之诞事,避之唯恐不远。故曰:"非常之元,黎民惧焉。"幸有不世伟人,应运而生,竭其材力,发为光明正大、万世不休之鸿业,而非愚者知虑之所及。下流之徒,想望(末)〔丰〕[1]采,遂各以为利一己之事,呼吁上闻,国家之利害,众人之损益不问也。是亦古今之通弊矣。故虽有尽善尽美之法律,而若辈不知美善法律之造福国人者,究为何如。愚者所见,仅止于此,而欲责其奉公守法,处心平允,以国家之利害,为一己之利害,众人之损益,为一己之损益,岂朝夕之间,所能遂厥志哉?必也播因于今日,而后异日或有获果之期。至立法之恉,唯视众人之趋向为的,所立之法,俱顺通国人民之趋向,则人人平等,通国人民无一夫可以不遵从者,此犹天经地义,无可曲解者也。故立法之人,无权可张,无言可发,亦无威逼人民之权,又无劝诱人民之理,自有无形之权利,使立法得以告厥成功,是亦保持通国和平之福,所不可易之常则也。谚有之曰:"法律者为福利之因,福利者为法律之果。"善因不布,善果必不

---

〔1〕 丰,据文意改。

可得,司其责者,可以观矣。

荒漠无垠之理,虽智者犹有所不知。夫劝惩众庶者,不过惧以冥冥中之赏罚而已。又为颁布戒律,善者天赏之,恶者天罚之,而后通国人民,束身自爱,荣辱爱憎之权,皆悬诸天而不问。立法者之所谓卓越寻常者,具窃此智也尔。然与神相语,或受神之训诲,非生人之所能,即自谓代天宣化者,亦诱导齐民之故态耳,立法者当亦自引为惭德者矣。在立法之人,始谓代天宣化者,即为立法之因,而以立法为宣化之果,岂至论也?夫刻石肖像以为神,或为受有神命,与神相通,以之蛊惑众庶。愚蠢者流,偶然麇集,售其欺者或有之,而欲以此虚妄之说,为建国之基,则三尺童子亦知其不可。且谲诈之术,虽或就绪于一时,而无材力以维其后,则日月遄征,身名俱裂,暴骨原野者,趾相错也。然亦非可一概论也。犹太教久行不替,伊司配路教统驭世界之半,天下之人,称道弗衰,仰之为神,尊之为圣,而妄人辄指二教为幸享天下之愚福,是亦异端而已矣。在政家之徒,曾不以彼之是非,少厝于怀,盖为国者自有坦途也。余愿立法者,亦如二教之相传不替,遗德流芳,载之道路,勿仅袭败亡之迹,而空叹二教之永永无既也。

余说如此。或疑余说原于滑路皮氏之说,英国有名之教法家。而不知政教相依之理。然学者熟玩余说,观于人民之起原,而后知宗教仅为政治之一助,侈言教法者,甚无当也。

第八章 人民论 一

工人建屋,必先度其地之广狭高低,而后知屋之可建与否。立法者当立法之初,亦必视其人民,果能奉我所立之法与否。如不顾人民智力所及,而立法之心,炽热于中,是犹工人不度其地之广狭高低,妄筑大厦于其上,夫亦徒劳而已矣。弥诺者,库兰托之名人也,库兰(记)〔托〕〔1〕者,地中海之小岛,今名康奇。首出立法,制驭国人。彼所立之法,颇称美备,无如其人民顽蠢之甚,几不知法律为何物,欲以遵奉之义责之,难若登天,是不啻以美备之法,(隘)〔陷〕〔2〕人民于极恶之地。夫不察人民智力所及,而贸然号于众曰:"吾立吾法,以治吾国。"则末流之弊,必至于此,抑又甚焉者也。昔者希腊学士普拉顿知挨路勤及希拉勤人,皆不可与以平等之权,因斥其立法之议,是诚于理至当之事也。

自有生民以来,错杂繁赜,不啻恒河沙数,八荒之外,六合之内,星罗棋布。自成部落者有之,建邦定国者有之,然欲求其有至美极善之法,为众心所悦服者,则概乎未之睹也。万一天下竟有一国,具至美极善之法,且为众心所悦服,而为智力所囿,不足以奉所立之法,则法之美善,将与朝露而俱逝,俯仰之间,徒为成迹,于人民无裨也。夫一人与一国,其理不异。试观人生少时,善为教诲,类成伟器。及其既衰,则虽有贤师益友,面提耳命,而方且目眩神疲,伥焉罔闻。"少成若天性,习惯成自然。"是之谓也。一旦欲以法律之权,变其数千百年所中之毒,岂易言哉? 吾见其无益而有危也。人民之中,率皆怙恶不悛,间有出而革其故态者,竭力以抗之,仓皇以避之,其计唯恐不狡。譬犹疯痫之徒,见有为之针灸治疗者,则必目张手支,大声呼救,而不知所拒之人,即为救我之人。然疯痫之徒,犹可强之以力,投之以药饵,或有可冀。唯人民之顽僻性成,卒不可变,术之神者,亦将敛手而谢不敏矣。

人生不能无疾病,偶患头痛脑伤,人事不省。譬犹国家不能无治乱,卒有叛逆之徒,揭竿图事,则政府号令,不能举国通行,与头痛脑伤之人无殊

---

〔1〕 托,据上海文明书局本改。
〔2〕 陷,据上海文明书局本改。

也。其疾已愈,既往之苦楚,不复想见,心神俱爽,无昏愦之忧。譬犹国家当内外交讧之时,上下震恐,国力遂胹。迨戡除敉平,则如槁木生春,苏然复旧。此皆至庸之理,夫人知之者也。里寇路时之斯巴达,他路康后之罗马,放逐暴君废斥污吏后之荷兰、瑞士,皆其例也。变革制度,倡自民间者,征诸史策,已若习见不鲜。在若辈变革之功既遂,则尽若辈之生,不致再更其役。余尝默究若辈倡义之故矣。草昧未开之世,人皆穴居巢处,所好者听其自由,所恶者听其自由,无驭人之权,亦无为人所驭之责。后世有圣人出,正其疆界,别其人民,谓之为国。通国利害,不得为一人所左右,于是一人之所好恶,不若古昔之自由,遂群起而倡革命,求复其固有之自由。而后一国之制度,应变应革者,可任我之意,而无他顾忌者矣。但其机已裂,一国人民皆涣散而孤立,如向之所谓穴居巢处也者。中有黠者,遂乘此隙,拥其既散之众,整其既裂之机,而黠者且侈然自谓君长,众人亦遂相安。中古以还,进化秩序固如是也。然此之所谓君长者,非能恢复人民之自由者也。要之,人民皆宜享有自由,自由之权操之于己,不可放失,放失之后,不可不日求恢复之道,勿徒袭蛮野之人之迹,而为黠者所资。愿享自由之人,其谨持此说,勿忘勿怠,庶有豸乎。

人生壮年,已非幼时之旧。虽其见闻之广,知识之启,不可与幼时同日而语,而欲以木立步行之态,复为呱呱堕地之形,吾见其(瞬)〔僢〕[1]驰而不可通也。故人民中之老少壮幼,譬犹一人身体之有老少壮幼也。立法之初,亦必先知人民之为老为少为壮为幼,法之程序,遂因之而有高下之分。然人民之为老与否,察之綦难。迨知其已老,则如就木之年,既至无可作为之日,而犹欲以成事责之,是何以异于拥抱死体,而不知其无气也。夫一国之中,有壮者也,有幼者也,壮者既卓然有所树立,而后教诲幼者,导以美备之法律,俟彼少经陶育,更历年数,奉法之心,油然出于至诚,智者慎始,职是也尔。执是言之,俄国人民,是诚无教可施者矣。盖其进化之率,较他国为速,其诣已造其极,而举国人民,皆颓然为老境所囿,沉迷不可复返故也。彼得帝为何如人也?观其外貌,虽似颇具材力,要非创业垂统之主。试检其所为之事,有为后人所称(勿)道〔勿〕衰[2]者乎?蔑如也。即有嘉言遗谟,亦必几经变革,而后可以流传至于今日。彼得帝当日虽夙知俄人为蛮

---

〔1〕 僢,据上海文明书局本改。
〔2〕 称道勿衰,据上海文明书局本改。

野无识之流,返之于己,既不知涵养民智之术,又无立法之材,唯以首功为上,使民娴于杀伐攻夺之事,而为文明进化之要具,是谓不揣其本而齐其末者矣。彼得帝之初志,统驭国人而外,并欲驱英、德之民,亦归其范围之中。其志非不雄也,无如逞血气之私,欲举亿兆之众,为俄臣之臣。究其终也,欲求俄臣为己之臣而不得,是可悯矣。近世法人之教其子弟,每致力于幼稚之时,谆谆教诲,一若唯恐其学之不成,行之不立者。利国之义,则教之者不出诸口,受其教者,亦不入诸耳。迨其既长,其技不逾抄胥呫哗之役,可胜慨哉!以余论之,俄人恃其兵力,怀吞并欧洲之奢望,窃恐其自速灭亡之祸,而为欧洲所吞并也。如鞑靼人,初为俄国不侵不叛之臣,一旦乘机而起,遂拥有全俄,君其土地,子其人民,寝至蔓延欧西。是固势有必至,理有固然者也。余愿欧西各国,互相合从,起靖斯乱也可也。

第九章 人 民 论 二

天之生人,必度其躯干,为定尺寸之限,过之则为长大之人,不及则为短小之人。(起)〔人〕[1]既如此,国亦宜然。立国之初,亦必先度地之广狭,而后定其势力范围之盈朒。然国家应扩之权力,亦有止境可循,过则内治损,不及则外交败。而有国之人,每求扩其版图,若夫惧损内治,甘让一隅以饲他人者,未之闻也。无如好大喜功之心胜,则纲纪愈弛,是以小国之可以常保安宁,不若大国之一蹶不即振者,职是也尔。

试以实事证之。地大之国,呼吸不灵,一事宜革,则阻之者多,一事宜兴,则为之者杂。(壁)〔譬〕[2]诸一拳之石,可以手握之,若以拳石系诸长竿之端,则举之不若前日之易。且夫土地广大,则应为之事,随之而剧。邑有邑之政府,郡有郡之政府,大之则有藩镇之政府、中央之政府。各政府中,饮食起居,下迨一草一木,无不取自民间。禄阶愈高,取之愈奢,其亦思人民绞其膏血,以供养此蠹我贼我之人,闾巷之间,不知其若何饮泣也。洎乎人民习知政府愈多,所耗愈重,于民固无丝粟之利,而徒为握权施政者之利薮,不若举通国之事,委诸中央政府,以期节我之力,此亦势之所趋,有所必然者也。要之,不顾民力如何,而日以开疆拓土为伟业,则必有存亡决于须臾,废兴悬于眉睫之时。愿有国家者,先事预防,勿致自速国破家灭之祸可也。

地大之国,不特人民所耗愈重而已也,凡人民中有不奉法者,政府亦无暇责问。宵小得志,骚扰里阎者有之。僻远之地,顽徒蜂起,政府之中,非特不能制于未发之先,又不能遽施扑灭之策于其势未炽之时。任意猖狂,蔓延全国者有之。治人者与治于人者,终岁不相通问,人民不知谁为治我之人,己与治我之人,有何相维之义。敬爱中绝,漠如路人者有之。且也同里之人,皆为吴越,见有他省来者,则犬马之不若。苟欲语以家国相关,善群保种之道,则冥然木坐,与不闻不见者无殊也。由是观之,风俗寒暖,随地斯异,而欲以施诸甲地之法律,行诸乙地,必非至当之策。若国中所行法

---

〔1〕 人,据上海文明书局本改。
〔2〕 譬,据上海文明书局本改。

律,纷歧不一,则不能互相统治,利用厚生之道,不能相通,于是纷乱扰攘之患,遂因之而无宁日矣。天下而有若是之国,是不过集众人于一地。人不相知,虽曰举贤进才,而智者用违其所长,愚者自蔽其所短,恶人之罪不见罚,善人之功不见赏。上下相蒙,官吏遇事繁剧,则处事之权,委之胥役,于是左右擅政,欺罔人民。当是时也,所谓政府者,非能为福人民,唯为招致祸乱,妄事役使而已。故土地广大,逾于所定之制,是不啻负巨石以压己身,而自招颠覆之危也。

有国之人,苟欲戡除祸乱,文致太平,必使人无他志,朝无阙事,而遵从法律之心,油然出于至诚,如是而后其功或有可蒇之一日。使一国之人,皆心猿意马,负隅相抗,又欲侵凌他国,求我所有之权,日益扩张,是与达斯加尔旋风之说无殊也。故不知弱肉强食之理,又无外敌相乘之虞,则其国岌岌,必有不可终日之势。语曰:"宁释外患,以靖内忧。"舍此不骛,吾不知其道之所从矣。

由是言之,国强则土地必广,国弱则土地必缩。苟欲明于强弱之理,得乎中庸,以常保国力于不坠,则非聪明睿智之政事家不可。先哲有言:"事有本末,物有终始,知所先后,则近道矣。"是之谓也。夫国既强盛,而怀扩充土地之志,则其功在外而不在内,处之不得不后。国既小弱,而有减缩土地之虞,则其祸将不在内而在外,处之不可不先。此自然之理也。内治不固,奚暇骛外?内治之所至要且重者,创立确乎不拔之制度,使通国之人,莫不遵奉是也。且扩充土地所得之益,不若创立善政所得之益为公而溥,此理又无可疑者也。

尝闻某国定律,以征伐他国为要图,内政如何不问也。一若土地不广,其国不足以自存者,举国若狂,皆以奉此定律为造福之具。无如灭亡之惨,与繁盛之极诣而俱来。试观某国所定之律如此,今日复寻其遗墟之所在,亦渺不可得。余说岂无稽耶?

第十章 人民论 三

　　觇国之强弱,其道有二,土地之广狭,人民之多寡是矣。土地、人民,其权衡必求其相等而后可。人民相集而后谓之为国,各分疆域,足以容其相集之人,而后谓之为土地。所谓权衡也者,土地无不足养载人民之虞,人民起居,亦不得过于所有土地之中。使土地之广狭,出于权衡以外,则保护无术,耕耘之道既尽,而物产又无繁殖之望。且土地不足,人民众多,则地力不足以养相集之人,势必仰给他国,漏卮日甚,亦足以耗国家之元气。此其酿为内乱之因,即为自速外讧之所以也。夫穷通相寻,天理之常,转贫为富,转弱为强,自有坦途可循。而世人不知从事通商惠工之义,而欲于烟林弹雨之中,郡县他国,必其人民无治内之材,而后内外交逼,曾无已时,生命岌岌,(朝如危露)〔危如朝露〕〔1〕,所谓郅治之隆者,无复梦见者矣。要之,日耀兵威,诩为〔至〕〔2〕盛之业,以求我之所谓富贵,一旦遇有强于我者,力绌材尽之后,则彼必以我所施诸人者,反而施诸于我。是不啻自招其祸,且以所富所贵,与夫盛大之业,拱手以资他国。譬犹以国家强弱为孤注,得当则偿我所欲,不得当则返辕以遁。千金之子,不甘以侥幸之心,轻试其所有,而有国家者,每出此而不悟,大可哀矣。

　　今夫土地之广狭,人民之多寡,非可尺度斗量者也。且地有沃瘠之不同,物产又有丰歉之异,与夫气候之寒暖,人心之智愚,随地而殊。或有沃土之民,所耗者俭,瘠土之民,所耗者奢。是皆言权衡者所不可不察者也。又如男女之多寡,贤不肖之众否,生命之修短,躯体之强弱,职业之巧拙,有一不明,即无足以合我权衡之说。故立法者,当立法之初,虽任一己之意,而意之所起,必由所见所闻,有感于事事物物,而又不以小成自安。立法者之所以必为非常之人,盖由是也。虽然,觇国之术,又有未尽者在。輶轩之迹,虽遍天下,而风土人情,每有不能尽悉者。然而国土之应广与否,有定则焉。山岭之国应广,凡树林、蓄牧之事,不劳人力而已足,一国之人,皆可从事他务。且山岭之地百里,不若平夷之地七十里,此又为山岭之国宜广

---

〔1〕　危如朝露,据文意改。
〔2〕　至,据上海文明书局本补。

之证据也。濒海之国宜狭,物产稀少,不得不以渔猎补其不足,互防海贼,又不得不互相麇集。且地不过广,则他日为压制束缚之政所苦,起图自立,亦非所难,此其例耳。

立国之道,错综繁颐,不可得而尽悉,一言以蔽之曰,通国之人,勉求富贵,希望平和是也。自有此说,而后千端万绪,靡不由是而生。当国家始立之时,与将帅编列兵制无殊也。演习未纯,则人皆竞竞自守,能不败已善,遑敢求胜乎哉?夫将帅犹不能以演习未纯之众,驱诸疆场,与他人角生死于呼吸之间,而况国家扰攘,民不聊生之时,不知安享平和之福,以营求富贵,而辄欲妄事兴戎,不至失其所固有不已也。且于危急存亡之秋,窃引外讧,则为人民者,求一身之安宁,犹汲汲不遑,又以国难责之,势必有不能应者,而窃引外讧之人,所志未遂,外人乘衅而入,则分崩离析之祸,亦足以起于萧墙之间,可不慎欤!

嗟夫,多难之国,何代蔑有?苟以治国驭众之权,委诸务外遗内之政府,则使彼亡国则有余,责以兴灭继绝之义,是较强盲者以辨五色,聋者以别五声为尤甚也。且独夫民贼,每乘此机而起。彼观一国之中,纷乱扰攘,人心又皇皇无主,有人出为戡除其乱,则虽施以残忍苛酷之政,亦必(怙)〔帖〕[1]然就我之范。若是则颠覆之虞,乌得谓非人民自招之乎?是以暴君之所志,与立法者之所为,万无相同之理。立法之事,暴君不得妄参丝粟之权,相机而动,所执不坚,则必酿为家国之隐忧,是为立法、行法之权,不得委诸一人之说也。

然则必有如何之人,而后可以立法之权界之?曰原始相同,利益相共,契约无异,互相集合,而尚未受有法律之桎梏者;其不为固执不变之恶习所中者;终身不启外患,不与他国相通,而不救援他国者;为众人所知,而不甘以不肖之身,有忝其应尽之责者;无求于他国之人,而又不为他国之人所求者;富贵不淫,贫贱不移,怛然自足者;折衷于上古之质朴,与近世之文褥之间,而得其当者。必有如是之人,而后可以操有立法之权。所立之法,无名可求,无利可图,而唯以适用为的。故废法之人,不烦举手投足之劳,而使昔贤竭精敝神,所仅底于成者。一旦自我而弃之,其亦大有类于不仁者之所为矣。且夫天下之事事物物,各具气质,不能强其相同。立法者必先祖其气质之所近,而后导以适用之法,其案既难,其道尤杂。亦不知其几历星

---

〔1〕 帖,据上海文明书局本改。

霜,而后所立之法,可以通行于一国。盖立法之难,固如斯也。凡为立法之人,必以余之所说,夙铭于心,并以余之所说,见诸行事,非可强颜自饰者也。鸣呼,立法之材之难,不其然乎!世界之广,各国之众,真能制定法律者,曾有几人?立有美善法律者,曾有几国?环顾欧罗巴中,称为法律至备之国,唯古尔斯块然一岛而已。古尔斯人,类皆英迈卓荦,尝恢复其所失之自由,以协御外侮,日求保国之道,通国人民,遂蒙太平之福于无既,是所谓魁闳豪杰者非邪,可为天下师矣。他日举彼蕞尔之区,震撼全欧,容有其时,余实不胜杞人之忧也。

第十一章　论各国政典之异同

国之所以立，人之所以生，必有至贵至重之物，以维其后。所谓至贵至重之物者，自由权与平等权是也。使一人身体，无自由之权，则一国身体，亦必无自由之权可知。天下宁有是理欤？而自由权之常保勿失，与身体不可须臾离者，又无可求之平等之权以外。故自由权不可不重，而平等权又不可不贵。

自由权之说，前言已详，今当更尽平等之权之说。所谓平等之权者，非富贵威望相同之谓也。虽有威望昭著，富贵兼隆之流，而威望不足以胜法律，富贵亦不足以贫贱他人。是故威望富贵之流，慎其所发，不得妄以盛气凌人。无力贫贱之徒，尤必戒其贪欲，不得自贬以仰他人之鼻息。各适于道，皆可俯仰无怍，心神俱泰者矣，顾不康哉？

世人或曰，平等之权之说，不过纸上空谭，名虽甚美，而验诸实事，则廓然无当。岂其说犹有未尽，而不足坚人信乎？余曰：否否，不然。平等权之不得验诸实事者，蠹国之害深焉已也。凡一事有弊，则避之唯恐不速，此为天下至庸之理，三尺童子，莫不知之。而独于蠹国之害，则能多留一日，即为如天之福。呜呼，岂不谬哉！且夫千里之行，起于跬步，涓涓不止，终为江湖。今日有一弊，漠然置之，明日有一弊，漠然置之，于是他日弊窦丛生，通国之中，无复梦见公益之期，势之所趋，无可曲解者也。然则平等之权，既为天经地义，而犹欲以一国政治之力维其后者，盖有阻我之力在也。去此阻我之力，则非法律不可。夫平等与自由之说，道弥天地，咫闻孔见之夫，骇为奇谭，亦其素所习者然也。吾何责焉？

立国之道，自由平等之权以外无闻也。天下万国，失自由而无平等者，即不足以为善国。然而是说也，亦非可执一以论万也。国土不同，所感斯殊。察其地势之所宜，究其民情之所向，而后制之以限，无过不及之弊，是虽为政之要，而犹不足以尽为国之极诣。唯由斯道者，亦无不可自务也尔。试观硗确不毛之地，或方里过狭，则举国人民，无不奔走于一技一艺之能，以其所有，易其所无，皇皇焉终夜不休。不若是，则无足以资其所生。膏腴平坦之地，邱林崇茂，物产肥饶，而又无人满之患，则举国人民，取给于天生之物，已足遂其仰事俯蓄之心，终其身不识胼胝之劳为何物。盖农固足以繁殖人生,而工艺则仅就地之所有,以养所集之人而已。故农有农之自由,工艺则有工艺之自由,若欲以农之自由,强与工艺相平等,则不啻强夺农之自由,而与暴君污吏之所为,相去无几矣。滨海居(有)〔者〕〔1〕,航海为业,渔猎为生,与农相较,则风涛(漓)〔泅〕〔2〕涌,水天一色,夷险之悬,奚啻霄壤?而亦各安其所,食息生字,彼此无殊状也。要之,平等自由之于各国各人,譬如布帛菽粟,不可一日或无。而妄执一端,不能会其通,则实为秕政之源,决而壅之,其祸有不可胜言者矣。往古希腊人,近世阿刺伯人,俱以教法为治国之要具。雅典人则以文学,加尔达额及崎尔人,则以贸迁有无,路士人则以航海,斯巴达则以战争,罗马则以道德,各援所长,以立国于天下。《万法精理》有谓立法者之觇国政也,必视一国元气之所在,然后施以利导之术,举例颇繁,余之所说,不过略揭大恉而已耳,其详非所能也。

　　一国政治真能致乎其极,无复动摇之虞者,非有异术也。察其自然之理,知其风俗人心之所尚,而后制定法律,护持其所有,矫正其所失,能如是,是亦可矣。使立法者不顺舆情,矫揉强作,诸如自由压制、富贵贫贱、治内伐外之常道,俱一一反而行之,以快其所私,则他日法律就湮,政体纷乱,平日之所谓一世之雄者,转瞬不可复睹。盖邱墟禾黍之悲,已伺于若辈言高气盛之时,及为末路所迫,则遗恨无穷,而足迹已绝于天壤之间。余不识人亦何乐而为此?呜呼,可慨也夫。

----

〔1〕　者,据上海文明书局本改。
〔2〕　泅,据上海文明书局本改。

第十二章　法律之区别

整一国之纪纲，而于通国所公有之物，制以相当之限，其说颇众。一曰全国与全国之交接。即君主与全国交接之意。

全国与全国相交接，所定之法，名曰国法。亦称大制。所定之法，不问其为善为恶，而不得不博采舆论。世界如此其广，而齐国之道，容有不得其当者。然断无甘以不当之法，自殃宗邦者也。或有论议所立之法为可通行一国者，或谓犹有不足，应撷他国之所长，以裨所短者，是依顺之，是违听之，苟非至暴极酷之徒，即无钳人口舌之理。故所立之法，不问其为君主之意与否，即立法者自谓至美极善，而人民亦可各罄所知。盖法之得失，实为一国安危治乱之基，得固人民亦蒙其福，失则人民首被其祸，乌得不深长思之？且法虽无可疵议，而人民之力，或不足以奉所立之法，亦有难言者矣。

一曰人民之交接。人民交接之说，又分二系，曰人民与人民相交接，人民与全体相交接是也。然人民与人民相交接，则当务其小者；人民与全体相交接，则当务其大者。譬诸物我之间，不以他人之故，而轻失一己所有之自由。若夫与全体相交接时，则不顾事之轻重难易，必先放弃一己之自由，而后尽力以为全体之事。然勇敢不挠之心，不能历久而不衰，必为求其所以作养之道。其道维何？曰国权之外，无异术矣。于是立法之人，亦由是而生焉者也。一曰人法之交接。如一人犯罪，科以刑法，是为人法之交接。世人每谓刑法者，不过法律中之一端，而不知他法皆得刑法而益固，如奸宄踵出，文告所不能已者，刑以警之，使愿者益坚其所守，黠者亦因以自敛。谚有之曰："刑法为季世所必需，而又为盛世所不可无。"洵哉斯言也。

三法之外，又有一法，为诸法之所至重，万事之所至贵，与一人身体，不可须臾相离。唯目视之而不见，耳听之而无声，无名可传，无形可状，铭诸于心，印诸于脑。与有始以俱来，与无终而偕逝，卷之及乎屋漏之中，放之则塞乎天地之间。自有此法而诸法于以定，自有此法而灭者可以兴，绝者可以继。余如风俗习惯之事，无不备具于此法之中。政学家之所不及知，哲学家之所不及察，迨观既成之法，无不与此法相维系。

立法者于立法之初,亦莫不(难)〔持〕[1]有此法,非可游神荒漠,而猥以一孔之见,制定法律者也。学者慎毋狃于所见所闻,而忽于无形之法焉可也。

---

[1] 持,据上海文明书局本改。

路索民约论

法国　路索著

吴县　杨廷栋译

上海文明书局 1902 年 12 月版

初刻民约论记

　　民约之说，泰西儿童走卒，莫不蒙其麻而呕其德，亚东之国，则倏乎未之闻也。日本明治初年，亦尝译行公世，第行之不广，迄今索其古本，亦仅焉而已。若夫汉土人士，则尤瞠乎莫之解矣，良可悲哉。岁庚子，尝稍稍见于《译书汇编》中，既有改良之议，且谓疏浚民智，宁卑之无甚高论，遂辍此书，不复续刻。呜呼，天之靳《民约论》于吾中国者，何其酷也。译者又卒卒鲜暇，不能终其业，负海内望者亦甚久。今并力营之，书始成，从此茫茫大陆，民约东来。吾想读其书而乐者有之，惧者有之，笑者有之，痛哭者有之，欢欣歌舞者又有之，丑诋痛詈者又有之，吾唯观其后而综其比例之率，而觇吾中国旋转之机，斯以已耳。论恉如何，则天下万世，自有不可没之公论在也。光绪壬寅译者记。

路索民约论目次

路 索 小 传

　　路索名戎雅屈,匠人某之子也,一千七百十二年六月二十八日,生于瑞西日内瓦府。家贫窭,幼失母。天资颖敏,不屑事家人生业,而好读稗官野乘,久之自悟句读,遂涉猎于发朱惠、募理英尔诸大家。及执弟子礼于乡校师良边西之门,得读普鲁达尔之书,慨然自奋曰:“英雄豪杰,非异人任矣。”自是刻苦砥砺,日夜孜孜,惟恐不足,嶄然有睥睨千古之概。成童时,其父以故去日内瓦府,属路索于佣书某,而路索意不自适,因从雕刻师某业焉。无何,又去某氏,漫游四方。一千七百二十八年,入法国安西府,寄食瓦列寡妇某氏。氏悯其年少气锐,常为贫窘,又欲变化其狷介之气质,恩遇周挚,若家人父子也。遂劝其遵奉耶稣旧教,又命入意大利株林府教育院。既又出教育院,为音律师,出入侯门,仅免冻馁。后益困,常执仆隶之役,卑贱屈辱,不能一日安其心,乃复投瓦列寡妇,妇善视之如初。及妇没,赴里昂府,主大判事吗当刺家,教授其子弟。一千七百四十一年,著音律书于巴黎,为伶人所沮,书不得行。当路索之在巴黎也,与牧师及诸名流乡老相往来,奢侈浮靡,颇为都俗所眩。于是自请为法国公使孟侦义侯记室,随往意大利威内斯府。而傲慢自喜之心不少悛,侯数规之,不听,怒逐之,乃归巴黎。一千七百四十八年,征税官犹磐招为记室。一千七百四十九年,穷乏益酷,恒终日不得一炊,遂矫正其所著书,务求合俗,出而售之,仅获旦夕之饷焉。

　　一千七百五十年,埃戎大学校征文天下,论工艺学术有益世教与否。路索方偕其友步游街市,得大学校征文之报。其友曰:“子盍取焉?”曰:“吾将论其益。”友曰:“不然。与其论其益,何如论其害,以博名利于当事者之为得也。”路索沉吟久之,抚掌跃然曰:“有是哉! 谨闻命矣。”后文出,果得优等,名噪一时。而路索不自足,日缮乐谱,为衣食计。一千七百五十二年,著一书,颜曰《度宛德兰》,专述己见,痛斥法国音律之弊,于是怨谤纷起,几无容身之地。一千七百五十三年,埃戎大学校又征文于天下,路索乃著《人类不等论》,一时脍炙人口,靡然从风,儿童走卒,无不称道之者。自是肆力于政治之学,而往往与学士宿儒不合,排之者众,群将摭拾其失,以起疑狱。大惧,避至日内瓦府。又奉耶稣新教,欲为共和国人民。瑞人阻之,不逞意,而还巴黎。惠比倭夫人资以金帛,因著音乐辞书等数种,又著《教育论》,言天道之真理,造化之妙用,以排斥耶稣教之豫言奇迹者。巴黎议会命毁其书,且将拘而置诸重典,又奔瑞西。与其国人争论不合,复还巴黎。会法政府命吏物色路索,搜捕甚亟,乃闭户不敢外出,时或微服而行云。一千七百六十六年,应非迷氏聘,赴英伦敦。与僚友有隙,又还法国。自变姓名,潜居诸(洲)〔州〕〔1〕郡,而屡与人龃龉,不能久居于一处。一千七百七十年五月,卒归巴黎。自谓天下之人,皆仇视我也,怏怏不乐,遂发狂疾。仁刺达伯惜其有志不遂,因与田宅数亩,隐居自养。一千七百七十一年,著《波兰政体考》,至一千七百七十八年业成。此书鸿富奥博,而于民约之旨,尤反覆三致意焉。是年三月,暴卒于英儿念维。或云病毙,或云遭仇人之毒,官吏检视,则自杀也。

路索性锐达,少有大志,然好为过激诡异之论,虽屡为世人所挫折,而其志益坚。晚年自愤世人不己容,遂至发狂自戕。於戏,不其悲夫!当路索之身,前后数十年间,未闻有一语褒及之者,而异日革命之功,实以路索之自由论为之发动也。一千七百九十四年,改葬遗骸于巴黎之招魂社,又刻石肖像于日内瓦府。后数年,巴黎人购大理石,刻半身像于武良街,至今人称谓戎雅屈路索街,缙绅大夫,过其街者,必式礼焉。

---

〔1〕 州,据《译书汇编》本改。

第 一 编

第一章 要 旨

法国 路索著
吴县 杨廷栋译

人生天地之间,于事物之轻重,行为之取舍,皆不必假手他人,一唯我之所欲为,此所谓自由权也。然人或不能保有此权,每至事物行为,不能任我自由,而为他人所牵制,即如仰给于君长之人,其事物行为,较之常人,已多束缚。何也?所谓自由权者,皆有不羁独立之性,一旦为人干涉,则大而生死荣辱,小而起居食息,俱不得少参己见。桎梏之苦,无甚此者。而人或有习不为怪者,窃为余所不解也。

或曰:国家成立之初,强者奋起,恃其威力,以胁弱者。当此之时,弱者自由之权,为强者所夺,亦常道也。果如此言,则弱为强制,出于不得已耳。苟一旦脱有钳制,不得不谓之盛业也明矣。盖彼夺我之权,仅恃威力,我亦以威力复我之权,尚何可议之有?然则所谓国家者,不过杀伐之场已耳。强者吞弱,弱者吞强,干戈相寻,终无宁日。于此而欲成立国家之基,乌可得哉?夫国家也者,集众人而为之,相守相望,各人权利,不相轻侮,而后国家之基于以成立。盖国家之基,非由天然,而系人为之契约也。

第二章　家　　族

　　人之相聚而成群也，无如家族之群为最古。余观父子之间，慈爱之心，油然而生，亦仅于子尚幼稚，一切不能自为之时已耳。迨其子渐长，自知生存之道，而后父子之间，枢纽既绝，其父不得牵制其子，其子亦不必从属其父，各归自立之途而止。然于此时也，凡事物行为，子犹与父谘商而后处置，则由父子之私情，而非出于天然者也。执是言之，则虽曰父子，亦有契约存乎其间矣。夫人之各归自立，不受羁束，亦本性然也，何独于父子而不然乎？要之，人之生也，以能自知生存之道为第一要义。盖自能知之，则不受他人干涉，而随在可以自给，然后事物之轻重，行为之取舍，胥不仰给于人，一听己之所欲为。所谓自主自由之权，皆我固有者也。人不云乎，家族之制，实为人民、国家之原起。君犹其父，民犹其子，而有生之初，君民皆有自主自由之权，非利于己，各执所守而不变。故君守于上，民守于下，而国家于以成立也。此论似是，实有大谬不然者。夫国之与家，其趣不同，父子之间，慈爱出于天然，虽偶有一时不合，而互相眷顾，终有偿其失之一日。君则异是，始也不爱其民，己居于上，民驱于下，作威作福，妄自尊大，而独自解曰："民犹子也。"是亦悖理之甚者也，非特无益于民，直谓之虐民而已矣。

　　荷兰学士某之说曰，人生行为取舍之权，非民所有，一任官之所为。且引希腊、罗马蓄养奴隶之事为证。余究其要旨所在，不过助君为虐而已。何也？希腊、罗马之制，实往古之暴政也。

　　天下生灵亿兆，而号称帝王者，仅仅数十百人。将以亿兆属之数十百乎，抑以数十百属之亿兆乎？读遍荷兰学士之书，则直以亿兆属之数十百耳。英学士某，亦袭其覆辙。要之，彼等所论议，不过视人民为牛羊，帝王为牧人，帝王之保护人民，犹牧人之刍养牛羊而已。

　　罗马帝某及其学士某之说曰，君主之贵于人民，犹牧人之贵于牛羊，故君为神为圣，人民则为禽为兽，以神圣而制禽兽，亦天然不易之理也。

　　罗马帝某及荷、英学士之说，其旨皆同。盖彼等所习闻之说，奉为圭臬者，希腊人挨立司他脱尔之说也。挨氏之言曰，人之天性，至不平等，有赋于天者为奴隶之性，有赋于天者为君主之性。

挨氏之言,人或谓近理,实则不揣其本,而齐其末之说也。夫生于奴隶之中,自不能无奴隶之态。当其始生之时,即束缚之,驰骤之,以没其天性。迨其长也,遂安于闟茸,而以贱业为快,如希腊淫荡之流,纵欲败度,藉以自豪,绝无羞恶之心。习惯成自然,而后奴隶之心,竟若天纵之矣。盖始则威之虐之,使其俯首听命,而不敢逆己,终则昏之愚之,使其虽欲自奋,而无所适从。于是逞臆为谭者,金谓奴隶之性,赋之于天。呜呼,天果有以奴隶之性赋于人哉?

太古邈矣,不必远论。草昧初辟,生灵悉罹洪水之厄,其免于难者,不过诺爱一人。后以世界之地,拆之为三,而以其三子分王各地。其三子者,即亚细亚、阿非利加及欧罗巴,各人种之始祖也。夫三人既为人类之始祖,而其子孙蔓延至于今日,则虽至贱如余,亦其苗裔无疑。若余审其谱系,则余或为其嫡派,当享有王天下之权利,要未可知,而人亦不能非余者也。然此亦笑谭而已,使余纵有王天下之权利,将谁以余为天下之王哉?且当诺爱称王于天下之时,天下仅有诺爱一人,欲王则王,无牵制我者,如落平生之主无人岛,亦其例也。稗史谓落平生尝航海,忽遇飓风,流至一岛,极目荒凉,不见人迹,是与诺爱之世无异也。夫天下无人,则争竞不作,祸乱不起,政治、法律,俱无所用,独我一人,安居其位,余亦安用此天下,而以不经之说,骇人耳目也哉? 然当此之时,君之者我,民之者我,以一人而兼君民之役,岂即以一人而备神圣、禽兽之贵贱乎? 抑其性之赋于天者,具有君主、奴隶之二性乎? 余益见嚣嚣之说之不可通也。

第三章 强 者 之 权

天下之强有力者,必变其力为权利,否则不足以使众。天下之弱者,必易其从顺为义务,否则不可以事人。故权利之所归,即强弱之攸分。权在我则我强彼弱,权移彼则彼强我弱,强者制弱,弱者服强,执其权以制人,裕如也。而此权利,世人每阳斥之而阴实用之,余尝求其故而不得。夫所谓强有力者,非由淫威而然乎,曷谓之权利也?其从顺于强有力者,或由顾虑切己之利害,而出于不得不然,又曷谓之义务也?

强者之力,非真权也,虚名而已。凡人之以力服人者,不顾理义之如何,一旦我有力则即以制人,设又有力甚于我而欲制我者,我即为其所制。若是则成一争竞之天下,日夜不足,皆唯强力之是求。我欲制人,人欲制我,将嚣然不可终日矣。且夫制也者,非中心悦而诚服之,力不足也,是以出于不得已而为人所制,则其有力即欲制人也,可操券俟之。故曰强者之力,非真权,虚名而已。

教士辄曰:"从顺强者。"此言也,为彼此情之所好而设则可,若为力不足不得不然则不可。盖使弱者之从顺强者,不啻益强者以暴力,而使之虐人也。教士又言曰:"人有权利,受之于天,弱者之从顺强者,亦势为之也。"此言也,亦背理之甚者矣。苟云受之于天,则疾病流行,亦天所为,人之疗治疾病,延医服药,不得不谓之逆天矣。又使余忽遇匪徒,手持器械,余力不敌,遂以一身所有者与之,是彼匪徒之力,亦由天授。余欲保持所有,防范匪徒,则亦不得不谓之逆天矣。天下宁有是理哉?夫匪徒之力,在有器械以惧人,而所以惧人者,利人之弱而欲饱其私壑也。何得妄托受于天者之说哉?

是以强力不得为权利,从顺不得为义务。虽在帝王,苟非光明正大之权利,犹不能从顺,矧其他乎?余得而断之曰:天下权利,非由强力,而由于契约也。

第四章　奴　　隶

人皆平等,无贵贱上下之别,既无从属他人之责,又无制驭他人之权利。然芸芸之众,不能无一人以统治之,而统治之者,既无藉乎强力,则不外由于治人者,与治于人者之契约而已。

或曰:人有以一己权利,让他诸人,而凡事悉听他人之命者矣。若是则一国之民,让其权利与君,而委身事之,一唯君命是听,亦何不可之有? 甚矣其说之不可通也。夫让也者,举我所有,转与他人之义。如奴隶辈,一己生计不能自营,遂以身事人,不过为衣食计耳。若夫民则固未尝仰衣食于君,而君则实仰衣食于民者,何得视民为奴隶也哉? 或又曰:为人君者,货财不可不多。是何言也? 夫民既举身事君,而又欲悉敛其财,以餍私欲,则民将何以存其身也?

或曰:专断之君,每使一国人民,得蒙安宁之福。是或有之。然使其君擅欲立功绝域,侵扰邻封,销耗府库,杀戮将士,于民果何所益哉? 又或苛敛人民,供其淫侈,将终致一国人民,流离颠沛,无所控告,其祸尤甚于兵燹,岂得谓蒙安宁之福哉? 夫人心所好,莫逾安宁,然欲偷旦夕之安宁,而不恤其他,则虽在缧绁中,犹安宁也。往古希腊人,每谓陷于深山巨窟中,当其未饱狼虎之时,即为安宁。或者之说,得毋类是。余不知人果乐有此安宁乎哉?

由是观之,民之事君,不如奴隶之事人也明矣。夫得人价而与人以值,交易之道然也。若不得人价,而即举身事人,天下之大愚也,直谓之妄人而已矣。至一国之人,不得其价于君,而群一国之人,为君之奴隶,则一国皆妄人也。有是理乎? 且既曰妄人,则其言必不足征,而其事又乌足责哉?

若夫人人竞举其身以事人,而其子孙必不能与其祖若父,同举其身以事人。盖其子孙亦犹是人,而赋自由权于天者也。祖若父既甘为奴隶而不悔,又欲强其子孙,联袂而奴隶也,则直欲以奴隶世其家,而百年无以自拔矣。揆诸天理,岂得谓平? 人民之于政府也亦然,顺政府者固听其自由,逆政府者亦任其自由,庶与专断之政府不可同日语也。

人之暴弃自由权者,即暴弃天与之明德,而自外生成也。夫是之谓自暴自弃,人而至于自暴自弃,亦复何责? 但既暴弃自由之后,其弊所至,当有不可胜言者。夫有自由者为人，人而暴弃自由，则虽具官骸，非我所有，动与心悖，行与事违，日为善而不得为善人，日为恶而不得为恶人，是与禽兽无异也。不宁唯是，契约之成立，奴隶不与焉。盖契约云者，相互之辞，既为奴隶，则不得仰首伸眉，论列是非，唯供人驱策而已。盖主人之于奴隶，虽逞其威福，严其压制，而奴隶之屈服卑辱，犹终岁不得少息。且也终岁劳苦之奴隶，曾无丝粟之报，所得利益，主人之利益，非奴隶所得而过问。呜呼，圆颅方趾，自顾不殊恒人，徒以暴弃自由之故，致终身不齿于人类，是亦大可哀矣。

哥鲁智斯及其他学者，每谓奴隶之生，由于战争。其言曰：战胜之国，虏掠敌人，以其军之既败也，就虏之人，亦谓与其死于疆场，宁舍自由而生，遂悉举一己固有之权利，归于主人，以全其余生。于是主人之压制，无所不至。盖由彼之一生，以自由所易而得，虽苦压制，而不能与主人相抗，是即奴隶之所以生也。执是说也，所谓主人者，压制使役，但求利己；奴隶者，竭力奉事主人，以求保其余生。是彼此所共利，而合于契约之旨者也。然战争之国，肆意虏掠，非理之公，今请明之如左。

太古之世，邦国未立，人人无不可为之事，亦无不可不为之责，或合或离，一任己之所欲。当此之时，既无所谓和亲，又无所谓战争，可知战争云者，非人固有之性也。迨后世立国结党，便交际，通往来，于此而有阻我所为者，不得已征伐他国，芟灭异党，战争之风于以启。若是则于无国可立、无党可结之世，与夫交际不通之地，俱无战争者矣。至人与人争，则曰私斗，不得谓之战争。凡有国者，不特私斗之禁綦严，即战争之事，亦不得不为之制限也。

私斗之始，虽万殊不同，抉其原之所在，要不外乘一时之血气，以快其积忿而已。法王路易第九之时，许民私斗，而使牧师操和事之权，实为一国之弊政，而悖理之甚者也。

战争之始，由于国与国之公敌，而非由于人与人之私斗也。衅端既启，不得不藉国人以捍御外侮，于是以披坚执锐者为兵为卒，盖所以示别常人而已。若是则当战争之时，仇视一国则可，仇视一人则不可。夫一人与一国，固非同类者也。

是说也，历世不变者也。夫命将出师，征伐他国，必预以宣战之书，播告遐迩。非预告他国政府，使得为备之说也，盖预告他国人民，使无辜者得以避祸他徙，不致临时仓卒，妄遭涂毒也。播告之后，凡一国人民，除披坚执锐者外,举其身命、财产,悉措诸无虞之地。夫亦行我心之所安,而示不与一人为敌之至意也。若乘人不备,卒然袭之,肆行屠戮,则直豺虎之不若,岂国与国战争之所为哉?秉义之君,伐人之国,入人之境,遇财产之为官府所有者,取充军实,其为人民一己所有者,秋毫不得以力取,是重视人民一己之权利,即不敢侵人一己之自由也。且充战争者之量,不过欲墟人之国,子人之民,扩我版图而止,岂唯戕贼人民之为哉?故凡敌国之人,以械拒我,不得已而杀之,犹之可也。至舍其器械,束手就缚之时,则既不为我敌,其所有器械,亦非敌我之器械,于此而犹悍然不顾,日唯嗜杀以为快,余有以知其必无人心者也。设于战争之时,所如风靡,一举而平其都城,再举而覆其政府,凡府库、仓廪、子女、玉帛,旧日之为敌国所有者,一旦为我所有,则善守之,宝藏之,唯恐不至。其亦思人民亦我人民也,何忍以捕虏视之?哥鲁智斯辈,(盍)〔盖〕[1]亦返其本矣。

其以余说为不然者,虽百计罗织,而无如中外古今,断无一为人主擅作威福,一为奴隶历遍艰辛之理。即以契约而论,亦岂有一人唯利是图,终身享之而不尽,一人唯害是甘,从此一蹶而不振者哉?奴隶之说,虽为战争时相利之约,然以一国之公敌,而集矢于一人之身,则不知国之与人,其类本不相同,固与理论相背驰。要之,天无私覆,地无私载,人无不平等者,此理如日月经天、江湖行地,亘古不可磨灭。圣人复起,不易吾言矣。

---

〔1〕 盖,据《译书汇编》本改。

第五章　论契约为立国之基

世人犹有以余说为不然,今请证以事实,则排余者无所容其喙,而即以明余说之非谬,使天下后世不得引为口实也。夫依威福以驭人,与执法以治国,其得失利害,相去奚啻霄壤。今有一人也,恃强制人,受其制者,虽累千万,亦不过以一主人,而佣众奴隶而已,曾不得谓君之驭民也。集其奴隶,称为部落,不得谓之邦国也,又何政治之可施,法律之可定,货财之可殖也哉?盖彼既恃威力以制人,则所得利益,悉归一己,曾不愿以余沥溉人。夫临人而挟私利,其分崩离析,可翘足俟之。譬诸怪松古柏,虽苍翠蓊郁,蔽日干霄,一旦焚以烈火,则灰烬且归乌有,复何枝干之可识?树犹如此,矧以独夫而踞民上,其又足恃乎哉。

哥鲁智斯曰,一国人民,不妨委其身于帝王。由是说也,一国人民尚未委身于帝王之前,其民固亦有国也。亦既有国,则必有一国之制度。当创立制度之时,必取决于众议,孰者为是,孰者为否,而后择其数之众者行之。此即基于契约之说也。故未有帝王以前,先由人民缔结契约,集合人民,此立国之始基也。

设未有帝王以前,而人民不知缔结契约,则安得有选举帝王之事?当众人相集之时,公举一人为帝王,众意佥同则可。苟百人中有十人之意不自适,则百人者亦何得以数之多寡,强人以必同哉?凡相集决事,固取决于数之众寡为最公,然此非相约于先不可。要之,未有帝王以前,无人民之契约,则既无昔日之帝王,又无今日之国家,将长此獉獉狉狉,至不可纪极之年代,犹然洪荒初辟之日也。契约一日不结,则国家一日不立,故曰立国之基始于契约也。

第六章 民 约

翳古以来,天灾人祸,流行不息。群天下之人,厄于暴君污吏者,数千百辈。夫天地生物,固无高卑之可别。历古既久,遂大悖其初心,并一人固有之权利,亦屈而不伸,是必有阻我之物在也。于此阻我之物,去之不竭其源,拔之不绝其本,则不特不能复我固有之权利,人类亦几于绝灭。为今之计,世人所孜孜不可少缓之急务,唯在变革事势,复我曩昔所失之权利,为世界之完人而已。

人欲复我固有之权利,不得不尽去阻我之物。然一人之力有限,以有限之力,而当无穷之阻我之物,是犹蚍蜉而撼大树,事之不济,无待著龟矣。必也人人竭其能尽之力,集合一气,分而不散,誓尽去之而后已。前者方仆,后者踵至,所谓众志成城,必有偿我所欲之一日。语曰:"匹夫不可夺志也。"况芸芸者如此其众乎!舍是道也,有甘世为奴隶,供人驱策则已。其谓犹有他说,可去阻我之物者,非余所敢知矣。

或谓人之生也,以能自保生存为第一要义,今举有限之力,为国而竭,则无论无以谋一己之生,抑亦逆天行事,惧酿他变也。是说也,请以余说明之。

人人竭其能尽之力,合而为一,以去阻我之物。夫亦以我一己之力,去我一己之害也。国也者,人人之国,即一己之国也。一己之力,不足去人人之国之害,遂以人人之力,共去人人之国之害。其事半,其功倍,实天下之至便。且事半功倍之说,即为成立国家之始基,而民约之本源也。

民约之本源如是,不可得而易,可易者即为民约之虚名,而其效遂失。盖民约也者,欲视而无形可见,欲闻而无声可听,欲言而无辞可设,先天地而始,后天地而终,为人所万不可缺者。若有人也,欲得民约而破裂之,则将上无以立国,下无以为家,利害损益,俱任一己之私,是太古獉狉之风,复见于今日也。

虽然,民约之条目綦繁,其极不可得而知,请以一言蔽之曰,各人举其身体权利,投之于国,以成巩固无弊之国家是也。且各人所投之权利,悉归平等,无强弱多寡之分。既归平等,则无相侵之患,而举国之人,长蒙太平之福于无穷矣。

　　且夫一国,犹会社也,_{集资设立,义同公司。}一国之人,犹社员也。_{犹云股东也。}在社之员,各敛财产,纳诸会社,而后可以孑然独立,无匮乏之虞。譬诸置一器焉,以一人为之,则虽大有力者,犹惧不给,集十人为之,则虽中人之家,已裕如矣。此为天下至庸之理,孩提以上无不知之者。然既集众而为,忽有一人也,欲以众人之权利,攘而纳之私箧之中,则同社之人,群将起与为难,于此时也,必公选一人,俾长社事。凡社中是非,悉取决于社长,而后是者直之,非者曲之,一人之私见不得逞,即众人之利益可以全。否则各为己谋,弃蔑公理,驯至懦者率为鱼肉,而黠者肆其贪婪,是虽存会社之名,而与会社之实,已大相径庭矣。

　　不宁唯是,在社之员,非特敛其财产,纳诸会社之中,必且敛其财产,纳诸同社诸员之手。盖唯如是,而后互相维系,不计私利,得一益也,同社享之,遇一害也,同社分之。天下而有如是之会社,则其业必盛,其利必巨,其事必久。非若市井之徒,可以一言而撼其基,微利而离其群,朝夕而败其功也。此可为豫言者也。

　　是故民约之旨,在各人举其身家权利,合而为一,务取决于公理,以定治国之法。国一日不亡,家一日不灭,世界一日不毁,则民约亦不可一日废,譬犹官之于骸,不可须臾离者也。

　　会社之集众人而为富,一国之合众人而为群,皆基于契约也。迨其既集既合之后,则一夫得失,即与全体痛痒相关,故得享起居食息之安乐,悉出全体之所赐,而原其功于契约。然则契约之有益于人,其功顾不伟哉!

第七章　君　　主

余之所谓民约者,与民法之所谓契约之旨,大相径庭。盖民法之所谓契约者,无不可不尽之责,循守与否,悉以己意决之。至民约则为通国人民,互相缔结之约。夫既以国家为人民之全体,则人民必为国家之一肢,而所结之契约,亦与己与己约无殊也。故人民之于国家,固有不可不尽之责;而人民之于君主,亦有不可不尽之责。请得而明辩之。

凡为人民,各有二者应尽之责。一为事之取决于国家全体者,一为君主意见。已为国家全体所议决者,俱不得妄以己见,以相排斥,而君主应尽之责,亦有一定不可变者。盖君主之意见,即取决于众之意见也。君主也者,亦即国家全体之一肢也。苟有人也,妄为排斥,不已与成立国家之初心,自相刺谬乎?至民法所谓之契约,循守与否,取决己意之理,非余说所应有,其是其非,存而不论可也。要之,取决于众之事,即为社会全体意见之所在,无论法之如何,终无引以压制国家全体之理,余可自信此说之不谬也。

天下之事,不有前因,必无后果。夫取决于众,推立君主,是为民约之因;人民之于君主,有应尽之责,是为民约之果。若夫君主妄逞己意,而与民约之旨相背驰,则君民之义既绝,应尽之责亦随之而灭。且君主之中,甚或有损本国之利,以益他人者,是犹脔割肢体,以饲邻里,宁有是理哉?

积百千万人而成一国,犹具官骸而为一身,苟有害及全体,则一国之人无或幸免。故凡有可以害吾全体者,必竭全体之力以除之,凡有可以福吾全体者,必竭全体之力以求之。是百千万人之于一国,官骸之于一身,皆痛痒相关,患难相共,而各有不可不尽之责在也。如君主、人民,相合而为国,则君主之所利,即人民之利也,人民之所利,亦君主之利也。君主、人民之间,断无利界之可分,如欲攘窃人民之利益为君主所私有,则与割肉充腹之说无殊矣。且夫天生民而立之君,使司牧之,充为君之量,亦唯有利于国,使无一夫不得其所而已。即在一国人民之所求,亦何以加此?余愿治人者与治于人者,交尽其责,勿以一己之私,而偾全体之公益也。

或谓以一人之意见,而决国家之公议,则人必先私后公可知也。所谓义务者,尽之于我不见益,而不尽亦无害于众人,故国家为人民全体之说,妄而已矣。要之,无论何人,不尽义务而得权利,亦何不可之有?呜呼,是实覆灭国家之说也。生民以来,岂有欲营私利而蔑公益,欲庇一己而毁国家之理哉?余恐一己不可庇,而暴横之虞随其后;私利不可营,而败亡之祸接踵而至也。

如以民约之理而言,苟有一人,不顺公理,必合国家全体之力,强之使顺而后已,是谓默约。此约已历奏肤功,要亦使人人得自由于国家之中而已。盖强人以顺公理,为保持国家之要旨,而营私之徒,亦可由此而得国家之公益也。

第八章　人　　世

混茫初辟，上者为天，下者为地。行走于其间者，其卧徐徐，其觉于于，饥而食，食而息，穴居巢处以为室，木石、鹿豕以为侣，即有所为，亦唯力是恃，奴彼弱者，以餍一己之私，是为天然之世。但穷溯太荒，无稗学说，自天然之世，递嬗而至人造之世，人心丕变，风气斯殊。尊礼节，重交际，曩之以力威人者，一变而为义务，曩之以力自给者，一变而为权利，举凡营私自利之心，悉与革除。天然之世，以质胜，人造之世，以文胜，此人世之（和）〔利〕〔1〕益所由来也。在尚文之世，虽不如尚质之世，可以清净寂灭，老死不与人往来，而才技之精，智识之启，与夫志量之高旷，实为人造之世之明效大验也。虽时至今日，人世所为，犹不能弊绝风清，而上追数千年来，历有进步，已非獉狉旧习之可同日语矣。是故以不识不知之人类，出而纳诸轨物之中，使得优游于光天化日，以至于今也，亦足以明人治之功，而于国家创立之日，乌得不馨香祷祝之哉？

人造之世，有因民约而有所失者，有因民约而有所得者。所失者何？则天然之自由及吾心之所欲而以力得之者也，所谓无限之权力也。所得者何？则人造之自由，及吾人所应有，而他人所不得而侵者也，所谓有限之权利也。据天然之自由，则强者益强，弱者益弱，而不能归于一。有人造之自由，则通国人民不分强弱，一心从公，而保平等之利益。不特此也，在人造之世，一身皆有自由之权利，必且出其权利以佐国家之公益。凡公益之所在，即可以一己之权利，使匹夫上侪于君主，而使君主下伍于庶民，特不得以营私之意，介于其间尔。若为私欲所陷，妄有所为，则不得谓之自由。如从吾所好，制定法律，而自诩为无上之自由，则其所谓自由，为彼自制法律所治之自由，而非吾所谓自由也。

---

〔1〕　利，据《译书汇编》本改。

第九章 土 地

当国家创立之时,一国人民各罄其权利、财产,纳诸国家而不靳。盖各人散其所有,不免为暴横者所觊觎,集之于一,则安固无失。虽有黠者,亦无所施其技。或有以国家公同之权利,视为君主私箧之所存,是大谬也。夫国家云者,既集各人之权利、财产而成,则国家之中,唯履公同之约,而保持各人之权利、财产,为其定例而已。在他国之人而言,固不以此说为然,视我所有,不过为先得之权利而已。何也?吾人所有之国,为吾人所先占,使此地先为他人所得,则此国即为他人之国,于我何有?而得之后,又必有以维其所得之权。不然,人之多欲,谁不如我?未有纪载以前,求得此权者甚多,此自然之理也。迨既结契约,各据其所先得之权利,分土而治,则苟非我权利所应有之地,不得妄取丝粟。其在天然之世,先得权利,恒惴惴焉惧为强者所夺。至人造之世,则至重可贵者,莫逾于此。苟有维之之术,则何虑强者之夺?余今抉其得此权利之由,厥有三说:一、必其地为无主之地;二、各守其界,不得占越;三、既有土地,而后蓄牧耕植,次第播行,以示有土地者之所作为,而即以坚他人之信。具此三说,则虽有悍且黠者,亦不得毫末损我。盖我所有之土地,非他人之土地,而实为我所应有者也。

先得之权,非不顾是非,而可任意扩张者也,必也设限定制,以谋增我国之福祉,而无害他人之利益。设有人焉,偶一旦托足他人之地,而即以己为其地之主,又藉一时之势力,以其地之人,徙之远方,迨其归也,谓不得复享其地之权利。夫谁信之?甚或蹂躏他人之土地,肆掠他人之物产,以餍其无穷之贪欲,是直谓之残贼而已矣,何权利之足云?于此时也,而犹自释曰:伸我权也,广我利也,不出于残贼,则我欲不得而偿。呜呼,天道好还,悖而入者亦悖而出,以残贼之计,而仅底成功,断无久享之理。请以纽奇拔拉之事证之。纽奇者,西班牙人,凤自负,渡南美占领全洲及南海诸岛,欲悉举其地,以扩西班牙之版图。无如计出残贼,而曩昔所谓一世之英雄,一反手间,皆烟销影灭,而不可复睹,外不足以拒诸国之相侵,内无以安各地之反侧。回首(富)〔当〕[1]日之志,固欲囊括八荒,席卷五洲,而卒至天地

---

〔1〕 当,据《译书汇编》本改。

虽大,求得七尺之地,以容一身,犹不可得。此皆历历在人耳目,岂非残贼者理无久享之明证哉。

人人集其占领之地,相合而为一国,选立君主,因以各人公同之权利,假之于君,此所谓国家之权利也。以国家之权利,散为各人所有,则所谓物权也,人权也,人民食用起居之益,俱由物权、人权而后得,要其义则不可有戾于国家之权利而已。是理也,往古波斯、司施的、麦西腾诸王,皆未尝知之者也。今日之所谓王有一国者,如法兰西、西班牙、英吉利诸国所称一国之王者,皆王其土地,而并王其土地所有之人民也,波斯、司施的、麦西腾诸王,皆自谓人民之王,则其所以谓王者,仅为人民之王,而非一国之王也,不亦可异哉。

今也世人观于国家所以成立之故,而惊为极造化之妙用,此无他,当国家集合各人占领之地,非由剥夺而然也。不宁唯是,以剥夺之权利,一变而为国家真实之权利,以占领之权利,一变而为各人所有之权利。昔日之以各人占领之地,纳诸国家,是亦与国家以公有之地,委诸各人无异也。于是人民之于国家,各竭其心力,以图国家永久之利,遇有外患内衅,足以为国家公益之害者,必以全力去之。是岂仅为国家之益哉,而于人民各人之利,亦不可胜言也。

各人所占领之地,无论其为众人所公有,为一人所私有,而各人一己所有之土地,及所有之权利,不得与国家公有之土地及公有之权利争,不然则国家之纲纪颓废,各唯私利之是营,而国家所有之主权,亦归乌有矣。

此为第一编结尾之章,请以一言蔽之曰:民约也者,以为人之天性,虽有强弱愚智之不同,而以义理所生之制限,使强不得凌弱,智不得辱愚,天下之人,悉享平等之权利。立国之基即在是,而万国所行之政体,亦于是立也。

第 二 编

第一章 论主权上

洪荒之世,人各顾己,然而营私日甚,所感斯殊,每有己之所害,人以为利,己之所利,人以为害,彼此相持,骚然无宁日。于是集众立约,遵奉法律,凡事之利害,与众共之,一己为轻,众人为重,而后好恶既同,自不至日唯私利自图,而置众人于不顾矣。盖国之所以成立者,由于全国之人,并力一心,以众人之利害,为一己之利害,遇有利于众人者,始终以之,遇有害于众人者,誓死除之。否则人各一心,敝屣公义,虽野蛮之部落,亦不过如是而已。既不足以立国,而亦何所用其法律哉!故成立国家,准以众人之利害,而定一国之趋向,是谓主权。

主权者,所以定一国之趋向,而非可让与他人者也。若可擅以一己之私,让与他人,则谓之放弃其主权矣。犹君主一国之躯体,不得妄以他人代任其责,此尽人皆知者也。故以主权让与他人者,或出于万不得已,然而强夺主权,厥名暴横,其有害于公益者,非浅鲜也。

今欲使全国之人,急公罔私,同其利害,是固非朝夕所能至。即使全国之人,俱能如余之说,亦不敢必其亘古不变也。凡一人之心,偏于私爱,不顾他人者为多。所谓以众人之利害,为一己之利害之说,名虽甚美,而核之事实,固相反也。故欲以公益变人之私爱,且欲使之亘古不变,是实天下之大难,而非人力所可强。譬犹君主之所为,以人民之所趋向为的,人民今日之所尚,今日即为之,人民明日之所尚,亦于今日为之,则吾见其难矣。因势更革,与时推移,进化日深,风气丕变,非特明日所尚,不能豫期于今日,甚且今日所尚,亦将鄙弃而不屑道矣。若欲固执目前之见,以概将来,其弊将不可胜言也。

是以下之事上,甘居牛马,而唯以畏葸卑陋为尚,则余之说不可行,而进化更不可必。日复一日,且将失其天赋自由之本性,而上复獉狉之旧习矣。于此时也,有王者起,亦不过仗其阴鸷刚悍之资,奴隶人民,而困人民于水深火热之中,不得一睹吾辈所谓政治世界而已耳。

君主所为之事,要于不昧公理,而使人民实享自由之福者也。故君主虽有集思广益之自由,亦有独断独行之自由。若夫民智未开之时,而又拘文牵义,束缚君主,则一国之中,将终古长夜,无复开明之日矣。虽然,专制之君不能使人民实享自由之福,而辄引余说为口实,自谓独断独行者,亦君主之自由,则适见其不知自量,而逆天悖理之甚者矣。

第二章 论 主 权 下

一国所为之事,合全国之人而为者有之,集国中数人而为者有之。其合全国之人而为者,为一国主权之所定,而著为一国法律者也。集国中数人而为者,为政府数人之意见,以益主权所未备者也。故主权所定者,既以著为法律,则全国之人一律遵守,绝无疑义者也。此又主权不可分之说也。

主权之不可分既如此,然不可分者主权之体,不得不分者主权之用,此亦言政治者不可不知者也。征税判讼,宣战构和,管理地方,订立条约,与夫一切立法行政之权,不得不分别界限,各专其责,情势然也。夫事之离合聚散,亦何常之有?君主也者,犹躯体也,人民也者,犹分支也。躯体、分支,相合而成人,于是一身之中,手足耳目,口鼻心腹,各司其动作视听之用,各极其运化消积之宜,然后血脉周流,肤革充盈,而人亦得以优游终其天年矣。譬诸眩人之技术者,于座客前,脔割童孩,断其手足,投诸空中,迨其堕也,童孩已完全如故。政治家之论主权曰,使通国人民分任各事,而后以分任各事之人,合为一国,亦不过如脔割童孩之说而已。

世之政学家,每于主权之说,不能得其要领,而又不能明(办)〔辨〕[1]体用之界,故凡与他国有和战之事,皆视为主权之所定。不知宣战之书,构和之约,皆非主权所定之法律,不过遵奉昔日主权所定之法律而为之施行也尔。此盖主权之用,而政学家亦谓为主权之体,何所见之左也。

余今广集诸说,以明主权之不可分,而即以释他人之谬见。夫国中立法、行政之权,皆奉行主权所定之法律,而所为之事,即为主权所统治者也。或有不知己见之谬,而猥为天下无主权不可分离之说。不知既立为国,即有一国之主权,主权所在,万古不移,又何可分之有?国可灭,家可亡,而主权终无可分之日。虽然,当日主权可分之说,一倡百和,言政治者深信其说,举世若狂,不知其非。在彼倡此说者之意,不过欲分别君民之权而已。哥鲁智斯、巴比尔者,所谓颖敏英迈之徒也,亦为邪说所惑。哥鲁智斯所著《国法论》,第三、四章中所言,其显著者也。后以不善己国之所为,避居法国,谒见路易第十三,献其所著之书。推哥鲁智斯所持之说,无非剥夺人民

---

〔1〕 辨,据《译书汇编》本改。

之权利,而以生杀予夺之权奉诸君主,自返本心,一若无间然者。巴比尔又译其书,献诸英王哲而治第一。呜呼,可谓残贼之尤者矣。先是奇洽摩者,黜雅屈第二之位,巴比尔力言雅屈自逊王位,而目奇洽摩为悖逆之徒,妄逞私见,而欲以欺诈之说,掩饰天下耳目,其罪固不容诛,卒至其说不通行于世,复何怪耶?噫,苟彼二人者,果能见理不阿,则千载后,仰之为圣贤,崇之为豪杰,其片言半语,皆足奉为准绳。何至其骨已朽,而犹为识者所唾骂,乃竟逞其谬说,流毒后世,徒陷斯民于穷乏束缚之地,而博身后不美之名而已。呜呼,立言之不可不慎也,有如是夫。

第三章　论舆论不为外物所惑

观于前章所论,可知全国之人,各尽其心,以求增一国之福祚,其意固为公而溥也。然人民之所为,责其必合于道,亦势有所不能。虽其求保一身之权利,而使国人常蒙泰平之福,其心固孜孜不息,而于所以求之之理,茫然不知,则彼虽日求保吾权利,福吾国人,其终也非特不见其利,而害滋多矣。此直与求灾招祸者,无所差别也。

人之思想,唯求有益众人,而便于一己也尔。其求有益众人之心,即求便一己之心,相积而成者也。且也物我之间,利害相同,则一己之心,亦即众人之心也,而又何公私之可分哉?

一国人民,智识上达,发为论议,互相竞争。迨中有一说,不能通行国中,遂设立党派,各持门户,倾轧攻击,无或已时。一党之中,自谓招集同志,所为之事,不与舆论相背驰。然以全国之人视之,则各党所为,皆不过一己之私意已耳。故所立之说,必全国中意见相同者多,而后谓之不背舆论。若仅集数十百人,坚持一家之言,而窃附不背舆论之列,是亦可异之甚者矣。故各国党派,每有一党之说,行之不远,而卒为势盛力众之党所压制者,盖自然之理也。

洵哉利吉希之言曰:一国之人,皆有不背舆论之思想,则全国一党,而论议亦归于一辙。若一国之中,朝立一党,暮立一党,而各党又竭力扩张,设法维持,使己党各员,不生异议,是亦可矣,而终不免有倾轧攻击之嫌,抑何与不背舆论之旨刺谬乎哉?好立党派者,可以观矣。

第四章　君主之权限

一国之中,因缔结民约,而所得无限之大权,赋之于天。譬犹人之身体手足,自有屈伸俯仰之权,而国中无限之大权,即为一国舆论所统辖。故由集合众人之生命财产,而结为团体,因国民之趋向,而定为舆论。夫而后国家成立,众人有所思虑,可以裨益国家之所未备者,皆为国家所至重,而不可忽者矣。试以机械观之,一轮有损,全体为之不便,国家亦然。全国之人,既各以其所有之权利付诸国家,而国家即统辖人民之权利,补其不足,抑其过度,然后底于平等,而无弱肉强食之虞。虽然,国家也者,无形之人;无形之人,不能为有形之事,乃选立一人,俾长国事,字曰君主。君主也者,即代执众人之权利,而为之统辖之也。如御者然,东西南北,一听乘者之意,御者不与也,唯善为驾驭,使不至有颠覆倾侧之危,斯为御者之专责耳。

君主虽与国民相连合,而代为统辖国民之权利,至各人所有天然之自由,则不可委之于君主。自由者,天赋之权利也。其君民共有之权利,及君民共尽之义务,俱不得与天赋之权利,同类而共视者。虽为君主,而其一身所有之权利,应尽之义务,与国民一人所有之权利,应尽之义务,无丝毫歧异者也。故曰君民之于(家)国〔家〕[1],不可不享平等之权利,亦不可不尽平等之义务,此万古不易之通例也。

国家有应为之事,必藉国民之力,则国民自应竭力为之,以尽义务。但必详审所为之事,有益国家与否。若妄以一己之私,而强国民尽无益之义务,则直牛马人民、奴隶人民,无复君主之道矣。牛马人民、奴隶人民而可忍,孰不可忍也?

一国中所为之事,皆由缔结民约而起,事非民约所应为,则虽有君主之令,亦决无遵守之理。据民约之旨,尽吾应尽之义务,非求有益于君主也,求保吾一己之权利,谋增吾一国之福祚耳。故吾之遵守民约者,非他人强我而遵守也。或有以维持民约之志,陷于偏私谬妄,而不顾国家之利害,是谓天夺其魄,而丧失固有之性者矣。由是观之,人人有平等之权利,众人有相同之趋向,皆天性然也。所谓是非之心,人皆有之,良智良能,孩提以上,

---

〔1〕　国家,据《译书汇编》本改。

无不知之者也。故法律之可统治国民者,必为国民所承诺之法律而后可,否则置舆论于不问,而唯以一己之私,钳制国民,是谓独夫,是谓民贼。极其弊,必至一国之中,公理灭亡,暗无天日,可为豫言者矣。司其责者,可不慎欤?

群数千万人于一国之中,则其国之利害好恶,应与国人共之。忽有人焉,妄求一己之权,迥出他人之上,则争心将作,而其原由于一己之私,于此而欲执可行可守之法,以评其曲直,岂不甚善? 无如其说之不可通也。譬诸甲乙相殴,直甲则乙谓我私,直乙则甲谓我私,无已则取决于公论乎? 然一国公论,亦变为一偏之见,则无曲直他人之权。夫一国公论,至无曲直他人之权,尚得谓之公论乎哉? 如雅典人民,任意废黜其君长,而各有生杀操纵之权,凡政府之职,人民皆可擅自为之。然试问雅典一国,尚有公论与否? 以余言之,则不过无主之国,而人民皆有自为官吏之权而已。

人民一己之意,欲为通国之公论,则其说有二:论议精当,万世不易,一也。利益周普,一国共享,二也。而二说又必相辅而后行。惟问论议之精当与否,则必置利害于不顾,而民日以困。唯求利益之周普与否,则必舍是非于不问,而俗日以偷。语曰:"不偏不倚,中庸之道。"言利者不离于道,言道者不讳言利,此治人律己不可磨灭之说也。

民约既立,则一国之中,无尊卑上下之分,既赋圆颅方趾之形,即得享平等自由之福。故维持国民之范围,保全国民之权利,使无一夫不获其所,而民约之道尚矣。夫君主也者,人民之体;人民也者,君主之支。一国所立之民约,非上下相立之约,而支体相立之约也。一国之人谋增一国之福,利益之所以公而溥也。君主有君主之权,人民有人民之权,各不相侵,国家之所以安而治也。一国之人,遵守民约而外,无可遵可守之事,崇奉公论而外,无可崇可奉之人。故君主应得之权利,即以君主之于人民所应尽之义务为准,人民应得之权利,即以人民之于君主所应尽之义务为准。是为民约,是为平等。此义至精,非浅知之夫所尝梦见者也。

君主之权,虽为至尊至大,而不得越民约之限。在民约之中,所允为君主之财货、自由及一切权利,则君主皆可举而用之。譬诸甲国君主,于乙国人民,即无应尽之义务。应尽之义务既不可越其限,则应得之权利,亦不得越其限也可知矣。君主而妄越其限,以济一己之私,则一国之中,人人得而诛之,此亦人民固有之权也。

君主之权限与人民之权限,判若两途。天下万国,民约既立,则各人所有之权,永无损失之日。或有时焉,举各人所有之权,归于君主,非敢轻弃所有以媚人也。盖欲求便其身家,福其国人,而一切权利较盛曩昔而已。譬犹商贾,弃其耗资亏本之业,而更求他计,亦人情之常。一国之人,各举其权,归于君主,自有不可已者在也。且各人所有之权,常藉国家为之保护维持,以底于安。今为国家而罄其权于君,何不可之有?不幸一国之中,内乱纷起,外患凭陵,则为人民者,必视身家性命为无足重轻之物,而后各竭其力。事成则社稷之福,己亦得庆生还,否则为国流血,俎豆千秋,而国家卒赖其力以成独立之业,后世子孙,席其余荫,同享太平。或驾昔日而上之,固与妄逞臆见,好勇斗狠者,不可同日语矣。

第五章 生 杀 之 权

　　或谓各人轻弃一己之权,而不能自保其身家,甚至视性命为身外之物,抑何疏于自卫之甚也?呜呼,或者之说,是真舛驰而不可通矣。夫人孰不爱生恶死,然国家有害,波及一人,国之不存,人于何有,尚何身家性命之可计?与其为亡国之人,不若为国而亡之为快。故遇国家有事,不得不舍身弃家,以赴国难。芟灭害我之人,而保我固有之利,为国即所以为己,此亦人民应尽之责也。不幸为国而死,亦无可如何,归诸命数而已。譬诸一家遇火,主人冲户破壁以救之,而误伤其生,信如或者之说,则将以自杀律之乎,何不思之甚也。要之,竭力为国,不顾夷险,不避死生,利国而外,别无利己之方,此固万世不易之常道也。如或者之说,则人皆饱食暖衣,闭户不知世事,视国家之治乱,如秦越之肥瘠。呜呼,为人民者,岂不乐享此安闲之福,而为独善之身乎?无如今日以往,大地之上,已无若是之国矣。

　　民约之义,在保护结约之人。然天下万事,必先历遍艰辛,而后可以安享无作。不观开创之人,驱猛兽,翦荆棘,辟草莱,生聚而教训之,方足以立于大地之上乎?此盖欲求他人保我之生命,则我必出其生命,以保护他人,报施之道宜然也。由是言之,人民之所以有权利者,赖有国家,国家之所以能巩固者,赖有民约。则国家之治乱,人民之责,民约之存废,全国之责,其理昭昭,可以知矣。故君主虽责人民以死报国,人民亦无以自诿。盖今日以前所得之安居乐业,非彼苍之所赋畀,而实民约之所赐,兹之捐躯以徇者,即所以报民约生成之德也。杀人者死,立法宜然。盖好生恶死,人情之常,今出于常情之外,负气杀人,则不得不甘受死刑,理势然也。反常之人,待以反常之刑,所谓苦乐感应,自业自得,又何足怪?

　　干犯国纪,谓之叛逆。叛逆之徒,敝屣民约,则一国之中,不认为一国之人。至盗弄兵器,破坏大局,则一国之人,皆欲得而甘心者也。当叛逆之徒扰乱国家之时,逆徒存则国家亡,国家存则逆徒败,无并立之理。而国人之诛逆徒也,不曰杀戮国人,而曰扑灭国敌,所以绝其人耳。故一国之中,设立裁判各官,凡有违犯民约者,听各官之判决,然后定其可为国人与否,播告通国。罪之小者,违犯民约者亦微,则以禁狱科之。罪之大者,违犯民约者亦巨,甚为国家之公敌,则窜诸远方,处以死刑。皆所谓仁之至义之尽也,又何可议之有哉?

虽然,隆盛之世法尚简,将亡之国法尚繁,故法之繁简,即可以觇国家之治乱。且人性皆善,彼虽逞其血气,妄杀无辜,而究其良智良能,初无异于他人,特蔽其本性则为恶,启其天良则为善而已。判讼各官,必先平心审慎,使两造皆无怨怼之心。不然,锻炼周纳,何求不遂?致死者不可以复生,绝者不可以复属,此所谓上干天和,下丛人怨者也。

赦罪之权,非为君主市惠而设,行其权者,亦不多见。其在文明之国,囹圄空虚,非由政府之仁慈,而由人民之不轻撄文(纲)〔网〕〔1〕也。叔季之世,法令滋章,吏议繁苛,衣褚衣者,半于道左。呜呼,何其谬也。夫法令者治之具,非制治清浊之源,仅使民知所趋避而已,未闻有以刑法立国者也。昔罗马共和之世,政府仁慈,非有加于后日,而民之陷于罪辟者少。近世屡颁赦罪之诏,而犯之者愈众,然后知妇人之仁,不足以立国。余恐赦罪之说不行于天下,将有日也,恨余未及见之焉耳。

---

〔1〕 网,据文意改。

第六章 法 律

民约也者,犹一人之生气也;法律也者,犹全身之脉络也。故所定法律,皆赖民约之力,而后能流通往复,以保一国之生存。上鉴既往,下测将来,必使事事物物,不偏不倚,归于中正而后已。

人之好善,出于天性,虽未结民约之前已然矣。但人人好善之性,独不藉夫民约之力,世之学者,遂倡为人性之善源出于天之说,而奉天为至善之真宰。呜呼,是亦妄也。体国经野,自有常道,若以人性之善,托诸于天,则一国之利害得失,俱非人间应问之事。不设政府,不立法律,不饮不食,不作不息,群一国之人,方屏足仰首,以听冥冥中之操纵。试执此说,语之五尺童子,亦莫不笑其荒诞,矧欲援为立国之道也哉。故舍良智良能而外,别无立国之道。因其良智良能,立为相守相望之约,使通国之人,无不尽义务之权利,亦无不得权利之义务。否则各任己意,论列是非,人所善者恶之,人所恶者善之,彼此扰扰,终无宁日。且君子所定之法,君子践之,小人所定之法,小人乐之。于此时也,欲分权利、义务之界,使各人归于平等,舍民约、法律外,无他术矣。天然之世,非利于己,即无应尽之义务,是仅用诸日常琐事之间,而非立国之道也。立国之道维何?曰权利、义务,一律平等,而视法律为界限,即视法律所定之界限,以维彼此之范围。法律之旨,如是已耳。

人造之世,事有关于一国者,有关于一人者。一人为私,一国为公,既曰私事,则无与于众人可知也。而私事亦有国内、国外之分,国内私事,与一国人民,犹有相关系者,国外私事,则非己国权限之所及矣。是以通国之人,而决通国之事,与我决我事无殊也。即通国之中,有一人所创之议,异于众人,亦无分裂国家全体之理。盖二人之说,终必决以舆论,舆论之所在,即公理之所在。故曰法律者,一国之定法也。

一国法律,归于平等,自天子达于庶人,莫不遵守,且有一定之权限,而非一人所得而私。故法律虽可保(议)〔护〕[1]利益,而无予夺之权,法律可以维持政府,而无创立之权。要之,利害是非,关乎一己之权利者,非立

---

〔1〕 护,据《译书汇编》本改。

法权所得而干预者也。

由是观之,立法之权,为一国之人所公有。所定之法,决于舆论,则谓为国人无不应有立法之权可也。君主虽贵,而不得越法律之限。盖君主为国家之一肢,一肢之力,不足以损全体者也。既为法律,断无偏倚之弊,人虽至愚,不闻有自立偏倚之法律,以自治者也。一国法律不得不遵,人生起居动作,法律之中皆缕载详记者也。

官吏文告,可得而变更之,一国法律,则虽为君主,亦不得妄以一己之意,少有增减。凡有可增可减者,不得谓之法律,文告而已。所谓文告者,非由主权所颁,政府之意旨而已。

如余之说,有能以法驭国者,不问其政体如何,皆可以共和视之。盖一国法律,为一国之人所公立,则一国之事与一人一家之事无异也。故立国必至共和政体,而后其国不可亡,职是故也。

一国法律,人民有遵守之义务,即有干预之权利。然聪明睿智者不可多得,甚且善恶不知,曲直不辨,以至愚之人,定一国之法律,而求其不悖公理,是亦难矣。夫自求多福,谁不如我,而不知所以求之之理,迨其终也,福不可得,祸害且随其后。故一国之人,鉴往追来,知一国之中,不可无人以长之,各人知识,亦不可无人以启之,遂举天纵特达之人,俾长国事,本其所知,教导齐民。于是各人闻见,随以扩张,凡有可以益吾国人者,无不知之,上下一心,肢体协力,而其国遂无可亡之日,所有主权亦巩固不可动摇矣。余是以知立法者之不可以已也。

第七章 立 法 者

立法之人,必其所具智识,卓越寻常,而所立之法,皆适一国之人心而后可。且也甘以其身家性命,为一国之牺牲,不偏不党,维持公益,积心处虑,以求其令闻广誉,传诸无穷,而使一国之人,长蒙平等之福。立法者而能如是也,始尽立法之责,而无遗憾矣。

希腊学士普拉顿尝著一书,言君民权限,归于平等。罗马帝加里喜拉,又推广其说。证以实事,二氏之说,皆有可观。然谓为君主者,必具绝类超群之资,则君主可常为立法之人,是大不然。盖所谓君主者,仅践立法者所定之范围,而无制定法律之权者也。立法者犹创造机器之人,君主则犹司机之匠人耳。孟德斯鸠曰:"上古之世,立法者即为国家之元首,后世文明日进,则元首即在法律之中。"洵哉言也!

余今谨为制定法律、统驭国人者,正告之曰:因其既往,测其将来,临事而惧,好谋而成,不顾夷险,不择利害,心众人之心,而后其国不可败,人心不可离,所立之法,亦安往而不得其所哉。盖一国之人,分之则弱,合之则强。今举彼此不相问讯之人,集为利害相同之人,于是不得不出其天赋独立不羁之权,委诸于人,分界而治,交尽其责。立法之人,虽亦有天赋独立不羁之权,而定一国之法律,不得不藉一国之权,此自然之势也。迨各人既出其天赋独立不羁之权,其一己所有之权,虽若不可得而见,而全体之权,已为至强,且至巩固不可动摇者矣,所立之法,亦更历万世而无可疵议者矣。使各人不出其权以委诸人,则全体断无成立之理,而一己所有之权,亦将为强者所吞并。故合各人之力为全体所公有,与散全体之力为各人所私有,其强弱胜负,判若霄壤。此非余一人之私言,天下万世之公言也。是以立法者,必为一国中非常之人。既为一国中非常之人,必为一国非常之事。然立法之权,与一国之政府不同,又与一国之主权不同。盖有立法之权者,必无治人之权;有治人之权者,必无立法之权。不然,法由我立,人由我治,不为专制者几希矣。是岂余所论立法之本恉哉?

昔有里寇路者,斯巴达之立法者也,当创立法律之初,先逊王位。希腊诸国,每以立法之权,委诸外人。伊大利、奇哀坡诸国,皆窃师其法,而由是道也,历致齐民于衽席,国家承平,亦累世而不衰。返观罗马,则其国之不幸,有为仁人君子所不忍闻见者矣。罗马虽在极盛之时,其人民之为暴君酷吏所涂炭者,较诸国叔季之世为尤甚。"汝日曷丧,予及汝偕亡"之说,闾巷相传,无或已时。此无他,立法之权与行法之权,为一人所并有,则所立之法,偏于一人之爱憎,民命不堪,非其所恤,末流之弊,遂足以亡国而有余,无可深讳者也。

虽然,罗马立法者非有任意立法之权者也。观其立法之初,诏示国人曰:"予一人所定条例,必为通国人民所承允,然后著为定律,咨尔众庶,其各仰体斯意。"

由是观之,罗马立法之人,不得操有立法之权,为人民者,亦不得放弃其立法之权。使立法者欲攘窃其权,为一人所私有,则人民应出全力以抗之。何也? 民约之公例曰,统治国人之法律,不得不以国人公定之法律,〔即以一人所定之法律〕[1],亦必经国人承允而后可,承允与否,悉听国人之自由。不若是而求其所立之法,适用于通国之中,则余未见其可也。

或谓立法之事,非尽人可预者也,是又不然。一则一人智力,有所不逮,一则立法之初,必有无形之权利,而后立法之功可蒇。有是二理,非合通国之人,则余不知其法之能立矣。

天下之人,凡遇不如己者,而欲语以如己之所知,导以如己之所为,则彼必冥然罔觉,木然不知。且以所语所导为不经之诞事,避之唯恐不远。故曰:"非常之元,黎民惧焉。"幸有不世伟人,应运而生,竭其材力,发为光明正大、万世不休之鸿业,而非愚者知虑之所及。下流之徒,想望(末)〔丰〕[2]采,遂各以为利一己之事,呼吁上闻,国家之利害,众人之损益不问也。是亦古今之通弊矣。故虽有尽善尽美之法律,而若辈不知美善法律之造福国人者,究为何如。愚者所见,仅止于此,而欲责其奉公守法,处心平允,以国家之利害,为一己之利害,众人之损益,为一己之损益,岂朝夕之间,所能遂厥志哉? 必也播因于今日,而后异日或有获果之期。至立法之恉,唯视众人之趋向为的,所立之法,俱顺通国人民之趋向,则人人平等,通国人民无一夫可以不遵从者,此犹天经地义,无可曲解者也。故立法之人,无权可张,无言可发,亦无威逼人民之权,又无劝诱人民之理,自有无形之权利,使立法得以告厥成功,是亦保持通国和平之福,所不可易之常则也。

〔1〕 即以一人所定之法律,据《译书汇编》本补。
〔2〕 丰,据文意改。

谚有之曰:"法律者为福利之因,福利者为法律之果。"善因不布,善果必不可得,司其责者,可以观矣。

荒漠无垠之理,虽智者犹有所不知。夫劝惩众庶者,不过惧以冥冥中之赏罚而已。又为颁布戒律,善者天赏之,恶者天罚之,而后通国人民,束身自爱,荣辱爱憎之权,皆悬诸天而不问。立法者之所谓卓越寻常者,具窃此智也尔。然与神相语,或受神之训诲,非生人之所能,即自谓代天宣化者,亦诱导齐民之故态耳,立法者当亦自引为惭德者矣。在立法之人,始谓代天宣化者,即为立法之因,而以立法为宣化之果,岂至论也?夫刻石肖像以为神,或为受有神命,与神相通,以之蛊惑众庶。愚蠢者流,偶然麇集,售其欺者或有之,而欲以此虚妄之说,为建国之基,则三尺童子亦知其不可。且谲诈之术,虽或就绪于一时,而无材力以维其后,则日月遄征,身名俱裂,暴骨原野者,趾相错也。然亦非可一概论也。犹太教久行不替,伊司配路教统驭世界之半,天下之人,称道弗衰,仰之为神,尊之为圣,而妄人辄指二教为幸享天下之愚福,是亦异端而已矣。在政家之徒,曾不以彼之是非,少厪于怀,盖为国者自有坦途也。余愿立法者,亦如二教之相传不替,遗德流芳,载之道路,勿仅袭败亡之迹,而空叹二教之永永无既也。

余说如此。或疑余说原于滑路皮氏之说,英国有名之教法家。而不知政教相依之理。然学者熟玩余说,观于人民之起原,而后知宗教仅为政治之一助,侈言教法者,甚无当也。

第八章　人　民　论　一

工人建屋,必先度其地之广狭高低,而后知屋之可建与否。立法者当立法之初,亦必视其人民,果能奉我所立之法与否。如不顾人民智力所及,而立法之心,炽热于中,是犹工人不度其地之广狭高低,妄筑大厦于其上,夫亦徒劳而已矣。弥诺者,库兰托之名人也,<small>库兰托者,地中海之小岛,今名康奇。</small>首出立法,制驭国人。彼所立之法,颇称美备,无如其人民顽蠢之甚,几不知法律为何物,欲以遵奉之义责之,难若登天。是不啻以美备之法,陷人民于极恶之地。夫不察人民智力所及,而贸然号于众曰:"吾立吾法,以治吾国。"则末流之弊,必至于此,抑又甚焉者也。昔者希腊学士普拉顿知挨路勤及希拉勤人,皆不可与以平等之权,因斥其立法之议,是诚于理至当之事也。

自有生民以来,错杂繁赜,不啻恒河沙数,八荒之外,六合之内,星罗棋布。自成部落者有之,建邦定国者有之,然欲求其有至美极善之法,为众心所悦服者,则概乎未之睹也。万一天下竟有一国,具至美极善之法,且为众心所悦服,而为智力所囿,不足以奉所立之法,则法之美善,将与朝露而俱逝,俯仰之间,徒为成迹,于人民无裨也。夫一人与一国,其理不异。试观人生少时,善为教诲,类成伟器。及其既衰,则虽有贤师益友,面提耳命,而方且目眩神疲,怅焉罔闻。"少成若天性,习惯成自然。"是之谓也。一旦欲以法律之权,变其数千百年所中之毒,岂易言哉? 吾见其无益而有危也。人民之中,率皆怙恶不悛,间有出而革其故态者,竭力以抗之,仓皇以避之,其计唯恐不狡。譬犹疯痫之徒,见有为之针灸治疗者,则必目张手支,大声呼救,而不知所拒之人,即为救我之人。然疯痫之徒,犹可强之以力,投之以药饵,或有可冀。唯人民之顽僻性成,卒不可变,术之神者,亦将敛手而谢不敏矣。

人生不能无疾病,偶患头痛脑伤,人事不省。譬犹国家不能无治乱,卒有叛逆之徒,揭竿图事,则政府号令,不能举国通行,与头痛脑伤之人无殊也。其疾已愈,既往之苦楚,不复想见,心神俱爽,无昏愦之忧。譬犹国家当内外交讧之时,上下震恐,国力遂脑。迨戡除敉平,则如槁木生春,苏然复旧。此皆至庸之理,夫人知之者也。里寇路时之斯巴达,他路康后之罗马,放逐暴君废斥污吏后之荷兰、瑞士,皆其例也。变革制度,倡自民间者,征诸史策,已若习见不鲜。在若辈变革之功既遂,则尽若辈之生,不致再更其役。余尝默究若辈倡义之故矣。草昧未开之世,人皆穴居巢处,所好者听其自由,所恶者听其自由,无驭人之权,亦无为人所驭之责。后世有圣人出,正其疆界,别其人民,谓之为国。通国利害,不得为一人所左右,于是一人之所好恶,不若古昔之自由,遂群起而倡革命,求复其固有之自由。而后一国之制度,应变应革者,可任我之意,而无他顾忌者矣。但其机已裂,一国人民皆涣散而孤立,如向之所谓穴居巢处也者。中有黠者,遂乘此隙,拥其既散之众,整其既裂之机,而黠者且佁然自谓君长,众人亦遂相安。中古以还,进化秩序固如是也。然此之所谓君长者,非能恢复人民之自由者也。要之,人民皆宜享有自由,自由之权操之于己,不可放失,放失之后,不可不日求恢复之道,勿徒袭蛮野之人之迹,而为黠者所资。愿享自由之人,其谨持此说,勿忘勿怠,庶有豸乎。

　　人生壮年,已非幼时之旧。虽其见闻之广,知识之启,不可与幼时同日而语,而欲以木立步行之态,复为呱呱堕地之形,吾见其僻驰而不可通也。故人民中之老少壮幼,譬犹一人身体之有老少壮幼也。立法之初,亦必先知人民之为老为少为壮为幼,法之程序,遂因之而有高下之分。然人民之为老与否,察之綦难。迨知其已老,则如就木之年,既至无可作为之日,而犹欲以成事责之,是何以异于拥抱死体,而不知其无气也。夫一国之中,有壮者也,有幼者也,壮者既卓然有所树立,而后教诲幼者,导以美备之法律,俟彼少经陶育,更历年数,奉法之心,油然出于至诚,智者慎始,职是也尔。执是言之,俄国人民,是诚无教可施者矣。盖其进化之率,较他国为速,其诣已造其极,而举国人民,皆颓然为老境所围,沉迷不可复返故也。彼得帝为何如人也?观其外貌,虽似颇具材力,要非创业垂统之主。试检其所为之事,有为后人所称道勿衰者乎?蔑如也。即有嘉言遗谟,亦必几经变革,而后可以流传至于今日。彼得帝当日虽夙知俄人为蛮野无识之流,返之于己,既不知涵养民智之术,又无立法之材,唯以首功为上,使民娴于杀伐攻夺之事,而为文明进化之要具,是谓不揣其本而齐其末者矣。彼得帝之初志,统驭国人而外,并欲驱英、德之民,亦归其范围之中。其志非不雄也,无如逞血气之私,欲举亿兆之众,为俄臣之臣。究其终也,欲求俄臣为己之臣而不得,是可悯矣。近世法人之教其子弟,每致力于幼稚之时,谆谆教诲,一若唯恐其学之不成,行之不立者。利国之义,则教之者不出诸口,受其教者,亦不入诸耳。迨其既长,其技不逾抄胥呫哔之役,可胜慨哉! 以余论之,俄人恃其兵力,怀吞并欧洲之奢望,窃恐其自速灭亡之祸,而为欧洲所吞并也。如鞑靼人,初为俄国不侵不叛之臣,一旦乘机而起,遂拥有全俄,君其土地,子其人民,寝至蔓延欧西。是固势有必至,理有固然者也。余愿欧西各国,互相合从,起靖斯乱也可。

第九章 人 民 论 二

天之生人,必度其躯干,为定尺寸之限,过之则为长大之人,不及则为短小之人。人既如此,国亦宜然。立国之初,亦必先度地之广狭,而后定其势力范围之盈胁。然国家应扩之权力,亦有止境可循,过则内治损,不及则外交败。而有国之人,每求扩其版图,若夫惧损内治,甘让一隅以饲他人者,未之闻也。无如好大喜功之心胜,则纲纪愈弛,是以小国之可以常保安宁,不若大国之一蹶不即振者,职是也尔。

试以实事证之。地大之国,呼吸不灵,一事宜革,则阻之者多,一事宜兴,则为之者杂。譬诸一拳之石,可以手握之,若以拳石系诸长竿之端,则举之不若前日之易。且夫土地广大,则应为之事,随之而剧。邑有邑之政府,郡有郡之政府,大之则有藩镇之政府、中央之政府。各政府中,饮食起居,下逮一草一木,无不取自民间。禄阶愈高,取之愈奢,其亦思人民绞其膏血,以供养此蠹我贼我之人,闾巷之间,不知其若何饮泣也。洎乎人民习知政府愈多,所耗愈重,于民固无丝粟之利,而徒为握权施政者之利薮,不若举通国之事,委之中央政府,以期节我之力,此亦势之所趋,有所必然者也。要之,不顾民力如何,而日以开疆拓土为伟业,则必有存亡决于须臾,废兴悬于眉睫之时。愿有国家者,先事预防,勿致自速国破家灭之祸可也。

地大之国,不特人民所耗愈重而已也,凡人民中有不奉法者,政府亦无暇责问。宵小得志,骚扰里闾者有之。僻远之地,顽徒蜂起,政府之中,非特不能制于未发之先,又不能遽施扑灭之策于其势未炽之时。任意猖狂,蔓延全国者有之。治人者与治于人者,终岁不相通问,人民不知谁为治我之人,己与治我之人,有何相维之义。敬爱中绝,漠如路人者有之。且也同里之人,皆为吴越,见有他省来者,则犬马之不若。苟欲语以国家相关,善群保种之道,则冥然木坐,与不闻不见者无殊也。由是观之,风俗寒暖,随地斯异,而欲以施诸甲地之法律,行诸乙地,必非至当之策。若国中所行法律,纷歧不一,则不能互相统治,利用厚生之道,不能相通,于是纷乱扰攘之患,遂因之而无宁日矣。天下而有若是之国,是不过集众人于一地。人不相知,虽曰举贤进才,而智者用违其所长,愚者自蔽其所短,恶人之罪不见罚,善人之功不见赏。上下相蒙,官吏遇事繁剧,则处事之权,委之胥役,于是左右擅政,欺罔人民。当是时也,所谓政府者,非能为福人民,唯为招致祸乱,妄事役使而已。故土地广大,逾于所定之制,是不啻负巨石以压己身,而自招颠覆之危也。

有国之人,苟欲戡除祸乱,文致太平,必使人无他志,朝无阙事,而遵从法律之心,油然出于至诚,如是而后其功或有可蒇之一日。使一国之人,皆心猿意马,负隅相抗,又欲侵凌他国,求我所有之权,日益扩张,是与达斯加尔旋风之说无殊也。故不知弱肉强食之理,又无外敌相乘之虞,则其国岌岌,必有不可终日之势。语曰:"宁释外患,以靖内忧。"舍此不骛,吾不知其道之所从矣。

由是言之,国强则土地必广,国弱则土地必缩。苟欲明于强弱之理,得乎中庸,以常保国力于不坠,则非聪明睿智之政事家不可。先哲有言:"事有本末,物有终始,知所先后,则近道矣。"是之谓也。夫国既强盛,而怀扩充土地之志,则其功在外而不在内,处之不得不后。国既小弱,而有减缩土地之虞,则其祸将不在内而在外,处之不可不先。此自然之理也。内治不固,奚暇骛外?内治之所至要且重者,创立确乎不拔之制度,使通国之人,莫不遵奉是也。且扩充土地所得之益,不若创立善政所得之益为公而溥,此理又无可疑者也。

尝闻某国定律,以征伐他国为要图,内政如何不问也。一若土地不广,其国不足以自存者,举国若狂,皆以奉此定律为造福之具。无如灭亡之惨,与繁盛之极诣而俱来。试观某国所定之律如此,今日复寻其遗墟之所在,亦渺不可得。余说岂无稽耶?

第十章 人 民 论 三

觇国之强弱,其道有二,土地之广狭,人民之多寡是矣。土地、人民,其权衡必求其相等而后可。人民相集而后谓之为国,各分疆域,足以容其相集之人,而后谓之为土地。所谓权衡也者,土地无不足养载人民之虞,人民起居,亦不得过于所有土地之中。使土地之广狭,出于权衡以外,则保护无术,耕耘之道既尽,而物产又无繁殖之望。且土地不足,人民众多,则地力不足以养相集之人,势必仰给他国,漏卮日甚,亦足以耗国家之元气。此其酿为内乱之因,即为自速外讧之所以也。夫穷通相寻,天理之常,转贫为富,转弱为强,自有坦途可循。而世人不知从事通商惠工之义,而欲于烟林弹雨之中,郡县他国,必其人民无治内之材,而后内外交逼,曾无已时,生命岌岌,(朝如危露)〔危如朝露〕[1],所谓郅治之隆者,无复梦见者矣。要之,日耀兵威,诩为至盛之业,以求我之所谓富贵,一旦遇有强于我者,力绌材尽之后,则彼必以我所施诸人者,反而施诸于我。是不啻自招其祸,且以所富所贵,与夫盛大之业,拱手以资他国。譬犹以国家强弱为孤注,得当则偿我所欲,不得当则返辕以逃。千金之子,不甘以侥幸之心,轻试其所有,而有国家者,每出此而不悟,大可哀矣。

今夫土地之广狭,人民之多寡,非可尺度斗量者也。且地有沃瘠之不同,物产又有丰歉之异,与夫气候之寒暖,人心之智愚,随地而殊。或有沃土之民,所耗者俭,瘠土之民,所耗者奢。是皆言权衡者所不可不察者也。又如男女之多寡,贤不肖之众否,生命之修短,躯体之强弱,职业之巧拙,有一不明,即无足以合我权衡之说。故立法者,当立法之初,虽任一己之意,而意之所起,必由所见所闻,有感于事事物物,而又不以小成自安。立法者之所以必为非常之人,盖由是也。虽然,觇国之术,又有未尽者在。辀轩之迹,虽遍天下,而风土人情,每有不能尽悉者。然而国土之应广与否,有定则焉。山岭之国应广,凡树林、蓄牧之事,不劳人力而已足,一国之人,皆可从事他务。且山岭之地百里,不若平夷之地七十里,此又为山岭之国宜广之证据也。濒海之国宜狭,物产稀少,不得不以渔猎补其不足,互防海贼,

---

[1] 危如朝露,据文意改。

又不得不互相麕集。且地不过广,则他日为压制束缚之政所苦,起图自立,亦非所难,此其例耳。

立国之道,错综繁赜,不可得而尽悉,一言以蔽之曰,通国之人,勉求富贵,希望平和是也。自有此说,而后千端万绪,靡不由是而生。当国家始立之时,与将帅编列兵制无殊也。演习未纯,则人皆竞竞自守,能不败已善,遑敢求胜乎哉?夫将帅犹不能以演习未纯之众,驱诸疆场,与他人角生死于呼吸之间,而况国家扰攘,民不聊生之时,不知安享平和之福,以营求富贵,而辄欲妄事兴戎,不至失其所固有不已也。且于危急存亡之秋,窃引外讧,则为人民者,求一身之安宁,犹汲汲不遑,又以国难责之,势必有不能应者,而窃引外讧之人,所志未遂,外人乘衅而入,则分崩离析之祸,亦足以起于萧墙之间,可不慎欤!

嗟夫,多难之国,何代蔑有?苟以治国驭众之权,委诸务外遗内之政府,则使彼亡国则有余,责以兴灭继绝之义,是较强盲者以辨五色,聋者以别五声为尤甚也。且独夫民贼,每乘此机而起。彼观一国之中,纷乱扰攘,人心又皇皇无主,有人出为戡除其乱,则虽施以残忍苛酷之政,亦必帖然就我之范。若是则颠覆之虞,乌得谓非人民自招之乎?是以暴君之所志,与立法者之所为,万无相同之理。立法之事,暴君不得妄参丝粟之权,相机而动,所执不坚,则必酿为国家之隐忧,是为立法、行法之权,不得委诸一人之说也。

然则必有如何之人,而后可以立法之权界之?曰原始相同,利益相共,契约无异,互相集合,而尚未受有法律之桎梏者;其不为固执不变之恶习所中者;终身不启外患,不与他国相通,而不救援他国者;为众人所知,而不甘以不肖之身,有忝其应尽之责者;无求于他国之人,而又不为他国之人所求者;富贵不淫,贫贱不移,怛然自足者;折衷于上古之质朴,与近世之文褥之间,而得其当者。必有如是之人,而后可以操有立法之权。所立之法,无名可求,无利可图,而唯以适用为的。故废法之人,不烦举手投足之劳,而使昔贤竭精敝神,所仅底于成者。一旦自我而弃之,其亦大有类于不仁者之所为矣。且夫天下之事事物物,各具气质,不能强其相同。立法者必先祖其气质之所近,而后导以适用之法,其案既难,其道尤杂。亦不知其几历星霜,而后所立之法,可以通行于一国。盖立法之难,固如斯也。凡为立法之人,必以余之所说,夙铭于心,并以余之所说,见诸行事,非可强颜自饰者也。呜呼,立法之材之难,不其然乎!世界之广,各国之众,真能制定法律者,曾有几人？立有美善法律者,曾有几国？环顾欧罗巴中,称为法律至备之国,唯古尔斯块然一岛而已。古尔斯人,类皆英迈卓荦,尝恢复其所失之自由,以协御外侮,日求保国之道,通国人民,遂蒙太平之福于无既,是所谓魁闳豪杰者非邪,可为天下师矣。他日举彼蕞尔之区,震憾全欧,容有其时,余实不胜杞人之忧也。

第十一章　论各国政典之异同

国之所以立,人之所以生,必有至贵至重之物,以维其后。所谓至贵至重之物者,自由权与平等权是也。使一人身体,无自由之权,则一国身体,亦必无自由之权可知。天下宁有是理欤? 而自由权之常保勿失,与道体不可须臾离者,又无可求之平等之权以外。故自由权不可不重,而平等权又不可不贵。

自由权之说,前言已详,今当更尽平等之权之说。所谓平等之权者,非富贵威望相同之谓也。虽有威望昭著,富贵兼隆之流,而威望不足以胜法律,富贵亦不足以贫贱他人。是故威望富贵之流,慎其所发,不得妄以盛气凌人。无力贫贱之徒,尤必戒其贪欲,不得自贬以仰他人之鼻息。各适于道,皆可俯仰无怍,心神俱泰者矣,顾不康哉?

世人或曰,平等之权之说,不过纸上空谭,名虽甚美,而验诸实事,则廓然无当。岂其说犹有未尽,而不足坚人信乎? 余曰:否否,不然。平等权之不得验诸实事者,蠹国之害深焉已也。凡一事有弊,则避之唯恐不速,此为天下至庸之理,三尺童子,莫不知之。而独于蠹国之害,则能多留一日,即为如天之福。呜呼,岂不谬哉! 且夫千里之行,起于跬步,涓涓不止,终为江湖。今日有一弊,漠然置之,明日有一弊,漠然置之,于是他日弊窦丛生,通国之中,无复梦见公益之期,势之所趋,无可曲解者也。然则平等之权,既为天经地义,而犹欲以一国政治之力维其后者,盖有阻我之力在也。去此阻我之力,则非法律不可。夫平等与自由之说,道弥天地,咫闻孔见之夫,骇为奇谭,亦其素所习者然也。吾何责焉?

立国之道,自由平等之权以外无闻也。天下万国,失自由而无平等者,即不足以为善国。然而是说也,亦非可执一以论万也。国土不同,所感斯殊。察其地势之所宜,究其民情之所向,而后制之以限,无过不及之弊,是虽为政之要,而犹不足以尽为国之极诣。唯由斯道者,亦无不可自务也尔。试观硗确不毛之地,或方里过狭,则举国人民,无不奔走于一技一艺之能,以其所有,易其所无,皇皇焉终夜不休。不若是,则无足以资其所生。膏腴平坦之地,邱林崇茂,物产肥饶,而又无人满之患,则举国人民,取给于天生之物,已足遂其仰事俯蓄之心,终其身不识胼胝之劳为何物。盖农固足以

159

繁殖人生,而工艺则仅就地之所有,以养所集之人而已。故农有农之自由,工艺则有工艺之自由。若欲以农之自由,强与工艺相平等,则不啻强夺农之自由,而与暴君污吏之所为,相去无几矣。滨海居者,航海为业,渔猎为生,与农相较,则风涛汹涌,水天一色,夷险之悬,奚啻霄壤?而亦各安其所,食息生字,彼此无殊状也。要之,平等自由之于各国各人,譬如布帛菽粟,不可一日或无。而妄执一端,不能会其通,则实为秕政之源,决而壅之,其祸有不可胜言者矣。往古希腊人,近世阿剌伯人,俱以教法为治国之要具。雅典人则以文学,加尔达额及崎尔人,则以贸迁有无,路士人则以航海,斯巴达则以战争,罗马则以道德,各援所长,以立国于天下。《万法精理》有谓立法者之觇国政也,必视一国元气之所在,然后施以利导之术,举例颇繁,余之所说,不过略揭大恉而已耳,其详非所能也。

一国政治真能致乎其极,无复动摇之虞者,非有异术也。察其自然之理,知其风俗人心之所尚,而后制定法律,护持其所有,矫正其所失,能如是,是亦可矣。使立法者不顺舆情,矫揉强作,诸如自由压制、富贵贫贱、治内伐外之常道,俱一一反而行之,以快其所私,则他日法律就湮,政体纷乱,平日之所谓一世之雄者,转瞬不可复睹。盖邱墟禾黍之悲,已伺于若辈言高气盛之时,及为末路所迫,则遗恨无穷,而足迹已绝于天壤之间。余不识人亦何乐而为此?呜呼,可慨也夫。

第十二章 法律之区别

整一国之纪纲,而于通国所公有之物,制以相当之限,其说颇众。一曰全国与全国之交接。即君主与全国交接之意。

全国与全国相交接,所定之法,名曰国法。亦称大制。所定之法,不问其为善为恶,而不得不博采舆论。世界如此其广,而齐国之道,容有不得其当者。然断无甘以不当之法,自殃宗邦者也。或有论议所立之法为可通行一国者,或谓犹不足,应撷他国之所长,以裨所短者,是依顺之,是违听之,苟非至暴极酷之徒,即无钳人口舌之理。故所立之法,不问其为君主之意与否,即立法者自谓至美极善,而人民亦可各罄所知。盖法之得失,实为一国安危治乱之基,得固人民亦蒙其福,失则人民首被其祸,乌得不深长思之?且法虽无可疵议,而人民之力,或不足以奉所立之法,亦有难言者矣。

一曰人民之交接。人民交接之说,又分二系,曰人民与人民相交接,人民与全体相交接是也。然人民与人民相交接,则当务其小者;人民与全体相交接,则当务其大者。譬诸物我之间,不以他人之故,而轻失一己所有之自由。若夫与全体相交接时,则不顾事之轻重难易,必先放弃一己之自由,而后尽力以为全体之事。然勇敢不挠之心,不能历久而不衰,必为求其所以作养之道。其道维何?曰国权之外,无异术矣。于是立法之人,亦由是而生焉者也。一曰人法之交接。如一人犯罪,科以刑法,是为人法之交接。世人每谓刑法者,不过法律中之一端,而不知他法皆得刑法而益固,如奸宄踵出,文告不能已者,刑以警之,使愿者益坚其所守,黠者亦因以自敛。谚有之曰:"刑法为季世所必需,而又为盛世所不可无。"洵哉斯言也。

三法之外,又有一法,为诸法之所至重,万事之所至贵,与一人身体,不可须臾相离。唯目视之而不见,耳听之而无声,无名可传,无形可状,铭诸于心,印之于脑。与有始以俱来,与无终而偕逝,卷之及乎屋漏之中,放之则塞乎天地之间。自有此法而诸法于以定,自有此法而灭者可以兴,绝者可以继。余如风俗习惯之事,无不备具于此法之中。政学家之所不及知,哲学家之所不及察,迨观既成之法,无不与此法相维系。立法者于立法之初,亦莫不持有此法,非可游神荒漠,而猥以一孔之见,制定法律者也。学者慎毋狃于所见所闻,而忽于无形之法焉可也。

第 三 编

第一章 政府总论一

人有悬一至正之的,为彼毕生所适之地,且孳孳焉日求赴其所悬之的,但于求赴其以先,必有求赴其的之志以决之,此之为事理。理即决事之志,而事即接物之力。天下之人,欲得自由,而中有使之可以如愿以偿之道,亦必胎于事理而后可。事理偏废其一,则政体运行之度,不能常保于自由之中。譬彼麻木不仁之徒,日具奔走之志,与捷足便走者,坐卧不起,同是跬步不移也耳。此亦事理偏废之贻之戚也。

政体之中,亦必严治志力之界。吾今名其志曰立法之权,而名其力曰行政之权。二权相合,万机胥举。否则,微特事无可为,即强令为之,亦仅益耗精神于无用之地,而终无纤悉之功可睹,斯以已耳。

立法之权为全体人民所公有,行政之权则否。盖行政权者,凡所取舍,俱非源于法理者也,不过遵守全体人民所规定之例,运用于一国之中已耳。今请约其旨曰,源于法理,千岁靡更之权,则为人民所公有;临时决策,实行弗替之权,则为政府所专有。相维相持,而后群不可涣,此事理兼赅之说也。

国有政府,又置执政以实之,是为国家与君主,互相交接之枢纽。是以充执政者,必光明磊落,顺洽舆情,操一国所公之权,而理一国所公之事。世人妄谓执政与君主无殊,此实误之甚者也。夫所谓政府者,非举政府之名,加之于君主,不过使彼介于君民之间,为君民交接之枢纽,又使之施行法令,防护政权、民权于不坠,如是已耳。若如世人之说,则政府将为君主私有之物,岂不谬哉。

一国之人,服从君主,唯唯听命,酿为苟安卑屈之风。政府觇其隙也,凡民约中所不应为者,俱托于君主而妄为之,是必驱执政诸臣,为一姓之奴仆而后已。执政诸臣,深知予夺之权为君主所操纵,君主喜则耸于青云之上,君主怒则堕诸深渊以下,于是奉令唯谨,兴革大权,俱拱手而为君主所专有。甚至胁肩谄笑,日惟忤拂君主之意是惧。势之所趋,不得不然者也。

夫权固应为人民所公有,徒以积怯成弱,举吾固有之物,奉与他人而不顾,岂人情哉?

吾故曰,政府掌有行政之权,非分有君主之威权者也,妄事哓哓者,可以悟矣。

君主、政府、人民,三者相系之差,如比例然。以君主、人民为两端之率,而以政府为中率。若君主欲自有施政之权,政府欲自有立法之权,而人民又不愿遵奉法律,则志力之效终绝,国乱政靡,胥踵其后。是盖两端之率之间,不可无中率以为之介,犹君主、人民之间,不可无政府以为之枢纽。夫人民望治,犹望岁也,谁不欲得良政府以维三率平均之度? 无如变乱之祸,接迹于后世,览彼史乘,彰彰可考。盖三率转移之故,非仅随各国人民之风俗而异,于世运变迁之中,亦有殊验者也。余今酌举人民之数,设为比喻,以明君主、人民相系之理,读者或有取也。

凡一国人民,习惯过众,则必增殖执法以矫制之权;民志过众,则世之所谓公道也者,亦随之而益加。苟希政府所为,日趋于善,必视民数增加之度以定之,而政府又不得扩张其权力。请以专制政府论之。政府必有笼络人民之权,君主又必有笼络政府之权,国强则政权之分任于官吏者必巨,国民之怀疑莫释者亦弥甚。专制之端,即于是肇焉。但余之所谓专制,非恃其权力,压制人民之旨也,唯国体所在,各部不得不具平均之力以维之耳。余非好为奇异,而于设为比喻以明君民相系之理之时,杂以他说。不知此理不明,终不能穷吾说之奥,词简而晦,孰若少费而明之为愈乎?

譬诸集万人而为国,则万人合而理事,为一国统治之人,分之则各为孤立无权之平民而已。由是言之,统治之人与平民比例之率,相差以万数,虽人民自有一己不可侵夺之权,迨与统治者之权相较,则仅仅万分之一。苟集十万人而为国,则人民之权与统治者之权相较,又为十二万分之一矣。故统治者之权,视人民众寡而为增减之差,国土愈广,则人民之权益胸,此亦可知者也。

人民虽有统治之权,然不能举通国人民而统治之,于是乎有政府。政府之中,不可无人以长之,于是乎有君主。故政府之中,不立君主则败。若夫国家,则虽无君主,其独立不拔之基,犹如故也。执政之徒,所志不敢与法律相戾,盖以法律为人民公共之志也耳。若妄参臆见,坐扩其权于应有之外,则是破损人民所预储于政府中之权力矣。遂有拥立两君之制,一司立法,一司行政,彼此相持,以遏图乱之萌。其实终非有国家者之福,扰群败类之祸,可立俟也。

　　一国之中,既有维持政府之特别权力,又必有维持国家之公同权力。所谓政府者,非使人民奔走于政府之下,而使政府奔走于人民之中者也。且夫国犹人也,政府其躯壳也,不过具有形体,而藉精神魂魄,寄焉以生也耳。然穷通寿(妖)〔夭〕〔1〕,发于躯壳,无可托而逃者,盖人不能外躯壳以图存,国亦不能去政府以独立。躯壳病则精神为之不爽,魂魄为之不安,政府敝则其害波及于全国,故不得不慎言之也。

　　---

〔1〕　夭,据文意改。

第二章 政府总论二

前章论政府总体,严分政府、君主之界。今更于政府形体中,述其所以相差之理,并望勿以有司、政府混而一之可也。

前云君主、人民关系之强弱,视民数多寡为增减之差,政府、有司之关系,亦犹是也。民数日众,政府、有司之关系,必因之而益张,否则不得妄逾所定之度者也。

政府、有司,如以人民为藉口,而滥使所有之权,则必有损人民所有之权。盖政府全体所有之权,即国家全体所有之权也。

是以有司众,则政府之全体必弱,以下当详述之。

凡为有司,所志维三,即各私一己,彼此相援,及眷顾君民是也。

一国政权措置得宜,则微特各私一己之志,无所用于其间,即彼此相援之情,亦不甚炽。唯眷顾君民之心,则昼夜不懈,其国乌得而不兴哉?

天然之世,所志不同,利己为首,相援次之。若夫君民利害,则几置诸不闻不见之地。盖上古之人,偏隅自囿,无邻里乡党之谊,苟不丰殖一己私权,则安愉逸乐之趣,不得终保于一身之中。迨有政府之世,而政府之权复为一人所操纵,则利己相援,合而为用,究其终也,相援之心,必较利己为尤盛。故一人势力,即视其强弱为差,政府专制之度,亦视政府势力之强弱而定者也。苟有一人,力足以安危政府,则政府全权必为彼一人所专据,此又可知之理也。

若集立法之权于政府之中,奉有司为君主,举国人为执政,相援之功用,随之而失,于是君民之志尚焉。且利己之心,亦皆凝为公同意志之后助,故政府得有专制权力之后,而所以使之得此权力之功,犹无往而不显者也。

有司于一群之中,所有之势力,与人民于一群之中,所得之势力相较,有司之势力必盛。故有司之志,由君主而发者,不如由政府而发者之强大。盖有司统辖政府,苟使人各私己,则无可作为于国民所有主权之中,政府之职务去,离散国民之弊,坐是故耳。

疆土日扩,不可不养国家真实之权。否则权无可养,疆土徒扩,则冗吏盈廷,则政府中所藉为权之至大者,亦末由而得。所谓权之至大者,即为国家之权,而常与政相持,以底于均者也。绌此不足以伸彼,亦无所往而不然者也。

且理事之人过众,则所理之事必荒。盖理事之人,各有应尽之责,过众则易于推诿,耗费又巨,不至坐误事机,斫丧国家全体之元气不止也。前言政府视执政者之多寡,而为事务缓急之差,生民日繁,则所以抑制之权,不得不增。由是言之,政府、有司间之关系,与君民间之关系,大相背谬者也。

上文所述,仅为政府关系之权力,而不可谓为至正之关系。盖有司之数大增,则其相援之志,益与国民全体之志相接近,胁于东者必盈于西,无所托而逃焉者也。

第三章　政 府 之 区 别

政府形体,不可尽同,兹分为三类如下:

第一,民主政治　君主举一国之政权,委诸人民全体,或人民之一大部中,于是通国人民,执政柄者多,而无权者寡,是即举国民为有司之说也。

第二,贵族政治　政府之权为人民全体中几人所专据,凡非政府所委任者,皆为无权之人,且不得参与政事者也。

第三,君主政治　政府全权,委诸一姓,百官有司,分有一姓之权,即为一姓任事,是为世界通行最广之政体,所谓帝王政府是也。

政府之形体如此,其势力亦有强弱之殊,唯民主政治,则有凝结国民全体之力。贵族政治,则由国民全体之半,减至至孤之数,然皆无定限者也。若夫君主政治,则有限之者矣。往古斯巴达置王二人,罗马帝国则八帝并治,然非分割帝国之疆土,不过分割帝国所有之势力已耳。

求得至善至美之政府,则必使政府形体,不与其他事事物物之形体相悖戾。彼政府形体,既分为民主、贵族、君主,三者非无高下之差,然亦各有定论者也。以下当分篇详之。

或有集三者而一之,折衷至当,成一尽善尽美之政体。如君主政治,亦有君主政治之所长,吾即拾而因之。民主政治,亦有民主政治之所短,吾即革而舍之。于贵族政治,则亦若是而已矣。

政府形体之中,孰得孰失,哓哓者曾无已时,而论究各种形体之实际,辨其利害得失,则谓之阒无一人焉可也。

民主、贵族、君主三者,每与国民众寡为反比例。最小之国,恒为民主政府;稍大之国,恒为贵族政府;最大之国,恒为君主政府。然其序虽不越乎此,而时世所迫,变幻莫测,乌得保其不生异例也哉?

第四章　民　主　政　治

国宪良否，莫若决于行政、立法两权相合之所。盖法由我立，政由我行，利害损益，必较他人为明。然事事物物，无界可分，其弊亦有不胜言者。行政、立法之权，集于一人之身，则其悄必不能普诸万姓而无偏。如一人兼为君相之职，则与创立政府于政府以外无殊，甚或挟私罔公，屈众人之意志，以曲就于吾范围之下，危亡之灾，可立而俟。且政府枉法之弊，犹不若立法者自枉其法之甚。故立法者自枉其法，则国乱随之而起，大本既败，卒不可救，毋庸深讳者也。苟有不妄使用政府权力之人民，始可与言不妄使用独立之权，设通国之人，皆足自修厥身，则亦无藉若辈为之教而治之者矣。

综览古今，真可谓之为民主政治者，未尝有也。今日而后，终不能达吾所悬之的，亦不可知。以众役寡，虽为世界通例，而芸芸者如此其杂，势难群起而操治国之权，代议之制遂于此萌其芽也。政府万机，分置各部官衙以辅之，分则事简，事简则易信于民。有国之人，苟欲作养民主政治之元气，可以此说衡之。

民主政治恒行于最小之国，盖由民志易结，善恶易辨故也。唯风俗简陋，转有事冗之虞，如人民阶级，财产平均，逾度则诸法与权利，皆不可以永保。艳华美丽，虽足以为一国富饶之章，甚则足以乱法。获利过巨，俭啬过甚，则或足以紊贫富之序，或足以启惰弱之风，或足以长骄慢之习，皆与国家存灭之机，互相维系者也。又有甲党制驭乙党，胁之以阿吾意，迫之以剥其权，情势万变，不可端倪，整饬之不易，恐非人意之所可料者也。

孟德斯鸠所著《万法精理》中云，共和政治之元气，为人生不可缺之懿德。懿德云者，不问其为如何政体，皆与人生不可须臾相离者也。孟氏特区而域之曰，共和治政之元气，亦云谬矣。孟氏为法理大家，岂犹有难穷之理，毋亦未知各政体中，主权无异之理使之然乎？故可为懿德之元气，不仅限于共和政治之中，苟企一国政体，进于尽善尽美之界，无不可以元气名之，即无不可以懿德称之者也。

弥一国隐患之道，无逾民主政治。上者国民共立之法，即由国民共守，各安所应得之自由，乱何自萌？政事有阙，无人操有阻遏变革之权，岂非长治久安之策乎？善夫波西那尼于波兰国会中之言曰："余为臣仆而偷安，不如处自由而履危。"吾愿天下求自由者，铭心印脑，勿忘此语焉可也。

虽然，民主政治非可行于蛮野无识之人民之中，必其智可以语于此者，而后其效可得而睹也。

第五章　贵族政治

　　一国之中,有无形人二,一为政府,一为君主。政府、君主之形体各异,所志之道亦随之而不同。一则与通国人民,有相维之势,一则仅与执政者,不可相离而已。盖政府必以通国人民之心为心,君主则以执政者之心为心,此其别也。然政府之所制定,虽必适通国人民之志,而不藉君主之名,则犹不得有布告国人之权力者也。

　　回溯上古之世,各国无不行贵族政治之制。各族酋长,综决万机,其他刑赏之权,皆由子弟、戚党分而任之,后世遂有元老、国老之名。北美蕃夷,犹有沿其旧者,盖彼施政之善法,无逾此者也。

　　时移世易,微特紊乱天赋之秩序,一国教化亦因之而有因革之分。如国中有权力者,于他人财产,日益兼并,举国之人,崇之为元老,己亦傲然自足。且凡非其后,皆不足任彼之责,乃悉其权势、财产,授诸子孙,于是乎启世袭贵族之端,一国政权,外人无复有掌握之期。世有年未弱冠,诩为元老者,乌足怪哉?

　　贵族政治之类有三:一为天然贵族政治;二为选举贵族政治;三为世袭贵族政治。天然贵族政治者,通常人民擢为执政者也。选举贵族政治者,选举贵族,使执一国之政,是为政体中之正真者也。世袭贵族政治者,子孙相继,世执政权,是为政体中之衰颓者也。若以民主政治与贵族政治相较,辨其利害得失,则莫如贵族政党,而以选举之法行之。盖民主政府中,不问人之善恶长短,皆以政权委之,保毋有辱及政体之弊,彼贵族政治,则为执政者,贵族而已。且贵族之中,又必择物望素孚,才德俱崇者任之,求其不当于通国人心者,不可得矣。国运安得而不日昌哉?

　　议会之中亦然。苟以卑贱无名之人,滥厕其间,则必不如贵显有德之人之有益国家也,可知矣。

　　良政府中皆择屏私急公之人,而以政权委之,则虽二万人经营不遑之事,百人可以尽之,而有余裕者也。

　　疆土狭隘,人民朴直,所行法律类与公道相吻合,则不可以贵族政治施之。迨其国境稍广,地方政府各据所有之主权,狎而玩之,渐酿封建割据之势,此其可虑者也。

要之,贵族政治之功终不可没,苟欲遏其乱之所由萌,则莫如慎选而善任。若亚历司度德尔所倡崇仰富贵之人而奉之之说,则余不敢信,与其崇仰富贵之人而奉之,曷如推举才德之人而尊之,此亦尽人知之者也。

第六章　君　主　政　治

余之所谓君主者，是为有形之人，遵奉法律，有掌握国权之权利者也。

凡一国人民、官吏之志，与国家公同之权力，及政府特别之权力，举止无殊，运行亦同，而后无道可以覆灭之者。若不审理乱，一人自逸于上，则迫之者旋踵而来。昔亚尔希曼危踞海峰，见波浪大作，巨舰沉灭，怡然不少动，亦犹君主之小有才者，一旦窃掌国权，侈谓天下莫予毒者，虽通国萧然，而彼终不之顾也。吾惟惧其不终日也。

政府威权不盛，则所志不行，统驭人民之力亦益脧，然越于常度之外，则非全国人民之福。且政府威权，莫不取之于国家，政府之威权既盛，则国家必蒙其害，又可知也。

君主日执专制之权，以统驭其下，于是甘为家奴者谀之曰，一人苟欲专掌国权，为一世之大君，必先使民亲爱其上而后可。顺吾言者，名之忠而褒之；违吾言者，声其逆而诛之。群一国之老少长幼，胥不越吾予夺生杀之范，吾术无可穷之日，即君权无可替之期。美哉言也，君主囿于近习，听之入耳，遂奉为长治久安之道。不知谀君之人，即因君以求私利之人，岂果有爱于君，而有恶于君以下者哉？不过非是不足以结君主之欢心，不足以结君主之欢心，则无所因而餍其一己之私，卒之家国并灭，君臣皆不足以自全，此亦可为殷鉴者矣。虽有良辟，莫或免也。世有言政之家，誓发大愿，置王统于万世不朽之地。且谓人民之权力，即君主之权力，下顺舆情，人民自必爱而敬之，国运日隆，君主之权，自不可替。夫君主之所求者，亦不过如是而已矣。但君主所为，恒与可由之道相悖。盖专制之君，每务愚民之术，使之驯伏于下，任君之敲朴鞭笞，而罔敢稍萌异志。洎乎多难之日，人民又出其旧日事君之行，以转事他姓，此亦可知专制之君，无与共难之说不谬矣。麦亚伯尔尝借教导诸王为名，而阴以诱化人民，已历奏肤功，所著《王公论》，诚共和政治家之言也。

君主政治，行于大国差宜，今请辨其利害得失，以终其义。一国之中，执政者众，则君民关系日薄，驯至彼此平均而后已。执政者寡，则君民关系日繁，驯至大权归一而后已。迨大权归一之时，是为关系日繁之极度，君民悬绝，一国团结之情，亦涣散而不集。苟欲一国政体日进于良，则执政之数,不得不折衷至当,勿使过众,勿使过寡,又以王公贵族充之,斯以已耳。彼小国秩序易紊之故,类由君主、贵族易于变迁已也。有国家者,奈何勿审?

君主欲因一人以施善良之政,虽疆土偏隘,其势亦有所不能,况大国乎!是以不问国土之广狭,既立君主,不得不置有司以辅之,职是故也。

君主政府与共和政府相较,则君主政府之害多,而共和政府之害少。共和政府选擢有司,必其声望素隆者,否则不足以守其职。君主政府则君主爱憎之念,即为人民陟降之阶,口给善阿之夫,欺罔君主者,滥厕崇班,朝野排击,不之顾也。若是则两者之利害得失,当有能辨之者。任官之权,与其为一人所操纵,不若分诸全国人民之公允。夫人知之者也,至公选之人,足以亡国,暨独任之人,足以兴国者,皆千百载不可一遇。且君主政府中,虽得一人而可兴,但丧一人而可亡,兴亡之机,悬诸一人之手,必不可以终恃。共和政府则所任者必为众人之所是,所黜者必为众人之所非,是非决之于众人,则或兴或亡,不能断为一人之功罪,此二者之别也。

凡为政之要,莫如任官得人,又必计其国之大小强弱,而剂之使平。夫国得之易而守之实难,譬欲震撼全地球,必置一适用之木杵而后可。但杵之修短巨细,皆可任吾意以为之,而支其杵者,非强力之臣不可。是以广大之国,遍于大陆,每一再传而衰而墟而易姓。盖开创之始,辛苦艰难,习知民间疾苦,不敢稍谬施政之方。迨海宇粗安,暮气乘之,自谓起家布衣,稍平天下,举亿兆赤子胥为子女于我,即少自纵逸,亦分所宜然。而不知吾所以兴,必因彼有可败之道。可败之道维何?亦曰纵欲殃民而已矣。语有之曰:"涓涓不止,终为江湖。"昼夜竞竞,以毋怠毋荒自律,晚节犹不可以对人,若自谓宜少纵逸,则吾不知其伊于胡底矣。乃授官分职,以分其所负之责,又设议政院以固其基,然而终不若量君主材识之所及,而伸缩其国境之为得也。世之有国家者,独无意乎?

政府祸患之所最甚者,莫若帝位承袭之时。当一帝崩御,储君嗣立,诚为国家危疑之秋。人民则守义而作壁上之观,政府中则援同排异,乘间窃发,恣其自私自利之心。且若辈皆以国家为器具,授受之际,即蓄卖买之心于其间,而买者又恃其威诈,强弱者以必卖。然卖买云者,交易之词,今强买帝位之徒,则无值以偿卖者。但买之于人,而不欲转卖他人,则势有所必不可。悖而入者,亦悖而出,此亦古今之殷鉴矣。若是则一国事物,无不可以卖买之道衡之。故忘本之鄙夫,又欲攘之为囊中之私产,此家天下之制,所以历久而弥固也,然非文明之世所可容者也。

预防此患,必定嗣续之法,使一帝崩后,诸子无争立之忧。如世袭之君,虽不能尽择贤哲而任,亦必视其外貌少宁者差可。盖拥立嗣君,甲指若者为贤,乙指若者为贤。且贤君既立,奸臣不得阴施其诈,必多方以沮之,仅择谨愿者,则莫不事之维命。然此皆庸人安希旦夕之安,非国家百年之大计也。试援例以证之。丁尼大帝尝怒其子放荡不学,责之曰:"汝日受教育,岂皆受放荡之教育乎?"其子答曰:"阿父,先君不尝为君王乎?"盖其意谓阿父先君,尝为君王,故阿父亦为君王,则他日己亦必为君王无疑。凡为君王之子,而己又可为他日之君王,则放荡固无损也。此亦可知世袭君主之弊矣。

天生民而立之君,使司牧之,苟无辨识英敏之德,则虽教以驾驭之方,亦无益于君。故与其教以驾驭之方,则不若导以顺民之情。试综览史乘,虽有不世出之明君令辟,亦不闻有以驾驭之术说之,可谓识治道矣。盖驾驭之术,非可纸上空谭者也。虚诞之理,纵能穷幽阐微,仅足以娱一时之耳目。若夫空说驾驭,不若谭虚理者之犹贤乎已。

凡为君主政治,日流姑息,则君主有司之功用,皆将湮没而不显。政府之中,政体卒变,终将不能遂君主政府所怀之志,子孙相传,万世不朽之业,亦不可终保。若夫英迈之政府,处置得宜,其患将不劳而永息,今请以公义论之。君主政府中,在朝之贵绅,概以权谋术数,夺下民之心。共和政府中,在议院之元老,皆以温厚笃实,图下民之利。且君主政府,朝令夕改,时酿一国大革命之种子,共和政府则事愈变而愈有益于人民,国家之基亦因之而愈固,此又相差之显著者也。

君主政府之弊如此,然亦不可执偏以概其全。如公正之君主政府,即不可与压制之君主政府相提而并论。又如王族之祖,若夫虽有惭德,亦不足以累及子孙。苟为人君者,闲邪存诚,日以王道所不弃者自省,治术不患其不隆。使君主政府放其光辉,深于存养省察之功,实为至美极善之政体,其他政体皆不足与之抗衡。盖君主政府所有之势力,视其他政体为特优,因此势力,益以公正之功,何患事之不集而民心之不洽也哉。

普拉图曰:"具有天性卓绝之智,而戴帝王之冕,犹不免毁伤天赋之命运。"洵哉斯言也。凡遇若人空张王道以导之,益蚀其固有之性而已。所谓王道云者,界说若何,吾不得而知也。尝闻有以王道说诸侯,是犹使王有一隅者,进而王有大于一隅之地已耳。若既称帝称王,而复说以王道,则使既为帝王之人,重怀求为帝王之心,终无当于理也。吾尝穷究说者之故矣,类由不知君主政府之别而起者也。是以为此说者,欲议政府之良否,必先究君主之贤不肖,而后其端不紊,其末自无不可通者矣。

翳古以来,我国清议颇盛,虽非尽不可观,然终不足恃为缓急可依之说。彼之说曰:下民无知,触怒天帝,诞生暴君,降莅兹土,众蒙其难,不啻众乐之也。故必反躬自省,顺而安之,上协天意,是为避难之良法。其说如是,然否虽不可知,亦仅无聊游戏之语已尔,决不足以知政体之得失者也。譬彼谬信咒祷之术,室有病人,求治于术者,唯戒以坚心忍受而已。故国家设立政府,无可为一国人民之利,则必万端焦虑,勉创善良之政府,恢复曩昔所已失之利,是亦经情之所不能自已,无所逃于天地之间者也。

第七章　混合政府

　　夫天下虽有君主独裁之政府,而君主势不能自执庶政,故不得不置百官有司以为之辅。天下虽有民主、共和之政府,而人民势不能群预国权,故不得不择统驭之人以为之长。然则无论政体如何,必无专据之人。若夫一国政党,则众为寡奴与寡为众奴皆无一定之理,行政之权则要以数人操之为常道耳。

　　区画政府为若干部,均分行政之权为相援相辅之图,英吉利政府即其例也。或分设各部,而无一定规例,各部政府无不操有行政之权,波兰政府即其例也。但如波兰政府之例,是政体之基犹有未固,终必绝一国连接之情,而成各小邦并立之形,此可为政体中至不善者也。

　　政体利弊略述于上,然亦有难言者也。君主政府未必不为福之基,民主政府未必不为祸之门。若行政之权为立法之权所操纵,则人民与政府之关系弱,而君主与政府之关系密,其弊必使政府之中各分党派,不能相容,而君主为守府,此其可虑者耳。

　　预防此患,遂有所谓协和政府之说,置有司为中立之人,不与政府相关,唯监视立法、行政二权,不失其秤量为专责。凡此政体,亦可谓之为混合政府者也。

　　又有设立法厅若干所,执刚强神速之术,矫正立法、行政二权柔弱缓漫之弊,凡行民主政治之国,莫不用此法者。首则分割政府,以杀其大莫与京之势力,使底于平均而后已。次设法厅,益伸国力,而使之不失秤量之度,是表里相剂之道也。天下政体,非强则弱,胥不免有偏注之观,惟混合政府则有不偏不倚之力,斯其例耳。

第八章　各种政体之功用因国而异

孟德斯鸠曰,自由之功用,各视风土人情而不同,岂不然乎? 试探究此说,则真理日见,而与实际之事,亦日见其相近也。

天下不论有何种政体,而有司立于政府之中以执其事,断无出其私产而供政府所用之理。不仅是也,凡有司所需之一丝一粟,亦莫不取自民间,人民之所供给于政府中者,莫不绞其膏血以充之。是以为人民者,不特有瞻顾室家之计,且必负任纳税之责。则人民日趋穷困,而无可为疗饥御寒之具,则政府即无与共存。而穷困与否之说,又因国而殊,或政府用奢而人民供给者繁,或政府用俭而人民供给者简。盖风土人情,各有所异,岁之凶丰,亦不尽同故也。由是言之,成立政府之基,各国不同,亦理之所应者也。

政府质性相异之故,皆原于岁出岁入之不同。岁出岁入不同之故,则又原于国民纳税之心不盛与课税之物不多者为多。苟欲知其比例之率,不必测其岁入之数,唯视人民运转之度迟速已尔。人民运转之度速,则国必富饶,岁计自无不足之虞。使政府取于民者日苛,剥肤敲髓,所得之数,虽什百仟倍于昔日所收,而政府中举而耗之无用之地,则人民虽蒙其害,而政府亦未必被其利也。又人民之供给于政府者日少,铢累寸积,所靡之数,虽大减于昔日所纳,而人民举而充其淫逸之需,则政府中虽不获其利,而人民则亦必自殃其身者也。

人民与政府相去益远,则供给于政府中者亦弥重。故国家岁入之数,以民主政治为最薄,贵族政治次之,君主政治则最厚。盖既为君主政治,则课税不重,其国不足以自立,故非富饶广大之国,决不足以维持君主政治之政府。贵族政治则适于贫富维均之国。若夫民主政治,则虽狭小贫困之国,亦足以自立而有余裕者也。

探究愈精,则君主政体与民主政体之利弊,亦有可知者矣。自由政体者,计国民共同之利益,君主政体则主强奴弱,人民不足以平立于君相之间,且易流于压制残贼之途,此不可不知者也。

是故不论政体如何,欲建之基,必先度风土人情,决其必合而后可以无弊。譬彼荒砾芜瘠之地,徙吾人以居之,则微特无耕作之地,即劳吾心志,疲吾筋力,亦无丝粟之利可获。则虽敝屣弃之,复何足怪? 然使蛮人栖息其间,亦自谓极人生之至适。又如某地生产,仅仅足以给各人之所需,犹不足创立政府。如偿各人勤劳之外,稍有余润,则可为自由之民居住之地。若土地肥沃,为之者舒,获之者多,民之欲充足之外,复有可积之资,则可行立君之制。故一国富源,与其安耗于人民之手,不若政府耗之之得也。政府所以耗之之道,虽不尽同,要以致大已尔。

公理物情,恒有不相合者。如南北之天时地味,自有寒暑、沃瘠之殊,政体自必随之而殊,因其异而措置乖宜者,亦有之矣。有以南方诸国,尽为共和政治,而以北方诸国,尽为专制政治,夫岂通论哉?盖热国必多专制政治,寒国必多化外之民,温和之国始可以建共和政治,此固于理至当者也。或难之曰,虽在寒国,亦有膏腴之地,虽在温和之国,亦不免有荒芜之区。为此说者,其犹未知以上历述之事故已也。

今有面积相均之地二所,其所得之数,一为五,一为十。得五之地之人民耗其四,得十之地之人民耗其九,前者所余为五分之一,后者所余为十分之一。两数相较,则所余之数,适与所得之数相反。盖得五所余者,倍于得十之所余,此其显著者也。

使寒暖两国生产之物,厥数相均,世容有之,余终不敢深信。亦有强之使同者矣,英吉利之与西西里,波兰之与埃及,南方则有印度、阿非利加诸国,北方则无可比者。且求物产相同,农工不可相异,彼西西里人仅知耕种土地而已,英吉利则耕种之外,犹有修治之法,西西里苟求生产之物与英吉利相均,则不得不以人功益之。既以人功益之,则所获之利必薄,此亦势之所必然者也。

又有人口相等之二国,计其耗费之数,则以在寒国者所耗多,而在热国者所耗少,而彼此皆可适其所生,此自然之理也。使欧人移住阿非利加,必罹瘴疠之病,显尔顿法人,于千六百年时,游历波斯,著有《波斯纪行》,其书今尚存。有言曰:"欧罗巴人与亚细亚人相较,殆如狼虎之与凡兽无异。"人见波斯人衣食简约,归罪于稼穑之不勤,以余考之,盖因人口稀而无事储蓄为也。使波斯人日事储蓄,则其国必益困,吝而富者,其富益崇,廉而贫者,其贫益甚。且年岁丰凶,随地而殊,平时不知自为之限,则贫富悬绝之阶,终末由相近矣。世有恒言曰,人民生存之计之至优者,莫耶稣教徒若,虽其自夸之词,亦有可信者在也。波斯人民中,有一族曰亚尔美尼亚人,生存之计与欧人无异,第面貌奇丑,身体胖大,与波斯人之美秀不群者,不可同日语矣。

国与赤道相近者,人口之数必渐减,食不以肉,唯以米麦、野菜充之而已。印度全地虽有几百万人，而各人日用所需，日不过十文。即欧洲南北之国，奢俭之差亦甚。西班牙人六日之需，仅供德人之一次晚餐。且多食之国，饰费亦增。英吉利人每食必具盛馔，伊大利人则置花果、糖蜜于食几而已。衣服亦如是。寒暖倏变之地，必取轻暖之衣，若在温和之国，则专以饰观为务。拿伯尔伊大利南方之都会。人锦衣绫袜，日游帕希黎布拿伯尔西南之名山。山边，皆可望而知之者也。房室又然。苟无寒湿之患，自必涂之垩之，美丽眩目而后已。故巴黎、伦敦之所建筑，皆聊蔽风雨，至麦毒黎德，则闳宏壮大者，鳞次而集，门壁锁钥，莫不穷工极巧，此皆可以实事证之者也。热国所产之物味较厚。如法兰西之米麦，和水炊之，颇艰适口。伊大利则调以糖蜜而炊，其味之美，有出人意料外者。又法国所产米麦，劳力不甚，即不可得，故其利不足以偿其所失。今试以麦论之。法国上品之麦，产于巴尔巴黎，在非洲之北，滨于地中海。所得面粉，视下等麦尤少。且其地所产者，不若南方所产者之味厚。然则近赤道者，面粉必增，近寒带者，面粉必减，增减之极，则相差甚巨。其他生产之物，莫不皆然者也。

热国必多专制政府，何以明之？热国土地广大，而人口稀少，则生存之计，皆不劳而自足。且人口稀少，则土地虽广，苟有谋叛之人，亦易于探索，故人民皆不敢辄起此念。即有阴谋已成，一旦为政府所发觉，遏其交通之道，易于反掌。若夫土地狭隘，而人口众多之寒国，则政府不可卒预人民之主权。盖土地狭隘，则政府偶有不洽舆情之所为，人民即可密创阴谋，政府又无从而防之。故热国之政府，易流于暴，寒国之政府，易勉于善，维彼杠杆，于距离支点少远之地而用力，则可以抗重点。人民之权力则反是，与支点愈远，则其权力益脃。故人民散居四方，疏于结合，其权力不得不弱。譬犹硝药，具有激烈之性，若散布地上，以火熱之，即不可复闻炸裂之声，不过点点粒粒，尽为灰烬而已。暴政之行于土地广大、人口稀少之国，如猛虎之横行于大砂漠中，无术可以御之者也。

第九章　政府之善恶

　　人民关系之位置，与自然之位置，二者相合不戾，果遵何道而然乎？是犹有以答之，唯以何等之政府，为最良之政府，则其说无一定者矣。又必由何等之功用，而后知教治人民之善恶，此亦难言者也，余当详论以明之。

　　众人之志不一，故言政府之功用，亦时有异同。如顺从之民，则希望静谧之福，忧国之士，则赞扬自由之德。彼以刑政严肃，为良政府之所为；此以事物简易，为良政府之所为。彼以外交不通，为立国之道；此以恃威绌人，为立国之道。彼贵流通金银，增殖一国财产之数；此则仅求足于米麦而已。习俗不同，好尚斯异。猥以一偏之见概之，岂可得哉？故欲知良政府之功用如何，则世人虽有能答之者，余实不敢知也。

　　世人不知，力求一言以蔽之理，而徒骋私意，纷纷不止，是实余之所遗憾也。一言以蔽之将奈何？曰政群之终，与群以内人人之繁荣安逸，共存于不朽。但必如何而后繁荣安逸，可以存之于不朽？此无他，人民之数与繁殖之度，计必于均而已。求其远因，则政府不为人民所嫌恶，无移住他国及入人国籍之事，繁殖之度，自可常保而不坠。若国民流离颠沛，散之四方，则必无繁殖可期。故善觇国者，胥可于是征之也。

第十章　政府衰颓之原由

人有公意、私意之别,常相抗相悖而不已,一群主权亦有与之相反抗者,王公之势力是也。王公势力日盛,则必有渐破国宪之虞。使王公之势力与政群公意相待,而趋于相均,王公之意犹日进靡已,则一国主权必为王公所剥夺,驯至破裂人民之公约,亦意中事也。无论何国,王公之势既重,一国主权既为所剥夺,则政体中所患之病,不得不亟求疗治之方。譬犹人身,偶患疾病,必倩医师治之,因循苟且,必至有性命之虞。究政体病之所极,则亦减损政府,破灭国家之二途而已矣。

所谓减损政府者,举民主政治,变为贵族政治,举贵族政治,变为君主政治是也。破坏政府者,举君主政治,变为贵族政治,举贵族政治,变为民主政治是也。而无如减损者之易,而破坏者之艰也。

国宪纷乱之政府,犹有保全政体之望,若国宪无虑扩张之时,则政体之中必生异变,此固无待蓍龟者也。洎乎异变既生,听其自然,不图挽回之术,其权将尽散诸无何有之乡。政府生存之计,亦不可得而全。是以政府苟有可虑,必视国宪之盛衰如何,亟求术以挽回之,庶有瘳乎。

政府灭亡之故,厥有二因,王公之专横,与官吏之暴虐是也。如王公不顾国宪,专断国政,攘诸权为一人所私有,致有不测之变,固非政府所得而干预者也。又如官吏作威作福,视人民如刍狗,其势日盛,则虽在大国,其亡可翘足而俟。故不必问其为王公,为官吏,凡剥夺一国主权,以恣其私意,则固与民约相悖,而绝人民恭顺政府之情。于此时也,人民不得不日求复其天然自由之权,而全其独立之性,此为天经地义,万世不容自湮者也。

不问政体如何,苟因政府之谬误,而酿成破灭之祸,则皆名之曰乱世。若就各政体中分别言之,则于民主政治中,谓之为亚克洛希,于贵族政治中,谓之为哇黎夸尔希,于王政之中,谓之为基拉尼。第基拉尼之语,夙为世人所诟病,今请辨之如左。

世释基拉尼之义曰,破裂定则,不设法衡,务以苛虐临人之帝王是也。然其真义,固不若是。凡己本无权,强干国王之权者,基拉尼是也。希腊人遇不择善恶,所肆权力,概不由于正道之王公,则皆以基拉尼称之,盖与强夺者之意相似者也。

第十一章 政体之命数

政府中之至善良者,政体自固,且使政府可以存之于不朽。然不朽之道,亦未可卒定。彼仅求固其政体,犹不敢妄希其不朽。凡事业之所不可知者,不得强以人力要之。斯巴达、罗马之遗迹,已杳不可睹,世人亦可识其端矣。

政体与人身无异,虽至上寿,一死终不可免。政体可保几时,固无定则可循,然无则之中,不得不暂立一则以从之。人之躯壳,造化所赋,绝其性命之权,亦复为造化所操。政治之政体,则成之自人,保之亦自人,寿之(妖)〔夭〕[1]之,亦靡不由人。但政体虽寿,断不能不有终期。惟履其定则,庶不惧为流行之天灾所凌,以招意外灭亡之惨焉可耳。

主权为政体之精神,立法权为国家之心脏,行政之权则其脑髓也。国家全体运行之度,俱由行政权掌之。人如卒中风痹,麻木不仁,虽脑髓昏瞆,亦不至有性命之虞。若心脏无运转之力,则诸机俱息,生命有不得续之者矣。

治国之道,不由法律,而由立法之权,故法律宜改。今日所用之法律,明日行之,即不见其益者,比比然也。但每有君主,见可废之法,而心好之,不能终废,且护之唯恐不力。譬有一法,用之一事而效,遂执以概诸万事,而谓无不宜者,人民又不知不识,默然相许。又如崇奉古训者,即今日之所崇奉,亦莫不根之于古训,盖由习闻夫古今人不相及之说故也。亘千百年,不见美善之政体,复何足怪?是以君主非崇奉古法,则其法必朝更夕改,日进于善而不已。国家又恒以新权力,授诸其法之中,然则国家苟失立法之权,则必不能保其生命,亦可知矣。

---

〔1〕 夭,据文意改。

第十二章　维持主权之法一

　　君主欲得权力于人民,莫如任立法之权于人民之中。凡以此权委于人民,而又欲一己之权确乎不可拔,则莫如集通国之人,使之据意直陈,无不通之隐。若集之而犹无要领可得,则必有损于君主之作用,因之而不得立于政治会中之权力。或谓集通国之人,使之据意直陈,无不通之隐之说,虚妄之空论而已矣。然回溯二千年前,上古结群之法,果由何道而然乎?试一究其原,当知吾说之非虚妄矣。不究其原,徒斥集言为虚妄,可胜慨哉!小人骤闻君子之言,未有不痛詈之而不信。盖君子之说,固无可痛詈,而小人见闻,势不能随君子之志量而扩张者也。事理所应行之幅员大广,吾人思想之所及则苦狭,世之既惰且弱,自屈己志者,肩背相摩焉。呜呼,卑贱固陋之鄙夫,闻唱自由之说,即呼为颠狂,己颠己狂之不知,犹肆然颠狂他人,抑亦未闻大道,而自幽圜墙中矣。与藩鹦之笑鸿鹄,宁有异哉?

　　今试举其灼然不诬之例,以证集言之说。往古希腊之共和政治,姑不具论,唯取罗马之共和政治而言之。罗马为当日大帝国,首都罗马府亦一大市场,彼共和政治之户口,据其最后检查之数,任兵役者数十万,全国之数,除他邦之妇女儿童外,有四百万余云。

　　人民如此其众,欲集而使言,诚所谓匪夷所思。但罗马人集言之事,虽不数觏,若夫集而所言之事,则皆统治国政之事。凡预言之人,莫不操有有司之权,而谓国人应有之权利,亦即此而已矣。

　　上溯太古,鉴于麦西腾及法兰西政府之形体,虽为立君独裁之制,亦仿希腊、罗马旧例,集通国之人,以言政事之得失。非举通国之人,集之使言,老少靡遗也,不过使人民自择所知,足以任国家安危责者,即为通国人民之代表,是与集通国之人而使之言,无异致也。由是观之,行集言之制,以补行政之阙,诚天下古今不可易之良法也。

第十三章　维持主权之法二

人世不测之事,随时而生,不得不随时集言以助之。盖集言之制,不特以之制定国宪而已,凡置政府于永久不朽之地,及选任执政,均非集言,不足以蒇其功。当集言之先,必使国民熟知集言之制,毋躁毋滞,毋为文拘,毋为义牵。所集之人,必使其皆有欣喜之念,而后上无不闻之忧,下亦无不达之隐。顾不康哉!为国若此,是亦可以已矣。

仅恃规则,以言集言之制,则不无意气用事,而其基转有所不固。若以道理言之,则政府权愈强,主权亦弥尊,故不必更设防之之法者矣。

或曰,行集言制于都府中之说,既闻命矣;若行之于全国各地,则主权亦有分割之虑乎?或剥夺各地主权,而敛而储之都府中乎?将何道以决之,余甚惑也。

余将晓之曰,吾子之说,皆无虑之事也。主权为特立独行之物,无人得而破坏之,即无人得而分割之也。都府云者,固非一国之名号,不可自为主者,亦不得从属于他邑。其亦知政体之本质何在乎?非从顺、自由二者,协和而成者乎?君主、人民云者,不过国人分合之释语而已。故思想之无殊也,可不言而喻者矣。

余将又晓之曰,世人恒欲悉众邑之权,收而统诸中央政府之中,是实不善之甚者也。虽亦有善道可由,而天然障碍之物,终不得而去之。又欲迫胁小国之民,诱之于大国之中,其术亦谬。凡以小抗大,求之往古,盖亦不鲜。如希腊诸邑之抗亚历山德,近世荷兰、瑞典之抗澳地利亚,皆此理也。苟欲制定一国之界限,又欲为人民往来之孔道,则莫若政府无一定之地,递次移转于各府各邑之愈也。且各方人民,皆可彼此交会,故有约地方人口平均之数,制一定之法律,使众人生计皆归于平等,则其国必益趋富强,政体必益臻善美,可无疑也。苟有一日至此,则各府城郭,较村墟而益轻,首府中之经营殿宇宫室,较筑矮屋一椽而更易,此亦可知之数也。

第十四章　维持主权之法三

　　夫集众而为真实之君主之体,则行法之权当息。国中最下等之人民,与国中最上等之执政者之间,无丝毫贵贱之殊。仅有人民,而政府不立,皆不足以为国。罗马国会中,物议时兴,盖由不知此义故也。当时执政诸人,每自矜为众庶之首领,此其弊也。

　　凡行法权所栖止之地,君主、有司是也,但必使常存畏缩之心而后可。苟为君主者,天良就湮,擅压国人,而国人又怯懦偷安,无恢复独立不羁之自由之心,则抗拒政府之势力,不能永存于不坠。政府乘其隙也,益肆其无餍之欲,主权日蚀,浸至澌灭而后已。群涣之机,可翘足俟之。

　　或有国也,设一权于主权及专制政府之间,其义当于下章详之。

第十五章 代 议 士

群一国之人，不知各任应尽之责，日孜孜于财用之丰啬，则国家覆灭之时，旋踵而至。如选为常备兵役，恶其劳也，偿金以避之。被举为代议士，将莅会代议，即越之他邦。使国人尽援其例，是举国之中，无常备兵役，及代议士一人也可也，其故则胎于靳力吝财而已矣。其极必至雇常备兵役，以御外侮，而佣代议士，授以预政之权，此非事之至异者哉。

抑又有甚焉者也。工商各业，莫不以繁促为苦，国人各举其所务之事，出货币以佣代理之人。代理者之意，日益不足，即举己图之益而让之，代理者获益巨万，而其欲曾不自足。是不啻陷人民于桎梏之中，计算之语，遂一变而为奴隶之诱。盖彼于共和政治之功用，未尝梦见者也。

真有自由之国，国人俱劳一己之力，为国事役，非特无偿金雇佣之事，并偿金雇佣之思想而无之。余之所志，固与世俗之鄙夫相违，唯力役之中，疾痛惨怛，不克自胜，当信余之所倡自由之说为非虚也。

国宪罔弊，国人之尽力于公事之精神亦炽，而营私之徒，自藏其迹于不见不闻之地。岂有他哉，一国之福，与一人之福，不可同量而语已尔。

德化沾濡之区，虽极村僻而义气激发，预会言事，刚不可挠。唯居于恶政府以下之人民，则终无起图改革之心，公道既废，权力全丧，爱国之情，自不缕存。故法制其善乎，人民日进于善；法制其不善乎，人民日进于不善。以是卜之，苟有言国事者，辄曰国家兴亡，余何关哉？则吾有以觇其国矣。盖充"余何关哉"一语之意，将抛弃天下之事事物物，并民约而废之，犹欲保其群之不涣，乌可得哉！

觇国之道之最善者，其唯觇之议院乎？彼代议士之讨论辨议，发现于外之气象，则凡人民爱国心之冷热，利己心之炽否，及国家之胜败得丧，政府之是非曲直，烛照数计而莫之孑遗者也。试观某国之所谓三条件者，人民一己之利益，居其二，公同之利益，居其一而已矣。

主权云者，不可假之于他，不可移之于外。秩然有序，寂然不易，恒藏于公意之中，而又不可少有动摇者也。公意云者，亦不可假之于他者也。是以公意与主权，有时相戾，而亦有时相同。若夫徜徉踟蹰于两可之间，则吾未之前闻也。

由是观之，为代议士者，决无移假国民权利，而恣其私决独断之理，盖彼不过为人民力役之夫而已。然则非由真实之国民所制定之法度，则不得以法典称之，亦可知矣。

英国人民固有选举代议士之权利者也，但选定之后，人民即无可为之事，是不啻仅为代议士任选举之劳，而为之奴隶而已也。犹晏然自得，侈谓享有自由之福。仅一交睫间之自由，安得为终身罔极之荣誉？权利既丧失无遗，犹不足以介其怀，无一人倡恢复之说，是非大谬不然之所为也哉？

选举代议士之策，由近世封建政治而起。自此种荒惑无道之政府既兴，则凡百事物，皆为暴君污吏所损坏。往古共和政府之时代，虽行君主政治之世，亦不闻有所谓代议士者。若夫今世之有代议士，亦究不知其为何物，直谓之不祥而已矣，岂真能自由之人所尝梦见者哉？

罗马民长，贵显无比，然不闻有剥夺人民权利之心，又不闻有推戴一人为主长之事。彼皆因袭希腊以来之风俗，国人皆有群集评议之权，如众口嚣嚣，不能按照法律，则停止之审判之而已。虽有混视法典、自由为一物之弊，然卒无妨碍之者。且人民之至贤明者，不逾定则执行百事。凡遇民长不能措置之事，即命警吏代治，人民权利为警吏所假用，亦无恐怖之者，此吾辈所稔知者也。要之，表明群以内人人之意者，始可谓之为法典。然则法典为群以内人人之意所积而成者也，亦可知矣。故立法之权，无人可以越而代之，唯行法之权，则可委之他人。盖权力之与所为，皆由法典而生者也。由是言之，可知罗马民长无代理国人之理，不过占有行法权之一部而已。

希腊亦然，凡人民可理之事，各任己意而行。居常集众议事，为之不劝。土地肥沃，气候温和，手足之劳，一以奴隶任之。所汲汲不少释者，求扩自由之热心已也。盖寒瘠之地，居人恒有堕指之忧，则需用不得不多。欲于一年之中，因集众言事而去其半，其势有所不得，如低音之语，强其声闻于野，宁可幸欤？彼希望自由权利者，不过希望多获利益而已耳。不幸患难相寻，不顾奴隶之可耻，是固没其天赋之性，乌得保其法典于不坠哉？

自由之义，非以离散臣仆为利者也，一国之中，平民必居其大半，虽不足为天然之窒碍，但其谬有二。自由之权，都为他人所有，而不能保于一己之身。且其所以不能常保之自由，视至卑至贱之奴隶而保益甚，国人不幸陷于二谬之中，如斯巴达即其例也。今试执今世之人而论之。芸芸者众，本非应为奴隶者也，但皆求为奴隶，遂为奴隶而不拔。且夫各业之中，各有自由之权,而卖之于他人,苟有丝粟之利以相偿,则固将欣喜不遑,而其实则由恐怖而出者也。

伊古洎今,凡余所经历之处,不见有奴隶不可缺者,又甘心为奴隶者,莫不具备确乎不拔之自由权利。由是观之,世人之所为,庸非自违其当乎?

今世之人,既创代议士之制,复假之以权利、自由,万事之废兴存亡,俱视为非吾分内之事,而犹引权利、自由存于一身,为自重之计,则诚戈戈鄙夫之不若矣。试上溯太古,不闻有所谓代议士者,如今日世人之所为,非鄙夫而何?国中一行代议士之制,人民之权利、自由,偶为所假,遂无归之之期。其终必将忘其所自,始使人民不复有丝毫之权利,并其自由而夺之,是亦当然之理也。嗟吾众庶,曷不抚今思昔,而一猛省乎?

观于以上所述,群之广者,君主之权利不固;群之狭者,君主之权虽可见诸施行,而外患或不可免。是言也,天下之恒言也,呜呼,何其谬哉!外貌强盛之大国,岂得与政治善良之小国相比,余当以次明其理也。

第十六章　论政府制度非由民约

如以立法之权,置诸坚固不可动摇之地,行政之权亦从之而不坠,此自然之理也。然行政权之质性与立法权各异,故君主维持行法之权,而又综理万机,则混淆于二权之界,必至不识孰为行政权、孰为立法权而后已。曩昔一国人民所公定之国宪,亦将为彼顽弄之具,盖变化政体之质性,则其弊有不得幸免者矣。

凡群以内预定民约之人,皆互相平等,而无贵贱高下之差。举国家万事见诸施行,而复为之制以定之,此为预定民约之果,无可疑议者也。然则一己苟有力可为之事,亦有任诸他人之权乎? 则答之曰:否否,不然。上古初民,纷扰不可终日宁,乃相约公戴一人以长之,后世遂有君主之名。又由君主制定政府,分任王公以为之辅。夫岂不可信哉!

世人辄目政府所为之事,曰由于人民及人民所公戴之君主之间缔结之约而生者也。但缔结之约,可分为二,一则有不可不统治之职,一则有不可不从顺之约。是说也,将益滋世人之惑矣,余当缕析以明之。

何谓统治之威权,凡事不知首先破坏,则必无取舍之术,是固不可不一究者也。夫强设制限,夷之可也,故君主虽为一国之长,苟悉人民自由之全权,并奉之君主,而自甘屈服,此亦谬之甚者矣。执是言之,今世之所结约于人民间者,皆为阿曲偏私之约,从可知矣。吾今举一言以蔽之曰,不正之约,非由主权所生之法典,即不得为人民应尽之责,斯固可以信诸百世者也。

立约之始,设立君长,握通国之权于一人,掌握之中,必有辞以要之曰:余一人不敢妄肆通国公有之全权,不过履吾所定之约,而为之整治已尔。凡尔众庶,苟有索余所假人民之权利之意,则当余罄所有以返诸人民云云。否则索之不闻,返之无期,人民之不幸,宁有涯欤?

是以一国之中,仅有一约,民约是也。自有此约,则其他诸约,悉为所拒。盖民约既定,则弊绝风清,吾固敢为天下万世决之者也。

第十七章 政府之制度

立法云者,即君主建设政府,而制一定之律令是也。故制定政府,必原于法。

行政云者,即人民公选君长,委以一国之事,设立政府以为之者也。

未设政府以前,果由何道而设政府,且君主、人民之间,何以又有王公、有司之名,是皆不能无疑者也。

政府初职,不过协和事物,而使之相结不解已耳。迨变端乘之,旧观渐改。且有国人操有有司之权,或变公同之行,为特别之行,或由立法之权,移之于行政之权。此盖不可执一以论之者也。

变端如此,而今世施政之可为其例者实鲜。唯英国议院中,则恒见之。如下议院遇有精议之事,开大公会,后即今变为大官厅。夫下议院本为主治之所,而为民选议院之制,徒以大公会之制既定,遂降而为上议院之从属,亦可叹矣。

凡可以制定一国之作用者,公意其首也;可以为民主政治固有之利益者,执公意所生之作用为权力是也。故必先举君主设立政体,依所定之法设立政府,是虽为一时假设之政府,而其基自必日固。要之,不论政府元气,则建设政府,无他善法可言者矣。

第十八章　预防篡夺政府之法

行法之权,本为国民所有,故国民不得为官吏所左右。彼为官吏者,不过受国民之所委任,以行一国之事而已。故黜陟官吏之权,不得不储之于国民,此固原始之约,无可强饰者也。

国民偶有举其所谓寄借政体者,假之于统治之人,遂有创立君主政治及贵族政治之奇观,是亦去旧务新之际,弥缝一时之权略而已,非可久业也。

变革政体,其势至危,苟不偕公安为互相表里之计,必不可侵凌既设之政府。是说虽非不易之天则,要为言政治者不刊之标准。若以民权傅诸有司,如以兵马之权傅诸将帅,则其国之不可血食,无待蓍龟矣。

是以至公至正之所为,与骚扰煽动之所为,及国民之公意,与逆徒之阴谋,皆不可不严分其界。然后据法以治之,苟为力所不及之地,则亦莫可如何者矣。

一国人民之中,偶有乘间图事,则必为政府所惩治。若夫王公、有司,则无人敢以篡夺之名嫁之。盖王公、有司之权,恒越应有之限,故阴扩其权,而托以公益之名,妄谓更定适例,重有益于一国之人,非敢靳遂私志也。人民之蒙其欺者,默而不言,即施以小惠以荣之。人民之烛其伪者,力与之抗,即被以严刑以罚之。于是一国之人,不得不群出于从顺之一途。数传以后,固结而不可释,公是公非,于是而熄。此亦由古迄今,大可痛心之事也。

罗马选举有司,率以一年为限,留任与否,皆由议会决之。世界万国,不闻有继罗马而创是制者。苟能创为是制,而复假之以公同之权力,则篡夺主权者盖寡矣。议会集议之法有二:一问君主之意,欲保存其政体与否;一问人民之意,欲委任若辈与否。使君主欲保存其政体,而人民又欲委任若辈,则变端将何自始乎?

余请更述一言,以终前义。天下万国,断无一定不变之法,群约亦然。苟全体之人,佥谓其约可废,即不得以不正疑之。格洛鸠斯之言曰,国人一旦去其父母之国,迨其返也,复为国民如初,且其应有之权,亦与曩昔无异。夫一人可为之事,而不可集全体之人以为之,天下宁有是理哉!

第 四 编

第一章　可毁损者不得为公意

国是不歧,即无图乱之人,群以内者,各守信义,物我无间,所议所施,莫不为彼此之所共利。夫是之为公意,苟能如是,则其国民所享之福,世界之上,莫与伦比。虽下至农人樵夫,亦可于畎亩森林之间,共议国政。舍一己之私而趋公意之所在,故虽有诈伪之徒,驭群以术,而不可以惑至公至正之民。既为至公至正之民,则知慧绝人,微特不为诳言所惑,且见有权谋术数者流,鄙行丑态,将非笑之不遑,彼术虽工,其奈之何哉?

国民之志如此,则不必琐事制定繁法,而其国已可长治久安,此固无俟多言者也。然于既定之法之中,日益加繁而不知止,是谓当事者之通病。尝闻创立新法者之语曰:"昔日施行之法,颇适众意,且皆遵守弗怠。若是则他日法虽益增,亦保无违言者矣。"是亦误之甚者也。

夫群以内者,各谋一己之利,汲汲不遑,置公益于不顾,又强凌弱,众暴寡,朋党相倾轧,各倡异议,于是一群之内,无复有所谓公意者矣。一群之内既无公意,则民约不可以久存,国家衰亡之期,亦指日可待。当此之时,物议纷纷,虽有高论奇说,亦与群涣无补者矣。

国势方颓,仅有虚饰伪名而已。结群之故,既绝灭于各人脑筋之中,人心幢幢,昼夜为丑名恶利所役,恬不知耻。譬彼无法之国,人民偷生朝夕,不惜为覆巢之卵,于此又欲以虚饰伪名为维持之计,则不啻益以颠覆之力已也。

然则公意既灭,永无复见之期乎?曰:否否,不然。公意云者,刚健中正,常生不灭。惟私意日炽,战之不胜,遂隶属于私意之中,此固至不得已事也。

第二章 发 言 权

发言之权,即在主权之中,无人可以剥而夺之。建议讨论之权,则又不可为官吏所操。盖众人所志,归于一辙,则公意之力,自必日增而不已。否则各执其说,奴彼主此,公意无容身之地,其患可胜言哉!

若人民之中,其有贵贱之差,则余说有时而不效。罗马之贵族、平民,于议会之中,屡启争端。盖两党并峙,各是己说,而以他说为非,一国之中,遂无彼此共利之事。迨陷于卑屈苟且之弊,则一举一动,不得任其一己自由之权,坐听他人之论,拍掌赞成,仅为遂其谄谀之具,否亦为恐怖之心迫之已耳。往古罗马帝王之世,元老院之陋习,莫不如是,世人所非笑不齿者也。佗希佽曼罗马有名之历史家。尝论哇通帝之治世曰,当时元老贬黜维德辽斯,致有意外之虞,使彼久在帝位;则元老之所云,不当知伊于何底矣。余今论述各事,以供读者之所参考,藉明公意有无与国家盛衰相关之理,傥亦读者之所乐闻也。

人之生也,各有自由之权,为彼一身之主宰,执其自由之权,出而制驭世界上之事事物物,使必与己意相适,不得少为他人所屈服,斯固理之所是者也。世人之说曰,奴隶之子孙,不得不为奴隶。是犹言既为奴隶,即不能生育不为奴隶之人,天下宁有是理欤?然则世有公同之术,而求不损群以内之公意,不过恃有民约而已。集民缔约之故,则又不外好治之情而已。

世界之上,虽多背戾民约之徒,第若辈非敢妄肆诋諆,不过解之之识未具,而为思想之障碍所愚而已。洎乎其说既充,群以内者,莫不惴惴焉,日惟不合民约是惧,而图国家长治久安之策,则自无党派倾轧之虞。且凡在群以内者,无一人敢怀不服主权之心,此又可知者也。

人民会议之时,以众服寡,似与民约少悖,然此实出于民约者也。第人性具有自由之权,而不能自由其志,不免为反对之说所屈服。余犹执出于民约之说相解,世人所不能无疑者也。余知疑者之心,必于民约之真理,犹有未尽萌者,余将益明其说以释之。

凡一国所定之法,一国之人皆有服从之责。盖一国之法,即为一国之人所定,所谓公意是也。当与公意相遇,不得自恃国民之权,而谓吾无服从他人之理,亦不得自恃自由之民,而谓吾无服从他人之理。故人民会议之时,创立一法,某某是之,某某非之,则某某之意俱不可被以公意之名。既不可被以公意之名,则某某之所是非,尚不得列为一国不可变易之法,从可知矣。当发言投票之时,仅各述一己之意,终乃计其众寡,而以众者为公意。既为公意,则服从之责,自必随之而生。所以必以众者为公意,则以众者为直,而以寡者为枉己耳。夫三人之中,必以二人相同之意为公,而以一人之意为私,五尺童子莫不知。若是则万人之中,亦援其理以视其比例之率,岂犹有可议者乎?虽寡者之意,极与公意相合,而不见容于众人,亦无可如何者也。否则,强以寡者之意见诸施行,而抗之者较顺之者尤众,一己自由,终不可保,人亦何乐而为此哉。

一国之人,势不能群集而议事,于是乎有代议士。代议士之意,即为全体人民之意之代表,众代议士之意,是为真实之公意无疑。若众代议士之意,偏倾一隅,则其意必不能常保于议会之中,而全其自由之权,此固可决者也。

投票之际,有三人焉,三人所发之言,各执一是,即无公同之可言。三人之中,倡异议者,仅有一人,则彼一人已与公意相悖。凡无公同之可言,及与公意相悖之事,胥视投票者之众寡而异。是以必先规定代议士之定额,尤必使与国之大小相准,以防恒有之弊,斯为善耳。

古训有之曰:"集商大事,所议必一。"又曰:"处繁治剧,分类必简。"要之,所议之事有不得不神速者,则于各人所发之言之中,择其尤卓绝者定之而已。故二说之中,以前者为与法律相适,而以后者为与理事相应。苟能兼衡二说,则无不可以处置裕如,奚事喋喋为哉。

第三章　选　举

选举王公有司之法,余已述之如前,第驳杂繁错,莫可名状。然其行之之法,可析之为二,拔擢与抽签是也。往古共和政治,莫不采用二法。近世威尼斯选举公会长官之法,则又混二法而一之,是为选举法之最杂者也。

孟德斯鸠曰:"用抽签之法选举主长,为民主政治之本性。"其说固无可疑,特又有未尽者在也。

读者当知选举主长为政府之事,而与主权无与者也。选举之时,复用抽签之法,使官吏所为之事,益趋于简,此所以为民主政治之本性也。

凡任有司之职,于民主政治之中,非求一身之荣利已也,又不得轻易授诸他人者也。有司之职,郑重若此。而后有抽签之法,抽签之后,应以谁任其职,即由抽得之人任之,此固大公无私,而又郑重之至者也。

选举之法如此,而后万众一体,无偏倚之弊,虽有阿其所好之情,亦无所容于其间者矣。如贵族政治之中,选举王公之权,即由王公操之,保护政府之责,即由政府任之,是亦可谓处得其当者矣。

今举威尼斯选举主长之例,以为余说之证。盖彼混二法而一之,行于混合政府之中则可,行于贵族政府之中,则又有大谬不然者。威尼斯之小民,不得参与政府之事,不过贵族之中,少有民权而已。凡教党集会于贫民郡市之中,亦不得与有司之重职相接近。且贵族以下,不得辄占高位,又不得为代议士于上议院中。代议士之数,视日内瓦公议院之代议士尤众;代议士之权,则视日内瓦国人之权尤轻。彼皆为共和政治,而相异若此。盖日内瓦之豪民都人,适与威尼斯之贵族相对;日内瓦之府人,适与威尼斯之府民相对;日内瓦之农民,适与威尼斯之隶农相对,此其理也。

威尼斯之共和政治,简略如此,皆由人民之厚德所致,非今人之所可冀及者也。且其建立政府之原,亦与日内瓦之贵族政府不同,而其尤异者,则威尼斯不置终身之主长是也。由是言之,日内瓦亦曷不行抽签之法之为愈乎?

抽签之法固可行于真实之民主政治之中,然犹有进于此者。既为真实之民主政治,则人民之习俗知识,无高下之差,极其利害得失之故,则与其抽签以决之,犹不如用拔擢之法。惟世界之上,尚不见有所谓真实之民主政治,故拔擢之法亦未能见诸施行。进化日盛,容有其机,静以俟之可耳。

若兼用二法,则需用天然材力之人,可用拔擢之法。如需用公正廉直之人,而国人皆足以当之,则用抽签之法。盖国家郅治隆盛之秋,国民莫不备有四德,此亦理之当然者也。

君主政治之中,则不独不行抽签之法,即众人集议之事,亦不可行。君主之国,大权俱集于一人之身,摄政辅佐诸臣,皆由君主简任,通国人民,又安得顾而问之?昔亚柏罗马教之有名教士。欲增加法国参政之数,且以抽签之法选举议员,是亦不过变革政府,求遂一己之私而已。

第四章　罗马夸密司_{国民集议之地}

罗马初世之成迹,史策不传,无可稽考,第诗篇所载,其略犹可得而闻也。故仅据为今世之殷鉴,则其说或有不可废者,若引为当日国体之正史,则失之远矣。

后世学士大夫,尽力研求,凡罗马帝国沿革之故略,见于诗篇之中。至其人民之形势状态,则诗篇之所不及,吾辈亦末由知之者矣。

求其习俗之如何,则莫若求其习俗之原。凡诗篇中所记载古代习俗之原最详者为最贵。且诗篇之所记载,尤必择其本末确实者而取之,而后读者或有所取资也。

罗马开基后,为共和政治萌芽之原之人民,其种族分为亚尔绷、萨绷、外国人三级。各级统名之曰德黎比,每德黎比析之为十,为基雨黎一。每基雨黎又析之为十,为谭基雨黎一。每基雨黎及谭基雨黎,各置主长一人。

每德黎比各出骑士百人,编为一团,曰逊弃雨黎。当日一小邑中,军民之别,如此其繁,似为无益之事。但他日罗马之小邑,皆足为全世界之都府,殆亦措置适宜之畀诸功欤?

始分三德黎比之间,障碍乘之。盖亚尔绷与萨绷二者,虽依然如旧,而外国人则屡与他族相仇视,争斗不已,其势力遂压亚尔绷及萨绷而下之。当时有瑞路意士者,知他日之害有不可胜言,乃变革曩昔所定之制。凡为外国种族所废灭者,别为一级,又分为四德黎比。此术虽可以防一时势力不均之弊,而其后又有分割之虞。盖当日所分之级,不独土地为然,凡居于某区域内之人民,不得妄自移居他区域内,是盖预防各族混合之意也。且于三逊弃雨黎中,益以十二队,各队亦名之曰逊弃雨黎,以示人民与骑士之别。是固正直无私之法,断无凌辱人民之忧者也。

瑞路意士又于都府之四德黎比中,益以十五德黎比,名之曰乡村德黎比,盖即分割府外各地,以与各族而使之各居其地故也。后土地日广,乡村之德黎比亦日益增加,遂为三十五德黎比。乃至罗马共和政府之末世,其数遂无大增减云。

读者求知罗马之土地、人民所以广大繁殖之故,与彼所以维持风化习俗之道,可求之于都府之德黎比及乡村之德黎比,相差之间,当能明其故矣。

如以皮相言之,则都府之德黎比握有威权,享全国之荣誉,骎骎乎有凌辱乡村之德黎比之势。其实则反是,罗马乡村之民守其田园,耕植自乐,而以极恶奇丑之所为,任之都府之民,斯亦风俗之至美者矣。

是以罗马之英才名流,皆高卧乡村,躬亲耒耜于田园之中,而其志则日求共和政府日趋美善而已。负一时重望之名公巨卿,出处之节,无不相同。罗马人民亦恶都人之懒惰柔弱,而好豪农之高尚纯正,于是穷无所之之人,麇集都府,操守有为之人,则寂处荒隅。坊伦尝曰:"伟哉夫吾祖也,国乱则进,国治则退。哲人杰士,遍吾邻里。"洵非诞也。

今请更述罗马治术之谬,及其致变之原如下。

某德黎比可以移居他处,某德黎比则否,皆由审查官吏决之。后遂惟德黎比之与审查官吏之意相适者,许其移居,否则禁之。于是贵显有力之人,皆编入乡村之德黎比中,都府之德黎比,则仅有奴隶与细民而已。通常之德黎比,各失其固有之土地,混杂至极,各级种族,且有不可严分之势。终至都府诸德黎比,民数日众,于公选议会之中,势力日盛。族中遂有求买议员发言之权,而都府之德黎比人,且大行卖国之风,是岂立国之道也哉?

瑞路意士变囊昔三分之制而析为四德黎比。第创业之时,以全体人民为三德黎比,又析为三十基雨黎,每德黎比一,属基雨黎十。今瑞路意士析为四德黎比,则三十之基雨黎,分属不均。且又不欲强为分析,遂使之为独立之族,并占有罗马府内之一部,与其他诸德黎比相并。乡村之诸德黎比,亦与基雨黎无相关涉,使诸德黎比皆为平常之民,别设官吏掌征兵之事。往古所定军民之界,俱废而不用。故国民虽编入德黎比中,而亦有不编入基雨黎中者也。

分割国民之第三法与以上二法不同,而其力之及于国民者颇巨,不问其门第如何,惟视其财产之数为高下之差。全国人民分为六级,最富者为最贵,最贫者为最贱。又有兵队一百九十三,分课于六级之中,名之曰逊基雨黎。凡最贵之级,应备一逊基雨黎之大半,最贱之级,仅出一卒。盖国中最贵者寡而最贱者众,分课之数偏重于寡者而于众者偏轻,最贱之人,几居罗马全国人口之半,所出不过逊基雨黎之小半。此于分课之法,少得其当,但人民之中,犹存不悦服者。无已,又设假与兵权之策。除最贱者外,各级人民分别老壮,既达可服兵役之年,不得妄事逃避,年老不堪者免之。然向以财产为差,则服兵役者无不足之虞,今则不得不设补充增减之法。于是择都府相近之地,集众开会,公议征兵之制,议定后始可见诸施行,后遂援为常例云。

最贱之民,不分老幼,胥不轻以执干戈以卫社稷之荣名。予之者无他,既有土地、财产,即不得不有保护土地、财产之权利。彼赤贫之夫,家无丝粟之储,亦何必予以保护之权利也哉?今世堂堂王师,虽有百万之众,无一非集赤贫之夫而充之。若以今世之王师厕于罗马保护土地、财产、兵役之间,则将非笑蔑视,不遗余力者矣。

最贱之民又分之为二,曰浦洛兰德尔,曰加卑德萨希。前者非绝无恒产之人,故亦可享有国民之权利,急难之际,又许编入兵籍。后者则皆为赤贫之夫,与无用之物无异,迨乎麦黎攸斯之世,始许加入兵籍之中。

第三次改正之法,其利害得失,虽不得称臆为谭,惟于罗马初世民情质朴,不偏不阿,则此制自可久行。若夫今日之贪欲无餍,神志鄙陋之人,则欲其如罗马人民之维持一定之国宪至二十年之久,使国家无倾覆之虞,岂可得哉?第罗马人民之习惯,审查官之材力,皆一定不可卒变,而富者又好自眩其长,蔑视贫民,此亦读者所不可不知者也。

试以上古之史鉴之,则罗马人民虽分为六级,而所记载者不过五级之事而已。最贱之民既不得编入兵籍,又无预会集议之权,于共和政治之中,无丝毫作为,与无此一级之人,又何异哉?

罗马所集之会曰夸密司,即以都府街市或与都府相近之街市为集会之地。所集之会,又有基雨黎之夸密司,逊基雨黎之夸密司,及德黎比之夸密司,统名之曰公会。一国制令,即由三种公会决之。基雨黎之夸密司为洛密攸黎斯所设,逊基雨黎之夸密司为瑞路意士所设,德黎比之夸密司为国人所设。非经三夸密司承允,则不得制定一法,亦不得选举一官一吏。且夸密司之中,无一人不得编入基雨黎或逊基雨黎、德黎比之中,亦无一人不得操有公选之权。故虽以罗马国民为立法行政之真君主,亦无不可者也。

罗马之夸密司,不仅选举主长及裁决法律而已也,凡府政中重要之职务,亦由夸密司行之。近世欧洲议院中所行之抽签法,皆基乎此也。惟古今事物各异,议院之所议者,亦不能不各有所是耳。

苟欲求其同异之故,则必比较古今之事物。如设基雨黎之始,因当日元老院俱为人民所笼络,而当日人民又为元老院所笼络,于是创为此制,使人民保其固有之权,而与贵族之财产威权有相均之势。第贵族之中,附以从民所获公权超于众庶之上。盖当日人民皆知国有贵族政治者也,虽有主民、从民之别,而于治世之仁德无损也。是以论贵族政治者,莫不推罗马为首,千百年来不闻有继之者也。基雨黎之制,至塔尔克央王时始废。王为罗马第七世君主,自王没后,罗马始为共和政治。

至共和政治之世,基雨黎之数不复增益,而以都府之四德黎比为限。除罗马全都人民之外,俱不得编入四德黎比之中。元老院中皆系贵族,又德尔意绷虽为平民之职,亦必择丰裕者充之。凡在基雨黎中者,不得选充以上所述之二职。且曩昔基雨黎会议所决之事,今复褫而夺之。又置警吏三十人,于议会中以董其事。盖轻蔑排斥,已厎其极者矣。

逊基雨黎之夸密司,有荐举执政官、审查官之官位,其上者不过元老院而已。凡为罗马国民分为百九十三逊基雨黎,又大别之为六级。第一级中有逊基雨黎九十人,操有公选权者,每逊基雨黎不过一人,故第一级发言之人较他级为多。且各逊基雨黎交际之道,互处以和,无彼此略夺之心。如甲决之事,乙与之抗,则视其众寡之数,而决依违之差,此其例也。

德黎比之夸密司,为罗马国民之参议会,各率从民自行选举之法。虽为元老,不得列会而有发言之权。盖既在德黎比中,则元老之权视最贱之民益轻,虽别定规则,使贵族与通常之国民一体列会,亦无特权可言者也。

罗马当日所定之制如此,其繁非无故也。驱全国之人行公选之法,不得不分别党派,各适其志之所欲。盖若此,则虽不能合各党派而一之,然截长补短,相须为功,则有不可诬者在也。

今请一言以蔽之曰,德黎比之夸密司,与民主政治相适,逊基雨黎之夸密司,则与贵族政治相适。若夫基雨黎之夸密司,则助虐益暴而已。当日行之而无大害者,亦罗马人民之幸矣。

罗马初世之公选法,虽不若斯巴达之美备,而简易过之。各以被选者之姓名,高声传唤,书记官记载选举册中。后遂于各德黎比中,计其举之最众者,即为各德黎比之被选者。继集各德黎比之被选者,计其举之尤众者,为一国之被选者。故国人皆以举非其人为大耻。后世风俗浇漓,渐有以发言权为居奇者,乃变为抽签之法,此其因革也。

希汕伦不以所变之法为然,且曰共和政治,实为所变之法所颠覆者也。在希汕伦之世,或有不得不作此说之势。若余之所志,则不能与之苟同。当罗马民渐坏之时,不知变其所行之法则,则颠覆之期益促。夫以统驭良民之法统驭顽民,是与节减常人之饮食无异,求其有功,乌可得哉?试观威尼斯之共和政治,虽历有沿革,而至今可以不堕者,无他故也,不过择其非不良之人,不能遵奉之法,以治不良之人而已耳。故世有治乱,所立之法亦随之而有变迁之殊。开国之规模,虽足以为兴国之具,洎乎世衰道微,即足以为亡国之资。成迹彰彰,天下万国,何莫不然者哉! 有国家者,可以鉴矣。

第五章　监　国　官

一国中各部之间,求其不失相均之势而已。各部梦乱之端,必有特然独立之职,不偏不阿以任其责而后可。任其责者,坐执规矩准绳,使各部皆归于权限之中。如王公、人民之间,及官吏、君主之间,各极其伸缩离合之(宣)〔宜〕[1],而后为尽其责也。今名其官曰监国官。

监国官操有立法、行政二权之枢纽,使之相协而不相戾。罗马德尔意绷,反抗政府以保护君主;威纳司议官十人,反抗人民以保护政府;斯巴达之监国官,反抗官吏以保护人民,皆其例也。

然监国官非可遍设各邑者也,又非位于立法、行政二权中之一部,不过自有大权而已。凡监国官之所禁,各部不得妄行,是为保护君主所制定,及官吏所执行之法律之人,至尊极贵之任是也。罗马尝行之矣,彼贵族妄自尊大,土芥人民,而与不受人民保护及绝无裁判权之监国官相遇,即唯唯诺诺,奉令惟谨,此亦可以知其概矣。

监国官之所为悉得其当,则国宪益固,郅治可期。但其质性,恒以刚强自胜,势力过盛,亦足以败国而有余。盖刚强之性,抑之使柔,挫之使弱,犹惧其有过激之虞,此固可信者也。若监国官自执国政,并有制定法律之权,则残酷之度,不识伊于胡底,岂有国家之福哉?昔斯巴达求为国家长治久安之计,置监国官,假以大权,实不啻促其衰亡之机。彼恶雅典王之暴虐杀之,后为嗣立者复仇,监国官又惩治之,于是斯巴达之共和政治,遂不可复问矣。至克黎哇曼斯以降,则空为守府,拥有徒名而已。谁阶之厉,识者自有定论也。

罗马灭亡之故,亦犹是也。德尔意绷夺行政之权,而任一己之意而行之。彼虽欲使行政之权,有独立不羁之自由,而不知自由即为彼所覆灭,终至守护帝位之外无事可为,势之所趋,有不能幸免者矣。

监国官过众,亦足以敝国。罗马之德尔意绷,始以二人为限,继增为五,后又倍之。元老院中,亦无拒之之权。甲既招乙,乙又招丙,朋党相轧,营私罔公,其弊卒有不可胜言者矣。

---

[1]　宜,据文意改。

然亦有防之之法,官不永置,逾期则止。盖所置此官者,不过处决非常之事而已。遇有非常之事,则开政厅以治之,治已则闭之,其不得为非常之事,即与彼无涉。翳古以来,未闻有行此说者,苟能行之,则余可决其鲜害者也。盖监国官者,不得谓为国宪之一部,非常之事既终,即不使彼预闻他事,则其力自不能及于国宪之中,复何弊国之有?且政厅再开之时,新得之权力亦与曩昔无异,惟视法律中所定为应有者耳。

第六章　总　裁　官

法律既定,不可卒动,虽有事事物物之情,亦不得妄为所屈。然有时或足以为国家之巨害,如停止法律之主权,非遇万不得已之时,不可妄行者也。既遇万不得已之时,亦必择有操有守者,使任保护公益之责,是为总裁官。置之之法,类分为二:

若官吏之政权不振,稍事修治,则于官吏中选举数人,以统总裁之权,惟不得侵入法律之域。

若危害及于法律之中,则必以大权假诸总裁官,主权之作用,亦必暂时停止。

罗马元老院中,初以神命置执政,委以保护共和政治之权,阿剌伯又尝于执政官二人之中,择一人为总裁官,统辖庶务,皆按以上二法而行之者也。

罗马共和政治之始,恃国宪之力维持国家,而其基不固,乃屡置总裁官以为之辅,职此故也。

总裁官任事之期,宜暂不宜久。盖设置此官,出于万不得已,苟稍事延滞,则或为一世之暴君,要未可知。故事终即废,固为理之所当然者也。故罗马以六月为限,而每有尚未满限以前,即废其职。若夫逾限而不废者,则未之闻也。

第七章　审　查　官

一国公意由法律而明,审查官之所司,即裁判公意是也。国民之意即为法律之一部,故亦为审查官之所司。

世界万国之人,各具分别善恶之心,第此心非由天之所赋,仅随各人之爱憎为之转移而已。不问其为何国,民心向善,即知其爱憎之念,不为私欲所汩(设)〔没〕〔1〕。夫人情易惑,遗实崇虚,贤者亦所不免,故不得不置一人以为之监视而防其弊,所谓裁判道义之官是也。人民之意,其源发于国宪,则法律中无矫正之术,唯立法者特为维(特)〔持〕〔2〕之而已矣。若立法者一失其当,弊害纷乘,渐启民心颓败之端,此实审查官之不慎贻之咎也。

审查官为维持公意所不可缺之官,得其人与不得其人,皆与国家之兴亡盛衰,相系至巨者也。故审查官之所为,不有大功于国,必有大害于国者也。一有不慎,则不特法律失其应有之效,其弊将波及于事事物物之中,不至土崩瓦解,其害恐未能即已也。故拔擢审查官之时,必择其才德可胜此任与否,不可躁妄者也。且审查官权力之所及,不第裁判公意已也,凡法律有不可适用之地,审查官有独断独行之权。试举一例以证之,私斗是也。法兰西私斗之风最炽,幸国有贤王下令曰,私斗时以挑激者为负,其弊遂止。夫累代积习,一语解之,苟非与民心相合,其效乌能若是之神且速哉!

斯巴达议会中,尝有议员一人,言论颇善,而人物败陋,议事之官俱不欲采用其言,而其他有德者,与彼相同之言,莫不采而用之。故彼徒以败陋之故,虽有善言,而赏莫之及,有德者拾其余绪,则荣及族党,亦不幸之甚者矣。

又萨摩斯集议之时,有醉人污蔑议事官,议事之所因罚令为奴,是又失之过宽者也。

由是言之,虽有善论,而无德则不赏;虽犯严刑,而醉人则从宽,是亦可以知其故矣。

---

〔1〕　没,据文意改。
〔2〕　持,据文意改。

第八章 宗 教

罗马帝某尝曰,往古人民不奉王公为君主,尊崇诸神而已。又不知建设政府,谨守神道之治行而已。彼皆于人类中择一人为真神,掌有指挥命令之权,其思想亦已屡有变迁,而后其志可得而遂也。

所奉之神不同,所怀之志亦随之而异。人群之数,又因之而有增减之差。譬诸甲乙二国互相仇视,虽几历星霜,终不得共事一神。使彼所戴之主长或异,而事神相同,则虽有衅可图,亦易于和解。此实不可以口舌相争者也。宗教争战之事,史不绝书,请历述之如下。

古昔希腊尚未开明之世,国人遵奉诸神唯谨,且谓神者天之所赋,下为人民之主者也。至今世各国所奉之神,莫不出于一源,而其名代异,若洛摩克、若萨奇攸隆、若克洛拿斯,皆为一神之称。又如腓尼基人之哈亚尔,希腊之拿士斯,拉丁人之及柏探,亦为一人之称。各国虽时地各异,而皆奉此怪物为至尊至贵之神,亦可异矣。

或有问于余曰,孛加尼斯墨教诸国,与他教之徒,各奉所信,相争不已,将用何术以已之? 余应之曰,宗教之争与政事之争无异,国民既奉某教为宗,则其心已注于某教之中,如国有善良之政府,必竭其能尽之力维持之,使之勿坠。而诸神又无画定界限,使信吾教者居之,否则去之之权,是以彼此相争,神固不任其咎者也。

古代海柏留国之主长玛意司,略取迦南之地自为统领,且曰邻国人民所奉之神,吾不得而扑灭之者也。又伊斯拉爱尔之判官某,尝示敌国之人曰:"吾战胜后略得之地,而为汝等所奉之神所有者,吾不得而管辖之。汝等所奉之神之所有,即由汝等管辖,吾辈所奉之神之所有,即由吾辈管辖。"是皆至当之论也。

犹太教则反是,于耶稣教尚未盛行以前,惨酷之祸,史不绝书。凡自所信奉之神之外,悉以妖物目之,战胜后,即以谋叛之律处置异教之人。当日宗教各与其国之法律相适,欲变他人之宗教,必先掠夺其国,使渐渍于吾法律之中,否则决无变之之术,故以战而获胜之人为宣教之人可也。

政教合一如此,得胜之军又将为新宗教之牺牲,盖非人民为神而战,不啻人民为神而战者矣。

罗马人欲平敌城之时，先祈弃其所奉之神，彼谓胜则不第屈其人民，即所奉之神，亦为吾屈。如格兰顿之胜，即下令曰："废格兰顿人所奉之宗教，而以吾辈所奉之宗教易之。"故军败之国，非特政令条教一秉胜者之意，宗教亦必若是者也。

罗马人虽排斥彼所不奉之神，迨国境渐广，宗教亦杂，奉异教者亦不得而禁之。罗马全国之教旨，其正邪善恶有不可知者，究其原之所始，则莫不出诸于一者也。如字加尼斯墨教之原，亦不能与他教相异者也。

耶稣教则不与政事相混，始欲建立神圣王国于地球之上，终不得尽如其志，是亦数为之也。

耶稣教人民与字加尼斯墨教之人民，所志既异，必不能彼此相合，其势然也。耶稣教人民欲执耶稣之新说，以化导字加尼斯墨教之人民，而彼脑筋中夙无此义，转群起而斥耶稣教人民为谋叛之徒，耶稣教人民遂陷于至暴极惨之刑，良可哀已。

然字加尼斯墨教人民虽幸博旦夕之胜，而至暴极惨之报其后者，亦旋踵可俟。耶稣教人民势力渐盛，益蚀字加尼斯墨教人民固有之权，又欲改易国语，且选残酷之夫为彼君长，于是厄于压制以下，不易自拔者矣。

然耶稣教人民，其志犹有不能尽伸彼有王公之律与平民之律之分。耶稣教人民之所谓善者，彼以为极丑，耶稣教人民之所谓万不可容者，彼又为至美。故终不相容者，亦势使然也。

耶稣教人民之牢笼他宗，不仅是也。欧洲及其他邻近诸国人民，多欲保其古传之教，而皆为耶稣教所制服，不称其志。由今思之，宗教如此其繁，而必有独立不羁之实，始可自立于不败之地，唯与政事则无不相离者也。昔有摩哈默德自创一宗，日以政教合一之说自勉，政府之中必以其子孙任之，但其说终不可行。阿剌伯少趋繁盛，人民质性亦日循温顺恭让之节，又不免遭邻近蛮民之所横暴。又如回回教，始亦以政教相合为的，而其终不得不分，唯与耶稣教则略有不可同者在也。

英吉利王自为宗教之长，威名至重，而其权甚微。至维持宗教之法，则王不敢有发言之权，即偶有发言之权，亦置诸于无足重轻之列。故宗教之权，非王所有，不过与牧师、僧侣共有之耳。虽谓政教之权为两君主所分有，亦无不可也。

耶稣教之本旨，决不得与政事相并立，且耶稣教之功用，视政府之功用益大。化帕尝建政教合一之策曰，政教相离，必不足以为善国，政教两权，互相并立,良法美政,始可行于一国之中云云。然终不得见诸施行,此亦(末)〔未〕〔1〕如之何者也。

孛意尔曰,世界之上无论何教,皆绝无裨益于政事之上者也。华尔歇顿曰,耶稣宗教大有功于政事之中,且为有国家者所至不可缺者也。二氏之说皆不得其当。上溯建国之始,无论何国,不闻有未创宗教而其国不可立者,是孛氏之说之谬也。若夫国有巩固不可动摇之国宪,则耶稣教之法则,不第无益于政事之中,且有大害者也,是又华氏之说之谬也。

宗教之于人群之中,相关之说有二,人人之宗教,及国人之宗教是也。人人之宗教,即所谓纯粹之经文,膜拜空虚之神为人生之本务,设立寺院、祭坛,又定有祭祀之期者也。名之曰天神宗。国人之宗教,即镇护其国之神如河伯、海若是也。定有祭祀之例,非其地者,不得妄事信奉,名之曰真天神法。

又有一宗,是为不可思议之尤者矣。一国之中,置有宗教、政治二长,定有宗教、政治二法,画为宗教、政治二国,人民不得兼事二长,兼奉二法。或兼属二国,名之曰僧徒宗、刺麻教,即其例也。

以上所述之宗教,分之为三。第一则无定例可循,曰唯天神是赖,以有益之时日,耗诸无形无影之中,虽欲导以教育,亦无效可睹者也。是大有害于政治者也。第二则为天神政治之一种,为国尽力,即不啻尽力于神,苟违犯国法,处以极刑,则谓奉教不诚,神降之祸。是或有功于原始之民者也。第三则又无足深论者矣。

然其弊亦有不可逃者。当与他国争战之际,藉宗教之力以驱之,固可以得旦夕之效。若欲恃为长治久安之策,则其弊将有不可胜言者矣。原夫创立宗教之始,仅仅欺罔人民而已。彼恐人民之不能终安于下,乃托于冥冥之中,尊而名之曰神。神意所在,民必从之,否则降之以不测之祸。人民固无从执神而询以荒诞与否,彼犹惧人民之不易信,又创膜拜之仪,身先众人以为之,于是人民见彼之若是其恭且敬也,必有可信之道在也,遂信奉之而不惑。信奉之者既众,则偶有不信奉,严刑以迫之,一国人民,谁能越其范笼而脱其桎梏也哉?智亦狡矣。

耶稣教中有爱绷奇尔一种,与今日通行者不同。其言曰,芸芸者众,皆为神子神孙,人类皆有兄弟,无贵贱强弱之差者也。敬奉僧侣与父师无异,

---

〔1〕 未,据文意改。

而后宗教之群,至死不可涣矣。

其说如此,凡政事、法律,胥为外物,国家治乱不之问也。然与人群精神之相背者,莫甚有此。盖彼恒使一国之人相离而不相结,苟不知预防其弊,则必为乱国之原,可无疑也。

或曰,真耶稣教之人民,当能结合完全无缺之群。以余言之,则亦大难事也。所谓真耶稣教人民所结之群,必为宗教之群,与人人所结之群不同,苟有此日,则微特无益于世界之上,彼亦不能永久自保者也。

人群之可以安享不替者,岂有他哉?人民各安其业而不荒,善群之责,君长正实以统下,官吏廉洁以奉命,兵卒轻死以卫国,如此而已。

耶稣教之说,无一语不关上帝,故真耶稣教人民所结之群,非人间世所应有,即谓之天上之群可也。彼宗教家之说,凡生于斯世,所为不善,人亦不得以制裁加之,能尽其责者听之,不能尽其责者听之。国家隆盛之时,人民皆安享其福,迨国家衰颓,则为之祈福于天,斯以已耳。

古代争战之人,知有死而不知有生,使与罗马、斯巴达之好名爱之民相敌,则耶稣共和之兵必为所破,终至俯首乞降而后已。所谓耶稣共和者,犹有他意存也。彼耶稣教之人民不好争战,强之使从争战之役,则宽仁大度,必以可胜之机让诸敌人,遇有力之强于吾者,即甘为之奴隶而不辞。呜呼,何其卑也。

或曰,集耶稣教民而编制之军,诚无间然。是又谬也。余固未尝见有耶稣教民之军。或者又将以十字军告之,是亦无足取者。十字军非耶稣教民之军,不过僧侣之兵卒及宗教之国人相集而为之耳。与战之国,本为宇加尼斯墨教所统辖之国。且爱绷奇尔之教,非全世界所应奉之教,虽有戾之之人,亦安有举兵讨之之理哉?

夫国有宗教,使人各尽应尽之责,是固大有功于一国者也。若上不足以辅助君主,下不足以教导齐民,则又乌足重之?苟置其心于宗教,而置国家之事于不顾,则必为败国之原。夫人民与国家有互相维系之势,君主固无禁民不言之理,民亦安有不自言之理乎?

人民亦有不可不信之教,特不与荒漠无限之说相同。苟无此教,则国不可以为国,民不以为民。不信此教,则不得容于人群之中,而其身亦将陷于不测之祸。夫是之谓民教。但必如何而谓信奉民教乎?曰遵守法律,为国尽责是也。且威力、材智、恩惠及先见之明,赏善罚恶,保卫民约法律之基,皆括于民教之中,而信奉之者,又无定限可言者也。

宗教之权过盛,则君主之权必弱,且至僧侣为主长,而王公为备员。此与治国之道,大相刺谬者也。

强人民以信奉何教,固非计之得者。盖化民成俗、去恶从善之说,固无彼此不相容者,何必敝敝焉以为之界?若以宗教为驭群之所至要,则一国总教会之教长,非由君主为之不可。然为此说者,为人群之所必诛。彼仅行于天神政治之世则可,洎乎人造之世,则其害甚裂。亨利第四之以罗马教统治其国,固为明君所不取者也。

第九章　结　　论

立国之道与夫治国之术,略具于前。行吾说而不效,愿被万世恶名,以为妄言之诛。若不行吾说,则固不知吾说之是非,吾亦不必与之深论者也。

民约论译解

法兰西　戎雅屈卢骚著
日　　本　中江笃介译并解

《民报》1910 年第 26 号

绪　　言

政果不可得正耶？义与利果不可得合耶？顾人不能尽君子，亦不能尽小人，则置官设制，亦必有道矣。余固冀有得乎斯道，夫然后政之与民相适，而义之与利相合，其可庶几也。人或将问余曰：吾子论政，亦莅民者乎，将为一邦制作者也？余则将应之曰：吾非莅民者，亦非为一邦制作者，所以有此著也。若莅民或为一邦制作，余则为余所言耳，复何托空言之为？虽然，余亦生而得为民主国之民，以有与于议政之权，初不能有补于国家。然既有议政之权，则著书论政，亦余本分内之事，未得以空言休之也。呜呼，余之论政，每有得于心，辄回顾诸吾邦所施设，然后益知吾邦制度之所以卓越乎他邦，而尤为可崇重也。如余何福之厚也。

（解）民主国者，谓民相与为政，不别置尊者也。议政之权者，即第七章所谓君权也。卢骚本瑞西人，其称吾邦，即指瑞西，非指法兰西也。瑞西夙循民主之制，有合此书所旨，故卢骚崇奖之如此。

第一章 本 卷 旨 趣

昔在人之初生也，皆趣舍由己，不仰人处分，是之谓自由之权。今也天下尽不免徽缠之困，王公大人之属，自托人上，详而察之，其蒙羁束，或有甚于庸人者。顾自由权，天之所以与我俾得自立者也。而今如是，此其故何也？吾不得而知之也。但于弃其自由权之道，自有得正与否焉，此余之所欲论之也。

（解）是段一篇之大纲领，盖以为上古之时，邦国未建，制度未设，人人肆意为生，无受人约束，自由权最盛之候也。及邦国既建，制度既设，尊卑有常，贫富有别，不复如上古人之肆意为生。即帝王之贵，虽威福自由，往往外为强臣之所胁，内为媒嬖之所制，动不如意，比庸人居家得自恣，或有劣焉，亦非能有自由权也。夫所谓自由权者，天之所与，令人得肆意为生者也，则宜贵重顾惜，罔之或失也。而今尽天下之人，皆丧失之矣。此天下之一大变事也。所以致此变者，当有所从来，而吾未之能知也。盖作者于其所著《不平等论》书中，论此变之所从来极详。兹言不知者，是书之旨趣，不在于此故也。虽然，自由权亦有二焉。上古之人，肆意为生，绝无检束，纯乎天者也。故谓之天命之自由，本章所云是也。民相约，建邦国，设法度，兴自治之制，斯得各遂其生，长其利，杂乎人者也。故谓之人义之自由，第六章以下所云即是也。天命之自由，本无限极，而其弊也，不免交侵互夺之患，于是咸自弃其天命之自由，相约建邦国，作制度以自治，而人义之自由生焉。如此者，所谓弃自由权之正道也，无他，弃其一而取其二，究竟无有所丧也。若不然，豪猾之徒，见我之相争不已，不能自怀其生，因逞其诈力，胁制于我，而我从而奉之君之，俯而听命焉。如此者，非所谓弃自由权之正道也，无他，天命之自由与人义之自由，并失之也。论究此二者之得失，正本卷之旨趣也。

人或曰，人之所以致失自由权者，有强者制之也，此邦国之本也。吁，曷其然？夫民为强者之所制，不得已而从之。一旦自振拔，蹶起破其衡轭，则孰得而御之。何者？彼其初所赖以夺我之自由权者，独有威力而已。故我今亦赖我之威力以复之,彼有何辞于我?若此则是邦国者,天下党类之最杌陧不安者也。曷其然?夫邦国者,凡党类之所取法焉,宜别有所本也,不宜如此之不安也。然则邦国者,果何所本也?曰此非本于天理之自然,而本于民之相共为约也。民之相共为约者如之何?曰姑舍此,余请先明邦国所以非本于天理之故焉。

　　(解)是段一篇驳论之纲领。自下第二章至第五章,总是论邦国所以非本于天理之故,且反覆究诘,著以强力为邦国之本之非,然后自第六章方入民约之本论,词义极明瞭,故不下解,下仿此。

第二章 家　　族

　　人之相聚为党,其类亦蕃矣。其最先起且最自然者,莫逾于家族。然子之统属于父,独在婴孩不能自存之候而已。及其年长,不须复属于父,而天然羁纽解矣。于是为父者,不必为子操作,而为子者亦不必承受于父,而各得以自守,此自然之理也。世之为父子者,子既长,犹与父居,每事必咨禀而后行,子固欲其如是也,非由不得已也。由是言之,家族亦因约而立者矣。且夫父子之所以各自守不相羁属者,天命使尔也。盖自主之权,天之所以与人也,故为人之道,莫重于自图其生,而其当务之急,在乎为己,不在乎为人。是以人苟成长更事,凡可以便身者,皆自择而自取之,所谓自主之权也。既自主矣,虽父之尊,无得而制也。

　　世之欲人主专断为政者,动引家族为说,曰有家而后有国,君犹父也,民犹子也。君之与民,本各有自主之权,无有优劣,犹相为益。而君莅乎上,民奉乎下,而邦国斯立矣。此言殊似近理,独奈父之于子,爱念罔极,其抚循顾复,出乎至情,益故可得也。至于君则不然,初非有爱民之心,而其据尊莅下,特欲作威福而已,岂能有益于民哉?

　　荷兰亘鲁士著书论政,以为立政非为民图利,援希腊、罗马蓄奴隶为征。夫希腊之有奴隶,古昔之恶制,非不易之理也。亘鲁士之立言,每因事实以为道理,可谓助桀为虐者矣。

　　(解)事实之与道理,不得相混。盖事实者,所有之事也;道理者,所当有之事也。故若由事实而言之,为民父母而肆威虐者有之,为国大臣而恣贪冒者有之,为父而不慈者,为子而不孝者,行诈者,为盗者,莫不有之。若见其如此,而曰是道理也,则可乎? 今亘鲁士主张专断之制,引往古恶制为征,此因事实为道理者也,非助桀为虐乎?

　　大块上生民,其丽不亿,而帝云王云,仅数十百。生民果为属于帝王耶,将帝王属于生民也? 通览亘鲁士之书,察其旨,盖以生民属帝王者矣。其后英吉利霍布士亦有此说,袭亘鲁士之意耳。假如此,则民庶犹群畜也,帝王犹牧人也,牧人之豢养群畜,直为椎击充食耳,爱云乎哉?

罗马帝加里互剌,以为牧人之与群畜,尊卑悬绝,人主与民,亦犹此也。乃曰人主,神也,民庶,禽兽也,以神莅禽兽,何为不可?此言佛比伦传之。

罗马帝之言,与霍布士、亘鲁士同旨。盖希腊亚里士多德,先三人者有言,曰人固不相等,或为人上,或为奴隶,皆天之所命。吁,此不辨本末之论也。夫生长奴隶之家者,必有奴隶之情,无足怪也。彼自少时,常在困辱之地,气习一成,无意奋励,若希腊由李士之僚友然。史传由李士之僚甲乙等数人,淫纵日久,渐成昏愚,而意气扬扬甚自得。故世之有奴隶,威虐造之乎初,昏惰保之于后,乌有所谓命乎,天为奴隶者哉?

(解)亚里士多德以为有生而人上者,有生而奴隶者,尊卑盖命于天,此谬见也。世之有奴隶者,由强暴弱、智欺愚而然。而一为奴隶,志气萎苶,无复能奋发,图脱于轭。况为之子孙者,习屈辱之久,反至自以为乐,若由李士之僚友是已。然则强者驱人为奴隶,是本也,奴隶自安屈辱,是末也。今阿里士多德见奴隶人自安屈辱,以为命于天,此不辨本末也。

由此观之,人主之虐民,民之屈人主,为胥失于道也明矣。独亚当、诺暲,是二帝者,余殊不愿讥议。亚当开辟始祖,诺暲遭洪水之祸,生类荡尽,而诺暲独得免难。其三子分处亚细亚、阿非利加、欧罗巴,实为黄、黑、晢三族类之祖。据希腊史,撒邾娄之三子分居三区,为后世人类始祖,此必同事异传也。夫是数帝者,为人类之始祖,则虽余之微贱,按之谱牒,或为其宗裔,亦未可知。若然,则宇内正统之君,非别人,即余也。余安敢议之,此真不值一笑耳。且也亚当之为君,如鲁宾孙之在岛也。野史载鲁宾孙遇飓,漂至孤岛,上岸四望,阒寂无一人。亚当岳降之初,无与此异,则逆谋祸乱,并非所虞,晏然得以守其位。如此者,初不须有议也。

(解)主人之虐奴非也,则人主之虐民亦非也。世或有据家世为说者,曰今之帝王,皆缵先世基绪,非也。若以家世,则天下人类,孰不自亚当、诺暲而出者?虽余之微贱,亦忝为二帝之裔,则与世之帝王奚别?世人又以宗支为轩轾,尤非也。上古悠邈,谱牒之作,特载籍以后之事尔。则如余者,亦未必非二帝宗家之裔也。且亚当之为帝,属开辟之初,天下无所谓民者,故不依约立政,初无虞于祸乱。今之帝王,未得一例视也。都用谐谑论驳,潜心玩味,然后作者之旨得矣。

第三章 强者之权

虽天下之至强者,不变其力为权,不可以永使其众。虽天下之至弱者,不变其屈为义,不可以久事其上。我唯强,故能服人。一旦人亦强,则必将抗我者也。虽然,所谓变力为权,变屈为义,吾见其不易为也。凡强云者,非谓形气之力乎?权云者,非谓理义之效乎?吾未知何由能变力为权也。凡屈云者,非谓志之困乎?义云者,非谓事之宜乎?吾未知何由能变屈为义也。且凡屈乎人者,皆出于不得已也,非择而取之也。苟非择而取之,是亦自全之一计云尔,何义之有?是故强者之权,人之所疾莫有甚焉。然而吾观世之为君臣,莫不据此权以建基者,何也?

今假为有所谓强者之权乎,吾必见义理之纷纭颠倒,无所底止也。夫以力为权者,初无所事义矣。苟无所事义,何理之生?夫我有力而能制人,一旦又有人力胜我,我亦为其所制。若是辗转不已,祸乱相继于无穷。夫籍力制人,而为合于义,则籍力抗人,亦为合于义矣。力之所在,即权之所在也,则天下之人,将唯力是求。吁嗟,赖乎力而仅存者,岂得谓之权哉?且凡力不赡而屈,出不得已也,非由义而断也。既不由义而断矣,酖毒桎梏,何施不可?是知强者之权,威力耳,非权也,权之名耳,无其实也。

僧侣辈动辄云,见强者从之。顾是言也,非谓力屈而后从邪?若然,其意固无不可。但力屈而后从者,出不得已也,则虽微是言,人亦将从之矣。又云,凡力之类,皆天之所与也,因欲人之无抗之,何其缪也。苟言天,则疾疫之流行亦天也,若见疾呼医,曰是逆天也,可乎?行路遇贼,力不能与为敌,不得已释盘缠授之,固无不可。若虽足与为敌,而徒见贼携铳,曰是力之类也,辄亦释盘缠授之,则人谁不笑我者?

(解)宗教之徒,往往引天为说,云若为强者所加,当即听从,勿得抗。顾疾疫之为虐,亦天也,然呼医请治,谁谓不可?贼要我于涂,亦天也,然自非万不得已,必不释盘缠以授焉。夫暴君污吏,藉势威以虐我者,疾疫之类耳,贼之类耳,何不可抗之有?以贼喻暴君,以盘缠喻权,读者宜细玩味焉。

由是观之,力不可以为权,屈不可以为义。而帝云王云,其权苟不合于道,无须听从也。

第四章 奴 隶

人咸相等,无有贵贱,而又力无以为权,则世之欲建立威权,令合于道者,非相共为约,无复别法可求。

亘鲁士又云,人若欲自弃其权,从人听命,孰得而禁之?然则一国之民,自弃其权,奉君听命,亦何不可之有?是言也,辞意殊暧昧,请先就弃字论之。夫所谓弃者,与之谓耶,将(耶)〔卖〕[1]之谓邪?顾为人奴者,非自与也,自鬻也。苦衣食不赡,就人自鬻是矣。至于民,吾不知其何故而自鬻为人臣也。夫君也者,养于臣者也,非能食臣也。刺弗列有云,人主之为生,其费极广。吁嗟,为人臣者,既举其身奉之,又举其财供之,吾未见有何所遗也。

人或云,人主专断为政,能使臣庶相辑和无争。此或然。然吾观世之为帝王者,往往好大玩戎,轻用民死,崇尚侈靡,重敛而不知厌。或大臣弄威柄,诛求无已。若此则臣民之蒙祸,比其互相争,有加无减,其相辑和,适所以贾祸也,吾未见其利也。且人之所愿,岂无急于辑和者哉?若以辑和而已,昔希腊人之在悉古鲁,比其死也,亦颇得相和不争。史载希腊人战败就房,被投悉古鲁之壑,猛兽来(挏)〔搏〕[2],相继皆为所噬杀。若此者,亦人之所愿乎?

观乎此,则民之就君,自鬻为臣,无有所利亦明矣。若曰自举身与人,无征直,悖理莫此为甚。世或有若人,非痴则颠。若复曰举国人自举身与君,无征直,则是举国人皆病狂丧心也,岂有是理哉?且丧心之人,其言固不足置信,我焉得据以为我权哉?

纵人人得自举身与人,儿子则不得举与之也明矣。何者?儿子亦人也,亦有自由权,岂复得恣人为奴?子之方幼,父代子与人约为图利固有之。至于代子与人约为奴,虽父之尊,无有是权,无他,有背天理也。然则专断为政者,若欲其权之少有合道,当听国人。及其成长更事,仍奉其上与否,并任意自择之。果能如是乎,已非复专断也矣。

---

〔1〕 卖,据东京佛学塾本改。
〔2〕 搏,据东京佛学塾本改。

且夫弃自由权者,弃为人之德也,弃为人之务也,自屏于人类之外也。若然(有)〔者〕〔1〕,谓之自弃而靡所遗。吁嗟,人自弃而靡所遗,复安所取偿哉?若然者,固天命之所不容也。夫人一弃自由权,虽有心肠,不得而自用,所行非其心,所为非其情,如此则为善不可以为君子,为不善不可以为小人。既不得为君子,又不得为小人,是亦禽兽而已。不宁此而已也,凡与人约为奴者,有约之名,而无其实也。凡约云者,必相分权,若彼专乎令,而我专乎从,安在其为分权哉?彼专乎令而我专乎从,则彼之于我,何施不可?吁嗟,彼之使我,威权无所限,而我之事彼,屈辱无所底,即此一事,不既足以坏约之旨,令不成乎?且我既自弃而靡所遗矣,则凡我之有,皆彼之有也。一旦彼挟其权以临我,我亦欲挟我权以对之,而我之权,即彼之权也。吁嗟,挟人之权以对人,天下宁有是理哉?余故曰,与人约为奴者,有约之名而无其实也。

亘鲁士及诸为亘鲁士家言者,以战为奴隶所出。其言曰,战胜虏敌,不杀而宥,于是就虏者,弃其自由权以求活。巧哉言也,果若是也,主人之与奴隶,皆有以自利矣。虽然,所谓战胜不杀敌而宥者,见其大有违于战之道也,请推战之本而论之。

昔者邦国之未立也,人人肆意为生,离合聚散,无有定形。既无由与战,又无由与保和。要之,相与仇视者,非人之本性也明矣。且战也者,两国交伐之谓,非两人交斗之谓也。上古之时,土地非私有,无以为国,则战无由生也。其或一人二人交斗,固不得为战。及乎土地有主,国有人民,战又有法,不得恣虏人为奴也。

又凡私斗之类,皆一时忿悁之所发,要无可准。又若法兰西王路易第九,听诸侯私相伐以决争,及僧人假托神敕,立期令相与媾和,则要封建为政之弊,悖理莫甚焉,安足置齿牙间也。

故曰战也者,国与国交伐之谓也,非人与人交斗之谓也。两国人之相为敌,要一时之事耳,非以其为是国之人故,特以其为是国之军人故耳。是知国者,必以国为敌,不得以人为敌。何则?国之与人,初不同伦,其不可相与有为也明矣。夫是道也,古今苟知礼义之国,莫不以此为战之要。何以明其然?曰不见请战期一法乎?凡出师伐人国,必先遣使请战期,是虽为使其国得为备,抑亦使其众得避祸,是以除军人外,往往荷担以逃也。故

---

〔1〕 者,据东京佛学塾本改。

若伐人国,无请战期,潜师掩其不备,以有卤获,无论其为帝为王,为将相,为庶民,直贼耳,不得以敌目之也。

是故古今苟知行兵之道者,伐人国,入其境,诸属公府者,或卤掠充军需,至于诸人之身与财贿,必严禁勿得犯。彼固知敬敌国民,即所以庇己国民也。且也战之所旨,在伐敌国,不在戕敌人。故敌人执兵拒斗者,杀之固可,苟舍兵请降,不得复杀之。彼既舍兵还初服,是亦一庶人耳,我乌得而杀之?又战或有得平行入国都,是时也,出师之志既得,不得复有虏获也。

凡兹所言,皆原于事物自然之理,确乎不可易。固非如亘鲁士辈,据古昔诗人言,妄断为说也。

夫战胜夺人国、奴人民,自以为当然者,皆不过据向所谓强者权为说焉耳。夫战胜举敌国,固不得肆杀其民。既不得杀民,则亦不得奴之也明矣。何也?人之得杀其敌,特为其抗己,而不得已之自由而已。若得以为奴,则不得复以为戮。苟不得以为戮,不得复以为奴矣。夫人已舍兵请服,我不得复杀之;我不得杀之,而使其弃自由权以求活。如此者,岂道也哉?彼亘鲁士辈,既自奴役之权而出生杀之权,又自生杀之权而出奴役之权,孰为本,孰为末,若循环无端,其悖于理,岂不昭然明白也哉。

且纵战胜,而使其敌人若敌国民为之奴者,其奴不须永守臣节,苟得机便,辄蹶起,复与为敌,以图脱于阨耳。何也?自由权者,我之贵重之,与生命无异,而彼必夺诸我。则其活我也,非有德于我,其心必曰,徒杀之无益,不如夺其自由之为愈也。则彼之活我,以自利耳,何有德于我?嗟乎,彼既活我以为奴,而我则伺便以图自脱,则彼之与我相为敌,略无异于初也。则名虽曰权,曷尝有补于力?彼或曰,汝向弃自由权以求活,是亦约也,汝今乃负约。我辄答曰:是约也,汝固与我约相为敌而已,我今者非负约,正践约耳。则彼复有何辞于我?

由此观之,奴隶之权,非独违于道,而亦违于理,初不成意义也。言奴者不言权,言权者不言奴,此二语义不相容。有人于此,与人约曰:由是约,吾专享其利,汝专当其害。又曰:吾便是约,我固当守之,汝虽有不便,亦当守之。斯约也,毋论为两人相与,或君民相与,皆违道违理,不成意义也。

第五章　终不可不以约为国本

凡余前所论驳,其言皆缪戾无成理。今姑舍此,特就事实而征焉,世之主张专断之制者,亦不得持其说。何以言之?夫据法以治国,与藉威以御众,其迹相去如何也。有人于此,恃其威强以服众,虽有百万之众,吾必曰是一主人与众奴隶也,必不曰是一君与众民也。吾必曰是种落也,必不曰是邦国也。何者?彼藉威御众,不分人以利,不分人以利者,何以为君?是人也,虽席卷宇内,包举四海,不免为独夫。其所利非众所利也,私利也。彼挟其私利以临众,非独夫而何?丛祠之柏,高指乎天,大蔽于牛,一旦天火来毁,灰烬随风散落,不可收拾。独夫殒命,其众崩溃,亦与此无异。若是者,岂得谓为国哉?

亘鲁士曰,一邦之民,得自与于君。信斯言也,是其未自与之前,既已有邦矣。既有邦,斯有政矣,所谓自与之事亦政也,苟政也,则不得不议而定之。果如是,与其论民之所以与于君也,不若先论邦之所由以建也。建邦之事,势必在自与之前,则论政术者,当托始于是也。

假为其自与于君之前,未有邦乎,吾不知其何由得成自与之事也。众相会,咸皆同意,而无一人自异则善。若不幸百人欲之,而十人不欲,则百人者何由得行其议邪?众相议决事者,必较持议多寡固是矣,然此亦非豫有约不可。而未有邦之前,无有约之类也。是知民之议立君之前,更有一事咸皆同意所定者,此正余之所欲论之也,曰相约建邦是也。

(解)亘鲁士言,国民立君,托之以专断之权。卢骚则言,民相约建邦,当在立君之前,所谓民约也。民约一立,人人坚守条规,立君之事,必不为也。首章至是,专驳专断之制,自下章方入本论。

第六章　民　约

人恒言，昔者人之肆意为生也，不经久，天灾与人祸交侵，其力远越我之力，至不可复御。此或然。夫人一至于此极，非大有变其生计，族类几乎灭矣。虽然，所谓变生计者，其事殆不易为也。盖人之智力本命乎天，不可暴而殖。故若欲捍患御灾以自保，非相倚为党，共合其力，然后率之，令出于一，无别法可求。虽然，此有患焉。夫我之力，于我之自存，尤不可缺者也。我若与众合力，不复得而独用，则得无损于我之身乎？呜呼，是所谓变计之难者，而民约之诀，尽在于此。盖当时事情委曲，虽不可得而考，理则亘古今一者也。兹乃推众人所当同然，而叙其言如左。

众相共言曰，吾等安得相倚成一党，赖其全力以保生？曰吾等安得相共系束结合，以成一团，而实绝无为人所抑制，各有自由权，与曩时无异。此乃国之所以成国，民之所以成民也，而民约则论次之条目者也。所谓民约之条目，其旨极严极整，不得有少变改。苟有变改，一时坠地，无复见效矣。所谓民约之条目，未尝闻有举之口，亦未闻有笔之书。然其旨意原乎义，本于情，确乎不可易。而凡为民者，未始不默采暗听，以为邦国之本焉。其或有背戾者，于是乎纲维解纽，人人肆意徇情，大坏极弊，然后人义之自由敛迹，而复归入曩日天命之自由矣。

（解）英吉利边沁云：卢骚民约，世所未尝有。彼岂未读此一段，故为是言邪？卢骚固言，民约之条目，未尝闻有举之口、笔之书。盖卢骚最恶世之论政术者，往往徒据实迹而为说，故本书专推道理立言，论义之所当然，而事之有无，初非所问也。边沁论用，而卢骚论体；边沁论末，而卢骚论本；边沁单论利，而卢骚并论义，其有不合也固宜。

所谓民约之条目虽多端，然合之则成一，曰党人咸皆举其权尽纳之于党是也。党人咸皆举其权纳之于党，而无一人自异，如是然后分利均矣。分利均，然后自利害人之心无由生矣。党人尽纳其权而无所遗，如此然后其相纽结也，周而无亏隙可求，而无有一人诉屈者矣。不尔，若党人各有所保守，而不肯尽纳，则无以为党也。何者？党本无共主，一旦我与党有争，而我据我所保之权以抵拒,则谁复决之者? 若此人人就一事得自用其权焉,则其后也,将就万事自用其权矣。夫如是,则曩日肆意为生之势复生,而党之力非成暴则成空矣。由此观之,民约也者,人人相将自举身以与于众者也,非向所谓自举身以与于君者也。虽自举与众也,实无有所与。何以言之? 夫人人皆自举与众,无一人自异,则是无一人无所得乎众也。无一人无所得于众者,则是无一人无所自偿者也。故曰虽自均与众,实无有所与也。非独此而已,人人皆与众,而众藉其全力以拥护之,则是人人之为守,比其自为守,不更大固乎? 是则人人之于民约,无所失而有所得矣。

是故民约也者,提其要而言,曰人人自举其身与其力,供之于众用,率之以众意之所同然是也。

民约已成,于是乎地变而为邦,人变而为民。民也者,众意之相结而成体者也。是体也,以议院为心腹,以律例为气血,斯以宣畅其意思者也。是体也,不自有形,而以众身为形,不自有意,而以众意为意。是体也,昔人称之曰国,今也称之曰官。官者,理群职之谓也。自其与众往复而称亦曰官,自其出令而称曰君,他人称之曰邦,合其众而称之曰民,自其议律例而称曰士,自其循法令而称曰臣。虽然,此等称谓或有相通用不分别,寻其本义,宜如此云尔。

第七章　君

　　由前所述推之,民约之为物可知已,曰是君与(身)〔臣〕[1]交盟所成也。然所谓君者,不过为众人相合者,虽云君臣交盟,实人人躬自盟也。何以言之?曰众人相倚为一体,将议而发令,即君也,非别置尊者而奉之。而凡与此约者,皆有与乎为君也。自其将出乎令而言,则君与其臣盟。自其将奉乎令而言,则臣与其君盟。故曰虽云君臣交盟,实人人躬自盟也。讼律之法曰,以为凡躬自誓,不必须践言。然则民约亦不必须践言乎?曰否。兹所谓君者,合众而成,故臣之于君,犹片段之于全体,非如讼律所云躬自誓之类也。

　　是故众议所定,人人必不可不遵循焉。人人皆一身而两职,故其为君所定,为臣不可不循之。若为不循,是一人而背于众,臣而背于君也。至于为君所定,而亦为君改之,则十易之不为病矣。何也?君也者,众相合所成,常常而一职,不可得而分别,是以今日有所与,明日或废之。盖众议一决,虽宪令最重者,改之可,废之可。虽即民约,改之可,解之亦可。是正讼律所云躬自誓之类也。夫自我与之矣,而不得自我废之,则天下岂有是理哉?

　　若夫与他邦往复交结所约,虽由众议,不得有渝。无他,在是时非复躬自誓之类,而信义之可崇,在两国间与在两人间,无以异也。

　　虽然,官云君云,赖民约所置。故苟事有乖民约大本,虽其与他邦所约,亟坏之勿履可也。若约割与君权,约别有所奉戴为君之类,皆所以破坏民约。夫民约乃官、君所由立也,坏所由立,复何约之为?

　　民约既成,邦国既立,有侵一人,而望无害于国,不可得也。况有侵国,而望无害于众人乎?国犹身腹也,众人犹四肢也,伤其心腹,而无羸其四肢,有是理乎?故凡与此约者,其为君发令,与为臣承命,并不可不常相共致助。是固义之所在,而亦利之所存也。为君出令,能不违于义乎,为臣必享之利焉。为臣举职,能不背于道乎,为君必获之福焉。君云臣云,初非有两人也。夫君合众而成,则君之所利,必众之所利,无有相抵,而君之出令,

―――――――――

〔1〕　臣,据东京佛学塾本改。

在臣无须钤制焉。众共发令,以图害于众,无有是理也。即众共发令,以图害一人若数人,亦无有之。是则俟更论辨。

(解)更论辨者,指第二卷第六章论法令。

是故君唯无立,立则以义始终而已,公意之所在,君之所存也。若夫臣之于君,则不然。其享利于君虽大,若不豫为之防,不可以保其无背民约。何也? 夫人人皆一身而两职,故其为君之所令,为臣或有不悦矣,公意之所欲,私情或有不愿矣。且也其为君也,非己独专,而必与众偕。且所谓君,无形体可见,至于臣则心思嗜欲,耳目肺肠,皆己所专有。于是乎视其当为国服者,若专益于众,而己曾无与者。乃云我之服是务,在我极可惮,而我即不服,在众不必有害,于是乎为臣之务是逃,而为君之利是守。此习一成,民约坏堕,不可救止。故曰不豫为之防,不可以保其无背民约也。

是故欲防民约之或坠空文,必当有一条件附于其中。曰若有人不肯循法令,众共出力,必使循而后止。曰若是则无乃害人之自由权乎? 曰不然。正强令人保自由权云尔。何也? 凡民约之本旨,在令人人奉众之命令,而无蒙人之抑制,故循夫法令,即所以远抑制之祸也。今是人乃敢于背约,故迫令其必履之者,正欲其远抑制之祸焉耳。呜呼,此一条件者,政术之枢纽,苟无此,则凡官之所令,皆不免为悖慢与暴恣,而其弊必有不可胜言者矣。虽然,此条件本人人之愿欲,而民约之所由起,故不必明载焉。

第八章　人　　世

　　民约既立，人人循法制为生，谓之出天之世，而入人之世。夫人一出天世入人世，于其身也，所变更极大。盖曩也直情径行，绝无检饬，血气之所驱，唯嗜欲是徇，与禽兽无以别。今也每事商之于理，揆之于义，合则为君子，不合为小人，而善恶之名始可指焉。曩也人人唯图利己，不知有他人。今也利害祸福，必与众偕，无得自异焉。盖人之出天世入人世，所失则有矣，然若取所得较之，优足以相偿。何以言之？夫众相合为生，于是乎智虑益成广博，情性益成高远，而夫所以为万物之灵者斯立矣。视之曩者昏昏芒芒，与草木俱长，与鹿豕俱生，绝无自修，相胜不甚远乎？虽然，所虞亦有一焉。盖智窦一开，不可复得而塞，不幸一旦趣向失宜，于是乎变诈相靡，诡谲相荡，浇漓败坏之极，无能复自振厉。而其末也，至相踵为奸雄所压服而后已，而自由之权，扫地而尽矣。若不然，人人能自戒饬，遵践约规，千年如一日，则此约之成，人生之庆幸，莫大于此。而为后世子孙者，亦将相庆言曰：於戏，我祖先之圣，夙运神智，相共盟以创永世之基，俾我侪得出禽兽之境，而入人类之域。呜呼，岂可谖哉！

　　抑因此约所失，与其所得，请得比而较之。盖其所失，则曰天命之自由也，其所得，则曰人义之自由也。天命之自由，无有限极，人人唯力是视，凡其所欲得，出力求之，必不能而后止。人义之自由，建之以众意所同然，而限之亦以众意所同然。是故由天命之自由所得，谓之夺有之权，谓之先有之权。夺有之权，乘人之弱不能为守而行之。先有之权，先人之未下手而行之。此二者虽名曰权，实则力而已矣。由人义之自由所得，谓之保有之权，此权文书以著之，生灭俱无涉于力。

　　（解）天命之自由，人人唯力是视，故论土地、财贿，若见人之无为守，若人之未下手，辄进而取之，所谓夺有之权与先有之权也。而一旦复有人力逾我，我亦为其所夺矣。故曰此二权者，与力俱生，与力俱灭也。人义之自由，民约所置，亦民约所限。盖民约既立，法制既设，土地、财贿，必有定主，所谓保有之权也。而此权者，文书为之征，故得之与失之，并无关于力。此三权者，下章论之更详。

　　因此约所得，更有一。何谓也？曰心之自由是也。夫为形气之所驱，不知自克者，是亦奴隶之类耳。至于自我为法，而自我循之者，其心胸绰有余裕。虽然，论心之自由，理学之事，非是书之旨，议论之序，偶及此云尔。

　　（解）邦国未建之时，人人纵欲徇情，不知自修厉，故就貌而观，虽如极活泼自由，实不免为形气之所驱役，本心初未能为主宰，非奴隶之类乎？民约既立，凡为士者，莫不皆与议法，故曰自我为法。而法制既设，莫不皆相率循之，故曰自我循之。夫自为法而自循之，则我之本心，曾不少有受抑制，故曰心胸绰有余裕。要之，因民约所得，比其所失，相逾远甚。故第六章末段亦言，人人之于民约，无乎所失而有乎所得矣，参观而益明白。

第九章　土　　地

民约之方成，人人咸举其身，及其当时所有土地，纳之于君，无所复留焉。然此特不过以为名，而实皆得自守其土地，支用其利，与初无异。盖如是，庶人、土地相合以成邦也。曰人人必举其土地纳之于君者，何也？曰君合众身而成，邦合众土而成，势力极强，故赖君之力为守，比人人自为守更为坚固。不唯此而已，此约者，凡法律之所寄基，可崇重莫逾于是，故我推我土地纳之于君，为名尤正，不可复侵。夫既得以正乎名，又得以增乎力，此众人之所以必纳土地于君也。

民约之未立，人人之有土地，皆不过据前所论先有之权。及约已立，土地皆为君有，而我则从而享之矣。于是乎先有之权，变为保有之权，而不可复侵焉。然若自他邦而观，我之有土地，终不免为据先有之权。何者？所谓民约在是邦，虽洵为法律所寄基，极可崇重，其与他邦初无有交涉，而众邦之间，固无有共主，何由得有变更乎权？虽然，所谓先有之权，其为力如何？曰此权比前所论威强之权，颇为可凭，然亦必须保有之权，然后方始见效矣。盖法制之未设，苟不可欠于自保者，皆得取而用之，有主与无主，固非所问，而先有之权未足深恃也。民约已立，人人于其所有之外，无得复肆抢夺焉。于是我若见一地无主，先人而有之，得以守之。是知先有之权，在天世力极微，而在人世力益大。是知在人世，人之所以重我之先有权，而无敢或侵者，非为土地之为我之有，而特为其非己有也。故曰先有之权，必须保有之权，然后见效也。

凡欲就土地行先有权者，必具三者而后可。曰是地无主，而未有一人奠居者也。曰所据有才足充衣食，无余赢也。曰既据有即就施功，不令空在也。夫我未有书券，自非就施功，无以征我之为主也。且夫土地者，天之所以养人类，而苟享生是世者，莫不皆得寄食托居焉，所谓天无虚设者也。然而我若见一地未有主，从而尽据有之，令他人不得复来托生，则非我实夺天物，而致人于穷困乎？然则非自虐之也，一间耳。昔者西班牙人纽熟斯，航至米利坚南部，欲为其主，大广版图。然未几，他国王亦皆遣兵来侵，与土人俱割地殆尽，其属西班牙者无几。故曰欲行先有权者，必具三者而后可也。

由前所论推之,邦之为物可知也,曰此合庶人、土田所成也。盖君权既及乎庶人之身,又及庶人之有,并身与土地皆司之,此正君之所以令众庶效忠贞之节,无敢或违之大柄也。顾古昔诸国王专断为政者,若白尔西王,若悉笃王,若玛施土王,皆不自称曰白尔西国王、悉笃国王、玛施土国王,而特称白尔西人中之王,悉笃人中之王,玛施土人中之王。彼岂知司庶人之躬之利,而未知并司庶人土地之利耶?近世法兰西、西班牙、英吉利诸国,其王皆自冒国王之号,因得以并土地、人民皆司之,是则可谓巧攘民主国之利,以固其私权矣。

庶人既皆举其土地纳之于官,然后从而复受之,于是乎名虽为借地者,实据有其土地,与初无异。夫庶人皆为借地者,而土地皆为官之有,故若有人侵夺我土地,若有邻国人来寇,官则出力为我御之,必克复而后止。是知庶人之纳其土于官,虽为益于君权,而其自益者实大也。虽然,君之于土地,与庶人之于土地,其权自有相异者,请详而论之。

凡兹所论,系本有土地而后相合为邦者。若在未有土地之前,欲相合为邦乎,当先相一地足容其众者,即据而有之,于是众相共有之,无分异。或检勘而均分之,或广狭有差,皆自君定之。若众共有土地则已,苟分土地,毋别其均而分之与广狭有差,君之于土地,其权必在庶人之上。盖不如此,则相结之心不固,而君权成空矣。

(解)前乎此所论,皆先有土地,然后相约成国。故第九章云,民约之方成,人人举其当时所有土地,纳之于君。盖当下所有,或有广者,或有狭者,官乃因而书券,以著人人保有之权。故同章又云,先有之权,必须保有之权,然后见效。第八章亦云,保有之权,文书以著之,生灭俱无涉于力,前后参考方明白。又未有土地,欲相约成国,当先相土地就而寄迹焉。是时也,或众共有土地,无分异,或均而分之,或广狭有差,皆议而定之,所谓自君定之也。若众共有土地,无分异,则是官专有土地,而庶人初无所得擅也。故曰若众共有土地则已,苟有分异,则毋论其均与不均,皆庶人有所得擅矣。庶人有所得擅,而议院之公权,不胜乎庶人之私权,则君权有所不及,而法令有所不行矣。故君之于土地,其权当在庶人之上,盖众议一决,收买土地若别有所令,庶人不得而拒之也。

由此观之,邦国之所当为法可知已,曰均不均是也。盖天之降才,固不能均,有智者焉,有愚者焉,而其肆意为生,所谓天命之自由,无有限极,民约一立,权力成均,不得复有侵夺,此即前所云弃自由之正道也。若智者欺愚,强者暴弱,而无所顾惮,复何邦之为?乃举此以为本卷之殿云。

按中江笃介有东方卢梭之称,殁后,所著《兆民文集》,于今年十月八日始发行。取而读之,甚服其精义,中有《民约论译解》凡九章,特录之以饷读者。

卢梭民约论

卢梭著

兰士译

《大同周报》1913 年第 1、2 期

译　　叙

　　呜呼,《礼运》之所谓大同郅治者,其果可得见于今之世耶? 其或不得见于今之世,终可得见于后之世耶? 吾不得而知之也。若今之所得见而世人所信为政体中比较最优者,则共和是矣。夫共和之为政,固非政治之极轨也。然《礼运》之所谓大同者,既未及见于今日,则循共和之轨,而渐达于大同之域焉,或为进化公例之所许耳。吾国以数千年专制之古邦,一旦革独夫之命,而施共和之政,除君主之毒,而张民权之帜,于是士夫额手称庆,奔走相告曰:民国成立矣,共和告成矣。而共和先进之邦,方窃笑其侧,竟有彼都之共和若成,则共和不复有价值之谑(见法报)。噫嘻,为是言者,其睥睨我耶? 其忠告我耶? 吾国民可以知所自反矣。

　　《民约论》一书,法儒卢骚毕生精力之所寄,而构成法国大革命之利器也。考法国丁十八世纪之末,暴主迭兴,黎民涂炭,自卢骚之《民约论》出,而民气大伸,遂覆王政而建共和,法国《权利宣言书》及宪法之制定,莫不奉为圭臬焉,则是书之功信不浅矣。虽后之学者,于卢氏之学说多所致疑,然今之言统治权在国民者,犹莫不宗之。盖其理固足以历千古而不湮,遭万劫而不磨。民约之论,民权之说,以今日之事实言,或有未能圆满之憾,而其为理论之正宗,共和之真缔,则非可执一二陈迹以相难者。区区数千年之历史,又乌足以概此宏广无涯之学理哉? 要之,民约之主旨,在使全国之人悉纳诸契约范围之中(即所谓 Moicommun 之意),而以公意为政治、法律之基础,无复有一己之争,私利之攘,此正天下为公之简意,而大同极轨之萌芽也。吾国历数千年之专制,一跃而侪于共和,初非有卢氏民约之理深入于人心,徒以民族之感情激动于其间,益以清室之昏乱,列强之侵迫,黎民厌故而悦新,革命之业因以易成。然民权之根本未坚,共和之基础焉固?则斯论之译,岂得己哉!

民约论（又名政法之原理）目次

引　言

卢梭著

兰士译

此蕞尔小册,原为一极哀之帙。昔者不揣棉薄,妄欲成书,而怠荒良久,卒未底于成。兹就芜杂卷中,撷其精英,摘其糟粕,以成兹论。而就中之可备采择,聊堪一顾者,亦惟此数篇。以之公诸同好,或不致贻鄙陋之讥,蒙覆瓿之诮。余则将拉杂摧烧之,不复堪以示人矣。

第 一 卷

吾欲察夫人类社会之中,果否得有一正当确实之管理规则,而不论其人之何似,与夫法律之得为何如。吾又欲于此推察之中,而贯乎法之所许,与夫利之所在,俾公理与实用二者并行而不相离焉。

虽然,吾之为此,吾实未有以明乎吾之主旨为重要也。于是或叩吾曰:子之高谈政治,将以国君自居,抑以立法者自命乎?吾则应之曰:非也。使吾而为国君,而为立法者,则吾将起而行,不徒坐而言,蓄吾锐而不弃吾暇,苟欲行,斯行之。不然,宁嘿嘿,毋嚣嚣也。

生而为自由国中之公民,为统治者之一分子,则对于政事之影响,纵甚薄弱,而投票选举之权,已足使吾尽其督责政事之义务矣。夫吾之平章政府,诽议政事,而于其观察之中,求得其悦慕己国政府之理由,方日新而月盛焉,讵非幸欤!(未完)

共和原理民约论

法兰西　戎雅屈卢梭著
日　本　中江笃介译并解
后　学　田桐校字

东京民国社 1914 年 7 月版

民约皇皇,光被四方。哲人云遥,我心悲伤。
民约渊渊,流润如泉。君子之心,凡民之田。
民约浩浩,载焉思道。抉我樊笼,生民再造。
民约休休,同德同仇。载陟北邙,鬼声啾啾。
言念南海,丧我髦士。民约不成,命也天只。
朔风萧萧,哀鸿嗷嗷。之子于归,我心摇摇。
我阻海东,滔滔不归。日照扶桑,黄鸟依依。
相彼豺虎,其欲逐逐。哀我同根,以生以育。
忠言如荼,莠言如醴。凡今之人,莫如兄弟。

　　　　　　　　　　　　　甲寅初夏玄玄子题并书

重刊中江先生汉译民约论叙

不知自治，即不足以言共和，自治之精神不强固，共和之政治乌能发达？自治精神者，里也；共和政治者，表也；自治精神者，实也；共和政治者，名也。本诸里以发诸表，本诸实以施诸名。根本既立，枝叶自茂，徒炫其表而震其名，不里之求，不实之务，此世界共和国家，往往有反覆蹉跌之奇厄也。盖自治与共和之道，一而二，二而一者也。法儒卢梭先生，当路易十五时代，鼓倡共和政治，而其次序以人民相约自治为始基，此诚天经地义之道，不可磨灭者也。余行年二十有三，曾在鄂购沪上坊本汉译《民约论》，读之竟未能彻其理。去秋亡命再走日本，复购中江兆民先生文集，取其中汉译《民约论》反覆数十遍，始恍然觉悟。呜呼，共和之道，其在斯乎？其在斯乎？十年以来，我国人士非不醉心共和也，辛亥之岁，武昌首义，立中华民国之旗帜，四境风从，其如醉如狂之态，无论妇孺，况其上焉？何以清室既亡，民国新建，约法告成，国会以立，凡借款也，举兵也，破坏约法也，解散国会也，种种重大问题，人民不以其代表所争者为是，而以政府之枉法为是。问其理，则又曰我国民固主张共和者也，事与愿违，动不中矩，此种荒诞之心理，诚不可恒理度，无他，知共和而不知共和之原理也。知共和而不知共和之原理，共和之道危矣哉！此重刊《民约论》之微意也，是为叙。

民国三年夏六月，田桐叙于日本江户之南城。

叙

　　圣人垂教示法,六经炳耀,与日月争光,人伦之道至矣。其言政也,曰行夏之时,乘殷之辂,服周之冕,乐则《韶舞》,放郑声,远佞人。盖政也者,与时推移,不逆于人情,斯为美矣。语曰:"善者因之,其次利道之,下者与之争。"故唐虞禅而兴,燕哙让而亡。禹传于子,而为万世帝王之法。讼狱讴歌,亦足以见民心之所向焉。至如盖宽饶,方汉宣帝之世,魏丙为政,充国治兵,火德再炽之时,妄进"五帝官天下"之说,以自祸。虽砥节直道而行,抑不料时势揆人情,何狂戆之甚也。

　　近时泰西诸国,各张雄乎一方,文物之丰,学术之精,兵马之强,法、英、德、美利坚北部,其尤最者也。而其为政,或立君置相,或民相共主治,体制虽各不同,要皆置所谓国会者,令民票选有誉望者荐之,自租赋律例、海陆军政,以至与邻国往复交接,一由众议取决焉。其广通民志,防祸乱于未萌,岂亦因人情,而裁成者非邪?传曰:"物有本末。"不穷其本,安足知其末?西方诸国之立政制治,盖亦有本矣。

　　希腊、罗马尚矣,就法、英、日三国观之,距今数十百年,孟德斯鸠、卢梭、罗克、宾撒母、礼弗尼、广笃之徒,皆雄俊阔伟,以淹博之识,通达之材,著书论治道之要,理密分毫芒,辞华夺万色,举世溷浊莫我知,众口腾沸而曾不少屈挠,以为考诸今古而不谬。自时厥后,硕学辈出,相共切劘讲学论政。无几天下喁然向风,学士大夫,以至闾巷小民,咸知改易风俗,更革官制之不可缺于时,挺身出力,万死不顾,斯以一洗曩日之陋习,而古今之间,凿一大鸿沟矣。由此观之,渊源所自,孟、卢诸子之力,实居多焉。而后世最推卢梭为之首者,以其所旨,在于令民自修治,而勿为官所抑制也。

　　吾国自古神圣相承,德化隆治,而中兴以来,为治遍观于泰西诸国,取长补短,文物益备,而士庶亦相竞,以自治为志。然则讲卢梭诸子之业,以穷泰西制度渊源,在今日当务之急。予也迂陋,处世靡所知晓,至于旁行之书,凤覃思所诵习,聊自觉有得,聚徒教授,于兹有年。顷者与二三子谋,取卢梭所著《民约》者译之,逐卷镂行,以问于世,亦唯欲不负为昭代之民云尔。如妄崇异域习俗,以激吾邦忠厚之人心,予岂敢焉。

　　明治十五年秋九月,中江笃介撰。

民约译解绪言

译 者 绪 言

当法兰西王路易第十五在御之时,戎雅屈与孟德斯鸠、遏尔的儿诸子,著书论政,鼓倡自治之说。而戎雅屈为最剀切,所著《民约》一书,掊击时政,不遗余力,以明民之有权。后世论政术者,举以称首。但其人天姿刚烈,加以负才矜豪,不喜循人轨辙,是以论事,或不能无矫激之病,学士辈往往有所指摘焉。惟《民约》立意极深远,措辞极婉约,人或苦于难解。余自蚤岁嗜读此书,久而觉有所得,乃取译之,其难解处,从加之解,名曰《民约译解》。首卷适成,即刊行,欲与世之同嗜者共玩诵之。若夫文辞之陋,大方君子,幸赐恕焉。

著 者 绪 言

余尝不自揣,欲著一书,尽论世制度风俗,与夫人伦大道,及一切有关系治道者,穷究道理,黾勉就业,盖亦有年矣。既而自知精力不足以酬志,而中道废止。即如本书,特不过为其一节耳。唯本书所论,比其余似少有可观者。且又裒然成数卷,故不忍遂弃,乃裁而汇之,以问于世尔。其余则已委风尘,今不复留只楮矣。

民约一名原政

法兰西　戎雅屈卢梭著

日本　中江笃介译并解

后学　田桐校字

政果不可得正邪？义与利果不可得合邪？顾人不能尽君子，亦不能尽小人，则置官设制，亦必有道矣。余固冀有得乎斯道，夫然后政之与民相适，而义之与利相合，其庶几乎可也。人或有问余曰：吾子论政，亦莅民者乎，将为一邦制作者也？余则应之曰：吾非莅民者，亦非为一邦制作者，所以有此著也。若莅民为一邦制作，余则行余之所言耳，复何托之空言为？虽然，余亦生而得为民主国之民，以与有议政之权，初不能有补于国家。然既有议政之权，则著书论政，亦余本分内之事，未得以空言休之也。呜呼，余之论政，每有得于心，辄顾照诸吾邦所施设，然后益知吾邦制度之所以卓越乎他邦，而尤为可崇重也。人而如余，何福之厚也。

（解）民主国者，谓民相共为政主之国，不别置尊也。议政之权者，即第七章所谓君权也。卢梭本瑞西人，其称吾邦，即指瑞西，非指法兰西也。瑞西夙循民主之制，有合此书所旨，故卢梭崇奖之如此。

第一章　本卷旨趣

在昔人之初生也,皆趣舍由己,不仰人处分,是之谓自由之权。今也天下尽不免徽缠之困,王公大人之属,自托人上,详而察之,其蒙羁束,或有甚于庸人者。顾自由权,天之所以与我俾得自立者也。而今如是,此其故何也?吾不得而知之。但于弃其自由权之道,自有得正与否焉,此余之所欲论之也。

(解)是段一篇之大纲领,盖以为上古之时,邦国未建,制度未设,人人肆意为生,无受人约束,自由权尤盛之时也。及邦国既建,制度既设,尊卑有常,贫富有别,不复如上古人之肆意为生。即帝王之贵,虽威福自由,往往外为强臣所胁,内为媒嬖所制,动不如意,比之庸人家居颇恣意,或不及焉,亦非能有自由权也。夫所谓自由权者,天之所与,令人得肆意为生也,则宜贵重顾惜,罔或失之。而今也尽天下之人,皆丧失之矣。此天下之一大变事也。所以致此变者,当有所从来,而吾未之能知也。盖作者于其著《不平等论》中,论此变之所从来极详。兹言不知者,是书之旨趣,不在于此故也。虽然,自由权亦有二焉。上古之人肆意为生,不被检束,纯乎天者也。故谓之天命之自由,本章所云即是也。民相为约,建邦国,设法度,兴自治之制,以得各遂其生长其利,杂乎人者也。故谓之人义之自由,第六章以下所云即是也。天命之自由,本无限极,而其弊也,不免交侵互夺之患,于是咸自弃其天命之自由,相约建邦国,作制度以自治,而人义之自由生焉。如此者,所谓弃自由权之正道也,无他,弃其一而取其二,究无所丧焉。不然,豪猾之徒,见我之相争不已,不能自怀其生,因逞其诈力,胁制于我,而我从奉之君之,就而听命焉。如此者,非所谓弃自由权之正道也,无他,天命之自由与人义之自由,并失之也。穷究此二者之得失,正本卷之旨趣也。

人或曰,人之所以致失自由权者,强有力者制之也,此邦国之本也。吁,曷其然?夫民为强者之所制,不得已而从之,固无不可。一旦能自振拔,蹶起焉破其衡轭,则孰得而御之。何者?彼其初所赖以夺我之自由权者,独有威强而已。故我今亦赖我之威强以复之,彼得有何辞于我?若此,则是邦国者,天下党聚之最杌棿不安者也。曷其然?夫邦国者,凡党聚之类之所取法焉,宜别有所本也,不宜如此之不安。然则邦国者,果何所本也?曰此非本于天理之自然,而本于民之相共为约也。民之相共为约者如之何?曰姑舍是,余请先言邦国所以非本于天理之故焉。

(解)是段一篇驳论之纲领。自下第二章至第五章,总是论邦国所以非本于天理之故,且反覆究诘,申明以威强为邦国之本之非,然后自第六章方入民约之本论,词义极明瞭,故不下解,下效此。

第二章　家　　族

人之相聚为党,其类亦蕃矣。其最首起且最出之自然者,莫逾于家族焉。然子之统属于父,独在婴孩不能自存之候而已。及其年长,不复须属于父,而天然羁纽解矣。于是为父者,不必为子操作,而为子者亦不必承受于父,而各得以自守,此自然之理也。世之为父子者,子既长,犹与父居,每事必咨禀而后行,子固欲其如是也,非由不得已也。由是言之,家族亦因约而立者矣。且夫父子之所以各自守不相羁属者,乃天命使尔也。盖自主之权,天之所以与人也,故为人之道,莫重于自图其生,而其当务之急,在乎为己,不在乎为人。是以人苟长成更事,凡可以便身者,皆自择而自取之,所谓自主之权也。既自主矣,虽父之尊,无得而制也。

世之欲人主专断为政者,动引家族为说,曰有家而后有国,君犹父也,民犹子也。君之与民,本各有自主之权,无有优劣,犹互相为益。而君莅乎上,民奉乎下,而邦国斯立矣。此言殊似近理,独奈父之于子,爱念罔极,其抚摩顾复,出乎至情,益故可得也。至于君则不然,初非有爱民之心,而其据尊莅下,特欲作威福而已,岂能有益于民哉?

荷兰亘鲁士著书论政,以为立政非为图民利,援希腊、罗马蓄奴隶为征。夫希腊之有奴隶,古昔之恶制,非不易之理也。亘鲁士之立言,每因事实以为道理,可谓助桀为虐者矣。

(解)事实之与道理,不得相混。盖事实者,所有之事也;道理者,所当有之事也。故若由事实而言之,为民父母而肆威虐者有之,为国宰相而恣贪冒者有之,为父而不慈、为子而不孝者,行诈者,为盗者,天下亦何不有?若见其如此,则曰是道理也,则可乎?今亘鲁士主张专断之制,引往古恶制为征,此因事实为道理者也,非助桀为虐乎?

大块生民,其丽不亿,而帝云王云者,不过数十百。生民抑果属于帝王耶,将帝王属于生民也?通览亘鲁士之书,察其旨,盖以生民属帝王者矣。其后英吉利遏必亦有此说,蹈袭亘鲁士意耳。假如此,则民庶犹群畜也,帝王犹牧人也,牧人之豢养群畜,直为击椎充食耳,爱云乎哉?

罗马帝加里互剌,以为牧人之与群畜,尊卑悬绝,人主与民,亦犹此也。乃曰人主,神也,民庶,禽兽也,以神莅禽兽,何为不可?此言比伦传之。

罗马帝之言,与遏必、亘鲁士同旨。盖希腊亚理士德,先三人者有言,曰人固不相等,或为人上,或为奴隶,皆天之所命。吁,此不辨本末之论也。夫生长奴隶之家者,必有奴隶之情,无怪也。彼自少时,常在困辱之地,气习一成,至无复意自奋励,若希腊由礼士之僚友然。史传由礼士之僚甲乙等数人,淫纵久成昏愚,而意气扬扬甚自得。故世之有奴隶,威虐造之乎初,昏惰保之于后,乌有所谓命乎,天为奴隶者哉?

(解)亚理士德以为有生而人上者,有生而奴隶者,尊卑盖命于天,此谬见也。世之有奴隶者,由强暴弱、黠欺愚而然。而一为奴隶,志气萎苶,无能复奋发,图脱于阨。况为之子孙者,习屈辱之久,反至自以为乐,若由李士之僚友亦是已。然则强者驱人为奴隶,是本也,奴隶人自安屈辱,是末也。今阿李士德见奴隶人自安屈辱,以为命于天,此不辨本末也。

由此观之,人主之虐民,民之屈人主,为胥失于道也明矣。独亚当、诺暲,是二帝者,余殊不愿讥议。亚当开辟始祖,诺暲遭洪水之祸,生类荡尽,而诺暲独得免难。其三子分处亚细亚、阿弗利加、欧罗巴,实为黄、黑、皙三族类之祖。据希腊史,撒邾娄之三子分居三区,为后世人类始祖,此必同事异传也。夫是数帝者,为人类之始祖,则虽余之微贱,若据谱牒按检,或为其宗裔,未可知。果然,宇内正统之君,非别人,即余也。余安敢于议之,此不值一笑耳。且也亚当之为君,即滨孙之在岛也。野史载鲁滨孙遇飓,漂至孤岛,上岸四望,阒寂无一人。亚当岳降之初,无与此异,则逆谋祸乱,并非所虞,晏然以得守其位。如此者,初不须有议也。

(解)主人之虐奴非也,则人主之虐民亦非也。世或有据家世为说者,曰今之帝王,皆缵先世基绪,非也。若以家世,则天下人类,孰不自亚当、诺暲而出者?虽乃余之微贱,亦忝为二帝之裔,则与世帝王奚别?世人又以宗支为轩轾,尤非也。上古悠邈,谱牒之作,特载籍以后之事尔。则如余者,亦未必非二帝宗家之裔也。且亚当之为帝,属开辟之初,天下无所谓民者,故不依约立政,初无虞于祸乱。今之帝王,未得一例视也。都用谐谑论驳,潜心玩味,然后作者旨得矣。

第三章　强者之权

虽天下之至强者,不变其力为权,不可以永使其众。虽天下之至弱者,不变其屈为义,不可以久事其上。我唯强,故能服人。一旦人亦成强,则必将抗我者也。虽然,所谓变力为权,变屈为义,吾见其不易为也。凡强云者,非谓气形之力乎?权者,非谓理义之效乎?吾未知何由能变力为权也。凡屈云者,非谓志之困乎?义者,非谓事之宜乎?吾未知何由能变屈为义也。且凡屈乎人者,皆出不得已也,非择而取之也。苟非择而取之,是亦自全之一计云尔,何义之有?是故强者之权,人之所疾莫甚焉。然而吾观世之为君臣,莫不据此权建基者,何也?

今假为有所谓强者之权乎,吾必见义理之纷纭颠倒,无所底止也。夫以力为权者,初无所事义矣。苟无所事义,何理之生?夫我有力而能制人,一旦又有人力胜我,我亦为其所制。若是转辗不已,祸乱相继于无穷。夫藉力制人,而为合于义,则藉力抗人,亦为合于义矣。力之所在,即权之所在也,则天下之人,将唯力是求。吁嗟,赖乎力之仅存者,岂得谓之权哉?且凡力不赡而屈,出不得已也,非由义而断也。既不由义而断,酖毒扼昧,何施不可?是知强者之权,威力耳,非权也,权之名耳,无其实也。

僧侣辈恒有言,见强者从之。顾是言也,非谓力屈而后从邪?果然,其意固无不可。但力屈而后从者,出不得已也,则虽微是言,人亦将从之矣。又云,凡力之类,皆天之所与也,因欲人之无抗,何其缪也。苟言天焉,疾疫之流行亦天也,若见得疾呼医,曰是逆天也,可乎?行路遇贼,力不能与为敌,不得已释盘缠授之,固无不可。若虽足与为敌,而徒见贼携铳,曰是力之类也,辄亦释盘缠授之,则人谁不笑我者?

(解)僧门徒往往(诱)〔诿〕[1]天为说,乃云若为强者所加,当即听从,勿得抗。顾疾疫之为虐,亦天也,然呼医请治,谁谓不可?贼要我于涂,亦天也,然自非万不得已,不须释盘缠以授焉。夫暴君污吏,藉势威以虐我

---

[1]　诿,据东京佛学塾本改。

者,疾疫之类耳,贼之类耳,何不可抗之有?以贼喻暴君,以盘缠喻权,读者宜细嚼玩味焉。

由是观之,力不可以为权,屈不可以为义。而帝云王云,其权苟不合于道,无须听从也。

第四章 奴 隶

人咸相等，无有贵贱，而又力无以为权，则世之欲建立威权，令合于道者，非相共为约，无复别法可求。

亘鲁士又云，人若欲自弃其权，从人听命，孰得而御之？然则一国之民，自弃其权，奉君听命，亦何不可之有？是言也，辞意殊暗昧，请先就弃字论之。夫所谓弃者，与之谓邪，将卖之谓邪？顾为人奴者，非自与也，自鬻也。苦衣食不赡，就人自鬻是矣。至于民，吾不知何故自鬻为人臣也。夫君也者，养于臣者也，非能养臣也。剌弗列有云，人主之为生，费极广。吁嗟，为人臣者，既举其身奉之，又举其财供之，吾未见其尚有孑遗也。

人或云，人主专断为政，能使臣庶相辑和无争。此或然。然吾观世之为帝王者，往往好大玩戎，轻用民死，否崇侈靡，重敛不知厌。或大臣弄威柄，诛求无已。若此则臣民之蒙祸，比其互相争，有加无减，其相辑和，适所以买祸也，吾未见其利也。且人之所愿，岂无急于辑和者哉？若以辑和斯已，昔希腊人之在悉古鲁，比其死也，亦颇得相和不争。史载希腊人战败就虏，被投于悉古鲁之壑，猛兽来搏，相继皆为所噬杀。若此者，亦人之所愿乎？

观乎此，则民之就君，自鬻为臣，无有所利亦明矣。若曰自举其身与人，不征值，悖理莫此为甚。世或有若人，非痴则颠。若复曰举国之人自举其身与君，不征值，则是举国之人皆病狂丧心也，岂有是理哉？且丧心之人，其言固不足置信，我焉得据以为我权哉？

纵人人得自举其身与人，儿童则不得辨与之也明矣。何者？儿童亦人也，亦有自由权，岂复得恣与人为奴哉？子之方幼，父代子与人约为图利固可，至于代子与人约为奴，虽父之尊，无有是权，无他，有背天理也。然则专断为政者，若欲其权之少有合道，当听国人。及其长成更事，仍奉其上与否，听其任意自择之。果能如是，已非复专断也矣。

且夫弃自由权者，弃为人之德也，弃为人之务也，自屏于人类之外也。若然，可谓之自弃而靡所遗。吁嗟，人自弃而靡所遗，复安所取偿哉？若然者，固天命之所不容也。夫人一弃自由权，虽有心肠，不得以自用，所行非其心，所为非其情，如此则为善不可以为君子，为不善不可以为小人。既不得为君子,又不得为小人,是亦禽兽而已。不宁此而已也,凡与人约为奴者,有约之名,而无其实也。凡约云者,必相分权,若彼专乎令,而我专乎从,安在其为分权哉?彼专乎令而我专乎从,则彼之于我,何施不可?吁嗟,彼之使我,威权无所限,而我之事彼,屈辱无所底,唯此一事,不既足以坏约之旨,令不成乎?且我既自弃而靡所遗矣,则凡我之有,皆彼之有也。一旦彼挟其权以临我焉,我欲亦挟我权以对之,则我之权,即彼之权也。吁嗟,挟人之权以对人,天下宁有是理哉?余故曰,与人约为奴者,有约之名而无其实也。

亘鲁士及治亘鲁士之言者,以战为奴隶所出。其言曰,战胜虏敌,得杀之无宥,于是就虏者,弃其自由权以求活。巧哉乎言也,果若是也,主人之与奴隶,皆有以自利矣。虽然,所谓战胜杀敌无宥者,见其大有违于战之道也,请推战之本而论之。

昔者邦国之未立也,人人肆意为生,离合集散,无有定形。既无由与战,又无由与保和。要之,相与仇视者,非人之本性也明矣。且战也者,两国交伐之谓,非两人交斗之谓也。上古之时,土地非私有,无以为国,则战无由生也。其或一人二人交斗,固不得为战。及乎土地有主,国有人民,战又有法,不得恣虏人为奴也。

又凡私斗之类,皆一时忿悁之所发,要无可准。又若法兰西王路易第九,听诸侯私相伐以决争,及僧人假托神敕,立期令相与媾和,要之,封建为政之弊,悖理莫甚焉,安足置齿牙间也。

故曰战也者,国与国交伐之谓也,非人与人交斗之谓也。两国人之相为敌,要一时之事耳,非以其为是国之人故,特以其为是国之军人故耳。是知国者,必以国为敌,不得以人为敌。何则?国之与人,初不同伦,其不可相与有为也明矣。夫是道也,古今苟知礼义之国,莫不皆以此为战之要。何以明其然也?曰不见请战期一法乎?凡出师伐人国,必先遣使请战期,是虽为使其国得为备,抑亦使其众得避祸,是以除军人外,往往荷担以逃也。故若伐人国,无请战期,潜师掩其不备,以有卤获,无论其为帝为王,为将相,为庶民,直贼耳,不得以敌目之也。

是故古今苟知行兵之道者,伐人国,入其境,属诸公府者,或卤掠充军须,至于诸人之身与财贿,必严禁勿得犯。彼固知敬敌国民,即所以庇己国民也。且也战之所旨,在伐敌国,不在戕敌人。故敌人执兵拒斗者,杀之固可,苟舍兵请降,不得复杀之。彼既舍兵还初服,是亦一庶人耳,我乌得杀之哉？又战或有得平行入国都,是时也,出师之志既得,不得复有虏获也。

凡兹所言,皆原于事物自然之理,确乎不可易。固非如亘鲁士辈,稽古昔诗人言,妄断为说也。

夫战胜夺人国、奴人民,自以为当然者,皆不过据向所谓强者权为说焉耳。夫战胜举敌国,固不得肆杀其民。既不得杀其民,则亦不得奴之也明矣。何也?人之得杀其敌,特在为其抗己,不得已之候而已。若得以为奴,则不得复以为戮。苟不得以为戮,不得复以为奴矣。夫人已舍兵请服,我不得复杀之;我不得杀之,而且使其弃自由权以求活。如此者,岂道也哉?彼亘鲁士辈,既自奴役之权而出生杀之权,又自生杀之权而出奴役之权,孰为本,孰为末,若循环无端。其悖于理,岂不昭然明白也哉。

且纵战胜得杀敌,而无宥在其敌人,若敌国民为之奴者,不须永祗臣节,苟得机便,辄蹶起,复与为敌,以图脱于阨耳。何也? 自由权者,我之贵重之,与生命无异,而彼必夺诸我也。盖其活我也,非有德于我,彼其心必曰,徒杀之无益,不如夺其自由之为愈也。则彼之活我,以自利耳,何有德焉? 嗟乎,彼既活我以为奴,而我犹伺便以图自脱,则彼之与我相为敌,略无异于初也。则名虽曰权,曷尝有补于力? 彼或曰,汝向弃自由权以求活,是亦约也,今何负约为。我将答曰:是约也,汝固与我约相为敌无已也,我今者非负约,正践约耳。则彼复有何辞于我?

由此观之 ,奴隶之权,非独违于道,而亦违于理,初不成意义也。言奴者不言权,言权者不言奴,此二语义不相容。有人于此,与人约曰:立是约,吾专享其利,汝专当其害。又曰:吾便是约时,我固当守之,汝虽有不便,亦当守之。斯约也,毋论其两人相与,或君民相与,皆违道违理,不成意义也。

第五章　终不可不以约为国本

　　凡余以前所斥驳,其言皆缪戾不成理。今纵舍此,特就事实而征焉,世之主张专断之制者,亦不得持其说。何以言之?夫据法以治国,与藉威以御众,其迹相去如何也。有人于此,恃其威强以服众,虽有百万之众,吾必曰是一主人与众奴隶也,必不能曰是一君与众民也。吾必言是种落也,必不曰是邦国也。何者?彼藉威御众,不分人以利,不分人以利者,何以为君?是人也,席卷宇内,包举四海,不免为独夫。其所利非众所利也,私利也。彼挟其私利以临众,非独夫而何?丛祠之柏,高指乎天,大可蔽牛,一旦天火来毁,灰烬随风散落,不可收拾。独夫殒命,其众崩溃,亦与此无异。若是者,岂得谓为国哉?

　　亘鲁士曰,一邦之民,得自举以与君。信斯言也,是其未自与之前,既已有邦矣。既有邦,斯有政矣,所谓自与之事亦政也,苟政也,则不得不议而定之。果如是,与其论民之所以与于君也,不若先论邦之所由以建也。建邦之事,势必在自与之前,则论政术者,当托始于是也。

　　假使其自与君之前,未有邦,吾不知其何由得成自与之事也。众相会,咸皆同意,而无一人独异则善。若不幸百人欲之,而十人不欲之,则百人者何由得行其议邪?聚众议决政事,必取持议之较多者是矣。然此亦非豫有约不可。而未有邦之前,无所谓约之类也。是知民之议立主之前,更有一事咸皆同意所定者,此正余之所欲论之也,曰相共约建邦是也。

　　(解)亘鲁士言,国民立君,托之以专断之权。卢梭则言,民相共约建邦,当在立君之前,所谓民约也。民约一立,人人坚守条规,立君之事,必不为也。首章至是,专驳专断之制,自下章方入本论。

第六章　民　　约

人恒言，昔者人之肆意为生也，不经久，天灾与人祸交侵，其力超越我之力，至不可复御。此或然。夫人一至于此极，非大有变其生计，族类几乎灭矣。虽然，所谓变生计者，其事殆不易为也。盖人之智力本乎命，天不可暴而殖。故若欲捍患御灾以自保，非相倚为党，共合其力，然后率之，令出于一，无别法可求。虽然，此有患焉。夫我之力，于我之自存，尤不可缺者也。我若与众合力，不复得而独用，则得无损于我之身乎？呜呼，是所谓变计之难者，而民约之诀，尽在于此。盖当时事情委曲，虽不可得而考，理则亘古今一者也。兹乃推众人所当同然，而叙其言如左。

众相共言曰，吾等安得相倚成一党，赖其全力以保生？曰吾等安得相共系束羁縻成一团，而绝不为人所抑制，各有自由权，与曩时无异。此乃国之所以成国，民之所以成民也，而民约则论次之条目者也。所谓民约之条目，其旨极严极整，不得有少变改。苟有变改，一时并坠地，无复见效矣。所谓民约之条目，未尝闻有举之口，亦未闻有笔之书。然其旨意原乎义，本于情，确乎不可易。而凡为民者，未始不默采暗听，以为邦国之本焉。其或有背戾者，于是乎纲维解纽，人人肆意徇情，大坏极弊，然后人义之自由敛迹，而复归入曩日天命之自由矣。

（解）英吉利勉杂母云：卢梭民约，世未闻有若者。彼岂不读此一段，故为是言邪？卢梭固言，民约之条目，未尝闻有举之口、笔之书。盖卢梭尤恶世之论政术者，往往徒据实迹而为说，故本书专推道理立言，论义之所当然，而事之有无，初非所问也。勉杂母论用，而卢梭论体；勉杂母论末，而卢梭论本；勉杂母单论利，而卢梭并论义，其有不合也固宜。

所谓民约之条目虽多端，然合之则成一，曰党人咸举其权尽纳之于党是也。党人咸举其权纳之于党，而无一人之或异，如是然后分利得均矣。分利既得均，然后自利害人之心无由生矣。党人尽纳其权而无所遗，然后其相纽结也，周而无亏隙可求，即无有一人诉屈者矣。不尔，若党人各有所保守，而不肯尽纳，则无以为党也。何者？党本无共主，一旦我与党有争，而我据我所保之权以抵拒,则谁复决之者?若此人人就一事得自用其权焉,则其后也,将就万事自用其权矣。夫如是,则曩日肆意为生之势复生,而党之力非成暴则成空矣。由此观之,民约也者,人人相将自举身以与众者也,非向所谓自举身以与君者也。虽自举与众也,实无有所与。何以言之?夫人人皆自举与众,能无一人自异,则是无一人无所得乎众者也。无一人无所得于众者,则是无一人无所自偿者也。故曰虽自举与众,实无有所与也。非独此而已,人人皆与众,而众藉其全力以拥护之,则是人人为守,比其自为守,不更大且固乎?是则人人之于民约,无有所失而有所得矣。

是故民约也者,提其要而言之,人人自举其身与其力,供之众用,率之以众意之所同然者是也。

民约已成,于是乎地变而为邦,人变而为民。民也者,众意之相结而成体者也。是体也,以议院为心腹,以法律为气血,斯以宣畅其意思者也。是体也,不自有形,而以众身为形,不自有意,而以众意为意。是体也,昔人称之曰国,今也称之曰官。官者,裁理群职之谓也。自其与众往复而称亦曰官,自其出令而称曰君,他人称之曰邦,合其众而称之曰民,自其议法律而称曰士,自其循法令而称曰臣。虽然,此等称谓或有相通用不分别,寻其本义,宜如此云尔。

第七章　君

　　由前所述推之，民约之为物可知已，曰是君与(身)〔臣〕〔1〕交盟所成也。然所谓君者，以不过为众人相合者，虽云君臣交盟，实人人躬自盟也。何以言之？曰众人相倚为一体，将议而发令，即君也，非别置尊奉之。而凡与此约者，皆有与乎为君也。自其将出乎令而言，则君与其臣盟。自其将奉乎令而言，则臣与其君盟。故曰虽云君臣交盟，实人人躬自盟也。讼律之法曰，以为凡躬自誓，不必须践言。然则民约亦不必须践言乎？曰否。兹所谓君者，合众而成，故臣之于君，犹片段之于全体，非如讼律所云躬自誓之类也。

　　是故众共议所定，在人人必不可不遵踏焉。人人皆一身而两职，故其为君所定，为臣不可不循之。若为不循，是一人而背于众，臣而背于君也。至于为君所定，而亦为君改之，虽十易之不为病矣。何也？君也者，众相合所成，常常而一职，不可得而分别，是以今日有所与，明日或废之。盖众议一决，虽宪令最重者，改之可，废之可。虽民约，改之可，解之亦可。是正讼律所云躬自誓之类也。夫我自与之矣，而不得自我废之，天下宁有是理哉？

　　若夫与他邦往复交结所约，虽由众议，不得有渝。无他，在是时非复躬自誓之类，而信义之可崇，在两国间与在两人间，无以异也。

　　虽然，官云君云，赖民约所置。故苟事有乖民约大本，虽其与他邦所约，破坏之勿履可也。若约割与君权，约别有所奉戴为君之类，皆所以破坏民约。夫民约乃官、君所由立也，坏所由立，复何约之为？

　　民约既成，邦国既立，有侵一人，而望无害于国不可得。况有侵国，而望无害于众人乎？国犹心腹也，众人犹四肢也，伤其心腹，而无羸其四肢，有是理乎？故凡与此约者，其为君发令，与为臣承命，并不可不常相共致助。是固义之所在，而亦利之所存也。为君出令，能不违于义乎，为臣必享之利焉。为臣举职，能不背于道乎，为君必获之福焉。君云臣云，初非有两人也。夫君合众而成，则君之所利，必众之所利，无有相抵，而君之出令，在臣无须钤制焉。众共发令，以图害于众，无有是理也。即众共发令，以图害

━━━━━━━━━━

〔1〕　臣，据东京佛学塾本改。

一人若数人,亦无有之。且俟申论之益明矣。

(解)申论者,指第二卷第六章论法令。

是故君无以立,立则以义始终而已,公意之所在,君之所存也。若夫臣之于君,则不然。其享利于君虽大,若不豫为之防,不可以保其无背民约。何也?夫人人皆一身而两职,故其为君之所令,为臣或有不悦矣,公意之所欲,私情或有不愿矣。且也其为君也,非已独专,而必与众偕。且所谓君,无形体可见,至于臣则心思嗜欲,耳目肺肠,皆己专所有。于是乎视其当为国服者,若专益于众,而己曾无与者。乃云我之服是务,在我极可惮,而我即不服,在众不必有害,于是乎为臣之务是逃,而为君之利是守。此习一成,民约坏堕,不可救止。(救之)〔故〕[1]曰不豫为之防,不可以保其无背民约也。

是故欲防民约之或坠空文,必当有一项插在其中。曰若有人不肯循法令,众共出力,必使循而后止。曰若是则无乃害人之自由权乎?曰不然,正强令人保自由权云尔。何也?凡民约之本旨,在令人人奉众之命令,而无蒙人之抑制,故循夫法令,即所以远抑制之祸也。今是人乃敢背约,故迫令其必履之者,正欲其远抑制之祸焉耳。呜呼,此一项者,政术之枢纽,苟无此,则凡官之所令,皆不免为悖慢与暴恣,而其弊必有不可胜言者矣。虽然,此一项本人人之愿欲,而民约之所由起,故不必明载焉。

---

〔1〕 故,据东京佛学塾本改。

第八章　人　　世

民约既立，人人循法制为生，谓之出天之世，而入人之世。夫人一出天世入人世，其身之变更极大。盖曩也直情径行，绝无自检饬，血气之所驱，唯嗜欲是徇，与禽兽无以别。今也每事商之于理，揆之于义，合则为君子，不合则为小人，而善恶之名始可指焉。曩也人人唯图利己，不知有他人，今也利害祸福，必与众偕，无得自异焉。盖人之出天世入人世，所失则有矣，然若取所得较之，优足以相偿。何以言之？夫众相合为生，于是乎智虑益成广博，情性益成高远，夫所以为万物之灵者斯立矣。视之曩者昏昏茫茫，与草木俱长，与鹿豕俱生，绝无自修者，相胜不甚远乎？虽然，所虞者亦有一焉。盖智窦一开，不可复得而塞，不幸一旦趣向失宜，于是乎变诈相靡，诡谲相荡，浇漓败坏之极，无能复自振厉。而其末也，至相踵为奸雄所压服而后已，而自由之权，扫地而尽矣。若不然，人人能自戒饬，遵践约规，千年如一日，则此约之成，人生之庆幸，莫大于此。而为后世子孙者，亦将相庆曰：於戏，我祖先之圣，夙运神智，相共盟以创永世之基，俾我侪得出禽兽之境，而入人类之域。呜呼，岂可诬哉！

抑因此约所失，与其所得，请得比而较之。盖其所失，则曰天命之自由也，其所得，则曰人义之自由也。天命之自由，无有限极，人人唯力是视，凡其所欲得，出力求之，必不能而后止。人义之自由，建之以众意所同然，而限之亦以众意所同然。是故由天命之自由所得，谓之夺有之权，谓之先有之权。夺有之权，乘人之弱不能为守而行之。先有之权，先人之未下功而行之。此二者虽名曰权，实与力俱亡耳。由人义之自由所得，谓之保有之权，此权文书以著之，生灭俱无涉于力。

（解）天命之自由，人人唯力是视，故毋论土地、财贿，若见人之无为守，若人之未下手，辄进而取之，所谓夺有之权与先有之权也。而一旦复有人力逾我，我亦为其所夺矣。故曰此二权者，与力俱生，与力〔俱〕[1]灭也。人义之自由，民约所置，亦民约所限。盖民约既立，法制既设，土地、财贿，

----

〔1〕　俱，据东京佛学塾本补。

必有定主,所谓保有之权也。而此权者,文书为之征,故得之与失之,并无关于力。此三权者,下章论之更详。

因此约所得,更有一。何谓也?曰心之自由是也。夫为形气之所驱,不知自修者,是亦奴隶之类耳。至于自我为法,而自我循之者,其心胸绰有余裕。虽然,论心之自由,理学之事,非是书之旨,议论之序,偶及此云尔。

(解)邦国未建之时,人人纵欲徇情,不知自修厉,故就貌而观,虽如极活泼自由,实不免为形气之所驱役,本心始未能为主宰,非奴隶之类乎?民约既立,凡为士者,莫不皆与议法,故曰自我为法。而法制既设,莫不皆相率循之,故曰自我循之。夫自为法而自循之,则我之本心,曾不少有受抑制,故曰心胸绰有余裕。要之,因民约所得,比其所失,相逾远甚。故第六章末段亦言,人人之于民约,无所失而有所得矣,参观而益明矣。

第九章　土　　地

　　民约方成，人人咸举其身，及其所辖土地，纳之于君，无所复留焉。然此时不过有纳之之名，而其实皆得自守其土地，支用其利，与初无异。盖如是，庶人、土地相合以成邦也。曰人人必举其土地纳之于君者，何也？曰君合众身而成，邦合众土而成，势力极强，故赖君之力为守，比之人人自为守且益固。不唯此也，此约者，凡法律之所寄基，可崇重者莫逾于此，故我推我土地纳之于君，为名尤正，不可复侵。夫既得以正乎名，又得以增乎力，此众人之所以必纳土地于君也。

　　当民约之未立，人人之有土地，皆不过据前所论先有之权。及约已立，土地皆为君有，而我则从而享之矣。于是乎先有之权，变为保有之权，而不可复侵焉。然若自他邦而观，我之有土地，终不免为据先有之权。何者？所谓民约在是邦，虽洵为法律所寄基，极可崇重，其与他邦初无交涉，而众邦之间，固无有共主，何由得以变更其权？虽然，所谓先有之权，其为力如何？曰此权比前所论威强之权，颇为可凭，然亦必须保有之权，然后方始见效矣。盖法制之未设，苟不可缺于自保者，皆得取而用之，有主与无主，固非所问，而先有之权未足深恃也。民约已立，人人于其所有之外，无得复肆攘夺焉。于是我若见一地无主，先人而有之，得以守之，是知先有之权，在天世力极微，而在人世力益大。是知在人世之所以重我之先有权，而无敢或侵者，非为土地之为我之有，而特为其非己有也。故曰先有之权，必须加以保有之权，然后见效矣。

　　凡欲就土地行先有权者，必具三者而后可。曰是地无主，而未有一人奠居者也。曰所据有才足充衣食，无赢余也。曰既据有之，即就而施功，不令空在也。夫我未有书券，自非就而施功，无以征我之为主也。且夫土地者，天之所以养人类，而苟享生是世者，莫不皆得寄食托居焉，所谓天无虚设者也。然使见有土地无主，从而据之且尽，令他人不复能托生，则非我实夺天物，而致人于穷困乎？然则非自虐之也，一间耳。昔者西班牙人纽熟斯，航至美利坚南部，欲为其主，广有版图。然未几，他国王亦皆遣兵来侵，与土人俱割地殆尽，其终属西班牙者无几。故曰欲行先有权者，必具三者而后可也。

由前所论推之，邦之为物可知也。曰此合庶人、土地所成也。盖君权既及乎庶人之身，又为庶人之所有，并身与土地皆司之，此正君之所以令众庶效忠贞之节，无敢或违之大柄也。顾古昔诸国王专断为政者，若白尔西王，若悉笃王，若玛施土王，皆不自称曰白尔西国王、悉笃国王、玛施土国王，而特称白尔西人中之王，悉笃人中之王，玛施土人中之王。彼岂知司庶人之躬之利，而未知并司庶人土地之利邪？近世法兰西、西班牙、英吉利诸国，其王皆自冒国王之号，因得以并土地、人民皆司之，是则可谓巧攘民主国之利，以固其私权者矣。

庶人既皆举其土地纳之于官，然后从而复受之，于是乎名虽为借地者，实据有土地，与初无异。夫庶人皆无借地者，而土地皆为官之有，故若有人侵夺我土地，若有邻国人来寇，官则出力为我御之，必克复而后止。是知庶人之纳其地于官，虽为益于君权，而其自益者实大也。虽然，君之于土地，与庶人之于土地，其权自有相异者，请详而论之。

凡兹所论，系本有土地而后相合为邦者。若有未有土地之前，欲相合为邦乎，当先相一地足容其众者，即据而有之，于是众相共有之，无分异。或检蹃而均分之，或广狭有差，皆自君定之。若众共有土地则已，苟分土地，〔毋〕[1]别其均而分之与广狭有差，君之于土地，其权必在庶人之上。盖不如此，则相结之心不固，而君权空矣。

（解）前乎此所论，皆先有土地，然后相约成国。故第九章云，民约方成，人人举其现在所辖土地，纳之于君。盖当现在所辖，或有广者，或有狭者，官乃因而书券，以著人人保有之权。第九章又云，先有之权，必须加以保有之权，然后见效。第八章亦云，保有之权，文书以著之，生灭俱无涉于力，前后参考方明矣。又未有土地，欲相约成国，当先相土地就而寄迹焉。是时也，或众共有土地，无分异，或均而分之，或广狭有差，皆议而定之，所谓君定之也。若众共有土地，无分异，则是官专有土地，而庶人初无所得擅也。故曰若众共有土地则已，苟有分异，则论其均与不均，皆庶人有所得擅矣。庶人有所得擅，而议院之公权，不胜乎庶人之私权，则君权有所不及，而法令有所不行矣。故君之于土地，其权当在庶人之上，盖众议一决，收买土地若别有所令，庶人不得而拒之也。

----

[1] 毋，据东京佛学塾本补。

　　由此观之,邦国之所当为法可知已,曰均不均是也。盖天之降才,固不能均,有智者焉,有愚者焉,而其肆意为生,所谓天命之自由,无有限极,民约一立,权力平均,不得复有侵夺,即前所云弃自由之正道也。若智者欺愚,强者暴弱,而无所顾惮,复何邦之为? 乃举此以为本卷之殿云。

民约论

法兰西　戎雅屈卢梭著
日　本　中江笃介译并解

上海泰东图书局 1914 年 7 月版

叙

　　圣人垂教示法,六经炳耀,与日月争光,人伦之道至矣。其言政也,曰行夏之时,乘殷之辂,服周之冕,乐则《韶舞》,放郑声,远佞人。盖政也者,与时推移,不逆于人情,斯为美矣。语曰:"善者因之,其次利道之,下者与之争。"故唐虞禅而兴,燕哙让而亡。禹传于子,而为万世帝王之法。讼狱讴歌,亦足以见民心之所向焉。至如盖宽饶,方汉宣帝之世,魏丙为政,充国治兵,火德再炽之时,妄进"五帝官天下"之说,以自祸。虽砥节直道而行,抑不料时势揆人情,何狂戆之甚也。

　　近时泰西诸国,各张雄乎一方,文物之丰,学术之精,兵马之强,法、英、德、美利坚北部,其尤最者也。而其为政,或立君置相,或民相共主治,体制虽各不同,要皆置所谓国会者,令民票选有誉望者荐之,自租赋律例、海陆军政,以至与邻国往复交接,一由众议取决焉。其广通民志,防祸乱于未萌,岂亦因人情,而裁成者非邪?传曰:"物有本末。"不穷其本,安足知其末?西方诸国之立政制治,盖亦有本矣。

　　希腊、罗马尚矣,就法、英、日三国观之,距今数十百年,孟德斯鸠、卢梭、罗克、宾撒母、礼弗尼、广笃之徒,皆雄俊闳伟,以淹博之识,通达之材,著书论治道之要,理密分毫芒,辞华夺万色,举世溷浊莫我知,众口腾沸而曾不少屈挠,以为考诸今古而不谬。自时厥后,硕学辈出,相共切劘讲学论政。无几天下喁然向风,学士大夫,以至闾巷小民,咸知改易风俗,更革官制之不可缺于时,挺身出力,万死不顾,斯以一洗曩日之陋习,而古今之间,凿一大鸿沟矣。由此观之,渊源所自,孟、卢诸子之力,实居多焉。而后世最推卢梭为之首者,以其所旨,在于令民自修治,而勿为官所抑制也。

吾国自古神圣相承,德化隆治,而中兴以来,为治遍观于泰西诸国,取长补短,文物益备,而士庶亦相竞,以自治为志。然则讲卢梭诸子之业,以穷泰西制度渊源,在今日当务之急。予也迂陋,处世靡所知晓,至于旁行之书,夙覃思所诵习,聊自觉有得,聚徒教授,于兹有年。顷者与二三子谋,取卢梭所著《民约》者译之,逐卷镂行,以问于世,亦唯欲不负为昭代之民云尔。如妄崇异域习俗,以激吾邦忠厚之人心,予岂敢焉。

明治十五年秋九月,中江笃介撰。

民约译者绪言

　　当法兰西王路易第十五在御之时，戎雅屈与孟德斯鸠、遏尔的儿诸子，著书论政，鼓倡自治之说。而戎雅屈为最剀切，所著《民约》一书，掊击时政，不遗余力，以明民之有权。后世论政术者，举以称首。但其人天姿刚烈，加以负才矜豪，不喜循人轨辙，是以论事，或不能无矫激之病，学士辈往往有所指摘焉。惟《民约》立意极深远，措辞极婉约，人或苦于难解。余自蚤岁嗜读此书，久而觉有所得，乃取译之，其难解处，从加之解，名曰《民约译解》。首卷适成，即刊行，欲与世之同嗜者共玩诵之。若夫文辞之陋，大方君子，幸赐恕焉。

日本中江笃介

民约论目录

绪　论

一名原政

法兰西　戎雅屈　卢梭著
日　　本　中江笃介译并解

政果不可得正邪？义与利果不可得合邪？顾人不能尽君子，亦不能尽小人，则置官设制，亦必有道矣。余固冀有得乎斯道，夫然后政之与民相适，而义之与利相合，其庶几乎可也。人或有问余曰：吾子论政，亦莅民者乎，将为一邦制作者也？余则应之曰：吾非莅民者，亦非为一邦制作者，所以有此著也。若莅民为一邦制作，余则行余之所言耳，复何托之空言为？虽然，余亦生而得为民主国之民，以与有议政之权，初不能有补于国家。然既有议政之权，则著书论政，亦余本分内之事，未得以空言休之也。呜呼，余之论政，每有得于心，辄顾照诸吾邦所施设，然后益知吾邦制度之所以卓越乎他邦，而尤为可崇重也。人而如余，何福之厚也。

解　民主国者，谓民相共为政主之国，不别置尊也。议政之权者，即第七章所谓君权也。卢梭本瑞西人，其称吾邦，即指瑞西，非指法兰西也。瑞西夙循民主之制，有合此书所旨，故卢梭崇奖之如此。

第一章　本卷旨趣

在昔人之初生也，皆趣舍由己，不仰人处分，是之谓自由之权。今也天下尽不免徽缠之困，王公大人之属，自托人上，详而察之，其蒙羁束，或有甚于庸人者。顾自由权，天之所以与我俾得自立者也。而今如是，此其故何也？吾不得而知之。但于弃其自由权之道，自有得正与否焉，此余之所欲论之也。

解　是段一篇之大纲领，盖以为上古之时，邦国未建，制度未设，人人肆意为生，无受人约束，自由权尤盛之时也。及邦国既建，制度既设，尊卑有常，贫富有别，不复如上古人之肆意为生。即帝王之贵，虽威福自由，往往外为强臣所胁，内为媟嬖所制，动不如意，比之庸人家居颇恣意，或不及焉，亦非能有自由权也。夫所谓自由权者，天之所与，令人得肆意为生也，则宜贵重顾惜，罔或失之。而今也尽天下之人，皆丧失之矣。此天下之一大变事也。所以致此变者，当有所从来，而吾未之能知也。盖作者于其著《不平等论》中，论此变之所从来极详。兹言不知者，是书之旨趣，不在于此故也。虽然，自由权亦有二焉。上古之人肆意为生，不被检束，纯乎天者也。故谓之天命之自由，本章所云即是也。民相为约，建邦国，设法度，兴自治之制，以得各遂其生长其利，杂乎人者也。故谓之人义之自由，第六章以下所云即是也。天命之自由，本无限极，而其弊也，不免交侵互夺之患，于是咸自弃其天命之自由，相约建邦国，作制度以自治，而人义之自由生焉。如此者，所谓弃自由权之正道也，无他，弃其一而取其二，究无所丧焉。不然，豪猾之徒，见我之相争不已，不能自怀其生，因逞其诈力，胁制于我，而我从奉之君之，就而听命焉。如此者，非所谓弃自由权之正道也，无他，天命之自由与人义之自由，并失之也。穷究此二者之得失，正本卷之旨趣也。

人或曰，人之所以致失自由权者，强有力者制之也，此邦国之本也。吁，曷其然？夫民为强者之所制，不得已而从之，固无不可。一旦能自振拔，蹶起焉破其衡轭，则孰得而御之。何者？彼其初所赖以夺我之自由权者,独有威强而已。故我今亦赖我之威强以复之,彼得有何辞于我?若此,则是邦国者,天下党聚之最杌棿不安者也。曷其然?夫邦国者,凡党聚之类之所取法焉,宜别有所本也,不宜如此之不安。然则邦国者,果何所本也?曰此非本于天理之自然,而本于民之相共为约也。民之相共为约者如之何?曰姑舍是,余请先言邦国所以非本于天理之故焉。

解　是段一篇驳论之纲领。自下第二章至第五章,总是论邦国所以非本于天理之故,且反覆究诘,申明以威强为邦国之本之非,然后自第六章方入民约之本论,词义极明瞭,故不下解,下效此。

第二章 家　　族

　　人之相聚为党,其类亦蕃矣。其最首起且最出之自然者,莫逾于家族焉。然子之统属于父,独在婴孩不能自存之候而已。及其年长,不复须属于父,而天然羁纽解矣。于是为父者,不必为子操作,而为子者亦不必承受于父,而各得以自守,此自然之理也。世之为父子者,子既长,犹与父居,每事必咨禀而后行,子固欲其如是也,非由不得已也。由是言之,家族亦因约而立者矣。且夫父子之所以各自守不相羁属者,乃天命使尔也。盖自主之权,天之所以与人也,故为人之道,莫重于自图其生,而其当务之急,在乎为己,不在乎为人。是以人苟长成更事,凡可以便身者,皆自择而自取之,所谓自主之权也。既自主矣,虽父之尊,无得而制也。

　　世之欲人主专断为政者,动引家族为说,曰有家而后有国,君犹父也,民犹子也。君之与民,本各有自主之权,无有优劣,犹互相为益。而君莅乎上,民奉乎下,而邦国斯立矣。此言殊似近理,独奈父之于子,爱念罔极,其抚摩顾复,出乎至情,益故可得也。至于君则不然,初非有爱民之心,而其据尊莅下,特欲作威福而已,岂能有益于民哉?

　　荷兰亘鲁士著书论政,以为立政非为图民利,援希腊、罗马蓄奴隶为征。夫〔希腊之有〕[1]奴隶,古昔之恶制,非不易之理也。亘鲁士之立言,每因事实以为道理,可谓助桀为虐者矣。

　　解　事实之与道理,不得相混。盖事实者,所有之事也;道理者,所当有之事也。故若由事实而言之,为民父母而肆威虐者有之,为国宰相而恣贪冒者有之,为父而不慈、为子而不孝者,行诈者,为盗者,天下亦何不有?若见其如此,则曰是道理也,则可乎?今亘鲁士主张专断之制,引往古恶制为征,此因事实为道理者也,非助桀为虐乎?

　　大块生民,其丽不亿,而帝云王云者,不过数十百。生民抑果属于帝王

---

〔1〕　希腊之有,原阙,据东京佛学塾本补。

耶,将帝王属于生民也？通览亘鲁士之书,察其旨,盖以生民属帝王者矣。其后英吉利遏必亦有此说,蹈袭亘鲁士意耳。假如此,则民庶犹群畜也,帝王犹牧人也,牧人之豢养群畜,直为击椎充食耳,爰云乎哉？

罗马帝加里互刺,以为牧人之与群畜,尊卑悬绝,人主与民,亦犹此也。乃曰人主,神也,民庶,禽兽也,以神莅禽兽,何为不可？此言比伦传之。

罗马帝之言,与遏必、亘鲁士同旨。盖希腊亚理士德,先三人者有言,曰人固不相等,或为人上,或为奴隶,皆天之所命。吁,此不辨本末之论也。夫生长奴隶之家者,必有奴隶之情,无怪也。彼自少时,常在困辱之地,气习一成,至无复意自奋励,若希腊由礼士之僚友然。史传由礼士之僚甲乙等数人,淫纵久成昏愚,而意气扬扬甚自得。故世之有奴隶,威虐造之乎初,昏惰保之于后,乌有所谓命乎,天为奴隶者哉？

解　亚理士德以为有生而人上者,有生而奴隶者,尊卑盖命于天,此谬见也。世之有奴隶者,由强暴弱、黠欺愚而然。而一为奴隶,志气萎靡,无能复奋发,图脱于阨。况为之子孙者,习屈辱之久,反至自以为乐,若由李士之僚友亦是已。然则强者驱人为奴隶,是本也,奴隶人自安屈辱,是末也。今阿李士德见奴隶人自安屈辱,以为命于天,此不辨本末也。

由此观之,人主之虐民,民之屈人主,为胥失于道也明矣。独亚当、诺暨,是二帝者,余殊不愿讥议。亚当开辟始祖,诺暨遭洪水之祸,生类荡尽,而诺暨独得免难。其三子分处亚细亚、阿弗利加、欧罗巴,实为黄、黑、晢三族类之祖。据希腊史,撒邦娄之三子分居三区,为后世人类始祖,此必同事异传也。夫是数帝者,为人类之始祖,则虽余之微贱,若据谱牒按检,或为其宗裔,未可知。果然,宇内正统之君,非别人,即余也。余安敢于议之,此不值一笑耳。且也亚当之为君,即滨孙之在岛也。野史载鲁滨孙遇飓,漂至孤岛,上岸四望,阒寂无一人。亚当岳降之初,无与此异,则逆谋祸乱,并非所虞,晏然以得守其位。如此者,初不须有议也。

解　主人之虐奴非也,则人主之虐民亦非也。世或有据家世为说者,曰今之帝王,皆缵先世基绪,非也。若以家世,则天下人类,孰不自亚当、诺暨而出者？虽乃余之微贱,亦忝为二帝之裔,则与世帝王奚别？世人又以宗支为轩轾,尤非也。上古悠邈,谱牒之作,特载籍以后之事尔。则如余者,亦未必非二帝宗家之裔也。且亚当之为帝,属开辟之初,天下无所谓民者,故不依约立政,初无虞于祸乱。今之帝王,未得一例视也。都用谐谑论驳,潜心玩味,然后作者旨得矣。

第三章 强 者 之 权

虽天下之至强者,不变其力为权,不可以永使其众。虽天下之至弱者,不变其屈为义,不可以久事其上。我唯强,故能服人。一旦人亦成强,则必将抗我者也。虽然,所谓变力为权,变屈为义,吾见其不易为也。凡强云者,非谓气形之力乎?权者,非谓理义之效乎?吾未知何由能变力为权也。凡屈云者,非谓志之困乎?义,非谓事之宜乎?吾未知何由能变屈为义也。且凡屈乎人者,皆出不得已也,非择而取之也。苟非择而取之,是亦自全之一计云尔,何义之有?是故强者之权,人之所疾莫甚焉。然而吾观世之为君臣,莫不据此权建基者,何也?

今假为有所谓强者之权乎,吾必见义理之纷纭颠倒,无所底止也。夫以力为权者,初无所事义矣。苟无所事义,何理之生?夫我有力而能制人,一旦又有人力胜我,我亦为其所制。若是转辗不已,祸乱相继于无穷。夫藉力制人,而为合于义,则藉力抗人,亦为合于义矣。力之所在,即权之所在也,则天下之人,将唯力是求。吁嗟,赖乎力之仅存者,岂得谓之权哉?且凡力不赡而屈,出不得已也,非由义而断也。既不由义而断,酖毒扼昧,何施不可?是知强者之权,威力耳,非权也,权之名耳,无其实也。

僧侣辈恒有言,见强者从之。顾是言也,非谓力屈而后从邪?果然,其意固无不可。但力屈而后从者,出不得已也,则虽微是言,人亦将从之矣。又云,凡力之类,皆天之所与也,因欲人之无抗,何其缪也。苟言天焉,疾疫之流行亦天也,若见得疾呼医,曰是逆天也,可乎?行路遇贼,力不能与为敌,不得已释盘缠授之,固无不可。若虽足与为敌,而徒见贼携铳,曰是力之类也,辄亦释盘缠授之,则人谁不笑我者?

解 僧门徒往往(诱)〔诿〕[1]天为说,乃云若为强者所加,当即听从,勿得抗。顾疾疫之为虐,亦天也,然呼医请治,谁谓不可?贼要我于涂,亦天也,然自非万不得已,不须释盘缠以授焉。夫暴君污吏,藉势威以虐我

---

〔1〕 诿,据东京佛学塾本改。

者,疾疫之类耳,贼之类耳,何不可抗之有? 以贼喻暴君,以盘缠喻权,读者宜细嚼玩味焉。

由是观之,力不可以为权,屈不可以为义。而帝云王云,其权苟不合于道,无须听从也。

第四章　奴　　隶

　　人咸相等，无有贵贱，而又力无以为权，则世之欲建立威权，令合于道者，非相共为约，无复别法可求。

　　亘鲁士又云，人若欲自弃其权，从人听命，孰得而御之？然则一国之民，自弃其权，奉君听命，亦何不可之有？是言也，辞意殊暗昧，请先就弃字论之。夫所谓弃者，与之谓邪，将卖之谓邪？顾为人奴者，非自与也，自鬻也。苦衣食不赡，就人自鬻是矣。至于民，吾不知何故自鬻为人臣也。夫君也者，养于臣者也，非能养臣也。刺弗列有云，人主之为生，费极广。吁嗟，为人臣者，既举其身奉之，又举其财供之，吾未见其尚有孑遗也。

　　人或云，人主专断为政，能使臣庶相辑和无争。此或然。然吾观世之为帝王者，往往好大玩戎，轻用民死，否崇侈靡，重敛不知厌。或大臣弄威柄，诛求无已。若此则臣民之蒙祸，比其互相争，有加无减，其相辑和，适所以买祸也，吾未见其利也。且人之所愿，岂无急于辑和者哉？若以辑和斯已，昔希腊人之在悉古鲁，比其死也，亦颇得相和不争。史载希腊人战败就虏，被投于悉古鲁之壑，猛兽来搏，相继皆为所噬杀。若此者，亦人之所愿乎？

　　观乎此，则民之就君，自鬻为臣，无有所利亦明矣。若曰自举其身与人，不征值，悖理莫此为甚。世或有若人，非痴则颠。若复曰举国之人自举其身与君，不征值，则是举国之人皆病狂丧心也，岂有是理哉？且丧心之人，其言固不足置信，我焉得据以为我权哉？

　　纵人人得自举其身与人，儿童则不得辨与之也明矣。何者？儿童亦人也，亦有自由权，岂复得恣与人为奴哉？子之方幼，父代子与人约为图利固可，至于代子与人约为奴，〔虽父之尊，无有是权，无他，有背天理也。然则专断为政者，若欲其权之少有合者，当听〕[1]国人，及其长成更事，仍奉其上与否，听其任意自择之。果能如是，已非复专断也矣。

　　且夫弃自由权者，弃为人之德也，弃为人之务也，自屏于人类之外也。若然，可谓之自弃而靡所遗。吁嗟，人自弃而靡所遗，复安所取偿哉？若然

────────

〔1〕　虽父之尊……当听，原阙，据东京佛学塾本补。

者,固天命之所不容也。夫人一弃自由权,虽有心肠,不得以自用,所行非其心,所为非其情,如此则为善不可以为君子,为不善不可以为小人。既不得为君子,又不得为小人,是亦禽兽而已。不宁此而已也,凡与人约为奴者,有约之名,而无其实也。凡约云者,必相分权,若彼专乎令,而我专乎从,安在其为分权哉? 彼专乎令而我专乎从,则彼之于我,何施不可? 吁嗟,彼之使我,威权无所限,而我之事彼,屈辱无所底,唯此一事,不既足以坏约之旨,令不成乎? 且我既自弃而靡所遗矣,则凡我之有,皆彼之有也。一旦彼挟其权以临我焉,我欲亦挟我权以对之,则我之权,即彼之权也。吁嗟,挟人之权以对人,天下宁有是理哉? 余故曰,与人约为奴者,有约之名而无其实。

亘鲁士及治亘鲁士之言者,以战为奴隶所出。其言曰,战胜虏敌,得杀之无宥,于是就虏者,弃其自由权以求活。巧哉乎言也,果若是也,主人之与奴隶,皆有以自利矣。虽然,所谓战胜杀敌无宥者,见其大有违于战之道也,请推战之本而论之。

昔者邦国之未立也,人人肆意为生,离合集散,无有定形。既无由与战,又无由与保和。要之,相与仇视者,非人之本性也明矣。且战也者,两国交伐之谓,非两人交斗之谓也。上古之时,土地非私有,无以为国,则战无由生也。其或一人二人交斗,固不得为战。及乎土地有主,国有人民,战又有法,不得恣虏人为奴也。

又凡私斗之类,皆一时忿愠之所发,要无可准。又若法兰西王路易第九,听诸侯私相伐以决争,及僧人假托神敕,立期令相与媾和,要之封建为政之弊,悖理莫甚焉,安足置齿牙间也。

故曰战也者,国与国交伐之谓也,非人与人交斗之谓也。两国人之相为敌,要一时之事耳,非以其为是国之人故,特以其为是国之军人故耳。是知国者,必以国为敌,不得以人为敌。何则? 国之与人,初不同伦,其不可相与有为也明矣。夫是道也,古今苟知礼义之国,莫不皆以此为战之要。何以明其然也? 曰不见请战期一法乎? 凡出师伐人国,必先遣使请战期,是虽为使其国得为备,抑亦使其众得避祸,是以除军人外,往往荷担以逃也。故若伐人国,无请战期,潜师掩其不备,以有卤获,无论其为帝为王,为将相,为庶民,直贼耳,不得以敌目之也。

是故古今苟知行兵之道者,伐人国,入其境,属诸公府者,或卤掠充军须,至于诸人之身与财贿,必严禁勿得犯。彼固知敬敌国民,即所以庇己国民也。且也战之所旨,在伐敌国,不在戕敌人。故敌人执兵拒斗者,杀之固可,苟舍兵请降,不得复杀之。彼既舍兵还初服,是亦一庶人耳,我乌得杀之哉?又战或有得平行入国都,是时也,出师之志既得,不得复有虏获也。

凡兹所言,皆原于事物自然之理,确乎不可易。固非如亘鲁士辈,稽古昔诗人言,妄断为说也。

夫战胜夺人国、奴人民,自以为当然者,皆不过据向所谓强者权为说焉耳。夫战胜举敌国,固不得肆杀其民。既不得杀其民,则亦不得奴之也明矣。何也?人之得杀其敌,特在为其抗己,不得已之候而已。若得以为奴,则不得复以为戮。苟不得以为戮,不得复以为奴矣。夫人已舍兵请服,我不得复杀之;我不得杀之,而且使其弃自由权以求活。如此者,岂道也哉?彼亘鲁士辈,既自奴役之权而出生杀之权,又自生杀之权而出奴役之权,孰为本,孰为末,若循环无端。其悖于理,岂不昭然明白也哉。

且纵战胜得杀敌,而无宥在其敌人,若敌国民为之奴者,不须永祗臣节,苟得机便,辄蹶起,复与为敌,以图脱于阨耳。何也?自由权者,我之贵重之,与生命无异,而彼必夺诸我也。盖其活我也,非有德于我,彼其心必曰,徒杀之无益,不如夺其自由之为愈也。则彼之活我,以自利耳,何有德焉?嗟乎,彼既活我以为奴,而我犹伺便以图自脱,则彼之与我相为敌,略无异于初也。则名虽曰权,曷尝有补于力?彼或曰,汝向弃自由权以求活,是亦约也,今何负约为?我将答曰:是约也,汝固与我约相为敌无已也,我今者非负约,正践约耳。则彼复有何辞于我?

由此观之,奴隶之权,非独违于道,而亦违于理,初不成意义也。言奴者不言权,言权者不言奴,此二语义不相容。有人于此,与人约曰:立是约,吾专享其利,汝专当其害。又曰:吾便是约时,我固当守之,汝虽有不便,亦当守之。斯约也,毋论其两人相与,或君民相与,皆违道违理,不成意义也。

第五章　终不可不以约为国本

凡余以前所斥驳,其言皆缪戾不成理。今纵舍此,特就事实而征焉,世之主张专断之制者,亦不得持其说。何以言之? 夫据法以治国,与藉威以御众,其迹相去如何也。有人于此,恃其威强以服众,虽有百万之众,吾必曰是一主人与众奴隶也,必不能曰是一君与众民也。吾必言是种落也,必不曰是邦国也。何者? 彼藉威御众,不分人以利,不分人以利者,何以为君? 是人也,席卷宇内,包举四海,不免为独夫。其所利非众所利也,私利也。彼挟其私利以临众,非独夫而何? 丛祠之柏,高指乎天,大可蔽牛,一旦天火来毁,灰烬随风散落,不可收拾。独夫殒命,其众崩溃,亦与此无异。若是者,岂得谓为国哉?

亘鲁士曰,一邦之民,得自举以与君。信斯言也,是其未自与之前,既已有邦矣。既有邦,斯有政矣,所谓自与之事亦政也,苟政也,则不得不议而定之。果如是,与其论民之所以与于君也,不若先论邦之所由以建也。建邦之事,势必在自与之前,则论政术者,当托始于是也。

假使其自与君之前,未有邦,吾不知其何由得成自与之事也。众相会,咸皆同意,而无一人独异则善。若不幸百人欲之,而十人不欲之,则百人者何由得行其议邪? 聚众议决政事,必取持议之较多者是矣,然此亦非豫有约不可。而未有邦之前,无所谓约之类也。是知民之议立主之前,更有一事咸皆同意所定者,此正余之所欲论之也,曰相共约建邦是也。

解　亘鲁士言,国民立君,托之以专断之权。卢梭则言,民相共约建邦,当在立君之前,所谓民约也。民约一立,人人坚守条规,立君之事,必不为也。首章至是,专驳专断之制,自下章方入本论。

第六章　民　约

人恒言,昔者人之肆意为生也,不经久,天灾与人祸交侵,其力超越我之力,至不可复御。此或然。夫人一至于此极,非大有变其生计,族类几乎灭矣。虽然,所谓变生计者,其事殆不易为也。盖人之智力本乎命,天不可暴而殖。故若欲捍患御灾以自保,非相倚为党,共合其力,然后率之,令出于一,无别法可求。虽然,此有患焉。夫我之力,于我之自存,尤不可缺者也。我若与众合力,不复得而独用,则得无损于我之身乎?呜呼,是所谓变计之难者,而民约之诀,尽在于此。盖当时事情委曲,虽不可得而考,理则亘古今一者也。兹乃推众人所当同然,而叙其言如左。

众相共言曰,吾等安得相倚成一党,赖其全力以保生?曰吾等安得相共系束羁縻成一团,而绝不为人所抑制,各有自由权,与曩时无异。此乃国之所以成国,民之所以成民也,而民约则论次之条目者也。所谓民约之条目,其旨极严极整,不得有少变改。苟有变改,一时并坠地,无复见效矣。所谓民约之条目,未尝闻有举之口,亦未闻有笔之书,然其旨意原乎义,本于情,确乎不可易,而凡为民者,未始不默采暗听,以为邦国之本焉。其或有背戾者,于是乎纲维解纽,人人肆意徇情,大坏极弊,然后人义之自由敛迹,而复归入曩日天命之自由矣。

解　英吉利勉杂母云:卢梭民约,世未闻有若者,彼岂不读此一段,故为是言邪?卢梭固言,民约之条目,未尝闻有举之口、笔之书。盖卢梭尤恶世之论政术者,往往徒据实迹而为说,故本书专推道理立言,论义之所当然,而事之有无,初非所问也。勉杂母论用,而卢梭论体;勉杂母论末,而卢梭论本;勉杂母单论利,而卢梭并论义,其有不合也固宜。

所谓民约之条目虽多端,然合之则成一,曰党人咸举其权尽纳之于党是也。党人咸举其权纳之于党,而无一人之或异,如是然后分利得均矣。分利既得均,然后自利害人之心无由生矣。党人尽纳其权而无所遗,然后其相纽结也,周而无亏隙可求,即无有一人诉屈者矣。不尔,若党人各有所保守,而不肯尽纳,则无以为党也。何者?党本无共主,一旦我与党有争,而我据我所保之权以抵拒,则谁复决之者? 若此人人就一事得自用其权焉,则其后也,将就万事自用其权矣。夫如是,则曩日肆意为生之势复生,而党之力非成暴则成空矣。由此观之,民约也者,人人相将自举身以与众者也,非向所谓自举身以与君者也。虽自举与众也,实无有所与。何以言之? 夫人人皆自举与众,能无一人自异,则是无一人无所得乎众者也。无一人无所得于众者,则是无一人无所自偿者也。故曰虽自举与众,实无有所与也。非独此而已,人人皆与众,而众藉其全力以拥护之,则是人人为守,比其自为守,不更大且固乎? 是则人人之于民约,无有所失而有所得矣。

〔是故民约也者,提其要而言之,人人自举其身与其力,供之众用,率之以众意之所同然者是也。〕[1]

民约已成,于是乎地变而为邦,人变而为民。民也者,众意之相给而成体者也。是体也,以议院为心腹,以法律为气血,斯以宣畅其意思者也。是体也,不自有形,而以众身为形,不自有意,而以众意为意。是体也,昔人称之曰国,今也称之曰官。官者,裁理群职之谓也。自其与众往复而称亦曰官,自其出令而称曰君,他人称之曰邦,合其众而称之曰民,自其议法律而称曰士,自其循法令而称曰臣。虽然,此等称谓或有相通用不分别,寻其本义,宜如此云尔。

---

〔1〕 是故民约也者……率之以众意之所同然者是也,原阙,据东京佛学塾本补。

第七章 君

由前所述推之,民约之为物可知已,曰是君与臣交盟所成也。然所谓君者,以不过为众人相合者,虽云君臣交盟,实人人躬自盟也。何以言之?曰众人相倚为一体,将议而发令,即君也,非别置尊奉之。而凡与此约者,皆有与乎为君也。自其将出乎令而言,则君与其臣盟。自其将奉乎令而言,则臣与其君盟。故曰虽云君臣交盟,实人人躬自盟也。讼律之法曰,以为凡躬自誓,不必须践言。然则民约亦不必须践言乎?曰否。兹所谓君者,合众而成,故臣之于君,犹片段之于全体,非如讼律所云躬自誓之类也。

是故众共议所定,在人人必不可不遵踏焉。人人皆一身而两职,故其为君所定,为臣不可不循之。若为不循,是一人而背于众,臣而背于君也。至于为君所定,而亦为君改之,虽十易之不为病矣。何也?君也者,众相合所成,常常而一职,不可得而分别,是以今日有所与,明日或废之。盖众议一决,虽宪令最重者,改之可,废之可。虽民约,改之可,解之亦可。是正讼律所云躬自誓之类也。夫我自与之矣,而不得自我废之,天下宁有是理哉?

若夫与他邦往复交结所约,虽由众议,不得有渝。无他,在是时非复躬自誓之类,而信义之可崇,在两国间与在两人间,无以异也。

虽然,官云君云,赖民约所置。故苟事有乖民约大本,虽其与他邦所约,破坏之勿履可也。若约割与君权,约别有所奉戴为君之类,皆所以破坏民约。夫民约乃官、君所由立也,坏所由立,复何约之为?

民约既成,邦国既立,有侵一人,而望无害于国不可得。况有侵国,而望无害于众人乎?国犹心腹也,众人犹四肢也,伤其心腹,而无羸其四肢,有是理乎?故凡与此约者,其为君发令,与为臣承命,并不可不常相共致助。是固义之所在,而亦利之所存也。为君出令,能不违于义乎,为臣必享之利焉。为臣举职,能不背于道乎,为君必获之福焉。君云臣云,初非有两人也。夫君合众而成,则君之所利,必众之所利,无有相抵,而君之出令,在臣无须铃制焉。众共发令,以图害于众,无有是理也。即众共发令,以图害一人若数人,亦无有之。且俟申论之益明矣。

解 申论者,指第二卷第六章论法令。

是故君无以立，立则以义始终而已，公意之所在，君之所存也。若夫臣之于君，则不然。其享利于君虽大，若不豫为之防，不可以保其无背民约。何也？夫人人皆一身而两职，故其为君之所令，为臣或有不悦矣，公意之所欲，私情或有不愿矣。且也其为君也，非己独专，而必与众偕。且所谓君，无形体可见，至于臣则心思嗜欲，耳目肺肠，皆己专所有。于是乎视其当为国服者，若专益于众，而己曾无与者。乃云我之服是务，在我极可惮，而我即不服，在众不必有害，于是乎为臣之务是逃，而为君之利是守。此习一成，民约坏堕，不可救止。（救之）〔故〕〔1〕曰不豫为之防，不可以保其无背民约也。

是故欲防民约之或坠空文，必当有一项插在其中。曰若有人不肯循法令，众共出力，必使循而后止。曰若是则无乃害人之自由权乎？曰不然，正强令人保自由权云尔。何也？凡民约之本旨，在令人人奉众之命令，而无蒙人之抑制，故循夫法令，即所以远抑制之祸也。今是人乃敢背约，故迫令其必履之者，正欲其远抑制之祸焉耳。呜呼，此一项者，政术之枢纽。苟无此，则凡官之所令，皆不免为悖慢与暴恣，而其弊必有不可胜言者矣。虽然，此一项本人人之愿欲，而民约之所由起，故不必明载焉。

---

〔1〕 故，据东京佛学塾本改。

第八章 人 世

民约既立，人人循法制为生，谓之出天之世，而入人之世。夫人一出天世入人世，其身之变更极大。盖曩也直情径行，绝无自检饬，血气之所驱，唯嗜欲是徇，与禽兽无以别。今也每事商之于理，揆之于义，合则为君子，不合则为小人，而善恶之名始可指焉。曩也人人唯图利己，不知有他人，今也利害祸福，必与众偕，无得自异焉。盖人之出天世入人世，所失则有矣，然若取所得较之，优足以相偿。何以言之？夫众相合为生，于是乎智虑益成广博，情性益成高远，夫所以为万物之灵者斯立矣。视之曩者昏昏茫茫，与草木俱长，与鹿豕俱生，绝无自修者，相胜不甚远乎？虽然，所虞者亦有一焉。盖智窦一开，不可复得而塞，不幸一旦趣向失宜，于是乎变诈相靡，诡谲相荡，浇漓败坏之极，无能复自振厉。而其末也，至相踬为奸雄所压服而后已，而自由之权，扫地而尽矣。若不然，人人能自戒饬，遵践约规，千年如一日，则此约之成，人生之庆幸，莫大于此。而为后世子孙者，亦将相庆曰：於戏，我祖先之圣，凤运神智，相共盟以创永世之基，俾我侪得出禽兽之境，而入人类之域。呜呼，岂可谖哉！

抑因此约所失，与其所得，请得比而较之。盖其所失，则曰天命之自由也，其所得，则曰人义之自由也。天命之自由无有限极，人人唯力是视，凡其所欲得，出力求之，必不能而后止。人义之自由，建之以众意所同然，而限之亦以众意所同然。是故由天命之自由所得，谓之夺有之权，谓之先有之权。夺有之权，乘人之弱不能为守而行之。先有之权，先人之未下功而行之。此二者虽名曰权，实与力俱亡耳。由人义之自由所得，谓之保有之权，此权文书以著之，生灭俱无涉于力。

解 天命之自由，人人唯力是视，故毋论土地、财贿，若见人之无为守，若人之未下手，辄进而取之，所谓夺有之权与先有之权也。而一旦复有人力逾我，我亦为其所夺矣。故曰此二权者，与力俱生，与力〔俱〕[1]灭也。人义之自由，民约所置，亦民约所限。盖民约既立，法制既设，土地、财贿，

---

〔1〕 俱，据东京佛学塾本补。

必有定主,所谓保有之权也。而此权者,文书为之征,故得之与失之,并无关于力。此三权者,下章论之更详。

因此约所得,更有一。何谓也? 曰心之自由是也。夫为形气之所驱,不知自修者,是亦奴隶之类耳。至于自我为法,而自我循之者,其心胸绰有余裕。虽然,论心之自由,理学之事,非是书之旨,议论之序,偶及此云尔。

解　邦国未建之时,人人纵欲徇情,不知自修厉,故就貌而观,虽如极活泼自由,实不免为形气之所驱役,本心未始能为主宰,非奴隶之类乎? 民约既立,凡为士者,莫不皆与议法,故曰自我为法。而法制既设,莫不皆相率循之,故曰自我循之。夫自为法而自循之,则我之本心,曾不少有受抑制,故曰心胸绰有余裕。要之,因民约所得,比其所失,相逾远甚。故第六章末段亦言,人人之于民约,无所失而有所得矣,参观而更明矣。

第九章　土　　地

　　民约方成，人人咸举其身，及其所辖土地，纳之于君，无所复留焉。然此时不过有纳之之名，而其实皆得自守其土地，支用其利，与初无异。盖如是，庶人、土地相合以成邦也。曰人人必举其土地纳之于君者，何也？曰君合众身而成，邦合众土而成，势力极强，故赖君之力为守，比之人人自为守且益固。不唯此也，此约者，凡法律之所寄基，可崇重者莫逾于此，故我推我土地纳之于君，为名尤正，不可复侵。夫既得以正乎名，又得以增乎力，此众人之所以必纳土地于君也。

　　当民约之未立，人人之有土地，皆不过据前所论先有之权。及约已立，土地皆为君有，而我则从而享之矣。于是乎先有之权，变为保有之权，而不可复侵焉。然若自他邦而观，我之有土地，终不免为据先有之权。何者？所谓民约在是邦，虽洵为法律所寄基，极可崇重，其与他邦初无交涉，而众邦之间，固无有共主，何由得以变更其权？虽然，所谓先有之权，其为力如何？曰此权比前所论威强之权，颇为可凭，然亦必须保有之权，然后方始见效矣。盖法制之未设，苟不可缺于自保者，皆得取而用之，有主与无主，固非所问，而先有之权未足深恃也。民约已立，人人于其所有之外，无得复肆攘夺焉。于是我若见一地无主，先人而有之，得以守之。是知先有之权，在天世力极微，而在人世力益大。是知在人世之所以重我之先有权，而无敢或侵者，非为土地之为我之有，而特为其非己有也。故曰先有之权，必须加以保有之权，然后见效矣。

　　凡欲就土地行先有权者，必具三者而后可。曰是地无主，而未有一人奠居者也。曰所据有才足充衣食，无赢余也。曰既据有之，即就而施功，不令空在也。夫我未有书券，自非就而施功，无以征我之为主也。且夫土地者，天之所以养人类，而苟享生是世者，莫不皆得寄食托居焉，所谓天无虚设者也。然使见有土地无主，从而据之且尽，令他人不复能托生，则非我实夺天物，而致人于穷困乎？然则非自虐之也，一间耳。昔者西班牙人纽熟斯，航至美利坚南部，欲为其主，广有版图。然未几，他国王亦皆遣兵来侵，与土人俱割地殆尽，其终属西班牙者无几。故曰欲行先有权者，必具三者而后可也。

由前所论推之,邦之为物可知也,曰此合庶人、土地所成也。盖君权既及乎庶人之身,又为庶人之所得,并身与土地皆司之,此正君之所以令众庶效忠贞之节,无敢或违之大柄也。顾古昔诸国王专断为政者,若白尔西王,若悉笃王,若玛施土王,皆不自称曰白尔西国王、悉笃国王、玛施土国王,而特称白尔西人中之王,悉笃人中之王,玛施土人中之王。彼岂知司庶人之躬之利,而未知司庶人并司庶人土地之利邪? 近世法兰西、西班牙、英吉利诸国,其王皆自冒国王之号,因得以并土地、人民皆司之,是则可谓巧攘民主国之利,以固其私权者矣。

庶人既皆举其土地纳之于官,然后从而复受之,于是乎名虽为借地者,实据有土地,与初无异。夫庶人皆无借地者,而土地皆为官之有,故若有人侵夺我土地,若有邻国人来寇,官则出力为我御之,必克复而后止。是知庶人之纳其地于官,虽为益于君权,而其自益者实大也。虽然,君之于土地,与庶人之于土地,其权自有相异者,请详而论之。

凡兹所论,系本有土地而后相合为邦者。若有未有土地之前,欲相合为邦乎,当先相一地足容其众者,即据而有之,于是众相共有之,无分异。或检蹃而均分之,或广狭有差,皆自君定之。若众共有土地则已,苟分土地,〔毋〕[1]别其均而分之与广狭有差,君之于土地,其权必在庶人之上。盖不如此,则相结之心不固,而君权空矣。

解　前乎此所论,皆先有土地,然后相约成国。故第九章云,民约方成,人人举其现在所辖土地,纳之于君。盖当现在所辖,或有广者,或有狭者,官乃因而书券,以著人人保有之权。第九章又云,先有之权,必须加以保有之权,然后见效。第八章亦云,保有之权,文书以著之,生灭俱无涉于力,前后参考方明矣。又未有土地,欲相约成国,当先相土地就而寄迹焉。是时也,或众共有土地,无分异,或均而分之,或广狭有差,皆议而定之,所谓君定之也。若众共有土地,无分异,则是官专有土地,而庶人初无所得擅也。故曰若众共有土地则已,苟有分异,则论其均与不均,皆庶人有所得擅矣。庶人有所得擅,而议院之公权,不胜乎庶人之私权,则君权有所不及,而法令有所不行矣。故君之于土地,其权当在庶人之上,盖众议一决,收买土地若别有所令,庶人不得而拒之也。

――――――――――――

〔1〕　毋,据东京佛学塾本补。

由此观之,邦国之所当为法可知已,曰均不均是也。盖天之降才,固不能均,有智者焉,有愚者焉,而其肆意为生,所谓天命之自由,无有限极,民约一立,权力平均,不得复有侵夺,即前所云弃自由之正道也。若智者欺愚,强者暴弱,而无所顾惮,复何邦之为? 乃举此以为本卷之殿云。

足本卢骚民约论

马君武译

上海中华书局 1918 年 2 月版

序

　　卢骚《民约论》共四卷,一八九八年,上海同文译书局刻日本中江笃介汉译第一卷,名《民约通义》。一九〇二年,杨廷栋据日译成四卷。日译已多错误,杨译更讹谬不能读。二年前泰东书局复刻中江汉译第一卷。故《民约论》之书名出现于中国十余年,其真书竟至今不可得见,译事之难如是乎。予居北京之暇,以法文原著与英文 H.J. Tozer 译本互证,译成今完本,共费八十日。卢骚之学说,近世多受人攻击。其反对代表政治,主张国教,崇拜罗马过甚,乃至主张独裁制,尤与近世政治原则相反。然主权在民之原理,推阐尽致者惟卢骚。故其书为法兰西革命之最大原动力,历二百年不废,永为世界大名著之一,各国皆有译本。予曾发愿尽译世界名著于中国,《物种由来》《自由原理》《社会学原理》后,此其第四种也。民国五年除夕,工学博士马君武记于上海。

足本卢骚民约论目录

序　言

予幼时窃不量力,欲著一巨帙,阐明民约之理。此意已抛弃多年,今特撮约著为此书,多择前此所成书之最重要者,以贡献于世,其余已不复存矣。

第 一 书

导 言

今予欲设为问题如下：以如是之人民，如是之法律，究能得正当稳妥之政治否？为研究此问题之故，予乃明见惟法权所许，与利益所归，二者能相调和，则义与利乃不相妨害。予所研究之问题，既如是其重要，人将诘予：汝既非王君，又非立法者，何为著书论政治？然予论政治之故，即在于是。设予为王君或立法者，则予所欲论著者，将现诸实行，否则含默耳。

予生而为自由国之公民，为主权团之一分子，对于公事，予所言虽无大势力，而既有选举权，则非对于公事毫无关系。予当思察政府问题之时，每有新发明，使予爱吾国政府之情益深，是予之所最乐者。

第一章　第一书之旨趣

人本生而自由，又处处受束缚，有多人自谓为他人主，其实为大奴隶。予诚不知此变化之原因，予所能解释之问题，即使其复归于正道是也。

若设人民失去自由之原因，为强力及施用强力之结果，则予可言人民惟受压迫而服从，若能自脱衡轭则善矣。如人民用其已失之权利，恢复其自由，盖夺去人民之自由，既不合于理，则恢复之为合理矣。社会之秩序，为一种神圣人权，是即一切事物之基本。此人权不本于自然，而本于协约。今所欲论者，即此协约为何物是也。

第二章　最初社会

最初之自然社会即家族。然儿辈与父相依附,以其须保护之时为限,当此需要既息,则此自然结合即解散。为父者不须复保护其儿,为儿者不须复服从其父。若此时父与儿此时之关系不解,则非自然的而为情愿的,故家族之结合,乃依协约之理。

寻常之自由,即人类本性之结果。其第一法律为自保护,其最初注意,为事物之属己者。人类达自主之年龄后,自能别择保卫之法,而为己身之主人。

家族为政治社会之最初模型,主政者即父也,人民即诸儿也。人民生于自由平等,为自己利益之故,乃放弃其自由。父爱其儿,儿还养其父。主政者爱其人民,主政者之幸运,即在于是。家族与政治社会之差异,如是而已。

格娄偷司(Grotius)谓政府非尽为利民所设,即举奴隶为例。格氏之理论法,每据事实为权利,甚且以袒护暴君也。

据格娄偷司之理,不识人类属于一百人钦,抑此百人属于人类钦?(按百人即指帝王一类。)格氏全书所论,似近于前者。霍布士(Hobbes)之书亦然。若是,则人类可分别如牛群,每群有一牧人豢养之,以击椎充食耳。

牧人高出于牛群,君长为人民之牧人,亦高出于人民。故据费娄(Philo)所述罗马皇帝卡里古纳(Caligula)谓君主为神,人民为禽兽也。

卡里古纳之理想,与霍布士及格娄偷司之理论相同。三人之前,已有亚里司多德谓人类非自然平等,有生而为奴隶者,有生而为主治者。

亚里司多德本不误,惟误认后效为前因耳。奴隶之子,复为奴隶,是为实事。奴隶团体既失去一切,且复无意离去,其自甘卑辱,与希腊由礼士(Ulysses)朋僚之自甘横暴无异。故奴隶之所由成,因成为奴隶之先,已反背本性。最初为奴隶者,必以强力压服之,及卑懦性成,乃自甘为奴隶而不思离去矣。

予尚未言及亚当(Adam)或诺亚(Noah)。古书谓诺亚三子,均分天下,与所传撒但(Saturn)诸儿事同。予今亦为诺亚三子之一之后裔,或为支派中之最贵者。据古书之说,予亦当为人类之王矣。其实亚当为世界主,无异鲁滨孙(Robinson)为荒岛主。因彼为唯一之生人,可安据王位,无革命、战争、谋反之忧。此帝国之景象,为如何安乐乎?

第三章　最强者之权利

最强之人，非以权力变为权利，服从变为义务，不能为人主。故最强者之权利，其取得极可笑，而实定为一种原理，此固不难解释者。强力为一种物质的权力，其所生效应，不能成为道德。为强力所屈服者，乃强迫而非心服，不过自全之一计尔。至于义务一语，则是何意义乎？

今试以此假托之权利研究之，是诚毫无意识之所为。因以强力造成权利，其效果每随原因而变。有第二强力足胜第一强力，亦起而代取其权利。苟有术以不服从之，即合于法，而最强之人，即合理之人，人将争为最强者。强力既止，权利亦息。盖既因压迫而服从，即与义务无关，压迫既不遂，则义务亦停止。故权利一语，于强力无所加增，不成为物。

服从权势，即为强力所压迫耳。是不过一表面语。人谓一切权势出于天，予姑不辩。疾病非亦出于天乎，何以得疾病者须延医师乎？设于深林间遇强盗，予苟被逼而以囊金与之。然予苟能藏匿不与，亦道德之所许。因强盗所持手枪，为一种优越之强力耳。

可知权力非即权利，吾人所当顺从者，惟合法律之威权。是为予所论之第一问题。

第四章 奴 隶

人类既无何种本然威权,以加于本类,而强力非权利之源,则协约为人类一切法律的威权之基本,无可疑矣。

格娄偷司言:个人可放弃其自由,为一主人之奴隶,何以全人民不可放弃其自由,以为一君主之奴隶? 其言之需解释者甚多,今仅就"放弃"二字言之。所谓放弃者,即界与或售卖是也。人之成为奴隶者,非以己身界与,乃自售卖以求生活耳。全人民则无自售卖之理由,且君主不能自生活,赖人民而后能生活。纳倍来(Rabelais)言君主实不能自存活,人民既以己身相界与,又尽失其财产,吾未见其尚有孑遗也。

或谓专制君主能保障国内之平和。是或然,然人民所得几何? 专制君主每为野心所驱迫,以惹起国外之战争,又行政喜怒无常,其弊尤甚于内乱。人民日在愁惨之境,何所得于平和? 彼处牢狱之内者,亦何尝不平和,岂能以是为满足乎? 格里克等居西克娄卜(Cyclops)之土穴中,亦何尝不平和,惟坐待屠食耳。

若曰人生无所求,此荒唐无思想之说也。若是之行为,决不合法,且非出自本心。若曰全民族皆如是,是必为贱愚之民,疯狂之事,焉得谓为权利乎?

无论何人,可放弃自己,而不能放弃其儿女。儿女生而自由,除自身外,无他人有权夺之。儿女未成年之时,为父者当设法保护之,而不能任其受凌虐。因是实背反自然之目的,超出父母权利之外也。仿此欲一政府之合于法律,当使人民能自由选择,赞成之或反对之,则政府自不至流于专制矣。

剥夺一人之自由,无异剥夺其人之本质,即剥夺人类之权利及义务,此外更无物可以补偿之。是不与人之本性相合,盖失去意思之自由,即失去行为之一切道德也。一方主张绝对之威权,他一方主张无制限之服从,是与协约之旨,绝不相容。人与人相对,绝不能使其一能有无限之要求,无等待,无交换,一切行为,皆为无效。奴隶既属我,则彼更无权以反对我。彼之权利既为我所有,则不能用此权利以与反对。天下事之至不通者,莫过于是矣。

　　格娄偷司等又以战争为所假称奴隶权之他一原因。谓战胜者有权以杀战败者，战败者即可放弃自由，以赎其生命，两方俱利。所谓杀死战败者之权利，决非战争之结果。人类在自然界中，本非仇敌，当其初始独立生活之时，其交互关系，本无平和或战争之可言。战争之原因，乃事物之关系，而非人之关系。由单独个人关系，不起战争，惟因事物关系乃有之。然是在自然界中亦无其事。是时尚无确定之所有权，即在社会中一切以法律之威权治之，故个人亦无所争，而所谓私战者，亦无自而起。

　　私人争斗，非战争也。所谓决斗者，法国王鲁易第九曾许之，及僧侣托神意构和，皆封建政府之恶制，与自然权利之原理及安良政府制皆不相容。

　　故战争非人与人间之关系，而为国与国间之关系。是时个人偶然为仇敌，其为仇敌非个人，亦非市民，而为兵卒；非祖国之一分子，而为祖国之防御者。简而言之，每一国以他国为仇敌，而非以个人为仇敌。此其个人之真实关系，不能确定，若不同类之物体然。

　　此原理无论在何时代，无论在具何种文明之民族，皆已认为原则。战争之前，必先宣战，不惟警告此国也，且警告其人民。外国之人，无论为国君为全民族为个人，苟对一国之政府，未曾宣战而劫掠杀死，或拘留其国之人民，则不成为仇敌，而为土匪。虽当战争之时，已尽取其敌国之所有，而必重视其个人之人权及财产权。盖敬重敌国民，即所以庇护己国民也。战争之目的，为破坏敌国，故其国人手执兵器以事防御者可杀之。若释去兵器而来降顺，则即非敌人，而为寻常之人，不能害其生命。故恒有征服一国而不杀一人者。战争以达目的而止，不取杀人也。凡此所云，皆与格娄偷司所主张之原理相反，彼所主张者乃上古讨人积习，与事物之本性及良心皆不相合也。

　　即战胜之权利言之，其根据为最强律。若战争时战胜者无杀死战败者之权，即不能据此以战败者为奴隶。杀敌之故，既非以防止其为奴隶，则使其为奴隶之权，非根据于杀敌权明矣。战胜者何得有权剥夺其自由以偿赎其生命，则自蓄奴权定立生死权，或自生死权定立蓄奴权，皆悖于理明矣。

　　战争时之不正杀人权，虽经允许，而将战败者迫为奴隶，此奴隶非被压迫不得已，亦无绝对服从主人之义务。因杀之无益，乃蓄为奴隶，以图己利。强力之外，生出一种权利，战争之状况永不改。若无平和条约之存在者，而成为一种协约，此协约即永远继续战争之状况者。

　　无论如何，蓄奴之权利，永不能成立。不惟不合法理，且绝无意识。奴隶与权利二名词适相反,而不能并存。或人与人言,或一人与一民族言曰:"我与汝立约,汝全受损而我全受益,随我之意,汝与我当常谨守之。"此非至愚之言而何?

第五章　最初协约之必要

今姑舍此上吾所驳斥者不论，彼主张专制主义者，亦不能有所进。盖压迫众人与治理社会，乃判然两事。不合群之人，先后降伏于独夫之下，此纯为主奴之关系，而非国民与首长之关系。此等人能成部落，而不能成社会，因其无公产，无具体政治也。若是之独夫，虽使世界之半部为其奴隶，彼亦不过为一个人，其利害与余人不相关，而仅为私人利害。己身死后，其帝国必亦随而瓦解，有如巨栎既尽火烧，所余者惟一堆残灰而已。

格娄偷司言一国民可举身以献其君。据此言，则此民族当举身献其君之前，已成为国民矣。此举身献君之事，为一种民事，且本于一种公决。则当判决一民族选择君主之前，当判决此民族何以成为民族之理。因此为他事之前提，而社会之真实根基也。

据事实言之，若此选举苟非全体一致，其前无协约，则必有少数服从多数议决之义务。不然，百人欲之，十人不欲之，此百人之权利何所来乎？议决从多数，是必为一种协约，且众人对此协约，至少有一次无异议者。

第六章　民　　约

设谓人类在自然状态中,有各种阻力以妨碍其保存,每一个人须有力以抵抗之,而保存其位置。但此等原始社会之状态,今已不复存,人类若不变其生存之状态,势必同归于尽。

人类既不能创造新势力,惟有合并指导已存之势力,故其自卫之法,惟在结合众力以抵御反抗力。既以众力结合,乃变为单独活动力。

此诸力之和,惟以众力合并得之。然每一人之强力及自由,为其自保之重要武器,当以何法善用之,使不自损,且无害于自保乎?是其解释如下:"今欲得一种结合之形式,合群族之全力,以保护群内各人之身命、财产,同力合作,不但自服从,且仍自由如前。"此为以民约解决之根本问题。

此契约之文字本性,至为确定,稍与更改,即空乏无效力。此契约虽未经正式宣告,然无论在何处皆同一,皆经默许承认。民约被侵犯,则各复其本来之权利,自然之自由,而失去协约之自由矣。

此契约之文字正确,解释之可简括为一句,即每个人对于全群,放弃其一切权利。每个人既如是,故一切平等。每个人不为一己利害之故,使他人有所不便。

每个人当尽让与其权利,而无所遗,因结合须完全,而每个人不能特别有所要求。若个人之权利有所遗留,则群中无居尊位以判决个人间及个人公众间之事,每人争为判决,人人皆效之,最初自然之状态,仍存不改,其结合乃变为专制无用矣。

约而言之,每个人弃己以让全群,非以让一人,各人让出同样之权利,一切平等,自卫之力,乃更强焉。

民约之精义,又可简言之如下:"每个人以本身及全力举献于公意监督之下,全族合一而不可分。"

个人既结合为协约群,依其行为,即产出一种道德的及聚合的团体。其分子甚多,如会场之诸会员,行为一致,成为一大我。有同一之生活及意志,即以个人集合成为公人。最初者名市,今名为共和国或政团。其本团体之分子,当被动时,名之为国家;当主动时,名之为主权体;与同体相比较的,名为列国。其团体之总名为人民;每个人因其为主权之一分子,名公民;因其服从国家之法律,名属民。但此等名词,每相混淆,彼此误用,而其本意固不可不明辨也。

第七章　主　权　体

如上所述，团结之行为，为公众及个人之交互作用，而个人于协约有两种关系：其对个人之全部，为主权体之一分子；其对主权体，则为国家之一分子。于此不能适用民法公例，谓对于本己所结条约不生效力，因对本己及对本己所团结之全体，固大有区别也。

公众之决断，既能使一切国民依前述两种关系，对主权体负一种义务。反言之，主权体对之则不负何等义务，而主权体不能以法律侵犯之，此其关系实与个人对自己所结条约无异。故对于人民团体，无负义务之根本法，民约亦然。但此非谓一团体不可以与此协约不相违背之他团体相结合，如就外国人言之，则彼不过简单一个人而已。

此公众团体即主权体，惟依协约之制约而存在，故不能对本己或他人负一切义务之与原协约相违反者，有如放弃权利之一部分或服从他主权体等事。侵犯此协约，即无异于自灭，所谓零之积仍为零是也。

民众既结合为一团体，则害其一人，即攻其全体；犯其全体，每个人亦必感其恶效。义务及利害二者相迫，使两部分为协约者互相扶助，且因此二重关系，使众人之利益互相结合。

今已知主权体为个人集和之所成，无论何种利害，皆不得与个人者相反。故主权对于国民，不须有何种保证，因全体必不愿加害于四肢。个人之不能受害，与此同理。主权体简直如是，且必应如是。

国民对主权体之关系不如是。主权虽为公众利害所关，若国民对之不忠，彼亦无从实行所约也。

每一个人或有特别意思，与公众之意思相反或相异，且其私家利害或与公众之利害不同，其绝对的及本然的自由，或使其视尽力公事为特别义举，谓不尽力于众，未必有害，尽力则于己不胜其烦。或以为构成国家之道德人，为理想中人，欲享公民之权利，而不尽国民之义务。此类不正当之事若大昌，政治团体必致灭亡而已。

欲民约之不成空文，则必须默认下条之义。曰不服从公意者，当以全体制限之。是即迫使其自由，是为结合一国公民，使不为私人独立之条件，使政治机器得以操纵工作，而国政不致流为误谬专恣，国民不致陷于大不义矣。

第八章　人　治　之　世

　　当由自然世进于人治世之时,人类亦起显著之变异,有如以正谊代本觉,行为必合于道德。当是之时,向之为血气所驱使者,今则受令于义务;向之直情直行者,今则秉承于法律;向之惟知有自己者,今则为他原理之所拘束,先就商于良知。因是其所牺牲自然利益虽多,而所得之报偿亦不少。其天才受训练而发达,其理想扩张,其感觉高尚,其心性优越,此快乐之时期,实使其由愚蒙之兽类变为聪智之人类也。

　　今就易于比较者言之,人类因民约失其天然自由及无制限之权利,而所得者为人治之自由及确定之财产。天然自由,惟以个人之权力为制限;人治自由,则以公众之意思为制限。又天然界之夺有权,为强力及最初占据之结果;人治界之财产,则以确定之文件为根据。

　　人治之世所得者,除上所述之外,尚有道德之自由。人类得此,乃实为一己之主人。因形气驱使,为奴隶之事,服从自己所定之法律,乃为自由。自由之哲学解释如何,本章尚不及论之。

第九章　财　　产

　　民群成立之时，每人以己身及其权力纳入之。其所有财产，亦属其为其所有权力之一。此时所有权变为主权体之财产，其所属虽变，而性质不变。因国家之权力较大于个人之权力，故公产愈确实而不可侵犯。其对外国人尤甚。国家对国民，据民约之理言之，为其一切所有财产之主人，此民约即一切权利之根本。但以他种权力比较言之，其物主权实由个人之最先占据权而来者。

　　最先占据之权利，比之最强者之权利，虽较为真实，然必俟财产已确定之后，乃为真权利。每一人所必需之物，自然有权利以求得之。而既成为某项财产所有者之后，则其余即非其所有。其所得之一部分既确定，则须以此自足，无权以更要求尚未分析之财产。故最先占据权，在自然界甚柔弱，国人皆尊重之，而此权惟对所有者生效力。

　　欲最先占据权之合于法理，必须附下列三条件：一、其土地必尚无居人；二、所占据之土地必仅足供其人之生活；三、占据之后不可徒居空名，必须工作耕种之。是时文件不备，占据之记号，他人须尊重之。

　　若以最先占据权与必要及工作二条例相合，尚有疑问。其权岂非被扩充甚远而无界限乎？一立足于寻常土地之上，遂可宣告所有权乎？暂时逐去原有居人，遂足以拒绝复收权乎？一人或全人民取得广漠之土地，逐去全民族，夺取自然界所与此民族居住之所，生活之方，非犯法之篡夺而何？有如西班牙人卢臬巴布（Nuney Balbao）据卡司提勒（Castille）之名，宣告太平洋及南美洲之所有权，此岂足以夺去其居民之所有权，且使他君主不染指于是乎？此种宣告皆不过空言，若如是，则罗马教国王仅作数次宣告，即可以占领全世界，逐去其他已占据其地之君主矣。

　　若此可知个人之土地联合之后，成为公地，而主权则由国民扩充于所居之国土，成为真实产业。所有者非复独立无依，即以自己之权力为保障。此种利益，古时之君主未及知之，有如波斯王、西定王、马西顿王等，仅自视为民众之君长，而不知为其国土之主人。今世君主如法兰西王、西班牙王、英伦王等，据有国土，彼盖实知其居民之属己也。

　　此权力让与之特性，为公群既收受个人财产之后，即反与以法律的所有权,变篡夺为真权利,变享受为实主。是所有权者,自居于公产存贮主之地位,其权利为全国人之所尊重,集合全国人之权力,以对待外国人。故一转移间,公私皆有利益,其所让与者即复收还之。至于主权体及产业主人,对于此地产权利之区别,俟后述之。

有时人民于未得何种物权之先,已先集合而后占据一土地,足供全人民之用者,公同享受。或自分之,或由主权体均分之,或按比例分之。其取得不拘用何方法,每一个人对于所有产业之权利,必在全群权利之下。否则联合必不牢固,而无施行主权之实力。

今于本章及本书结束之时,复述全社会联合之根本,使人注意: 即以基本民约破弃自然平等之时,实以道德及法律之平等代换自然界形气之不平等。故人类之强力及智力虽不平等,而在协约及法权上,则一切莫不平等。

第 二 书

第一章　主权不可放弃

上述原理之最初及最重要结果,即依公意以指导国家之势力,一切以公益为指归。因私人利害每多相反,不能不建设社会以谋此利害之调和。为欲利害不同者之能相同,乃为社会联合,故非有利害于某数点相协合,社会必不能存在。今因有公同利害之故,社会于是受治焉。

主权非他,即实行公意,故主权决不可放弃。而主权为集合物,故惟能自代表之权力可以推移,意思则不可以推移。

特别意志与公众意思,于某点不相符合,是为可能之事。而此符合遂恒久确定不变,是为不可能之事。因特别意思每趋于专嗜,而公众意思每趋于平等。又欲此协合得一种的确保证,则尤不可能。因此协合之存在,乃机会之结果,而非伦类之结合也。主权体可云:"予所欲如某人所欲,或如己所欲。"而不能云:"予所欲将如某人明日所欲。"因公众意思不能受将来之束缚,且不能依赖某人所欲,而与某人所欲某种有福益之事相反背也。若一国民徒誓相顺从,此即其分离之兆,而失去人民之性质。国民仅有一主人,而无所谓主权体,政治团体遂破坏矣。

此非谓首长之命令,必不能通过于公意之议决,主权体随时有自由与此反对之权,人意所向,有时可自一般含默中察得之。此事俟后详论。

第二章 主权不可分析

主权既不可放弃,依同理亦不可分析。所谓公意者,或属于人民之全体,或属于一部分。前者公意即主权之作用,成为法律。后者为特别公意,如行政作用,至多成为命令而已。

今之著书家既不能分析主权之原理,则分析主权之事件,有如分为权力、意思、立法权、行政权、征税权、司法权、战争权、内国行政及外国人待遇权等。时而混淆,时而分离,使主权变为以诸部分联和而成之怪物。恰如以数体合成一人,一体具眼,一体具手,他一体具足。世传日本幻术家当众人以小儿斩割之,以手足抛掷空中,复合为小儿坠下,复有生命如前。今世之著书家,实无以异于是,既以欺骗之言,以社会体截断后,又复联和之,人不知其操何术也。

此错误之原因,在彼等不知主权实为何物,而仅据自此分出之一部以立言。例如宣战、构和,已视为主权作用。其实不然。因此非法律,而仅为法律之应用,为决定法律之特别作用。其详俟后论法律章述之。

由其他所分析者,依同法证之,可见主权有时若被分析者,实吾侪设想之误。自主权一部分所分出之权利,皆立于主权之下,且大概属行政权,非最高公意也。

著书者论政治权利,每据其所立原理以决君主及人民权利,恒欠正确,其昏昧不可胜言。有如格娄偷司第一书之第三章及第四章,固执谬理,其翻译者巴贝拉克(Barbeyrac)亦然。为恐妨害其所欲调和之利害之故,言之不敢多,虑所言不足以发挥其意见。格娄偷司亡命至法国,欲媚事路易第八,作书以献之,不恤破坏人民之权利,以与君主。巴贝拉克以所译献英王佐治第一,其用意亦相同。不幸遇遮晤士第二,为防止威廉篡夺之故,使其说归于无效。若此二人能采用真原理,必可除去一切困难,长垂不朽。所说将为真理,造福于人民亦将不浅。然真理无报偿,人民无与以利禄,锡以公使教授,给以恤老金之权,故不为也。

第三章　公意之错误

由前所述,公意必常合于理,而倾归于公益。然人民之决议则不常如是。人类每欲自善,而不能常获所欲。人民固决不至腐败,而每易于受欺,即其所欲者为恶是也。

人民全体之意,与公意有大区别。后者以公众利害为重,前者以私人利害为重,即特别意思之和数。以不同者正负相抵得公意,即二派不同意思之较数。

若人民当决议前,明悉其事,又未与他市民交换意见,则所成公意相差必甚少,其决议必佳。若有一部分成为偏私之党会,就其会员之利益或地方之特别利益,成为公意,则于全社会颇有害,所得较数不多,其结果不良。若诸党会中其一最大,则所成公意非诸较数之和,不可谓之公意,直可谓之特意耳。

故欲得真正之公意,国内不可有偏私之党会。每一公民得自由陈述其意见,是为来喀古司(Lycurgus)立法之本。若国内既有偏私之党会,则须增加其数,以免不平等。梭伦(Solon)、陆马(Numa)、塞如乌司(Servius)等为之。故如欲得明白之公意,而人民不致于受欺骗,不可不设诸法以豫防之。

第四章　主　权　之　界　限

如国家或市邑为道德人,则其生命惟赖其分子之集合。如其重要之职务在自保,则须有普通强迫力,以运动指挥其每一分子,以利便全体。有若自然界与人以绝对指挥肢体之权,政治团体亦由民约得一种超越于诸分子上之绝对权。此权当受公意指导之时,名主权。

但除公人之外,仍须论及组织此公人之私人,其生命及财产自然独立者。欲决此问题,每分明区别公民权及主体权,且须明辨市民为国民所当尽之义务,及为人类所当享之自然权利。

无论每个人依民约所放弃之权力、产业、自由为何部分,皆以群体所必须者为断,而惟主权体能判决何者为所必须。

当主权体要求之时,市民当献其所负之义务于国家。但主权体不能以实于全群无益之担负,责归国民,且不能有此意思,因据良知及自然公例,不可以无故作某事也。

人民对社会所生之义务,本为互利的。本性既如是,故当履行之时,为他人工作,亦须为自己工作。公意常合于理,而无人不欲一己之兴盛。岂非无人不重视一己,而当表决时,以是为大众之故乎?此可证权利平等,及自此出之正谊,皆由每一己之专嗜所生,是为人之本性。而所谓真实公意者,其目的及元素皆应如是。公意自全体出,所以谋适用于全体耳。若倾向于个人及一定目的,皆失去公意之本性。自吾人所不知者下判决,则无平等之真实原理,以为吾人之指导矣。

当某特别事实或特别权利成为问题之时,而非前此公共协约之所规定者,则其事甚难决断。是成为一种诉讼,与私人之利害相关者为此造,公众为彼造。当是之时,既无可依据之法律,又无能判决之法官,又不能诉之公意,以偏袒一方,陷于不正或错误。特别之意思,既不能代表公意,公意既有一定之目的,即其性质已变,不能判决某人或某事。有如当雅典人民举黜首长,颁予荣典,施行刑罚,及以特别命令行政府之职权,则人民已不具有公意,其行为不关于主权,而属于行政。予今此论,或与寻常理想不同,然予个人之意见如是,后将扩言之。

由是可知,欲造成公意,所得之赞成人数,必不如公共利害所连合者之多。每个人皆依此服从条件为利害及正义之结合,全群讨论,为平等之精神,非议论私事时所可比。盖议论私事时,无公共利害,使法官原理及党派原理二者能联结调和也。

无论依何路涂归至吾人所主张原理,其结论皆同,即公民依民约得平等,居同一条件之下,享受同样之权利。且据协约之本性,主权之每一行为,即公意之每一展施,皆使一切公民负相等之义务,受相等之惠益,而主权体惟认识国民之全体,无有分别。

主权之行为究为何说乎?是非居上者及居下者之一种和约,而为全体与各分子之和约。是以民约为根基,故为法律的和约;是为全体所同,故为平等的;是其目的在公益,故为有利的;是以公共力及优越权为担保,故为确定的。国民惟服从协约,故即服从己意。欲知主权体及公民之权利扩张至何地位,当先知公民间之结合如何,即个人与全体之结合如何。

由是可见,主权虽完全绝对,完全神圣,完全不可侵犯,而不可越过公共协约之界限。协约所留遗之财产及自由,可以任其如何处分。故主权不能使一人受累,甚于他人,因如是则显示区别,其权力遂不完足也。

此区别既明,可知个人实不因民约有所损失,其地位且因此改善。其不确定且无常之生活,因此变为更善更安全;其天然独立,变为自由;其害人之权力,变为自卫;其可胜之武力,变为社会结合之权利,不可侵犯。人民之生命既奉献于国家,即永远受其保护。当其舍生卫国之时,亦惟以报其所受之恩。当在自然世,人各自卫,常不免于战争,其危险实更多。为国家战争,惟在必需之时,然因是即不须为己战争,人民因国家得安全,岂不应为是受危险,如昔时个人所常受者乎?

第五章　生　死　权

　　或谓个人无自弃其生命之权,既无此权,何能以此移送于主权体?此问题之称述更不善,故若难于解决。每一人为保护其生命之故,不惮冒受危险。有人自窗下坠,以逃避火灾,决不能坐以自杀之罪。船破死于海浪中者,当乘船时,实未加料,亦不能以此罪加之。

　　民约之目的,为保护结约之全群,凡欲达目的者,须有方法,虽经如何危险,受如何损失,皆所不恤。凡欲牺牲他人生命以自保者,当必要之时,亦须牺牲己生命以保护他人。法律须人死之时,公民不能自为审判人。故当首长谓为国家幸福之故,汝当死,则受命之人不能生。因凡结约之人因是得生活,无灾害以至今日,其生命不惟为自然所赐,且为国家依一定条件所赐也。

　　犯罪受刑罚之理,即本于是。人民不当被人虐杀,虐杀人者罪当死。当其结协约时,本以保护生命,且决未预料结约之某人,当被刑死者。

　　凡行恶之人,侵犯社会之权利,即对于国家犯谋叛罪。既犯法律,即复非社会之一分子,且对于社会宣战。当是之时,保护社会及保护个人,二者不可得兼。处以死罪,非减少一公民,乃减少一敌人。控诉审判,为其破坏民约之证据,及宣告彼已非复国家之一分子。彼既自认己罪之后,为破坏民约者,当处放逐;为公众仇敌者,当受死刑。因为国家仇敌者,已非一道德人,而为一寻常人,可援战争时杀敌之权利处决之。

　　或谓处决罪人为特别行为。此处决纵不属主权体,主权不能自施行其权,必可以易换行之。予之理论如是,今未能纵言也。

　　死刑频行,常为政府柔弱懈惰之记号。人虽不肖,终未有一无所用者。吾侪无权杀人,且不能杀人以示警戒。然有等人若加以保护,即足以致社会之危险者,不在此例。

　　今即赦宥权论之,即罪人已为法律及审判官认为有罪,免其受罚之权,是必属于超过法律及审判官之一权,即主权体。但此权甚不明瞭,其施行亦极稀罕。政治良善之国家,刑罚甚少,非因其有赦免权也,因犯罪者少也。国家当衰亡之时,犯罪者每得免罚。在罗马共和时代,元老及执政人皆无赦罪权,人民虽有时反对判决,亦不许有赦罪之事。赦宥频行,犯法之事愈多,其结果如何,不难明见。予论此事,予心实踌躇不能复执笔。请俟极公正之人不致错误,且决不须赦宥者,讨论此问题也。

第六章 法　　律

因有民约,遂有政群之存在及生活。然必须有立法之事,政群乃能活动而有意识。据最初之行为,此政群既造成联合之后,更进一步,即谋此政群之自保卫。

凡具有命令权者,必其本性如是,与民约无关。一切正义出于神,是为正义之渊源。然不能自神直接承受之,故须有政府及法律。而世间普通之正义,乃出自良知。今自人类之立脚点观之,正义之法律,无自然制限,在人类间不可实行。因有遵照法律者,亦有不遵照者,故不免恶人受惠,正人受祸也。惟民约与法律二者兼行,使权利与义务不偏废,正义乃有应用之途。在自然世,凡物皆公有,无取无求,于己无用之物,乃认为他人之所有。在人治世则不然,一切权利皆有法律规定之。

法律究为何物乎? 若仅以形而上之理想解释之,则无论如何辩论,皆不能明晓。若已知自然界之法律为何物,则亦可知国家之法律为何物。

前此既言,凡关于某特别事物者,即非公意。此特别事物有在国家内者,有在国家外者。若在国家外,既无关系,即无公意可言。若在国家内,则为国家之一部分。全部分对一部分之关系,可分为两方。一方为此一部分,他一方为全部分减去此一部分之较。全部分既减去一部分,即非复全部分,而为不相等之二部分。则此一部分之意思,对于他部,皆非公意明矣。

若全部人民为全部人民之事,发出命令,则是属其本身之事。其全部事物之视察点虽不同,而大概无分歧。既属公事,即为公意。凡关于此类之文件,名曰法律。

如云法律之目的为公共的,意谓法律常合论一切人民,其行为乃抽象的,其所指之人非个人,所指之行为非特别行为。有如法律虽主张特权,而不指名属于某人;法律可以公民分为数阶级,及颁予勋位,而决不指定何人;法律可建立君主政府,定世袭制,而不能选立君主,指命王族。简而言之,凡关于个人之作用,皆不属立法权范围之内。

由此立脚点,可见立法为何人之职权,可不必问,因是为公意之行为也。又不必问君主超出法律之上否,因彼为国家之一分子也。不必问法律不正当否,因无人对自己不正当也。不必问吾人为自由,何以又服从法律,因法律不过为吾侪意思之记录也。

法律以普通意思与普通事物相联合。凡任何人以自己权柄所写定者非法律,即主权体对于一特别事物所写定者亦非法律,而为命令,非主权之行为,而为行政之行为。

故凡以法律治之国家,其行政制度不拘如何,即名之为共和国。因以公众利害为主题,以公共福利为要件也。凡合法理之国家,即共和国,俟后论政府章解释之。

法律不过为人民集合之条件,人民既当服从法律,即当为著作法律之人。有如立会之人,当自定会章也。至其如何决定,则应研究。或为公同条约,或为仓卒感应,或政群有一机关以表示其意思。谁则准备章句,且刊印之,于必要之时,如何公布。盲群聚处,每不知自己之意思如何,何以能胜此至大至难立法之事,是为须研究之问题。人民每已欲善,而不常得之。公意每合于理,而其决择则每不当。故须知事物之实情,及其当然之现象,必择取正路,而不为私人利害之所导引,明察时间及地位,使显明利益之吸诱,与隐微恶害之危险,恒得平衡。个人能见所弃之善,公众每欲得所不见之善,故皆须有良导师。个人须自抑意志以就良知,人民当教导以知其所欲得。公众开明,则社会之知识及意志乃能会通,各部分以至全体之至大权力,乃能同力合作。由是可知,立法者之为必要矣。

第七章 立 法 者

今欲发见与国民最适合之集合规则,须有上智以明察人类之情欲,而不须亲历,洞达人类之本性,而不为所溺。其幸福与吾侪不相依倚,其利益与吾侪不相关系,以未来之进步为职事,在此时代所作之工,将于他时代享受之。由是观之,惟神能为人立法耳。

卡里古纳为同样讨论,引至事实,柏拉图则注重权利,所著《国家论》即释述平民及良民之义。人皆谓伟大君主为稀有人物,伟大立法者则何如?前者不过服从后者所树立之模型耳。后者如机匠,创造机器,前者如工人,用此机器作工。孟德斯鸠有言:"当社会初生之时,共和国之首长创设制度。此制度既创设以后,遂为共和国首长之模型。"

敢为一国民定立法制之人,必自审能变移人类本性,改造个人之本自视为完全独立之全体者,为大群之一部分,使其生活及全体,有与大群相同之处,改变其构造而更加强焉。使自天然界所得独立血气之生活,变为社会道德之生活。一言以蔽之,使人类弃去自然之权力,而受取外来依他人扶助之权力。其自然之权力愈消灭,则受扶助之权力愈大愈久,组织亦愈巩固完全。乃至使每一公民除与其余联合外,不成为物,至全群之力集合,与一切个人天然力相等,且超过之之时,立法之事乃达完全之最高点。

立法者无论据何方面观之,皆为国家之非常人,其才识与职务皆然。是既非行政事务,亦非主权。其职务为共和国构造之一机关,然亦其本体之机关。是为一种特别超越之职务,而与寻常人类政府不相同。有如治人者不宜操纵立法之事,立法者不宜干预治人之事。否则,以法律辅助情欲,适足以维持其不正之行为,既渎犯立法之神圣,即永不能阻抑私人之利益矣。

来喀古司当为其国家定法律之时,即辞去王位之尊。希腊各国之习惯,每依托外国人为制定法律之事。近世意大利诸共和亦仿行此法,日内瓦(Geneva)行此法,甚得其益。罗马当最隆盛之时,以为暴君一切罪恶皆自己出,洞见立法权与主权混合之害。

罗马行十二人会议制时,从未独揽立法权,常对人民言:"吾侪所提议者,非得汝等之许可,不能成为法律。汝等罗马人,其自为保固汝等福利之法律之立法者。"

制作法律者,不须有或不当有立法权。人民之直接立法权,虽依本愿,亦不可剥夺之。因据根本民约,惟以公意使个人集合,特别意思之合于公众意思否,以人民之自由表决为定。此义早经陈述,今特重言申明之耳。

吾侪读立法著作,发见有不相容之二物,即超过人类权力之企画,即实行此企画之威权,实无一物者。

于此有他困难,亦当注意者。聪明之人,欲以己语与俗人言,而不用通俗之法,其意难宣。今者理想千种,断不能以俗语传达之。极普通之观念,极高远之事物,皆非言语所能至。每一个人除自己利害以外,恒不了解政府之计画,故不能识良法律因损失所受之利益。欲初造成之国民能赞和政治之良格言,观察国家政策之根本律,必须以效果为原因。而社会精神之由制度工力所致者,须超现于制度之上。且人类当为所造法律之所模范,因是立法者不能用强力,亦不能用理解,而必须归向一种特殊威权。不用强暴,而能威迫,不恃证明,而能劝喻。

因是之故,无论在何时代,凡建造国民者,皆以天干涉之,以自己之聪明托之于神,以坚其信用。使国民服从国家之法律,如服从自然之法律,承认造人及造国家者为同样权力,而顺从之,为公共福利之故,乐受羁勒而无所怨。

立法者每托神立言,主张最高之理,非常人所能至者。凡人智所不能动者,以神权胜之。但非无论何人皆可托于神秘,及自称为神之传话人,亦非尽人皆信之。故立法者须有证据,以实证其使命。寻常之人,可埋藏石碑,贿托预言,假称与神秘交,畜鸟通语,或用其他方法,以欺人民。但此等方法,或足以聚合愚人,而断不能建立帝国,且每与所弄愚策,同归消灭。故虚骗之术,不过能暂用于一时,惟大智乃能经久。犹太法律,至今尚存。回教徒之法律,推行至世界之半。至今日尚可证其立法者为伟人。骄矜之哲学,愚盲之党见,每谓此等立法家不过有幸运的欺骗者。而真实之政治家,则以为立此法者,实具伟大智力,故能指导此等法制,至今不坠也。

华白登(Warburton)谓政治及宗教皆具有共同之目的,而在国民起源之时,则彼此为互相利用之器械。其语皆与此相印证也。

第八章 人 民

建筑家当建造大屋之前,必先详察地基足能任受此重否。立法者欲立良法,亦必先审查所为立法之人民,能承受此法律否。为是之故,柏拉图不受为阿卡丁人(Arcadians)及西雷宁人(Cyrenians)任立法之事,以为此二种人民多富人,不能忍受平等原则也。又如克雷特(Crete)之法律甚良,而人民则无价值。因密娄司(Minos)所训练之人民,实已深陷于罪恶中也。

国民于地球上,曾经繁盛,而决未曾有良法律者,盖以千数。亦有可得良法律者,而生存不久,未能成就。国民之多数,与人之多数同,在少年时代,乃易指挥,及已入老年时代,则一切皆难更改。盖习俗已成,成见已深,欲为改革之举,鲜不失败者。人民不愿闻己之罪恶,恰如愚怯之病夫,见医生即畏惧也。

人类有因疾病致心理混乱,尽忘前事者。国家生存期内,亦有混乱时期。如革命势力,每使个人起极大之恐怖,不敢追念前事。既经过内乱以后,死灰复燃,遂复得少年时代之气力,乃致重生。有如斯巴达在来喀古司时代,罗马在达昆(Tarquin)以后时代,以至近世荷兰、瑞士脱离暴政时代,其现象皆如是。

但此为例外稀少之事,其国家必有特别制度,故能如是。且同国民如是之经过,必不能多至二次。其自由或为野蛮自由,国家之财源已尽,必归于乌有,一起扰乱,国家或即灭亡,而不能成革命恢复之事。羁绊已破,即分崩而不能生存。所得者为豪主,而非救治人。“自由可得,而决不可再得。”自由之国民,不可不记念此言。

青年者非幼稚之谓,国民如人,有青年时代,有成年时代。成年时代者,即服从法律后之时代也。然人民在何时为成年时代,颇难决定,时期尚未至,则工作亦不可徒劳。有国民当起源之时,已有政治可言,亦有经千年后尚未达此时期者。俄罗斯人有文明过早,故绝不能实有文明。彼得大帝有仿效才,而无自无所有之域创造及生产之才。其计画亦有良善者,而多不合时宜。彼诚知其人民为野蛮,而未知其于承受文明尚未达成熟期。彼当纳俄民于纪律之时,已欲进诸文明,彼当制造俄罗斯人之时,已欲变之为德意志或英吉利人。彼所欲俄民造就之域,皆与其境遇不相称。是如某法国教师教其弟子为童稚状,不成为物。俄帝国欲吞并欧洲,恐不免自被吞并。其邻国鞑靼,即今为彼臣民者,或遂为俄国及欧洲之主治者,亦未可知。予以为此革命当不能免,欧洲诸国王,尚从而加工以促进之也。

第九章　人民（续前）

　　人类之体格，每在自然界得有常度，出乎此界限之外者，为巨人及矮人。国家之制度良善者，其国土亦有界限，不宜过多，以致施政不便，亦不宜过少，以致失去独立。无论在何政群，其强力皆有不可超过之最大限。国土愈扩张，其强力亦渐减小，故社会之团结愈大，则愈柔弱。小国每较大国更强之理，即在于是。

　　此格言之合于理，有千万理由以证之。第一，距离愈远，行政愈难。有如重量居杠杆之一端愈远，则愈重。第二，部分愈多，烦累亦更甚。每一城市之人民，当纳税以供给行政，又当纳税以供给此城市所属之府县。次之有道有省，分级愈多，人民之负担愈重。中央政府费用更多，人民因此种种负担，每致力竭。且行政机关愈多，施政愈不良，民力既竭，遇非常变故，不能应付，国家每有因是以致危亡者。

　　不宁惟是，政府之实行遵守法律，防患惩恶，皆因土地广漠之故，效力小弱。且人民绝不识其首长为何人，感情亦少，视其国如天下，视其国人如外国人。法律之宜于此省者，不能与他省相适合。因习惯不同，气候互异，不能容受同样之政府。各种国民生活于一首长之下，交通不绝，互相通婚，以不同之法律治之，适足以起纷争混扰。甚至习尚不同，不识其父产果为己有否。才能不现，德行不彰，罪恶不加罚。人民群聚，彼此不相识，惟赖最高行政权勉集之于一处。为首长者政务极繁，不能自治事，其秘书等遂操国家之大权。一言以蔽之，欲设法维持威权，而威权为远方官吏之所把持，人民惟知其近处官吏，所谓人民幸福者，乃不知存在何处，乃至当危急之时，国防亦懈弛不可言。庞然大体，制度不适合，遂不免为因己重之故沉没消灭，破碎无复有余。

　　自他方面言之，国家必有稳固之根基，乃能稳固，而抵抗意外之动摇，且承认为自保持所用力之感效。以国民皆具有一种离心力，诸离心力相交错，以谋吞并其邻地以自大。如笛卡特（Descartes）所谓动速力（Vortices）。凡一国家非具有一种平衡力，使所受压力各处均匀，必不能自保。弱国不免吞并之害，其理即在于是。

　　由是可见，疆土之扩大与缩小，皆有理由。不能据政治家之天才确定其比例,谓何者于国家之保存最有利益。然吾侪可断言主张扩大者,为对外的及关连的,不及主张缩小者,为对内的及绝对的之善。一种制度,最先须健康而强有力,由扩张疆土以得财源,终不及依赖良政府以得强力之善也。

国家既建造以后,每有时迫使战胜他国,又因谋自存之故,每迫使其扩张疆土。国家每以此自喜,不知广大须有一定之界限,过于广大,即其衰落之时,不能幸免也。

第十章　人民（续前）

　　凡一政群,可以二法测度之,即土地之广、人民之众是也。既得二者之关系,则此国家之实状可知。国家依人民组织,人民依土地存活。若土地足以供给人民,人民足以敷布土地,是为关系适宜。按此比例,可算得可容人民之最大数。若土地过多,则照护不易,耕种之法不良,生产过多,防御之战争,即因此起。若土地不足,则国家供给所不足之物专恃邻国,攻取之战争,即因此起。凡一国民所处地位,常恃通商及战争维持之,即为内弱,而必须倚赖邻国或他种事件,其生存必短促而不安全。或战胜而变其地位,或战败而至于灭亡。必其国土甚小或甚大,乃能保其自由。

　　土地之品质不同,肥瘠度不同,生产性不同,气候影响不同,人民之体质不同。有居沃地而消费少者,有居瘠地而消费多者,故土地面积与人数至难得一定之比率。此外如妇人之生殖力,国土之形势,宜于人口之增加否,及立法家所用以增加人口之法,皆当注意。故一种意见,不当仅以所见者为根据,尤当以先见者为根据;不当仅观察人民之实在状态,尤当观察其自然所必至之状态。简而言之,是实有种种机会,使地位起特别急变,而所需土地,较之必要者更多。有如人民居山地者,其自然产物如森林及牧地,需人工较少,其妇人之生殖力较之居平原者每更大。其地之多斜坂者,每不及多平原者生产之多。反之,人民居海旁小地,其处为山石及细砂,殆绝无植物产生,而因捕鱼所得,足以补地利之缺。人民当集居以御海盗,且易离去母国,向他处迁徙,以免人数过多之患。是为海岸旁人民众多之原因。

　　造成国民,固有种种条件,但于此有一条件,虽不能代换他条件,而他条件无此即为无用,是即人民当享繁殖及平和之乐是也。凡建造国家之时,一如兵士排列方阵之时,其时团体之抵抗力最小,而最易破坏。当完全无秩序之时,所具抵抗力当较酝酿时更大。是时各人只顾自己之位置,而不关心于公共危险。此时如遇有战争、饥馑或叛乱,其国家即不免推翻矣。

　　有许多政府皆建设于恶风潮期内,然破坏国家,即由此等政府。篡夺政权者,每借公众骚扰之机会,以通过破坏国家之法律。此等法律,当人民神志清白之时,必难通过。故选择建设政府时期一端,为立法者及篡夺者相别之最确记号。

今欲论何种国民适宜于立法之事,其国民必已因利害种原或协约之所联和。而受法律之部勒者,必尚无根深蒂固之习惯及迷信者;必无突受侵犯之惧,与邻国无争端,能以独力拒之或助之者;必国民彼此相悉,一人之担负,不较重于他人者;必不须他国民之助,能自维持,他国民亦不须其相助,乃能维持者;必不甚富亦不甚贫,而足自给者;必具老国民之固定性,及新国民之柔软性者。立法之事,不难于建设新者,而难于破坏旧者。立法成功之希少,即因不能使自然单纯性与社会之需要相合。此种条件,实有困难伴之。建设良善之国家,其数甚少,原因即在于是。

欧洲尚有能胜立法之一国家,即戈西加(Corsica)海岛。此勇敢国民,既富勇气,复富坚忍心,于其恢复及防护自由,既已表明,是当有聪智之士,教以保持之法。予以为此小岛,必有使欧罗巴震惊之一日也。

第十一章 立法系

今当先论立法各系之目的,以何者为最良。是可总括为二,即自由与平等二者是也。个人相依,自国家团体分得强力,故须自由;而自由非平等不能维持,故须平等。

予前此既述人治的自由为何物,今请进言平等。平等者,非谓人民之权力及资财皆须绝对同一程度。就权力言,不能用为强暴之事,凡施行权力,必须按据地位及法律。就资财言,公民不能以富买人,亦不能以贫自卖于人。富者当善用其财产及势力,贫者当贬抑其贪吝心及需求心。

人恒谓平等为理想中之幻象,决不能施于实事。平等或不免有弊害,独不可设法矫正乎? 事境之势力,常足以破坏平等,必须赖立法力以维持之。

凡一良制度之普通目的,必须更改之,以合于地方位置及居民性质之关系。为有此等关系之故,每一国民之制度,成一特别系统。其制度本非至良,而对于立此制度之国家,则为至良者。例如土地硗瘠不毛,或国土过小,不足以容其居民,则立法者须注意于美术及工艺,以其产物交易食粮。若土地平衍肥沃,富于生产,当招徕居民,则须注意农业,使人数加多,不可使人民专事美术,致人民聚居数处,其数不多。若土地为广漠之海岸,则当注意于通商航远,则国运必发达,惟难持久耳。若海岸皆岩石,不能通航,其居民必为食鱼之野蛮人,则当注意维持平和之生活。简而言之,除普通之格言外,在每国民间必有特别原因,影响于立法事业,使其恰能与己国相适合。古时之希伯来,近世之阿拉伯,以宗教为重要事项,雅典以文学,卡他基及太勒以通商,罗德司以航海,斯巴达以战争,罗马以武功。孟德斯鸠著《法意》,已详举其例,以示立法者所当注意之事。

欲一国之制度牢立经久,则须观察方便之法,使自然关系与法律二者常相符合。法律者,惟以保固维持及改良自然关系耳。若立法者误认目的,与自然之原理相背驰,须教以自由者,教以服从;须教以增加人数者,教以增富;须教以平和者,教以战胜,则法律必柔弱无力,而制度为有害。其国家必常骚扰无宁日,以至于败坏变易,复归其不可胜之自然界而后止。

第十二章　法律之分类

欲凡一事物皆支配得宜，民福得最良之形状，则不可不讨论各种关系。第一种为全体对全体之行为，是为全体对全体，或在主权体对国家之关系。此关系有直接名词，于下可见。

对于此种关系之法律，即宪法，又名根本法。若在各国家内有一法，使其支配得宜，则人民之发见此法者，须即保持之。国内秩序不良，何不可据根本法以改善之？且一国民皆有自由以变更法律，而得最善者。若视为有害，岂无权以防遏之？

第二种为分子与分子，或分子与全体之关系。前者关系可甚小，后者关系可甚大。故每一市民对他市民为独立，且对国家为绝对独立，是皆用同样之法致之。因分子之自由，惟赖国家之权力保护也。由此第二种关系，乃得民法。

第三种为个人对法律之关系，即加罚于不服从者，由此得刑法。是以根本言，非法律之特别种类，而为一切他法律之制裁。

除此三种法律以外，尚有第四种。此第四种非雕刻于石版或铜版上者，而在公民之本心中。依此以创造国家宪法，每日得新鲜力量，虽其他法律废止歇绝，此能使其复活，取而代其位，保存人民创立法制之精神，补国家威权之所不及，是即人民之习尚风俗及舆论是也。当时政治家每不注意于此，此实为其他一切成功之由。大立法家必须以此为根据，此虽似惟能支配特别事项，而实如屋顶之圆穹。有如习尚一端，发达甚迟缓，而实为万事之钥也。

各种法律中，宪法为定立政体之要法，予书所论，仅及宪法。

第 三 书

于进论政体之先,当明晓"政府"一字作何解说,今先释其意。

第一章 政 府 通 论

今先劝读者注意此章。然予不知使人注意之法,是所愧也。

凡一自由行动,必为二种原因之所生产:其一属于道德,即立定为此事之意思;其他一属于体质,即施行此意思之权力。如予向某处行,最先必有向此处行之意思,其次为举足行向此处。若瘫废者欲疾走,或懒惰之人不欲行动,皆一步不能行。政群亦具此二主动权,即强力及意思二者。后者名立法权,前者名行政权。凡为一事,非此二者合力工作不可。

立法权属于人民,且惟能属于人民,前既言之。依上所述原理,行政权不能如立法权或主权,属于人民。因行政权须依特别条件行使之,不在法律范围以内,且不在主权体范围以内。主权体之一切行为,皆为法律。

公共权力须得一适合机关,集中于是,依公众意思之指导,施诸行为,使国家与主权体互相交通,成为公人,恰如灵魂与身体相合为人也。在国家内,政府之职司与主权体相混淆者,惟国务员。

今进言政府。政府者,国民及主权之中间团体,沟通两方之隔阂,实行法律,保存人民及政治之自由。

此团体之分子,名行政官或君王,即主治者,其团体之总名为行政首长。或谓人民服从首长之条件非协约,实合于理。此不过一种委员会,一种雇役。受雇者为主权体之官吏,借主权之名,以施行其所寄附之权力,限制之,更变之,继续之,一如其意。惟不可放弃某种权利,因是与社会团体之本意不合,与结合之目的相反也。

因是知政府或最高行政机关,为施行政权之所,首长或行政官,为此团体之一人或全体司行政之事者。

政府具有媒介权,以沟通全体对全体或主权体对国家之关系。以数学明之,主权体及国家为连比例之首末二率,政府为中率。政府自主权体承受颁给人民之命令,因国家须常居稳固之平衡,一切事恒得其平。而政府所取受之权及公民权二者之间,须常得平等。公民者,一方为主权体,又一方为臣民。

据上所述,主权体、政府、国家三者,既为连比例之三项,故变更其任一项,即足以破坏其比例。有如主权体欲主治,或行政官欲立法,或臣民不复服从,则有秩序变为无秩序,强力与意思不调和,国家必改散,变为专制或无政府。因连比例止有一中项,而一国家内只能有一良政府。但人民之关系,有千百事项足以改变之,故不惟人民不同,所视为良政府亦不同。且同一人民,在不同时代内,所视为良政府者亦不同。

欲明了首末二项间各种关系之意义,今以人数为例,庶其关系易明。

假设国家为一万人之所组成,主权体为全体聚合所成之一体,而私人以国人资格则为个人。故主权体对国人之比例,若一万比一,而国家每一分子虽服从主权,而自为主权体一万分之一。

若国民数为十万人,则国人之地位不变,且每人皆服从法律之威权,而其表决权则减至十万分之一,较前者势力少十分之一。国人仍为单位,主权体之比例权,则依公民数加增,故国家愈大,国民之自由愈小。

予意以为比例权愈大,则距平等愈远。故以几何理言,其比率较大者,以常识言,其比率较小。前者之比率以量言,依指数定之;后者之比率以同等言,依类似定之。

特别意思与公共意思愈相背驰,即习俗与法律愈相背驰,则压制力当愈加。故人民之数愈多,政府当愈强,乃能有效。

又国家愈扩大,寄附公权之人愈易诱惑,愈多机会以滥用其权力。政府需力更多,以防制人民。主权体亦需力更多,以防制政府。予于此非指专制力,乃指国家各部分之相属力耳。

上所述主权体、首长、人民所成连比例之二率,非任设之理想,乃政群本性必至之结果。而两外项之一即人民,常以单位代表之,为定数。二比率加减如何,单比率亦加减如何,故中项为可变更者。由此可见政府不能为绝对相同之制,国家之大小不同,政府之本性即依之不同。

有以言相嘲笑者,谓求中率以造成政府,则求得民数之平方根已足。不知此不过一种比喻耳。予所谓比率者,非以民数度之,乃以行为之量度之。其原因甚多,简而言之,予借几何名词以立说,而几何准则非绝无地以容道德分量也。

政府为小,包有此政府之政群为大。政府为道德人之具有一定职任者,其自动如主权体,被动如国家,且可分解为他种相似之关系。由是起新比例,此新比例中又有他种比例,一依行政秩序而异,以至变为不可复分除之中级,即单一首长或最高行政官。在此级数之中,是可代表数列小数,及全数之单位。

欲免数学名词之烦难,今可定政府为国家中一新团体,与人民及主权体相别,而居二者之中间。

国家与政府之根本区别,为国家自能存在,而政府则经主权体而后存在。首长之意思即公众意思或法律,且理应如是。首长之强力,即人民之权力聚集而成。若人民欲自为某种绝对独立之行为,其全体之关系,即变为松懈。若首长欲自发挥特别意思,而蔑视主权体之意思,且逼迫他人顺从其特别意思,必滥用其手中所寄公共强力,遂成为二种主权体。一为法律的,一为事实的。社会集合必因此即消灭,政群必因此解散。

欲政府团能存在,有一真实之生活,与国家团相别,且政府之分子能协同动作,以达其建设之目的,则须成特别人格,各分子具公同感情,且具自保存之力量及意思。此种个人生存之发现,为集会,为会议,为讨论及议决权,为权利、名位、特权之专属于首长者,因是使行政官之地位增其荣异。惟在全体之中,此一团体宜用何种方法行之,使其本体加强,而普通组织不加弱,实为困难。且其自保存之强力,与保存国家之强力,当显然有区别。一言以蔽之,政府须常能牺牲以为人民,而不可牺牲人民以为政府。

政府之人造团体,虽为他人造团体之所造成,而为诱导及次亚之生存,终无碍于其强毅有名誉之行为,及强顽之健康。若与其建设之目的实未背反,亦可依建设之方法,有多少差异。

因有此种种差异,故政府与国家之关系每致不同,一依国家改变时所起偶然及特别之关系而异。政府虽本体极良,苟不能变其关系,以与所属政群之缺失能相对付,将亦不免为极恶之政府也。

第二章　各种政体建设之原理

欲知政体不同之大概原因,须先论首长与政府之别,犹之前章所论国家与主权体之别也。

行政官团体所具分子数,可多寡不同。前既言人民愈多,主权体对人民之比例愈大;依同理,行政员愈多,政府对行政员之比率亦愈大。

政府之全力,即国家之全力,无所变更。可知其对自己须应用之力愈多,则对人民所应用之力愈小。即行政员愈多,政府之力愈弱。此为根本格言,再明述之如下。

今明辨行政员三种根本上不相同之意思如下:第一,为个人特别意思,专以图其本己利益者。第二,行政员之公同意思,专以图首长之利益者,又可名团体意思,是对政府关系为普通,对此政府所属之国家为特别。第三,为人民意思,即主权体意思,是其对国家全体关系及对全体一部分之政府之关系,皆为普通。

立法系之完全者,特别或个人意思不生问题,政府专有之团体意思,亦居次位,惟普通或主权体意思独尊无上,其余皆当服从之。

反之,依自然秩序,此等各异之意思当集中时,每比较更为活泼。故公共意思最弱,团体意思次之,而特别意思最强。而在政府内每一分子为一,一己为主,行政员之身分次之,公民之身分又次之,恰与社会秩序所需者相反。

设全政府握于一人之手,则特别意思与团体意思相合,故后者达于最强之程度。而权力之设施,每依意思强弱之度而定,但政府之绝对权力不变,故一人当权之政府,当富主动力。

反之,设政府与立法权相合,即以主权体为首长,一切公民为行政员,则团体意思与公共意思相合。而团体意思之无主动力,与公共意思相等,特别意思可自由活动,政府之绝对权力不变,其相关之自动力,遂达于最小限。

此等关系,实确实而不可驳难。试进论之,每一行政员之本身,必较每一公民为富于主动力,而特别意思对政府之势力,每较对主权体为尤大。因每一行政员必主管政府之某种职务,而每一公民不负有主权之职务也。

且国家愈大,其真实力愈加,虽此力不与增加之面积成比例,亦所不计。国家既不变,亦无须增加行政员,政府之力既为国家之力,故不需更大之真实力。

其力量常平均,即政府之相关力或主动力减小之时,其绝对力或真实力不必加大。

以商务比之,管事之人愈多,其进行每迟滞;策谋多者,幸运不佳,良机会任其失去;辩论愈精者,每失去辩论之效果。

前此既言若行政员加倍,则政府依其比例减弱,且人民之数愈众,压迫力愈增,故行政员及政府之比率,恰与人民及主权体之比率相反。即国家愈大,政府愈当缩小,而首长之数减少,与人民加增之数成比例。

此当言政府之相关力,而未就正义言之。因就他一方言,行政员愈多,则团体意思愈与公共意思相近。若一人操行政权,则团体意思即特别意思,前已言之。故一方为失,他一方为得。立法之术,在能使政府之权力及意思适于一点成反比例,以得于国家最有利益之比率。

第三章　政府之分类

前章既言政体之分类,乃依组织政府之人数而异,此章乃述其分类之法。

主权体可以政府职司付托全国人民,或其大部分,使与闻行政者之数,多于公民之数,是为民主政体(Democracy)。

次之,若以少数人司政府之事,公民之数多于与闻行政者之数,是为贵族政体(Aristocracy)。

再次之,若以行政事务集于一人之手,一切权力皆自此出,是为政体中之最普通者,名君主政体(Monarchy)。

民主政体及贵族政体,程度不同,阶级亦异。因民主政体可包有人民全数或全数之半,贵族政体可为人民全数之半或少数人。君主政体可分为数分。据斯巴达宪法,常有二王,罗马帝国曾同时有八皇帝,而帝国不分离。每一种政体,皆有某点与他政体相混。上述三种政体之中,实又有互异之形,恰如国家所有人民之数,各不相同也。

又同一政府,可以再分为他部分,此部分之行政与他部分不同。又可以以三种政体连合成一种混和政体,其每一部分各具单独政体之形。

无论在何时代,皆有人议论何种政体为最良者,而不知据事实论之,其任一政体有在某境地为最良,而在他境地为最恶者。

如在不同之国家内,其最高行政员之数,当与公民数成反比例。则大概民主政体适合于小国家,贵族政体适合于中等国家,君主政体适合于大国家。此定律直接由原理得来。(按此说已为重复代议制所打破。)然境地不同,例外之事,固往往而有。

第四章　民　主　政　体

曾经立法者,必知法律应如何施行及如何解释。据理论言,法制之最良者,当以行政权与立法权合而为一。然据一定视点观之,实有各种情状,使民主政体不能实行者。因应当区别之事,无所区别,首长与主权体混合为一,虽有政府如无政府也。

以立法之人为行法之事,或人民除研究普通事项之外,复研究特别事项,皆甚不便。私人利益之影响,及于公事,尤为危险之至大者。政府误用法律之害,远不及立法者之自身腐败,是为追逐私人利益所必致之结果。当国家之根本已坏,则无论何种改革,皆不可行。人民之决不责骂政府,亦决不责骂其独立。人民之善于主治者,亦无需于被治。

就其名词之真义言之,真正之民主政体,既往从未曾有,将来亦决不能有之。因多数主治,少数被治,实与自然秩序相反也。人民决不能永远聚集一处,以处理公事,为此故设置若是之委员会,必致行政形状全然变更,此为甚易见之事。

据事实设为定理,试以政府之职司,分为数行政所,则其行政员数最少者,权威最大,而事务易于处置,其结果自然至于是也。

此种政府,有许多事项难于凑合者。第一,国家极小,人民易于集合,每一公民易与其余者相识。第二,仪式极单简,以免事务复杂,辩论纷纭。第三,阶级财产平等,乃至权利及权势亦平等。第四,少奢侈或无奢侈。因奢侈为富裕之结果,或富裕不必致,因是富人及贫人皆致腐败。前者失其所有,后者流为贪吝,以至国家成为萎靡空虚,其国之公民,彼此服从,互有意见。

有名之著述家,以道德为共和国原则,因此等条件皆无道德不能成立。但漫无区别,故著书家之立说,每欠的确明瞭,不知主权随处皆同,制度良善之国家,皆需此同样原理,惟依政体如何,其多少之程度有不同耳。

国家之最易惹起内乱及内争者,为民主政体。因其政体最易变更,须谨慎小心且奋勇以保持之,其公民须坚忍有力,每日默念巴拉丁(Palatine)在波兰国会之言曰:"予宁得哀痛之自由,不愿为平和之奴隶。"

若有神之国民在,则可以民主政体治之,如是完全之一政府,实不宜于人也。

(按卢骚谓民主政体只宜于小国,自北美联邦国成立后,其说已于根本上被打破矣。)

第五章 贵族政体

政府及主权体,为完全有区别之二道德人,即二种公共意思。后者对一切公民而言,前者仅对行政员之全部而言。政府虽能如己意以定其内部政策,而对于人民有所言说,则必须用主权体之名义,即用人民本身之名义,是为决不可忘者。

最古之社会,乃以贵族政体治之。家族之首长,自聚会以议论公事,幼年者服从其经验之威权,故今日所用教长(Priests)、长老(Elders)、元老会(Senate)、老人(Gerontes)等名,皆自此来。北美洲之野蛮社会,今日尚用此制,治法极良。

及自制度所得不平等,超过自然之不平等,以财富及权力代年齿,贵族政体遂变为选举的。此种权力复随父产以传其子,其家族成为贵族,而政府为世袭的,国中元老有年不过二十岁者。

故贵族政体有三种,即自然者,选举者,世袭者。第一者惟宜于单简社会,第三者最恶,第二者最善。予所谓贵族政治,即指第二者。

即民主、贵族二种政体之利益辨之,后者有选举之利,前者则一切公民生而为行政员。贵族政体则限之少数,经选举后乃为行政员。有正直者,有智慧者,有经验者,以及其他受公众敬礼者,皆依此法得选举,是为国人被治必良之证。

且依此便于集会,议事甚便,办事亦有秩序而合于理。年长之元老,较之不知名及易受人轻侮之群众,在外亦易维持国家之信用。

最智之人,当治其群。若彼等为公益图治而不及其私,是为最善最自然之秩序。以二万人司行政,不如择其良者百人之为愈。惟如是,或不免因团体利益之故,行使公同力,稍与公意相违,且不免因他种倾向妄用行政权之一部法律耳。

据特别便宜言之,国家不可过小,人民不可过于单简质实,施行法律亦不宜直接如民意,似良民主政体之所为。又国民不宜过大,以致行政长官分布各处,占据本有之区域,渐成独立,而为其地之主人。

贵族政体所需道德,虽不如民主政体之甚,然须有自己之特质,即富者当事节约,贫者当知自足。在贵族政体国中,不能有过强之平等,如古时之斯巴达然。

在贵族政体之国家内,若人民之财产不均,施政权当托于有完全时间办公事之人,而不当如亚里士多德之言,以托于富人。此可以示人民财富非甚重要,而须知反面之选择,以期人之自能成功也。

第六章　君　主　政　体

前此已言首长为道德人及集合人之与法律力相和者,且为国家行政权之寄贮人。今设此权集中于一自然人真实人之手,依法律惟此人有权以寄贮之,此人即君主。

前所述二种政体,皆以团体代表个人。此种政体则以个人代表团体,故组织此种政体之道德单位,同时为物质单位。而在他种政体由法律所集聚之一切权力使其有效者,在此皆自然集聚之。

人民之意思,首长之意思,国家之公共力,政府之特别力,于此皆顺从同一之主动力。机器之全弹簧,握于一人之手,每一工作,皆向同样之目的,无反对之行动,彼此相冲突。各种制度,皆不致行为多而效果少。阿起梅得(Archimedes)静坐海岸边,指挥一大船,使其行动,是即有能力君主之写照。彼坐内阁中,若无所作为,而极大之国家受其治,国内各事,莫不被动。

政府非强有力者,则特别意思不能主治,而使他人受治。在君主政体之下,每一工作固同向相同之目的,但此目的非即公益,而行政权之行施,每与国家有妨害。

君主每欲专制,而达到此之最善途径,必先为人民所爱。此格言甚佳,且就一定视点观之,亦甚确实。然不幸宫廷笑柄,即自此出。自人民爱情所得之权力甚大,固无庸疑。但此为暂时的及有条件的,且首长决不以此为满足。最良之君主,常欲得为恶之权力,而不失去主人之地位。政谈家每言君主,谓人民之强力即君主之强力,若人民发达众多及强固,实君主自身最大之利益。君主每不以此言为实。君主之利益,首在人民之柔弱穷困,不能与君主抵抗。当人民完全服从之时,首长时或以为人民当强盛,因人民之权力即己之权力,有是可以对抗邻国。但此种利益终为次属,而君主所采格言,每为直接于己有利者。沙弥尔(Samuel)对希伯来人所为,及马查威里(Machiavelli)之所述,皆此种政谈者之代表。其名为君主尽忠告,其实则为人民说法。马查威里所著《君主论》,实共和人民应读之书也。

大概言之,君主政体宜于极大之国家。试即君主政体详察之,可见行政团体之人数愈多,则首长与国人之比率愈减,以至相等或为一,是为民主政体。政府减小,此同比率增大,若政府在一人之手,则此比率达最大限。首长及人民之区别极远,乃至国家无结合力。欲其能相结合,则须有王公、伟人、贵族以补其缺隙。此皆与一小国家不相宜,此等秩序,适足以致其灭亡耳。

善治大国固难,以一人善治之尤难,即君主任命省长之事可见。

君主政体不及共和政体,有根本上不可免之缺失,即在共和国民意所属,以居最高位之人,必为开通有才能者,此人亦能谨慎尽职。在君主政体之下,居高位者必为行恶之小人,卑贱之奴隶,狡猾之阴谋家。其人小有才,足以获得宫廷之高职,既获得后,所以表示于众者,无非溺职之事。首长之任命多错误,决不如人民之选择。故君主政体之下,有才能之人,决不能任职。而在共和政体之下,庸碌之人,决不能出身。继世君主任事之后,常为此等小人阁员为误,至于失败。财帑既穷,其权力亦随之而坠失矣。

欲君主国之施政良善,其国土之广大,当与主治者之才能成正比例。战胜易而主治难,有得力之杠杆,则全世界可以一手指动之。然非得赫枯勒(Hercules)之肩膊,则不能支持。无论国家之小至如何,君主必比是更小。而君主则常以为国太小不能容之,施政又复不善,每进行一己之图画,而忘却人民之利益,滥用一己之才能,致人民于不幸,较之无才能之君主更下更恶。故国家疆域之大小,每依君主才能之大小如何。而在共和国家,元老之天才,有一定之界限,国土亦常有一定之区域,故行政之事,容易发达。

一人专政之最不便处,尤在难于得相当继嗣之人。若在民主、贵族二种政体,皆无此弊。一君主既死,他君主当继之,每因选择继嗣问题,费时不少,是时最易起风潮。苟非公民不以私利益为重,每致阴谋腐败之事,乘之而起。既由卖国以得位者,必复卖其国以取偿其所失去之财。政以贿行,必为早晚所不能免之事,在君主下所享之平和,反不及政权交代时所受之扰乱也。

此等恶害将如何阻止之乎?皇冠既为一定家族之所嗣续,承继法亦已定立,以妨止君主死去时之纷争。选举之制,以摄政之不便代之。不欲得明良之行政,而欲得安静之外观;不欲选择贤君,而徒奉其死君之子以为主。虽怪物愚兽,亦所不择。君位交替时所冒危险,实自设反对之机会。狄翁西司(Dionsius)之子对答其父之言,至可寻味。其子有不名誉之行为,其父责之曰:"予岂曾为此等事,以为前例?"其子答曰:"汝父曾未为君王也。"

一人既居主治之地位，所遇一切事皆足以剥夺其正义及良知。人谓教幼主主政为至难之事，此种教育似于彼无益，不如先教其服从。历史上最有名之君主，从未学主政，盖此事可不学而能。君主须能服从，不须能主政。古人有言："君主辨别善恶最便捷之道，在设己身处于被治之地位，能赞成此事否。"

因无集合性之结果，君主政体极不稳固，政策随时变换，一依君主或代理君主摄政者之性质而异，不能向一定之目的或永久之途径进行。国家之大势，飘流于多种格言、多种计画之中。他二种政体皆无此弊。故君主之朝廷多佞幸，贵族之元老院多哲智，共和国则更以坚固之决心，合规矩之方法，以向一定之目的进行。君主政府虽经改换，其国务员及君主所守之格言同，惟与其先君大异耳。

又因无集合性之结果，君主政体之政客，每倡各种伪说，以人民政府比家族政府，以国君比家族之父，此谬误前既经指出矣。彼等又谓君主政体有种种道德，而视君主之地位为固然。谓君主政府优于他种，因其最强有力故。又谓君主政体无团体意思，且较公共意思为强固，故为政体之最良者。

柏拉图谓据君主之本性，实为希有之人格，因自然及幸运实默启之，以得王冠。若受皇室教育者，适致腐败，则对于曾受主治教育之继嗣者，当有何种期望乎？故反对君主政府之有良君主者，适为自欺。惟研究此种政体，当预设其君主为无能而劣恶者，因承受王位者以此种为最多，或既受王位后，将至如是也。

此种困难，已为多数著书家之所见及。然彼等不因是而废其主张，谓欲免此困难，在服从而无所怨。上帝必惩罚恶君，吾侪当静忍之，以俟天罚尔。此说亦非无可听，惟予以为此说宜于讲坛，不宜于著书。是何异于一医生自谓有奇术能疗病，而其全技不外劝病人忍耐乎？吾侪非不知遇有恶政府当忍耐，惟正当问题在求得良政府耳。

第七章　混和政体

质而言之,世界实无单简之政府,一首长之外,必有从属之行政员。民主政府亦须有首长,行政之各部分,其人数每自多而少,惟有时多数须依赖少数,有时少数须依赖多数,是其异尔。

有时分布平均,政府之各部分,彼此相依赖,有如英伦;或各部分之权势独立,有若波兰。后一种政体不良,因政府不统一,国家亦缺乏集合性也。

单简政府善乎? 混和政府善乎? 此问题为政治家最多争论者,予前此分论政体时所下答语,即可以答之。

单简政府较之混和政府为佳,即因其单简故。但当行政权与立法权不十分依倚之时,即当首长及主权体之比率大于人民及首长之比率之时,政府必须分拆以救正之。于是其各部分对于国人之威权不甚弱,足以辖治,对于主权体不甚强,致足以凌夷之。

此不便之事,又可以设置中间行政员以去之,中央政府不变,有是足以保两权之平衡,而维持其权利,若是之政府,乃调和而非混和。

他种不便之事,亦可以同法救正之。若政府过于柔弱,可设法廷以使其集中,是为民主政体之所常用。前者将政府分拆使其减弱,后者则使其加强。因在单简政府,每有过强或过弱之弊,而混和政府,则使其强力持平也。

第八章　论每一政体非与每一国相宜

自由非一切气候之产物，故非一切人民皆有自由，是为孟德斯鸠所定之原理。吾人愈思之愈觉其真，愈经辩论，其新证据愈多。

在世界之一切政府内，公人皆有消费而无生产，其消费之物品，究自何处来乎？由国人之工作来，个人生产之所余，以供给公家之需要。故惟当人类工作之所生产，多过于所需要之时，人民之国家乃能维持。

此生产所余，在世界一切国家内，非皆相同。有所余极多者，有所余甚少者，有绝无所余者，有生产不足者。此比例数依下数事定之，即气候之善恶，土地工作之方法，生产之本性，居民之身体强弱，及其消费之多寡，以及其他相似关系。

就他一方论之，政府之本性不相同，消费之多少亦异。其差异更依他一原理，即公共之贡赋，自其财源移去愈远，则人民之负担愈重。人民负担之轻重，不在纳税数之多少，而在此数复归人民所历路途之远近。若流通之路方便，归还容易，则纳税多亦不妨，人民恒富，财政常发达。若人民之纳税虽少，而此少数不复还归人民，有出无入，人民不久即力竭，常为乞丐，国家亦永无致富之一日。

由是言之，人民与政府相距愈远，其赋税之负担愈重。故在民主政体，人民之负担最轻，在贵族政体已较加重，在君主政体为最重。可知君主政体惟宜于富裕之国民，贵族政体宜于财富及疆土皆中等者，民主政体宜于小而贫之国家。

就此事愈加思索，愈可见自由国家及君主国家之差异。在自由国家赋税皆用于公益，在君主国家则公私交杂，公财加多，则私财减少。君主政体非欲被治之国民得所，乃欲其多不幸而易受治耳。

由是言之，任在一种气候内，有种种自然原因，以造成一定之政体，而与其气候相适合，且使此国内得一定种类之居民。在硗瘠不毛之地，生产与工作不足相酬，其土地荒芜而不加耕种，或为野蛮人之所居，由人之劳力，仅得必需之物，以供给野蛮人，故其地无政治可言。若生产仅超过劳力，则其地宜为自由国民之所居。若土地极肥沃，生产极多，劳力极少，其地必乐以君主主治。国人之余积，皆以供君主奢侈之需，盖以此为私人挥霍,不如为政府吸取也。此虽有例外可言,然此等例外,实足以证实常规,如君主政体之施行,无论迟速,必起革命。既革命后,又恢复自由秩序之原状也。

普通法律,必须与特别原因之变更其效果者相别。谓南方皆当为共和国,北方皆当为专制国,固属不实。如谓依气候之影响,专制主义宜于南方,野蛮宜于寒地,良政治宜于中部,亦属非是。就此可见原理虽不误,而其应用则待讨论。有如寒地亦有肥沃者,南方地亦有硗瘠者。观察事体者,不就其一切关系查之,斯有困难耳。如上所述工力、富源、消费等件,不可不连合计算也。

设两地方之面积相等者,其出产之比率若五比十。而前者人民之消费与后者相比,若四比九,即前者之剩余为五分之一,后者之剩余为十分之一。而两者之剩余相比,若两者之出产反比,即出产为五者之剩余,为出产为十者之二倍。

但此非出产二倍之问题。无论何人,无(认)〔论〕[1]寒地国与热地国之肥沃相等者。如假设为相等,谓英伦与西西利等,波兰与埃及等,更向南则有阿非利加及印度,更向北则无物。若其出产相等,则其耕作之法必大异。在西西利抓土已足,在英伦则应特别加意。凡为欲得同样出产而加工之故,其剩余必甚少。

除此之外,同数之人,在热地所消费者必较少。人民因气候之关系,须节慎以得健康。欧洲人至热地,若生活之法不变,必皆因泻痢及不消化致死。沙丁(Chardin)谓:"吾侪与亚洲人相比,实为食肉动物如狼者。"或谓波斯人寡食之原因,为其国农事不兴。予所信实与之相反,以为居民所需不多,故农产物甚少尔。若其节食为国贫之结果,则必贫者食少,而在波斯则一般人民皆如是。且在各省消费之多少,必依土地之硗沃而定,在波斯则举国皆然。波斯人自夸其生活之法,以为是实在基督教人之上,视面色已可知。波斯人之面色平滑,肌肉清美。其国人有阿墨林种(Armenians),依欧罗巴人之法生活,其面色粗而多瘢,其身体笨重。

离赤道愈近,人民食物愈少,其寻常食品不过稻米、包谷、粟米及其他土产物,食肉者极少。印度数百万人,每日食费不过数文。即以欧洲言之,北方人、南方人嗜好亦大异。德国人一餐所食,足抵西班牙人八日之需。

---

〔1〕 论,据文意改。

国人之奢侈,大概以消费一类为甚。英国宴客,满桌皆肉品,在意大利则以糖食及花卉为最多。

衣服之奢侈,其差异亦相似。在季节变迁急剧之气候内,衣服当较良较单简。若人民仅以衣服为外饰品者,则贵华丽而不贵适用,而衣服不过为奢侈品。如在那卜绿(Naples),人民每日衣金绣之衣,以适卜西利浦(Posilippo),而不着袜。居室之差异亦然,其地不受气候之害者,屋室务为华美。在巴黎、伦敦,居室贵暖热适用,在马德里则会客室极美丽,而无窗牖,其寝室极陋。

热地所产食品,大概滋养品甚多,是为第三差异。而第二者亦受其影响。意大利人所以多食蔬菜者,因其(住)〔佳〕〔1〕良富于滋养料,且气味香美也。法国之蔬菜,止长于水边,滋养品甚少,陈列桌上,殆视若无物。其占据地面甚少,所值殆不足偿工力。据经验所得,巴巴利(Barbary)所产小麦,较之法国所产,在他点虽为下等,而所得面粉较多。法国所产者,较之北方所产者又较多。自赤道以及北极,大概依渐差异,出产量虽同,而滋养料则较少。岂非显明之损失乎?

由此等差异,又起他一种差异,而适足以互相发明者,即热国需居民不如寒国之甚,而出产则足以供多数之人民,剩余颇多,故利于专制政体。同数之居民,所占据面积愈大,则反乱之事愈难。凡一举动,不易得同意而秘密之,政府易发觉其计画而阻绝其交通。若居民丛集,则政府篡夺主权之权力较少。某首领在一室会议,其安全恰如君主之在议场集商。群众之在空地会聚,尤敏捷于军队之赴操场。专制政府之利便,即在能自远处操纵。既得支点,其权力向远界增加,有如杠杆。人民之权力反之,以集中而强,若散处远地,则蒸发消散。有如火药散在地上,每粒发火,不相连属。人民最稀少之地,最宜于暴君。野兽所居,止在荒旷之沙漠也。

---

〔1〕 佳,据文意改。

第九章　良政府之标识

今欲问何为最良政府,是实不能解决不能确定之问题。国民因绝对及相对之地位,有种种连合情形,故此问题之决答,亦有种种。

若欲问一定人民被治之良否,有何标识? 是为他事,且为事实问题,可以决定。

但此问题至今尚未解决,因各人自有决定之法。善服从之国人,谓公众安宁为良政府之标识,主张自由之公民,谓是为个人之自由。前者谓最良之政府当严厉,后者谓当温和。一党谓罪人当严罚,他党谓当防阻;一党谓当使邻国知所畏,他党谓当与之不相知识;一党谓国内当多资财,他党谓人民止须足食。虽有诸点能彼此相合,而终有不相合之处。因道德量既无确法以测度之,虽人民于良政府之标识能同意,而对于其价值,终不免有异意也。

予之意见,以为是有最单简之标识,何以人民不认识之,且对于此标识不同意,未免于不质实。一国之分子安全发达,是为政治结合之目的。而安全发达最的确之标识,为民数众多。除此标识之外,不必他求,其他事项皆相等。人民在一政府之下,不借外助,不借外人归化,不借殖民,其公民之数增加繁殖,则此为最良之政府无疑。若人民减少凋落,则其政府为最恶无疑。是所望于司计算、测度、比较之统计学者。

卢骚按:据此原理可以数世纪内之事,为人种发达之参考。在某国民中之文学、美术发达者,每为人称赞过甚,而多不深究其文明之隐微,不考察其不幸之结果。达西都司(Tacitus)有言:"愚昧之人,每谓奴隶事之一部分为文明。"著书者所说愚昧之自家利害,岂决不能自书册所载格言发见乎? 无论其所云如何,凡国家之人数减少,决非良好之征。虽诗人受禄十万佛郎,亦不足谓为好时代。国家首长之安静不惊,不能即谓为全民族之幸福,在人数众多之国家尤甚。数府县内虽遭破坏,与人数稀少无关。骚动或内乱,每使首长不安,然此非国民之真不幸。若徒为首长谋,讨论谁能压制此国民,则国民真堕落耳。国民之真发达或真灾害,有永久之条件定之。若甘受压制,则无物不亡。首长以暇时为破坏之事,实为灾害,而强名为平和。有如法国遇大骚乱，巴黎暴徒藏刀于囊，以至国会，是不能阻法国民在自由荣幸中为快乐和美之生活。希腊古时繁盛之时，每在内乱期中血流成河，全国之人数不减。马查威里有言："在谋杀、放逐及内乱中，佛罗伦司（Florence）之共和国愈强盛。"公民之道德规矩独立，为使国家加强最有效之物，而扰乱不足以弱之。稍有变动，适足以激引人心之能力。人种发达之真原因为自由，非平和也。

第十章　政府之妄为及其衰亡之倾向

特别意思,每常与公共意思相冲突,故政府每常与主权相冲突。政府效力愈大,宪法愈多改变。若此时无他种团体意思反抗首长,以成平衡,则首长不久必压抑主权体,而破坏社会契约。是为自政群产生时所有遗传不能免之恶害,常具破坏此政群之倾向,有如人身必不能避老年及死亡也。

政府之衰亡有二途,其一为政府缩小,他一为国家解散。

政府缩小,即自多数归于少数,有如自民主政体变为贵族政体。且自贵族政体变为君主政体,是为自然倾向。若自少数退步变为多数,则为其衰耗之征。以近世纪之事征之,相反之进步,实为不可能者。

卢骚按:温尼司(Venice)当为泽地时之缓缓造成及进步,实为此种历史最明显之前例。彼经一千二百年后,至一一九八年,大会议闭歇,为政体变改之第二级。其迟缓实可惊。一六一二年,有一书名 Squittinio della liberta Veneta 出现,主张君主,谓古昔之斗徐(Doges)虽经选举,而实非温尼司之主权体。

人有举罗马共和国为例,以反对予说者。谓罗马自君主政体变为贵族政体,且自贵族政体变为共和政体,其取道适相反。予之意见实与此大不相同。

罗模鲁司(Romulus)最初之制度,为混合政府,然不久即变为专制政体。其国家因有特别原因,早时灭亡,如新生婴儿未及成人即夭死。当达坤(Tarquins)被逐之时,实为共和产生之时。然其初并未具正式之形,因未去贵族阶级故,其功仅及半。而遗传贵族政体,为贵族政体中之最恶者,留遗于罗马,以与民主政体相冲突,其政府流动不定。据马查威里之说,直至保民官(Tribunes)成立时,乃成为真正政府,且成为真正之民主政体。其人民不惟为主权体,且为行政官及司法官,而元老院仅为次级之政务处,使政府和缓与集中,各合其度。而所谓执政官(Consuls)者,虽为贵族,虽为行政长官,虽为战时具绝对威权之将军,而在罗马不过人民长耳。

自此时后,罗马政府乃依天然倾向,急变为贵族政府。是时所谓贵族者已经废除,其贵族政治,非仅以贵族为限,如温尼司及格罗亚(Genoa)者,乃以贵族及平民合同组织元老院。当其取夺主动权之时,为政务处,名称虽异,其实则一。盖一国民内有首长主治,其主长所取之名称虽不同,然皆为贵族政体也。

当贵族政府失职之时,罗马起内乱,组织独裁政府(Triumvirate)。西拉(Sylla)、该撒(Julius Caesar)、奥古司都(Augustus)于事实上为君主。后至提贝里乌(Tiberius)时,国家遂亡。故罗马历史,非与予之原理相反,实相成也。

政体之改变,必其能力衰竭,不能自保。其组织懈弛,强力尽绝,以至不能自存。故当国家能力减退之时,须设法使其集中,否则必归于灭亡。

国家之解散有下列二途:

第一,首长行政不依法律,而谋篡夺主权,遂激起大变,国家必解散,而以政府组成之新国家代之。其政府对于人民,为其主人及暴主。当政府既篡夺主权之后,社会之结合即破坏。具天然自由之公民,非依道德服从,乃依强力之压迫而服从。

政府之执政者,本应集合以行使行政权,若欲分离以篡夺主权,亦必得与上同之结果。因是亦背犯法律,且破坏秩序更大也。是时首长增多,国家因政府分离,必被破坏,或国体遂变。

当国家破裂、政府失职之时,无论如何,皆名为无政府。大概民主政体降为暴民政体,贵族政体降为少数专制政体,而君主政体则降为暴君政体。暴君政体字义不明瞭,须加解释。

寻常所谓暴君者,乃君主以暴力主治,不依正义及法律。以狭义言之,暴君乃以私人篡取王家威权,而本不具有此项权利者。是为希腊人解释暴君之法。凡不据法律以取得威权者,不问为良君或恶君,皆名暴君。而暴君实与篡主同义。

欲与异事以异名,予名篡夺君权之人为暴君,篡夺主权之人为专制君主。暴君者,不依法律以取得君权,复依法律以主治者也。专制君主者,自脱于法律之外者也。故暴君非即为专制君主,而专制君主必常为暴君。

第十一章 政群之解散

虽组织极良之政府,亦不免于解散,是为自然不可免之倾向。斯巴达与罗马尚不免于灭亡,其他国家更何有永存之望?若欲制造一永久之宪法,断不可梦想其垂留无穷期。欲成功者不为不可能之事,勿以人工恒久不变自夸。人类之事,实无恒久不变者。

政群如人类身体,当初生时,即其起始就死之期,而承受自灭之原因。但二者之构造强弱不同,故自保之时期长短亦异。人身构造为天然之工作,国家构造为人为之工作。人类无延长寿命之法,而有延长国家寿命之法,即与以最良而合于实用之组织是也。组织最良之国家,虽亦有其最后之运命,但非有急变以促其速死,其寿命必较其他国家更长。

政治生活之原则,为其主权。立法权为国家之心,行政权为国家之脑,其他一切部分之运动,皆由此得。脑部有麻木不仁,而个人尚能生活者,其人生活如愚兽。惟心脏之作用既息,则动物必不能生。

国家之存在,不因法律而在立法权。昨日之法律,不必拘束今日。但沉默不言,即为默许。而主权不施行其废弃法律之权,即可设为继续承认此种法律。主权体既一次宣告其意思,不经取消,此意思即当然存在。

人民之所以重视古昔法律者,即因其为古时遗物之故。但必此古法律有特长,故能永保。苟非主权体承认其有保存之价值,则其被遗弃何止千次?此等法律不惟不加柔,且在组织良善之各国内,更加强焉。因世人重视古时遗物之成见,其尊敬之心日加。凡在一国家内,其法律因年久而变弱者,必其国已无立法权,其国亡无日矣。

第十二章　主权维持之法

主权体除立法权外，无他权力，故其行为惟凭法律。而法律为公共意思之真正作用，惟当人民集合之时，主权体之作用乃见。人民全体集合，实一种幻像，但在今日为幻像，而在二千年以前则不然。岂人民之本性已变乎？

在道德事件所能为之事之界限，实非如吾侪所意料之狭。吾侪之柔弱，吾侪之愆恶，吾侪之成见，每与此界限抵触。（牴）〔低〕〔1〕劣之灵魂，不信有伟大人物，卑贱之奴隶，闻自由一名词，则作怪容以哂笑之。

由已为之事，可思度能为之事。今姑置古昔希腊之共和国不说，但罗马共和国曾为一大国家，而罗马市曾为一大都市。据罗马最后之调查，执兵器者四十万人，罗马全国之公民，多过四百万，属民、外国人、妇人、小儿及奴隶之数，尚未合计。

由此可知，以此都会及其近处之许多人民，频频集会，实为至难之事。但罗马人民每星期内必集会一次或数次，集会时不惟行使主权之权利，且行使政府职务一部分之权利。集会时讨论公务，判决事由，人民在大会场，几常为行政员，而非仅为公民。

追溯诸民族之往时，可见古昔政府之多数，虽为君主政体，如马西吨及佛郎克者，亦有相似之会议。故集会之困难问题，可据此种不可磨灭之事实以解决之。实有之事，即可能之事也。

---

〔1〕　低，据文意改。

第十三章　主权维持之法（续前）

集会之人民，对法律团体与以制裁，以确定国家之宪法，建设永久之政府，或获得选举行政员之权，尤为未足。除遇特别发生事件非常开会之外，尚须有确定按期之集会，不能因事废止或迁延者。即至法定日期，人民自依法会合，不须有某种形式的召集。

除依法律所定按期的集会以外，凡各种人民集会，非因行政员之专司此事、依一定形式召集者，皆为非法定的集会。此集会中所办之事，不生效力，盖虽集会之通告，亦须自法律出也。

法定之集会，无论频数如何，依多种论议而定，不能以确切之章程拘束之。大概一政府所具力量愈多，主权体之施行亦须愈数。

或谓上所云云，施于一市甚良，若一国之包有甚多市者，当如何？主权不当分折乎？或以主权集中于一市，而以其余服从之乎？

予以为二者皆非必要。第一，主权为单简而不可分折者，分折即破坏之。第二，市之地位不大于国民，尽可依法律从属他者。因政群之元素在服从与自由相合，而属民与主权体乃互有关系之名词，若合成一名词，即名公民。

予又以为联合数市为一国，决非善事。欲联合有效，必须免除许多天然不便之事。因大国家所致之嫌怨，固不足持以为反对主张小国家者。但小国家何以得充足之势力，以反抗大国，实一疑问。然历史上亦不乏先例，如希腊诸市之反抗大波斯王，及近世荷兰及瑞士之反抗墺大利皇室是也。

若国家不能减小至合宜之界限，则尚有救正之一途，即国家不定立都城，使政府迁居各处，国内之财产，亦不聚积一市矣。

国内之民数，各处平均，扩张同样之权利，各处富庶相等，则国家将为最强者，行政将为最善者。城墙者，为乡间房屋之残砖所作成。当都城内宫室兴起之时，予每见村乡全部皆颓废也。

第十四章　主权维持之法（续前）

当人民依法律集合为主权体之时，政府之解释法律权即停止，行政权断歇。虽最下等之公民，亦神圣不可侵犯，如最高行政官。因被代表人所在之处，无须有代表人也。罗马之议政会（Comitia）因不知此例，常起许多骚扰。盖是时执政官为人民之议长，保民官为发言者，而元老院则完全无权也。

当行政权断歇之时，国家首长承认其上级主人之临场，或应当承认之，因是每生恐怖。此人民总会为政群之遮牌及政府之围墙者，无论在何时代，皆为国家首长最惧之物。因是常有种种危惧、反对、阻害、约束，以使公民对此等总会生嫌恶心。若公民为贪吝、怯懦、狭隘者，且好偷安甚于爱自由者，必不能经受政府屡用之威力。至反抗力常加不息，主权之威力，必终归于消灭。多数国家之前时衰落灭亡，即由于是。

但有时在主权威力及专制政府之间，有他一种中间权力，于下章论之。

第十五章　人民代表

当国家职务即公民重要事务之一观念停息之时,人民以银囊助国家,而不以本身助之,其国家即已濒于危险。战争已起,人民居家中以金钱雇用兵队。当应赴议会之时,人民居家中,另举代表以代之。因懒惰及富裕之结果,遂致用兵士以奴隶其国家,用代表以售卖之。

此其原因为偏嗜商务、美术,孜孜为利,娇柔偷安,以金钱市买他人为之服役。牺牲其利益之一部分,以增加其安便。施用金钱之结果,为得桎梏。"理财"二字,每为奴隶所用,公民所不取。国家之真自由者,必每事躬亲,而不以金钱代之。不惟不雇人代尽义务,且出资以求自为焉。予之意见与寻常迥异,以为强迫工役与自由相反,不如赋税之甚也。

在组织良善之国家,公民心理皆以为公务重于私事。个人经营公共发达之事既多,则私事之数自然减少,故个人之用力于此者甚稀。市之国家行政良善者,各人皆勇于趋赴公会。在恶政府之下,则人民之对公会,漠不关心,以为公共意思,在此不能发挥,避之若浼,故尽全力以经营私事。良法律为更良法律之先导,恶法律为更恶法律之前趋。人有谈及公事者,闻者辄谓:"是与我有何关系?"此种之国家,虽谓为已亡可也。

爱国心之消乏,私人利益之奔竞,国土广大,务以战胜为事,政府溺职,乃致国民公会,以代表充之。在某种国家之内,称是为第三阶级。盖以二种私人利益为第一、第二级,而以公众利益为第三级也。

主权既不可放弃,本此同理,亦不可代表。主权非他,即公共意思,是乃不可代表者。无论同异如何,皆不容有中间传导体。人民所举之人,不能为人民代表,且非人民代表。是不过为一种委员,不能决定何事。每种法律,非人民本身议定者无效,即不成为法律。英吉利国民每自命为自由,其实大误。其所谓自由者,惟选举下议院之议员而已。议员既选举以后,英国民即为奴隶,不成为何物。其自由之时间极短,选举既终了以后,即无所谓自由矣。

代表制之理想,为近世所发生者,起原于封建政府,是为一种背道违法之政府。在此种政府之下,人类堕落,人类之名亦卑贱。古时之共和国乃至君主国内,无所谓人民代表,彼等曾不识此名词。在罗马所举保民官

（Tribune），为最神圣者，亦无代行人民职务之权。此等保民官亦自视为一平民。在格拉西（Gracehi）之时，人民之一部分在屋顶投票，已酿出许多困难。凡在权利及自由完全之国，决无此等不便之事。聪智之国民，每事能鉴别其真价值。保民官之所不敢为者，以次级官吏（Lictor）为之，此次级官吏亦无自居代表之患。

欲解释保民官之代表性质，须先知政府如何代表主权。法律非他，即宣告公共意思之具。故就立法权而论，人民不能代表，而就行政权而论，则此为应用法律之一种强力，不惟可以代表，且应当代表。国民多矣，详确研究之，其实有法律者甚稀。罗马之保民官，不具行政权，就其职权而论，实不具代表罗马人民之性质，惟分占元老之权利耳。

在希腊国，凡人民所当为者，皆自为之。人民常在公众会场集会。生活于温和气候之内，不贪奢，以奴隶充一切工役，而自为关于自由之大事。凡利益不同者，所保持之权利亦不同。居寒烈天气中者，需求必多，一年有六个月不能至公众集会场。是时声音嘶竭，在空场中发言，人不能闻。人民求利心甚于求自由心，惧贫乏心，亦甚于惧为奴隶心。

然则自由须奴隶以维持之乎？是为非常之事。凡事之与自然适合者，必有所不便，在人治社会较其他尤甚。人民有必须剥夺他人之自由，乃能自保其自由者。且非奴隶为极苦之事，公民之自由必不完全。是为最不幸之状况，斯巴达之地位即如是。近世民族不畜奴隶，而自为奴隶。与奴隶以自由，而自己失去自由。对于此事，无所庸其夸骄，予于此见有卑怯，未见有人道也。

予非谓奴隶为必要，且畜养奴隶权为合法律也。予前此既反对此事，予仅引此以明近世民族自称为自由，而有代表，古昔民族无之。无论如何，凡一民族既有代表，即不能自由，不复存在。

据各种论断之结果，可见国家非极小，必不能保存其主权体，而实行其权利。或问国家既极小，岂能免于被征服？予此后当进论大国民之对外权，可与小国家之方便政策、良好秩序并存，而不相妨害之理。

第十六章　论政府之制设非契约

立法权既确定之后,行政权即须确立。行政权依立法权之特别规定以施行之,根本上不相同,故二者须相分离。若主权体兼有行政权,则法律与事务混淆,必至不能明晓何者为法律,何者为非法律,政群混乱。本以阻止暴力为建设目的者,遂不免为暴力之俘获物矣。

据民约,凡公民皆一切平等,皆可以提议何事当为。但己身所不欲为之事,无权命令他人为之。此种权利为政群生活、动作所不可缺者,主权体即以此权利授诸首长,使其建设政府。

或谓此种建设之器具,即人民及其上所置首长之契约。依此契约所定条件,首长有主治之义务,人民有服从之义务。此种契约之方法,极为稀奇。今试论此种地位能常保持否。

第一,最高之威权,除放弃外,不能变改之。若欲立一界限,即与破坏之无异。欲主权体上承认一种优越权,是为戾理违法。主权体更服从一主人,与复还于完全自由无异。

次之,人民与某人所立契约,为特别条约。因是此契约不能为法律,亦非主权之一种条例,即为非法律的。

复次,立约之二造,惟当依自然法律,其彼此履行条件,不须何种保证,其履行之条件,每与人治世态相反。凡具有权力之人,常能实行之。所谓契约者,为人所立条文,其对他人可为下言:"予以一切财产授汝,其条件为汝可任意以他物相偿。"

国家内惟有一种契约,即集会契约,其他皆不在此内。且凡其他公众契约,皆与此相抵触。

第十七章　政府之制设

政府制设之条件,究以何种普通意义为基乎? 此种条件为复杂者,或为他二种条件之所合成,即定立法律、施行法律是也。

据第一条件,由主权体决定主治体之形状当为如何。此种条件即法律,显然无疑。

据第二条件,人民当指名首长,当政府成立之后,即以托之。此指名为特别条件,非第二法律之结果,而为第一法律之结果,且为关于政府职务之事。

所难知者,当政府未存在之先,如何可得政府之条件;且人民或为主权体,或为属民,如何可在一定境地内,成为首长或行政员耳。

于此发见政群之奇异性质,似相反而实相成者。即主权忽变为民主政体之时,无显著之变更,惟因公众对公众起一种新关系,公民即成为行政员,由普通行为变为特别行为,由法律变为施行法律之事。

此关系之变,更非空想之无实行前例者。在英国议院中,几无日无之。即英国下院在一定机会,变为大委员会,以便讨论事务。主权体之会场,数分钟后即变为单简之委员会,大委员会所决告事件,其后又对下院本体报告之。

是为民主政府之特具利益,以公共意思之特别行为,即成立为事实。此后临时政府继续握权,依已采之政体,或用主权体之名,建设法律所载之政府。一切事件,皆依定例。除此所设原理以外,任以他法制建政府,皆不合法。

第十八章　豫防政府暴篡之法

由前章及第十六章之解释,可知建设政府之条件,非契约而为法律。承受行政权之寄附者,非人民之主人,而为其司事,人民可随意任免之。官吏之对于人民,非契约问题,而为顺从问题。官吏为国家服务,惟尽其公民之义务,决无讨论条件之权利。

由是言之,人民建设继嗣的政府,或为君主,以属一家族,或为贵族,以属公民之一阶级,皆非契约,不过人民给与行政部一种临时政体,以便随意操纵之尔。

政体改变,常多危险,故非与公安决不相容之时,不可轻易变置已建设之政府。但此种谨慎之处,乃政策之格言,而非权利之定例。国家以民治权归诸元首,不过如以军事权归诸大将而已。

欲将正式合法之行为,与纷扰之骚乱相别,及全部人民之意思,与一部分人之喧扰相别,所需一切形式,颇难观察。对于一定让与之事,据严确之正谊所不敢辞拒者,则为尤难。一国之首长,每因保持权力之故,取得大利益,而人民不能加以篡夺之名。因其外形为行施其权力,而实易扩张之,借维持公安之名,以妨害秩序良好之集会。故无论当人民含默不言之时,或激起其不规则行动之时,皆任意操纵,以威禁人发言,而施罚于发言者。有如罗马之十二人议会,其选举期本为一年,后增为二年,复欲继续至无穷期,而不许公民会议之召集。世界上之政府,皆可用此同法,既为公众权力所寄托之后,不久即篡夺主权。

予前所述按期集会,即防止或延缓此种弊害者。集会之不须有形式的召集者尤佳。因国家首长非侵犯法律及为国家之公敌,不能加以干涉也。

以维持民约为目的之集会,当以二种前提开之。无论何人,不能阻害之,且二者须分别表决。

第一,"主权体欲维持现在之政体否"?

第二,"人民欲以行政权交于现在之执政者否"?

予今所信者,予既已证实之。因在国家内无一种根本法不可废弃,虽民约亦然。因若一切公民集会以同意破弃此约,即为合法之破弃。格娄偷司谓每人皆可否认其所属之国家,离去此国,即可复得其自然之自由及财产。一人分离,可为之事,而谓一切公民集合不能为之,岂非背理之甚者?

第　四　书

第一章　论公意不可破坏

以多数之人相集合,成为单一体,惟具一种意思,即公共之保卫及普通幸福,于是国家之威力强厚而单简。其原理清明,其利害无混淆,亦无冲突。公众之幸福,既随处显著,只须良感觉以认识之。平和、统一、平等,皆政治阴谋之敌。正直单简之人,不受欺诳,凡欺惑巧诈之事,无从加之,且无受人引诱之理。世界最快乐之国民,每有乡人成群坐栎树下,以判决国事,悉得其当。其他国民以巧诈、阴谋相尚,且以自亡者,岂可以语此乎?

于是受治之国家,需法律甚少,当必须定立新法律之时,公众亦皆承认之。最先提议之人,仅概论前此所缺者为何,不须结徒党,逞雄辩,乃能使法律通过。因各人已先有决意,其所为必为余人所赞同也。

有理想之人,亦有被欺之时。彼见国家之建设最初即不良者,决不能继行某种政策。而巴黎及伦敦之人民,决不至为狡奴说客之所劝说。然彼不知克龙威儿(Cromwell)将为本城(Berue)之人民罚为苦工,包佛侯(Duke of Beaufort)将为日内瓦人所鞭挞也。

但当社会之结合松懈时,国家变弱,私人之利害渐著。小团体之势力被于国家,公共之利害遂致损害,而互相分歧,票决不一致。所谓公意者,实非公意。反对辩论,纷然竞起,虽最良之教诲,亦有人反驳之。

当国家濒于危亡之时,形式空存,社会结合,在人心中已完全破裂。最卑下之利害,被神圣之名,指为公益。公共之意思湮没不彰,一切以秘密之动机为指导,公民无直捷发表意见者,有若国家已不复存在。不正当之命令,只以私人利害为目的者,强以法律名之。

当是之时,公众之意思岂非既破坏乎? 曰否。公意固定不改,且常纯洁,惟被屈下不扬尔。个人之利害,既自公共之利害出,则不能完全与此分离甚明。惟其所为有害于国家之事,以为与己所欲得之利益无关,除特别利益以外,彼亦非不欲由公益以得私利,与他人同。虽以票决权售卖金钱之时,其心中亦非无公意存在,惟避而不理耳。其过失恰如置本问题不顾,而以他词答之。故表决时当云："是与国家有益。"而彼乃云："是与某人或某党有益,故此种动议须通过。"故凡公会中之法律,实发表公意者,每以讨论为名延搁之。

主权行为之单简表决权,即公民之决不可失去者。又如发言、动议、分议、讨论等权,为政府所欲专有者,皆当详论之。但是当有专书载之,兹不能详。

第二章 表 决

由上章所述,可见由处置公事之法,实可表现政群之性质及健康。议会愈协和,表决愈近于一致,则公共意思愈发展。若讨论长久,意见不一,争喧不已,是为私人利害增长及国家衰亡之征。

若国内有二种或多种阶级,则此象不显。有如罗马有贵族(Patricians)及平民(Plebeians),虽在共和极盛之日,亦常起纷争。但此例外之事,为外形的而非真实的。当是之时,罗马政群之遗传弊害,为合二种国家为一,其分离之二体,显然可见。但虽在极不宁之时,苟平民不受元老之干涉,其表决每以多数平静通过。其公民惟有一种利害,其人民惟有一种意思。

当贵族与平民冲突之时,议会遂不能一致。公民降为奴隶,不复有自由,亦不复有意思。表决之事,惟以恐惧或谄谀二者相交代,更无所谓讨论,惟赞谀或詈骂而已。罗马帝政时代之元老院实如是。有时以豫防法为之,极为可笑。达西都司(Tacitus)谓当奥都(Otho)为元老时,曾以法难威推柳司(Vitellius),令人作大声,使其为主席时不辨人言为何。

依此论之,可推得一种原理。依此原理,可操纵计算表决及比较意见之法,即由公共意思确定之难易,为国家堕落之多少是也。

于此有一法律,据其本性,本须一致公认者,是为民约。因人群结合,为世间最情愿之行为。每人生而自由,为本身主,无论据何种托词,不能使人为奴隶,而不问其本愿如何。欲断定奴隶之子生而为奴隶,与断定其生而非人无异。

若当缔结民约之时,有反对者,其反对决不能破坏民约,惟自居于民约外而已。是为公民间之外国人。国家既成立以后,居住此国内,即为承认此契约。因居住此境土内,当然服从其主权也。

除最初契约外,多数之表决,其余当服从之,是为民约之结果。或问人既自由,何以当迫其服从他人之意,即反对者当服从其不同意之法律,何谓自由?

予谓此问题实不合于理。公民对于一切法律皆应承认,虽为一己所反对者,或敢犯此即受罚者亦然。国家内一切分子不变之意思,即公共意思。人民据此事为公民及自由。当一种法律提出国民会议之时,其问题非彼等赞成或反对此提议否,而为此提议与公意相合否。投票之人,皆对此问题发表其意见,计算票数,即为宣告公意之证。若多数反对我之意见欤,是必我有错误,即我所谓为公意者,实非公意。若我一人之私见不幸而得多数,则我所为者非即我所欲者,我亦未得自由也。

此事假设公意之标识常为多数,否则吾侪无论反对或赞成,皆无自由可言。

当公众表决之时,如何以私意代公意,前于述此防止之法已详之。此后第四章更当进论之。就发表公意表决之比例数言,前已于第一书第五章确定其原理。一票之差,已足以破坏一致,但在不一致及平等之间,尚有不等之分级。其每级之数目,可据政群之条件及需要以定之。

支配此比例数者有二原理:其一为决议事愈重要,则多数之意见愈当近于一致;其他一为讨论之事项欲进行愈速,意见之分歧宜愈少,表决时之多数,一票已足。第一原理宜于法律,第二原理宜于事务。无论如何,以最良之比例数结合,即为多数决定之证。

第三章 选　举

予既言首长及行政员选举之事为复杂行为,共有二法,即投票与抽签。各种共和国皆采用此二法,至今温尼司选举斗徐,尚用此二者混和之法也。

孟德斯鸠言:"抽签法为民主政体之本性。"其言予赞同之。彼又言:"抽签法不弃遗一人,故每一公民皆有为国服役之希望。"予谓其理由不若是。

若吾侪知选举首长为政府之职务,而非主权之职务,则益可见抽签法为民主政体之本性,盖其行为单简,办法较善也。

在真民主国内,行政员为一种负担,而非一种利益,不可以任加于一个人。抽签所决定之人,乃以此种负担依法律加之,因其条件对于一切人皆平等,其选择不依人意,法律之普通性,不能以特别运用变改之。

在贵族政体之国中,首长选择之事,其政府自操之,多行票选法。

温尼司选举斗徐即行政主任之法,不惟不破坏分级制,实增巩之。其法宜用于混和政府。而温尼司之政府,实非真贵族政体。如人民无分预闻政府之事,而贵族之数极多,贫穷之贵族(Barnaboles),决无为行政员者,徒拥空号及参预大会议之权利而已。此大会议之人数,与日内瓦之普通议会同,其会员所享特权与日内瓦之寻常公民同。以此二共和国之极相反者除去不说,日内瓦之平民,即温尼司之贵族,日内瓦之土民及居民,即温尼司之公民及人民,日内瓦之乡民,即米伦(Mainland)之属民。简而言之,除国疆外,温尼司之政府,实非较日内瓦更为贵族的。温尼司无终身首长,日内瓦不用抽签选举制,是其差异也。

真民主国之用抽签制者,无引避之人,其感想及财产之性质能力,一切平等,无庸选择。但世界无真民主政体,予前既言之。

若以选举与抽签法相合,则前者当用于据此地位须有特别天才者,有如陆军。后者当用于须有良感觉、正谊、纯直诸性即已足者,有如法官。在制度良善之国家,凡公民莫不具此诸性。

在君主政府,则抽签法及票举法,皆无所用。君主据其固有之权利,为单独首长及单独行政官。其选择属官,可随己意。圣比儿(Abbe' de Saint-Pierre)曾提议增加法国参议会之人数,以票举法选举会员,彼实不知其提议与变更政体无异也。

予当更说明人民大会拣票聚票之法,但罗马政治史实足以阐明一切予所欲定之原理。今于下章叙述罗马二十万人会议办理公私事之详状,是亦读者之所当知也。

第四章　罗马公民大会

罗马古昔之记载，多无信征，今日所知之事，大概近于异谣。大抵国民所经年代，于后人最有教益者，即其建设史，最多欠缺。据每日之经验，可知帝国之革命，以何者为原因。但是国民已不在成立进行时期，故其成立状况，仅可以他事推解之耳。

据已成之习惯言之，可推证此种习惯必有原始。由各种传说以溯其源，最大势力之所惠许，最强理性之所确证，庶可以信其不伪。是为予所据原理，以研究世界最自由最有权力之国民，曾行使其最高权者。

罗马既成立以后，即为共和国。建国者之陆军，以阿尔奔（Albans）、沙宾勒（Sablines）及外国人组织之，分为三级。由是得族（Tribes），由族分为十分族（Curia），由分族分为小族（Decuria）。其上有分族长（Curiones）及小族长（Decuriones）。

除此之外，自每族出百武士，名Centuria。可知城中人名分族之故，由于军事。盖此罗马小城，已似具有伟大之天性。最初取一种适合之政策，以为他日世界之首都也。

分级之后，未几即起不便之结果。阿尔奔及沙宾勒二族之情状不变，而外国人因迁入之故，其数渐增，以至超过他二族之上。塞如乌司（Servius）防救此危险弊害之法，为改变分级之法。不依种族而依各族所占居之城内区域，分为四级，依罗马城内之四山名之。此法不惟救正现在之不平等，且可防止于将来。是不惟为地方分级，亦为人类分级。彼禁止此一区之居民移居他区，以防人种之杂乱。

塞氏又增加三种武士之数为十二种，仍保存旧名。以单简明敏之法，使武士团与人民相别，而后者不怨。

除此城内四级之外，塞氏又分城外居民为十五区，各居一村。其后人民增加，其数增至三十五，直至共和国终局之时，皆为此数。

因城乡分别之故，遂引起应当注意之事。因是在他国无前例，而罗马保存习俗及生长为帝国，皆由于此也。读者必谓城内居民不久得权势及荣誉，必卑视乡民，其实不然。古昔之罗马人，最喜乡间生活。罗马之建造者，以乡间工作及军事工作与自由联合。城内流行物则为美术、商业、奇巧、豪富、奴隶之属,罗马人之嗜好从之。

罗马之伟大人物,常为居乡耕田者。共和国之拥护人,每在乡间。此种最有价值之贵族,为全国人所崇敬。罗马人常喜乡间单简劳苦之生活,而厌弃城中懒惰生活。虽城内贫贱之平民,移居乡间执田工之后,即为受尊敬之公民。华罗(Varro)有言:吾侪心志高尚之先祖,即用乡间苦工养成耐劳苦之勇士。战争时任防护之事,平和时为供给之事。卜林雷(Pliny)言:罗马居乡之人极可崇敬。因居乡者皆良人,凡不良之人,皆移居城中,以为不名誉之标识。沙宾勒族人克劳底乌司(Appins Claudius)初至罗马,因受尊敬之故,编入乡民籍,后即以地为姓。且罗马之自由人,皆属乡民籍,无占城籍者。在共和期内,此等自由人虽为公民,无一人为行政员者。

此格言虽佳,但推行过远,政府必致变更,而弊害必自此而起。

第一,监查官有权任意移置公民归于何族,故公民之多数,可随意遣置。此种准许绝无利益,而为监查官职最大事件。次之,伟大有权力之人,既皆得乡籍,而自由人之成为公民者,实多居城中诸族中,不久至无区域以容之。互相混和,非司统计者,几不能辨别之。族之一字,乃至由真实的变为人格的,不过一虚语而已。

复次,居乡者彼此相亲,在公民会议中为最有权力者,每以国家售于买票之人。

以分族言之,每一族分为十分族。是时罗马人民之全部皆居市城中,共为三十分族。各有庙宇,各有神灵,各有官吏,各有僧徒。其节日名Compitalia,与其后乡民所有节日名Paganalia者相似。

塞如乌司之新分级法,得数三十,不能平均归为四族。塞氏亦不愿与彼等相接,而所谓分族者,实与族无关系,为罗马居民之他种分级。但分族或在乡民间,或在他种人民间,不成问题。因所谓族者,已成为一种纯粹的民事制度。而征兵已有他法,军人分级,一依罗母禄(Romulus)之制,即各公民虽列族籍,而非即列入分族籍也。

塞如乌司又为第三种分级法,与前二者无关。据其效力言,则为各种中之最重要者。彼分全罗马之人民为六级,不依区域,不依人种,而以财产为衡。第一级为富人,最后一级为贫人,中四级各以财产为差。此六级又分为一百九十三团,名武士团(Centuria)。其分配之法为第一级几过全数之半,而贫人级不过一团。即人数最少之级,出武士最多,贫人级即第六级之数,虽过于罗马居民之半,而仅成为一团。

塞如乌司复与以军事之外观,以泯其迹。于第二级设被甲之二武士团,于第四级设造兵之二武士团。除最后一级外,老幼有别,以有执兵之义务者,与因年龄为法律免许服役者相别。是比调查财产之手续更烦,彼又定集会在讲武场(Campus Martins),凡达兵役年龄者,皆携兵器集会于是。

其后级不分老幼之原因,为执兵卫国之荣誉,不以许与最下级之人民。凡有保护国家权之人,须有相当之家室。如今日君主国之无数兵队,皆以乞丐充选。如是之兵队,以之保护自由,岂不为罗马军人之所嘲讪乎?

最后之贫人级中,又分为贫人(Proletarii)及极贫人(Capite Censi)。前者非绝无所有,有时尚自此级选出公民,当必要时,亦自此级征集兵士。后者则绝无所有,最为人所贱视。自此级征兵,以马留司(Marius)为始。

欲决定此第三分级法之得失如何,予意为古昔罗马习俗单简之征。不顾私利,专务农事,贱视商业,崇尚武功,皆为此制可实行之原因。若如近世国民之专逐私利,心神无停息,运用阴谋,迁徙不定,财产得失急剧,则此制行至二十年,必至国家起大变矣。细心考察之,罗马人之道德及监查事业,实较此制度更有势力,能改正罗马之缺失。又罗马之富人,亦多因奢侈之故,改编入贫民籍者。

因是之故,罗马人民虽分为六级,而论者谓为不过五级。因第六级不出军人,武场会议亦无表决权,在共和国中几为无用,不值计算也。

罗马人民之分级如是,今论其在会场所生效力。此种议会依法律召集时,名公民会议,在罗马之公会场或讲武场行之。

有分族会议(Comitia curiata)、武士会议(Comitia centuriata)及大族会议(Comitia tributa)之分。第一种会议为罗母禄所创,第二种会议为塞如乌司所(倡)〔创〕[1],第三种会议为人民所选之保民官所创。除公民会议外,法律不受制限,官吏不可选举。凡为公民者,皆属于分族、武士族或大族,故凡为公民者,皆有表决权。而罗马人民以法律论(de jure),以事实论(de facto),皆为主权体。

欲公民会议之为法定集会,且在此会议内有法律效力,必须有三种条件:第一,召集此种会议之团体或行政员,须具有对于此事之必要威权。第二,此会议召集之日期,必为法律所许。第三,预兆须佳良。

第一条件之理由,不须解释。第二条件为便利之故,若开会日为节庆

---

〔1〕 创,据上下文改。

日或集市日,则乡民至罗马皆有私务,无暇至会场。第三条件元老每用以阻止骄傲暴乱之人民,有时静制保民官好骚动者之热心。惟保民官每有方法自免,不受此制限耳。

公民会议所决断之事,不惟为定立法律、选举首长二者,罗马人民实取得政府之最重要职务。欧罗巴之运命,即自此会议决定之。因事务之互异,故会议形式不同,一依所决断之事项而异。

欲制定此诸种形式,由比较已足。罗母禄设立分族会议,本欲以人民制限元老,又以元老制限人民,以使主治权平等。罗马人民因是得以公众之威权,与贵族之权力及富资成为平衡。但以君主政体之精神言之,贵族据其隶属者之势力,获得表决多数之利益较多。此项关于保护人及被保护人之优美制度,就政策及人道言之,皆为良制。不然,贵族一级与共和精神大相反,将不能保存。罗马以此良制给与世界,实为光荣。此良制度后虽无仿效者,但因此决不起何种弊害也。

因分族会议,直至塞如乌司时皆居王下,而达昆(Targuin)王统非合法律者,故此时之法律,通名分族法律(Leges curiatae)以别之。

共和时代之分族会议,每以居城四族为限,故赴会者皆罗马市民,与居贵族首之元老及以平民组织居中族社会公民首之保民官皆无关系。故其名誉遂坏。其衰落时代,凡分族会议所当为之事,以赴会之三十次官为之。

武士会议最有利于贵族,其权殆全操于元老之手。元老所欲,莫不于此会议达之。凡罗马执政官(Consul)、监查官及其他行政官,皆于此选举。所有一百九十三武士团组成罗马人民之六级者,第一级已出九十八团。其表决数已多过他五级数票时,每当此级票数毕,即不复数。少数之议决,即认为全体之议决。故武士会议,凡事从第一级之多数,非从全体表决之多数也。

此种过大权力之调和方法有二:第一,保民官及平民之多数属富人级,故能使第一级内贵族之势力得其平衡。第二,第一级之票虽先计算,而当选举时,常以抽签法使他一级从先投票,他日复召集他级依次投票以决定之。依民主政体原理,以投票救济阶级之弊。

此法实行,尚有其他利益。盖选举既分为两日,由乡间来之公民,有余暇以调查豫先推出候补人之成绩,事理明悉之后,乃投选票。但有时以紧急为托词,废此法不用,而以二次选举于一日内行之者。

全族会议(Comitia Tributa)为罗马真正人民会议,惟以保民官召集之。保民官于此选举,所谓平民法律为 Plebiscita,于此通过。不惟与元老院之事情无关，且元老无权赴会。元老既无此会议之表决，而须服从其所定法律，即由此观之，元老之自由不及最下之公民。一切公民既不能干预元老院之事，而元老院之命令，则可据此会议使其无效。若贵族据所有公民之权利，干预会议，亦不过以个人资格。此会议之表决，依人数定之，虽最贱之平民，其权力与元老院长相等。

除为计算表决之故，使若是其大之人民分级，成为一定次序外，此分级所具之形状，非全无实质者，每对其设立之目的，具相当之结果。

今姑不详尽言之，但由前所解释者，可知全族会议利于平民政治，武士会议利于贵族政治。若分族会议，则以罗马市民占多数，惟利于暴君及恶谋，不足信赖，常用奸伪以免其计画之暴露。夫分族会议既无乡民，全族会议复无元老及贵族，故罗马人民之威严，惟于武士会议发见之，是为最完全者。

古昔罗马人聚集表决之法，甚为单简，与其他习俗同，惟不及斯巴达之更单简耳。表决时每人以大声报告，一专员簿记之。每一族赞成之多数，即决定此族之表决权，在分族会议及武士会议皆如是。当罗马市民崇尚忠直之时，皆用此法，无论何人，皆以对于不正之事无价值之人投票为羞。及后人民腐败，售卖表决。其表决方法乃改为秘密，使买票者保其信用，卖票者免卖国之名。

希遂鲁（Cicero）常痛责此事之变迁，且指为共和灭亡之一部原因。予虽知希遂鲁发此言用力之所在，然与彼意见不同。予意适与彼相反，以为罗马共和衰亡之原因，乃此变迁不完足之所致。强健者之卫生法，不宜于病人，良国民之法律，不宜于治腐败之人民。此格言之良例，莫善于温尼司共和国之经过。且与温尼司相似之国，今尚有存者，其法律惟宜于最无价值之人而已。

罗马表决法之变迁，即以投票纸分配于公民投之，其表决如何，他人不能知。收集票纸，计算票纸，比较号数等，皆有新定形式，然仍不能使司此事者之忠信心无可疑。此后更有条例规定之，然皆无所用。

当共和末年，每强迫使用便宜方法，以补法律之缺。有时以灾异恐吓之，但以此施于人民而不以施于主治者。有时召集紧急会议，使候补者无奔就之暇。有时确知人民已运动成熟，可为不良之决议，乃召集大会。至后遇事皆寓野心。但此弊害丛生之时，此伟大国民，仍好守旧法。民选行政官，议决法律，判决诉讼，其处置公私事务之敏捷，一如元老院。此实令人赞羡者。

第五章 保民官职

当国家各部关系不确定,或其他种破坏原因,使其有关系变迁之时,须设一种特别行政官,不与他部分混合,而借此可与各部分复归于真实关系。在首长及人民间,或首长及主权体间,或同时在二者之间,居于调和地位。

此种团体,予名之为保民官(Tribuneship),为法律及立法权之保障。有时用以保护主权体,以抵抗政府,如罗马之保民官。有时维持政府以抵抗人民,如温尼司之十人会议。有时保持各部分之平衡,如斯巴达之尔福(Ephors)。

保民官职非国家之一部分,故无与于立法权,亦无与于行政权。而其本体之权力极大,因不能作为何事,故能阻止各事,是为法律之防御者。较之首长为执行法律者,主权体为建立法律者,其地位愈为神圣,愈为尊崇。就罗马观之,可见罗马骄傲之贵族,每贱视人民,而对于人民所选出之保民官,无特别尊严者,每迫而屈服之。

保民官若强弱得宜,实为良制度之最强保障。若权力稍过,则足以倾倒一切。据其本性,必不至失于弱,因其固有之权力,必不至放弃也。

若保民官本为调和行政权者,而篡取之,本为防护法律者,而欲自为之,则保民官退化为暴主。有如斯巴达之尔福,本具极大之权力,当道德能保存时,尚无危险。及其道德初丧失时,遂速就腐败。诸保民官杀阿齐(Agis),其继嗣者复仇杀诸保民官,因是共和国遂致倾覆。自克累奥门(Cleomenes)之后,斯巴达遂不足计数。罗马之衰落,与此略同。保民官之权渐增大,复有为自由所立之法律助之,遂为罗马皇帝用为护牌,以破坏罗马。温尼司之十人会议,至后为流血场,贵族及人民皆畏之,不尽防护法律之本职。惟阴谋杀击,为人之所不敢闻。

保民官之人数加多则变弱,与政府同。罗马之保民官最初二人,后加至五人,后又欲倍其数,元老院允许之。盖豫知如是则有他法操纵之也,其后果然。

豫防此坚固团体篡夺之法,为不使保民官常任其职,而使其于一定时期内停止职务。此时期不可过长,以免弊害得间而起,可以法律定之。于必要之时,可开特别委员会。

　　此法似不致招人反对,如予前此言保民官,非国家机关之一种,除去之亦无害。新建设之一种行政官,其权力非得自前人,而得自法律之所允许,故为有效也。

第六章　独　裁　制

　　法律之刚性,不能应紧急时之变故,有时甚有弊害,当非常之时,或足致国家于危亡。秩序之谨严,形式之迁缓,所需时间,或为境况之所不许,事变千百,为立法者所不及预料。凡事不能先见,故豫防之法,实不可缺也。

　　故政治制度不可过于固定,以致无停止其效力之权。虽斯巴达亦许法律有失效之时。

　　非遇大危险,不可改变公共之秩序。非与国家之安宁有大关系,不可干涉法律之神圣权。果当此等稀罕且明显事件发生之时,为公共安宁之故,不能不取特别行为,以国事托于最重要之一人。依危险之本性,此种委托之法有二。

　　若增加政府之活动力,即足以救正此弊,则可以大权集中于政府一二人之手。此时非法律之威权有所变更,不过行政之形式有所变更耳。若遇危险极大,法律之依常式进行,尚有碍于公共之安宁,则当指名一最高首长,此人有停止法律及短时间停止主权体之权。是时公共意思,甚为明瞭。盖人民之最初意志为国家不致灭亡,此时停止立法权,非欲废弃之。行政官使其不言,不能使其言。彼统治人民,而非代表人民,故除制立法律以外,无事不可为。

　　第一法罗马元老院曾用之,据神圣形式兼任执政官,而维持共和国之安宁。第二法罗马二执政官用之,以指名一独裁人。开此先例者为阿尔巴(Alba)。

　　卢骚按:独裁人之指名,于夜间秘密为之,因罗马人深耻以一人置于法律之上也。

　　罗马当共和之初,常流于独裁治。因国家之根基不巩固,不能以其制度之强力自维持也。

　　当是之时,罗马之道德甚强,故不须多种豫防之法,为他时代所不能免者。是时不虞独裁者滥用其威权,或定期已过,盘踞不去。反之,时人犹虞独裁者具若是大权,负担太重;独裁者亦奉还职权,惟恐不速,以为以己身代法律,其职司过于高峻危险也。

古时此最高行政制之误用,使予不满意者,其危险不在滥用而在堕落。独裁权或得自选举,或得自让与,皆属形式上之事。所可惧者,当必要之时,其权不确定,人民惯视之若一种空名,仅用为空虚之礼式而已。

当共和末期,罗马人甚为谨慎,其对于独裁权,不似前者之轻与,然其恐惧心颇无根据。是时罗马都城甚弱,对于居其中之行政官,固自有其安全。独裁人能防护公共自由,而不能侵犯之。罗马之拘炼,非在罗马铸之,而在罗马之军队铸之。马留司(Marius)对西拉(Sylla),奔拜(Pompey)对该撒(Caesar),皆抵抗力极小,可知在内之威权,不足以反抗在外之强力明矣。

由此错误所起之大过失,即卡体林(Catiline)事件之不指任独裁人可见。因是为罗马市内问题,至多亦不过意大利数省问题,若由法律予一独裁人以无限威权,其乱谋可立破。此乱谋幸为数种偶然事件集合之故,致被压止,是亦人类智力之所不能先见者也。

是时罗马元老不采独裁治,而以一切权力托于执政官。希遂鲁(Cicero)为欲行为之有效也,曾就物质之点过用其威权。其初人无闲言,后竟责以反背法律,当负致人民流血之责任。若为独裁制,则此责怨无自起矣。希遂鲁富辩才,人皆折服。希遂鲁为罗马人,爱其国,亦爱己身之光荣,不敢取最确当之制,以救其国家,以得此事件之完全信用。希遂鲁因是为罗马之救国者受荣,又为犯法律者受罚,虽复任为执政官,盖为国人之所想也。

无论独裁权之如何托付,其任期总须极短,而绝不能复行延长。当十分危急之时,国家之存亡关系,即在短时间以内。此事既过,即独裁权无用,留之即变为暴君。罗马独裁人之任事期,不过六个月,其多数皆不俟满期先行退任。若任期能延长,则彼等必复欲再三延长之,有如十二人会议,变为一年。独裁人之任期,须恰为彼被选所处置事件之必要,不能有余时间,使得想定他种计画也。

第七章　监　查　制

公意以法律宣告,舆论则以监查制宣告。舆论为法律之一种,而监查官专司其事,如国务员,于特别场合行为如元首。

监查院非判决舆论之机关,不过宣告之而已。若离去此位置,则其决断失其效力。

国民之性质及其尊敬之事物,无庸分别,因是皆依同一原理,互相混和也。世界之一切国民,非依本性决定选择愉乐之事,而依其舆论。舆论改良,习俗改良,为本身修洁之事,人民依本意判决之事,每即好之。而此判决常不免于错误,故指导其判决,使归于当,实为重要问题。判决习俗者,亦判决何为荣誉,判决荣誉者,依据舆论以为法律。

国民之舆论,自制度出。法律虽不能操纵道德,道德实自立法之事而生。立法事有弊害,则道德必堕落。故法律之权力所不能为之事,监查官之判决亦不能为之。

由是可知,监查制可用以保存道德,而决不能恢复道德。法律有力之时,监查官可设,若法律已失其权,则无事可为。盖法律既无力,则关于法律之事,必亦无力矣。

监查制之维持道德,在防止舆论之腐败。应用得宜,能保存舆论之健全,且有时当其摇动之时,能使其固定。法兰西帝国时代决斗时,滥用赞成人。后法王以命令废止之,谓"怯懦者乃用赞成人"。此种判决,既为公众倡,舆论遂从之。若更有一命令,谓决斗之事即为怯懦,未尝不合于理,而与舆论相反,必被嘲笑,因其判决已前定也。

予尝谓舆论不受制限,似不宜设专职以代表之。监查制在今日已全失效力,虽罗马人及来西对孟(Lacedaemonians)常用之,不宜赞之太过也。

一性质不良之人,曾于斯巴达议会献策,尔福不顾,更令一有道德之人献同一之策。虽不加以毁誉,而一则受荣,一则受辱。沙摩岛(Samos)有醉人侮辱尔福会场,次日有命令出,指沙摩人为恶人,其罚实严于实刑也。斯巴达人所谓何者为荣誉,何者为非荣誉,希腊皆不从其判决。

第八章　宗　教

　　人之最初,有神而无君,有僧权而无政府,其理想如卡里古纳。然在彼时代,其思想是也。是必经最长时期,乃能使人之感想变移,取其同群中之一人以为主人,相安无事。

　　既以神置于政治社会之首,则有若干国民,即有若干神。二国民之彼此相外或相仇者,必不能承认同一之主人。二军队之彼此互战者,必不能顺从同一之首领。由国民分异之故,乃成多神。神教及人治之不相容,其本性相同,后当论之。

　　希腊人承认野蛮民族之神,其理想为希腊人为此种民族之自然主权体。在今日视之,以不同民族之神认为相等,有如谋罗(Moloch)、沙但(Saturn)、克罗娄(Chronos)本为一神,非尼基人之巴勒(Baal),希腊人之求士(Zens),拉丁人之鸠彼得同为一神。理想本同,命名则异,殆为最奇异之事。

　　或问:当异教分歧之时,每一国有其崇拜之神,何以无宗教之战争?应之曰:每国有其特别之崇拜式,恰如每国有其政府。是时神与法律尚无区别,政治之幸福,亦为宗教的。神之部分,以国民之界限定之。此一国民之神,无权以加于他一国民。异教纷起之时,诸神不相嫉妒,依国民分世界为帝国而占据之。虽摩西及希伯来国民,当说及以色列之神,有时亦现此状。彼等虽不承认加奈尼人(Canaanites)之神,谓是为受罚当灭绝之民族,据有其国土,但对于不加攻击比邻国民之神则异是。耶弗打(Zaphthah)告阿墨林人之言曰:"凡属于汝神沙摩(Chamos)之物,即依法律是汝物。依同理,吾侪战胜神所得之地,即吾侪之地。"由是观之,沙摩之权利与以色列人之神之权利,为相等明矣。

　　犹太人既服从巴比伦王及服从叙里亚王之后,除本族所信之神外,不信其他。战胜者视此为背叛,甚虐待之。读其历史,可知是为耶稣教前之唯一先例。

　　任一宗教,皆与其国家之法有密切关系,非征服之后可能变改之。惟战胜者乃能胜传教师之任,故变更其崇拜之仪式,为对于被征服者之一种法律。非从事征服,无变更宗教之可言。据和马(Homer)所载,不惟人为神战,且神为人战。凡人皆欲向其神求胜利,而筑新神坛以酬之。罗马人当出征某地之前,必先召其神弃之。其弃去所怒神达伦延(Tarentines)也,以为此等神已服从己神,必须顺事之。其弃去被征服者之神,如弃其法律,战胜之时,每以王冠献鸠彼得。

其后罗马人因帝国之扩张也,亦扩张其崇拜之神及法律。且因帝国内之民族甚多,与以公民权,故亦采奉被征服者之神,而神及宗教增加至多,各处皆同。神教已多,世界相传以为若一种单一之宗教,即因此故。

处此状况之中,耶稣乃来地球上,建立精神王国。以宗教系与政治系分离,破坏国家之单一,使内部分为数部分。此后耶教国民纷扰遂常不息。然此他世界王国之新思想,决不能入信多神教者之心,常视耶教为叛乱。虽托名顺从,而常觅机会以谋独立,表面虽畏威权,实阴谋篡夺之。虐待异教之原因,遂自此起矣。

多神教之所惧者,不久即实现,一切景象皆改观。谦逊之耶稣教人,忽改其声口,所假托他世界之王国,未几即奉一真实之首长,为此世界最强暴之专制君主焉。

但各国固有其首长及民法也,既有两种权力,法理上遂为永久继续之竞争。凡信耶教之国家,虽有何种良政策,皆不能施行。国人不知当顺从国君欤,抑顺从教士欤?

欧洲及其外之许多国民,颇欲保存或恢复旧制,而皆无成功。基督教之精神,遂超于他物之上。此神圣之崇拜式,自主权体独立,且与国家团体无关系。摩哈默德之意见不然,以宗教与政治系化合。此种政府之形式,其继嗣人常保持之,不起分离。但阿拉伯人因是发达、多学问,变为女性,成为柔靡,遂为野蛮人所征服。此二种权力乃起分离。此种现象在回教人虽不如在耶教人之甚,而分离实不可免,在阿里(Ali)一宗尤甚,即波斯等国可见。

在欧洲英国王尝自称教会首长,俄国皇帝亦然。然据名称言之,彼等宁为宗教之大臣,而非宗教之主宰。其变迁宗教之权力,不若维持宗教之权利之大。故非宗教之君主,而为宗教之立法人。宗教徒虽结成一团体,仅为其本国之主人及立法人。故在英、俄诸国有二种权力,有二种主权体。

关于基督教之著作家,惟霍布士(Hobbes)灼见其弊害及其救治之法,且敢提议二鹰头合并及政治单位完全恢复之说。谓非如是,无国家或政府能构造良善。然彼当见基督教之主治精神,与彼之系统决不能相容,且教士之利害,常较国家之利害更大也。霍布士之政治理论,非伪而可惧,惟其正直真实,遂令此变为可厌耳。

据此观点以推阐历史事实,则贝勒(Bayle)及华白登(Warburton)之反对意见,不难反驳。前者谓无宗教有益于政群,后者反之,谓基督教为政群之最强援助。驳前者之说,即无国家建设不以宗教为基本者;驳后者之说,即基督律对于国家之建设坚固,实害多利少。欲明予意,当就宗教之关系详论之。

就宗教与社会之关系论之,或为普通,或为特别,可分为二类,即人之宗教与公民之宗教。前者不须庙宇,不须神坛,不须仪式。其界限为单纯内界崇拜最高之神,外界尽道德之义务。是为福音的最纯洁、最单简之宗教,是为真神教,可谓之为自然神律。后者在一国之内有一定之神,有特别出名之施主,有教条,有仪式。其外界崇拜有法律规定之,除此一国民遵守之外,凡事皆为不贞的、外国的、野蛮的。其国人之义务权利之界,以神坛为限,是为古昔国民之宗教。所谓神律,即其民法、积极法,皆自此起。

此外尚有第三种更虚夸之宗教,其国人由此得两种法律、两种首长、两种国家。国人对之亦有相反之义务,以免其为信徒及为公民致有冲突。是为喇嘛、日本、罗马诸教,可名为僧徒之教。因是得一种混杂非社会的法律,不具名称。

就政治方面言之,此三种宗教各有缺失。三种之不良,甚为明显,不待详证。盖因破坏社会集合者,必为不良,而一切制度使人与自己反对者,必无价值也。

第二种以神教崇拜之事与法律化合,使其国为公民尊奉之物,教以服事国家即服事其神,故为良宗教。是为一种神教政治,以元首为教主,以行政官为教士。为国死者与殉道同,触犯法律即为不诚虔,惩罚罪人,即所以报神怒焉。

第二种宗教之弊害,为以错误假伪为基本,欺骗国人,使其迷信,徒知虚假之仪式,而不审真实崇拜神灵之法。其弊害又在固闭横暴,使一国民好杀伐,不能容忍,日思屠杀,以为杀死不信所奉神之人,为执行一种神圣行为。遂致此国民与一切他国民在自然战争境况中,与本国之安宁大有妨害。

此外第一种宗教即人之宗教,或基督教,又非今日之所谓基督教,而为与此全异之福音基督教。人类无论老少,同信此上帝,奉此神圣、纯洁、高尚之宗教,彼此皆承认为兄弟,依社会之关系相集合,虽死不解。

此宗教与政群无特别关系,任其本力制定法律,不以他法律加之,因是特别社会之最大缚束力失其效。且其弊在不惟不使公民之心归附国家,且使其与国家离远,与世界上事物离远,是予所谓与社会精神相背驰者。

或谓真实基督教之国民,实成为最完全之社会。予以是为最难,盖真实之基督教人社会,即非人之社会也。

又此种假设之社会,若一切完全,决不能为最强者最长久者。因其完全故,即缺乏结合力,其完全即其破坏之恶弊也。

每一人各尽其义务,人民须服从法律,为首长者须正直谦逊,行政员须忠直不腐败,兵士须不畏死,国内须不尚虚夸奢侈,是皆世人所谓为善者,而基督教则何如?

基督教完全为精神界之宗教,所言者皆天上之事,故基督教人之国,非此世界之国。基督教人亦尽义务,然对于成功如何,为彼所不计。苟于己无怨尤,则不问外界之善恶如何。国家而发达欤,彼初不敢与人同乐,不敢与国同光荣;国家而衰亡欤,彼以为神将降罚于人民,惟祝祈之。

欲社会之平和安好,必须一切公民皆为良。基督教人,若不幸遇有唯一之野心家或伪善家,若卡体林(Catiline)、若克龙威尔(Cromwell)者出,在诚虔之国人中,必独获利益。因基督教人之慈善心,不自劳以思及邻人之不善也。及有一人运用阴谋以欺之,获得公权,即为威严之所归,以为神意欲其受崇敬。既主治之后,以为神意欲人之服从之。受公权寄托,即滥用之,以为神意以竿受之,使其挞罚神子。国人对于驱逐篡夺者,每迟疑不决。扰乱公共平和,施用暴力,流人之血,皆为基督教人良善之所致。乃至己身在此浊世,为自由或奴隶亦非所计,惟以升天堂为重要事,谓退让为达到天堂最善之法。

一旦遇对外战争,公民进赴战场,无所犹豫,亦无一人欲遁逃。彼等尽其义务,而无务战胜之热心;决意战死,而不立志战胜。以为战胜或战败,不足介意,是自有神意定之。勇悍热诚之敌人,自此已得利益不少矣。以热心爱光荣、爱国家之人民,岂彼等所能敌?以基督教之共和国敌斯巴达人或罗马人,未有不被打坏击败、不能自救者,或敌人轻侮之不与全歼耳。予于是忆法布司(Fabius)军士之誓,彼等不誓死,亦不誓胜,惟誓为战胜者旋,尽能保其誓言。基督教人决不能为此,以为如是,是尝试上帝也。

予称基督教共和国,诚为错误,因基督教与共和国二字不能相容。基督教惟教人之服从依赖,其精神甚有利暴主,惟暴主不常利用之耳。真基督教人即是奴隶,彼等自知之而不能改,彼等眼中固以为此短期之生活,殊无价值也。

或谓基督军甚佳,予不承认之,因予实未见其佳处也,且予不承认有基督军。或以十字军为证者。今且置其勇敢与否不论,十字军实非基督军,不过教士之兵士,教会之公民耳。彼等为精神国家战,而教会又误指为暂时的,是实返基督教于异教,因福音绝未主张国民宗教,故基督教人决不容有神圣战争。

基督军在异教皇帝之下,甚为勇敢。基督教著作家皆确述其事,予亦信之,因欲与异教军争荣誉也。及其皇帝成为基督教徒之后,则失去竞争心,有如罗马以十字旗代鹰旗之时,罗马人之勇武皆消失矣。

今且置政治不论,仅就权利问题言之,而确定此重要点之原理。民约所与主权体加于其他属民之上之权利,不能过公众利用之界限。予既言之。[卢骚按:据阿根孙侯爵(Marquis d'Argenson)之言,在平民政治之中,每人须完全自由,而不害他人,是为不可改易之界限,最为确定。此言虽不尽为众所知,予尝称之,以记念此光显有荣誉之人。其居官时常保存真公民心,其论本国政府之意见,最为正当公平。]属民向主权体陈述意见之时,惟在集合期内。在国家内必须每一公民各有其宗教,使其乐尽义务。而宗教之教条,须有国家及国家分子无关,惟关于道德及义务之事,当尽此者,必须向他人实行耳。各人可自有其意见,而主权体不必知之。因其在他世界无判决权,属民此生之命运如何,非彼此当问之事,惟彼等当于此生为良公民耳。

是为单纯民事的信实宣示,定其条例,为主权体所当尽之职。是非宗教教条之事,而为社交感情之事,无此则不能成良公民或忠实国民。主权体虽无权强迫人之信从,而可将不信此者放逐国外。(此十八世纪之宗教意见,今日毫无价值。)非因其不虔信放逐之,因其不合群放逐之,恐其不能爱法律及正谊,危急之时,不尽义务牺牲生命也。若有人对公众承认教条,而其行为与不信者同,当处死刑。(其言更荒谬。)因其对法律设诳言,为犯大罪也。

宗教之教条,必须单简,其数不可过多。词内须明瞭,不加注释或补释。即神之存在,神有权力、有智、有恩惠、前知、好施,未来之生命,正直之福乐,恶人之受罚,民约及法律之制裁等等,皆为积极教条。消极之教条,数止于一,即不容忍。凡不同教宗者,皆当排斥。(谬说。)

有人分别民事之不容忍及宗教之容忍为二者,予以为是误也。此二种不容忍,实不可相分离。凡众皆认为受神责之人民,必不能与之同居相安,爱此等人民,是仇恨欲罚此等人民之神也。故必须责之罚之。(谬说。)宗教之不容忍,既经许可,其效力必及于人民生活。效力既生,其主权体于民事上必受障碍,教士恐因是变为真主人,而国王不过其官吏矣。

但今日国民宗教不能为除外的,凡他人之教条,不与公民之义务相反者,皆当容忍之。有人敢云:"教堂外无得救者。"当逐之国外。因如是则国家变为教堂,国君变为教主也。此种教条止宜于神教政府,否则必有害。亨利第四信从罗马教之理由,有名誉之人,皆当否认之,在有理想之国君尤甚。

第九章　结　　论

予既述明政治权利之原理,而为国家定立基础,所当复论者,为国家之对外关系,包有国际法、商法、战争权、战胜权、公权、联盟、协商、缔约等等。但是皆为新问题,非予此短书所能详载,予当以狭小之范围自限也。

卢梭传记学说资料

郭嵩焘日记　郭嵩焘

光绪四年(1878)四月初三日　法人百年前有名华尔得尔者,著书驳斥教士,时教主之权方盛,欲以罪加之,华尔得尔闻而逃去。已而卒,教主乃焚其尸,当风扬尘。同时有乐苏者,持论亦同,皆为教士所深嫉。近年改为民主之国,教士权力亦减。闻华尔得尔之卒距今恰及百年,法人为开会,重刻其书。历百年而始追思其言,其名亦因以大显,足见人心心理之同也。

原载郭嵩焘:《郭嵩焘日记》第3卷,湖南人民出版社1982年版,第495页。

法兰西志　法国犹里氏撰　日本高桥二郎译述　冈千仞删定
学问日开

法国政纲日愈陵夷,而学术日愈上达。……窝儿堤著《十四世路易纪》,孟德士鸠著《万法精汇》,论各国法律得失,罗苏著书,主张独得创见。士大夫歙然精研文学,所刊诸书,四方争传。王侯贵人,专门名家,皆尊崇其书,以先见为快。

原载(法)犹里著,(日)高桥二郎译述,冈千仞删定:《法兰西志》卷五,明治十一年(1878)日本露月楼刻本,第16、17页;后有上海书局光绪二十二年(1896)仿日本板刊本,第16、17页。

万国史记　日本冈本监辅编纂
卢骚诸大儒

自是政纲日愈陵替,而人民学术日愈上达,国中翕然精研学艺,穷理、经济、法律、医学、兵学、物产、制造、建筑、雕镂、绘画诸学日进。……

自路易第十四以豪雄之资行君主政于国中,诸国王侯仿之,作威削民,怠傲纵肆,下民忧郁。时有孟的士鸠、屋尔体、卢骚等诸大儒,各著书排击政法,主张自主之说,欲以抑君威,伸民权。请其书者,无不激昂奋励,以生

379

一变旧政之心。

原载(日)冈本监辅:《万国史记》卷一〇,明治十二年(1879)日本刻本,第17、18页;后有上海申报馆仿聚珍版光绪六年(1880)印本,第17、18页。

万国通鉴 美国谢卫楼著 赵如光笔
论从法国所出之文字激励各国人心

自耶稣后七百年,有法国著名数人,书写文字,于欧洲各国,大能激动人心。辩论当时教会之道规,国家法制,并百姓之风土人情,一一指明其弊,企望人之改正也。更欲革除苦累百姓条律,俾百姓多有自由之心;欲更变历代尊爵之承袭,俾有才德者得获官爵;并欲禁止为道逼迫之事,使人各凭己心拜主。……

有法人法勒他耳者(生于耶稣后一千六百九十四年),大有口辩,能以文字感动人心,颇将当时理度风俗诸弊一一指明,按教会道理,或真或假,彼遂概行湮没,如人欲弃无用之糠,连米一同遗弃。……

曼提库(生于耶稣后一千六百八十九年)亦谆谆议论教育与国家之弊,谓英国律法胜于他国,企望他国取法以治理人民。

拉搜(生于耶稣后一千七百十二年)所书文字,华丽可观,大能激动人心。按其所论种种罪恶苦难,皆由礼仪教化而兴,人欲作清洁之人,得真快乐,宜弃现今之教化,仍归浑噩之风。又讲国家至善之制,即民自主之法度也,国人皆为平等,无上下尊卑之分。其人弃圣经之道,凭空结撰一道,皆凭己心情欲,因此教中人怨妒逼迫,使其多年飘流,无所定处。论其所书文字,非无切实之真理,但将惑人之左道,参混其中,所言皆从热心所发,颇能刺入人心。读其书者多受其蛊惑,有变易国制之心,以反先代自由之景象也。要之是令人犯法背理之事,愈加兴起耳。

原载(美)谢卫楼:《万国通鉴》卷四上,上海书局1882年版,第60、61页。

重订法国志略 王韬辑撰
学问日开

法国政纲日愈陵夷,而人民学术日愈上达,国中翕然精研学术,穷理尽性,格物致知,以要其通。于是经济、法律、医术、兵法、物产、制造、建筑、雕镂、绘画、测量诸学,无不蒸蒸日上。于时名贤先哲……如窝儿堤著《路易十四本纪》,如孟德士求著《万法精汇》,备论各国法律得失,如罗苏著书,专述其生平所独得之创见。士大夫所刊诸书,四方争传,王侯贵人,专门名家,皆尊崇其书,以先见为快。

路易十六新政

……自路易十四以豪雄之资,行君主之政于国中,独持魁柄,权无旁贷,诸国王侯仿之,擅作威福,朘削民人,怠傲纵恣,黎庶忧惧,愤郁之情,无所发舒。时有孟的士求、屋尔体、卢骚等大儒,各立说著书,排击政法,主张自主之说,欲以抑君威,伸民权。读其书者,无不激昂奋励,以生一变旧政之心。法人乘机煽诱,一唱百和,躁动尤甚。

原载王韬:《重订法国志略》卷五,光绪十六年庚寅(1890)仲春上海淞隐庐铅印本,第19—22页。

泰西新史揽要　英国马恳西元本　李提摩太译　蔡尔康述稿

法　儒

鲁意王第十五之季年,法国文风寖盛。有汇刊之一类书,所采皆才子通人之作,朝廷政事大小毕赅。其命意之所在,无非冀上之人,去旧染而焕新猷。故历言凭权藉势之徒,把持国政,束缚民心,欺凌苛刻,无所不至,皆小民所不愿。而在上者又事事自作聪明,刚愎自用,使道路侧目,人人痛心疾首。又有谓天生民而始立之君,自当以顺民心为重,非下民为君所立,而以随君心为重也。语尤切挚,通国文人,无不爱读此书,手披口吟,欢欣鼓舞,直若欲朝廷立变旧章,易为民主,而后民乃可相安无事也者。

当是时也,福禄特尔才名益噪,等身著作,力足以感动人心。常言:"自古贤王明主,当其困阨闾里,断未有甘心服事暴虐之君者。"福禄特尔寓英三年,凡英之朝章官政,一一留心考察,既乃勒为成书,大旨以不服官权、不服教权为主。然其不服教权,则因误视各教同于法国之天主教,故持论不免稍偏。……

法国又有罗索者,才智之士也,鼓动民心,较福禄特尔为尤速。一千七百五十三年,乾隆十八年。曾著一书,名曰《百姓分等之原》,历指法国紊乱君臣之道之所由,又博考乎治国养民之法,侃侃而谈,无些子躲闪语。一时万喙同声,争相购阅。举昔日民间应读之书,及一切说部类书,尽行束之高阁。士子倡于前,常人相率和于后,家弦而户诵者,无非罗索之书也。法之户部尚书内克,则于一千七百八十一年,乾隆四十六年。取国家历年征税册籍及度支之所需,比较出纳,汇辑成书。法国儒生,又各家置一编,借以考证罗索之书,与此书所载国政是否一一符合。于是都城中,纸价顿高,其印书之匠,晨夕刷印,尚不能应万众之求。从此日积月累,法人感而遂通,非复当年之如在梦中矣。

原载(英)马恳西著,李提摩太译,蔡尔康述:《泰西新史揽要》卷一,上海广学会 1895 年刊本,第 5、6 页。

草茅危言 日本深山虎太郎

民 权

民受生于天,天赋之以能力,使之博硕丰大,以遂厥生,于是有民权焉。民权者,君不能夺之臣,父不能夺之子,兄不能夺之弟,夫不能夺之妇,是犹水之于鱼,养气之于鸟兽,土壤之于草木。故其在一人,保斯权而不失,是为全天;其在国家,重斯权而不侵,是为顺天。勿能保于天则为弃,疾视而侵之于天则为背。全顺者受其福,而背弃者集其殃。何者?民与权俱起,其源在乎政府以前,彼宪法云、律令云,特所以维持之,使无失坠,非有宪法律令,而后有民权也。故国人皆曰政府可设,而后政府设;国人皆曰政府可废,而后政府废;国人皆曰宪法律令可行,而后宪法律令行;国人皆曰宪法律令可革,而后宪法律令革。国家大事措施得失,阖四境之民平议而行,其权盛矣。唯人心之不同,利害交错,莫能画一,且各有生产作业,不能亲政,为古今通患。于是立贤者,以为之主,以为之辅相,借之以柄,以齐整天下。故君相之权固假之万民,非自有其权也。柳宗元曰:“吏于上者,民之役而非以役民而已。”西人之谚曰:“官吏者,天下之公仆也。”若以民之役役民,以奴仆鞭箠其主人,则不伦孰大于是。

余窃观中国古圣贤创业垂训,具合于泰西民权之宗旨。盖公理无东西,而大道无古今,凡有血气,其积思所至均也。尧舜官天下,求贤禅让,何与美利坚合众国公举总统之制类也。汤武顺天应人,以放伐独夫,代膺大位,何与欧洲列国之民迫其政府更革政治类也。孔子对哀公曰:“百姓足,君谁与不足?”孟轲以君为轻,民为重,发明民权,岂有彰明较著于此者哉?意者孔孟之时,距三代不远,尧舜之道,布在方策,令夫一圣一贤,得志于当时,其所成就,盖有难测者矣。惜乎后世昧于圣哲本旨,不能扩充阐明以成太平,至于大道晦冥,冠履倒置,自秦汉以降,沦胥至今,风气之不开,纪纲之不肃,国本之不固,宫闱之不清,民力之不厚,士气之不振,是由上有背天之政府,而无顺天之君;下有弃天之人,而无敬天之民。今欲举秦汉以来积敝,摧陷而廓清之,以举自强维新之政,则必自恢复民权始。

右为深山君虎太郎来稿,识见高远,议论崇伟,真为有数文字。唯民权一章,似专祖述泰西《民约论》,不与本馆宗旨合。窃恃命意所在,未必然,无乃有所慨时局以出此辞乎!起痼振废有侯于激剂霸药,千古聩聋之见,非当头棒喝则无从起之,此论亦不可已矣。

本馆识

原载《亚东时报》1898年第3号。

国家论 德国伯伦知理著

第四章 立国之渊源

第三节

自第十七八世纪之交,至本世纪之初,有一说最为世人所称赞。其说曰:国家成于民人之随意作为,而民人加入盟约,故国家即盟约之结果耳。此说始于湖北土、不分德儿夫二人,其后路骚著《社会盟约论》,颇行于世。至晚近国宪改良之时,天下多称赞之。盖当时之士,欲资此论以除旧法设新法也。今日主张此论者不少,而德国之国家学者流,独视此为邪说妄论,排斥不道焉。

据路骚民人社会民约之说,即如左所述。前分条辨之。

一、国民分离为千万人,不可不使各人随意生息,随意进退。夫人之好恶思想,固不能相同,设使各人任意盟约,何以得统一,何以立国家哉?若此盟约,仅可立一时社会耳,其间制度变更不已,安能可保一定之法规,以传之永远,使国民一意同心,置国家磐石之安乎?盖人众徒相聚而已,未足以成一团体也。

二、民人当保有平等权利。亚利斯土尔有言曰,建国之事,决不起于其国民保平等地位之时,必其中有一人威势超出者起,为众所推服不违,然后有之。

三、全国民人之许诺,所谓盟约者何也?加盟之众人,皆许诺其条约之谓也。方今天下未尝见有如是盟约之国,而路骚独主张之,立暧昧奇说,以民之多数,故饰为全数,曰多数之民意,即全国之民意也。不知民约由人人所欲而决者耳,非少数者有必从多数者之义务也。路骚不辨社会与国民之义,又不知国家所以要统一之理,与国家经其沿革渐次变旧态之理。又不悟国家自有固有之意志存,非聚各民意志而后能行者。彼以国家为各民随意所作,果然,则各民意志变迁,国家亦随之变迁,譬如沙上筑屋,朝成夕颓矣。且其立说之旨,以为藉民间众论之力,以宰一国,不免大损国家之威望。噫,使堂堂一大公体,变而为社会之微贱私体,其为惑亦甚矣。

是故骚路之说,不啻不合真理,又有不合人生实态者,其不足取弗论耳。今夫人之生也,幼养于家庭,自浸染其家之风俗,遂习惯成性,于国家亦然。既长,入乡校,受教育,则民间所存一种风气,渐移其心,久之遂成第二性。乃知各人之性情,为全国风气之所感化,无疑也。然则路骚所谓国家成于各民之任意盟约者,非也。全国民人与各人,其间有一种关系,欲断不可断者,互相感孚,而后国家成,盖理有固然也。

路骚之说,虽妄谬如是之甚,然间亦有合真理者。其言曰,国家不啻逼于民性不可已之势而成也。又曰,人类自由之意志,实占国家枢要之地,以立法行政。路骚此言,可谓砂中之金。

第四节

继盟约论而起者,以国家归于人生固有之建国心,此论是也。盖盟约论之妄谬最甚者,在以国家徒为民众之聚合,姑勿论种类何如。夫既目之曰国,孰非民众之聚合者,是固不待言也。然及其既成一国,岂可徒聚徒合哉?人心各不相同,故其度世之道,亦随而异。人皆知己身不羁特立,而己身所固有之习惯、才能、思想,与人不相同,既有此观念,则民法不得不本于人情愿欲而制定也。虽人人所抱观念各不相同,然及其相聚而为一家,为一村,则人人亦知己身为共同团体中之一部。及合而成一国,则思一村一身之外,更知有共同公通之大利害。既有此念,而后能图全国民众之公利公便,国家于是乎始建矣。故国家者,因欲民遂其愿欲,经营之一大公体也,即民人感发共同心之结果耳。

亚利斯土尔所谓人有建国之性,即此意也。何则?人之性情愿欲,及遂此愿欲之智慧,此三者实为国家根本。国家赖民人之自由而生息,民人以共同观念建立国家,相合相助,而居其中以为之主。

观古今建国之迹,其体裁常不一致者,非民人建国性外,别有他故也。活用此性之道,各不相同,或外观有异故耳。故路骚《盟约论》,征之于古今邦国之实状,未有相符者。自其外形观之,虽似成于盟约,而推究民人建国之观念果何由而生,则但谓生于其共同心可耳。

建国之心非积渐经久,不能成熟,此心盖初发于一部落之民众者也。酋长恃其强,以威力临其民,则其民视酋长之主权为出于天授,尊崇敬事,生杀予夺,惟命之从。其后气运渐开,民众中占上流者,至自进而参政。自是欲望参政之风,渐渐蔓延全境,全境之民亦共欲建设国家,经营共同之政。

原载(德)伯伦知理著:《国家论》卷一第四章《立国之渊源》,《清议报》1899 年第 18 期。

饮冰室自由书　任公(梁启超)
破坏主义

欧洲近世医国之国手,不下数十家。吾视其方最适于今日之中国者,其惟卢梭先生之《民约论》乎! 是方也,当前世纪及今世纪之上半,施之于欧洲全洲而效;当明治六七年至十五六年之间,施之于日本而效。今先生于欧洲与日本,既已功成而身退矣,精灵未沫,吾道其东。太旗舣舣,大鼓鼕鼕,大潮汹汹,大风蓬蓬,卷土挟浪,飞沙走石,杂以闪电,趋以万马,尚其来东。呜呼,《民约论》,尚其来东。东方大陆,文明之母,神灵之宫。惟今世纪,地球方国,国国自主,人人独立,尚余此一土以殿诸邦。此土一通,时乃大同。呜呼,《民约论》兮,尚其来东! 大同大同兮,时汝之功!

原载梁启超:《饮冰室自由书·破坏主义》,《清议报》1899 年第 30 期。

卢骚小传　杨廷栋

(略,见前杨廷栋撰《卢骚小传》)

原载《译书汇编》1900 年第 1 期,后又改名《政治学大家卢梭传》,载《政艺通报》1903 年第 2 卷第 2、3 期。

法国革命史　日本涩江保原著　冯懋龙自由氏译
学者新思想之发达
第一编　旧政治之晚年
第一章　学者新思想之发达(附录孟德斯鸠、福禄特尔、卢骚小传)

政府钳制国民之举动,天主教缚束国民之思想,是法国旧社会之特质也。当时人民蛰伏囹圄之下,压力迫重而不之悟,绝不知何为心身发达之法,自由生产之乡,宛如尘中之人不悟尘,夏虫不知严冬等。然而历岁弥久,民智渐开,洎乎十八世纪之中叶,慧眼达识之豪杰,缤纷并出,看破时政之非,喝醒世人之梦。迷云既拨,事物之真相渐明,曩所崇敬者不足贵,昔之妄信者不足泥,维新改良之声,逐日增喧,遂成震天撼地之大革命。

更详述之。……故十八世纪法国之大文学者,实为政治之热流,而为政治思想之响导。为此热流为此响导之尤著者,十八世纪之前后两半期,各现二人。现于前半期者,则为孟德斯鸠与福禄特尔,现于后半期者,则为地爹罗及卢骚。

至于十八世纪之中叶,执哲学进动之牛耳之任,渐由先进之手而移于后进。有名学术类典之书,出现于世,大惹世人之注意。公众之目睫,群集于编纂者之身边。诸编纂者志在吸收新思想,以应用于政治、理财、社会行动之范围,皆一时之名儒硕学也。其釀金者之中,如士葛、卢骚、布芙龙(法国有名之博物家)、马蒙地老(有名哲学士)、陀帘笔(有名数学家),皆具深远之学力,振雄健笔势,以从事于一部之编纂。

然以当时变动社会振兴国民之功推之,则以卢骚为巨擘。当时皆称卢骚、孟德斯鸠、福禄特尔为新说家之三伟人云。

其时法国正当特权(谓人有特别之权利。)流行之时代,无特权者则不能安享生命。恶弊无穷,人皆苦之。卢骚因时制宜,煽动众听。一时风声所至,无不披靡,举国雷动,声名显赫。然其欠致富之忍耐力。故人多心醉之,而无有非议之者。

一千七百六十二年,著有《民约论》。是书为古今有名著书之一,其小引云:

人生而有自由,惟到处被束缚。(未完)

原载(日)涩江保著,冯自由译:《法国革命史》,《开智录》1900、1901年第 1、2、4、6 期。

论阅新闻纸之益　　贯庵

曷言为国家之关系? 余尝读欧洲之史,知昔日法国王路易第十四之际,其专制之政,苛压之力,比吾中国今日为尤甚,而其国中之若新书若报纸,益膨起隆立,有逾畴昔政治家之思想。国民之舆论,或赋诸诗章,或咏诸歌曲,上自京师,下而草野,通都剧邑,僻壤穷乡,人民莫不日手数篇,高声朗诵,如登天之快焉。咸知有当尽国民之义务,不至有莫知国家为何物之虞。故野蛮政府之压之愈力,而国民之劝阅愈殷。如大儒卢骚氏著一《民约论》,孟德斯鸠氏著一《万法精理》,国民购阅,争先恐后,无户无之,不三阅月,而翻印二十四次,法国纸价,为之腾贵。故法国卒至霹雳一声,举革命之旗,勃然兴起者,岂不基于此欤!

原载《开智录》1901 年第 3 期。

自　由 自立

察一国之文野,则于自由之多寡厚薄观之,此泰西哲学家之通言也。诚以一国之血脉在政治,政治之思想在国民。国民者,人民之分点也;人民者,人类之总名也。如太古浑浑噩噩,食果衣叶之人,与今日进化之人,皆人民耳。其所目之为国民者,知国民之义务,有政治之思想,此文明也,自由也。然太古之人与今日之人,同是人耳,何无国民之称,而有野蛮之号?此亦一问题也。无他,以其于人群上有损害而已。所谓自由者,太古人何尝不有耶? 惟其于人群上有害,故曰野蛮之自由,非文明之自由也。法国硕儒卢骚氏曰:"众人得失其最大重宝,在于国政各种制度之如何。"又曰:"人有二种固有之元质,自由平等是也。苟一人之身体无自由之权,则一国之体失其同一之力。故自由权不可不尊,平等权不可不敬。"读卢氏之言,亦多不知其所谓自由之为何物。余曰:无他,以其有善良之制度,无损害于人群,使人群中得其幸福。礼义也,公法也,人道也,亦此之谓。不然,则茫茫世界,何所谓进化? 何所谓文野哉? 如今日之英、德、法,文明国也,亦以其国自由之程度计之。西儒奚尼曰:"英人爱自由如正妻,法人爱自由如情妇,德人爱自由如老祖。"夫如是,则其为文明也宜。

原载《开智录》1901 年第 6 期。

法国大儒卢骚小传　日本中江笃介著　出洋学生编辑所译

卢骚者,与福禄特尔齐名。文词虽不及福禄特尔,至论政治,则奇辟而且精粹,盖亦有胜于福禄特尔者。亦以是岁七月三日殁。卢骚之为人,深沉而高自矜持,其所遇合极寡,故其生也。少与人交,大率常独守而自乐。

其殁也，亦在隐暗之地，且以暴逝，人或有疑其自杀者。然其所以疑之者，盖以卢骚晚年，怀幽忧之疾，且常贫困，几不自保，获时露藤公之荫，与其妻胎兰时得俱养老于爱罗门尔村之别墅。其殁之日，早起，心觉不快，且以胃痛剧甚，自知死期之迫，命胎兰时推窗观朝暾之照绿叶，欣然乐之。既而胎兰时闻大声呼叫，时露藤公走至，则卢骚方倒地，满面沃血。时露藤公乃与胎兰时共扶起之，即死。人或以其胃痛之故，为毒药所致云。以其沃血，且额上蒙疵之故，为自铳云。要之，皆非实也，盖脑充血症之所致。且其额上有疵者，昏倒之际，触于物而有创也。卢骚前著一书，论自杀之非，怨家或以卢骚之暴死，播传自杀之说，欲以此以证其言行不符。卢骚殁时，年六十有四。

　　卢骚以一千七百十二年六月二十八日，生于瑞士之崎南浦。其父名意若科，本为法兰西人，业时仪，略涉书典。慧敏而有义气，遇事激扬，不能自制，故所行动，不能合于中道。母曰白而赖罗，为新教僧之女，婉丽可爱，小心谨信，而情意极挚。产卢骚后，即殁。卢骚生而神经过敏，体机虚弱，所以终身苦于病痾，并困于心思也。史家往往云，卢骚自幼感慨之情极炽，不自收束，若使其父早诲以理义之言，或能少抑其激发愤迅之气，及其长时，亦得明哲以保其身。乃卢骚之父，唯使六岁之童，日日读稗史。卢骚又夙慧，能了解稗史，乐诵之，于是遂隐然于此社会之外，至别自打成一种空华之境界。此习一成，而卢骚遂终身不能自脱于此境。以现在社会之制度、人物，常欲与胸中所有之境界两相比较，此所以终身不能与世俗相遇合，愤郁而至于死也。即如其《忏悔录》中有云，凡余之所得知者，非知之，实不过感之而已。盖天姿所钟，万事皆非得于思考之后，而实得于一时勃然慨然之时也。

　　卢骚之父之在家也，教育极疏，唯令诵读稗史，及夫利大科所著之《古昔英杰传》而已。及长，或入公证人之家而肄业，或就雕工而学术，皆不久遂去。后见爱于一妇人，名华伦斯者，遂居于忍耐轩。既又游于盘门，流寓落拓，几不能活，至佣役于人。卢骚以天姿醇粹，外机之感触极敏，到处辄为境遇所转移。据其《忏悔录》云，方其流落而与无赖轻薄之徒交亲也，己亦习其所为，宛然成一无赖轻薄。其言曰："余之佣于人家也，屡偷酒及果肉而饮啖之。于今追思，实深惭愧。唯幸余性不甚留意于金银，故虽苦于饥饿，未尝一偷金银而为盗贼。"盖卢骚有矜豪自喜之癖，且于幼时所诵读之夫利大科之纪传，深有铭感，钦慕古昔希腊、罗马磊落高朗之风，故即至一时堕落于最下等人物之境界，未至破廉鲜耻之甚，而得复昂首而出于青云之上。后又至华伦斯妇人所，寄食，得闲而务记诵，数年业遂大进，然未尝执笔作文。一千七百四十一年,卢骚年三十余,复游巴黎,为法兰西公使门得大之书记。未几,以不顺命被斥,复归至巴黎,于是始与徐台绿、顾利麻之徒缔交,旋得厕身于学士。然卢骚所最致意者,在音律一艺,而文词则不甚经心,不过诵古今之典籍,以为乐而已。是后徐台绿以著书之故,被拘于浑生奴狱,距巴黎二里余。邓培儿、顾利麻之徒,屡往访之,以慰其意。卢骚亦每间二日,或三日,往访之。时方暑热,一日,卢骚步行赴浑生奴,中途苦暑,憩于树下,披阅所携新闻,中载有集京博士会发一问题,悬赏募能应者。其题曰:"学术技艺之进关于人心风俗,将为有益乎,为有害乎?"卢骚读之,俄而神气旺盛,意思发扬,肺腑一变,觉别成为人,殆已飞游而跳入新世界矣。因急执铅笔,草蒲理轩斯之一段,怀至浑生奴。见徐台绿,尚志气奋涌,血脉交愤,不能自安。徐台绿见之,怪问其故。卢骚告以故,且出所草之文字示之。徐台绿诵而称善,劝之完结一编,卢骚从其言,后即所谓《非开化论》是也。其《忏悔录》有云,余之草《非开化论》也,每夜就寝,瞑目而考思,及得一句一章,深思着力,将待明早述之。及既晓,起而嗽口改衣,夜间所结构之腹案,殆尽忘失。盖余之记性如此其乏。其后请鹿传尔妇人,与其女俱居余家,夜间苟有所得,辄口占而使之笔记,得免遗忘。

《忏悔录》又云,余既成《非开化论》,复以示徐台绿。徐台绿一见,深称之,直执笔而移易一二。余乃密送稿本于博士会,不敢告人,知之者唯徐台绿、顾利麻而已。又云,自余既送稿本于博士会也,不复思及此事。至明年,方闻《非开化论》之被选,曩所储停蓄之意,顿再发现,于是始决意而入著作之之列。

一千七百五十三年,集京之博士会复发文题曰:"人间贵贱贫富之有等差者,其原因果在何处乎?"卢骚亦草一编送之,所谓《不平论》是也。以其攻击王侯将相,非议专制之政不少顾忌,遂不复得第一。然卢骚之文名,遂日益高,贵公子、贵夫人,争欲招迎而接其言貌,卢骚多避之,不应。皮南夫人怜卢骚贫困,为之筑精舍,而居于孟伦轩,即所谓迷他奇也。卢骚于是复得优游而从事于笔墨,其《新烈女记事》《民约》《教育论》等相继出世。《新烈女记事》者,以全编手简而成,男女相慕恋之情,极精粹而合于义,欲矫正当时之奔之俗。《民约》者,从决断人心之自由,以主张民主政治。《教育论》者,论养育小儿务循天性,毋少加害,使德性自然纯熟,以驳世之妄以仁义道德之说,强聒儿童之耳者,不独无益,且反戕贼之。其他著书颇多,大抵皆颂扬天理之自然,斥黜人功之谬庆,主张自由平等之义,摧破专擅遏抑之制,以为宗旨者也。其文词大率皆婉逸而有感慨悲壮之态,但好奇遇甚,使人怪异而骇愕。又与旅店之一贱女名胎兰时者,野合而娶为妻,及既得子,又相继而送于弃儿院。是皆不免为后世所讥毁也。

卢骚既著《民约》《教育论》二书,遂大触官府、僧侣之怒,出收捕令,遂逃至瑞士,亦被斥逐。为英人爱麻所援,相与至英。又与爱麻不协,复归法兰西。体益尫羸,宿疴日重,晚年神气忧郁,常怏怏不乐。福禄特尔、徐台绿及其他尝所敬重而亲信之人,卢骚皆前后与之绝交,茕茕孤立,以至于死。卢骚之政论,在主张心之自由与权利之平等。后来日耳曼肯得、非科丹之徒,扩张其说,致极精粹。在法兰西则有白那腾、柴得林、斯泰尔等,在英吉利则有福耳特平,皆祖述卢骚之词藻,脱化而出者也。

史家或云,孟德斯鸠、福禄特尔、卢骚,是三人者,各主张新说,以摧破旧规,以启后来革命之伟业。而三人之气质,各有不同,其所旨亦各有异。今细考之,于革命之时,此三人之气习言说,并见其效。一千七百八十九年,代议士方始会于巴黎,举国人民皆奋兴而有高视阔步之态,是福禄特尔之宏伟博大也。又国会之士,在扰攘之中,不动声色,渐就顺序,建立光明盛大之宪法,是孟德斯鸠之沉毅厚重也。若夫卢骚之慷慨悲壮,壹郁劲烈,则契约国会之百折不屈,当四方敌人愈益艰难之时,而金益壮快。此三人者殁,而徐台绿、邓搭儿之徒亦相继逝世,法兰西文学之坛顿致寥寂,无足怪也。孟德斯鸠也,福禄特尔也,卢骚也,譬诸院剧之作剧者也,彼竭力而述作戏曲,以准备革命之大院剧,其务斯毕。若夫踪此辈而起者,犹如俳优,不复顷自述作,将翘然而直上场,以演彼等所作,各逞技俩而已。呜呼,豪杰之士,随时立业,各尽其道,无少异也。所谓演革命之院剧者谁?曰希庵也,曰宓落蒲也,曰鲁意德也,曰伍尔玉也,曰陆槃斯培儿也,曰邓独也。在国会未集之前,唯有鲁意德、宓落蒲而已。

……

以上所举之手简,在从孟德斯鸠、福禄特尔之说者,以为己颇合于自由之理,然持平等之理、民主之制者,犹以为未足。至契约国会,而后卢骚之旨趣大行,余焰所薰灼,遂至戮王路易,屠斩群朝绅,流血都城,及于州郡,更泛滥于全欧,屹然而开出第十九世纪之新世界。

原载(日)中江笃介著,出洋学生编辑所译:《革命前法朗西二世纪事》,出洋学生编辑所,第99—106、130页。

泰西教育史　日本能势荣著　叶瀚译

第四章　教育改良家

卢索氏传（Rousseau）

氏之传略　卢索氏名曰虾尼细阿克,千七百十二年生于瑞士之日内瓦。父为时计师,即钟表匠。家甚微贱。氏幼而亡母,身颇弱,而感觉锐敏,爱读小说稗史之属。父尝以事与法人争,不得家居,氏乃托于叔家,与其一子同入寺院受学。数年,见雇于代言人,为其书记。未几被斥,又从师学刻铜版业。尝犯欺诈、窃盗、冶游等罪,十六岁,遂漂泊异地,濒于饥寒,寄居僧寺。僧怜之,送诸其友瓦伊棱士夫人家。数年而大悛,专从事学问,又学音乐。后为人家庭教师,遂辞夫人,赴留尼,犹以无行被斥。千七百四十一年,迁于巴黎。既而为法公使馆书记生,复赴威尼士。一年半,再归巴黎,犹不悛其淫佚之行。千七百五十年,遂还瑞士,痛改前非,始得享良民之权利,然不能忍耐。千七百五十六年,又赴巴黎。居二三年,著《哀弥伊尔》,遂耀名于世矣。触政府忌讳,烧其与宗教反对之书,因又潜居瑞士。千七百六十年,著《民约论》,其说曰:人间者,自由同权者也。宪法制度,不过为计一切之利益,设为社会之约束而已。氏既主持自由,至以置政府为罪案。书既成,攻击者群起,复不能安于瑞士,遂赴英国,为哲学家休姆所优遇。会其友人有为请于法政府者,得归法国,居巴黎之近郊。千七百七十八年,猝死,或云自杀也。

氏之主义　《哀弥伊尔》者,氏之教育小说也。假哀弥伊尔为主人,记其初生至结婚之教育履历于此书。以年齿分为五卷:第一卷,记哀弥伊尔自初生至能言之幼稚教育法;第二卷,记至十二岁之教育法,并论练习五官;第三卷,记至十五岁之事,论智育;第四卷,记至二十岁之事,论德育及宗教;第五卷,记结婚及娶妻之事,论女子教育。

氏之大旨,以为儿童之心,皆无恶而纯善也。故任其自然,则无不纯善,及为人所动,乃渐致不良。故人之性皆善,而社会则丑恶;人性丑恶,皆由社会来也。故于儿童须善保护,无使触社会之恶,教育急务,在除去梗于发育之物而已。故教育之法,不可不用消极,消极者,乃电学家之语。电分正负,正曰积极,负曰消极。哀弥伊尔者不受学校教育,而被自然之养育者也。

卢索氏以社会之事尽为丑恶假伪,反乎天理,凡事宜任自然。其论固为太过,然当时法国之社会,受政府干涉甚为严酷,虚悻成风,恐喝为俗,不知自然之天则,纷紊殊甚,则其鸣社会之失,促之改良,吐偏重自然之说,乃迫于时势之不得已耳。所谓矫枉过正,固不得漫为訾议也。氏之教育说,为裴司塔若藉氏、佛罗赖卜尔氏、斯宾塞尔氏、显露柏罗都氏所本,大有利于后世,今述哀弥伊尔教育法之大略于左。

第一期　卢索氏曰:儿童生时,产婆自外圆其头,西俗儿生后,产婆以两丁自外圆之。学者自中圆其头。谓以学问矫正其偏僻。凡母子之固结者,过乳时,则已解也。如此而有束缚其子者,甚背天理也。哀弥伊尔者,父母俱亡之孤儿,而只受教育于一教师者也。

卢索氏曰:人之受教育者,其始必受教师所教之自然体育。当此时也,儿童任天而动,其机关毫不可抑制,教师只可任自然之指诱,鼓舞之而生动力,使其能步能跃能游戏。一日颠仆数百次,亦其任自起,不必顾念。不令其著靴,使徒跣而行。夜无烛,使暗索。有疾亦不招医。玩具者,人造之物也,一切不与观。与之观者,只一片木石而足耳。又必日使浴于冷水,亦为最要之事。其余无益之乞求,虽少亦不可许。又儿童不可使染一切之习尚,盖习尚者,非自然之所赋也。

第二期　其教育始于言语,而以知少数之言语者为善。若言语之数过于思想之数,甚无益也。且此时以训练感觉为最要,则五官宜练达,宜令依实物测其长短,数其数,量其重或使执物而较之。凡教此者,可用图书,又以若干言语、歌唱等教之,不可用书籍文字。此时儿童未解事变之关系,故不可用历史之谈话。未能比较他国之语与己国之语,故发语以本国为限,而且戒用古语。

第三期　自十二岁至十五岁,此为智力研求之期。其学课一取实利实益为主,不以使生徒知何事,而以何事有益于生徒为标准。至若教以有形之学,凡天文、地理、物理、质力等学,不徒事讲论,又当就实物以推究之。即如教天文,必使仰观天体。教地理,必始自居宅,乃及近郊之山林河湖,而后由近以及远。教物理,当于职工场使亲自操作。教化学,使比较善恶两种之葡萄酒,即可引而伸之。凡教事不用符号器具书籍,取宇宙间森罗之万象,以为教育之补助可也。盖世界者,儿童之书籍,而一切实物者,教授之材料也。书籍不过教吾人未知之文言而止已,于世界自辟之功,实物经验之理,庸何关乎?如必用书籍,则只有一册可为善教科书,是曰《鲁宾孙漂流记》。鲁宾孙者,无同人之助,无需用之器械,以一人在穷海孤岛,自营其生,以自娱乐。哀弥伊尔读此书,始觉勤劳之可贵,并知人间有万种之职业也。

第四期　此期为德育，为哀弥伊尔十五岁至二十岁期之教育也。其为人深情而仁爱，且修练于宗教上之情操矣。卢索氏曰：教儿童读书习字时，当如哀弥伊尔，并教以亲爱温顺。盖儿童当此时，种种情欲极为扰乱，故须使以道德思想自整理之也。然欲其如此，在以教授适宜之法，使焕发其仁恕之情操。此等情操，为良心之发现，而爱憎之所起，即善恶观念所由兆也。曰正曰善者，不因理会力所想见之虚名辞，<small>文典有实名辞、虚名辞。</small>实由道理精撰之真也。案氏又以德为爱情，则氏之所谓道德，全在以情操为根本，似在于唤起情操，使人有同情仁爱之行也。

哀弥伊尔至十八岁，不学宗教，盖以宗教之事，不切于十八岁以下之理想也。儿童一想及上帝，则理会力必为之消减，而且必陷于迷误也。一陷迷误，将生锢蔽，终身不能再脱矣。故曰人非理想之性大辟，决不可教以涉乎上帝之事也。

第五期　此期说女子教育，以女子宜于为人妻，故其受教之宗旨，在教以相夫之法。其曰女子之教育者，必宜与男子有关。女子所务，当为男子储其用，且为男子修其容，以得男子之爱恋。又教养子女，保护老人，皆女职也。女子须养成从顺之德，故宜自儿时即入于宗教。男子出令，女子当服从，服从者，女子第一之要务也。女子居良人之家，服从良人，非动从良人之命，则虽有若无也。

氏教育说之评略　卢索氏当法兰西革命之前，生于颓靡之世，欲扫荡当时腐败之社会，故其立说往往含慷慨悲愤之意，而多吐过激尽情之语，由今论之，则其谬误亦多也。

廓姆裴伊赖氏曰：自然教育说之谬误处，在偏重自然之一面。夫教育非独自然之事，亦非独人为之业，乃以人为完整自然之道也。若教育一任自然，更不加以人力，则如果已成熟，仅令其堕于地上，终归腐败而已。诚哉，是言也！卢索氏谬误，在过重自然，今试摘记其一二。

哀弥伊尔者，舍父母，离朋友，独自别居者也，则其未受两亲训练，兄弟朋友之赠言忠告可知。设有情感而无修克，有德性而无涵养，则至十五岁时，其性质必自放自肆。而卢索氏于此自放自肆，未受庭诲之少年，教之读书写字时，并教以仁慈同情之德性，而急欲以三年为毕课，是果能行之事乎？不可谓非妄想也。且氏之教育，非仅德育也，乃因年齿分人生之进步为四期：第一期为体育，第二期为练习五官，第三期为智力畅盛，第四期为德育，判然相离而不融合，是不知人之身体与心意诸能力，有互连同畅之故也。如不授靴、烛，不近医师等事，只令儿童为一野蛮人耳。又如儿童至十二岁，而尚不使读书，此其是非更无足辩矣。

氏所言宗教之意见，与女子教育之宗旨，太西教育家颇斥其谬。以东洋锢蔽之风俗思想评之，则或者有默许其言之合于心我者乎？

氏之教育思想多由陆克氏出，而加之想像力，以述其夸辞。然其倡论宜练五官，宜启心性者，则氏之功也。综其论旨，似稍流于粗暴，然其启发后人为力甚大。若裴司塔若藉氏，则因读氏之《哀弥伊尔》，而思得教育改良之法也。

原载（日）能势荣著，叶瀚译：《泰西教育史》，上海金粟斋译书社1901年版，第16—20页。

二大学派*　　任公（梁启超）

于现今学界，有割据称雄之二大学派，凡百理论皆由兹出焉，而国家思想其一端也。一曰平权派，卢梭之徒为民约论者代表之。二曰强权派，斯宾塞之徒为进化论者代表之。平权派之言曰：人权者出于天授者也，故人人皆有自主之权，人人皆平等。国家者，由人民之合意结契约而成立者也，故人民当有无限之权，而政府不可不顺从民意。是即民族主义之原动力也。其为效也，能增个人强立之气，以助人群之进步。及其弊也，陷于无政府党，以坏国家之秩序。强权派之言曰：天下无天授之权利，惟有强者之权利而已。故众生有天然之不平等，自主之权，当以血汗而获得之。国家者由竞争淘汰不得已而合群以对外敌者也。故政府当有无限之权，而人民不可不服从其义务。是即新帝国主义之原动力也。其为效也，能确立法治以_{法治国，谓之法治。}之主格，以保团体之利益。及其弊也，陷于侵略主义，蹂躏世界之和平。

十八、十九两世纪之交，民族主义飞跃之时代也。法国大革命，开前古以来未有之伟业。其《人权宣言书》曰："凡以己意欲栖息于同一法律之下之国民，不得由外国人管辖之。又其国之全体乃至一部分，不可被分割于外国。盖国民者，独立而不可解者也"云云。此一大主义，以万丈之气焰，磅礴冲激于全世界人人之脑中，顺之者兴，逆之者亡。以拿破仑旷世之才，气吞地球八九于其胸而曾不芥蒂，卒乃一蹶再蹶，身为囚虏，十年壮图，泡

---

*　此题目为编者所加。以下加*者皆同此。

灭如梦,亦惟反抗此主义之故。拿破仑之既败也,此主义亦如皎日之被翳,风雷虽歇,残云未尽。

原载梁启超:《国家思想变迁论》,《清议报》1901 年第 95 期。

卢梭学案(Jean Jacques Rousseau)　梁启超

呜呼,自古达识先觉,出其万斛血泪,为世界众生开无前之利益,千百年后,读其书,想其丰采,一世之人为之膜拜赞叹,香花祝而神明视;而当其生也,举国欲杀,颠连困苦,乃至谋一饘一粥而不可得,僇辱横死,以终其身者,何可胜道? 试一游瑞士之日内瓦府,与法国巴黎之武良街,见有巍然高耸云表,神气飒爽,衣饰褴褛之石像,非 Jean Jacques Rousseau 先生乎哉? 其所著《民约论》(Contrat Social)迄于十九世纪之上半纪,重印殆数十次,他国之翻译印行者,亦二十余种。噫嘻盛哉,以只手为政治学界开一新天地,何其伟也! 吾辈读卢氏之书,请先述卢氏之传。

卢梭者,法国人,匠人某之子也,以一千七百十二年生于瑞士之日内瓦府。家贫窭,幼失母。天资颖敏,不屑家人生产作业,而好读稗官野乘,久之自悟句读,遂涉猎发朱惠、募理英尔诸大家著作。及执弟子礼于乡校师良边西之门,得读普鲁达尔之书,慨然自奋曰:"英雄豪杰,非异人任矣。"自是刻苦砥砺,日夜孜孜,惟恐不足,崭然有睥睨千古之概。成童时,其父以故去日内瓦府,属卢梭于佣书某,而卢梭意不自适,因从雕刻师某业焉。无何,又去某氏,漫游四方。千七百二十八年,入法国安西府,寄食瓦列寡妇某氏。氏悯其年少气锐,常为饥驱,又欲变化其狷介之气质,恩遇周挚,若家人父子然。遂劝其奉耶苏旧教,又命入意大利株林府教育院。既又出教育院为音律师,出入侯门,仅免冻馁。后益困,常执仆隶之役,卑贱屈辱,不可终日,乃复投瓦列寡妇,妇善视之如初。及妇没,赴里昂府,主大判事某家,教授其子弟。千七百四十一年,著音律书于巴黎,为伶人所沮,书不得行。千七百四十九年,穷乏益酷。恒终日不得一炊,遂矫正其所著书,务求合俗,出而售之,仅获旦夕之饷焉。千七百五十二年,著一书颜曰 Dictionary of Music,痛斥法国音律之弊,于是掊击纷起,几无容身之地。自后益肆力于政治之学,往往有所著述,而皆与老师宿儒不合,排之者众,群将媒孽之以起冤狱,大惧,避至日内瓦府。又奉耶苏新教,欲为瑞士共和国人民。瑞人阻之,不得意而还巴黎,又著《教育论》及道德小说等书,言天道之真理,造化之妙用，以排斥耶苏教之豫言奇迹者，得谤益甚。巴黎议会命毁其书，且将拘而置诸重典，又奔瑞士。与其国人争论不合，复还巴黎。会法政府命吏物色卢梭，搜捕甚亟，乃闭户不敢外出，时或微服而行云。千七百六十六年，应友人非迷氏之聘，赴英伦敦。与僚友议不合，又还法国。自变姓名，潜居诸州郡，而屡与人龃龉，不能久居于一处。千七百七十年五月，卒归巴黎。自谓天下之人，皆仇视我也，怏怏不乐，遂发狂疾。仁剌达伯惜其有志不遂，为与田宅数亩，隐居自养。千七百七十一年，著《波兰政体考》，七十八年业成。此书鸿富奥博，而于民约之旨，尤三致意焉。是年三月暴卒，或云病毙，或云遭仇人之毒，官吏验视，则自杀也。卢梭性锐达，少有大志，然好为过激诡异之论，虽屡为世人所挫折，而其志益坚。晚年愤世人不己容，遂至发狂自戕。於戏，不其悲夫！一千七百九十四年，法人念卢梭发明新学之功，改葬遗骸于巴黎招魂社，又刻石肖像于日内瓦府。后数年，巴黎人选大理石刻半身像于武良街，至今人称为卢梭街，缙绅大夫，过者必式礼焉。

民约之义，起于一千五百七十七年姚伯兰基氏，曾著一书，名曰《征讨暴君论》，以为邦国者，本由天与民与君主相共结契约而起者也，而君主往往背此契约，为民灾患，是政俗之亟宜匡正者也云云。此等议论，在当时实为奇创，其后霍布士、洛克皆祖述此旨，渐次光大。及卢梭，其说益精密，遂至牢笼一世，别开天地。今欲详解卢氏民约之旨，使无遗憾，必当明立国之事实与立国之理义，两者分别之点，然后不至误解卢氏之说，以误后人也。

就立国之实际而考之，有两原因焉，一则因不得已而立者也，一则因人之自由而立者也。所谓不得已者何？夫人不能孤立而营生也，因种种之需求，不得不通功易事，相聚以各得所欲。此理自亚里士多德以来，学士辈多能论之，皆以为人之性，本相聚而为生者也。是故就事实实迹言之，苟谓人类之始，皆一一孤立，后乃相约而成邦国云云，其论固不完善，盖当其未立契约以前，已有其不得已而相处者存也。是故卢梭民约之说，非指建邦之实迹而言，特以为其理不可不如是云尔。而后世学者排挤之论，往往不察作者本旨所在，辄谓遍考历史，曾无一国以契约而成者，因以攻《民约论》之失当，抑何轻率之甚耶？

卢梭民约之真意，德国大儒康德（Immanuel Kant）康德学说详下卷。解之最明。康氏曰：民约之义，非立国之实事，而立国之理论也。此可谓一言居要者矣。虽然，征之史籍，凡各国立国之始，亦往往有多少之自由主义行乎其间者。夫人智未开之时,因天时人事之患害,为强有力者所胁迫,驱民众而成部落,此所谓势之不可避免,固无待言。然于其间自有自由之义存焉,人人于不识不知之间而自守之,此亦天理所必至也。故卢梭曰,凡人类聚合之最古而最自然者,莫如家族然。一夫一妻之相配,实由契于情好互相承认而成,是即契约之类也。既曰契约,则彼此之间,各有自由之义存矣。不独此也,即父母之于子亦然。子之幼也,不能自存,父母不得已而抚育之固也。及其长也,犹相结而为尊卑之交,是实由自由之真性使之然,而非有所不得已者也。世人往往称家族为邦国之滥觞,夫以家族之亲,其赖以久相结而不解,尚必藉此契约,而况于邦国乎?

夫如是,众家族既各各因契约而立矣,浸假而众家族共相约为一团体,而部落生焉;浸假众部落又共相约为一团体,而邦国成焉。但此所谓相约者,不过彼此心中默许,不知不识而行之,非明相告语,著之竹帛云尔。

不宁惟是,或有一邦之民,奋其暴威,战胜他邦,降其民而有之,若欲此二邦之民,永合为一,辑睦不争,则必不可无所约。不然,则名为二邦相合,实则阴相仇视而已。故知人类苟相聚而居,其间必自有契约之存,无可疑者。

又凡人生长于一政府之下,及既达丁年,犹居是邦,而遵奉其法律,是即默认其国之民约而守之也。又自古文明之国,常有举国投票,改革宪法,亦不外合众民以改其民约而已。

以上所论,是邦国因人之自由而立之一证也。虽然,卢梭所最致意者,不在于实事之迹,而在事理之所当然。今先揭其主义之最简明,而为人人所佩诵者如下。

卢梭曰,众人相聚而谋曰,吾侪愿成一团聚,以众力而拥护各人之性命、财产,勿使蒙他族之侵害。相聚以后,人人皆属从于他之众人,而实毫不损其固有之自由权,与未相聚之前无以异。若此者,即邦国所由立之本旨也,而民约者,即所以达行此本旨之具也。

卢氏此言,可谓深切著明矣。凡两人或数人欲共为一事,而彼此皆有平等之自由权,则非共立一约不能也。审如是,则一国中人人相交之际,无论欲为何事,皆当由契约之手段亦明矣。人人交际既不可不由契约,则邦国之设立,其必由契约,又岂待知者而决乎?

夫一人或数人之交际,一事或数事之契约,此契约之小焉者也。若邦国之民约,则契约之最大者,而国内人人小契约之所托命也。譬之民约,如一大圆线,人人之私约,如无数小圆线,大圆线先定其位置,于是小圆线在其内,或占左位,或占右位,以成种种结构,而大圆之体遂完足而无憾。

民约所以生之原因既明,又当论民约所生之结果。卢梭以为民约之目的,决非使各人尽入于奴隶之境,故民约既成之后,苟有一人敢统御众人而役使之,则其民约非复真契约,不过独夫之暴行耳。且即使人人甘心崇奉一人,而自供其役使,其所谓民约者,亦已不正,而前后互相矛盾,不可为训矣。要而论之,则民约云者,必人人自由,人人平等,苟使有君主、臣庶之别,则无论由于君主之威力,由于臣民之好意,皆悖于事理者也。故前此霍布士及格鲁西亚,皆以为民约既成,众人皆当捐弃己之权利,而托诸一人或数人之手。卢梭则言,凡弃己之自由权者,即弃其所以为人之具也。旨哉言乎!

卢梭曰,保持己之自由权,是人生一大责任也。凡号称为人,则不可不尽此责任。盖自由权之为物,非仅如铠胄之属,藉以蔽身,可以任意自披之而自脱之也。若脱自由权而弃之,则是我弃我而不自有云尔。何也?自由者,凡百权理之本也,凡百责任之原也。责任固不可弃,权理亦不可捐,而况其本原之自由权哉?

且自由权又道德之本也,人若无此权,则善恶皆非己出,是人而非人也。如霍氏等之说,殆反于道德之原矣。卢梭言曰,譬如甲乙同立一约,甲则有无限之权,乙则受无限之屈,如此者可谓之真约乎?如霍氏等说,则君主向于臣庶,无一不可命令,是君主无一责任也。凡契约云者,彼此各有应尽之责任云也。今为一契约,而一有责任,一无责任,尚何约之可言?

案:卢氏此论,可谓铁案不移。夫使我与人立一约,而因此尽捐弃我之权利,是我并守约之权而亦丧之也。果尔,则此约旋成随毁,当初一切所定条件皆成泡幻,若是者谓之真约得乎?

卢梭既论弃权之约之悖谬,又以为吾若为此等约,不徒自害,且害他人。何以故?邦国者,非独以今代之人而成,而后来之人,陆续生长者,皆加入之也。子又生孙,孙又生子,如是乃至无穷,则我之契约,并后代之人而坑陷之,其罪为何如耶?

卢梭乃言曰,纵令人有捐弃本身自由权之权,断无为儿子豫约代捐彼自由权之权。何也?彼儿子亦人也,生而有自由权,而此权当躬自左右之,非为人父者所能强夺也。是故儿子当婴孩不能自存之时,为父者虽可以代彼约束各事,以助其生长,增其福利,若夫代子立约,举其身命而与诸人,使不得复有所变更,此背天地之公道,越为父之权限,文明之世所不容也。

案:吾中国旧俗,父母得鬻其子女为人婢仆,又父母杀子,其罪减等。是皆不明公理,不尊重人权之所致也。

由此观之,则霍氏之说之谬误,不辨自明。夫人既不能滥用己之自由权,以代后人捐弃其权,然则奉世袭之一君主若贵族以为国者,其悖理更无待言。

问者曰,民约者不能捐弃其自由权以奉于一人若数人,既闻命矣,然则捐弃之以奉于众人可乎? 更申言之,则民约者,非甲与乙所立之约,乃甲乙同对于众人(即邦国。)所立之约,然则各人举其权而奉诸邦国,不亦可乎? 是说也,即纯类乎近世所谓"共有政体"欲举众人而尽纳诸公会之中者也。卢氏关于此答案,其言论颇不明瞭,且有瑕疵,请细论之。

卢梭曰,民约中有第一紧要之条款曰,各人尽举其所有之诸权,而纳诸邦国是也。由此观之,则其所谓民约者,宛然"共有政体"。盖卢梭浸淫于古者柏拉图之说,(参观第一卷。)而以邦国为全体,以各人为肢节,而因祖述其义者也。夫邦国之与人民,其关系诚有如全体之于肢节者。盖人在邦国相待而为用,又有诸种之职各分任之,犹人之一身,手足、头目、肺肠,各司其职以为荣养。是说也,古昔民主国往往实行之,而斯巴达、(希腊之一国。)罗马二国其尤著者也。彼其重邦国而轻各人,惟实行此主义之故。

卢梭及十八世纪诸硕学,皆得力于古籍者也,故旧主义(即以国为重者。)与新主义(即以民为重者。)常搀杂于其间。卢氏尝定国中各种之职务而设一喻,其言曰,主权者,元首也;法律及习俗,脑髓也;诸职官,意欲及感触之器也;农工商贾,口及肠胃,所以荣养全身者也;财政,血液也;出纳之职,心脏也;国,人身也,全体之支节也。是故苟伤害国家之一部,则其病苦之感,直及于头脑,而忽遍于全身云云。此等之论,仅自财利上言之,可谓毫发无遗憾,若夫自各人自由权言之,则稍有未安者。果如此说,则邦国独有一身之全体,而各人不过其支节、脏腑,是人民为国家之附庸也。是惟邦国为能有自由权,而各人之自由,不过如冥顽无觉之血液,仅随生理循环之转动也。夫卢氏之倡民约也,其初以人人意识之自由为主,及其论民约之条项,反注重邦国而不复顾各人,殆非卢氏之真意。

卢梭亦知其说之前后不相容也,于是乃为一种之遁词。其言曰,各人虽皆自举其身以与众人,实则无一所与。何也?我举吾身以与他人,他人亦举其身以与我,如是而成一邦国,吾于此有所失,而于彼有所得,而又得赖众力以自拥卫,何得失之可言云云。是言也,不过英雄欺人耳。夫既已举各人而纳于邦国中,则吞吐之而消融之矣,何缘复得其所已失耶?《民约论》全书中,此段最为瑕疵矣。

虽然,以卢梭之光明俊伟,岂屑为自欺欺人者?故既终其说之后,复发一议以自正其误曰,凡各人为民约而献纳于国家者,亦有度量分界,不过为维持邦国所必要之事件,而将己有之能力、财产与自由权,割爱其中之几分以供众用云耳。由此言之,则卢梭所谓各人捐弃其权利者,非全部而一部也。然卢氏之精意,犹不止此。彼以为民约之成也,各人实于其权利分毫无所捐弃,非独无捐弃而已,各人因民约所得之利益,较之未立约以前更有增者。何也?以众力而自拥卫,得以护持己之自由权而莫使或侵也。

读至此,然后卢梭之本旨乃可知矣。盖以为民约之为物,非以剥削各人之自由权为目的,实以增长竖立各人之自由权为目的者也。但卢氏深入于古昔希腊、罗马之民主政治,其各种旧主义来往胸中,拂之不去,故虽以炯炯如炬之眼,为近世真民主主义开山之祖,而临去秋波,未免有情,此亦不必为大贤讳者也。

卢梭又以为民约之为物,不独有益于人人之自由权而已,且为平等主义之根本也。何以言之?天之生人也,有强弱之别,有智愚之差,一旦民约既成,法律之所视,更无强弱,更无智愚,惟视其正不正何如耳。故曰民约者,易事势之不平等,而为道德之平等者也。事势之不平等何?天然之智愚强弱是也。道德之平等者何?由法律条款所生之义理是也。

人人既相约为群以建设所谓政府者,则其最上之主权,当何属乎?卢梭以为民约未立以前,人人皆自有主权,而此权与自由权全为一体。及约之既成,则主权不在于一人之手,而在此众人之意,即所谓公意者是也。

卢梭以为凡邦国皆藉众人之自由权而建设者也,故其权惟当属之众人,而不能属之一人若数人。质而言之,则主权者,邦国之所有;邦国者,众人之所有。主权之形所发于外者,则众人共同制定之法律是也。

卢梭又以为所谓公意者,非徒指多数人之所欲而已,必全国人之所欲而后可。故其言曰,凡议事之时,相约以三占从二决可否,固属不得不然之事。然为此约之前,必须得全员之许诺而后可,是每决一事,皆不啻全员之同意也。不宁惟是，所谓公意者，非徒指现时国人之所欲而已，又并后人之所欲而言之。何也？现时全国人之所欲，在于现时，洵可谓公矣，及其与后代全国人之所欲不相合时，则已不得谓之公意。是故今日以全国人之议而决定者，明日亦可以全国人之议而改之。不然，则豫以今日所欲而束缚他日之所欲，岂理也哉？

由是观之，则卢梭所谓公意，极活泼自由，自发起之，自改正之，自变革之，日征月迈，有进无已，夫乃谓之公意。且公意既如此其广博矣，则必惟属于各人所自有，而不可属于他人。故卢梭又言曰，国民之主权不可让与者也。今有人于此，而曰某甲今日之所欲，吾亦欲之，斯可也。若曰某甲明日之所欲，吾亦欲之，斯大不可。何则？意欲者，非可自束缚者也，故凡涉于将来之事，皆不得豫定，反此者，是谓我侵我之自由权。

卢梭又曰，一邦之民，若相约拥立君主，而始终顺其所欲，则此约即所以丧失其为国民之资格，而不复能为国也。盖苟有君主，则主权立即消亡。卢氏据此真理，以攻击世袭君主之制，及一切贵族特权之政治，如以千钧之弩溃痈矣。

卢梭又曰，主权者，合于一而不可分者也。一国之制度，虽有立法、行法之别，各司其职，然主权当常在于国民中而无分离。虽分若干省部，设若干人员，皆不过受国民之付托，就职于一时耳。国民因其所欲，可以随时变更法度，而不得有所制限。然则立法、行法、司法三权，所以分别部居不许杂厕者，正所以保护三权所从出之主权，使常在全国人之掌握也。是故主权之用可分，而主权之体不可分，是《民约论》之旨趣也。

学者见卢梭之主张公意如此其甚也，以为所谓公意者，必与确乎不易之道理为一体矣。虽然，亦当细辨。卢梭之所贵乎公意者，指其体而言，非指其用而言。故其言曰，公意者，诚常正而以规图公益为主者也。虽然，其所议决非必常完善者。何也？旨趣与决议，或往往背驰，民固常愿望公益，而或常不能见真公益之所存故也。故卢梭又曰，众之所欲，与公意自有别。公意者，必常以公益为目的，若夫众之所欲，则以各人一时之私意聚合而成，或往往以私利为目的者有之矣。

若是乎，凡一国所布之令，必以真出于公意者，然后可谓之法律。若夫发于一人或数人之意者，不能成法律，此理论之正当者也。虽然，以今日之国家，其实际必不能常如是。故但以众人所公认者，即名之曰法律。而公认之方法，则以国人会议，三占从二以决之而已。

卢梭乃言曰,法律者,以广博之意欲,与广博之目的相合而成者也。苟以一人或数人所决定者,无论其人属于何等人,而决不足以成法律。又虽经国民全员之议决,苟其事仅关于一人或数人之利害,而不及于众者,亦决不足以成法律。

案:此论可谓一针见血,简而严、精而透矣。试一观我中国之法律,何一非由一人或数人所决定者?何一非仅关系一人或数人之利害者?以此勘之,则谓吾中国数千年来未尝有法律,非过言也。

卢梭又曰,法律者,国民相聚而成邦之规条也。又曰,法律者,全国民所必当遵守,以故全国民不可不议定之。又曰,国也者,国民之会聚场也;法律也者,会所之规约也。定会所之规约,凡与于此会聚之人,所公有之责任也。

又曰,若欲得意欲之公,不可先定某某事,以表众人之同意,必众人皆自发议而后可。

又曰,若欲真得意欲之公,则各人必须由自己所见而发,不可仰承他人之风旨,苟有所受,斯亦不得为公矣。

虽然,卢梭之意,以为公意,体也;法律,用也;公意,无形也;法律,有形也。公意不可见,而国人公认以为公意之所存者,夫是之谓法律。惟然,故公意虽常良善,而法律必不能常良善。故卢梭又曰,凡事之善良而悉合于道理者,非吾人所能为,皆天之所命也。使吾人若能一一听命于天,不逾其矩,则无取乎有政府,无取乎有法律。惟其不能,则法律所以不得不起也。

又曰,世固有事物自然之公理,精当不易之大义,然欲以行之于斯世,而不能人人尽从者:有从有不从,是义终不得行也。于是乎不得不由契约而定之,由法律而行之。然后权理乃生,责任乃出,而理义始得伸。故卢梭谓孟德斯鸠之所谓法律,不过事物自然之法律,而未足称为邦国之法律,谓其施行之方法未明也。

是故卢梭之意,以为法律者众人相共议定,从于事物自然之理,以发表其现时之意欲云尔。要之,法律者,自其旨趣言之,虽常公正,然其议而定之也,常不能尽然,故不可不常修改而变更正之,此一说实卢梭之识卓越千古者也。

凡当议定法律之时,必求合于正理,固不待言。但有时错谬而与理背驰,故无论何种法律,皆可随时厘正变更,而此厘正之权,常常在于国民之手。故卢梭谓彼握权之人,一旦议定法律,而始终不许变易者,实政治之罪人也。

又曰,凡法律无论若何重大,无有不可以国人之所欲而更之者。苟不尔,则主权不复在国民之手,而政治之基坏矣。

卢梭又曰,凡法律之目的,在于为公众谋最大利益,而所谓公众最大利益者非他,在自由与平等二者之中而已。何也? 一国之中,有一人丧自由权之时,则其国减一人之力,此自由所以为最大利益也。然无平等,则不能得自由,此平等所以为最大利益也。

又曰,吾所谓平等者,非谓欲使一国之人,其势力、财产皆全相均而无一差异也,若是者盖决不可行之事也。但使其有势力者,不至涉于暴虐,以背法律之旨趣,越官职之权限,则于平等之义斯足焉矣。至财产一事,但使富者不至藉金钱之力以凌压他人,贫窭者不至自鬻为奴,则于平等之义斯足焉矣。

又曰,欲使邦基永奠,则当令贫富之差,不至太相远。苟富者太富,贫者太贫,则于国之治安,俱有大害。何也? 富者藉财力以笼络贫者,而潜夺其政权;贫者甘谄谀富者,而供其使役。质而言之,则富者以金钱收买贫者之自由权,而主人奴隶之势斯成矣。虽然,富者愈富,贫者愈贫,其差异以渐次而日甚,此又自然之势,无可如何者也。故必当藉法律之力,以防制此势,节中而得其平,则平等自由可以不坠于地。

卢梭以前诸学者,往往以国民之主权,与政府之主权混淆为一。及卢梭出,始别白之,以为主权者惟国民独掌之,若政府则不过承国民之命,以行其意欲之委员耳。其言曰,政府者何也? 即居于掌握主权者即国民全体。与服从主权者即各人。之中间,而赞助其交际,且施行法律以防护公众之自由权者也。更质言之,则国民者,主人也,而官吏者,其所佣之工人而执其役者也。

夫政府之为物,既不过受民之委托以施行其公意之一机关,则其所当循守之责任可知矣。故凡可以伤国民自由权之全部若一部之事,皆当避之。故无论何种政体,苟使国民不能自行其现时之意欲与将来之意欲者,皆谓之不正。何也? 苟国民常不能掌握主权,则背于立国之大本也。卢梭乃断言曰,凡政体之合于真理者,惟民主之制为然耳。

是故卢梭以为政体种类之差别,不过因施法权之分配如何而强为之名耳,非谓立法权之分配可以相异也。盖立法权者,必常在全国人之手,而万无可以分配之理。若不尔,则一人或数人握之,已反于民约之本义,而尚何政体之足云?所谓施法权之分配者,或以全国人而施行全国人之所欲,或以一人而施行全国人之所欲,或以若干人而施行全国人之所欲,即世俗所谓君主政体、少数政体、民主政体之分也。若夫发表意欲,即立法权。必属于全国人之责任,无可移者。且彼之任施法权者,无论为一人,为若干人,皆不过一时偶受委托,苟有过举,则国人皆得责罚之,罢黜之。

至委托施法权之事,三者之中,当以为何善乎?卢梭曰,全国人自行施法之权,苟非小国,必不能实行之,且有种种弊端,比诸君主政体、贵族政体,其害或有更甚者。故分诸种之官职,而严画其权限,最为善矣。

卢梭于是取现时英国所循之政体,即所谓代议政体者而评论之。以为其分别施法之权,洵善也。虽然,其代议政尚不免与自由之真义稍有所戾。何则?代议政体者,以若干人员而代国人任主权者也,故国人得发表其意欲者,仅在投票选举议员之一日而已。此一日以外,不过拱手以观代人之所为。故如此政体,国人虽非永远捐弃其自由权,而不免一时捐弃之矣,故曰未得为真善美之政体也。

卢梭以为国人票选若干人员,而委之以议政之权,固无不可,惟必当明其责任,有负责者,则可随时黜之。何也?彼若干人者,不过为一时受托之人,非谓使其人代己握主权,而以己权全付之也。盖权本不得让与他人,故亦不得使人代我握之,主权常存于公众意欲之中,而意欲者必非他人可以代表者也。

又言,法律者,众意之形于外者也。我有我之意,代人有代人之意,故立法权决不可使人代我,若夫施法权则可以代矣。何也?施法权者不过实行我所定之法律而已。

又言英国人自以为我实有自由权,可谓愚谬。盖彼等惟选举议员之日有自由权耳,选举事毕,便为奴隶矣。

如卢梭之言,则议定法律之事,凡为国民者不可不躬自任之,斯固善矣。然有一难事焉,在于大国之国民,果能一一躬握此权,而不托诸代人乎?卢梭曰,是固不能。是故欲行真民主之政,非众小邦相联结不可。难者曰,众小邦并立,则或有一大邦狡焉思启以侵犯之,其奈之何?卢梭曰,众小邦相联为一,则其势力外足以御暴侮,内足以护国人之自由,故联邦民主之制,复乎尚矣。

卢氏又以为联邦民主之制，其各邦相交之际，有最紧要者一事。惜哉其所谓紧要之一事，未及论叙，而卢氏遂卒，使后人有莨苍露白之感焉。但度其所谓联邦民主之制，殆取法于瑞士，而更研究其利弊也。

卢氏以为瑞士联邦诚太弱小，或不免为邻邦所侵轹。虽然，使有一大邦，效瑞士之例，自分为数小邦，据联邦之制，以实行民主之政，则其国势之强盛，人民之自由，必有可以震古铄今，而永为后世万国法者。卢氏之旨，其在斯乎，其在斯乎？

案：卢氏此论，可谓精义入神，盛水不漏。今虽未有行之者，然将来必遍于大地，无可疑也。我中国数千年生息于专制政体之下，虽然，民间自治之风最盛焉，诚能博采文明各国地方之制，省省府府，州州县县，乡乡市市，各为团体，因其地宜以立法律，从其民欲以施政令，则成就一卢梭心目中所想望之国家，其路为最近，而其事为最易焉。果尔，则吾中国之政体，行将为万国师矣。过屠门而大嚼，虽不得肉，固且快意。姑妄言之，愿天下读者勿妄听之也。

原载《清议报》1901 年第 98—100 期，后改名《民约论巨子卢梭之学说》，载《新民丛报》1902 年第 11、12 号。又见梁启超著：《饮冰室合集》文集之六，中华书局 1903 年 4 月版，第 97—109 页。

忘山庐日记 孙宝瑄

光绪二十七年（1901）

（正月）十五日，晴。观梁任父《饮冰室自由书》。……

余分治民之法有二：曰内导，曰外导。内导，教也。外导，政也。始疑东西诸国风化之美，外导使然，与内导无涉。故视世界上之有教，几等赘疣，曰教惟行于据乱耳，若升平、太平之期代，非教之能为功。今又加数年读书观理之力，乃恍然于世界之平，因由于内导、外导相辅而成者也。内导之力，先贯注于一二人之脑筋，乃能昌明。外导之理，漫衍于千万之脑筋，于是遂因其理而创其法，如卢骚之《民约论》、孟的斯鸠之《万法精理》，其有功于世，岂其微哉！然使先天内导之力，又何由知外导之理，断断然矣。

（三月）十七日，晴。写日记。晡，佑三来谭，至晚去。

《万法精理》云：立君政治试一旦褫贵族、教士之特典，夺府县自治之权利，则其国苟不变为民主政治，必变为专制政治无疑也。斯言也，深为切中。盖国中虽无民权，而有贵族、教士及府县自治者以分君之权，较之以一人专制天下者，犹胜也。今并此去之，是直欲专制而已。秦政废天下封建世袭之法，而为一己子孙万世之业，其病正坐此。

卢骚《民约论》云：强力不得为权利，从顺不得为义务。余谓成者为王，败者为寇，此所谓以强力为权利者也；主昏于上，臣忠于下，此所谓以从顺为义务者也。

（五月）二十四日，雨。往习东文，适松林他往，因至大马路亿鑫里，遇李伯渊谈梨园中评语甚多。……晡，至谢家。观路索《民约论》。

路索曰：集合众人之生命财产，而结为团体；因国民之趋向，而定为舆论。又云：一国之人，遵守民约而外，无可遵可守之事；崇奉公论而外，无可崇可奉之人。又云：欲求他人保护我之生命，则我必出其生命，以保护他人。今日以前所得安居乐业，非彼苍之所赋畀，实民约之所赐。兹之捐躯以殉者，即以报民约生成之德也。皆极精语。

（十月）三十日，晴。观书。

路骚《民约论》云：法律虽可保护利益，而无予夺之权。然则予夺之权，不属之君，而谁属乎？既有君，则不能无尊卑上下矣。盖君不尊则无权，不能统驭全国。故尊也者，权之所集也。或曰：人君之权，众人授之，君安能独尊。曰：常人之权，止于一身一家，而君则兼握万身万家之权，其权自重于常人。权愈重，则身愈尊无疑也。惟人君能尊，不自尊，虽执予夺之权，而仍听命于舆论之趋向，此《易·乾》用九"群龙无首"之旨。然遇勘大难，定大疑，所当排众论以独断者，君固有此权也。不然，何贵有君哉？

（十一月）七日，晴。访叔雅纵谈。晚，饮于雅叙园。

三军可夺帅，匹夫不可夺志。孔子言人人有自主之权也。己欲立而立人，己欲达而达人。孔子言平等之义也。从心所欲，孔子言自由也。不逾矩者，自由而不背于理，不碍人之权限也。凡海西大儒所发公理，与孔子之言若合符契，可见道理本来一致，何有新旧之别。今日我同志中，往往高谈新说，而鄙薄孔孟，不知其所言实不能出孔孟范围，古人可轻视耶！

法国当君权横暴之后,民日受压制,凌虐焦然,不能自由,故路骚创自由之说,以苏民困。我国今日之君,非若法国之虐者也;其民,非若法国之受压力者也。但朝廷政体未变,上下之情隔绝不通,国日以弱,民日以贫而已,其民固未尝不自由也。何也?盗贼横行于路,土豪武断于乡,纳贿以行私者满朝,舞智以欺人者盈市,皆我国之自由民也。自由之效,亦可睹矣。我辈所以欲改公法,扶公权者,正惧其自由太甚,而思所以防止之,岂可复昌言自由,以助其焰耶?是知自由之说,在法国当日为疗疾之良方,在我国今日为益病之毒药。或曰:我国向日之肆然自由者,皆小人也;今日谈自由者,皆君子也。小人不可自由,君子不可不自由。曰:吾未见无君无父之人,可以号称君子也;吾未见不治修身学者,可以自居君子也。夫自由之说,为人而言,非为己而言也。故君子之待人也,唯恐人之不自由;其律己也,唯恐其自由。使先以自由自待,必至不顾人之不自由,非小人而何?

光绪二十八年(1902)

(正月)三十日,晴,晨,陵斋过,即去。作日记。

前读《中国四十年大事记》,饮冰主人谓:李文忠为世势所造之英雄,非造时势之英雄也。盖隐然以造时世之英雄自许。余则谓天下非无造时势之英雄,然其功业之结果,往往在数十年数百年后,其及身而能立奇勋者,皆时势所造之英雄也。如华盛顿,如拿破仑,如俾士麦,虽云能造时势,不知实为时势所造。何也?三人之出现于世界上也,其国中之文明点已遍布国民脑中,而荟萃于三人之身,故仍不免为时势所造。必如法国福禄特尔、路索之流,乃可谓造时势之英雄耳。日本之井伊直弼,以欲师欧美所长,为国人所杀,卒兴日本维新之运。李文忠以谈洋务受重谤,亦开中国之风气。今日本无不颂井伊直弼之功,安知中国将来不颂李文忠之功?由是观之,虽谓李文忠亦造时势之英雄,可也。

(七月)九日,诣署。日中,到局。昳,访坚仲谈。晡,伯玉亦至。伯玉,又陵先生长子,游学欧西有年,精英吉利文字,为人温蔼善谭。

伯玉云:法人卢骚所著之《民约论》,赫胥黎曾将其书逐条驳之。此为余所未闻。盖卢骚身处君权压制之下,愤世嫉俗,发为言论,不免矫枉过正。施诸法国,当日犹之可也,若据为万世不易之公理,则必有许多窒碍不可通处。赫胥黎所驳语虽未见,亦可臆度而知矣。

精神不可不平等,迹象万不能平等。今卢骚并欲迹象而平等之,宜其说之似能立,而非真能立也。且卢骚所自著书,有自相矛盾之处,如以国家比之人身,谓主权者元首也,法律及习俗脑髓也,诸职官意欲及感触之器也,农工商贾口及肠胃所以荣养全身者也,财政血液也,出纳之职心脏也,国人身全体之支节也云云。由此言之,则人民在国家之中,不过如皮肉血液,为身中之小部分耳,以迹象论之,岂能与元首之主权者平等耶?梁任公知其说之不可通,曲为掩护,始终不能圆其说也。

(七月)十七日晚,自局归,车中观饮冰室《自由书》。……

立于亚洲,发明公理,洞见本原,切中世弊者,前有我国黄梨洲之《明夷待访录》,后有日本深山虎太郎之《草茅危言》。梨洲之《原君篇》《原臣篇》《原法篇》,深山之《民权篇》《共治篇》《君权篇》,体例亦相近。

十八日,晴。昳,与希尚闲游。晚,入城。夜,观书。

孟的斯鸠与卢骚并以法国大儒见称,余谓孟氏尤有功,其以立法、行法、司法分国权为三,使互相牵制,使居民上者不能假权以害民,政治上一大进步也。又禁奴隶,废拷讯,今日欧洲文明国一一行其言,可称地球上转变政界之一伟人。

(八月)四日,晴。在局补写前十余日日记毕,观书。

梁任父分我国古学曰南派、北派,北孔而南老。谓北重实践,南重理想,其说颇圆。又谓北之有墨,南之有杨,皆走于两端之极点,而立于正反对之地位。又谓北方政论主干涉主义,南方政论主放任主义。此两主义,在欧洲近世互相沿革,互相胜负,如卢梭放任主义,伯伦知理干涉主义,格兰斯顿放任主义,比斯麦干涉主义。皆近理。

又云:学术与国家不同,国家分争而遂亡,学术分争而益盛。其同出一师,而各明一义者,正如医学之解剖,乃能尽其体而无遗也。忘山居士曰:凡学术之支派分裂,互立门户,与政党之意见纷歧,各树党援,无以异也。天下之人,谁能无事?然争学争政,较之争势争利者,其程度相去何如耶?故国家分争而出于公者,愈争而其国亦愈盛。

(九月)二十日,余与邻居及合家人至耀华馆,以次留影,或分或合,用玻璃四五片。人之形态变而愈老,人之言语过而不留,且必同在一处,同在一时,而后可闻其声,见其形也。自有留声留影之法,而人与人虽相隔数万里,相去数百年,亦能睹其面貌,聆其音声,岂非奇事!虽然,不足奇也。宇宙内原有此理,为人所偶得耳。

《新民丛报》所刊欧洲古贤之像,如倍根、笛卡儿、卢骚、孟德斯鸠、斯宾塞尔诸人,皆去今或数十年,或数百年,倘无留影法,后世何由瞻仰?

(十月)二十二日,雨,观《欧洲财政史》。晡,出访黄石孙。暮,归。夜,观《财政史》终卷。

欧洲中世都市勃兴,市民独立,实因十字军战后所获之功效。且战役中,以实物交易大不方便,遂渐觉使用货币之益,而兑汇银票之一切制度,亦渐发达。欧洲财政,至近世公债制度、租税制度,皆有进步,然后各国之度支出入,皆足相抵,而无不足之患。

欧洲十八世纪中叶,对于君主专制,则有孟德斯鸠、卢骚等创自由平等主义;对于商业保护政策,则有俄聂波邦、亚丹斯密等创自由放任主义。皆在政治学界、财政学界,放一光明现象者也。自是以后,国家政法及工业、商业,果皆有进步,遂造成世界之文明。然据《财政史》云:晚近三四十年,各国又皆有反动之力,盖因自由平等放任等主义行之既久,复有流弊,故不得不复归于国家社会主义,以干涉保护限制为用。要之,治无定法,因时而变,宽猛相济,古有明训。以世界中岁月之绵长,而谓执一主义可以久行者,无是理也。

光绪二十九年(1903)
(二月)十二日,诣厚庵,复往视仲华,日中归。子修、晦若过。晡,观书。

法国名儒卢骚,能达十八国之国语,通三十三方之方言,皆于锻冶之暇得之。盖卢公少卑贱,从事锻冶之职者也。是可见人患不好学,不患无暇。

(十月)八日,阴,微风。诣惠陵,因往游大红门。……晡归,作日记。……

卢骚有云:凡人当种种情欲扰乱时,须以道德思想自整理之。可称名言。盖卢骚少年时,颇不羁,尝犯欺诈、窃盗、淫佚等罪,其后改行,遂为一代巨子。

道德之学,以情操为本。此言出于卢骚,至言也。是故我国儒书论道德,必推至诚。又曰:诚意所到,金石为开。盖不本于至诚,虽明理,无益也。斯宾塞尔亦谓,德育必因于情感,徒恃理想,仅增长其智慧而已,无裨于德行也。然《楞严经》又曰:想多情,少者飞;情多想,少者沉。忘山曰:释典之所谓情,乃指情欲而言,非道德中之真情也。所谓真情,即是精诚。孔所谓仁,佛所谓慈悲。

十日,观书。

斯宾塞尔谓,群治当随民品以为高下,此理自柏拉图已发之。亚里斯多德,哲学大家,亦政治学大家也。其言曰:集多数人之财产可以胜富族,集多数人之聪明可以胜一贤者。名言。亚氏主意以为,寡头制之国易起革命,民主制之国亦易起革命。惟斟酌于二者之间,施适当之手段,成立宪政体,乃可以保存国家于永久也。是理极为中正,万世不易。亚氏当日已见及此,可谓远识。

霍布士者,英人也。其学之宗旨,谓人人皆以利己为心,其后知非利人不能利己,遂不得已思与其群互相保持而契约起,因组织而成国家。然其始,实萌于利己之一念,非以与人相爱而生也。故谓人决无所谓道德性也。此其说与荀子性恶之说不侔而同,而其终也卒归于专制。盖谓人若识见不高,心志不壹,或破契约,势必肇乱,故必用威力保护之。而此威力,必归于全权之君主。或问曰:权既尽归于君,设君主妄用其权,国民能以法夺之可乎?曰:不能也。使众人一日能复其权,则君权终不专,而契约不能确定也。时霍布士为英王理查第二之师,大见尊宠,或讥其为是言者所以献媚一人。忘山曰:霍布士非献媚也,其学术使然也。……

陆克又曰:父权与政府权异。父权由自然责任而生,政府权由官民之契约而生。又谓父权可暂,不可久。忘山曰:当野蛮世,父权与君权本无所谓分别,以国家之成立本起于家族也。世界文明,而后知君权与父权不同源之故。陆氏又谓:专制国其君主视民如寇仇,民之视君亦如寇仇,举国上下隐然在战斗之中。其后孟德斯鸠亦谓:专制国所谓太平,其中隐含扰乱之种子。以柏拉图、亚里斯度德之明识,而不非奴隶制度,以为此天然法也。陆克始首破之,谓人人皆当平等,万无以一人压制他人之理。自其说出,复经孟德斯鸠诸人之阐发,而奴隶制度至今几绝迹于地员上。陆氏又谓:革命之乱,因官吏破坏契约,自启衅端,故不得责百姓之悖逆。

　　说者谓：英国之陆克，法国之卢骚、孟德斯鸠诸人，皆能以学理变易一世之心思耳目，而国家政法因之改革，遂造社会幸福，其功匪浅，过于孔、孟远矣。吾则谓：孟轲未尝无功于后世，考其学术所主持，有二宗旨：一尧、舜禅让之义，一汤、武征诛之义。禅让之义，谓庸暗幼弱之主不宜拥天位也；征诛之义，谓昏暴之君当受诛于天下也。厥后，汉高灭秦，李渊灭隋，皆法孟氏征诛之义。即至有明及本朝，咸以平中原之乱而得天下，虽开国之初，小有杀戮，不及汉、唐，谓之征诛，亦无不可。又若曹丕代汉，司马代魏，赵宋代周，如此之类，虽皆以强臣夺国，然其所事之主，类皆庸暗幼弱，代为天子，理所宜然，何愧禅让之义。惟南朝刘、萧诸人，每于禅代后辄杀故主，灭其宗族，是则不可耳。要之，孟氏之二主意已实行于后世，不可谓无功也。

　　孟德斯鸠三权分立之说，始于亚里斯度德氏。卢骚氏民约之说，始于姚伯兰姬氏，在一千五百七十七年。亚丹斯密分业之说，始于柏拉图氏，皆各有所祖也。

　　卢骚学说多有自相矛盾处，如谓既联民约，当人人平等，不得有君主臣庶之别。又云凡一国中主权者，元首也；法律及习俗，脑髓也；诸职官，意欲及感触之器也；农工商贾，口及肠胃所以荣养全身也。由是观之，则君主、臣庶之等级仍不能不分，正与伯伦知理有机体国家之说暗合。顾伯伦知理主持君权者也，故其说如此。卢骚专言平等，何其言与之同。可见公理本如此，虽结契约，断不能无主权之人，固不可如霍布士之专制，亦不可效无政府党之所为也。

　　卢骚欲使主权在国民，又云主权合于一而不可分。夫以若干国民持主权，使不推一代表者，则意见纷歧，乌能合于一乎？有代表者，即不能不以主权归之，然后能一。

　　卢氏又谓：立法权决不能使代，我必躬任之。盖不以代议政体为然，此则万不能行者。一国既地广人众，各有职业，或营商在外，或游历他方，岂能尽抛弃本务而悉入议政院。且人之智愚不同，学问各异，岂能人人胜议法之任，是皆其说之短者。

　　凡法律，不可不随时修改。此学说出于卢骚，甚有功。其言曰：凡握权之人，当议定法律后始终不许变易者，政治之罪人也。

　　卢骚亦知其平等之义不可无分别，故又以说自解曰：吾所谓平等者，非谓欲使一国之人，势力财产全相均，而无一差异也。若是者，决不可行之事也。但使有势力者，不至涉于暴虐；富者，不致倚财力压人，则于平等之义斯已足矣。

原载孙宝瑄:《忘山庐日记》,上海古籍出版社 1983 年版,第 305—773 页。

卢梭:十贤之一* 中国之新民(梁启超)

四曰卢梭(Rousseau)法国人,生于一七一二年,卒于一七七八年。之倡天赋人权。欧洲古来,有阶级制度之习,一切政权教权,皆为贵族所握,平民则视若奴隶焉。及卢梭出,以为人也者,生而有平等之权,即生而当享自由之福,此天之所以与我,无贵贱一也。于是著《民约论》(Social Contract),大倡此义,谓国家之所以成立,乃由人民合群结约,以众力而自保其生命、财产者也。各从其意之自由,自定约而自守之,自立法而自遵之,故一切平等。若政府之首领及各种官吏,不过众人之奴仆,而受托以治事者耳。自此说一行,欧洲学界如旱地起一霹雳,如暗界放一光明,风驰云卷,仅十余年,遂有法国大革命之事。自兹以往,欧洲列国之革命纷纷继起,卒成今日之民权世界。《民约论》者,法国大革命之原动力也,法国大革命,十九世纪全世界之原动力也,卢梭之关系于世界何如也。

原载中国之新民:《论学术之势力左右世界》,《新民丛报》1902 年第 1 号。

论政府与人民之权限 中国之新民(梁启超)

政府之所以成立,其原理何在乎?曰在民约。民约之义,法国硕儒卢梭倡之。近儒每驳其误,但谓此义为反于国家起原之历史则可,谓其谬于国家成立之原理则不可。虽憎卢梭者,亦无以难他。人非群则不能使内界发达,人非群则不能与外界竞争。故一面为独立自营之个人,一面为通力合作之群体。或言由独立自营,进为通力合作,此语于论理上有缺点。盖人者能群之动物,自最初即有群性,非待国群成立之后而始通合也。既通合之后,仍常有独立自营者存,其独性不消灭也。故随独随群,即群即独,人之所以贵于万物也。此天演之公例,不得不然者也。既为群矣,则一群之务不可不共任其责固也。虽然,人人皆费其时与力于群务,则其自营之道必有所不及。民乃相语曰:吾方为农,吾方为工,吾方为商,吾方为学,无暇日无余力以治群事也,吾无宁于吾群中公选若干人而一以托之焉。斯则政府之义也。政府者,代民以任群治者也。故欲求政府所当尽之义务,与其所应得之权利,皆不可不以此原理为断。

然则政府之正鹄何在乎?曰在公益。公益之道不一,要以能发达于内界而竞争于外界为归。故事有一人之力所不能为者,则政府任之,有一人之举动妨及他人者,则政府弹压之。政府之义务虽千端万绪,要可括以两言:一曰助人民自营力所不逮,二曰防人民自由权之被侵而已。率由是而纲维是,此政府之所以可贵也。苟不尔尔,则有政府如无政府。又其甚者,非惟不能助民自营力而反窒之,非惟不能保民自由权而又自侵之,则有政府或不如其无政府。数千年来,民生之所以多艰,而政府所以不能与天地长久者,皆此之由。

政府之正鹄,不变者也,至其权限则随民族文野之差而变,变而务适合于其时之正鹄。譬诸父兄之于子弟,以导之使成完人为正鹄。当其孩幼也,父兄之权限极大,一言一动,一饮一食,皆干涉之,盖非是则不能使之成长也。子弟之智德才力,随年而加,则父兄之干涉范围,随年而减。使当弱冠强仕之年,而父母犹待以乳哺孩抱时之资格,一一干涉之,则于其子弟成立之前途,必有大害,夫人而知矣。国民亦然。当人群幼稚时代,其民之力未能自营,非有以督之,则散漫无纪,而利用厚生之道不兴也。其民之德未能自治,非有以箝之,则互相侵越,而欺凌杀夺之祸无穷也。当其时也,政府之权限不可不强且大。及其由拨乱而进升平也,民既能自营矣,自治矣,而犹欲以野蛮时代政府之权以待之,则其俗强武者,必将愤激思乱,使政府岌岌不可终日。其俗柔懦者,必将消缩萎败,毫无生气,而他群且乘之而权其权,地其地,奴其民,而政府亦随以成灰烬。故政府之权限,与人民之进化成反比例。此日张则彼日缩,而其缩之,乃正所以张之也。何也?政府依人民之富以为富,依人民之强以为强,依人民之利以为利,依人民之权以为权。彼文明国政府,对于其本国人民之权,虽日有让步,然与野蛮国之政府比较,其尊严荣光,则过之万万也。

原载《新民丛报》1902 年第 3 号。

卢 骚 观云(蒋智由)

世人皆欲杀,法国一卢骚。民约昌新义,君威扫旧骄。力填平等路,血灌自由苗。文字收功日,全球革命潮。

原载《新民丛报》1902 年第 3 号。

问 答 东京爱读生 饮冰(梁启超)

(四)问:中国近日多倡民权之论,其说大率宗法儒卢梭。然日本人译卢梭之说,多名为天赋人权说。民权与人权有以异乎?此两名词果孰当?
(东京爱读生)

(四)答:民权之说,实非倡自卢梭,如希腊古贤柏拉图、阿里士多德亦多言之,但至十八世纪而大昌明耳。民权两字其义实不赅括,乃中国人对于专制政治一时未确定之名词耳。天赋人权之原字,拉丁文为 Jura innata,Jura connata,法兰西文为 Drois d' l Homme,Droits homains,英文为 Right of man,德文为 Urrccht,Fundamentalrecht,Angeborene Menschenrecht,Menschenrecht。其意谓人人生而固有之自由自治的权利,及平等均一的权利,实天之所以与我,而他人所不可犯不可夺者也。然则其意以为此权者,凡号称人类,莫不有之,无论其为君为民也。其语意范围,不专用于政治上也,故以日本译语为当。

原载《新民丛报》1902 年第 6 号。

卢梭狗　忧患余生生(韩文举)

《礼》曰:"男女饮食,人之大欲存焉。死亡苦贫,人之大恶存焉。"当法国路易十四之后,卢梭生于其时,目击生人疾苦,发于不忍,其爱自由,比食色更重,其憎压制,比死苦更深。其精气郁勃,固有解之无可解,抑之无可抑者。方其幼稚时,尝游行道路,见小犬为大犬所凌噬,不堪其虐,猝然发怒,驱逐大犬。犬遂涉川逃去,不能自已,自投水追之。呜呼,其所谓使万人享有平等之自由,非发于天性使然与?故其结果也,卒推倒压制,建树自由,而其精神所凝注,遂欲使人身声价,比于泰山,自由伸张,达于极轨。岂独使法国为然哉!盖今日文明诸国制度,谓其不出于《民约论》之精神也,可乎?呜呼,若卢梭者,可谓圣人矣。吾将天之地之,父之母之,师之也。岂暇讦摘长短,随声附和,以为口实哉!人云强健者,事业之母也,吾云精神者,势力之母也。

原载《新民丛报》1902 年第 7 号。

卢梭(ルーン一)　日本谷口政德编述　上海黄炎培译

卢梭,法国大著作家也,生于千七百十二年。少有才学,善属文。其所著书,有《海理斯物语》《民约论》及《教育论》。虽为人不理于众口,然其音乐辞书及植物论等甚重于时。

原载(日)谷口政德编述,黄炎培译:《世界百杰略传》,杭州史学斋1902 年 5 月版,第 12 页。

新罗马传奇　饮冰室主人（梁启超）

第一出　会议（一千八百十四年）

（净燕尾礼服，胸间遍悬宝星，骄容上）

（□□□）区区帝国老中堂，官样；揽权作势尽横行，肥胖；说甚自由与平等，混帐；堂堂大会俺主盟，谁抗？

一手掩尽天下目，两朝专制老臣心。自家奥大利国大宰相公爵梅特涅的便是。现今世界第一雄洲，无过俺欧罗巴。欧罗巴第一强国，无过俺奥大利。奥大利第一大权，无过俺梅特涅。只可笑二十余年前，法兰西有一党乱民，说甚么天赋人权，甚么自由平等，闹起惊天动地的大革命来。接着那飞天夜叉拿破仑，单刀匹马，将这如荼如锦的欧洲，杀得个狗血淋漓。七脚八拳，把俺作威作福的名相，吓得个龟头直缩。尤可恶者，那拿破仑任意妄为，编了大大一部法典，竟把卢梭、孟德斯鸠那一班荒谬学说，挿入许多在里面。他征服一个地方，便将那法典颁行，惹得通欧洲所有人民，个个都要自由自治起来，个个都要和我们贵族平等起来。这还了得吗？幸亏天夺其魄，一败于墨斯科，再败于倭打卢，我们十几国联军，将这老猴子拿住，流往大西洋南边圣希舜拿荒岛安置。从今以后，天下太平了，但系民气嚣张，毒焰未熄，却是一桩后患。

原载《新民丛报》1902年第10号。

民约论巨子卢梭之学说　中国之新民（梁启超）

（略，见前梁启超撰《卢骚学案》）

原载《新民丛报》1902年第11、12号。

中丞课士　《申报》

安庆访事人云，本月十九日抚宪聂大中丞举行七月分大学堂课试，首题卢梭、伯伦知理合论，次题问泰西各国学校，其教育之旨约有三端，曰体育、智育、德育，能折中古义而详言之欤？限当日戌刻交卷。惟各士子有不知卢梭、伯伦知理出处者，以故查阅书籍，遍询同人，颇有千言易就，一字难成之景象也。

原载《申报》1902年8月2日。

东海公来简（壬寅五月） 黄遵宪

（前略）二十世纪中国之政体,其必法英之君民共主乎？ 胸中蓄此十数年,而未尝一对人言。惟丁酉之六月初六日,对矢野公使言之,矢野力加禁诫,尔后益缄口结舌。虽朝夕从公游,犹以此大事未尝一露,想公亦未知其深也。仆初抵日本,所与游者多旧学,多安井息轩之门。明治十二三年时,民权之说极盛。初闻颇惊怪,既而取卢梭、孟德斯鸠之说读之,心志为之一变,以谓太平世必在民主。然无一人可与言也。及游美洲,见其官吏之贪诈,政治之秽浊,工党之横肆,每举总统,则两党力争,大几酿乱,小亦行刺,则又爽然自失,以为文明大国尚如此,况民智未开者乎？ 因于所著学术中论墨子略申其意。又历三四年,复往英伦,乃以为政体必当法英……中央政府权如英主,共统辖本国五大部,如德意志帝之统率日耳曼全部,如合众国统领之统辖美利坚联邦,如此则内安民生,外联与国,或亦足以自立乎？ 近年以来,民权自由之说遍海内外,其势长驱直进,不可遏止,而或唱革命,或称类族,或主分治,亦嚣嚣然盈于耳矣。而仆仍欲奉主权以开民智,分官权以保民生,及其成功,则君权、民权两得其平。仆终守此说不变,未知公之意以为然否？ 己不能插翼奋飞,趋侍左右,一往复上下其议论,甚愿公考究而指正之也。

原载《饮冰室师友论学笺》,《新民丛报》1902 年第 13 号。

酬蒋观云 剑公
之二

蟪蛄著耳太嘈嘈,风雨鸡鸣气自豪。变旧姓名脱张禄,君屡易其名号。创新哲学伟卢骚。乾坤浩气期撑住,沧海横流誓挽牢。他日相逢无物赠,风尘拟解慕容刀。

原载《新民丛报》1902 年第 13 号。

扪虱谈虎录 忧患余生生（韩文举）
黄梨洲

饮冰室主人近著一书,名曰《中国近世三大思想家》,其一曰黄梨洲,其二曰康南海,其三曰谭浏阳。吾憾其出版之迟迟也,攫取其黄梨洲之绪论,以实我录而公诸世。问孕育十九世纪之欧洲者谁乎？ 必曰卢梭。虽极恶卢梭者,不能以此言为非也。吾中国亦有一卢梭,谁欤？ 曰梨洲先生。

梨洲生明万历三十八年,实西历一千六百十年。卢梭生西历一千七百十二年,实本朝康熙五十一年。其相去殆百岁,故以时代进化公例论之,则于百年前得一卢梭易,于二百年前得一梨洲难。卢梭欧产也,虽当路易第十四专制极点之时代,然有希腊、罗马之政体可承,有柏拉图、阿里士多德之遗书可读,其能发明民义而光大之,尚属易易。梨洲则生数千年一统专制之国,贤哲之所垂训,史册之所纪载,其下者则督责之说,刍狗之论,榜箠之政,缚轭之制;其上焉者亦不过言保民若赤子,言牧民若禽畜而已。于生民之大原,群治之大本,未有能梦焉者也。故以民族性质论之,则于欧洲得一卢梭易,于亚洲得一梨洲难。夫吾非欲阿吾先辈以自夸耀也,吾亦知梨洲之理想,不如卢梭之圆满,梨洲之发明,不如卢梭之详尽。虽然,以兹两端相比较,则吾以梨洲先生为中国之卢梭,吾自信非溢美之言。

且卢梭亦何足以比梨洲,卢梭于著书之外,无他可表见者。梨洲则当鼎革之交,间关蹈海,谋所以匡复故国,遗艰投大,百折不挠,盖梨洲非议论家而实行家也。卢梭道心浅薄,为贫所驱,放浪自污,细行往往不检。梨洲则学问气节,矫矫绝俗,上接道统,为世儒宗,盖梨洲非才子而哲人也。故卢梭一生之历史,常不免贻妒嫉者以口实,即敬卢梭爱卢梭之人,亦不过颂其大功,略其小过,而终不能为讳也。至梨洲先生,则不惟我辈在闻知私淑之列者,顶礼膜拜,即彼至迂旧至顽钝之辈,亦不能不首颡心折,曰大儒,曰人师。若是乎我梨洲先生,果非卢梭之所能及也。

虽然,卢梭出而十九世纪之欧洲既已若彼,梨洲出而二百年来之中国依旧若此,则何也?曰是固不可以咎梨洲也。欧洲一卢梭出,而千百卢梭接踵而兴,风驰云卷,顷刻遍天下。中国一梨洲出,而二百年来曾无第二之梨洲其人者。卢梭之书一出世,再版者数十次,重译者十余国。梨洲之著述,乃二百年来溷沉于训诂名物之故纸堆中,若隐若显,不佚如缕。呜呼,是岂梨洲之罪也?今者卢梭之《民约论》,潮汹汹然,风蓬蓬然,其来东矣。吾党爱国之士,列炬以烛之,张乐以导之,呼万岁以欢迎之。若是乎则中国之卢梭,乌可以不著论也?人人知崇拜中国之卢梭,则二十世纪之中国,视十九世纪之欧洲,又何多让焉,又何多让焉?作《黄梨洲》。

原载《新民丛报》1902年第14号。

法学约言 黄群旭初

泰西自十六世纪以前,其薄劣隘狭之景象,与我国相伯仲。至十七世纪,始稍稍发达矣。夫岂我思想不如彼,言论不如彼,学问不如彼,人群进化不如彼。然以彼之民,从彼之世运,孟德斯鸠为之魁,而卢梭、伯伦知理、斯宾塞尔引伸而扩充之,至今而人人目中有法律矣。然我观于彼族法律进化之所以然,为推论其至此之故,而知法律者,人人心中之所自有也。自人与人交,而有一定之真理焉;自人与人交,而有无穷之公例焉。未有法律之前,创此者何如? 既有法律之后,行此者何如? 虽然,我甚惜夫天下之愚且弱者,驯服于无法之法、无律之律之下,其强而智者利其然,又恐其不然,举一切而粉饰之,遂令杰黠之徒得以缘隙而起,大肆其鲸鲵践蹈之威,而建一绝后空前之事业。泰西之始亦岂必无孟德斯鸠、卢梭、伯伦知理、斯宾塞尔其人痛人理之绝灭,念疮痍于斯民,欲为之发愤著书以告万世者。然我知其空山独卧,四顾无俦,抚卷长号,戛然遂已。故即有其人而无其书,即有其书而弃之涂泥,投之水火,厄于时王之制,而不得出以问世者,又比比也。盖法律者,人人心中之所自有也,而非孟德斯鸠、卢梭、伯伦知理、斯宾塞尔之所独有也。然且制之愈力,抵之愈烈,压之愈重,发之愈锐。至十六世纪以后,而法律家之原动力出矣。夫十六世纪之间,欧罗巴君政专制与宪法统一之过渡时代也,而有呕心焦舌,探源造极,扫腐酷之毒焰,辟权利之堂奥,为新法学之巨子者,盖亦连袂轩眉,屡出不一出,孟德斯鸠、卢梭诸贤,乃其最著者也。不然,吾知孟德斯鸠、卢梭之徒,亦将伏于空山,独卧不出,而其书且涂泥水火之不暇矣。故虽取道万殊,言人人异,而其因时立言,为法律学家之大发明则一也。今将其学说之极为完善者,汇摘比较,附以案语,分甲、乙、丙、丁四部以隶之。

甲、民与民交涉之法律。

乙、民与君交涉之法律。

丙、君民与国家交涉之法律。

丁、国与国交涉之法律。

原载《新世界学报》1902 年第 1 期。

社会学　日本岸本能武太著　余杭章炳麟译
第四节　社会起原诸说　其三　民约说

民约说者,当十七世、十八世间盛行于欧洲。英有赫柏斯,法有路索,皆唱道斯旨者也。以唱者之性质不一,故其说亦有异同,然大抵以组织社会因于原人有意之契约为主。今举其略说曰:人类始生,或则孑居,或则以小小家族为团体。当是时,人性良淑,不陷罪戾,欲望易盈,讴歌载道,故无建立政府之谋,亦无横被压制之惧。久之生齿蕃殖,人事复杂,物我相交,不得阙于纪律,于是互订契约,所谓民约者也。一切个人皆割其自然权利之数部以与社会全体,且服从于社会之代表者,与社会一执行者,蒙其保护,至纤至悉。自此契约之成,而社会乃始萌芽,政府亦始建立。久之,枭雄之士,渐利用此团体,以为富厚崇高之机械,其实搭克兼并,而文之以宗教,饰之以政法,傅会其义,以成美名。此今日文明社会之人,所以权力绝殊,相十百千万而无异也。呜呼,王权、僧权,如此其弊,贵族、地主,为害复剧。将欲救之,惟使今日之人类归于原始天然之状态,剥灭社会,倾覆政府,以复民约未成之黄金时代,则庶几人人皆有权利矣。

民约说之大略如此,原其持论,固非平心以求是,特当时经世之士,愤嫉时弊,急谋改革,以建立斯旨耳。如路索者,生于法国之社会者也,是时政法宗教,缪戾实甚,欲矫此腐败社会,非颠覆政府、破坏宗教不足以改良,激而立说,遂曰政府之权利,非政府所固有,而受诸组织社会之个人,曩日割之,今日收之,固其所也。然其说特明政府之起原,非明社会之起原,惟以组织社会,不能无藉于政府,故以其明政府之起原者,间接而明社会之起原。其明社会也,又未尝征举事实,以归纳法断之,惟为社会改良,立此臆说。故以科学解社会起原,则民约说处处牴牾,盖其不合者有三焉。

一曰原人果性善乎?夫论人性之善恶者,今昔中外,建议各异。然言性善与言性恶者,均之无当于事实也。躬为善人,而多与善人交,以此概量人类,则曰性善矣。躬为恶人,又多与恶人交,以此概量人类,则曰性恶矣。以戋戋数人者,而欲推之全体,此其所以合者少不合者多也。至以文明开化之人类,揣拟原人,谬曰性善,何其轻于立论欤?且其意固曰原人性质之正直淑善,迥非今人所能及,是可谓倒置矣。若堕落说果是,则民约说或当可信,然征之事实,求之科学,知人类皆进化者,今优于昔,百事悉然,虽性之善恶,宁能遁于其律?然今人性质,尚未尽善,其卑劣忮戾者犹多,是亦善恶混淆尔。况于蒙昧原人,与禽兽无别者耶?夫善恶两性,具存于人,虽原人亦未尝无善。然两性之比例,必善少而恶多,今欲复于天然状态,以为改良,是席上之腐谈也已。

二曰原人之智识、感情果能订立民约乎?夫以今人订民约,或非难事,然其情状复杂,而欲以数言定之,非有高尚之感情、抽象之思想,未能期于完具也。今使同国之原人,其始孑立自媒,不相往来,渐以外敌袭击,当施防御,生齿孳殖,争讼烦兴,知不得不相团结,于是聚谋立约,各割其权利之数部,以寄之代表执行者;又当服从惟谨,受其保护。斯数语者,自蒙昧原人视之,已觉其屈曲而多层累矣。吾未见其智识能知此,其感情能守此也。夫以原人思想,惟知具体,而能解权利义务为何义,以原人心意,至为放纵,而能遵率契约,勿敢违越,是其期许原人,亦太过矣。且所谓民约者,虽今之文明国人,习闻自由民权诸说,或尚未能履行也。

三曰征之历史,果有民约实行之证据乎?夫原人时代,徒见其有腕力而无思虑,喜离散而惮协力,其稍有政治团体者,特迫于强者之应制,固非其始愿如是也。若民约者,或于进化之社会稍得履行,如古代希腊之共和政治是已。希腊民智固已进步,非野蛮蒙昧之族,若曰太初原人,靡不由此,则未之闻也。又为民约说者,以政权、教权皆出于王者、僧侣之私意,是亦纰缪。夫固有以政权行残虐,以教权助幻惑者,此不可一概论。组织社会,必不可无统御者,恋生怖死,亦不能无事神者。以统御之不可无,而权自归于王者;以事神之不能免,而权自归于僧侣。是岂以一人私意,能掩袭而取之乎?要之,民约诸家激于时弊,驾虚立说,其救时则诚有功矣,于政府社会之起原,则概乎未有闻也。

原载(日)岸本能武太著,章炳麟译:《社会学》,上海广智书局1902年初版;见《章太炎全集·译文集》,上海人民出版社2015年版,第113—115页。

罗兰夫人传 中国之新民(梁启超)

巴士的破狱之凯歌,即罗兰夫人出阵之嗽叭也。夫人以慧眼观察大局,见尼卡亚之举动,国会之举动,无一可以踌躇满志者,乃距跃忽起。以为革命既起,平生所梦想之共和主义,今已得实行之机会。夫人非爱革命,然以爱法国,故不得不爱革命。彼以为今日之法国已死,致死而之生之,舍革命末由,于是夫妻专以孕育革命精神,弘布革命思想为事。罗兰首创一里昂俱乐部,夫人自著鼓吹革命之论说,撮集卢梭《人权论》之大意,印刷美国布告独立文,无夙无夜,自携之以散布于远近。于是所谓罗兰小册子者,如雨如霰,散落于巴黎、里昂之间。友人布列梭,创一爱国报于巴黎,友人占巴尼,创一自由报于里昂,夫人皆为其主笔。呼风唤雨,惊天动地,号神泣鬼,骇龙走蛇,而法国中央之气象一变。

彼时法国之大权,全在立法议会之手,而议会中实分三派。一为平原派,以其占坐席于议场平坦之地,故得此名。实平凡之人物所结集也。二曰山岳派,以占议场之高席,故有此名。实极端急激派。而此后以血涂巴黎之人,如罗拔士比、丹顿、马拉亚辈,皆此派之铮铮者也。三曰狄郎的士派,以其议员多自狄郎的士之地选出,故有此名。此派当时最有势力,布列梭、布科、鲁卡埃诸贤,皆出于此中。其人率皆受布尔特奇《英雄传》及卢梭《民约论》之感化,年少气锐,志高行洁,以如镜之理想与如裂之爱国心相结。而鼓吹之、操练之、指挥之者,实为罗兰夫人。狄郎的士派之党魁,名则罗兰,实则罗兰夫人,此历史家所同认也。

原载《新民丛报》1902 年第 17 号。

卢梭传 日本杉山藤次郎编纂 中国广东青年述译

卢梭名戎雅屈,以一千七百十二年生于瑞西日内瓦府,匠人某子也。家素清贫,无资款以入学校,而卢梭性好读书,就稗史小说以练习句读,久之遂能涉猎发朱惠、募理英尔诸大家著作。及执弟子礼于乡校师长良边西之门,得读福禄特尔书,书中所论,概皆往古英雄事实,遂慨然自奋曰:"英雄豪杰,非异人任矣。"自是益刻苦砥砺,日夜孜孜,惟恐不足,崭然有睥睨千古之概。卢梭幼而失母,成童时,父又以故去日内瓦府,属卢梭于佣书某,使习其业。而卢梭意不自适,因从雕刻师某业焉。无何又去某氏,漫游四方。千七百二十八年,入法国安西府,寄食寡妇瓦列某氏。氏悯其年少气锐,常为饥寒驱迫,又欲变化其猾介之气质,恩遇周挚,若家人妇子然。遂劝其舍新教而奉耶稣旧教,又命入伊大利株林府教育院,而卢梭终不能久居。因又出教育院为音乐师,出入侯门,仅免冻馁。然实役同仆隶,卑贱屈辱,不可言喻,卢梭何能堪之? 后益困,乃复投瓦列寡妇,妇善视之如初。此实为卢梭生涯中最有幸福之岁月者。

及妇没,赴里昂府,主大判事某家,教授其子弟。千七百四十一年,著音律书于巴里,欲以改革当日音乐之体制,为伶人所阻,书不得行。后随法国公使某为书记,共赴伊大利威内斯府,而终不能安其身,遂再归巴里。千七百四十九年,穷乏益酷,恒终日不得一炊,遂矫正其所著书,务求合俗,出而售之,仅获旦夕之饷焉。千七百五十二年,著一书颜曰 Dictionary of Music,痛斥法国音律之弊,于是剖击纷起,几无容身之地。自后益肆力于政治之学,往往有所著述,而皆与老师宿儒不合,排之者众,群将媒孽之以起冤狱,大惧,乃避至日内瓦府。又以奉耶稣新教,欲为瑞士共和国人民。瑞人阻之,不得已而还巴黎。又著《教育论》及道德小说等书,言天道之真理,造化之妙用,以排斥耶稣教之豫言奇迹者,得谤益甚。巴黎议会命毁其书,且将拘置诸重典,乃又奔瑞士。与其国人争论不合,复还巴黎。会法政府命吏物色卢梭,搜捕甚急,乃闭户不敢外出,时或微服而行云。千七百六十六年,应友人非迷氏之聘,赴英伦敦,与僚友议不合,又还法国。变易姓名,潜居诸州郡,而屡与人龃龉,不能久居一地。千七百七十年五月,卒归巴黎。自谓天下之人,皆仇视我也,怏怏不乐,遂发狂疾。仁刺达伯惜其有志不遂,为与田宅数亩,隐居自养。千七百七十年,著《波兰政体考》,七十八年业成。此书鸿富奥博,而于民约之旨,尤三致意焉。是年七月三日暴卒,或云病毙,或云遭仇人之毒,官吏验视,则自杀也。

卢梭性达锐,少有大志,然好为过激诡异之论,虽屡为世人所挫折,而其志益坚,晚年愤世人不己容,遂至发狂自戕。於戏,不其悲夫! 一千七百九十四年,法人念卢梭发明新学之功,改葬遗骸于巴黎招魂社,又刻石肖像于日内瓦府。后数年,巴黎人选大理石刻半身像于武良街,至今今人称为卢梭街,缙绅大夫过者必式礼焉。

列传氏曰:夫卢梭之《民约论》者,固自成为一家言哉。其奇论怪说虽属不少,而可采取之处亦多有焉。非如寻常学士,剿袭前言,著述纵千万言,亦徒费读者之目力而已。弥尔曰:"虽才量偏小之人,有所言论,若能刻苦以自创为异说,则其中必含有多少真理者也。"而况卢梭量广而才大之人哉。弥尔之于卢梭所著书,当必以其多有真理存乎其中也。而卢梭怀此大志,竟尔终身落魄不偶,为世所不能容而自戕,其际遇亦可哀也哉!

原载(日)杉山藤次郎编纂,中国广东青年述译:《泰西政治学者列传》,上海广智书局1902年版,第5—7页;后又见雷瑨辑:《各国名人事略》卷六,砚耕山庄光绪三十年(1905)版,第3、4页。

新广东绪论　太平洋客(欧榘甲)

近年以来,热心爱国之士奔走于国中,呼号于海外,曰中国宜自立,中国宜速自立,不自立必灭亡,必瓜分,太息流涕,几于唇焦舌敝矣。间尝深考之,其闻此说而兴起者,虽间有之,而所谓中国自立之效见之于实事者,竟杳如捕风,茫如捉影,彷徨乎无所获焉。昔者法国卢梭、孟的斯鸠之书出现于世界,而欧洲政体大变,美洲亦行独立。及是书发现于日本也,而日本又大变。世界之视此书,几如医国之善药,服之无乎不效。乃若中国也者,卢梭《民约论》则译之矣,孟的斯鸠《万法精理》则译之矣,弥儿《自由之理》则译之矣,《法国革命史》《美国独立檄文》亦译之矣,达尔文、赫胥黎、斯边塞人种竞争自存、优胜劣败之进化学亦稍译之矣,然求其如欧美、日本朝出此书,夕倡自立,群情汹汹,不变不止者,渺乎不可得而闻也。虽曰中国之人尚在智识幼稚时代,不及欧美、日本远甚,何其药之无灵,至于如此耶?

原载欧榘甲:《新广东》,光绪壬寅(1902)年版,第1、2页。

东欧女豪杰　　岭南羽衣女史(罗普)

(华明卿)我少不免要补他一首来,想了几想,便提笔写道:"江山谁主费商量,锦瑟华年枉断肠。忍说家园好风景,斜风无赖杂斜阳。"写完,独自吟哦一会子,心里想道,都还过得去。又起身回翔了数十百步,转向书架上,拿了一册法国大哲学家卢梭著的《民约论》,救苦救难观世音经。息心静气坐定了,方才从头念下。忽而点头,忽而拍案,忽而仰视,忽而俯思,忽而搦管批评,忽而高声吟诵。正在领略个中滋味,陡闻门外轰然一声,像是半天起个霹雳,不禁了一惊。再定神倾听,知是有人叩门。

(华)明卿听毕,举首道:"妹妹虽不肖,平日怨天下之无道,嫉时世之不仁,所见与姊姊正同,今闻高论,更当自勉。可恨姊姊不能久住这里,长共磋磨。罢了罢了,姊姊现果真要往那里去呢?"(裴)弥道:"妹妹向闻法国自福禄特尔从英国携得自由之种而归,当时再有孟德斯鸠、卢梭诸子,闻声唱导。至今那的流风余韵,尚且浸淫民间。所以妹妹决意和几个同志,一游巴黎,访那先哲的遗踪,搜那天民的口说。更欲一上那罗兰夫人的坟墓凭吊一番,以表我们景仰的真心。现下正打算着明天动身。"明卿惊问道:"各位姊姊们,大家都要往别个地方去吗?"裴弥道:"今天上午正曾集众会议,各人商量定了,有愿往巴黎的,有愿往柏灵的,有愿往维也纳的,也有愿往伦敦各处的,也有愿归本国的。其外有经今年卒了业,愿留这里办事的。"

(桃)宝华在前,明卿紧紧跟着,曲曲折折,绕了一回,才到了一间房子。宝华忙从身上拿出一条白铜小钥匙,开了门,让了明卿进去。明卿举头一看,只见壁上挂着几幅名人画的油画,又有几只意大利烧的磁器花碟。房内纵横不过二十英尺,东边放着一个书架,架上齐齐整整插着黑智儿的《权利哲学》、卢梭的《民约论》、耶尔贞的《谁之罪》、小说书名。遮尼舍威忌的《如之何》。小说书名。那几本旧书,都像是孩子们念过的一样,表皮也破了,纸色也黑了。再向西边一望,也有一个架子,分门别类的放着几种新闻杂志。每一层有一条纸签贴上,都把那新闻杂志的名儿写将出来。也有写着《现代人》《祖国年鉴》《北极星》的,也有写着《钟》《大俄罗斯》《自由》《墨斯科》的。

原来德烈生成一肚皮侠气,路上碰见了不平的事情,一定要替人家闹出来。他的老人家怕他闯了祸,想着把他裁抑裁抑,因听见奥特士沙大学堂,是个最专制最守旧,最能养成柔声下气、奴颜婢膝,真正凉血类的人才,因此夤缘了几位权贵,才能觳弄了一张取中大学堂学生的报条。怎知道德烈没福享受这些昏天黑地的教化,不上两天,因为听说国家学的讲义,出到讲堂。只见那教习说到国家起原,便把霍布士、陆克、卢梭各位所倡的契约说极力翻驳,偏要主张那君权神授的谬说。又说路易第十四说的"朕即国家"一句话,正是政治学的微言大义。你们要想做国家学,先要把这个道理细心体认,才能觳晓得媚兹一人,正是爱国的第一要著。德烈听了这句,忍不住一把无明业火冲将上来,再不等教习说完,便挺身离席,指着教习大叫道:"且慢,且慢。你说的目无平民,大逆不道,你不怕你自己的良心要愧死么?你说君权神授,你可说出什么凭据来呢?那个神字,原是野蛮世界拿出来哄着愚人的话,如今科学大明,这些荒诞无稽的谬说,那里还能立足呢?不通的政治家说君权神授,正和那宗教家说什么天父,说什么天使的一般见识,如今他们的迷信谬论,都被人攻了去,再不能觳辩护过来了。你还想靠着神权的旧议论,替那些民贼提出'天子'两个字来恐吓人哄骗人,你也太不识时务了。我且把原君原臣的大略,说给你听罢。原来人群还未发达的时候,不管那是天理,那是公道,那智识和禽兽差不多,只靠着生来强健,有了一副蛮气力,就像似天公有意给他一种特别的权利,因此放着狗胆,竟把那稍微柔弱的同类欺负起来。可恨那时的初民,各自为生,正是散沙一样,不晓得合起大群来抵抗他,让他恃着威势,赢了许多便宜,暗地里认他做了个一群的主人。无论什么事情,都要跟着他的命令做去,他叫生也就生,他叫死也就死,纵然心里头有了许多不能觳舒服的地方,也因为着自己力量敌他不过,只得勉强将就他。这便是人群上生出那上天下泽不通制度的第一层来历。到后来,那强的把那不应得的权利越发占得多,越发觉得舒服,因就算出一个计较,要把将来可以和我作对的那一种人笼络起来,叫他沾了余润,乐得做我的爪牙,才能彀把这剥民权、糜民命、绞民脂民膏造成的安乐饭碗,拿得稳当,这就是造出那一辈贵族的原因。从此民贼的种类,有了大的,又有小的,总是自私自利,同着一个鼻孔出气,专要把那大多数的平民,或用力,或用术,总要压他到地下去,叫他不能彀再翻起身来,夺回那些平等的权利。后来那大多数的平民受制的惯了,也忘却那祖先当初万不得已受那民贼鱼肉的那一口恶气。偶有一个狡猾的民贼出来,略用些小恩小惠来抚弄他,他便欢天喜地,感恩戴德,这么样彼此忘了本来面目,因就养成一个压制服从的世界。"(眉批:卢梭《民约论》说的,凡强者必须将他的压制变了权利,然后可以驭人;弱者必须将他的屈抑变了义务,然后可以事上。其实压制自压制,权利自权利,屈抑自屈抑,义务自义务,那里可以变得过来。古来惟辟作福、惟辟作威等邪说,与此等真理相遇,正是如汤沃雪,更没有一毫根据站得住了。)

原载《新小说》1902 年第 1 卷第 1—3 号。

京师大学堂头场题目 《大公报》
师范馆外国史学问题

问英吉利国统三部,其南北东西何时而合?合者何王?又英人谓其国政体滥觞于种人未至其岛之先,所萌芽者斯为何制?诸镇称兵,大册斯诺,于时君主仁暴何如?大册宪章所言,能略举否?

问欧洲世变之殷,莫甚于十八纪之末。福禄特尔之说多排宗教,卢梭之说多主共和,二氏之说皆圆密欤?抑有可攻之衅?上下相攻,激成大乱,顾何以欲除专制,而拿破仑称帝,欲去宗教,而天主更兴?往复之机,试推论之,以觇论世之识。

原载《大公报》1902 年 11 月 20 日,又见《申报》1902 年 12 月 5 日。

大学试题二志 《申报》

京师管学大臣张冶秋大冢宰第一次考录大学堂仕学师范生各题前已录登报间,兹得在京友人手函云,十月十九日为堂中第二次考录之期,所命诸题较前尤为深邃,计教育大义题。

问宗教与教育之关系……

问英吉利国统三部,其南北东西何时而合?合者何王?又英人谓其国政体滥觞于种人未至其岛之先,所萌芽者斯为何制? 诸镇称兵,大册斯诺,于时君主仁暴何如? 大册宪章所言,能略举否?

问欧洲世变之殷,莫甚于十八祀之末。福禄特尔之说多排宗教,卢梭之说多主共和,二氏之说皆圆密欤? 抑有可攻之懈? 上下相攻,激成大乱,顾何以欲除专制,而拿破仑称帝,欲去宗教,而天主更兴? 往复之机,试推论之,以觇论世之识。

原载《申报》1902 年 12 月 5 日。

新中国未来记　饮冰室主人(梁启超)

黄君道:驳论第十二。"兄弟,你这段议论,谁说不是? 但依我看来,总是理想上头的,不是实际上头的。你说一国政权,总要在大多数的人手里头,这是卢梭、边沁、约翰弥勒各位大儒的名论。但这些学理,在现世的欧洲已算是过去陈言了。多数政治,在将来或有做得到的日子,但现在却是有名无实的。你看现在各立宪国叫做议院政治的,岂不算是从多数取决吗? 认真算来,那里真是多数,还不是听着这政党首领几个人的意思吗? 兄弟,各国议院的傍听席,谅来你也听得不少,你看英国六百几个议员,法国五百几个议员,日本三百几个议员,他们在议院里头,站起来说话的有几个呢? 这多数政治四个字,也不过是一句话罢了。但这种政体,谁能说他不好? 可见天下人类,自有一种天然不平等的性质,治人的居少数,被治的居多数,这是万不能免的。(眉批:卢梭天赋人权的议论都被这种学理压倒,近来在欧美变成退院僧了。)至于讲到责任两个字,这是政治学上金科玉律,便愚兄也和老弟一般见解。但我看中国现在的人民,那里自己觳得上尽这个责任,就是叫现在号称民间志士的来组织一个新政府,恐怕他不尽责任,还是和现在的政府一样。这国势就能觳有多少进步吗?"……

李君听到此处,面带怒容,便接着说道:驳论第十三。"哥哥,你说我崇拜法国,我倒不是崇拜法国。我看哥哥在德国念这几年书,这些口气,倒有几分像崇拜德国人。这还罢了……若讲时势,我想现在中国的时势,和那十八世纪末、十九世纪初欧洲的时势正是同一样哩。卢梭、边沁他们的议论,在现在欧洲自然是变成了摆设的古董,在今日中国却是最合用的。哥哥,你说我躐等而进,哥哥你想跳过这人民主义的时代,便闯入这国家主义的时代,这真可算躐等而进了。"……

李君听到这里,便叹口气道:驳论第十七。"讲到现在皇上的仁慈英明,我虽然是没有咫尺天颜，却也是信得过的。但是哥哥你须要知到，凡专制君主国的实权，那里是在皇帝么？卢梭《民约论》讲得好，他道那些王公大人们，面子上是一人在上万人在下，讲到实际，他那束缚有时还比寻常人还加几倍哩。现在俄罗斯皇，不是个榜样吗？报纸上讲的他几次要避位，让与太子，都是为受不住他那太后和些贵族权臣的气呢。再说到中国这几千年内，大大小小的君主，也差不多一千多个，真正自己有全权的，那里数得上十个、二十来？现在皇上虽然仁慈英明，争奈权柄不属，就想要救国救民，也是有心无力。他若听见民间有人和他同心，想要帮着他替百姓除害，只怕他还欢喜得连嘴都合不拢哩。……"

原载《新小说》1902 年第 1 卷第 2 号。

光绪壬寅补行庚子辛丑恩正并科乡试闱艺

西国学术导源希腊，其流派若何，学校废兴若何？教育名家孰为最著，

宗旨孰优？方今博采良法，厘定学制，试陈劝学之策　朱苍许

语曰：自强生于力，力生于智，智生于学。是以欧美列国，无不劝民嗜学，典则修明。然岂旦暮成之，卤莽为之哉？……近数百年，日耳曼人路德氏起，改易宗教，表扬民庶政教之自然，于是而新理之通，文化之美，磅礴郁积，沛焉若怒潮汹涌于无垠。至今英法之塾以数万计，美至十七万以上，地接弦歌，人挟书策，盛矣哉！其为我中华先路之行，而示我以则效之轨乎？然而制有详略，术有异同。十六世纪后，蹶为教育家者，路苏以简易著，洛克以葆养著，马敦以劝导著，拉的以诚信著。他如司宾塞尔、达尔文等，又以薰导善良衍为宗旨。人辟一解，各有所分歧，学在四夷，非尽我模范耶？廓氏自由之说，卢氏平等之谈，阴扇后生，不无偏见。而如哥美尼和等，务于循循善诱，启钥孩稚潜赋，以热心爱国之天，而阴施夫修律身心之妙。德育一派，非尤宗旨之善者乎？是故博采西法以为我法，当从德育之科始。而进施体育，以壮此身，兼为智育，以牖此心。输西人之文化，以行夫我所能行；揆中华之大势，以行乎彼所未行。循我华风，导以爱力，振奄奄将尽之暮气，以自立于东亚，而免为非洲、印缅之愚而亡，意在斯乎，意在斯乎？

西国学术导源希腊，其流派若何，学校废兴若何？教育名家孰为最著，

宗旨孰优？方今博采良法，厘定学制，试陈劝学之策　励延豫

学术无古今，亦无分中外，譬诸水也，百川所汇，东西茫洋。然必探其

源于星海,而后尾闾之所泄,乃不致放而无归。西学流派甚多,希腊者,泰西之星海也。其最著派曰伊阿尼亚,曰埃黎亚,曰毕特哥拉斯,或务理论,或尚事实,大率自成为一家言,及梭格拉尼与柏拉图出而调和之。又有所谓观念派者。当时希腊固文明之祖也,厥后虽衰盛靡常,而泰西各国之学术,其范围卒莫能越。如国家见解之不同者,有哲学派、君权派、神权派、民权派,考究法之不同者,有历史学派、法理学派、心理学派、比较学派、分析学派,权舆于是,胚胎于是,进野蛮为文明,斯其哉。

夫国家以人才为命脉,人才以学术为精神,故学校废兴之际,世运系之。西洋诸国学校,有初学、中学、上学之分。……顾有学校必有教育,有教育必有宗旨,教育名家,亟其难之。然若倍根之格物,笛卡尔之穷理,达尔文之《种源论》,亚丹斯密之《原富》,孟德斯鸠之《万法精理》,卢梭之《民约论》,伯伦知理之《国家学》,皆表表一时者。惟自由与平权,断非可行之说。以爱国为思想,其宗旨最优者乎?今为培才计者,果欲采仿西法,厘定学制,自当文义为本,语言为末。不然,袭洋文之皮毛,岸然睥睨,以圣经贤传为不足法,于政治学派、伦理学派一无所会通焉,岂西儒教育之宗旨哉?又岂国家培植之初意哉?盖未有学术既端,而人才犹不兴起者也。

原载顾廷龙主编:《清代朱卷集成》第297册,第163—166,159—162页。

水苍雁红馆主人来简　黄遵宪

公之所唱民权、自由之说皆是也。公言中国政体,征之前此之历史,考之今日之程度,必以英吉利为师,是我辈所见略同矣。风会所趋,时势所激,其鼓荡推移之力,再历数十年、百余年,或且胥天下而变民主,或且合天下而戴一共主,皆未可知。然而中国之进步,必先以民族主义,继以立宪政体,可断言也。公所草《新民说》,若权利,若自由,若自尊,若自治,若进步,若合群,皆吾腹中之所欲言,舌底笔下之所不能言。其精思伟论,吾敢宣布于众曰:贾、董无此识,韩、苏无此文也。然读至冒险进取破坏主义,窃以为中国之民不可无此理想,然未可见诸行事也。……

公又以为英国查理士第一国会之争,法国路易第十六革命之祸,终不能免。非不知此事之惨酷,而欲以一时之苦痛,易千万年之和平。吾之以民权、自由之说鼓荡末学,非欲以快口舌,吾每一念及,鼻酸胆战,吾含泪而道也。嗟夫,至矣哉仁人之言!吾诵公言,亦为之鼻酸胆战也。虽然,欧洲中古以来,其政治之酷,压制之力,极天下古今之所未见。赋敛之重,刑罚之毒,不待言矣。动辄设制立限,某政某事为某种人不应为,某权利为某种人不应享。至于宗教之争,党会之禁,往往株连瓜蔓,死于缧绁,死于囹圄,死于焚戮者,盈千累万,数至不可胜计。校之中国,惟兴王之待胜朝,霸者之戮功臣,奸雄之锄异己,叔季之兴党狱,间有此祸,他无有也。教化大行,民智已开,故压力愈甚,专制力愈甚,其反动力亦愈甚。彼其卢骚民约之论,入于脑中,深根固蒂不可拔矣。一旦乘时之会,遂如烈风猛雨,惊雷怒涛之奋激迅疾,其立海水而垂天云,固其宜也。吾不敢谓中国压制之不力,然特别之事恒有之,普通之力不如此甚。吾非不知中国专制之害,然专制政体之完美巧妙,诚如公语。苟非生于今日,地球无他国、无立宪共和之比较,乃至专制之名,习而安之,亦淡焉忘之。今以中国麻木不仁、痛痒不知之世界,其风俗之敝,政体之坏,学说之陋,积渐之久,至于三四千年,绝不知民义、民权之为何物。无论何事,皆低首下心,忍受而不辞。虽十卢骚、百卢骚、千万卢骚,至口瘏手疲,亦断不能立之立导之行也。

原载《饮冰室师友论学笺》,《新民丛报》1903 年第 24 号。

人格与权利 《大陆报》

当百年前法儒卢梭之民约说,以天赋自由主义,耸动欧洲,加革命之速力,成法国之大革命,其功甚伟。彼其时亦不过就当时之社会,传播革命之种子,希其旦昼之萌蘖,以速革命之机运而已。其所论据,未必皆适合于现代之社会,且以理论之,不免有谬,东西论客极鸣其非,至今日则《民约论》之价值几亡矣。盖谓天赋一语,以为猛烈之药,权宜之用,斯或可耳,非纯粹无疵之学说也。然则吾辈所谓救济之策将奈何?曰宜使国家确认人民之权利,而养成人民之权利思想。然人民之权利,实非天赋之自由权,乃由人力而取得之,依法律而成立之。其既得之也,则政府所不能夺,暴君所不能灭,强邻所不能侵,神圣所不能犯。试论究之如下:夫权利者,为法律上至大至重之关键,知此而法之能事毕矣。观于世之开明人种,各尊重其权利,其所行之法,在保己所固有,而不侵及他人。私人如此,国家亦然。明划私人与国家相互之权限而承认之,人民安于其途,此其国即谓之曰开明之国,其法即谓之曰文明之法。然权利问题,解之亦颇困难,大率从法律之本源而发,此固无可疑者也。国家若能确定权利,则其国强,人民若能尊重权利,则其民昌,无荼毒人心,危殆国础之虞也。今试分权利与人格而逐一论之。

原载上海《大陆报》1902 年第 2 期。

政学原论 英国赖烈原著 日本赤坂龟次郎译述
第一章 社会之起原

吾人之社会,其原始如何而成立欤?其成立始于何时,又以何故而必成此社会,乃能生活,非吾人所怀之疑问耶?

吾谓人者,好群之动物也。其性质富于同类相爱之情,好伴侣,不欲独居,能感服他人之所长而模仿之,亦能使他人感服模仿,是人之本性然也。以是因缘,一切共同生活,次第发见而为社会。是故社会之存在,乃势之自然,而亦事实之不得不尔者也。以其时考之,则当始于人类初生时,历史之所证明,无可疑者。虽有时个人或一家族,以避世故,独居深山穷谷中,然通常之原则,则人固不能立于社会之外者也。

民约论之可否

社会之历史既如此,则彼震撼欧美政界之民约论,其谬误殆不待辨。盖十七世纪与十八世纪之间,诸种政论,樊然并兴,皆耽于空理空想,不复顾历史之事实。硕学大家,亦复如是。彼唱民约论者,亦不务搜集人类所以成立之实事,惟已之理想,断定社会以一种特别之方法起源,是其说之所以误也。今述其说之概略于左。

人类之始,各各独居,其天赋之性善良,需用鲜少,易餍其欲望,是固无庸政府以统治之者。继而患外界之抑压也,乃相聚而谋曰,吾侪愿成立一团体,以众力拥护各人之性命、财产,勿使蒙他族之侵害。相聚以后,人人皆服从于他之众人,而毫不损其固有之自由权,与未相聚之前无以异。若此者,大团体之所以成,而契约之所以立也。然其后专擅放恣之徒,恒以是藉口,取社会之资产、权力而垄断之。又以掩覆其私欲之故,于宗教政论,发明数多虚伪之理想,于是害患磅礴于文明社会之中。当是之时,苟非吾人恢复其天然固有之权利,使与未成社会之前无以异,则欲脱除斯轭未有期也。

民约论之概略如此,唱其说者,法国大政治家卢梭是也。其说固足奔走天下,要其事实上之谬误,无可讳言。吾人天赋之性,当在不善不恶之间,使其皆善,则安用教育?彼谓人性本善,固已大谬,且人类初世之历史,乃冲突困难之记录,谓不烦契约而理,直小说家言一假定之黄金时代耳。民约论之所根据,大略如是,无一确实证迹可见者。其所谓契约,吾侪尤可决为必不能有之事。何则?太古原人于契约之性质,且不能辨,谓其自行缔结,乌可信耶?

民约论之不合于历史上事实如此,然改进派之政治学者,犹以非常之热心欢迎之。彼等甚欲以国家权力归于人民合意之契约,不知无论何等政府,决无立于被治之人民之合意之上者。第彼等所好在是,弗之思耳。推其心,即使社会间有不正之法律,生诸障害,果其由于合意之契约,则断断不能改变废弃。弊之极端,乃至如是,亦可异矣。

(案)民约论之说详于美痕氏《古昔法律论》第九章,及穆来氏《卢骚传》中。惟近世学者皆以进化论论断社会之起原,如台罗尔氏《元始时代之研究》,斯宾塞氏《社会原理》,及其他之著书,皆以社会为一有机体,而各个人为其一分子也。

原载《翻译世界》1903 年第 3 期。

问　答　刘树屏　饮冰(梁启超)

(问)某君为余言,当伊游历法国时,晤法相某君,曾询以民权自由之说,贵国是否盛行?法相答曰:不然,吾国曾设禁令,阻此邪说,且卢骚《民约论》诸书,吾国禁人阅看,以其足坏人心术云云。按此说未知系某君臆造者否?抑或彼文明诸国,教化开于下,而政府大吏犹执专制之野蛮主义?请示知。(阳湖刘树屏葆良氏)

(答)天下有差豪厘谬千里以眢乱耳目之言,此类是也。民权自由之义,放诸四海而准,俟诸百世而不惑。今日欧美各国,除将爆将裂之俄罗斯,奄奄就死之土耳其,未有敢以此义为非者也。然今之言此者,与十八世纪之言颇异。盖十八世纪时代,人民运动之范围各在本国,今则运动之范围普及于天下。今世之识者,以为欲保护一国中人人之自由,不可不先保护一国之自由,苟国家之自由失,则国民之自由亦无所附。当此帝国主义盛行之日,非厚集其力于中央,则国家终不可得安固。故近世如伯伦知理之徒,大唱国家主义,以为人民当各自牺牲其利益以为国家,皆此之由也。今世之国家,使全国如一军队然。军队中之不自由亦甚矣,而究其实则亦为全队之利益而已。近日言平等言自由者,诚不如十八世纪末、十九世纪初之盛,卢梭民约论等学说,诚已为西人所刍狗,然其精神则固一贯也。一贯者何? 曰皆以谋最大多数之最大幸福而已。此就今日之泰西言之也,至于中国,则未可语于此。盖必先经民族主义时代,乃能入民族帝国主义时代。今泰西诸国竞集权于中央者,集之以与外竞也,然必集多数有权之人,然后国权乃始强。若一国人民皆无权,则虽集之,庸有力乎? 数学最浅之理,言○加○则仍为○,虽加至四万万○,犹不能变而为一,集之何补? 故医今日之中国,必先使人人知有权,人人知有自由然后可,民约论正今日中国独一无二之良药也。寒暑异宜,则裘绨殊用,宁得曰澳洲文明之人今方衣葛,我亦脱重裘以步趋之耶? 若夫帝国主义之一阶级,吾中国终必有达之之一日,西人经百年而始达,我国今承风潮之极点,或十年,或廿年而遽达焉,盖未可定。要之,欲躐此一级而升焉,吾有以知必不能也。何也? 无其本也。至谓曾设禁令阻此邪说禁人阅看等言,是呓语耳。学者之所论驳,当道之所采择,不于此而于彼,则诚然也,禁令之说,吾不知其何所闻也。吾惟见法国之巴黎,瑞士之日内瓦,有巍巍然卢骚之铜像耳。吾惟见政治学诸书,每首卷十叶以内,必征引卢氏之说耳,未闻其禁也。苟有此野蛮之禁令,则朝下教而夕革命矣,听者何愦愦乎? (饮冰)

原载《新民丛报》1903 年第 25 号,又见梁启超著:《饮冰室合集》文集之十四,中华书局 1936 年版,第 30—31 页。

解颐杂录 《浙江潮》

庐骚自杀后,其民约之学说,渐流入阴界。枉死城中,群情汹汹,势将决裂。阎王大怒,欲入之地狱。有告阎王曰:"是种火于烈柴矣,不如遣之回阳之为干净也。"阎王不得已,命返魂使者押之归,且移撒各处,不准其再入阴界。君子曰:"自由真不死哉!"

原载《浙江潮》1903 年第 1 期。

宪政平议 权量

宪政之发生于世界也,以英为起点。但英之宪法,迄无专条,不过散见于《大宪章》及诸法典之中。其他或因其习惯而成,或据其法律而定,所谓不成文之宪法为尤多焉。故至今言宪政者必首英国,而求所谓英国宪法、法典之专书,卒不可得。盖英之宪法,所谓精神上之宪法,而非形式上之宪法也。今之欧美列国,由精神上宪法,定而为形式上宪法,考其历史,盖起源于十八世纪之末叶。当是时也,欧洲列国中央集权之制达于极点,其君主多恣睢暴戾,逞其压制之手段,奴隶其人民,无所不至。"朕即国家"一语,实足为其时君主之代表,人民苦之。方当痛心疾首,无可如何之时,适有持哲学的理论者大声疾呼,宣言于众曰:"人与人平等者也,故不可不享有平等之权利。"又曰:"民之声,神之声也。"简明之理论,印入国民之脑中,投其机会,新其思想,作其精神,于是法国大革命之风潮,直如千军齐发,万马奔驰,勃然不可遏抑,而全欧宪法政治之基础定矣。盖虽以命世之硕学大家,其发为理论也,苟不合于时代之趣势与社会之风潮,纵陈义甚高,世之人不过以空论存之,而不甚介意焉。惟时势既如彼,而理论复如此,卢梭乎,卢梭乎!《民约论》乎,革命军乎!使欧洲压制政治一变而为法治政治,且影响于全球焉,则虽理论也,其实力亦巨矣哉!

法国之大革命也,其主动力虽曰政治界、经济界相激而成,然其所以演出至惨极烈之大活剧,而为历史上留污点者,半由当时学者误以国体为政体,以为非民主国必不能行宪法政治也,故其势不至放逐其主权之君主不已焉。后之学者渐知国体、政体,画然两途,政体可变而至于善者也,国体则不能遽变者也。今欧美各国,除俄罗斯、土耳其及其他一二小国外,凡所谓文明先进国者,无不后先继起,争言立宪。日本效之,尤能不动声色,而措其国于泰山之安。宪法政治者,真二十世纪世界大势之所趋也。大凡人民以其公共目的所汲汲焉企望于君主者,苟拒之过甚,适足为人民之怨府,以致弱者侧目,强者揭竿,一人孤立于上,万乘之危,曾不敌夫匹夫之安。至欲求其结果,舍实施外无他策焉。观于宪政发达之历史,其所以不得不然者,盖人文进化之阶级,与政界激射之潮流所影响者大也。

原载《湖北学生界》1903年第2期。

新派哲学者[*]　游学译编社集译

国家社会之情状,不概于人心既如此矣,则英才博识之士,扼腕扼腕,思欲一拯救之,于是哲学新派遂起。此新派哲学者,莫不其有怀疑的及破坏的性质,而福禄特尔(Voltaire)、卢骚(Rousseau)、孟德斯鸠(Montesquieu)尤有名于此。福禄特尔之为人,特能以其笔舌之所解剥,表当时之气运。凡法民所无端而叹息,无端而啜泣,沉沉袭心,欲言不得者,则悉倾吐于福禄特尔之文字中。以冷酷之辩说谈哲理,以锐利之词锋刺时政,其所非难攻击深入人心,自称其生涯中所成就过于路德。盖法民政治思想之兴起,所倡导者为独多。而卢骚理想之纯洁高尚,几又有出于福禄特尔之右者。于当时社会制度,无一足置信与属望者。以为一切害人道之罪恶,皆自人为之法律而生,如当时之家族,若教会,若国家,皆人道之桎梏也。故不破除无理之世法,则无由以复于天则。卢骚所著有《社会不平等之起原论》(Discourse on the Origin of Inequality among Men)及《社会契约篇》(The Social Contract)。其《社会契约篇》,称民主政权之元祖(东人译之为《民约》)。而福禄特尔则专以种种之小说及杂剧,鼓吹政论,嘲弄当世,侮蔑上流。孟德斯鸠者生于贵族,而主张民权自由,特奋厉而坚确。其杰作有所谓《法律之精神》(The Spirit of Laws)者,十八月中发行至重二十二版。福禄特尔评之,谓人类之所以不失为人类者,自此书发见之,又自此书回复之(东人所译为《万法精理》)云。盖诸家之所诋娸者,最中政府及宗教之失,其披涤社会之习惯,非难财产及权利之不平均,排斥信仰之拘挛,服从之卑劣,以改造国民之思想与言论者,实基于人群生活适当之目的,而推致之于精神上最高之理想。法国人民既沉沦困苦,怀抱革除之趋向,隐约疑信,其餍饫数子学说,如水之流湿,火之就燥,厌弃既成之律度,梦想未来之安乐,朝吟暮思,欲倾颈血以构造之。故以一二书生之气力,而扫除数百载之尘秽。夫数子者之倡自由也,非惟其心之所信而异言呓语以耸动世人之耳目而已,彼其探求生民之本始而根据人类所同出之一源者也。惟一源,故性命为平等;性命为平等,故智力为平等;智力为平等,故权利为平等;权利为平等,故各欲保护其平等之权力,则立群治之约束以相结合。惟平等则能成契约,故各欲伸张其群体之权力,则以群治之条理相服从。惟平等则能一体相服从,故服从亦平等,秩序亦平等。欲群治之进化,则但有增进全群公益之道,而为垄断全群公益,以私于一姓之道。欲挽回治群之退化,则但有破坏垄断公益者之怪象,以改良群治之术,而无涂泽垄断公益者之怪象,以朽腐群治之术。而数子者之刚肠佳骨,又自足以发扬而播散之。其精诚所流布,非独与法民社会之起灭为起灭,乃当与世界人种社会之起灭为起灭。

原载《记十八世纪末法国之乱》,系"集译河津祐之《法兰西革命史》及松平康国《世界近世史》、大内畅三所译《欧洲十九世纪史》所述法兰西大革命事",《游学译编》1903 年第 5 期。

自由吟 楚狂

之二、三

庄严自由花,慷慨自由士。海石有枯烂,自由终不死。

卢梭不得意,牸身等蝼蚁。不为自由人,犹为自由鬼。

原载《湖北学生界》1903 年第 4 期。

上海求志书院癸卯春季课题 《申报》

经学:《周礼·天官·外府》郑注其藏曰泉其行曰布解。泉始盖一品解。……

史学:左雄请严选举论。辽金元都城考。惠氏《后汉书补注》、彭氏《五代史补注》皆本《三国志》裴注体例,问他史尚可仿行之欤。拟编历史教科书略例。

掌故兼时务:德奥意三国继续同盟论。路索民约论书后。

词科特科异同说:问嘉兴钱氏《碑传录》、平江李氏《先正事略》、湘阴李氏《耆献类征》详略得失若何。

算学题:……

舆地:春秋吴楚形势论。春秋吴越形势论。张骞请从蜀通大夏论。论委内瑞辣近事。

无论远近,均以题目载入《申报》之日为始,缴卷限两月截止,逾限不收。

原载《申报》1903 年 4 月 23 日。

卢 骚 沈惟贤等著

却为当时法国自路易十五世、十六世以来,暴君代作,虐政时闻,全国政府,腐败已极。那民间却生三个大儒,主张民权自由之说,欲为平民争回利益。这三个大儒,一叫孟德斯鸠,一叫福禄特尔,一叫卢骚。……

至于卢骚那个人,却是个政论家的巨擘,自然别有一种锐利的文字来了。这卢骚生于瑞士国崎南浦,父名意若科,本为法国人,以时辰仪为业,略涉书典,慧敏有义气。母名白而赖罗,为新教徒女,人甚婉丽,小心谨信,情意极挚。卢骚生时,其母即殁。意若科教育极疏,六岁时,只令诵读稗史。这卢骚为人,又生性凤慧,一读即能了解,自此心目之中,隐然欲于现在这社会外,别打成一个空华的境界。这就是卢骚一生愤郁的根苗。及长,或就公证人肄业,或就雕工家学艺,都是不久弃去。后与妇人华伦斯相悦,寄居忍耐轩。继又游于盘门,流寓落拓,几至不能存活。因他天姿太高,感情极速,当落魄时,常与无赖子游,便偷啖果肉,无所不至。幸幼时所读稗史,于希腊、罗马那种古杰,深有铭感,虽一时堕入下等人物,不久仍复昂首青云了。但少时虽稍习记诵,尚未执笔为文,至年三十余,游巴黎始,与法人徐台绿、顾利麻等订交,因得厕身学士。然卢骚之意,也只注重在音律一艺。后在集京博士会,做了一篇《非开化论》,文名大噪,自此始决意入著作之列。生平所著有《新烈女记事》《教育论》等书。《新烈女记事》专记男女爱情,矫正当时淫奔之俗。《教育论》专论养育小儿,务循天性,使德性自然纯熟。其中尤著名的,还有一篇《民约论》,其略云:

众人相聚而谋,愿成一团聚,以众力拥护各人性命、财产,勿使蒙他族侵害。既聚以后,人人皆有所属从,其实本有之自由权,仍无一毫稍损,与未聚以前无异。此即那国所由立的本旨,达行此旨,即在民约。

民约既为保护自由权而设,为国民的,更不可自弃了这个权利。故卢骚又云:

保持己之自由权,是人生一大责任,凡号称为人,都不可不尽此责任。因自由权之为物,非如防身铠胄,可以任意自披自脱。若脱去自由权,即为自弃。何以故? 自由权一物,为凡百权利之本,为凡百责任之原。责任不可弃,权利不可捐,岂有可以捐弃其本原中自由权之理?

这一种辨论,尤为卢骚的创见,比孟德斯鸠、福禄特尔所说,更进一层。总而言之,他三人的学说,孟德斯鸠主立宪政体,福禄特尔已由立宪政体渐入共和体的范围,至卢骚始纯主共和,为后来真民主主义的开山祖师。

原载沈惟贤等著:《万国演义》,杭州上贤斋 1903 年 4 月版,第 55—61 页。

卢 骚[*] 日本涩江保著 中国国民丛书社译

如上所述诸人,固尚矣。然其时又有大声疾呼,唱自由平等之说,其声隆然,震于上下远近,与孟德斯鸠、福禄特尔并称为新说家之伟人,非彼等所敢望者,则卢骚是也。兹三人者,宗旨固同,而其持论则各有异。孟氏所异者,汲汲研究学术,而过去之讲究解析,则不加意。福氏所异者,其智识技艺,为新学者之代表,而普通之学,则甚漠然。若底德娄、铁荀特,则日夜企图社会之利益,至革新之作用,未尝计及。徒慨然于国民之学问、智识、教育,日见退步,张其怒眼,以临睨社会之腐败,及政治压制之恶弊。卢氏之论则曰:"吾人正义博爱,乃上帝所界之特质。妨碍此特质者,莫甚于社会专制之政体,害其醇朴,污其德性,而罪过与艰难,遂密接于吾人之身矣。"又曰:"虚妄社会之组织,大背公理,宜一切推翻之。如丑陋贫苦,骄侈傲睨,至野蛮也,而谬托为文明。压制束缚,驱策控御,至专横也,而谬解为有秩序。奇技淫巧,谬种流传,至害性也,而误认为有智识。排斥谬说,转移社会之不平等,以反于平等;废弃其学问,破坏其契约,脱却其羁绊,复吾人往时之醇朴,葆吾人纯洁之天性。无罪无恶,纯任天然,只应抱持不朽之道理,以求吾人之幸福。"

当时法国正特权流行之时代,无特权者,伏于专制之下,生人之乐殆绝。卢氏乃大声疾呼,放言高论,庸夫俗子,无不感服,附和者众,如响应声。千七百六十二年,著《民约论》,《民约论》者,古今最有名之著作也,法国革命之功,实以此书为巨擘焉。其《小引》云:

人生而不能自由,则处处被束缚。

夫学古知今者,政治哲学之要旨也。抛弃此历史的手段,一切不取,但凭其多感多想之脑里,产出理想的社会论,欲其行于实际,其结果遂生出有名之民主说矣(即主权在人民之说)。

卢梭名箾恩箾克(Jean Jacques),千七百十二年生于瑞士日内瓦府,为时计师之子。母为新教僧女,产卢骚后即死。卢氏体质虚弱,天资颖敏,嗜书,常手不释卷。家贫窭,不屑事生产业。执子弟礼于乡校,得读蒲柳达曲、太起达司之书,遂慨然自奋曰:"英雄豪杰,非异人任矣。"由是刻苦砥砺,日夜孜孜,惟恐不足,卓然有睥睨千古之概。无何,去日内瓦府,从雕刻师某学业焉。未几,又去雕刻师家,落魄穷窘,几不得衣食,寄食瓦列之寡妇某氏。氏以其年少气锐,厚遇之,如家人父子然。常劝其遵奉耶稣教。既而为音律师,出入侯门,仅免冻馁。后益困,执卑贱役,苦不能堪,乃复至瓦列依寡妇,妇善视之如初。及妇殁,赴里昂府,教授于玛当刺家。后自请为法公使孟侦义侯记室,以倨傲故,与侯不相得,去之。千七百五十年,埃戎大学校征文天下,论工艺学术有益世教与否,卢氏欲博当世名,遂论其害。后果得列优等,名噪一时。千七百五十三年,埃戎大学校又征文于天下,卢氏乃著《人类不平等论》,由是文名大长。然往往与学士宿儒不合,排之者众,将兴大狱。氏惧,乃避至日内瓦府,奉耶稣新教,复还巴黎。千七百六十一年,所著《民约论》出,法国之革命,实以是书为其原动力也。既又著道德小说,所谓卢梭《教育论》者是也。其所倡议,皆于政府有妨碍,于是法政府捕之甚亟。千七百六十六年,应非迷氏聘,赴英国伦敦。与僚友有隙,复归巴黎。自谓天下之人,皆仇视我也,怏怏不乐,遂发狂疾。千七百七十八年暴卒。

原载(日)涩江保著,中国国民丛书社译:《法国革命战史》,上海商务印书馆 1903 年 4 月版,第 131—164 页。

法 言 蜕庵

故夫法律者,自由之母也。无法律之孕育,则自由必不能诞生;无法律之哺抱,则自由且将至立毙。故真爱自由之人民,必要求一确定之法律,以为自由之藩楯。征之欧美,罔不然矣。然而法律之成立也有二:一则起于命令,主权者制定条律,以威力而强行之,此霍布士、豪士陈诸人所主张,所谓"命令主义"者也。一则原于契约,君民结成约,束合上下而共守之,此卢骚、洛克诸人所主张,所谓"民约主义"者也。倡命令之说者,谓政治上之优者,表发其意见,以宣示于政治上劣者。劣者苟不服从,则可胁以强制之权力,而加以制裁。是说也,谓法律实成于主权者之专断。倡民约之说者,谓国家者,由君民之契约而成立,故无论专制国之君主,共和国之总统,其可以制定法律者,非君主、总统自有权力可以制定之,实为上之与下订立合意之条约。一人既无独能订约之事,则一人必无不当守约之理。故君民皆立于平等,犯约则同受制裁。是说也,谓法律实成于立约者之公定。夫以学理言之,则二说皆畸于一偏,均不免后儒之攻难。然以事实言之,则人者固受远祖动物之遗传,而常有"纯粹的自利心"者也。既有自利之性,则当其立法,必求一利己之法以自私,故一人专断之法,其法必利于一人,众人公定之法,其法亦必利于众人。其自利之心虽无或异,然自利而出于多数,则私利而实为公益,自利而不害利他。法律者固以"最大多数之最大幸福"为目的者也,则二者之孰为良法,宁待问矣?

原载《新民丛报》1903 年第 31 期。

卢 梭[*]　日本涩江保著　人演社译

至卢梭出而大声疾呼,达于上下远迩,迥非是等之比。卢梭者,当时与孟德斯鸠、福禄特尔共称为新说家之三人。然其主义,重急进,重破坏,不似彼二人之汲汲研究学术。惟概然怨人生之腐败,以学问智识为退步之具,凡接乎心中目中者,无一不在压制之下。于是倡论曰:"人者,正义博爱之上帝所造,性本善也。然社会也,政治也,学问也,皆足以害其真而污其德,至密接于罪苦而不自知。"又曰:"今兹宜悉破坏现时社会之组织,一洗龌龊之世界,以除压制,斥谬误,坏其契约,脱其羁绊,使吾还吾之真,求吾之幸福。"

当时佛国为特权流行之时代,凡无特权者,皆不安其生。故卢梭之说,易入俚耳,社会之感服之也,如响斯应。即于说者稍有言行相反,(卢梭好放大言,不修小节。)亦不暇顾,但心醉之而已。一千七百六十二年,卢梭又著《民约论》。

《民约论》者,古今最有名之书,其成效殊不少。《小引》有云:"人者生而自由,然所至为人束缚。"

夫鉴古知今者,政治哲学之要旨也。然卢梭之《民约论》,则弃一切历史,而仅从其感触之余,组织理想的社会,及其结果,遂生民主之说。

今举《民约论》之缺点,则徒有理想,以民约为社会之基础,一也。评论代议政体之失,仅引少数社会之原理以为本,二也。政府或破坏想像之契约,人民有叛之之权,三也。无方法得确定政府之破坏与否,四也。此皆最著者。其他则远于实际,议论矛盾,狭隘不能容人,过于独断,亦不可谓非其所短。然其议论感切痛激,鼓舞自由之志,激发爱国之心,感化之广大,究非他书所能及。故《民约论》者,实革命之导火线也,箛国彭党之《圣书》也。彼罗拔士比以其说激励民心者,非此书之力而何耶?

卢梭氏名箛恩箛克,一千七百十二年生于瑞士国日瓦内府,匠师之子也。母为新教徒之女,产卢梭即死。卢梭为人,体质虚弱,而性灵敏,凤嗜布尔达克、达希塔斯之书,手不释卷。然其父不教育之,故慕古英雄豪杰之志益切,遂欲组织理想的社会,使现今之制度文物悉从其意,是彼之所以有他日也。

既而父使从雕刻师游,业未成而去。据彼之自述于《忏悔录》,当时彼尝窃主家食物云。自去雕刻师家,落魄殆不能得衣食。偶为瓦列夫人养于其家,弃新教转奉天主教。后夫人送之株林,伊大利地。在天主教之学校。退校后,再居夫人家。无几,夫人殁,以稍娴音乐,至蓄麻倍利佛国。充教师,实一千七百四十年也。后又至里昂,佛国。至威内斯,伊大利。为佛公使之秘书官,然以倨傲不从命,为所放逐。一千七百四十五年入巴黎,益贫困,农务大臣窦烹推举之,乃奉事农务省云。

一千七百五十年,耆齐荣博士会发"学艺之进步有益于德义乎?"之文题,悬赏募文,卢梭应之,选第一,所谓《非开化论》是也。一千七百五十三年,其会又发"人间贵贱贫富之差等其原因何在"之文题,卢梭复应之,所谓《平等论》是也。于是卢梭之文名顿高,贵绅争欲结交之,然多避而不应,贫如故。

一千七百五十八年,瑞都日内瓦府有筑剧场之议,卢梭著《送达剌麻倍鲁之书》以评论演剧。先是曾作剧文及牧歌各一篇,至是又著《音乐辞典》。一千七百五十九年,著小说,文章艳丽,颇为世人所爱。然其中往往有欠修饰之处,但可称一奇书而已。

一千七百六十一年,《民约论》出,实为佛国革命之原动力。既而道德小说出,所谓卢梭之《教育论》是也。书中论教育必循儿童之天性,驳世人之所谓德义者,徒戕贼儿童,其中虽盛赏《福音书》与造化之妙工,而极非基督教之豫言,故颇触政府及僧侣之怒。巴黎法院遂发逮捕之令,卢梭恐,逃于瑞士。然其主义过激,瑞士又不纳,幸英国之哲学者非迷助之,得至伦敦,时一千七百六十六年也。既而与非迷争,后归佛国,曩时亲交之福禄特尔、奇特禄等皆与之绝交。孤立,郁郁不乐,千七百七十八年死。所著《忏悔录》,死后公于世。

原载(日)涩江保著,人演译社社员译:《佛国革命战史》,上海文明书局 1903 年 5 月版,第 39—42 页。

中西人物通考　叶逢时辑

罗索

法国罗索者,才智之士也,鼓动民心,较福禄特尔为尤速。一千七百五十三年,曾著一书,名曰《百姓分等之原》,历指法国紊乱君臣之道之所由。

又博考乎治国养民之法,侃侃而谈,无躲闪语。一时同声附和,争相购阅。举昔日民间应读之书,及一切说部类书,尽行束之高阁。士子倡于前,常人相率于后,家弦而户诵者,无非罗索之书也。法之户部尚书内克,则于一千七百八十一年,取国家历年征税册籍及度支之所需,比较出纳,汇辑成书。法国儒生,又各家置一编,借以考证罗索之书,与此书所载国政是否一一符合。于是都城中,纸价顿高,其印书之匠,晨夕刷印,尚不能应万众之求。从此日积月累,法人感而遂通,非复当年之如在梦中矣。

一书之作,文明大启。人服罗索之智,吾服罗索之才,无惑乎感化之神速也。

卢　梭

卢梭,法国某匠人之子也,生于千七百十二年。幼有大志,游学四方。所著《民约论》及《教育论》,而各国之译印者几遍全球矣。千七百七十八年,卒于巴黎。

原载叶逢时辑:《中西人物通考》卷九六、九九,杭州史学斋1903年6月版,第3、13页。

读《万法精理》《民约论》书后　安寿生来稿

立于今日之世界,而具有公民之资格,必先尽应尽之义务,而后可得必得之权利,此固当世学者所共认而几于铁案者也。独民之对法律也,则先权利而后义务。制定法律者,民之权利也;服从法律者,民之义务也。由斯以谈,法律未有民不自制定之,而可责其自服从之也。然自国家言之,则义务仍居其先,权利仍居其后。惟其然也,故欲民有不侵犯责任之公益,必先使民有不放弃责任之公理。法之孟德斯鸠知之,故著《万法精理》,卢梭知之,故著《民约论》。二氏所生之世不甚相远,其受路易十四专制腐败之刺激,而皆思有以易之。今读其遗编,则二氏著书之形质,在黜专制而尚改革。而二氏之目的,则一在使民守法,一在使民定法。大抵人之生也,服从之性质多,自治之性质少,欲人具完全之人格,以镕铸完全之国格,必先取服从自治两性质而平其权。然则孟氏偏于服从,卢氏偏于自治乎?曰:乌乎然。孟氏之《万法精理》,为今日以后之法兰西言之也,求政体进化而无缺点者也。卢氏之《民约论》,为当时专制之法兰西言之也,求民气膨胀而不壅塞者也。政体为民气结集而成,使民气如散沙而不镕练,或镕练而复有隙以泄漏之,则气非真气。至于气非真气,而政体又由何道而产育之也?

故法兰西无卢梭,则法兰西无有今日;法兰西无孟德斯鸠,则法兰西止有今日。《民约论》者,《万法精理》之侦探队;《万法精理》者,《民约论》之中坚也。孟氏之目光所及者远,卢氏之目光所及者大。惟大然后能远,未有先远而能大者也。以是故法人当日之轭缚,卢梭解之,则今日之法人不得不崇拜卢梭。法人后此之幸福,孟德斯鸠造之,则今日之法人又不得不预酬孟德斯鸠。而孟德斯鸠守法中亦闲言及定法者,改良问题也,卢梭定法中亦闲言及守法者,实行问题也。欧美脑食此二问题,今日之欧美何如? 日本脑食此二问题,今日之日本何如? 今中国腐败极矣,欲求良药以医之,故效欧美法日本钻研政治学术皇皇未已。不知欧美、日本其子也,孟德斯鸠其母也,而卢梭又母之母也。玉宇琼楼,天下之美观,然其内积则皆般输、工倕之遗法,后之人所蹑事而增华也。设有人于此,徒范其外形之庄严,而不娴其匠心独运之隐,东建一甍焉,西构一椽焉,匪惟莫成,亦虚縻而无当也。然则今日之中国,不法欧美,不法日本,而必法孟、卢二氏之精神无疑矣。盖中国虽无法王路易十四为之君以压制民权,然举中国之四万万人,无一不放弃己权,且不知己有权。殆哉,诚岌岌矣。使犹怯卢氏之急激而贪用孟氏之和平,则不能鼓四万万人之热血者,即不足以救四万万人之燃眉。时不再来,机若又失,则民气转瞬低一级,转瞬复低一级。低之低之,必沉渊之底而终不能救也。虽人人手中捧一《万法精理》,人人脑中印一《民约论》,吾恐仍无如今日之中国何也。(未完)

原载《广益丛报》1903 年第 4 号。

革命军　邹容

自　序

不文以生,居于蜀十有六年,以辛丑出扬子江,旅上海。以壬寅游海外,留经年。录达人名家,言印于脑中者,及思想间所不平者,列为编次,以报我同胞,其亦附于文明国中言论自由、思想自由、出版自由者欤? 虽然,中国人,奴隶也。奴隶无自由,无思想。然不文不嫌此区区微意,自以为以是报我四万万同胞之恩我,父母之恩我,朋友、兄弟、姊妹之爱我。其有责我为大逆不道者,其有信我为光明正大者,吾不计。吾但信卢骚、华盛顿、威曼诸大哲于地下有灵,必哂曰:"孺子有知,吾道其东!"吾但信郑成功、张煌言诸先生于地下有灵,必笑曰:"后起有人,吾其瞑目!"文字收功日,全球革命潮,吾言吾心不已已。

皇汉民族亡国后之二百六十年,岁次癸卯三月　日,革命军中马前卒邹容记。

　　吾悲夫吾同胞之经此无量野蛮之革命,而不一伸头于天下也。吾悲夫吾同胞之成事齐事楚,任人掬抛之天性也。吾幸夫吾同胞之得与今世界列强遇也;吾幸夫吾同胞之得闻文明之政体、文明之革命也;吾幸夫吾同胞之得卢梭《民约论》、孟得斯鸠《万法精理》、弥勒约翰《自由之理》、《法国革命史》、美国《独立檄文》等书译而读之也。是非吾同胞之大幸也夫! 是非吾同胞之大幸也夫!
　　夫卢梭诸大哲之微言大义,为起死回生之灵药,返魄还魂之宝方。金丹换骨,刀圭奏效,法、美文明之胚胎,皆基于是。我祖国今日病矣死矣,岂不欲食灵药、投宝方而生乎? 苟其欲之,则吾请执卢梭诸大哲之宝旛,以招展于我神州土。不宁惟是,而况又有大儿华盛顿于前,小儿拿破仑于后,为吾同胞革命独立之表木。嗟呼,嗟乎! 革命,革命! 得之则生,不得则死。毋退步,毋中立,毋徘徊,此其时也,此其时也。此吾之所以倡言革命,以相与同胞共勉共勖,而实行此革命主义也。苟不欲之,则请待数十年百年后,必有倡平权释黑奴之耶女起,以再倡平权释数重奴隶之支那奴。
　　原载邹容:《革命军》,上海大同书局1903年版,第2、4、5页。

卢骚之说[*]　　湖南之湖南人(杨毓麟)
　　虽然,民族建国主义不得个人权利主义以辅翼之,其分子之亲和犹未密,其质点之结集犹未坚,其形式之组织犹未完,其势力犹未能达于全盛也。欧人之言政治者,疾专制之腐败,思有以大革除之也,乃倡个人权利之说。所谓个人权利者,天赋个人之自由权是也。霍布士、陆克诸人导之,而实光大于法国之卢骚。卢骚之说,以为人生而有自由权。此自由权,人与我皆平等,故不捐弃己之自由权,亦不侵害人之自由权。有自由权斯有责任,为有我故;有自由权斯有界限,为有人故。言自由则必言平等,为人己平等,两不失其自由故。人生而欲保护其自由权及增进其自由权,故不能无群。群之始成于所谓民约者,此国家所由成立之原理也。惟国家以民约集合而成,故以集约诸人之希望为目的,而不得以一二人之希望为目的;以集约诸人之幸福为趋向,而不以一二人之幸福为趋向。故政府者,为国家之一部,国民者,为国家之全体。人人为服从于国家之一人,亦人人为享有自由权之一人。故虽有时割弃其自由权之一部纳诸公益之中,即得增长自由权之一部于公益之中。虽有割弃,随有增长,既有增长,故亦无割弃。放弃其自由权者,失人格者也。侵害他人之自由权者,损伤他人之人格者也。失人格与损伤人格者,皆乱术也。是故主权者,国民之所独掌也;政府者,承国民之意欲而奉行之委员也。国民者,股东也;政府者,股东之司事也。此论既出,于是欧美大陆莫不公认政府与国家之分别,莫不公认人民之自由权,以为政府与国民共守之界线。于是而共和焉,于是而立宪焉。于是有人民对于国家之责任,亦有政府对于国家之责任;于是有人民对于政府之责任,亦有政府对于人民之责任。是故国家之土地,乃人民所根著之基址也,非政府之私产也;国家之政务,乃人民所共同之期向也,非政府之私职也;国家之区域,乃此民族与彼民族相别白之标识也,非政府之所得随意收缩裂弃也;国家之政治机关,乃吾国民建设大社会之完全秩序,非政府之所得薮逋逃而凭狐鼠也。于是以全国之观念为观念,以全国之感情为感情,以全国之思议为思议,以全国之运动为运动。人人知其身为国家之一份子,为公同社会之一质点,而公德发达,如晓日之升于天,公权牢固,如磐石之根于地,形式益完,势力益盛,虽欲不突飞于地球之上,不可得矣。是故个人权利主义者,非个人权利主义,实公德之建筑场也。故天赋人权者,生人之公理也,天下之正义也。有遏抑此主义使不得伸者,卧薪尝胆,炊矛折剑,冀得一当而已矣,公理然也,正义然也。欲起国民之痿痹者,此其一事矣。

原载湖南之湖南人(杨毓麟)撰:《新湖南》,1903 年版;见饶怀民编:《杨毓麟集》,岳麓书社 2001 年版,第 51—53 页。

湖南巡抚赵大中丞劝诫高等学堂肄业生文 《申报》

谕诸生知悉:本部院日前亲莅高等学堂,为诸生诰诫,并令尔等各就己意一律演说成篇,录呈校阅。今高等学生所呈讲义,本部院逐卷阅看,大率立论正大,无奇衺不经之谈,且能引伸未尽之意,深堪嘉尚。而其中或有体验未确者,或有阐发未透者,或有造诣尚浅敷陈无据者,本部院试为尔等再详言之。

诸生亦知彼所谓民权自由之说,在当日为名言,在今日为陈言乎?欧西当十六七世间,暴君污吏,累世相继,民不堪命,铤而走险。华盛顿复崛起于美洲,一变而为共和政体,而国以沿而民以康,于是革命之风遍于欧境。此民权自由之说所由起也。然近数十年来,大政治家咸谓保一人之自由,不如保一国之自由,授劣等民族以权力,不如授优等民族以权力。故平权之旨,转瞬而易为强权,帝国主义遂高出民族主义一等矣。盖自有卢梭、孟德斯鸠、福禄特尔诸儒,而平权之说兴;亦自有达尔文、斯宾塞尔、赫胥黎诸儒,而强权之说兴。此进化之次序,亦天演之公理也。乃他人所视为刍狗者,而我顾珍若球琳,譬之于枪械,敌人以曼理夏小口径毛瑟击我,而我仍持前膛火枪以御之,能胜之乎?且中国古先哲之言曰,"民之所好好之,民之所恶恶之",又曰"谋及庶人",又曰"民为贵",又曰"天视自我民视,天听自我民听",罔弗以顺民情得民心为主。其与欧西异者,欧人之立法,显以属于民,中人之立法,隐以合于民,其为民之心则一也。自尧舜数千年以来,所称为仁君,所称为良相,所称为循吏者,胥不外是。是其道固吾国历代相传之至道,不此之求,而沾溉他氏之余绪,衍袭外人之浮词,致令闻者掩耳以走,果何取乎?且诸生亦知担当此民权自由者之非易乎?有条顿族自治之勇力,而地利以辟,有斯巴达尚武之风气,而国威以张。今试问诸生中,能胜下议院议绅之任者有几人乎?吾国数万万人,此物此志也,而谓议院之制能行乎?

往尝见西北诸省之义和团矣,不畏国法,不顾王室,固自以为民权当如此,自由当如此也。然破败决裂,至于此极,岂有他哉?民德未裕,民智未开,而举立法之权,以畀之大乱之道也。法国一千七百九十二年之大革命,诸党并起,自相残杀。罗兰夫人临终,切切于"自由"二字,谓天下古今之罪恶,皆假之以行。此其殷鉴也。玛志尼之言曰,破坏者,将以建设也。今之自称为志士,为政党,为革命,为流血者,果皆有建设之具乎?不建设而破坏,得为爱国乎?呜呼,今日我等所遇之时,果何时也?我等所处之势,果何势也?非拿破仑之法兰西比也,非克林威尔之英吉利比也,非林肯之美利坚比也,尤非加富尔之意大利比也。且非西乡隆盛之日本比也。何也?彼尚在平权之世界,而我在强权之世界也,彼仅有内治之关系,而我有外人之干涉也。沧海横流,风云倏变,沉沉大陆,莽莽前途,和平且未知若何,激烈能有济乎?……

昨见钦派日本留学生监督汪函述日本学堂教育,能令人人有与外国战胜之心。本部院每询之日本归来之学生,亦谓日本人人有忠君爱国之心,所以能强,可见忠君爱国四字,必须相连,求胜之心,必须求胜外人乃能自强。独怪近人动辄专言爱国,人且求合,我自求分,甚且不求战胜于外,而务求战胜于内,皆所谓有形式而无精神,且误用其精神。此则本部院之所疚心,尔诸生亦当引为痛恨者也。他何足云合行,谕仰诸生知悉,特谕。

原载《申报》1903 年 7 月 27 日。

卢骚略传　金匮张竞良辑译

卢骚一千七百十二年生于瑞士之钟表师家。幼丧母，专受人之养育。自幼好读书，尤爱读小说稗史。后著《忏悔录》，录当时之状，尝曰："余幼不事事，所好惟书，日益多读。苟见书，殆无不读也。读一卷，必立待其终，夜以继日。"虽非正道，然其心之专可知矣。后其父因事去乡里，托氏于叔父，入寺院受教育。二年为辩护士之书记，又为铜版师之弟子。品行不修，恐遭严谴，奔而归。彷徨四方，饥渴备尝，幸赖僧侣之助，仅免于死。因僧侣之介绍，寄食于渭廮斯夫人家。旋私于夫人，留数年，辞去。又失败，再归夫人，受其保护，由是稍稍悔前之怠惰，而专倾心于学问。天资慧敏，进步非常。忽为利云之家庭教师，后为意大利之法国公使馆书记生。性行终不修，卒遭罢斥，归巴黎，放逸如故。与一女子通，举五子。一千七百五十年归里，始大悔前非，欲得良民之权利。居六年，又赴巴黎。从事著述，是即名震天下之《爱弥尔》及《民约论》也。大为世所注目，触政府之讳忌，放之法国。旋受普鲁士王飞立第二之召，途中遇苏格兰之一哲学者，于斯拉斯堡心机忽转，辞普王之召，而赴苏国。后再归法，一千七百七十年，抵巴黎。居八年饿死。氏感情甚锐，尝曰："余有不知之物，断无不感之物。"氏虽未受有条有理之教育，而思想丰富，识见远大，名论卓说，时有所闻。其最著者，第一为奇竞大学之悬赏文，略曰学术技艺进步，可使风俗泯乱乎抑醇良乎？第二亦为悬赏文，论人间社会之不平均。第三为一千七百六十年所著《民约论》，锐意推论社会颠覆之原因，以为人间公理，当享平等权利，制宪法，设政府，一出于社会之契约而保护一般之利益耳，若民不服，可改废之。如此名论，实民权发达、社会改革之大原因也。第四为彼之《爱弥尔》，专论教育，风行天下。

氏谓人性本善，其赴于恶者，染社会之恶者耳。天地间有自然之势力，足使人公正纯良而不损毁其性。故其教育从自然之理法，生长于自然，以适应自然之要求，避社会之风潮，防其精神之污染，抗社会之诸势力，而启发其诸能力于自然，如是足矣。尝分儿童之发达期为三，循序而进，悉合天然。其教育法实包含卓越之情操，高大之真理。盖当时法国为全欧文明之中心，俗尚浮薄，信义扫地，人为之势力，达于极端，氏欲矫之，故不得不以自然之理法教育之也。彼《爱弥尔》者为氏熟虑之意见，非一时议论之著作，又非仅为实践之教育论，而广论教育之全体，就心理之发达，道德之锻炼，而分解人间之自然性者也。

氏之大著《爱弥尔》于一千七百六十二年出版，其教育改革之势力，传播欧洲各国，于德尤甚，其关系甚大。盖氏之意见，非出于突然，实基础于毛塔耶尼及陆克之意见，而复以己之达识加之，故为当时最有力之议论之一也。当是时法国议会，渐疑随斯衣德派之说，破坏从来之古格旧式，万事有改革之气运，于教育大有刷新之望。《爱弥尔》大为世所欢迎而为改革之原动力，盖其书崭新卓落，或寄寓言，或加讽刺，或为小说，或为论文，而以自然说一贯之，示教育上一切之组织。今录于左者，即其大略也。

第一期　《爱弥尔》之首二卷，记爱弥尔自初生至十二岁之事。爱早丧父母，但受自然教育之人也，因谓儿童宜任自由，不障碍其四肢躯体之自然活动，听其平素习于艰苦，以锻炼其身体。举凡心意之教育，身体之教育，均一任儿童之所思，就其自然而发明之。故智力教育，此时虽可从缓，然感觉为诸能力中发现最早成熟最易者，宜专以实物、本国语修炼之，务爱幼者资质而望其快乐，不快者务奖励之。

第二期　《爱弥尔》以自十二岁至十五岁为施智育之时机，盖欲为聪明睿智之有用人物也。其学科皆选其足以养成实用之智育者，以世界为教授材料，故所教皆自然科学，星学第一，地理次之，而不学古文、历史等，禁用陆平孙格鲁叔以外之书籍。盖以《漂流记》为论自然教育之小说，而爱弥尔亦当使与陆平孙相类，不赖社会，仅恃一己之志也。其教授法示适当之实物，徐徐转移儿童之智觉于内界之观念，虽置文学技艺于不重，然尝论学商工、农业者，若不幸而失其资产，须有救急之觉悟。其龄已达十五，当看破事物之良否，得日用必须之智识，计较其正当之价值，养成爱真理之风。现在之智识虽少，尚有将来可收得之诸能力在，不可不谋所以得之。重体育，使精神、身体互相补助，实为此期教育最要之要旨。

第三期　自十五岁达二十岁，为习德育之时期，发育情操，涵养德性，训练宗教心，皆当于此时为之。盖爱弥尔十五年间无父母，无朋友，零丁孤苦，乏亲爱之情感，故今此以时为发情熟时而补之也。授读书习字，教算数，以图启发之。且以根于同情惠之感情，养其善恶之观念，爱遂不得不入于道德之范围。既有此道德之本领，则良心之端绪，即基于感情之端绪，善恶之发生即根于爱憎之心，所谓正与善者，特智力之想见者耳。然非空言所能毕事，必也以理性证明精神之真实感动，盖卢骚同视德性与感情，而其道德论则全系感情之伦理论也。宗教之教育，十六岁至十八岁之间禁之，以童儿之理性若发达已足，能观察天地、自然之观察，则自知神圣大智力之

447

存在,不必欲速也。

《爱弥尔》之第五卷,论女子教育,曰女子依赖男子者也,故其教育当教以有益于男子、有利于男子者教之,如教子相夫,治家之法是也。

由是观之,卢骚以爱弥尔二十年工夫分有三时,而以自然之唯一之主义贯之,虽可敬,实非完全之教育,盖童儿无论何如,身体、智力、性德三者,皆当注意,不可偏废者也。《爱弥尔》一书,在卢骚时代,实有古今无比之势力。氏之教育意见,虽不行于法国教育界,其契约论卒实用之于政治界,而大革命以起。且自然说颇合于德国教育,辅之以白赛独之博爱主义,收效甚巨,有功于教育之改革,良非浅鲜。

原载张竞良辑译:《新编万国教育通考》第六编第十七章《卢骚略传》,明权社 1903 年 8 月版,第 99—103 页。

回天绮谈 玉瑟斋主人(麦仲华)

我们正可顺天应人,乘势举事。于是你提出一条问题,我提出一条问题,都商量妥当,就派一密使,通知总会。说是晚改革党所拿去这几个,不过园丁,并非党中重要人物,并请各支部的总理,快来商量事情。各人得了这个信,自然是喜不可言。各支部总理就驰集宾勃鲁侯两个处,商议大事。各人发表意见,那年少气盛的人,心醉卢骚民约的议论,又见各国革命革得这样爽快,忘了本国数千年的历史,又不暇计及国民智识的程度,各国窥伺的危险,非说今日自当革命,就说今日不可不革命。更有横暴议论,说宁送给外国,也一定要革命。那阅历太多的人,又说天下事谈何容易,非有十二分成算,断不可轻举妄动。把天下的事情,比各种机器,说机器虽是灵巧,然有一粒小砂梗着,就转不动了。这种议论,说他老成持重也可,说他畏首畏尾也无不可。

原载《新小说》1903 年第 6 期。

卢 骚* 日本奥田竹松著 青年会编辑部编译

当时法国文士,其学说为大革命之原动力者,厥有三人,曰孟德斯鸠,曰福禄特尔,曰卢骚。……

以法国革命之惨,推本于段敦、罗伯卑尔之徒,段敦、罗伯卑尔不受也。推本于巴黎府中之乱民,乱民不受也。然则本何在? 则福禄特尔、卢骚是矣。福禄特尔逞特得之雄才,斥教门之腐败,卢骚挥天纵之敏腕,嘲政界之弊恶,分十八世纪之思想界为前后两期而各领其一,前则福禄特尔,后则卢骚也。然福禄特尔文学之波澜虽广,而不若卢骚哲理人人之深。戎雅屈卢骚者,日内瓦人,夙辗轲不遇,所在漂浪,好读普鲁达尔之《英雄传》,耽小说,喜构虚想,捕幻影,而思想疏拙,论理颇杂。苟境遇造人之说为不虚乎,则卢骚前半生之生活,实所以造成其后半生也。彼少遭忧患,性多忌嫉,且不娴于坐作应对,故不能与士大夫齿。常郁郁自怨,而胸中遂构成一别世界,欲改造社会,如其所期。顾理义往往失诸迂疏,其论理亦时有矛盾。而当世不遇之士,争诵其言,妇人、女子之耽溺其主义者尤多。《民约论》者,彼之杰作也,其纲领曰天赋人权,曰自由之理,曰平等说,曰四海同胞论。其言曰:

社会者,由民约而成,从群众之意思而欲互保其生命、财产者也。其意思之发表者,则为法律。故社会之统治权在民,而君则人民之仆从而已。

又曰:

游牧转徙者,人类之本态也。华晼使人苦,骄奢使人不足。礼仪者虚式,而令色者习惯之奴也。科学、哲学者,矜己者也,张皇者也,伦理、道学者,腐败之甚者也。社会之万事,无不虚伪,无不欠缺。文明也者,人心之受诸激刺,而妄思达于华美之域之谓也。教育也者,其为道已不善,而其效且将流毒于天下者也。学问者何,美术者何? 是皆慰安人情之玩物也。文学者何,技艺者何? 是皆所以屏弱民志,而销磨之者也。

又论不平等之根本曰:

所谓财产私有及政府者,皆与于篡夺之甚者也。夫人先占一地,遂视为己之所有,而世世子孙,且受而传之,则是所有者,非夺掠而何? 岁月相逐,习惯相承,自然之人群,变而为人为之人群。或称贵族、平民焉,或称君民焉,或称佣者、被佣者焉,或称地主、小作人焉,或称市民、农夫焉,或称主奴焉。是皆变易天造之人类,而用人为以强制之者也。人之生也,固当享有平等之权利、幸福,上帝曷尝于齐人之上特生一人哉? 是皆人为而已。方社会之初起,人己之间,无几微之累,无过去之历史,无口碑传说,各分子皆享有等分之权利、自由,不得以一私人一家族,要求特殊之乐利。无论何人,不得无故享他人所不能享之权力,亦不得无故负曲从他人之义务。自主自立,自由平等,与夫民主之大义,则民约之大原则也。故如有人焉,当吾人营生活求长养之际,而欲有所妨害者,则不问其为政府,为贵族,为教徒,不得不举而碎之。然则以是之故起而反抗者,则正理也,则合法者也。今日社会之组织,盖所以攘夺天赋之幸福者而已,而政府者,又百弊之本原也。现行之法律规则,非法无理,妨人类天禀之权义,而终非吾人良能之所堪者也。天授我以权利,赠我以幸福,而乃以人为之法制阻碍之,攘夺之。呜呼,法律制度,人间百弊之渊源也,财产私有,民生困厄之根本也。然则吾人果当以若何之武力,若何之决心,而行吾所志也乎?

滔滔数千言。所谓自由者,实均财之谓也,所谓平等者,实绝圣弃智之义也。其文章之雄畅,议论之奇警,论锋之犀利,文体之平易,实能以其郁勃之热情,深入人心,使读者掩卷长叹,顽廉懦立。社会之上流,虽无多数之同志,而其势力之及于下等社会者实大。其后马剌氏当革命之际,常立于通衢广众之间,讲演其《民约论》。而法理学之讲师,尝以之为教科书。国民议会之议员,大都出其门下。革命之乱愈迫,而卢骚之主义愈张,权理平等之说,涨发于人民之脑际。故段敦、马剌之徒,用数万之众,以起滔天之波澜者,实卢骚为之母也。

原载(日)奥田竹松著,青年会编辑部编译:《法兰西革命史》首编第一章《革命之远因》,上海明权社1903年8月版,第17—20页。

卢骚略传及《爱美耳》评论_{摘译林度涅耳《教育事汇》《教育世界》}

约罕若克卢骚,一千七百十二年生,一千七百七十八年卒,以法国革命先驱者名于世,所论民主政治说,至于今,人多喜读之。其《爱美耳》一书,为教育学界别开生面之作。盖其人天才绝众,又淹博多闻,而其性行阅历,亦略副之,其自序《忏悔录》悉之矣。卢骚,舌涅哇人,父以制时表为业,始生而母即故。比七岁,尽读其母所遗小说,以为他日读书之资。父向执共和主义,卢骚后年力主政治自由之说,盖夙原乎此。其幼也,为叔母所养,始知爱音乐。八岁时,即不得安居家庭,盖其父与人不睦,遂挈之去舌涅哇也。后卢骚入僧寺受教,又为辩护士书记。寻改习铜版工,自言尝盗其师林檎,又缘迟归受惩,惧而去。寄食于旧教某僧处,致之瓦连西夫人家。夫人时在安涅知,已而从夫人赴突林。一千七百二十八年,年仅十六,始去新教,归旧教。入会中养育院肄业,又去而之他。二年间,巡历芝林,为铜版工,又仕哥冯伯。一千七百三十二年,归瓦连西夫人家,与夫人共居章伯里者六年。其间才学发达最著,喜读大儒洛克、雷布尼、突堼加耳杜、麻列布兰须等所著书。瓦连西夫人渐不悦其寄居,至一千七百四十一年,与里昂麻耳武里氏谋,欲延卢骚为教师,不允,以天资不宜教育为辞。是年游巴黎,始发明以文字代乐谱之法,欲因是以起家,不果。后又著喜剧院本,颇为文士所知。又与寺特老、陀兰伯耳、福法须相识,寻为法公使门达克之秘书官,驻范尼士。居一年半,与公使不合,还巴黎。与酒家婢铁黎沙烈华修识,是女为人稚呆,不辨年月,不知时刻,故卢骚亦仅以终身不弃为约,而不允娶为妻。既而有五子,皆送之养育院,铁黎沙止之,不听。后除长子一人外,不知所终。又二十三年,始纳铁黎沙为妻。

一千七百四十九年,迭约翰专门学校悬赏募文,题曰:"学问技艺之日新,果有益于道德否?"卢骚亦著论答之,是实彼生涯之一转期也。当时卢骚之著论也,深有慨于时弊,执笔不倦,夜以继日。大意谓今世学艺之进运,非特无益于世道人心,而又害之云。学校见之,称叹弗置,畀赏金如格。此文一出,卢骚之名大噪,而彼亦竟立乎今世社会之反对地位矣。彼后来益贵人生自然之状态,盖肇于此。当是时,法国社会情状,诚有如卢骚所言者。卢之言曰:今世之教育,其道义,其智力,不得其平。教育惟能使人优雅,而不能使之趣于善,于是不公然为恶,而怯懦伪善之风作矣;不显然害人,而诬罔诽谤之言起矣;不通晓学术,而怀疑不信之习盛矣。不德者夺美德者之地位而代之,借学问、技艺以为己之便。旭日之光,渐出地上,而德义之影,亦随之渐微渐灭矣。其在古昔,埃及亦然,希腊亦然,罗马亦复然。若夫不开明之人民,反有美德与刚毅之风见焉。古昔波斯人然,士基脱人然,德意志人然,斯帕太人亦然。就中如罗马初代,不多见美术家、哲学家,亦不多见奢侈不德之风,而尚武之勇气,爱国之诚心,充溢乎国民之间。人有言曰:"使我为造物主,将使人无智而多幸福。"此言也,岂非今世追求傲慢与智识者之谓耶!呜呼,学问之源既浊矣,天文学则原乎迷信,雄辨修辞术则生于好名之欲与憎恶谄媚之私,几何学则发于贪欲,物理学则由其浅薄之好奇心,伦理学则由其聪明自喜之念。不宁惟是,举凡学问、技艺之结果,莫一不可排斥者。大抵此等,徒足以促人奢侈,助人懦弱耳。峨特人征服希腊,虞其欲战之心复起,而不禁其建图书馆,正为此也。又云:学术、教育,足以养人之悟性,而道德亦遂废矣。人惟知求才能,而不知求正直。为史书者,徒贵其文章绮丽,而才能之喜人心者,世多重之,其有实益者,则反鄙而斥之。今所谓学士文人、技师作家,当世不乏其人,然而法国之中,无复一公民矣。其后德国烈沁格极力驳之,以为风俗之与国家,其衰灭每相俱,然非互相为因果也。是言也,盖得之矣。具美德之斯帕太,与有机才之亚典,俱忽灭亡。是故卢骚所谓人民好战之心,由学问普及,而失者未为当也。疑者曰,此果为幸耶,不幸耶? 沁格曰:"吾侪人类,岂为自相殄灭而生于斯世者哉?"

一千七百五十二年,卢骚疾笃,医师告以不复起。自是之后,卢骚常贫穷自甘,无复尘世之念矣。及后会计长官布兰克耳征之,不应,尽弃平生所用绢袜、刀剑、时表等物。又有窃其祖衣者。卢骚益穷,至以泥于牙涅斯自任,不以为意也。然又时著戏曲,为路易十五世法王所称叹,卢亦以此自负。一千七百五十三年,提如恩大学校悬赏募文,卢骚又著论应之,题曰"论人类不平等之原因",偶不中选。但此文感动法国人心,其力颇大,非复前论之比也。文中论人生当复自然之状态,文气蓬勃,词旨明快,谓无邪质朴、自由平等,皆由自然得之。渥氏耳素与卢骚不相善,亦为当世名士。尝评之云,欲使吾人为禽兽者,未有如卢骚氏之用力尽致也,吾恐读是书者,必喜四足而走矣。又著《法国音乐论》,痛驳法国音曲,以故为人所忌,因归舌涅哇,乡人皆喜而迓之。时卢骚复归福音派,后闻渥氏耳来住皮耳涅,与其所居不甚远,乃去而入门莫连西之森林中,结小屋以居。其初识之友爱毗那夫人,为出资筑之。居一年,又移门莫连西市中。《新豪杰》《民约论》《爱美耳》三书,实作于此。《新豪杰》意在排击快乐,而隐然注入快乐之毒于其间,自为一种小说。盖取乎巴里僧正之言者居多,人多喜读之。《民约论》则以民权说代帝王神权说,新创主见之政书也。《爱美耳》为其教育上得意之作,彼亦常以此自诩云。

是书一名《教育论》,分为五篇,自一千七百六十二年,始公于世。书贾戴希乃赠以金六千法郎,中有萨博牧师信仰条目一章,论自然的宗教,以故益为人所憎。法官尽收其书焚之,议院乃发状逮捕卢骚,僧正亦逐之出教,巴黎大学之神学教授亦力斥之,卢骚乃逃之瑞西,寻又走伊斐盾。后此地以产教育大家皮斯太洛秩得名,卢骚居是,大声疾呼曰:天乎,保护道义者乎? 吾且赞美汝,而悠然蹈自由之地矣。因伏地者久之,未几,《爱美耳》又在舌涅哇为狱吏所焚,卢骚亦为瑞京人所逐,去倚普王居毛知耳。王闻其唱新宗教之说,复迫之令去,乃赴比丽湖中之彼得岛居焉。至是独究农学,又著博物书。既又见逐,之英国。英人休谟善遇之,未久又与之不合。会巴黎市人以书招之,因归巴黎,以著书作谱为业。友人相谋以资助之,卢骚坚拒不受,友遂与之绝交。及其后赴寺剌耳典侯领地,寺剌耳典侯固深信卢骚者也。卢至晚年,最厌见人,得心疾,一千七百七十八年六月三日俄卒,或误传以为服毒云。法国革命之时,迎其遗骸归巴黎,与渥氏耳俱藏之潘铁恩院中。

《爱美耳》一书,非有组织系统之书也,思想奇特、观察新颖之教育小说也。其中亦多夸张矫激之言,未可直取而用之。盖不拘于家庭及学校之形式,而惟以抽象的推论之。假构一生徒与其师之自由交际及教育境遇,为之骨子,而循此以布衍之也。夫抽象的推论,在教育家构造理想上诚不可少,而与实事之关系最少。且卢骚夙丧母,幼与其父别,又尽出其子,不使在家,未尝见家族生活之实状。彼尝云,为母者,自然为儿之乳母,而父则为其教师。然其父常多事,不得久留家中,则不得不聘师教之。教师必与生徒共其事,为其嬉游之伴侣,自生徒之初生,至二十五岁,常与之同居,既为师傅,又为指导者。信其言也,此为师者,先教育其身二十五年,又教育爱美耳二十五年,自非甚愚者,谁复将其人生最贵之二十五年光阴,为一子弟而抛弃之乎?况其子弟之后来成立与否,亦未可知乎。虽然,卢骚一理想家也,其所见每异他人。彼自叙是书曰:"人之读是书者,不见其为教育论,而见为空描教育之呓语耳。"其所谓教育理想者,何也?即复于自然之说是也。此说廓美尼司亦尝论之,又近世教育家亦稍知之。卢骚则以为教育之目的,在以人为人而已,其地位、职业、国体、信仰,皆不甚重视之。曰人之在自然也,人皆平等,无有差别,其普通职分,则为人之地位是已。教育之与此相宜者,又不得不与其他地位相宜。人或能教育吾生徒,使宜于军队、教会、法廷等职业,而余不之为也。自然招彼,欲予以为人之生活,此即余所欲教彼之职业也。彼之离吾也,非法官,非武人,亦非生徒,彼宜先为人耳。又云汝等恃现在社会事物之秩序,而不知革命之不可免也。又不知其子他日之命运难防且难避,大者小矣,富者贫矣,昔君主而今臣仆矣。此等变迁,非世所绝无者也。人之所能造,人能坏之,除自然所印乎人类之性格者外,无复不灭不坏之性格矣。抑卢骚之自然主义,痛驳当时教育之弊,不遗余力。其极也,转而为社会的悲欢主义。是书开卷即云:不问何物,其初出于造物主之手也,莫一不善焉。一入人手,则败坏无余矣。世人强甲国产乙国之物,望甲树结乙树之果,举其气候风土,尽混乱之,并其犬马、奴隶,尽为不具,颠倒事物,毁其自然之形状,不怪其可怪而反喜之。夫人不许他人保其自然,况其他乎?(中略)

卢骚之著是书也,以其哲学上之新世界观,为思想之泉源,而开教育界之一新世纪。其深奥宏远,足使百年间,法、瑞两国之民,取而研究之,以至于今,为思索家所称道,非无以也。然而品骘卢骚及其《爱美耳》者,则各人判断,不得不异。或尊彼于九天之上,或贬彼于九渊之下。其所说有稍涉于奇矫夸大者,而不愧为教育史上一新纪元,如须密特《教育史》之言当也。卢骚当法国教育罢弊之时,著为是书,详说小儿权利之可重。又论一般教育上之自然权利,及生活自然的要素之权利不可不重,且对无慈寡恩之社会,而流露缠绵不尽之真情,对无用之技艺,而明示道义之意思锻炼焉。譬之炎暑熇熇之日,俄而雷鸣电闪,至使世界一新,意其快为何如哉?是此书所以震撼法国,骇人耳目也。当时政府有司,怒而焚之,僧正亦逐之出教,然而操觚之士,则激赏不置,以为近世第一流之著作。自古教育书之能鼓动人心,且影响所及,遍于诗人、妇女者,未有如是书之甚也。于是举法国家族教育,自纤至大,自柔之刚,一时靡然革面,亦可谓伟矣。卢骚之所力驳者,如乳母、保姆之空谈,言语之学习,自外界强迫,以使小儿多求知识,与夫教一般语学者,用小儿最厌之书籍,以为教授手段,皆是也。又其所主张者,女子之教育,始于其初生之时是也。如谓将小儿以自觉的自动的教育之,宜注意其周围事物,如言由其经验以自修,如言觉官的理性之先于智力的理性,如谓宜爱小儿,且宜爱其游戏之光阴与自发之本能,如谓观察大人必取诸大人,观察小儿必取诸小儿,如言宜为人人选其地位而与之。凡若此者,皆卢骚所传之真理,如得自天授焉。至其后学者用之,遂为教育学之公理矣。

卢骚之谬,由其哲学上之地位失当也。彼以自然为最高判官,其论教育亦然。然此非自然之所当为,而理性之所当为也。自然之与社会,非必相反,社会亦自然之所产者,要为自然之一部耳。如其以人性本善,谓其为恶一归于社会感化之罪,至谓人之最初教育,宜止于消极的,抑亦大谬也。如谓人性自然,无善无恶,第由其毕生之遭遇,合种种分子,或凝集而为善,或凝集而为恶,就中以社会势力为最大。如是立言,庶乎得当矣。

原载《教育世界》1903 年第 57 号。

泰西学案　王阑　周流编辑

七　卢骚（Rousseau）学案

氏名曰尼细阿克，千七百十二年生于瑞士之日内瓦。父为时计师，家甚微贱。氏幼而亡母，身颇弱，而感觉锐敏，爱读小说稗史之属。父尝以事与法人争，不得家居，氏乃托于叔家，与其一子同入寺院受学。数年，见雇于代言人，为其书记，未几被斥。又从师学刻铜版业，尝犯欺诈、窃盗、冶游等罪。十六岁，遂漂泊异地，濒于饥寒，寄居僧寺。僧怜之，送诸其友瓦伊棱士夫人家。数年而大悛，专从事学问。又学音乐，后为人家庭教师，遂辞夫人，赴留尼，犹以无行被斥。千七百四十一年，迁于巴黎。既而为法公使馆书记生，复赴威尼士一年半。再归巴黎，犹不悛其淫佚之行。千七百五十年，遂还瑞士，痛改前非，始得享良民之权利。然不能忍耐，千七百五十六年，又赴巴黎。居二三年，著《哀弥伊尔》，遂耀名于世。触政府忌讳，烧其与宗教反对之书，因又潜居瑞士。千七百六十年，著《民约论》，其说曰，人间者，自由同权者也，宪法制度，不过为计一切之利益，设为社会之约束而已。氏既主持自由，至以置政府为罪案。书既成，攻击者群起，复不能安于瑞士，遂赴英国，为哲学家休姆所优遇。会其友人有为请于法政府者，得归法国，居巴黎之近郊。千七百七十八年，猝死，或云自杀也。

《哀弥伊尔》者，氏之教育小说也。假哀弥伊尔为主人，记其初生自结婚之教育履历于此书，以年齿分为五卷。第一卷，记哀弥伊尔自初生至能言之幼稚教育法。第二卷，记至十二岁之教育法，并论练习五官。第三卷，记至十五岁之事，论智育。第四卷，记至二十岁之事，论德育及宗教。第五卷，记结婚及娶妻之事，论女子教育。

氏之大旨，以为儿童之心，皆无恶而纯善也，故任其自然，则无不纯善，及为人所动，乃渐致不良。故人之性皆善，而社会则丑恶，人性丑，皆由社会来也。故于儿童须善保护，无使触社会之恶，教育急务，在除去梗于发育之物而已。故育之法，不可不用消极。消极者，电学家之语。电分正负，正曰积极，负曰消极。哀弥伊尔者，不受学校教育，而被自然之养育者也。

卢骚氏以社会之事，尽为丑恶假伪，反乎天理，凡事宜任自然。其论固为太过，然当时法国之社会，受政府干涉甚为严酷，虚怵成风，恐喝为俗，不知自然之天则，纷紊殊甚，则其鸣社会之失，促之改良，吐偏重自然之说，乃迫于时势之不得已耳。所谓矫枉过正，固不得漫为訾议也。氏之教育说，为裴司塔若藉氏、佛罗赖卜尔氏、斯宾塞尔氏、显露柏罗都氏所本，大有利于后世。今述《哀弥伊尔》教育法之大略于左。

第一期　卢骚氏曰，儿童生时，产婆自外圆其头，西俗儿生后，产婆以两手自外圆之。学者自中圆其头，谓以学问矫正其偏外。凡母子之固结者，过乳时则已解也。如此而有束缚其子者，甚背天理也。哀弥伊尔者，父母俱亡之孤儿，而只受教育于一教师者也。

卢梭氏曰，人之受教育者，其始必受教师所教之自然体育。当此时也，儿童任天而动，其机关毫不可抑制，教师只可任自然之指诱，鼓舞之而生动力，使其能步能跃能游戏。一日颠仆数百次，亦任其自起，不必顾念。不令其著靴，使徒跣而行。夜无烛，使暗行。有疾亦不招医。玩具者，人造之物也，一切不与观，与之观者，只一片木石而足耳。又必日使浴于冷水，亦为最要之事。其余无益之乞求，虽少亦不可许。又儿童不可使染一切之习尚，盖习尚者，非自然之所赋也。

第二期　其教育始于言语，而知少数之言语者为善。若言语之数过于思想之数，甚无益也。且此时以训练感觉为最要，则五官宜练达，宜令依实物测其长短，数其数，量其重，或使执物而较之。凡教此者，可用图画。又以若干言语、歌唱等教之，不可用书籍文字。此时儿童未解事变之关系，故不可用历史之谈话。未能比较他国之语与己国之语，故发语以本国为限，而且戒用古语。

第三期　自十二岁至十五岁，此为智力研求之期。其学课一取实利实益为主，不以使生徒知何事，而以何事有益于生徒为标准。至若教以有形之学，凡天文、地理、物理、质力等学，不徒事讲论，又当就实物以推究之。即如教天文，必使仰观天体。教地理，必始自居宅，乃及近郊之山林河湖，而后由近以及远。教物理，当于职工场使其自操作。教化学，使比较善恶两种之葡萄酒，即可引而伸之。凡教事不用符号、器具、书籍，取宇宙间森罗之万象，以为教育之补助可也。盖世界者，儿童之书籍，而一切实物者，教授之材料也。书籍不过教吾人未知之文言而止已，于世界日辟之功，实物经验之理，庸何关乎？如必用书籍，则只有一册可为善教科书，是曰《鲁宾孙漂流记》。鲁宾孙者，无同人之助，无需用之器械，以一人在穷海孤岛，自营其生，以自娱乐。哀弥伊尔读此书，始觉勤劳之可贵，并知人间有万种之职业也。

第四期　此期为德育，为哀弥伊尔十五岁至二十岁期之教育也。其为人深情而仁爱，且修练于宗教上之情操矣。卢骚氏曰，教儿童读书习字时，当如哀弥伊尔,并教以亲爱温和。盖儿童当此时,种种情欲极为扰乱,故须使以道德思想自整理之也。然欲其如此,在以教授适宜之法,使焕发其仁恕之情操。此等情操,为良心之发现,而爱憎之所起,即善恶观念所由兆也。曰正曰善者,不因理会力所想见之虚名辞,文典有实名辞、虚名辞。实由道理精撰之真也。案氏又以德为爱情,则氏之所谓道德,全在以情操为根本,似在于唤起情操,使人有同情仁爱之行也。

哀弥伊尔至十八岁,不学宗教,盖以宗教之事,不切于十八岁以下之理想也。儿童一想及上帝,则理会力必为之消减,而且必陷于迷误也。一陷迷误,将生锢蔽,终身不能再脱矣。故曰人非理想之性大辟,决不可教以涉乎上帝之事也。

第五期　此期说女子教育,以女子宜于为人妻,故其受教之宗旨,在教以相夫之法。其曰女子之教育者,必宜与男子有关。女子所务,当为男子储其用,且为男子修其容,以得男子之爱情也。又教养子女、保护老人,皆女职也。女子须养成从顺之德,故宜自儿时即入于宗教。男子出令,女子当服从,服从者,女子第一之要务也。女子居良人之家,服从良人,非动从良人之命,则虽有若无也。

卢骚当法兰西革命之前,生于颓靡之世,欲扫荡当时腐败之社会,故其立说往往含慷慨悲哀之意,而多吐过激尽情之语,由今论之,则其谬误亦多也。

廓姆裴伊赖氏曰,自然教育说之谬误处,在偏重自然之一面。夫教育非独自然之事,亦非独人为之业,乃以人为完整自然之道也。若教育一任自然,更不加以人力,则如果已成熟,仅令其堕于地上,终归腐败而已。诚哉是言也。卢骚氏谬误,在过重自然,今试摘记其一二。

哀弥伊尔者,别父母离朋友,独自别居者也,则其未受两亲训练,兄弟、朋友之赠言忠告可知。设有情感而无修克,有德性而无涵养,则至十五岁时,其性质必自放自肆。而卢梭氏于此自放自肆,未受庭诲之少年,教之读书写字时,并教以仁慈、同情之德性,而急欲以三年为毕课,是果能行之事乎?不可谓非妄想也。且氏之教育,非仅德育也,乃因年齿分人生之进步为四期:第一期为体育,第二期为练习五官,第三期为智力畅盛,第四期为德育,判然相离而不融合,是不知人之身体与心意诸能力,有互连同畅之故也。如不授靴、烛,不近医师等事,只令儿童为一野蛮人耳。又如儿童至十二岁,而尚不使读书,此其是非,更无足辩矣。

氏所言宗教之意见,与女子教育之宗旨,太西教育家颇斥其谬。以东洋锢蔽之风俗、思想评之,则或者有默许其言之合于我心者乎?

氏之教育思想多由陆克氏出,而加之想像力,以述其夸辞。然其倡论宜练五官,宜启心性者,则氏之功也。综其论旨,似稍流于粗暴,然其启发后人为力甚大。若裴司塔若藉氏,则因读氏之《哀弥伊尔》,而思得教育改良之法也。

六　卢骚(Rousseau)学案

卢骚,法国人,著《教育论》《哀弥伊尔》《民约论》等书。其《哀弥伊尔》《教育论》之说,已见于前,今取《民约论》,摘其要旨录于左。

民约之义,起于一千五百七十七年姚伯兰基氏,曾著一书,名曰《征讨暴君论》,以为邦国者,本由天与民与君主相共结契约而起者也,而君主往往背〔此〕契约,为(此)民灾患,是政俗之亟宜匡正者也云云。此等议论,在当时实为奇创,其后霍布士、陆克皆祖述此旨,渐次光大。及卢骚而其说益精密,遂至牢笼一世,别开天地。今欲详解卢氏民约之旨,使无遗憾,必当明立国之事实,与立国之理义,两者分别之点,然后不至误解卢氏之说,以误后人也。

就立国之实际而考之,有两原因焉,一则因不得已而立者也,一则因人之自由而立者也。所谓不得已者何?夫人不能孤立而营生也,因种种之需求,不得不通功易事,相聚以各得所欲。此理自亚里斯多德以来,学士辈多能论之,皆以为人之性,本相聚而为生者也。是故就事实实迹言之,苟谓人类始皆一一孤立,后乃相约而成邦国云云,其论固不完善,盖当其未立契约以前,已有不得已而相处者存也。是故卢骚民约之说,非指建邦之实迹而言,特以为其理不可不如是云尔。而后世学者排挤之论,往往不察作者本旨所在,辄谓遍考历史,曾无一国以契约成者,因以攻《民约论》之失当,抑何轻率之甚耶?

卢骚民约之真意,德国大儒康德解之最明。康氏曰:"民约之义,非立国之实事,而立国之理论也。"此可谓一言居要者矣。虽然,征之史籍,凡各国立国之始,亦往往有多少之自由主义行乎其间者。夫人智未开之时,因天时人事之患害,为强有力者胁迫,驱民众而成部落,此所谓势之不可避者,固无待言,然于其间自有自由之义存焉。人人于不识不知之间而自守之,此亦天理所必至也。故卢骚曰,凡人类聚合之最古而最自然者,莫如家族然。一夫一妻之相配,实由契于情好互相承认而成,是即契约之类也。既曰契约,则彼此之间,各有自由之义存矣。不独此也,即父母之于子亦然。子之幼也,不能自存,父母不得已而抚育之固也。及其长也,犹相结而为尊卑之交,是实由自由之真性使之然,而非有所不得已者也。世人往往称家族为邦国之滥觞,夫以家族之亲,其赖以久相结而不解,尚必借此契约,而况于邦国乎?

夫如是,众家族既各各因契约而立矣,浸假而众家族共相约为一团体,而部落生焉;浸假众部落,又共相约为一团体,而邦国成焉。但此所谓相约者,不过彼此心中默许,不知不议而行之,非明相告语,著之竹帛云尔。

不宁惟是,或有一邦之民,奋其暴威,战胜他邦,降其民而有之,若欲此二邦之民,永合为一,辑睦不争,则必不可无所约。不然,则名为二邦相合,实则阴相仇视而已。故知人类苟相聚而居,其间必自有契约之存,无可疑者。

又凡人生长于一政府之下,及既达丁年,犹居是邦,而遵奉其法律,是即默见其国之民约而守之也。又自古文明之国,常有举国投票,改革宪法,亦不外合众民以改其民约而已。

以上所论,是邦国因人之自由而立之一证也。虽然,卢骚所最致意者,不在于实事之迹,而在事理之所当然。今先揭其主义之最简明,而为人人所佩诵者如下。

卢骚曰,众人相聚而谋曰,吾侪愿成一团聚,以众力而拥护各人之性命、财产,勿使蒙他族之侵害。相聚以后,人人皆属从于他之众人,而实毫不损其固有之自由权,与未相聚之前无以异。若此者,即邦国所由立之本旨也,而民约者,即所以达行此本旨之具也。

卢氏此言,可谓深切著明矣。凡两人或数人欲共为一事,而彼此皆有平等之自由权,则非共立一约不能也。审如是,则一国中人人相交之际,无论欲为何事,皆当由契约之手段亦明矣。人人交际既不可不由契约,则邦国之设立,其必由契约,又岂得知者而决乎?

夫一人或数人之交际,一事或数事之契约,此契约之小焉者也。若邦国之民约,则契约之最大者,而国内人人小契约之所托命也。譬之民约,如一大圆线,人人之私约,如无数小圆线,大圆线先定其位置,于是小圆线在其内,或占左位,或占右位,以成种种结构,而大圆之体遂完足而无憾。

民约所以生之原因既明,又当论民约所生之结果。卢骚以为民约之目的,决非使各人尽入于奴隶之境,故民约既成之后,苟有一人敢统御众人而役使之,则其民约非复真契约,不过独夫之暴行耳。且即使人人甘心崇奉一人,而自供其役使,其所谓民约者,亦已不正,而前后互相矛盾,不可为训矣。要而论之,则民约云者,必人人自由,人人平等。苟使有君主、臣庶之别,则无论由于君主之威力,由于臣民之好意,皆悖于事理者也。故前此霍布士及格鲁西亚,皆以为民约既成,众人皆当捐弃己之权利,而托诸一人或数人之手。卢骚则言,凡弃己之自由权者,即弃其所以为人之具也,旨哉言乎!

卢骚曰,保持己之自由权,是人生一大责任也。凡号称为人,则不可不尽此责任。盖自由权之为物,非仅如铠胄之属,藉以蔽身,可以任意自披之而自脱之也。若脱自由权而弃之,则是我弃我而不自有云尔。何也?自由者,凡百权理之本也,凡百责任之原也。责任固不可弃,权理亦不可捐,而况其本原之自由权。且自由权又道德之本也,人若无此权,则善恶皆非己出,是人而非人也。如霍氏等之说,殆反于道德之原矣。卢骚言曰,譬如甲乙同立一约,甲则有无限之权,乙则受无限之屈,如此者可谓之真约乎?如霍氏等说,则君主向于臣庶,无一不可命令,是君主无一责任也。凡契约云者,彼此各有应尽之责任云也。今为一契约,而一有责任,一无责任,尚何约之可言?

卢骚既论弃权之约之悖谬,又以为吾若为此等约,不徒自害,且害他人。何以故?邦国者,非独以今代之人而成,而后来之人,陆续生长者,皆加入之也。子又生孙,孙又生子,如是乃至无穷。则我之契约,并后代之人而坑陷之,其罪为何如耶?

卢骚乃言曰,纵令人有捐弃本身自由权之权,断无为儿子豫约代捐彼自由权之权。何也?彼儿子亦人也,生而有自由权,而此权当躬自左右之,非为人父者所能强夺也。是故儿子当婴孩不能自存之时,为父者虽可以代彼约束各事,以助其生长,增其福利。若夫代子立约,举其身命而与诸人,使不得复有所变更,此背天地之公道,越为父之权限,文明之世所不容也。

由此观之,则霍氏之说之谬误,不辨自明。夫人既不能滥用己之自由权,以代后人捐弃其权,然则奉世袭之一君主若贵族以为国者,其悖理更无待言。

问者曰,民约者不能捐弃其自由权以奉于一人若数人,既闻命矣,然则捐弃之以奉于众人可乎？更申言之，则民约者，非甲与乙所立之约，乃甲乙同对于众人（即邦国）所立之约，然则各人举其权而奉诸邦国，不亦可乎？是说也，即纯类乎近世所谓"共有政体"，欲举众人而尽纳诸公会之中者也。卢氏关于此答案，其言论颇不明瞭，且有瑕疵，请细论之。

卢骚曰，民约中有第一繁要之条款曰，各人尽举其所有之诸权，而纳诸邦国是也。由此观之，则其所谓民约者，宛然"共有政体"。盖卢骚浸淫于古者柏拉图之说，参观本编第七号学说十一叶。以邦国为全体，以众人为肢节，而因祖述其义者也。夫邦国之与人民，其关系诚有如全体之于肢节者。盖人在邦国相待而为用，又有诸种之职各分任之，犹人之一身，手足、头目、肺肠，各司其职以为荣养。是说也，古昔民主国往往实行之，而斯巴达、罗马二国其尤著者也，彼其重邦国而轻各人，惟实行此主义之故。

卢骚及十八世纪诸硕学，皆得力于古籍者也，故旧主义即以国为重者。与新主义，即以民为重者。常搀杂于其间。卢氏尝定国中各种之职务而设一喻，其言曰，主权者，元首也；法律及习俗，脑髓也；诸职官，意欲及感触之器也；农工商贾，口及肠胃，所以荣养全身者也；财政，血液也；出纳之职，心脏也；国人，身也，全体之支节也。是故苟伤害国家之一部，则其病苦之感，直及于头脑，而忽遍于全身云云。此等之论，仅自生计学上言之，可谓毫发无遗憾，若夫自各人自由权言之，则稍有未安者。果如此说，则邦国独有一身之全体，而各人不过其肢节、脏腑，是人民为国家之附庸也。是惟邦国为能有自由权，而各人之自由不过如冥顽无觉之血液，仅随生理循环之转动也。夫卢氏之倡民约也，其初以人人意识之自由为主，及其论民约之条项，又注重邦国而不复顾各人，殆非卢氏之真意。

卢骚亦知其说之前后不相容也，于是乃为一种之遁词。其言曰，各人虽皆自举其身以与众人，实则一无所与。何也？我举吾身以与他人，他人亦举其身以与我，如是而成一邦国，吾于此有所失，而于彼有所得，赖众力以自拥卫，何得失之可言云云。是言也，不过英雄欺人耳。夫既已举各人而纳于邦国中，则吞吐之而消融之矣，何缘复得其所已失耶？《民约论》全书中，此段最为瑕疵矣。

虽然，以卢骚之光明俊伟，岂屑为自欺欺人者？故既终其说之后，复发一议以自正其误曰，凡各人为民约而献纳于国家者，亦有度量分界，不过为维持邦国所必要之事件，而将己有之能力、财产与自由权，割爱其中之几分以供众用云耳。由此言之，则卢梭所谓各人捐弃其权利者，非全部而一部也。然卢氏之精意,犹不止此。彼以为民约之成也,各人实于其权利分毫无所捐弃,非独无捐弃而已,各人因民约所得之利权,较之未立约以前更有增者。何也? 以众力而自拥卫,得以护持已之自由权而莫使或侵也。

读至此,然后卢骚之本旨乃可知矣。盖以为民约之为物,非以剥削各人之自由权为目的,实以增长竖立各人之自由权为目的者也。但卢氏深入于古昔希腊、罗马之民主政治,其各种旧主义来往胸中,拂之不去,故虽以炯炯如炬之眼,为近世真民主主义开山之祖,而临去秋波,未免有情,此亦不必为大贤讳者也。

卢骚又以为民约之为物,不独有益乎人人之自由权而已,且为平等主义之根本也。何以言之? 天之生人也,有强弱之别,有智愚之差,一旦民约既成,法律之所视,更无强弱,更无智愚,惟视其正不正何如耳。故曰民约者,易事势之不平等,而为道德之平等者也。事势之不平等何? 天然之智愚强弱是也。道德之平等者何? 由法律条款所生之义理是也。

人人既相约为群以建设所谓政府者,则其最上之主权,当何属乎? 卢骚以为民约未立以前,人人皆自有主权,而此权与自由权全为一体,及约之既成,则主权不在于一人之手,而在此众人之意,即所谓公意者是也。

卢骚以为凡邦国皆藉众人之自由权而建设者也,故其权惟当属之众人,而不能属之一人若数人。质而言之,则主权者,〔邦国之所有;〕邦国者,众人之所有。主权之形所发于外者,则众人共同制定之法律是也。

卢骚又以为所谓公意者,非徒指多数人之所欲而已,必全国人之所欲而后可。故其言曰,凡议事之时,相约以三占从二决可否,固属不得不然之事。然为此约之前,必须得全员之许诺而后可,是每决一事,皆不啻全员之同意也。不宁惟是,所谓公意者,非徒指现时国人之所欲而已,又并后人之所欲而言之。何也? 现时全国人之所欲,在于现时,洵可谓公矣。及其与后代全国人之所欲不相合时,则已不得谓之公意。是故今日以全国人之议而决定者,明日亦可以全国人之议而改之。不然,则豫以今日之所欲,而束缚他日之所欲,岂理也哉?

由是观之,则卢骚所谓公意,极活泼自由,自发起之,自改正之,自变革之,日征月迈,有进无已,夫乃谓之公意。且公意既如此其广博矣,则必惟属于各人所自有,而不可属于他人。故卢骚又言曰,国民之主权,不可让与者也。今有人于此,而曰某甲今日之所欲,吾亦欲之,斯可也。若曰某甲明日之所欲,吾亦欲之,斯大不可。何则? 意欲者,非可自束缚者也,故凡涉于将来之事,皆不得豫定,反此者,是谓我侵我之自由权。

卢骚又曰,一邦之民,若相约拥立君主,而始终顺其所欲,则此约即所以丧失其为国民之资格,而不复能为国也。盖苟有君主,则主权立即消亡。卢氏据此真理以攻击世袭君主之制,及一切贵族特权之政治,如以千钧之弩溃痈矣。

卢骚又曰,主权者,合于一而不可分者也。一国之制度,虽有立法、行法之别,各司其职,然主权当常在于国民中而无分离。虽分若干省部,设若干人员,皆不过受国民之付托,就职于一时耳。国民因其所欲,可以随时变更法度,而不得有所制限。然则立法、行法、司法三权,所以分别部居不许杂厕者,正所以保护三权所从出之主权,使常在全国人之掌握也。是故主权之用可分,而主权之体不可分,是《民约论》之旨趣也。

学者见卢骚之主张公意如此其甚也,以为所谓公意者,必与确乎不易之道理为一体矣。虽然,又当细辨。卢骚之所贵乎公意者,指其体而言,非指其用而言。故其言曰,公意者,诚常正而以规图公益为主者也。虽然,其所议决非必常完善者。何也?旨趣与决议,或往往背驰,民固常愿望公益,而或常不能见真公益之所存故也。故卢骚又曰,众之所欲,与公意自有别。公意者,必常以公益为目的,夫众之所欲,则以各人一时之私意聚合而成,或往往以私利为目的者有之矣。

若是乎,凡一国所布之令,必以真出于公意者,然后可谓之法律。如夫发于一人或数人之意者,不能成法律,此理论之正当者也。虽然,以今日之国家,其实际必不能常如是,故但以众人所公认者,即名之曰法律,而公认之方法,则以国人会议,三占从二以决之而已。

卢骚乃言曰,法律者,以广博之意欲,与广博之目的相合而成者也。苟以一人或数人所决定者,无论其人属于何等人,而决不足以成法律。又虽经国民全员之议决,苟其事仅关于一人或数人之利害,而不及于众者,亦决不足以成法律。

卢骚又曰,法律者,国民相聚而成邦之规条也。又曰,法律者,全国民所必当遵守,以故全国民不可不议定之。又曰,国也者,国民之会聚场也;法律也者,会所之规约也。定会所之规约,凡与于此会聚之人,所公有之责任也。

又曰,若欲得意欲之公,不可先定某某事,以表众人之同意,必众人皆自发议而后可。又曰,若欲真得意欲之公,则各人必须由自己所见而发,不可仰承他人之风旨,苟有所受,斯亦不得为公矣。

虽然,卢骚之意,以为公意,体也;法律,用也;公意,无形也;法律,有形也。公意不可见,而国人公认以为公意之所存者,夫是之谓法律。惟然,故公意虽常良善,而法律必不能常良善。故卢骚又曰,凡事之善良而悉合于道理者,非吾人所能为,皆天之所命也。使吾人若能一一听命于天,不逾其矩,则无取乎有政府,无取乎有法律。惟其不能,则法律所以不得不起也。

又曰,世固有事物自然之公理,精当不易之大义,然欲以行之于斯世,而不能人人尽从者。有从有不从,是义终不得行也,于是乎不得不由契约而定之,由法律而行之。然后权理乃生,责任乃出,而理义始得伸。故卢骚谓孟德斯鸠之所谓法律,不过事物自然之法律,而未足称为邦国之法律,谓其施行之方法未明也。

是故卢骚之意,以为法律者众人相共议定,从于事物自然之理,以发表其现时之意欲云尔。要之,法律者,自实旨言之,虽常公正,然其议而定之也,常不能尽然,故不可不常修改而更正之。此一说实卢骚之识卓越千古者也。

凡当议定法律之时,必求合于正理,固不待言。但有时错谬而与理背驰,故无论何种法律,皆可随时厘正变更,而此正当之权,常在于国民之手。故卢骚谓彼握权之人,一旦议定法律,而始终不许变易者,实政治之罪人也。

又曰,凡法律无论若何重大,无有不可以国人之所欲而更之者。苟不尔,则主权不复在国民之手,而政治之基坏矣。

卢骚又曰,凡法律之目的,在于为公众谋最大利益,而所谓公众最大利益者非他,在自由与平等二者之中而已。何也? 一国之中,有一人丧自由权之时,则其国减一人之力,此自由所以为最大利益也。然无平等,则不能得自由,此平等所以为最大利益也。又曰,吾所谓平等者,非谓欲使一国之人,其势力、财产皆全相均而无一差异也,若是者盖决不可行之事也。但使其有势力者,不至涉于暴虐,以背法律之旨趣,越官职之权限,则于平等之义斯足焉矣。至财产一事,但使富者不至藉金钱之力以凌压他人,贫窭者不至自鬻为奴,则于平等之义斯足焉矣。

又曰,欲使邦基永奠,则当令贫富之差,不至太相远。苟富者太富,贫者太贫,则于国之治安,俱有大害。何也? 富者藉财力以笼络贫者,而潜夺其政权;贫者甘谄谀富者,而供其使役。质而言之,则富者以金钱收买贫者之自由权,而主人、奴隶之势斯成矣。虽然,富者愈富,贫者愈贫,其差异以渐次而日甚,此又自然之势,无可如何者也。故必当藉法律之力,以防制此势,节中而得其平,则平等自由可以不坠于地。

卢骚以前诸学者,往往以国民之主权,与政府之主权混淆为一。及卢骚出,始别白之,以为主权者惟国民独掌之,若政府则不过承国民之命,以行其意欲之委员耳。其言曰,政府者何也? 即居于掌握主权者即国民全体。与服从主权者即各人。之中间,而赞助其交际,且施行法律以防护公众之自由权者也。更质言之,则国民者,主人也;而官吏者,其所佣之工人而执其役者也。

夫政府之为物,既不过受民之委托,以施行其公意之一机关,则其所当循守之责任可知矣。故凡可以伤国民自由权之全部若一部之事,皆当避之。故无论何种政体,苟使国民不能自行其现时与将来之意欲者,皆谓之不正。何也? 苟国民常不能掌握主权,则背于立国之大本也。卢骚乃断言曰,凡政体之合于真理者,惟民主之制为然耳。是故卢骚以为政体种类之差别,不过因施法权之分配如何而强为之名耳,非谓立法权之分配,可以相异也。盖立法权者,必常在全国人之手,而万无可以分配之理。若不尔,则一人或数人握之,已反于民约之本义,而尚何政体之足云。所谓施法权之分配者,或以全国人而施行全国人之所欲,或以一人而施行全国人之所欲,或以若干人而施行全国人之所欲,即世俗所谓君主政体、少数政体、民主政体之分也。若夫发表意欲,必属于全国人之责任,无可移者。且也彼之任施法权者,无论为一人,为若干人,皆不过一时偶受委托,苟有过举,则国人皆得责罚之,罢黜之。

至委托施法权之事,三者之中,当以何为善乎? 卢骚曰,全国人自行施法之权,苟非小国,必不能实行之,且有种种弊端,比诸君主政体、贵族政体,其害或有更甚者。故分诸种之官职,而严画其权限,最为善矣。

卢骚于是取现时英国所行之政体,即所谓代议政体者而评论之。以为其分别施法之权,洵善也。虽然,其代议政尚不免与自由之真义稍有所戾。何则? 代议政体者,以若干人员而代国人任主权者也,故国人得发表其意欲者,仅在投票选举议员之一日而已。此一日以外,不过拱手以观代人之所为。故如此政体,国人虽非永远捐弃其自由权,而不免一时捐弃之矣,故曰未得为真善美之政体也。

卢骚以为国人投票选若干人员,而委之以议政之权,固无不可,惟必当明其责任,有负责者,则可随时黜之。何也? 彼若干人者,不过为一时受托之人,非谓使其人代己握主权,而以己权全付之也。盖权本不得让与他人,故亦不得使人代我握之,主权常存于公众意欲之中,而意欲必非他人可以代表者也。

又言法律者,众意之形于外者也,我有我之意,代人有代人之意,故立法权决不可使人代我,若夫施法权则可以代矣。何也? 施法权者,不过实行我所定之法律而已。

又言英国人自以为我实有自由权,可谓愚谬。盖彼等惟选举议员之日有自由权耳,选举事毕,便为奴隶矣。

如卢骚之言,则议定法律之事,凡为国民者不可不躬自任之,斯固善矣。然有一难事焉,在于大国之国民,果能一一躬握此权,而不托诸代人乎? 卢骚曰,是固不能,是故欲行真民主之政,非众小邦相联结不可。难者曰,众小邦并立,则或有一大邦狡焉思启以侵犯之,其奈之何? 卢骚曰,众小邦相联为一,则其势力外足以御暴侮,内足以护国人之自由,故联邦民主之制,复乎尚矣。

卢氏又以为联邦民主之制,其各邦相交之际,有最紧要者一事。惜哉其所谓紧要之一事,未及论叙,而卢氏遂卒,使后人有葭苍露白之感焉。但度其所谓联邦民主之制,殆取法于瑞士,而更研究其利弊也。

卢氏以为瑞士联邦,诚太弱小,或不免为邻邦所侵轹。虽然,使有一大邦,效瑞士之例,自分为数小邦,据联邦之制,以实行民主之教,则其国势之强盛,人民之自由,必有可以震古铄今,则永为后世万国法者。卢氏之旨,其在斯乎,其在斯乎?

原载王阑、周流编辑:《泰西学案》第二编《教育学案》,第三编《政治法律学案》,上海明权社1903年9月版,第132—137,205—219页。

发 端 中国之新民(梁启超)

日日而言政治学,人人而言政治学,则国其遂有救乎? 曰:嘻,仅矣。言而不能行,犹无价值之言也。虽然,理想者实事之母,而言论又理想之所表著者也。则取前哲学说之密切于真理而适应于时势者,一一介绍之,亦安得已。

卢梭学说,于百年前政界变动最有力者也,而伯伦知理学说,则卢梭学说之反对也。二者孰切真理? 曰:卢氏之言药也,伯氏之言粟也。痼疾既深,固非恃粟之所得瘳。然药能已病,亦能生病,且使药证相反,则旧病未得豁,而新病且滋生,故用药不可不慎也。五年以来,卢氏学说稍输入我祖国。彼达识之士,其孳孳尽瘁以期输入之者,非不知其说在欧洲之已成陈言也,以为是或足以起今日中国之废疾,而欲假之以作过渡也。顾其说之大受欢迎于我社会之一部分者,亦既有年,而所谓达识之士,其希望目的,未睹其因此而得达于万一,而因缘相生之病,则已渐萌芽渐弥漫一国中,现在未来不可思议之险象,已隐现出没,致识微者慨焉忧之。噫,岂此药果不适于此病耶?抑徒药不足以善其后耶?

伯伦知理之驳卢梭也,以为从卢氏民约之说,则为国民者必须具有三种性质,反是则国不可得立。三种者何?一曰:其国民皆可各自离析,随其所欲,以进退生息于此国中也。不尔,则是强之使入,非合意之契约,不得为民约也。虽然,人之思想与其恶欲,万有不同者也。若使人人各如其意,乃入此约,则断无全国人皆同一意之理。以此之故,亦断无全国人皆同一约之理,若是乎则国终不可得立。故从卢氏之说,仅足以立一会社,即中国所谓公司也,与社会不同。其会社亦不过一时之结集,变更无常,不能持久。以此而欲建一永世嗣续之国家,同心合德之国民,无有是处。一曰:其国民必悉立于平等之地位也。不尔,则是有命令者,有受命者,不得为民约也。然熟察诸国之所以建设,必赖有一二人威德魏魏,超越侪类,众皆服从,而国础始立。即至今日,文明极进,犹未有改。若使举国无智无愚无贤无不肖,皆以同等之地位决议立国,无有是处。三曰:其国民必须全数画诺也。苟有一人不画诺,则终不能冒全国民意之名,不得谓之民约也。然一国之法制,势固不能有全数画诺之理,岂待问也。卢氏亦知之,乃支离其说,谓多数之意见,即不啻全体之意见。夫服从多数,虽为政治家神圣不可侵犯之科律,而其理论独不适于诸民约主义之国家。盖盟约云者,人各以其意而有愿与此约与否之自由权者也。彼不愿与此约之少数者,而强干涉之,谓其有服从多数之约之义务,无有是处。此三义者,伯氏于国家原起论,取卢氏之立脚点而摧陷之者也。参观本报第十一、十二号《卢梭学说》。

伯氏又言曰:民约论之徒,不知国民与社会之别,故直认国民为社会。其弊也,使法国国础不固,变动无常,祸乱亘百数十年而未有已。德国反是,故国一立而基大定焉。夫国民与社会,非一物也。国民者一定不动之全体,社会则变动不居之集合体而已。国民为法律上之一人格,社会则无有也。故号之曰国民,则始终与国家相待而不可须臾离。号之曰社会,则不过多数私人之结集,其必要国家与否,在论外也。此伯氏推论民约说之结果,而穷极其流弊也。

中国号称有国,而国之形体不具,则与无国同。爱国之士,暗暗然忧之。其研究学说也,实欲乞灵前哲,而求所以立国之道也。法国革命开百年来欧洲政界之新幕,而其种子实卢梭播之。卢氏之药,足以已病,无疑义矣。近则病既去,而药已为筌蹄,其缺点率见是正于后人,谬想与真理所判,亦昭昭不足为讳也。独吾党今日欲救吾国,其必经谬想而后入真理,以卢氏学说为过渡时代必不可避之一阶级乎?抑无须尔尔,径向于国家之正鹄而进行乎?此一大问题也。卢氏之说,其有功于天下者固多,其误天下者抑亦不少。今吾中国采之,将利余于弊乎?抑弊余于利乎?能以药已病,而为立国之过渡乎?抑且以药生病,而反失立国之目的乎?此又一大问题也。深察祖国之大患,莫痛乎有部民资格,而无国民资格。以视欧洲各国,承希腊、罗马政治之团结,经中古近古政家之干涉者,其受病根原,大有所异。故我中国今日所最缺点而最急需者,在有机之统一与有力之秩序,而自由平等直其次耳。何也?必先铸部民使成国民,然后国民之幸福乃可得言也。如伯氏言,则民约论者适于社会而不适于国家,苟弗善用之,则将散国民复为部民,而非能铸部民使成国民也。故以此论药欧洲当时干涉过度之积病,固见其效,而移植之于散无友纪之中国,未知其利害之足以相偿否也。夫醉生梦死之旧学辈,吾无望矣。他日建国之大业,其责任不可不属于青年之有新思想者。今新思想方始萌芽耳,顾已往往滥用自由平等之语,思想过度,而能力不足以副之。芸芸志士,曾不能组织一巩固之团体。或偶成矣,而旋集旋散,诚有如近人所谓"无三人以上之法团,无能支一年之党派"者。以此资格,而欲创造一国家,以立于此物竞最剧之世界,能耶否耶?此其恶因。虽种之薰之在数千年,不能以为一二人之咎,尤不能以为一学说之罪。顾所最可惧者,既受彼遗传之恶因,而复有不健全之思想,以盾其后而傅其翼也。故人人各以己意进退,而无复法权之统属,无复公众之制裁,乃至并所谓服从多数之义务而亦弁髦之。凡伯氏所指卢氏学说之缺点,今我新思想界之人人,皆具备之矣。夫以今日之中国,固未有所谓统属,未有所谓制裁,未有所谓多数,则吾国民之踯躅焉凌乱焉而靡所于从,夫亦安可深(贵)〔责〕?顾所贵乎新思想者,欲藉其感化力以造出一新世界,使之自无而之有云尔。若徒恃此不健全之新思想,果能达此目的否耶?是不可以不审也。吾非敢祖伯氏而薄卢氏,顾以为此有力反对之一大学说,为有志建国者所宜三复也。作伯氏学说。

(附注)此论与革命论、非革命论无涉。盖无论革命不革命,无论革命前革命后,皆必以统一秩序组成有机团体为立国之基础。伯氏之反对卢氏,非反对其鼓吹破坏,谓其于建设之道,有所未惬云尔。建设云者,则兼破坏之建设与平和之建设而两言之者也。

原载梁启超:《政治学大家伯伦知理之学说》,《新民丛报》1903 年第38、39 号,又见《饮冰室合集》文集之十三,中华书局 1936 年 1 月版,第 67—70 页。

洛克之主权论 《新民丛报》

洛克之说,与其徒卢梭之说相同。卢梭曰:"主权者,人民所固有,而绝不可移交于他人者也。"洛克曰:"主权者,依然存于人民之中者也。"是为人民之自然权,而非权势及道德之比,非君相之所可任意取与也。然英人之习,莫不誉洛克而毁卢梭。其实卢梭之势力大于洛克,卢梭之书出世,而欧洲之大革命兴,洛克不及也。

原载《新民丛报》1903 年第 42、43 号。

复张之洞书 沈翔云

夫人人有自主之权一语,今日欧美诸国,无论其为政治家,其为哲学家,议会之所议,报章之所载,未有不重乎是者。若欲尽举其说,盈箱累箧,而不能尽。列国著名之士,如法国之爱耳喜斯、孟德斯鸠、福禄特尔、卢骚、脱尔告、康德尔赛,英国之陆克、弥勒约翰、斯宾塞尔,德之康德诸人,其所著之书,何一不言自由,何一不言平等,何一不言民权。之数人者,生于康梁之前,昌言自主,欧美已实受其福。公目未睹西籍,亦将以康梁之门徒死党罗织之乎? 若以人人有自主之权,为惨礉凶险,诬罔不道,犯上作乱,则诸人将为天下之罪人,何以声名遍于全球,各国争译其书,政治家人人仰之为山斗。其故何耶? 无他,公理之于地球,犹衣食之于身,不可一日无者。乃欧西诸名士,竭毕生之力以发明之,公一旦尽举而归之康梁,且目为康梁之唾余,毋亦太重视康梁,而自安固陋矣。且更征之各国之实例,法之革命也,天赋人权之说载于宪法。美之独立也,权利自由之书布之列邦。其他各省所有者,曰人民言论思想之自由权,曰出版之自由权,曰从教之自由权,曰居住移转之自由权,曰身体之自由权,曰住所之自由权,曰信书秘密之自由权,曰产业之自由权,载之宪法,布之通国,人人实享其利益,岂亦在沪习闻者乎？岂亦以康梁之说为新奇而私淑者乎？岂所谓求己之学乎？中国有一于是乎？公试一考西史,当亦哑然自笑矣。总之人人有自主之权,为地球之公理,文明之极点,无可訾议者也。若欲知其理之所以然,则诸家之说,原书具在,其理甚精,可详考也。至若不受压制,甘心流血,固舍身救民之志士之所为,各国历史数见不鲜者矣。……

但东西洋之讲伦理学,有相同者。即以君臣之道言之,患得患失,不顾廉耻者,谓之鄙夫；偷生苟活,以媚权奸者,谓之乱贼。此东西之所同者也。东方学者曰："亶聪明作元后,元后作民父母。"西方学者曰："君者为民办事者也,一国之公仆也。"东方学者曰："君使臣死,臣不得不死；君虽不君,臣不可以不臣。"西方学者曰："人人自由,人人平等,君有君权,民有民权,各不相侵,乃底于平。"东方学者曰："君者出令者也,臣者行君之令而致之民者也。民者出粟米麻丝,作器皿,通货财,以事其上者也。"西方学者曰："君者行法者也,臣者辅君以行法者也,民者立法者也。"此东西之所异者也。然骤以此义语公,知公之脑筋中素来无此思想,必不敢认为公理,有反顾却走,掩耳而不欲闻者。故曰公致误之总原,在于不知国家为何物,不知国家与朝廷之区别也。夫人人有国家,乃至不辨国家为何物,岂非大可痛哉！惟其不辨也,乃以国家拱而奉之于朝廷,久而遂视国家为朝廷之物矣。以国家之大,而视为朝廷之物,是何异昔之论天文者,以日为地球之一物乎？……

如不忍中国之亡,必自辨朝廷与国家之区别始。且西国今日之强,皆自明此公理始也。当欧洲之中世纪,亦有以君权为天授者,亦有以国家为朝廷之私有者。洎一千七百四十年,普王佛勒特力深以前说为非,以为国君者,国家第一臣之仆。欧洲之人传之为格言。而法王路易十四"朕即国家"一语,全欧之人目之为大逆不道。至十八世纪,诸儒踵起,竞倡自由人权平等之说,而成今日民权之世界。其精义粹理,不可不知者也。

原载黄帝子孙之一人编辑:《黄帝魂》,1903 年版,第 237—241 页。

猛回头　陈天华

列位！你看于今那个不赞道法兰西的民,享自由的福。谁晓得他当二百年以前,受那昏君贼官的压制,也与我现在一样。法兰西通国只有中国一二省大,却有十三万家的贵族,都与那国王狼狈为奸,把百姓如泥似土的任意陵践。当明朝年间,法国出了一个大儒,名号卢骚,是天生下来救度普世界的人民的。自幼就有扶弱抑强的志气,及长,著了一书叫做《民约论》。说道这国家是由人民集合而成,公请一个人做国王,替人民办事,这人民就是一国的主人,这国王就是人民的公奴隶。国王若有负人民的委任,这人民可任意掉换。法国的人,先前把国认作是国王的,自己当作奴隶看待,任凭国王残虐也不敢怨。闻了卢骚这一番言语,如梦初醒,遂与国王争起政来。国王极力镇压,把民党杀了无数,谁知越杀越多,一连革了七八次命,前后数十年,终把那害民的国王、贵族,除得干干净净,建设共和政府,公举一人当大统领,七年一换。又把那立法的权柄归到众议院来了,议员都从民间公举,从前种种虐民的弊政,一点没有,利民的善策,件件做到。这法兰西的人民,好不自由快乐吗?人人都追想卢骚的功劳,在法国京城巴黎为卢骚铸一个大大的铜像,万民瞻仰,真可羡呀!

原载陈天华:《猛回头》,见曹亚伯《武昌革命真史》,中华书局1930年版,第57、58页。

警世钟　陈天华

恨的是前次公使随员、出洋学生,不把外洋学说输进祖国。内地的人为从前的学说所误,八股以外没有事业,五经以外没有文章,这一种可鄙可厌的情态,极顽极固的说话,也不用怪。我怪那公使随员、出洋学生,亲到外洋,见那外洋富强的原由,卢骚的《民约论》、美国的《独立史》也曾看过,也曾读过,回国后应当大声疾呼,喊醒祖国同胞的迷梦。那知这些人空染了一股洋派,发了一些洋财,外洋的文明,一点全没带进来。纵有几个人著了几部书,都是些不关痛痒的话,那外洋立国的根本,富强的原因,没有说及一句。这是甚么缘故哩?恐怕言语不慎,招了不测之祸,所以情愿瞒着良心,做一个混沌汉。同时日本国的出洋人员回了国后,就把国政大变的变起来,西洋大儒的学说大倡的倡起来,朝廷若不依他们,他们就倡起革命来,所以能把日本国弄到这个地步。若是中国出洋的人,回国后也和日本一样,逼朝廷变法,不变法就大家革起命来,那时各国的势力范围,尚没有如今的广大,中国早已组织了一个完完全全的政府了,何至有今日,万事都措手不及哩!唉,这些出洋的人,只怕自己招罪,遂不怕同胞永堕苦海,你道可恨不可恨呢?

原载陈天华:《警世钟》,见曹亚伯《武昌革命真史》,第67页。

放　歌　柳亚子

……我思欧人种,贤哲用斗量。私心窃景仰,二圣难颉颃。卢梭第一人,铜像巍天闻。《民约》创鸿著,大义君民昌。胚胎革命军,一扫秕与糠。百年来欧陆,幸福日恢张。继者斯宾塞,女界赖一匡。平权富想象,公理方翔翔。谬种辟前人,妄诩解剖详。智慧用益出,大哉言煌煌。……

原载中国革命博物馆编:《柳亚子文集·磨剑室诗词集》卷一(1903年),上海人民出版社1985年1月版,第17页。

光绪癸卯补行辛丑壬寅恩正并科会试闱艺

日本学制改用西法,收效甚速,然改制之初,急求进境,不无躐等、

偏重之弊,东国名宿类自言之,取长舍短,宜定宗旨策　绍先

有学术然后有人心,有人心然后有政治。学术正则人心正,而政治亦无所不正;学术偏则人心偏,而政治亦无所不偏。学术者,人心之本原,政治之标准也。日本当明治之先,学术与中国略同。自开锁国之禁,贤哲之士游历欧美,称羡不已,急图变法,瞬息之间,全国风靡,而学制于是一变。其学舍之规模,教科之等级,无一不以西学为宗旨。论者以为收效甚速,而抑知急求进境,弊即伏焉。越普通而竞专门,是躐等之弊;重智育、体育而轻德育,是偏重之弊。东国名宿,亦甚忧之。或倡国粹保存主义,或斥耶教之非。其谓学制繁难,不如明治初年程度者,是欲救躐等之弊也。其谓智虽胜旧,德不如初,无弃本国人情风俗,急效外人者,是救偏重之弊也。夫躐等偏重,是舍其本而骛其末也。天下有舍本骛末之学与政,而可以为久安长治之策者乎?

方今中国以日本变法之善,思仿而行之,综观大势,亦所必然。然中学者,中国之根本也;西学者,中学之辅佐也。重纲常,守义理,中学之所长;而训诂词章,习为无用,乃其短也。善用其才智,无人不学,无事不学,识求精,理求实,西学之所长;而轻伦理,务竞争,标平权之宗,倡民约之论,乃其短也。欲定宗旨,取彼之所长,以补我之短则可,并我之长而亦舍之,以蹈日本之覆辙,学术一偏,流弊将无纪极。夫日本所谓国粹,未必其果粹也,有识之士尚斤斤欲有以存之,何况我中国三千年圣贤相传之正学哉!

原载顾廷龙主编:《清代朱卷集成》第88册,台北成文出版社1992年版,第263—265页。

光绪癸卯恩科乡试闱艺

书籍报章持论贵乎平正,若诬及朝政,有碍治安者,实为煽乱之根,
试详言一律严禁之法,以正人心而维风俗策　卢瀚荫

何以增四百兆人之脑质,标新领异于一时,不啻亲承授受也?曰惟书籍。何以通四万里地之文化,褒善贬恶于一字,不啻遍历见闻也?曰惟报章。顾或抑中尊外,心醉自由平等之谬说,展转傅会,几不知三纲为何物,但捃摭《万国公报》之辞,遂谓中土数千年之礼义政教,无一足与西人竞争。吾恐邪说横行,其传之语言者,不过一隅之地,数十百之人,误受其诳惑耳。至记载而成文字,则十八行省之黄种,家置一编,人持一纸,聪颖者质性未固,喜闻民约之主义;愚妄者宗旨不明,甘受彼族之教育。且有通臣以簧鼓于外,奸民以煽诱于内,其诽谤一日之朝章政典者患犹小,其渐染一世之人心风俗者患弥巨也。于此而欲一律严禁之,其惟仿设傲察之法乎?

西国傲察之职有六,而于出版尤严。盖凡一书之出,必先禀明行政官,俟其许可,乃敢印刻发行。是书籍有不合于其立国之精神命脉者,皆不得自行流布也。法国麦马韩,谕以所更新章,主笔者不得任意贬谪。英德、日本各国,又有谗谤之律,惩罚之条,榜示报馆。傲察时申其厉禁,是报章必删汰芜秽,考究详实,不得空剿涂说,藉阐宗风也。故西律以诳语获罪者不赦。言论自由,罪即坐夫言论之人;出版自由,罚并及于出版之家。吾知傲察之特权立,则煽乱之邪焰息矣。或谓书籍可以通中外之时务,报章可以达上下之隐情,苟能拟上古辒轩之制,仿泰西晤士之例,亦奚不可?如必执一律严禁之说,岂遽能使窜身租界托名西士者,胥缄口而阁笔乎?曰吾所谓设傲察者,正欲申明黜邪惩诬之法,不必尽废书坊、报馆也。广译有用之书,以扩中学所未备,酌行新闻之报,以补邸抄所不及。且照会东西各洋,凡有政艺之书,月日之报,或诬及朝政者,皆当同其禁例,载在约章。庶可以救人心风俗之偏,而兼收书籍报章之益也。傲察既严,而又扩充学校,以昭中正之则,讲明经史,以生忠爱之心,则经正而邪慝不兴,我中土共处于久安长治之世矣。

深识世务,设法可行。

书籍报章持论贵乎平正,若诬及朝政,有碍治安者,实为煽乱之根,
试详言一律严禁之法,以正人心而维风俗策　张振声仲吉
……比年以来,士大夫论者,以开民智为急务,颇从事于译书设报,其

用心良苦矣。然一二不逞之徒,亦藉是而杂出其间。译书则空论多而科学少,报章则正论少而邪说多。甚至丧心病狂,肆意诬蔑,有令人不忍言而并不忍闻者。是欲以兴学而自强,而反以兴学速其乱也。夫卢梭《民约论》,洛克政书,近日立说者之所祖也。然在西人论之,以为徒长乱阶者,亦不止一人矣,而俄人坡鳌士特夫驳之尤详。中国国势虽弱,民心尚固,及今有以禁之,使不为人心风俗之害,此诚天下后世所共谅者也。其禁之法奈何?曰日本之制,凡一书之出,必先经文部省大臣检定,视其果无谬误,然后许其刊行,给予板权。今中国无文部,可以管学大臣代之。凡书之未经检定者,毋许刊刻,或私行刊刻,为人控告者,则重罚之,其版权官不为保护。若别有悖逆之论,则按律治罪。如是而书籍可以禁矣。至于报章之设,各国本有专律,若毁谤,若诬妄,皆有定罚。往者广州报馆,以纪事不实而被封,海上《采风报》,以污人名誉而被罚,成案具在,凿凿可考。今若仿之,列订报律,而更如昔日俄法之制,令官吏为监督,其论说纪事之稿,故于先一日呈阅,则自无诬妄失实之谈,更不敢为眩惑人心之论矣。要而论之,人心风俗者,立国之大本也。人心风俗而正,则国虽弱,犹可为治,人心风俗而乱,则一时虽无事,而祸事方始。谋国者盍弗早为之计哉?

书籍报章持论贵乎平正,若诬及朝政,有碍治安者,实为煽乱之根,
试详言一律严禁之法,以正人心而维风俗策　王钟琦

斗室之中,晏然睹中外古今之是非得失,而增我无限之学识者,是何耶?曰书籍而已矣。咫尺之内,俨然知士农工商之知愚巧拙,而益我无限之见闻者,又何耶?曰报章而已矣。是故近今谈时务者,辄以广译书行报纸为自强第一义。呜呼,是岂无所见哉?然而窃犹有虑。今夫水有本而后泉流长,木有本而后枝叶茂,士有本而后器识远。昔日本当明治变法之初,废汉学而行西政,富强之心炽,重智育而轻德育,忠孝之路荒,名儒硕彦若仓岩具视辈类能自言其失。我中国数千年来,尧舜、禹汤、文武、周孔、程朱之道,壹以君臣、父子、夫妇、长幼、朋友之伦为范围,千万万世确不可易。顾自戊戌而后,邪说朋兴,卮言日出。青衿学子,袭彼教之空谈;荐绅先生,拾逋臣之余唾。一人唱之,人人和之。自由平等之蛊毒,愈激而愈横;纲常名教之大防,日疏而日远。沉溺于卢骚、孟德斯鸠之学说,而几自忘其为炎黄古国之民。于是胶守一隅之士,遂窃窃焉归咎于书籍报章。呜呼,是岂书籍报章之咎哉?盖著书立说者之咎耳。然则书籍报章,凡诬及朝政,有

碍治安者,禁之可也。

然禁之非难,禁之而有以善其后则难。名为禁矣,私自销售,弁髦功令,一难也。即实能禁矣,因噎废食,毋乃坐毙,二难也。夫国势与民情相维系,顺而导之则治,逆而制之则乱,阻抑而锢蔽之,则民愚而国必弱,蒙以为与其禁之,不如因势利导也。窃观西国学堂诸书,公私乐章,多陈述先君之善政,颂扬本国之功德,故各国武备学生,皆知崇礼义,励廉耻。英人密理登谓文学所以敦信崇德,美人鲍德威谓教学之全规,兼伦常在内,考校文学当验身心品行。德人尼般谓天下无可灭之国,其灭亡者皆原于道德之败坏。此皆哲学名言,取其大旨汇为一书,晓谕士类,可以救译书不慎,流为邪说之害。至于报馆之设,利在周知民隐,近《周官》司谏、司救、土训、诵训诸职,所以宣上德而通下情也。故西国报馆主笔,必选才识兼优之绅士为之,而优礼殊甚。昔法总统麦马韩即位,谕报馆新章无不尽善,主笔者宜为揄扬,不得贬谪,意至美也。中国苟先定报律,又破格以激扬报馆之人才,则凡为主笔者,皆知感知惧,而无所肆其鬼蜮矣。以上二者,皆因势利导之说也。不此之务而徒曰禁之禁之,此治标之说也。故严禁之法,蒙以为不必议。

书籍报章持论贵乎平正,若诬及朝政,有碍治安者,实为煽乱之根,
试详言一律严禁之法,以正人心而维风俗策　程铭善

国之所以能开天下之心思,而通上下之情素者,奚赖乎? 赖有书报而已。惟其有书,是以兴衰之理,治乱之源无不知,古所以有陈书采诗之政也。惟其有报,是以不出户庭而知天下,周所以重训方氏、小行人之职也。凡此者将以求治也,将以求安也。夫是以朝政明而风俗敦,祸乱之机于以不作。近十年来,士大夫以西书之有用也,而广译之;以报章之阙失也,而创设之。或著录于侨寓之洋商,或立馆于海滨之洋界。然不取俾士麦、加富尔内治外交之策,斯密亚丹、理嘉图富国之理,毛奇、戈登治兵之术,精译而论辩之,而纷取卢骚之《民约论》,孟德斯鸠三权分立论之类,啧啧为天下倡。且又为之解李陵之冤,释卫律之罪,因以谤及我朝政,诚不知其何心,且不知其何以忘列祖列宗以来涵濡之德,及我皇上所以教之养之之意也。

……然严禁之法,固有先我而行之者矣。日本与英德,皆可鉴之前车也,安得以出版自由、言论自由之说,而任其纷纷也? 自今以后,其有言论

不轨,而不足纪民业之盛衰,财计之消长,兵力之厚薄,法律之变更,哲理之阐明者,一切严禁之。其在租界者,会商于其领事而封闭之,彼必不以一二人之私故,而坏一国之邦交,况所恶又与伊同乎?其有合格者,给与准单,使与官书邸报一律通行,既不至阻抑民气,又可以藉正人心,不两得乎?窃尝思之,自古大乱之世,必先变乱是非,而后政治颠倒,灾害从之。屈平所以愤激沉身而不悔者,亦以当时是非淆乱,为至痛耳。夫变乱是非,足以颠倒政治而生灾害,今之是非变乱为如何矣,而谓有人心风俗之责者,忍令其据译局报馆,而煽二十三省之奸民,而召外衅哉?

书籍报章持论贵乎平正,若诬及朝政,有碍治安者,实为煽乱之根,
试详言一律严禁之法,以正人心而维风俗策　崔国铎

民智不可不启,而民气决不可使嚣;民情不可不通,而民心万不可使惑。书籍报章,本冀以瀹民智,达民情,而有益治安者也。矧海禁大开以来,五洲会同,九夷通道,天将大一统于中国,不得不先繁交涉,以增益我所不能,则今日者以书籍译彼族学艺,实足补《冬官》格致之遗,以报章传中外要闻,亦略仿《春秋》告书之例,固法令所不禁也。无如戊戌以来,逋诛遗孽,海外煽殃,幸我治权所不及,藉民权、社会平等自由诸说,营私结党,与不轨者之无稽谰语,附会之,张皇之。或假名译书,或争创新报,播布内地,冀以簧鼓不逞之辈,起而与长上为仇,以快其反噬之毒。无识邪曲之士,喜其民权、自由之说,可以肆无忌惮,佴架襍而越范围,亦相率著书横议,谓能启人之新识,甚至侮尧舜、周孔之治教,为黑暗野蛮,他无论矣。詈辽金元为蛮夷猾夏,寓意之不臣,直昭然矣。狂谬悖逆,一至于斯。使不严申禁例,则非启民智,通民情,而实嚣民气,惑民心,以煽天下无父无君而大乱,人心风俗,几何不沦于禽兽哉!

书籍如《仁学》《民约论》《自由钟》《革命军》,及诬蔑指斥诸名目,报章如《新民丛报》《大陆报》《浙江潮》《湖北界》《游学编》等等,皆煽逆之尤,必不容流布者也。顾屡悬厉禁,而其焰不衰,岂人心好乱,令不行禁不止哉?病在我之行法权有不足耳。今欲一律严禁,似宜先行严定版权、报律,仿日本设文部大臣,专理其事,士民著作皆须呈阅核定,方准版行,违以不道论。报馆不得影名洋商,主笔由官考选,违犯报律,以惑众逮治。而其要尤宜妥与各国订约,如于中国开馆售报,应遵中国报律。各国书报,干禁例者,参仿俄律,概禁入口。华民私相售受,发觉严惩,各国不得袒庇。其书

报之实能有益学术,指陈利弊民情者,并予奖异。如此宽猛交济,中外合商,或可禁止令行,无所嚣惑,而不至邪说横流,以逞其毒。此正人心、维风俗之一助也。否则奸宄之流,有恃不恐,愈禁之而焰愈张,亦何益之有哉!

本房加批:

洞明时务,畅所欲言。入后规画严禁之法,切中窍要,尤征识力。

原载顾廷龙主编:《清代朱卷集成》第 205 册,第 347—350 页;第 206 册,第 200—202 页,第 445—449 页;第 208 册,第 401—404 页,第 91—94 页。

光绪癸卯恩科乡试闱艺

孔子之道,合哲学、政治、教育为一家,《中庸》称祖述尧舜,宪章文武,盖原于教以立为政宪,又托于政以纲纪人伦,是以六经垂教,论政者过半,乃旧学家专以守残,以笺注性理自封,新学家见异思迁,薄视经籍为无用。今欲折群言之淆乱,先明圣书之宗旨,试举六经之要言,以发

政教之一贯策　唐燮垚

大地抟抟,一争竞场哉!其始人与人争,其后国与国争,又其后种与种争,又其后学与学争,至学与学争,而为祸益烈矣。然国也人也种也,其争也以强者胜,至学与学争,则以备者胜。今使有一学境于此,其于道德界、学术界、思想界、政治界、伦理界、格致界,无有乎弗具,无有乎弗该,于地球五大洲内,元会十二万年中,以显其懿铄隆茂、正大光明之景象,吾决其学派之久,有与天地相并者,夐哉惟我孔子乎!

孔子擅生民未有之资,道贯古今,德极中外,其性理、天道,则哲学极诣也。其中都伟绩,则政治实功也;其泗水渊源,则教育盛轨也。孕虞育夏,甄殷陶周,亭毒八荒,卢牟六合,盖实有非常之运量焉。虽当其时,欧洲人物挺生,道路隔绝,而无形之中,不啻隐相对峙者。然即中西诸史考之,而知其不相及耳。何也?亚诺芝曼德之倡无极说,巴弥匿智之创有宗说,固孔子性道之偏端,即额拉吉来图之言物性,安那萨哥拉之论原质,亦孔子格致之余绪。即西方推苏格拉第言性理道德,为西方孔子,亚里士多德集学派大成,彼中人语,又乌足以为信?酉里大学之哲,史家曰,孔子以三纲五常为教,其纯粹不可及。亚氏之言曰,孔子者,非作洛亚斯德、释迦、摩哈默等,可同日语也。然哉,然哉!夫岂无所见而作此褒语哉!

试先论其原教以立政。夫泰西之政,不根教者多矣。路易十四改革宗教,而罗马教皇失专制之权;斯密亚丹创自由贸易,而政府失保护之权。卢骚之《民约论》,又足抵制路易之专制,政端所发,虽实有其益,然民气之嚣,实其所致。以视孔子之九经治谱,其纯驳何径庭也。又观其托政以纲纪人伦。夫伦理之事,西人之所短也。以巴门义兑之贤,而自幼不遵父训;以苏格拉第之贤,而生平不和其室;以安得臣之贤,而不免绝欲遗世;以直窝尼士之贤,而不免荡检逾闲。若孔子之尽性尽伦,以孝友之道,施于有政,真卓绝千古矣。

原载顾廷龙主编:《清代朱卷集成》第 301 册,第 175—178 页。

路斯阿　汪成教

路斯阿,十八世纪大思想家,神源说之巨子者也。生一千七百十二年,卒一千七百七十八年。

原载汪成教编辑:《泰西人物韵编》第一册去声卷七遇“路斯阿”条,上海书局 1903 年石印本,第 7 页。

《法意》按语　严复

复按:孟氏于人类所以为群之德,可谓见之真,而能言其所以然之故者矣。其谓争之与群,乃同时并见之二物,此人道之最足闵叹者也。郝伯思有见于此,故以专制为太平之治,卢梭亦有见于此,故谓初民有平等之极观。而其实则法制之事,即起于争。使其无争,又安事法?国之与国,人之与人,皆待法而后有一日之安者也。

复按:十八世纪著政论言民权者,多与孟氏此章之言,同其失实。自舟车大通,蛮夷幽夐之阻,皆为耳目之所周。然后知初民生事至劣,以强役弱,小己之自由既微,国群之自由更少。观《社会通诠》所言蛮夷社会,可以证矣。往者卢梭《民约论》,其开卷第一语,即云斯民生而自由,此义大为后贤所抨击。赫胥黎氏谓初生之孩,非母不活。无思想,无气力,口不能言,足不能行,其生理之微,不殊虫豸,苦乐死生,悉由外力,万物之至不自由者也。其驳之当矣!且夫自由,心德之事也。故虽狭隘之国,贤豪处之而或行;宽大之群,愚昧居之而或病。吾未见民智既开,民德既瓴之国,其治犹可为专制者也。由是言之,彼蛮狄之众,尚安得有自由之幸福,而又享其最大者乎？

原载（法）孟德斯鸠著，严复译：《法意》，商务印书馆1903—1909年版，卷一第8页，卷一八第13页。

论激烈的好处 激烈派第一人（刘师培）

第三桩是鼓动人民。由前两桩比起来，说空话的人，是比不上做实事的。但这一种的人，于现在的中国也很有益。从前法国有两个文豪，一个叫做卢梭，一个叫做孟德斯鸠，他说的话都是激烈不过的，那巴黎的革命，就是被他鼓动起来的。又日本有两个志士，一个叫做高山正之，一个叫做蒲生秀实，他说的话也是激烈不过的，那日本的尊王攘夷，也是被他鼓动起来的。所以这一种著书出报演说的人，宗旨也要激烈。你看爱国学社创办的时候，上海创《苏报》，东京创义勇队，这几件事情的宗旨，都是激烈不过的。虽说内地没有大影响，但东南各省的人，被他们感动的也很不少。就是现在倡排满革命的人，也大半是受他们影响的，就是激烈派的效验了。他们政府里头，看见这一种激烈的人，不说他是妖言惑众，就说他是丧心病狂，极力的要共他们为难，可不是政府也狠恐怕激烈的么？况且现在的人，宗旨既然激烈，就是做一部书，说一句话也都是达于极点的议论，共那一种平和人不同。我看见新书上说过，要著书莫要怕杀头，这种激烈派的人，就都是不怕杀头的了。以上是激烈派的好处第三桩。

原载《中国白话报》1904年第6期。

国民意见书 白话道人（林白水）

你们那般规行矩步，言忠信行笃敬的理学家，生在现今世界有什么用帐？他们新党道，孔夫子是个时中之圣，大《易》的道理，也说变动不居，可见做人不必太十分拘泥了。我们虽然穷苦没有钱，但那共产的主义，欧洲哲学家也曾极力提倡，可见别人的钱，我们也可以用的了。就是在上海张园吊吊膀子，抱抱倌人，这可不是西哲所说的共妻主义么？那种顽固的老婆，我今不要他了，随他饿死。我们要实行那婚姻自由，去勾引文明的女学生。没事时候，又又麻雀，吃吃花酒，这也是乐天主义，无所不可的。你看法国的卢梭，他也是很风流的，德国的俾士麦，他也是很无赖的，如今不免铜像巍巍。我们新党总要有这种新道德，做出来的事体，总要惊骇那庸耳俗目，奇奇怪怪，才能够副这新字之名。（以上是新党的新道德）

照以上看起来,这新党着实新透了,随便什么旧党,都不足望其项背了。哈哈,据我愚见,也未免新得太过逾了,我今且大胆把他来教训教训。

道德本没有什么新旧,譬如我们大家,白天要吃三顿饭,晚上要睡觉,这是五洲万国不约而同的,任你怎样变法,怎样维新,总不能说做人不必吃饭,不必睡觉。这道德也是这样了,因为人群相处,总逃不出忠信笃敬四字。你今藉口时中,就可以随便乱来,自己没钱,就说要实行共产主义。倘使译稿卖得出,身边有了三四十块洋钱,人家要想共你共产,只怕这时候你又不赞成这共产主义了。喜欢吊膀子吃花酒,就说共妻,若是你的尊夫人,被人家吊了膀子,你可不吃醋么?夫妇乃人道之始,这句话中西圣人都是这样说的,你如今倒说老婆不要了,要婚姻自由去勾引女学生。我看你不是嫌他顽固,不过貌生得不十分娇娆罢了。不然那四马路的堂子倌人,未必开通未必文明,你为什么当他做个神仙看待,胁肩谄笑的,倒反去巴结他呢。法国卢梭,他会做《民约论》,德国的俾士麦,他会组织联邦,你们何不也做一部《民约论》出来看看,也把东洋各国组织一个大联邦,以便共白种宣战。若果有这本领,将来也不怕没有铜像。哈哈,他们好的地方,你不学他,他们坏的地方,你偏要学他。试问他们若果除了风流无赖更无他可传,能够铜像巍巍么?你这话到底要想骗那个呢?
原载《中国白话报》1904 年第 8 期。

文明小史　南亭亭长(李伯元)
可巧有别的事,就便辞却这馆,荐了一位浙江学堂里出来的教习,是他朋友瞿先生。到次年正月里,瞿先生来开馆,一般也是拜孔夫子,请开学酒。这瞿先生却比缪先生开通了许多,打开书箱来,里面尽是新书,有些什么卢梭《民约论》、孟德斯鸠《万法精理》、饮冰室《自由书》等类。他所讲的,尽是一派如何叫做自由,如何叫做平等,说得天花乱坠。济川听了,犹如几年住在空山里面不见人的踪迹,忽然来了一位旧友,密切谈心,那一种欢喜的心,直从肚底里发出来。暗忖道,这才好做我的先生了。谁知这位先生议论虽高,却不教他做什么功课,只借些新书给他看,平空衍说衍说。他忍不住,要请教些实在的功课。

(臧)钦差道:"这是什么话?我何曾保送过学生,只咨送是有过的。"

(彭)仲翔道:"据学生的愚见,钦差既然要争那保送、咨送的体制,就该合参谋部说明才是。参谋部不允学生进学的事,钦差也当力争。如果没得法想,就当告退,才是个道理。"钦差道:"好好,你倒派出我的不是来。我原也不是恋栈的,只因天恩高厚,没得法子罢了。"仲翔道:"这话学生不以为然。"钦差大发雷霆,板了脸,厉声骂道:"你们这班小孩子懂得什么?跑来胡闹!我晓得现在我们中国不幸,出了这些少年,开口就要讲革命,什么自由,什么民权,拿个卢梭当做祖师看待。我有什么不知道的,那法国我也到过,合他们士大夫谈论起这话来,都派卢梭的不是。你们以为外国就没有君父的么?少年人不晓得天有多高,地有多厚,说出来的话,都是谋反叛逆一般。像这样学生学成了本事,那里能够指望他替朝廷出力,不过替国家多闹点乱子出来罢了。……"

仲翔见他不理,只得又说道:"钦差要怕学生不安分,还是多送几个到学堂里去,等他们学问高了,自然不至于胡闹。我们中国人的性质,只要自己有好处,那里有工夫管世界上的事呢。学生里学西文的,学好了,好做翻译,做参赞。学武备的,学好了,好当常备军、豫备军。一般各有职业,那有工夫造反?要不然,弄得万众咨嗟,个人叹息。古时所说的辍耕陇上,倚啸东门,从前还从下流社会做起,科举一废,学堂没路,那聪明才智的人,如何会得安分呢?这些事用得着学吗?所说卢梭《民约》等书,都是他们的阴符秘策。钦差既有约束学生之责,就当拣那荒功顽固的学生,留意些,犯不着对几个明白道理的学生,生出疑忌的意思才是。"一席话,说得钦差更是动气,只当没有听见。

原载《绣像小说》1904 年第 23、33 期。

断头台传奇 感惺

第一出　党争

(净洋装扮法兰西山岳党首领上)

(商调集贤宾)莽英雄杀人真似草,剑花拂海云遥。腥风催紧,江山向晚,万里流涨上红潮。有鬼雄无数烦冤,任啁啾夜夜狂号,若教俺尽消除众生的苦恼。只莫非头募生王,破得个千金沾颈血,为神州赤县洗尘嚣。(白)

歌舞销王气,头颅换国魂。笑他天子贵,不及狱官尊。俺乃法兰西山岳党首领罗拔士比是也。少年落魄，民约醉心，沉吟草泽之中，奋跃议场而上。怎奈我法兰西祖国，徒见集权政府，相传数十代专制魔王，只余纳税国民，制造二十七万孤寒动物，甚至芭歌宫市。为后不若为娼，狗续侯冠，畏首还当畏尾。纵有孟德斯、福禄特、卢梭，舌敝唇焦，激扬鼓吹，却好比鸾鹤重霄。任那克洛恩、麻尼欧尼克，精敲髓取，淫佚骄奢，真个是豺狼当道。可恨那路易王十六世，瓮蛙见小，虚张他改革的假声。有一班华族数千人，腹蟹谋多，撺掇那宪法的新制，说什么临时国会、寻常国会，不片时风飑沙飞。创几许同业联盟、名士联盟，一样是蛇神牛鬼。幸得俺法兰西国民，受过革命的教育，也非一日。属在专制政府之下，今天加赋明天增税，民无聊生，谁不愿意暴动？非色野之役，路易王出居鸠尔利宫，受不过人民的监督，出奔中途复被捕获。到了新市，团体既立三帜插天，王位被废，投废王于台锝普尔托狱中。唉，这时民权也算强到极点了，若不趁此实行，岂不是失了一个好好机会么？叵耐那狄郎的士党，自勿因脱党倾覆后，他便占主内阁，竟敢与俺山岳党反对起来。

原载《中国白话报》1904 年第 13 期。

《中国民约精义》序　刘光汉（刘师培）　林獬

吾国学子，知有"民约"二字者，三年耳。大率据杨氏廷栋所译和本卢骚《民约论》以为言。顾卢氏《民约论》，于前世纪欧洲政界为有力之著作，吾国得此，乃仅仅于学界增一新名词，他者无有。而竺旧顽老，且以邪说目之，若以为吾国圣贤从未有倡斯义者。暑天多暇，因搜国籍，得前圣曩哲言民约者若干篇，篇加后案，证以卢说，考其得失。阅月书成，都三卷，起上古，讫近世，凡五万余言。癸卯十月，以稿付镜今主人；主人以今月付梓，来索序。仲尼有言："述而不作。"兹编之意，盖窃取焉。叙《中国民约精义》。

甲辰四月下澣编者序

原载刘师培、林獬著：《中国民约精义》，上海镜今书局 1904 年版，第 1 页；又载钱玄同等编：《刘申叔先生遗书》第 16 册，宁武南氏 1936 年校印本，第 1 页。

王　符　刘光汉（刘师培）　林獬

太古之时，烝黎初载，未有上下而自顺序。天未事焉，君未设焉。后稍矫虔,或相陵虐,侵渔不止,为萌巨害。于是天命圣人,使司牧之。《潜夫论·班禄篇》。

案:王氏此论出于《吕氏春秋》,为柳子厚《封建论》所本,甚合于民约之旨。见柳子厚条。然谓圣王之牧民由于天命,则此语大误。《左传·襄十四年》载师旷之言曰:"天生民而立之君,使司牧之。"彼言君为民立,此言君为天立,且与古人以天统君之说亦大不同。古代之民,称天以制君;后世之君,称天以制民,即《周易》所谓"圣人以神道设教"也。推其流弊,而帝王神权之说由此而生,谓代天宣化者有之矣,谓神授君权者有之矣,而帝王之身遂神圣不可侵犯矣。《民约论》云:"化天宣化,以之蛊惑众庶,愚蠢之流,偶然麕集,售其欺者或有之,而欲以此虚妄之说为建国之基,则三尺童子亦知其不可。"是君为天立之说,卢氏已斥其非,而王氏以君为天立之言,传之后世,岂知立君与否,其权悉操之于民,立之可也,即废之亦可。若如王氏之说,岂非君位既设,历千百年而不可复更乎?此其所以不及《吕览》也。

又案:中国称帝王为天子,即政教合一之征。盖中国古代之思想,多谓君由天立,而人君遂得挟天子之名以助其专制,神权、君权合而为一,其祸可胜言耶?观刘勰《新论》云:"天生民而立之君。则君者,民之天也。"其说较王氏为尤谬。思想之卑,至此而极,又何憾乎罹独夫民贼之祸耶?

原载刘师培、林獬:《中国民约精义》卷二,第10、11页。

墨翟之学说 觉佛

有孟德斯鸠之《万法精理》、卢梭之《民约论》,而法兰西之共和政体以成,学说之影响于全国及世界固若是,其有莫大能力也。而我国何以有绝精学说,绝妙伟人,而全国社会中,仍惨淡无色。则以外国人每一新书出版,人人歌之和之,崇拜之,则效之群,以为独一不二之宝物。故国势日强,社会因之日进步。我国则不然。近年以来,热心志士,非不采取西洋健全之学说,以为输入文明计。孟德斯鸠之《万法精理》,则译之,卢梭之《民约通义》,则译之,至若黄黎洲之学说,亦曾有人焉以发挥之。彼其人固为扩张民权计,而为共和政之先声也。乃歌之和之者一二人,而骂之斥之者千百辈。其于墨子之学说,亦淡然置之,一若微风好鸟之声,入耳而即忘。我国人群之不进化,公德之不发生,职是之故。

我国儒家之学说,多重阶级。如所谓"君犹父也,臣犹子也","君要臣死,不得不死"。彼儒之初心,本以防民之有争端耳。乃君主利用之,一夫为刚,万夫为柔,而不平等之患生焉。墨子痛之,以兼爱立教,而平等之旨昭,而阶级之制可破。国家伦理既发达,家庭伦理亦必身体力行。

原载《觉民》1904 年第 7 期。

东译《民约论》书后 《南洋官报》

自帝王以降,公卿、大夫、百执事,下逮皂隶、舆台,莫不各有其等也。使尽去阶级,而平揖于一堂,则国不可一日而治。既各有其等矣,即莫不各有其所守之秩序。使破坏法纪,人人有为所欲为之心,则国不可一日而安。故一国之治,治于不平等,一国之安,安于不自由。异哉!今之少年,乃有所谓平等自由之说。是说也,滥觞于西人霍布士、陆克,而横决于卢梭。卢氏以为天赋人权,无论尊卑、智愚,一切平等,即一切自由,无有主治与被治之别。国家者乃由全体人民结合契约而成,如市民之立公司,然主者苟不善,股东得以易置之。自此说一出,震动人心,而革命蜂起,如纵火森林,疾风乘之。法国既为灰烬,而余焰遍及全欧。百余年间,国家颠覆相踵错。呜呼,邪说之为祸烈矣哉!虽然,当时之暴君污吏,亦不得不执其咎。苟非上之人,自视太自由,其视下也,太不平等,又何至反抗如是之力?彼卢氏特从而煽动之耳。夫欧洲以卢氏之言而乱,及其乱定而治,以讫今日,问有一国能实行其言者乎?无有也。宪法虽由民意,不得谓之全体之契约也。总统虽由民举,不得谓之主权在民也。君权虽有限制,民权亦有界线,不得谓之平等也。各国宪法虽有所谓言论自由、出版自由、集会自由诸条目,然而有关政治之书报,必呈稿于管辖官;抵抗君上之言谈,必遭禁于裁判所。或限用一定之纸色,或预纳保证之存金。言论、出版若此,谓之自由可乎?身带凶器,不许集会,皇地、禁地,不许结党,聚至二十人以上,必经地方官之特允,而一切秘密不法之结会,无论矣。集会若此,谓之自由可乎?若夫最大者,莫如参政权,然议院之反对,政府得一再解散之。纳税不及额,土著不及年,皆不得出代议士。自由乎,不自由乎?然则卢氏者,诡辩之哲学,而非实践之学说也。

诡辩者理不足,故未几大敌达尔文出,而卢氏之说身无完肤矣。达尔文者,天演学之初祖,而强权派之斗山也,专以天择物竞、优胜劣败之理观察群治,谓世界有强权而无平权,权也者,人自求之,而自得之,非天所赋也。此论一倡，于是欧洲之谈政术、学术者，一切宗之，无论一国一人，皆务为优者、强者，日相竞于进化之途，而攻击卢氏者亦日众。黑勒尔曰："国家之起原，决非出于民约，实优者、强者征服其劣弱者而已。"失弗勒曰："自由平等之说，必出于权力相等而后可。苟权力不相等，断不能互相平等，互相自由。然世界断无权力相等之事，盖生存竞争，正由于权力之互有等差，故优强者胜，劣弱者败。苟人人皆自由平等，则人类之进步息矣。"伊耶林曰："权利者，皆吾人之祖宗与他物竞争，竭毕生之力以得之者也。今乃目之为天赋，非不思之甚乎？"葛母泼老曰："父之于子，夫之于妇，皆有命令之权。资本家之于贫民，初不闻分以财产。故种种权利，皆生于不平等。"又曰："天下无论何国，凡所谓权利者，莫不由一人之威力，制驭他人之自由而始。"海尔威尔曰："今世最重自由者，无过美国。当日南部不愿奉废奴之令，而欲分离，是亦出于彼之自由权。而北部必以战争干涉之，强其联合，未闻有以夺彼自由讥北部者。是岂非强者之权利而何？"诸家驳议，举之不胜举。盖自十九世纪下半期以来，强权派日进一日，即平权派日退一日（卢氏派亦谓之平权派）。至于今日，纯以强权之力主持世界，卢氏之死灰殆不复然矣。

吾意自今以往，自由、平等诸名词，第存为埃田之理想而已。埃田者何？耶教所谓极乐之天国也。其说与国家学者所谓黄金时代者相同。黄金说曰："太始之世，天下泰平，四民同等，无有阶级。男不耕而足食，女不织而足衣。家不闭户，路不拾遗。人人享无限之自由，处处乐安全之幸福。外忧内患不生，天灾地变不起。"诞哉言乎！夫使古今中外而果有是国也，则卢氏之说信矣。非然者，犹是人力构造之国家，人事相维之社会，则固各有其等差，各有其秩序，不容一日之紊乱，一事之凭陵，西人所谓权限是也。果使人人自由平等，则权限隳矣，尚复成何世界乎？吾闻西人有言曰："天下几许罪恶，皆以自由死。"呜乎，今之少年，可以憬然悟矣。

原载《南洋官报》1904 年第 74 期。

致饮冰主人书 黄遵宪

光绪三十年七月四日　1904 年 8 月 14 日

公之归自美利坚而作俄罗斯之梦也，何其与仆相似也。当明治十三四年，初见卢骚、孟德斯鸠之书，辄心醉其说，谓太平世必在民主国无疑也。既留美三载，乃知共和政体万不可施于今日之吾国。自是以往，守渐进主义，以立宪为归宿，至于今未改。仆自愧无公之才之识之文笔耳，如有之，以当时政见宣布于人间,亦必如公今日之悔矣。仆前者于立宪之说,且缄闷而不敢妄言,然于他人之提唱革命,主持类族,闻之而不以为妄,谓必有此数说者,各持戈矛,互相簧鼓,而宪政乃得成立。仆所最不谓然者,于学堂中唱革命耳。此造就人才之地,非鼓舞民气之所。自上海某社主张此说,徒使反动之力破坏一切,至于新学之输入,童稚之上进,亦大受其阻力,其影响及于各学堂各书坊,有何益矣。若章、邹诸君之舍命而口革,有类儿戏,又泰西诸国之所不闻也。公之所唱,未为不善,然往往逞口舌之锋,造极端之论,使一时风靡而不可收拾,此则公聪明太高、才名太盛之误也。东西诸国,距离太远,所造因不同而分枝滋蔓,递相沿袭者,益因而歧异,乃欲以依样葫芦,收其效果,此必不可能之事。如见日本浪士之侠,遂欲以待井伊者警告执政;见泰西景教之盛,亦欲奉孔子而尊为教皇,此亦南海往日之误也。

原载丁文江、赵丰田编:《梁启超年谱长编》,上海人民出版社1983年版,第340页。

改革风俗之难　脱羁

旷观古今,予心怦然。追忆十七世纪以前,欧美各国无一不在野蛮时代,社会之黑暗,风俗之腐败,较之中国犹居下乘。试举一西俗,如礼拜五不宜出行,礼拜日不剪指甲,十三人不敢共膳。以视中国婚嫁之必恃龟筮,日食彗见之鸣鼓叩拜,无少异也。乃欧美人有此腐败风俗,不畏官吏之牵掣,世俗之嘲骂,毅然实行,力矫世俗。不若中国畏首畏尾,敢怒而不敢言,空言而不实行也。呜呼,社会之进步,虽非旦夕之功,一二人之力,然必有一二人提倡于前,实行于先,而后一倡百和,举世风从。庐骚、〔福〕禄特尔数百年前大声疾呼,力图改革,举世不谅,目为癫狂。至今日铜像巍峨,万人膜拜,从可知能破名誉界者,斯谓之伟人。顾名思义,拘拘小节者,未有成事者也。海水茫茫,海天苍苍,谁为佛祖,造兹大堂。谁为慈航,渡彼苦海,吾亚东少年,其亦有庐骚、福禄特尔其人,不顾名誉,不知死生,力矫颓风,为众生放一线之光明乎?我将香花祝之,为中国前途贺。

原载《觉民》1904年第9、10期。

子墨子学说　中国之新民(梁启超)
第四章　墨子之政术

墨子之政术,民约论派之政术也。泰西民约主义,起于霍布士,盛于陆克,而大成于卢梭。墨子之说,则视霍布士为优,而精密不逮陆、卢二氏,试胪引而比较之。

(第一)国家起原说

(《尚同上》)子墨子言曰:古者民始生未有刑政之时,盖其语人异义,是以一人则一义,二人则二义,十人则十义。其人兹众,其所谓义者亦兹众。是以人是其义,以非人之义,故交相非也。是以内者父子、兄弟作怨恶离散,不能相和合。天下之百姓,皆以水火、毒药相亏害。至有余力,不能以相劳;腐朽余财,不以相分;隐匿良道,不以相教,天下之乱,若禽兽然。夫明乎天下之所以乱者,生于无政长,是故选择天下贤良、圣知、辨慧之人,立以为天子,使从事乎一同天下之义。(《尚同》中、下略同)

此墨子论国家起原,与霍氏、陆氏、卢氏及康德氏之说皆绝相类者也。荀子亦曰:“人生而有欲,欲而不得,则不能无求。求而无度量分界则争,争则乱,乱则穷。先王恶其乱也,故制礼义以分之,以养人之欲,给人之求。”《礼论篇》。其论政治之所自起,亦大略相同。霍、陆、卢诸氏,皆以为未建国以前,人人恣其野蛮之自由,而无限制,既乃不胜其敝,始相聚以谋辑睦之道,而民约立焉。墨子所谓一人一义、十人十义,即意欲自由之趋于极端者也。其谓明乎天下之乱生于无正长,上篇作政,中下篇皆作正。故选择贤圣立为天子,使从事乎一同,谁明之,民明之,谁选择之,民选择之,谁立之,谁使之,民立之,民使之也。然则墨子谓国家为民意所公建,其论甚明。中国前此学者言国家所以成立,多主张神权起原说,如天生下民,作之君诸义。家族起原说,如天下之本在国,国之本在家诸义。惟墨子以为纯由公民同意所造成,此其根本的理想,与百家说最违异也。其一切政术之大原,皆在于是。读墨子全书,皆当以此精神贯彻之。

(第二)君权神圣说

(《尚同上》)正长既已具,天子发政于天下之百姓,言曰:闻善不善,皆以告其上。上之所是,必皆是之;上之所非,必皆非之。上有过则规谏之,下有善必傍荐之。

(《尚同中》)凡国之万民,上同乎天子而不敢下比。天子之所是,必亦

487

是之;所非必亦非之。去而不善言,学天子之善言,去而不善行,学天子之善行。天子者,固天下之仁人也。举天下之万民以法天子,夫天下何说而不治哉?

　　呜呼,吾读此而叹二千年前吾墨子之学说,与二百年前彼霍布士之学说,何其相类也。霍氏既大发民约原理,顾复以为既相约建国之后,所以护持此国者,不可不用威力。而此威力者谁用之乎? 则谓宜众人各抛其意欲,而委任于一人之意欲,以此为政约之所不得已。此正墨子上同于天子之说也。自陆克、卢梭兴,而霍氏之说已不复能持之成理。今墨子民约之精神,果与霍氏一辙乎? 是又不可不深察也。墨子所以欲举万民以法天子者,以为天子固天下之仁人也。墨子所以信天子为天下之仁人者,以其由万民所选择而立也。审如是也,则君位继承法与君位选择法,实为相缘而起之一问题。既言选贤者以立为天子矣,但此选立天子之大典,仅初建国时一度行之乎? 抑建国后仍继续行之乎? 使一选而不复再选也,则此贤没世之后,必传诸其子孙也,其子孙果能永当天下仁人之称号乎? 恐非墨子所能断也。尝遍读墨子全书,未尝有主张君位世袭之说,亦未有明文攻难之。亦未尝有选举继承之说,故彼神圣君权之所委属,无从断言,此实吾侪后学之遗憾也。顾尝臆测之,以墨子论理学,如彼严肃完备,不应于此大问题漏略至是。尝按《庄子·天下篇》云:"以巨子为圣人,皆愿为之尸,冀得为其后世。"《吕氏春秋·上德篇》云:巨子孟胜将死,谓弟子徐弱曰:我将属巨子于田襄。田襄子,天下贤者也,何患墨者之绝于世乎? 窃意墨子之政治,宗教主权之政治也。墨学之组织,与景教殆无一不密合,景教有教皇,而墨学有巨子,两者之精神形式全同。所异者教皇永传,而巨子中绝耳。此则别有原因,至其立法之本意未或异也。墨家虽未尝明言以巨子干涉政治,但其言谓选天下最贤者以为天子,墨家所谓最贤者何? 必其于尊天、明鬼、兼爱、非攻、节用诸大义,信之最坚而行之最力者也。而彼所谓巨子,即具有此资格最完备之人也。故苟墨子之说行,则政治之大权势不可不在巨子,而其巨子承袭之法,大率由前任指名者半,由诸墨公举者半,此墨子所以断言天子为天下之仁人也。至此等制度,果能适于世界进化之运乎? 则景教之教皇,乃至佛教之达赖喇嘛等,皆其前证矣。巨子为神圣君权之说,纯由臆推,非有确证。存之以备参考。

　　原载《新民丛报》1904 年第 53 号。

太平洋舟中偶成寄无量兼示沪中诸子　马浮
之四

沧海飘零国恨多,哀哀汉士竟何如。世尊说法诸天从,一凤孤鸣万鸟歌。法会旧闻囚路德,国人争欲杀卢梭。投杯看剑伤心哭,谁为招魂吊汨罗?(第四)发愤狂呼念不如死之为愈也。

原载《国民日日报汇编》1904年第1集,第13、14页。

题自由结婚第一编十首　吹万(高吹万)
之一、之二

匈奴未灭叹无家,亡国人民泪似麻。我表同情心更痛,拟将丝绣自由花。

重重羁绊不知耻,昂首骄人又自豪。怒打狗儿上邱去,居然女界一卢骚。

原载《女子世界》1904年第9期。

法国教育大家卢骚传　《教育世界》

江嗄克卢骚,法国人,一千七百十二年六月二十八日,生于瑞士之瑟奈乏,制时表者之子也。幼失恃,其父又性情放逸,夙尚共和主义,不以教育子弟为事。故六岁顷,得尽读其母所遗小说,猥劣淫靡之作,亦不免及之。论者谓卢骚他日品性不纯,实坐此害,其力诋少年读书不慎之弊,亦正由阅历中来也。卢骚自幼深于感情,尝观悲剧,至泣下,终身遂不入剧场云。十岁顷,其父以事离瑟奈乏,因寄养于叔氏家。以患贫故,尝受庸于寺院,又尝为辩护士司记室。寻改习印刷之技,因盗食师家林檎,又迟归,受惩,惧而遁。由是流浪四方,与下流伍,时有作奸犯科之行。偶至安奈的邑,邑有媚妇曰瓦凌希者,怜之,招寓其家。旋从之赴突林,由是改入新教,是时年十有六矣。入教会学校肄业,不惯羁束,未久辄辍。再习印刷术,又不成,仕于哥文伯爵。一千七百三十二年,仍归瓦凌希家,与瓦共居察恩巴利者六年。此间潜心向学,讲求音乐、文学等。又尝读洛克、拉衣白尼兹、特嘉尔德之哲学书,思想日进。然以性乖僻,渐为瓦凌希夫人所不悦,将谢之去,乃荐为毛理家之塾师,辞不允。旋别瓦凌希而独游巴黎,时则一千七百四十一年也。

　　初至巴黎,以所著喜剧院本,才华绝代,为见者所激赏,一时文人学士,多折节与交。逾年,从孟达克为秘书官,使范尼斯,驻一载有半。与孟不洽,再归巴黎。盖卢骚为旷代天才,固宜其跅弛不羁,而所如辄阻若是。一千七百四十九年,第约翰专门学校悬赏征文,题为"学艺日新能否有裨于道德",卢骚著一文以应,曰:"如今世之学艺,非惟无益于世道人心,又从而害之。学艺日进,适使道德日退耳。"阅者以其说新颖而精当,击节叹赏,如约酬之。自此文出,卢骚之名大噪,而訾议之声亦起矣。一千七百五十二年,疾笃,几自揣不复起。病愈,又遭窃,益困顿,至衣食几不能给。是时卢骚已无复用世之念,故户部巴兰克征之,不应。惟偶著戏曲,为自遣计。一千七百五十三年,铁仭大学悬赏征文,卢骚又著一论,痛言人类之不平等,而谓宜返诸自然。恶者目以邪说诐辞,攻击不遗余力。奥台尔曰:"如卢骚者,可谓竭一身之力,以陷世人于禽兽者也。闻其言者,必好两翼飞而四足走矣。"卢骚既见忌于时人若此,故不能容身巴黎,遁归瑟奈乏故里。里人重其名,欣然迓之。寻闻奥台尔亦来瑞士,去所居不远,思避之,得其友哀比讷夫人之助,结庐于深林而居。逾年,再至城市,其《忏悔录》《民约论》《新豪杰》《爱弥耳》诸书,盖先后成于是时。《忏悔录》述一生言行思想,而自下褒贬,不稍讳饰者也。《民约论》则力攻君主政体,而他年法国革命之导火线也。《新豪杰》为一小说,意在指斥快乐,而实多不道德之说,然穿凿人情隐微,精妙绝致。《爱弥耳》亦一小说,假一人为主,而自述其教育之法者也。诸书皆著想奇拔,善剔抉当时弊根所在,而文笔之纵横排奡,又足以达之。故其说浸灌人心,直有劲风靡草、怒涛决堤之概。

　　及其归巴黎也,向之诋之者,益愤怒不相容。法国议院亟下令捕之,教会亦逐其出教,盖卢骚此时既去新教而入旧教也。卢骚惧祸,遁往瑞京,而瑞京之人亦深恶之,迫令出境。且遣吏搜得其《爱弥耳》原稿,付诸一炬。于是之普鲁士,普王谓其倡导异教,逐之。又之彼得岛,欲研究农学、博物学,以力耕自给。然未几又为岛人所不容,更之英吉利。英儒休蒙夙与相善,颇厚遇之,然其后仍相忤。时巴黎故友有驰书召之者,因潜返巴黎,以匿名著书为事。友谋以资助之,拒不受,遂与绝交。其后往依支拉颠侯爵,侯爵待之善,自是不复他徙。时年既衰,以忧愤,得狂疾,厌见宾客。一千七百七十八年六月三日,俄卒,或误传为服毒死。后年法国革命,人民迎其遗骸,归藏凡典院中以荣之。卢骚少时,与巴黎酒家婢太丽飒烈狎,太丽飒烈性呆,卢骚耻以为妻,惟矢誓终身不相弃。举子五人,皆不自育,而送之救贫院。后悔而求之,则仅余一子,他不知所终。越二十三年,终娶太丽飒烈为妻云。卢骚之教育意见,大都自洛克而来,而充之以自然主义者,以为人性本善,其陷于恶者,外界为之也。故教之之道,在置诸自然之境遇,屏绝外缘,任其自然发展。后世如巴瑟德,如贝斯达禄奇,如弗烈培,所以为教育大家者,实亦由《爱弥耳》一书有以激成之。汗德读书散步,日有定时,及得读《爱弥耳》,则爱不释手,至数日未外出,亦可以想见此书声价之重矣。

原载《教育世界》1904 年第 89 号。

法政学家卢梭传 李明智 鲁毗

法国大政治学家卢梭者,以西历一千七百十二年,生于瑞士之日内瓦府。父某,为匠人。家贫甚,幼丧母。然天姿明敏,不屑事家人生产,嗜读稗官野史,久之自悟句读,遂涉猎发朱惠、募(及)理英尔诸大家著作。复受业于学校师良边西之门,得读福禄特尔之书,因慨然自力于学,刻苦砥砺,惟日孜孜,崭然有睥睨千古之概。父于其成童时,以事去日内瓦府,属之于佣书某,卢梭意不自适,因从雕刻师某业焉。无何,又舍之遨游四方。至年十六,入法国安西府,寄食于瓦列寡妇某氏。氏悯其年少志锐,而为饥所驱,善视之,恩遇若母子。且劝使奉耶稣旧教,又命入意大利株林府教育院。既而复出教育院,为意律师,糊口于富贵者之门,仅免冻馁。后益困,常为人执仆隶之役,不得已乃复投瓦列寡妇,妇遇之如初。迨寡妇没,赴里昂府为大判事某教授子弟。年三十,著音律书于巴黎,其书为伶人所阻,不得行。后七八年,穷困益甚,恒终日不得一饱,乃矫正其所著书,务求合俗,出而售之,仅给旦夕。年四十一,复著一书,痛斥法国音律之弊。于是法人群起攻击,几无容身之地。自是益肆力于政治之学,然其所著述皆与老师宿儒不合,排之者愈众,且将媒蘖之以起大狱,乃惧而避归瑞士之日内瓦府。又奉耶稣新教,欲为瑞士共和国之人民,瑞人不许,不得已再还巴黎。更著《教育论》及道德小说诸书,言天道之真理,造化之妙用,以驳斥耶稣教之预言奇迹者。众谤毁愈甚,议院命毁其书,并将捕而置诸法,遂又奔瑞士。未几,缘与国人争论不合,潜还巴黎。时法政府命吏所在搜捕甚急,乃杜门不敢出,时或微服而行。一千七百六十六年,应友人非迷氏之聘赴英伦,旋与僚友议不合,仍归巴黎。自以所如不遇,谓世人举仇视己,郁郁不乐,因以发狂。有仁剌达伯者,惜其志,且哀其遇,与以田宅数亩,俾可自给。一千七百七十一年，年已六十，始著《波兰政体考》一书，凡八阅寒暑始成。是书鸿富博奥，其中《民约论》一篇，尤为发前人之所未发。

初民约之义，起于一千五百七十七年姚伯兰基之《征讨暴君论》，以为邦国者，本天与民与君主相与共结契约而起者也，而君主往往背此契约，为民灾患，此政俗之亟宜匡正者也云云。此等议论，在当时实为奇创，其后霍布士及陆克皆祖述此旨，至卢梭而其说益精密。其言曰：凡人类聚合之最古而最自然者，莫如家族。然一夫一妇之相配，实由契于情好之互相承认而成，是即契约之类也。既曰契约，则彼此之间，各有自由之义存矣。是不独夫妇有然也，父母于其子亦然。子之幼也，不能自存，父母不得已而抚育之固也。及其长也，犹相结为尊卑之交，是实由自由之真性使之然，而非所有不得已者在也。世人往往称家族为邦国之滥觞，夫以家族之亲，其赖以久相结而不解，尚必藉此契约，而况于邦国乎？且也众家族既各各因契约而立矣，浸假而众家族约为一团体，而部落生焉；浸假而众部落又共相约为一团体，而邦国成焉。但此所谓相约者，不必显言以著之竹帛也，不过彼此心中默计不识不知以行之而已。今设有两国之民于此，欲其永远辑睦，则必不可无约，否则虽已相合，而实阴相仇视。故知人类苟相聚而居，其间必自有契约之存，无可疑者。又凡人生长于一国政府之下，而遵奉其法律，是即默认其国之民约而守之也。今设有众人相聚而谋曰，吾侪愿成一团聚，以众力而拥护各人之性命、财产，勿使蒙他族侵害。相聚以后，人人皆属从于他之众人，而实毫不损其固有之自由权，且与未相聚之前无以异。若此者，即邦国所由立之本旨也，是即所谓民约。至于此民约之目的，则决非使各人尽入于奴隶之境。倘民约既成之后，苟有一人者，敢统御众人而役使之，则谓之独夫之行，而不可谓之真民约。即使彼众人者，甘心崇奉一人，而供其役使，则其所谓民约者亦已不正，而前后互相矛盾，不可为训矣。要之，民约云者，必人人自由，人人平等，苟使有君主臣庶之别，则皆为悖于事理。

又云：保持己之自由权，是人生一大责任也。若脱此自由权而弃之，则谓之以我弃我。何则？自由者，凡百权理之本，亦即凡百责任之原，责任固不可弃，权理亦不可捐，而况其本原之自由权耶？故民约者，断不能捐弃其自由之权，以奉于一人若数人。纵令人或捐弃其自由之权，断不能为其子孙代捐其自由之权。盖子孙亦生而有自由权者，此其权当躬自左右之，非为之父者所能强夺。若夫代子孙立约，举其身命以与诸人，使不得复有所变更，此背天地之公道，越为人父之权限，文明之世之所不容者也。故各人宜尽举其所有之权而纳诸邦国。所谓纳于邦国者,亦有度量分界,盖不过为维持邦国所必要之事件,而以己所有之能力、财产与自由权,割爱其中之几分,以供众用云尔。又曰:凡邦国皆藉自由权以建设者也,故其权实当属诸众人,而不当属之一人。若数人质而言之,则主权者,邦国之所有,邦国者,众人之所有,此主权之形之发于外者,则众人所共制定之法律是也。虽然,主权合于一而不可分离,一国之制度,虽有立法行法之别,各司其职,然主权当常在于国民中而无分离。虽分若干省部,设若干人员,皆不过受国民之付托,就职于一时耳。国民因其所欲,可以随时变更法律,而不得有所制限。然则立法、行法、司法三权,所以分别部居,而不许杂厕者,正所以保护三权所从出之主权,使常在全国人之掌握也。是故主权之用可分,而主权之体不可分。至于所谓法律者,则以广博之意,欲与广博之目的相合而成者也。苟以一人或数人所决定者,无论其人属于何等人,而决不足以成法律。故法律者,国民相聚而成国之规条也。国譬如众民之聚会场,法律则如会场之规约,凡定会所之规约,为凡与于此聚会之人所公有之责任,是以法律为全国民所必当遵守。盖法律即公意,公意无形,而法律有形,公意不可见,而国人公认以为公意之所存者,夫是之谓法律。然则主权者,惟国民独掌之,若政府则不过承国民之命以行其意欲之委员耳。何以谓之政府,即居于掌握主权者与服从主权者之中间,而赞助其交际,施行其法律,以防卫公众之自由权者也。更质言之,则国民者,主人也,而官吏者,其所佣之工人而执其役者也。是论甚繁,不能悉载。后德儒康德释"民约"二字之意,谓民约之义,非立国之实事,而立国之理论也,最为明晰。

《政体考》一书既成,其年三月,卢梭暴卒。或云病毙,或云为仇人所毒,官吏验视,则自杀也,时年六十七。卢梭少有大志,性锐达,好为过激诡异之论,虽屡为世人所挫折,而所志益坚,卒以世无知者,至发狂自戕以死。一千七百九十四年,法人念卢梭发明新学之功,改葬其遗骸于巴黎招魂社,又刻石肖像于日内瓦府。后数年,巴黎人选大理石刻半身像于武良街,至今人称为卢梭街,搢绅大夫,过者必式礼焉。

原载李明智、鲁岱:《全球进化史列传》第二卷,上海启明书局 1904 年 12 月版,第 75—80 页。

未来教育史 悔学子(吕思勉)

(周)萍生道:"老兄,你当我真是这般的人? 我也有个道理。"(黄)率夫笑道:"有什么道理?"萍生笑道:"我不过借此赚几个钱。"率夫笑道:"讲来讲去,还是这一句话,你就使组织成了一个政党,也无非是赚钱的政党了。"萍生笑道:"那有这话? 老兄你听我讲,大凡一个人不能不吃饭,便做事的,有了劳力,就该有报酬,却现在没有这个垫场来养成我这个人物。所以我说,我现在得了人家的钱,不同人家尽力,不过是暂时借一借,将来原是会还的。比如卢梭,也偷人的表,他的《民约论》出版,难道还算逋负其群么? 我的事业将来若做成了,他们得的好处还多呢。何在乎现时借贷一借贷? 这不过是经济上一个复杂算题罢了。"率夫道:"这话何尝不是。但依我说,凡人在社会上,总要负几分困难的。比如你现在又要企图将来的事业,又要谋现在的经济,这就是你负的困难了。但是要办事业,先要负得起困难,负不起困难,是一定办不成事业的。古人说:'行一不义,杀一不辜,而得天下,有所不为。'难道这正负的差数,还抵上你所说复杂经济算题? 不过古人总不肯做一件亏心事罢了。比如你现在挂着将来的事业,便把现在的行谊抛掉了,这不是'行一不义,杀一不辜,而得天下'之类么? 我道这不算我们能赴其目的真凭,却是我们负不起困难的实据。平心而论,便不能无愧了。"

原载《绣像小说》1905 年第 43 期。

振兴中国何者为当务之急 《大公报》

以教育、实业为当务之急,说来亦极有理。盖改革政体为不可必得之事,故不如就教育、实业两端尽力经营。但政体不改,根本不坚,教育、实业,虽与其如上下之隔阂如故,官场之沓泄如故,何改革政体之事,言之固未必果行,然我辈究不得知而不言。空言为实事之母,卢梭之著《民约论》,彼又乌知影响于后来政界者如是其大哉?   本馆附志

原载《大公报》1905 年 4 月 28 日。

卢梭不得志* 《之罘报》

卢梭不得志,流寓落拓,几不能活,至佣役于人。其《忏悔录》曰:"余之佣于人家也,屡偷酒及果肉而饮啖之,于今追思,实深惭愧。唯幸余性不留意于金银,故虽苦于饥饿,未尝一偷金银而为盗贼。"又曰:"方吾之落魄,而与无赖轻薄之徒结交也,己亦习其所为,忘己之身,而宛然成一无赖汉。"

志者曰:君子不为世用,至于穷迫饥饿,则天下无知我者矣。搔首问天,而天莫我闻;拔剑斫地,而地莫我诉。四壁萧条,虫声欲语,厮役贱奴,作我友朋。吾何为而为人佣役,吾何为而成无赖汉?且自讶且自笑,且自叹且自啼,而世人乃訾我以愚狂,目我以怪物。嗟乎,此士君子不得志之所为也。然坟土未干,乞灵枯骨,而世人又且荣戴我,又且崇拜我,若巴黎古先生,其无憾矣。

原载《之罘报》1905 年第 5 期。

痴人说梦记　旅生

那时天津开了个北洋大学堂,有人荐(韩)康伯去做总教习,康伯虽然学问过人,却不晓得学堂中的利害,冒冒失失应了聘。说不得坐了轮船,先到上海,会着几位当道的旧交吃过几次番菜,谈了许多忧国的话头,那些名公十分佩服。然后康伯向书坊铺里购齐各种新出的书,回到寓中,抱起佛脚来。打开一本,是路索《民约论》,仔细看去,十成到有九成不懂。再看什么赫胥黎的《天演论》,倒觉有些意思。暗道:"这书还有点文章气味,只是说的什么道理,真正破天荒。又误入禅家宗旨,确系圣道中的蟊贼。这些书那里好教学生?我打定主意。叫他们读四书五经便了。"当晚翻阅过几本书,都是一派议论,不觉心中动气,把那些书束成一捆,再也不去看他的了。

原载《绣像小说》1905 年第 49 期。

壶里乾坤　希功继演

于是二人便坐在山石上说话。当下(华)卓民便问效鹏道:"老兄刚才说有卖拍马屁教科书的,真有这事没有?"效鹏道:"谁说没有呢?现今的华夏区,直是一个魑魅魍魉的世界,谁说不是。甚么奇形怪状没有?岂但这个呢?"一点儿也不错。卓民道:"他那内容如何?"愚哉公也,这不问就可以知了。效鹏道:"这部书是个学欧西人的学问的所著的,亦有有人心者一雪此言乎?我从前也曾阅过,公亦阅斯书耶?现在还记得那目录。那目录就是发端,也有发端○一。第一章拍马屁之界说,自然得有界说○二。第二章拍马屁之概论也得概论一番○三。第三章拍马屁之性质,自然也有性质○四。第四章拍马屁之解释,解释一定不可少的○五。第五章拍马屁之意义,一定有个意义○六。第六章拍马屁之必要,自然是必要的〇七。第七章拍马屁之要素,得指明出要素〇八。第八章拍马屁之分别,总得分别个清楚〇九。第九章拍马屁之批评,还要批评一批评〇十。第十章拍马屁之条规,总得立个条规〇十一。结论。也有结论〇十二。洋洋洒洒,十余万言,新新鲜鲜,一大厚册。文界一大观。所说的,无非是奴颜婢膝的妙诀,何诀? 所陈的无非是丧心忘耻的精法,何法? 读之令人伤心,令人吐血。然读之伤心读之吐血者,惟公等数人耳。他人则反是也。然却无一字不是从经验得来的,却无一法不是从实行中想来的。人若按着那书去行,总可以得许多利益。有好些支丁,号他做济世奇书。好名字〇我读至此也要伤心,也要吐血。所以来买的人争先恐后,盖当日之人心可知也,噫! 此去彼来,盖当日之人心可知也,噫! 书铺前重重叠叠的,都是各色人等。人心如是,令人焉得不伤心,焉得不吐血? 这书付印才有三个月,已经重版了七十余次,可了不得。那价值比甚么斯密亚丹《原富》,甚么卢骚《民约论》,甚么孟德斯鸠《万法精理》,甚么达尔文《物种由来》高得多哩。"

原载《直隶白话报》1905 年第 1 卷第 14 期。

黄绣球 颐琐述

如今讲教育的风气,守旧的偏着旧学,头脑子里涨了一部高头讲章,开出口来,四书五经,动起笔来,之乎者也。问他的实在,连四书五经上的字,还十字有三字不识,讲起来,更是十字有九字不会讲了。等到拿笔写个字条,开头都装着今夫、且夫的字样,底下就连之乎者也都掉不清楚。从前看见人,代人家带了一封开口的家信,是写给他父亲的。切记得他中间有两句话,问他自己的儿子,在家有没有错处的意思,叫"小犬之小犬,其寡过矣乎",这种文真掉得可笑。带信的说,此人还是两榜名下。我也说,若不是两榜同翰林们,那里掉得出小犬之小犬这样的文法呢? 这样文法,莫非从旧学中出,弄得把孔明当作孔夫子的子孙,抱着大板《康熙字典》,说是的的刮刮宋朝的原板初印。不要讲邃密,可就疏忽荒唐到不成句话了。近来晓得这种荒唐疏忽,多是旧学所误,大家改了新学的口头禅,路得、卢梭、玛志尼、拿破仑,纷纷的议论不休;民约、民权、天演物竞,也纷纷的拉扯不清。这还是在上等一层。再下一层,一本《拍尔马》不曾读完,爱皮西提二十六个字母,不曾拼会,只学了广东、香港、上海洋泾滨的几句外国话,就眼睛突出到额角上,说精通洋文洋话,能够讲究新学了。

原载《新小说》1905 年第 2 卷第 8 期。

中国当鉴俄内乱亟宜立宪论　《大公报》

一国之治乱,视乎民心之向背以为衡,而民心向背之所由,则在乎政术之得失。从未有政术不善,而能使民悦服不生乱阶者也。后世人主私产,一切政术皆由二三人主持于上,虽极不便,亦必强民以服从者。门户未开,犹可苟且图治。今则五洲交关,公理日明,民虽至愚,岂无顾虑?盖自十九世纪以后,已由君权之世界渐变为民权之世界,此诚事势日亟者也。昔者法卢骚氏著《民约论》,大倡天赋人权之说,谓国家乃由人民以成立,人生而有平等自由之权利,故合群结约,以众力而自保其生命财产,彼政府及各种官吏,不过人民之公仆,而受托以治事者耳。自此说出,仅十余年,而法国大革命之风潮遂因之而起,洎兹以往,西欧列国后先接是,则民权者固国家政术之原动力也。

原载《大公报》1905 年 11 月 5 日。

教育史　徐念慈　富光年校订
第九章　教育改良家传　第四　卢骚

小传　卢骚名恰尼帖克,千七百十二年生于瑞西国。父为时计匠,家甚微贱。幼而丧母,身体虚弱,颇富感情,爱读小说稗史。父尝与法人构怨去家,以卢骚寄叔父家,叔父命与其子同入教堂读书。二年之后,为一律师佣书,未几被斥。复为铜版师之徒弟,诈伪、窃盗、冶游,无所不至。年十六,遂出奔,漫然漂泊,饥寒备尝,仅得寄身于寺僧之下。寺僧悯之,令送其友华翎夫人。居数年,大悔其志,修学不息。又学音乐,欲得家庭教师之位置,辞赴僚尼,然其行尚不正,无延之者。千七百四十一年,徙巴里,为法国公使馆书记生。至威尼斯,又有不正之行,一年归巴里,淫佚如故。千七百五十年,遂还瑞西。始大改前非,欲得良民之权利,而不能达。千七百五十六年,又往巴里,居二三年,著《奄密儿》,名闻天下。然政府忌之,焚其书,逐其人,因是又潜居瑞西。千七百六十年,著《民约篇》,论述社会颠覆之故,曰人皆自由而同权也,如宪法者,不过利社会之约束。握权者以此书为教唆革命之物,攻击四起,因是又去瑞西,入英国。后归法国,千七百七十八年暴卒,或曰自杀。

教育主义　儿童之心意皆纯善,社会之风习皆恶薄,人之为恶,皆自社会所熏染,故儿童宜保护之,不令触社会之恶习。其教育之要,在去天性发育之障害而已。故教育之法,不可不以消极为的。此说为当时感法国之弊俗而发,非今日所可论其得失。所传自然教育说、五官教授法,柏斯他罗其、伏兰培儿、斯宾塞儿、海鲁伯儿等皆据其说,以为基础,大有益于后世矣。

奄密儿者,卢骚著教育小说中主人之名也,假托之,以叙其初生至结婚时之教育履历,而述其教育理想。书以年龄为次,共五卷。第一卷为奄密儿始生至能言之事,说幼稚教育。第二卷为至十二岁之事,说五官练习。第三卷为至十五岁之事,说智育。第四卷为至二十岁之事,说德育及宗教。第五卷为结婚及其妻之事,说女子教育也。

教育说及概评　卢骚生于法国革命之前,欲一扫当时腐败之社会,语言过激,今日论之,不免尚多误谬。根摩卑烈曰,自然教育说之谬误,在偏重自然,教育者非独自然之事,又非独人为之业,自然与人为,相成而不相悖,是自然之道也。卢骚之谬误,在过重自然,今摘记之。

奄密儿舍父母离朋友,块然独居,训诲之言,概所未闻。情感之修炼,德性之涵养,又毫不受人功之勉强。年长而后,其性质有不流于自放自肆者乎?卢骚反谓读书习字,仁慈道德并教,三年可以完成。其果可得,可谓妄念矣。卢骚之教育,因年龄分级,第一期为体育,第二期为五官练习,第三期为智力发达,第四期为德育,画然分隔而不相越,是不知身心、能力之互相联结而发达也。若其说女子之从顺,虽有合于东洋之思想,亦稍偏也。

卢骚之教育思想,多出陆克,其五官教育、心性开发之说,后世多宗之者。柏斯他罗其因读《奄密儿》而感愤,遂有志改良教育。

原载徐念慈、富光年校订:《初等师范学校教科书　教育史》第九章《教育改良家传》,上海商务印书馆 1905 年 11 月版,第 29—30 页。

原　政　汉才

第一节　《民约论》之品评

人群成立之历史,如上所述,实可百世以俟圣人而不惑者也。然则彼卢骚氏震撼欧美政界,风靡环球思想之《民约论》者,其立说之虚谬可不辩而破矣。盖自十八世纪以来,百家政论,纷腾而起,各逞己见,互相轧轹。大抵专凭一人之理想,而于民族之原由,历史之事实,绝不知所考证。即号硕学大家,亦多漫恃空想,毫不探究人群成立之原,一若以社会之起有特别之方法也者。而《民约论》适出其间,于是举世望风而拜,遂于政论界独树一赤帜矣。试论其概如左。

人类之始，各自孤栖，不过聚一小家族而生活。其为性善良，其所需俭约，无政府施其压制，而自然驯服，各务其天职焉。迨后星霜渐易，人类萦繁，乃形成一大团体，于是乎相猜相夺，而竞争于以起，亦即契约之所由成。契约既成，而各人均受团体之保护。个人之利害与团体之利害，有密接之关系，故服从团体之观念由此而兴，契约之权能由此而定也。乃相沿既久，失其本来，致令豪暴放恣，得逞其欲，并社会之财产、权力而垄断之。如一切宗教家、政治家，均设虚伪之教政，立怪僻谬妄之谈说，以欺世盗名，以餍贪充欲，于是国君、僧侣之徒，淫逸骄奢，为齐民蠹。如欲脱现今社会之苦况，握人群自由之实利，非复其本然天赋之权力，断难收其效也。

巨子卢骚之提倡此说也，一时环球政界之耳目为之一新。虽然，揆之事实，则此论其未为当也。夫人类天赋之性，决非全善，亦决非全恶，习于善而为善，习于恶而为恶，则知人性善恶，实互相蒙混也。故欲使之全归于良善，非教育与练习不可。至若理想家之所谓黄金时代，即人类鼓腹于平和润泽之时代，非上古蒙昧时代也。则不过如老庄之寓言而无足据者。人类初期之历史，实冲突与困难之纪录也，民约之说，绝无确据。且榛狉时代，人智蒙昧，奚能解契约之性质，而谓其能互相缔结也。其立说之诞妄，不待覆验而知矣。

《民约论》之背谬于历史不合于事实也，既彰彰而明，昭昭而著矣。而世之欢迎其说者，犹如此之盛，何哉？盖有政党之改进派，热心以附和而提倡之也。《民约论》之言曰："人民不平之现象，由于不正之法律而起，而不正之法律，由社会上之契约而成。是法律之兴废，固当一一操诸人民之手，而无可忌惮者也。"于时凡希望改革之党派，集闻此说，莫不欢腾喜跃，顺流而前导焉。盖国家权力之本源，归于人民之契约，是渴望民政者之所最乐闻者也。然法律基于人民，契约之说实为前此政府所未曾有，而世之心醉其说者已如此。

民约说之风行于世，其原因尚有一焉，即天然之文字是也。欧人多以天然之文字为神之一种，又以为其势力在人类以上，而莫不当敬服者。故每以各种正义善道，移植之于天然文字，以发表其议论，是盖十八世纪改进主义之宗旨也。按天然者，指现在事物及势力之总称，而有善恶之别，非漫谓人类之天性皆完全无缺也。唯其人所现享有者如此。其义甚广，包含诸种性行，盖言多数人类性格之大概耳。

译者案：《民约论》之真理，详于命氏《古昔法律论》第九章，及摩列氏所著《卢骚传》，我国已有译本。盖欧洲政论界之泰斗，全球自由潮之源泉也。若夫依进化之说，以解决社会之起源，则近代作家大略相同。如亚路氏《元始时代之研究》，斯宾塞之《社会原理》。其他诸书，皆以社会为一有机体，以人类为其中之各分子，分子发育，则本体亦随之而发达。盖个人之进化，实系于社会全体之进化也。尝寻其进化之趋势而考之，则知人类发育之极，必达于灵智灿烂、光明焕耀之境。举前途之险夷，历历在目，布将来之方策，着着进步，避艰难而归简易，鉴既往而明未来，所谓全球浑合人类大同之日，其期亦不远矣。

原载汉才：《原政》第一章《社会之创始》，《醒狮》1905 年第 3 期。

读左札记　刘光汉（刘师培）

挽近数年，皙种政法、学术播入中土，卢氏《民约》之论，孟氏《法意》之编，咸为知言君子所乐道。复援引旧籍，互相发明，以证皙种所言君民之理，皆前儒所已发。由是治经学者，咸好引《公》《榖》二传之书，以其所言民权多足附会西籍，而《春秋左氏传》则引者阙如。予案隐公四年《经》云："冬十有二月，卫人立晋。"《左氏传》云："书曰卫人立晋，众也。"以证君由民立，与《公》《榖》二传相同。《公羊传》云："众立之之词也。"《榖梁传》亦同。又宣四年《经》云："郑公子归生弑其君夷。"《左氏传》云："凡弑君称君，无道也；称臣，臣之罪也。"第一期已申论之。以儆人君之虐民，与《公羊传》之释莒君被弑也，《公羊》莒弑其君庶，其《传》云："称国以弑者，众弑君之词。"亦若合符节。曷尝若迂儒一孔之论，视人君为无一之尊哉？且《左氏传》所载粹言，亦多合民权之说。襄十四年《传》载晋师旷之言曰："天之爱民甚矣，岂可使一人肆于民上，以纵其淫，以弃天地之性，必不然矣。"成十五年，晋人执曹伯。《左氏传》云："不及其民也。凡君不道于其民，故诸侯讨而执之，则曰某人执某侯，不然则否。"何一非警戒人君之词乎？又定公八年《传》云："魏虞公欲叛晋，乃朝国人，使王孙贾问焉。"哀元年《传》云："陈怀公朝国人而问焉，曰欲与吴者右，欲与楚者左。"足证春秋之时，各国之中政由民议，合于《周礼》询危询迁之旨，亦与《洪范》所言"谋及庶人"相合。而遗文佚事，咸赖《左传》而始传，则左氏之功甚巨矣。彼世之诋排左氏者，何足以窥左氏之精深哉？《国语》为《春秋外传》，亦成于邱明之手，然所载厉王止谤等节，亦足儆戒人君。

近儒多以《左氏春秋》为伪书，而刘氏申受则以《左氏春秋》与《晏子春秋》《铎氏春秋》相同，别为一书，与《春秋》经文无涉。然《史记·吴泰伯世家》云"予读古之《春秋》"，下言虞、吴同姓之说。即指《左氏传》言。是史公明明以《左传》为古之《春秋》矣。盖《公羊传》为《春秋》今文，故《左氏传》为《春秋》古文，若《榖梁传》亦为古文。又《汉书·翟方进传》，言方进授《春秋左氏传》，若以《晏子春秋》《铎氏春秋》例之，岂《晏子春秋》亦可称《春秋晏子传》，而《铎氏春秋》亦可称《春秋铎氏传》乎？以此知《左传》一书，与《春秋》经文相辅，特西汉之初，其学未昌，不及《公羊传》之盛耳。刘氏所言，未足为信也。

原载《国粹学报》1905 年第 1 卷第 11 期。

饮冰室诗话　　饮冰（梁启超）

有湘人自署震生者，以甲辰二十八初度自述一百韵见寄，视其纸末钤印，知氏陈名士芑，字翼谋也。工力甚伟，且读之可觇其志也，录实诗话。

……即论哲学亦卓绝，远源别派互嬗递。梭梭格拉底。孔亚亚里士多德。孟辉后先，诡辩怀疑更排轧。归纳演绎标二宗，笛倍论理有变体。康康德。边边沁。诸子稍后出，精理名言味如醴。物心同异分多元，主义各各新壁垒。孟鸠卢骚实先觉，为民请命天所启。民约狂论破天荒，精义远出子舆氏。漆室一灯光荧然，清议奈何蒙不韪。英伦二杰达尔文、斯宾塞。人中龙，嘘欬云电露爪尾。昌明公理发聩聋，人群进化固应尔。学说鼓吹入亚东，老儒蹙额少年喜。师搏虎蹲那可当，国力盛强岂无以。哀我国民神明裔，只今凌贱侪牛豕。趾跌同方颅同圆，咄哉胡遽不若彼！……

原载《新民丛报》1905 年第 3 卷第 23 号。

卢梭魂　　怀仁编次

欧洲西境法兰西国，有一个名儒唤作卢梭。论起他的学问，在那法国也要算是数一数二的。远者天文地理，近者物理民情，以及各国语言文字，他却无一不晓，无一不精。因此，一生著述不下数十种，其中最有势力的就是那一篇《民约论》。后来欧美两洲，掀天揭地的革命军，便是这篇文字播的种子。这是后话，暂且不表。

却说那时法国君权最大，做百姓的那敢肆言无忌，妄论国事呢？自从这篇《民约论》出世，法国皇帝的厌恶，固然不免；便是那些谈忠说孝的道学先生见了，也没一个不七嘴八舌，骂他是辩言乱政的。列位，你想那卢梭先生这样的人物，偏又处着这样的荆天棘地，他怎肯忍辱偷生，尽受人家笑骂呢？到了闷到极处的时候，他却悄悄的自尽了。可怜卢梭先生英灵不散，一缕真魂，随风飘荡。……

原载怀仁编次：《卢梭魂》，上海普益书局 1905 年版，第 1 页。

冷的文章热的文章　观云（蒋智由）

大抵热的冷的，于人心上各有莫大之势力。其最著者，如欧洲十八世纪大哲学家德国之康德、大文豪法国之卢骚是也。当康德学说之盛行也，多数之学者咸摄引其范围之内，而从事于幽深之思索，致密之考察。欧洲大陆派之哲学，实以康德为中心，而近世哲学之一进步，即可谓由素朴恬静—康德之所赐，编哲学史者所谓以无一事可记之生涯，而开出近世纪思想灿烂之花，是固康德之功，而所谓冷的之势力也。若夫卢骚者，为国家之所弃，为社会之所屏，以穷窘流离之身，而交友莫恤，亲旧莫救，太史公一部《史记》，全以此愤激而成。韩昌黎文中，亦多发此勃勃不平之气。起而大声疾呼，欲一举昏暗之朝廷，贪浊之阀阅，扫荡而廓清之，如大洪水之一洗世界，其不平之声，大而动人，而人人欲一泄此愤懑以为快。其结果政府倒，世族亡，贵骄富吝，咸卷入于革命之大风潮中，而炎炎者灭，隆隆者绝，贵贱富贵之阶级为之一平，而欧洲乃开一新天地，其福胙延至今日。是实卢骚之功，而所谓热的之势力也。此冷的热的之两性，固由于各人禀质之不同，而又过半由于其国民所特具之性质，即所谓国民性。又所谓民族心理者，德国人静深而好思虑，盖冷的性质之国民，康德即可谓禀德国之国粹，而代表德国民族之性质者也。法国人活动而喜事功，盖热的性质之国民，卢骚即可谓禀法国之国粹，而代表法国民族之性质也。中国民族大抵中庸性质，不若德法两国之各走一端。然两者之中，偏于热的宁偏于冷的为多，故以程度之多寡言，则中国亦谓之冷的民族之性质可也。若夫以人心之趋向而言，大都不能停滞于一方，历久而一无变动，其通例常由此一极端，而渐移以走于彼之一端，至彼之一端既造其极，复渐移以走于此之一端，故静极则思动，动极则思静。静者冷的，动者热的，冷之时间经久，一遇夫热的以为快而欢迎之，热的之时间经久，又一遇夫冷的以为快而欢迎之，犹夫冬日之凛烈而苦其冷极也，一煦以阳和之春日，而人人以为快；夏日之炎燠而苦其热极也，一逗以凉爽之秋风，而人人又以为快。此冷的热的,所以更序迭代,而各能操人心之势力也。

原载《新民丛报》1906 年第 4 卷第 4 号。

志谢国粹学报馆赠书　颠

戴东原先生讲学东南,为吾国近日汉学大师,其治经皆发明公理,确宗汉诂。生平著作甚众,而以《孟子字义疏证》《原善》二书为讲学宗主。昔梨洲先生著《明夷待访录》,排斥专制,主言共和论者,有东方卢梭之目。先生二书,亦舍名分论是非,舍势论理,与西国民主之制,公好恶于民,而偏人权平等之说相合,当与梨洲书并垂天壤。兹由《国粹学报》刊行公世,其为内治经家所宝贵,当有同情矣。

《国粹学报》第八期经经纬史,义蕴宏深,至文章雄伟绝俗尤□余事,诚今学界所不可不读者也。

原载《申报》1906 年 4 月 6 日。

活地狱　茂苑惜秋生(欧阳淦)

话说北通州地方,有个秀才,姓王名国重,饱有才学,从小就有些傲性,等到长大了,更变了一付古怪脾气,和人说话,要是一句话不对,便反插两眼,叫将起来,因此有些人等闲都不去亲近他。及至进了学,做了秀才,天无箬帽大了。北通州地方,念书人虽多,明白的却少,都不过守着几本高头讲章,做几句试帖时文,了此一生。惟有这王秀才,外面虽固执,里面却开通,常常托人买些新书新报,闲下来便把他当消愁遣闷的东西看,越看越有滋味。先不过看看上海出的新书新报,后来竟看到日本出版的《新民丛报》,卢梭《民约论》、亚密斯丹《原富》那些书,方才晓得中国所以积弱积贫之故。有时看到了痛快的地方,竟有拔剑斫地、把酒问天的光景。渐渐的对人说话,什么自由平等,流露于口角之间。北通州人当他是疯子,还有几个稍为明白点的,说他是革命党。列公可晓得这“革命党”三字,就是谋反叛逆的铁板注脚么?

原载《绣像小说》1906 年第 72 期。

学究新谈　吴蒙

且说南京有个昌明学校在城里钞库街,本是私立的。这昌明学校的发起人,姓沈名荫墀,号凤林,是六合县人。从前做秀才的时候,一样也念八股念试帖,等到朝廷变法,废了科举,沈凤林也改弦易辙了。他家里向称富有,开着好几座当铺,还有分到上海、天津各处的绸缎铺子。沈凤林有样本领,是一生专在名誉上做工夫,有的是钱,把来结交官府。今天请某观察,明天请某太守,见着稍为有些声望的,年纪大的就拜他做老师,四时八节的孝敬;年纪轻的就和他换帖拜把子,如兄若弟,十分亲热。有几个有骨气的,看他这种样子,觉得卑鄙,都不去理他。其余那些穷候补,以及奔走风尘的志士,却当他是个孟尝君。久而久之,人家晓得沈凤林是名士,他又把平日诗文之类刻了专集,到处送人。等到朝廷变了法,还不上两三个月,他又把著作刻了送人,就换了什么天下大势论,卢梭学说、孟德斯鸠学说。人家都诧异,说沈凤林虽五官并用,两三个月里,也看不完这些书。就算看完这些书,非平素有心得的,也发不出这种议论。

原载《绣像小说》1906 年第 72 期。

帝民说　君武

予读西方政书,每遇一名词焉,已数见不鲜。在西方为陈腐之学理,而既本之以挫弃君权,改厘政体,为十九世纪革命潮之起源。今东方诸国,沟犹瞀儒,初闻其说,方将信将疑,舌咋目眩,或亦语之不详焉。此名词为何?曰帝民(Sovereign-People)。此名词之发源极远,而卢骚最详阐之。

卢骚最有力之言曰:个人者,帝权之一部分也;帝权者,国家之一部分也(Comme membre du Souverain envers les particuliers, et comme de l'etat envers le souverain)。又曰:帝权非一私人,而以通国中之个人组成之(Le souverain, n'etant forme' qne des particuliers qui le composent)。

卢骚尤常称曰:"予既生于自由国,指瑞士之日内华。而为一公民,为帝权之一分子也。"(Ne' citoyen d'un e'tat libre et membre du souverain)。

(皆见所著《民约论》。今中国译本,无一语能道其义者,且全书无一段与原本符者。译者固不知卢氏所谓,读者亦不知译者所谓也。)

由是言之,帝权为个人之总体,个人为帝权之分子,故人民即帝王,帝王即人民,不可离也。吾国旧政学家,谓帝王为天之子,为至尊;人民为庶民,为小民,为下民。呜呼,渎亵至尊,犯上作乱,其罪盖不可胜诛也。

自卢骚之说兴,而欧美道德、政治、法律、经济、哲理之界中,遂常袭用此帝民之新名词。十九世纪大革命之炸裂弹,乃轰轰然震人耳膜矣。

法兰西当鲁易十四时,政府之专制既达极点,战祸屡兴,工商凋敝,贵族、僧侣享有特权,人民殚力以供无报酬之重税,既苦且毙。重以屡朝君臣,多行不义,人民皆怨。当是之时,忧时诸彦,多著书以倡人群幸福之说者,谓不当以多数人为少数人之奴隶。而其燃革命之火光,倡社会契约之新说,为新世界开辟之探险家者,实卢骚戎雅屈。今之真知卢骚,输入其真理于方醒之中国者,乃自予始也。

梅因(Maine)著一书,名《古法律》,其评卢骚曰:自一七四七年至一七六二年,实卢骚之著述时代。其书出而人群之智识丕变,自有历史以来,文人著书之势力,未有若是其巨者。梅因诚能知卢骚者哉。

卢骚著《民约论》,倡帝民之说,以为国家之活力,当以人民之公意直接运动之,而图普社会之公益。帝权者,由人民而后有,人民所不可自放弃者也。帝权即主权也。主权在人民之说,发生虽早,然至卢氏始明白抉出之。其风潮之初起也,为一七八九年之法兰西大革命,人人倡公众自由(popular freedom)之说,全欧效之。文明之世界,遂新始出现矣。

今请叙卢骚学说之渊源,以明帝民说之所自出。

卢骚之学,实独得于希腊柏拉图、亚里斯多德之遗说,及希腊、罗马古制之影响。然希腊、罗马之古政,每以国家为重,个人为轻,故其时之所谓公民(Citizen)者,所有人权极微,服从舆论,奉受国教。柏拉图、亚里斯多德之书,亦仍缘希腊国制之遗影而不改。公民者,固帝体之一部分,然能享公民之权者,惟国中所谓自由人(Freemen)之一贵族级而止。其服工役为奴仆者,皆毫无公民权也。

帝民说之始发现者,当推柏拉图。苏格拉第谓人民不可不顺从政府,法律虽恶,不可逃囹圄而去,惟安受其不正之裁判而已。依是说,是人民乃奴隶,非帝王也。柏拉图出,乃以为社会及国家,皆相交辅相需赖而后有者也。因孤独索居,必不能应人欲之所需求,故合个人而成社会。柏拉图论公民教育之制,略与卢骚之尔米勒(Emile)同。

柏拉图主公妻公产,其论高远而不可实行。亚里斯多德作政治学,始根极于纯正之科学,而归诸实际,始以政治与道德分离。其言曰:人常为私欲之所束制,而理性不足以敌之,必须国家教育之裁制,如斯巴达然。但政治之社会建立已固,则更不需裁制为矣。国家者,兴民德最要之社会也。个人最高尚之幸福,及完全之乐利,将惟国家是赖,故必须有更良之宪法,及至当之立法制度焉。然国因家而成,合数家而成一村,各有血脉之关系,故当顺从数家最善良之长老。合村成国,国也者,天然独立自足之有机体也,个人及家族发达之最完全者也。国家为全体,个人为分子,所不同者,家族服从于家长,国家之政府既定宪法,其人民自由,而各自与主治者平等。人之所以必相合而成国者,盖人本自然有合群之性,而又为互相益利之所驱迫故也。质而言之,人也者,自然之政治动物也。政治集合固天然之势,而最初必有特别之人出而为之。

立国所以与结公司不同者,公司既集,亦可任意分散之,而国不然。野蛮无城郭之人,无道理以相集,而公民不然。国中之人无限,其才各不同,相聚而各出其才,各司其职,而国家成立,有力以保固安宁矣。柏拉图已发明国家如一身体,各分相合,以共达公同之目的。但拉氏主公产,亚氏主私产,其是非今尚未易定也。

亚氏分政体为三:曰君主、贵族、共和。其变政体三,曰专制,曰少数,曰民主。是以权在一人、数人或众多人之手分之,又以其目的在利少数或多数分之。然无论何种政体,皆有行政、立法、司法之三部。所谓公民权者,非谓其徒居于是市,而有地方权已也,必其有裁判权及服官权之谓也。众人虽愚,然比之少数者必更贤智。最善之政体,在使平等社会不甚贫、不甚富者管制政权,因其数居多,其理解之力必优也。一国之主权,必以公民之多数操之。民主建国之基,在使人人平等,而重各个人之自由。人人可被选举为国之主治者,主治者管制被治者,被治者亦管制主治者,而人民永宁矣。亚氏之说,实与帝民说合,但谓以中等贵族主治政府,其义仍不免于狭耳。苏格拉第、柏拉图皆以民主政体为非善,柏拉图谓立国当如希腊之小市然,其大仅足独立,其小可以使各公民相熟识亲爱,此皆非今日之通论也。

原载《民报》1906 年第 2 号。

勉普通学校同学　冠尘

二十世纪灿烂绰约之舞台,舍青年兮谁来?诸君悉具完全格,努力前途共勉哉!慨自中原走胡马,膻风腥雨危大厦。苍狗红羊浩劫来,落花流水山河覆。狮睡沉沉三百年,回头一顾血痕鲜。美烟欧雨东来急,满座喧宾夺主权。吾侪不幸丁斯阨,励尔精神坚尔力。组织文明团结心,改良社会牺牲血。不达目的死不辞,林肯、卢梭是我师。磨砺愈深心愈切,严霜厉雪尽驱驰。诸君兮诸君,振刷好精神,还我武士道,起我国民魂。毋使黄祸黄祸之美誉,双手而献诸骄小之东邻。

原载《复报》1906 年第 1 期。

题《国粹学报》上刘光汉兼示同志诸子　棣臣
之十五

刘生今健者,东亚一卢骚。赤手锄非种,黄魂赋大招。人权光旧物,佛力怖群妖。倒挽天瓢水,回倾学海潮。

原载《国粹学报》1906 年第 2 卷第 4 期。

吊陈天华烈士　天裔
之三

亚陆无端狮梦醒,猎奴那得不心惊。忍教禹域蒙胡祸,勿使支那有伟人。间接原知他计巧,维持偏恨我身轻。庐骚肝胆菩提念,卓荦光明死亦生。

原载《复报》1906 年第 3 期。

再驳《新民丛报》之政治革命论　精卫(汪兆铭)

(乙)关于卢梭之说者

该报第四号第七页以下,批评卢梭之说,直可谓无句不错者也。今逐一驳之如下。该报云:

> 共和立宪制,其根本精神不可不采卢梭之国民总意说,盖一切立法、行政苟非原本于国民总意,不足为纯粹的共和也。

此言未免太重视卢梭也,欲正其谬,不可不先述卢梭学说之价值。法兰西大革命为欧洲大陆立宪制度之前驱,而革命以前,法国思想之潮流可分两大派,一为历史派,一为纯理派。历史派之代表者,为孟德斯鸠,以历史的经验而解决政治问题者也。纯理派之代表者,为卢梭,以抽象的纯理而解决政治问题者也。自有卢梭之说,而"人生而自由平等"、"主权发源于国民"、"社会为保护人之天赋不可让之权利而存"诸语,几于家喻户晓,此卢梭之学说影响于共和立宪制度者也。然如该报所言:"凡共和立宪制,其根本精神不可不采卢梭之国民总意说。”不得不谓之大谬。盖卢梭之国民总意说，非能尽支配于共和立宪制，而共和立宪制，又非尽以卢梭之国民总意说为其根本精神。吾今举证，见共和立宪制有不采卢梭之国民总意说者，则该报之说可以立破也。夫共和立宪制，最先设定者为北美合众国，而考之美国诸州之权利章典，其根本精神全与卢梭之说相异。卢梭之国民总意说，其根本精神注重于社会，而美国之权利章典，其根本精神注重于个人，此其绝相异者也。盖个人之天赋权及国家契约之说，远从希腊之梭非斯托而苞其萌，中因中世之自然法学而发其光，近由宗教革命之思潮而更茂其实。美国人之受此思想也，其绵亘非一朝夕，而共和立宪制由之而生。谓其根本精神采自卢梭之说者，凡读美国权利章典，皆能辨其妄也。非惟美国为然也，即如法国由一七八九年之《人权宣言》而定一七九一年之第一回宪法，其主义纯乎共和，由此宪法之精神以言，可谓取无制限国会主权主义，王国唯存其名。事实上既为纯然之代议的民主国也，而王国之名，亦不期年而罹于厄运矣。然其根本精神，非采自卢梭之说而取法乎美国之权利章典，此近日学者所证明者也。耶陵尼氏有《人权宣言论》，言之最详。然则谓卢梭之国民总意说，有影响于共和立宪制则可，谓共和立宪制不可不以之为根本精神，则所见之不广也。盖凡一学者立一新说，有从而反对之者，有从而补苴之者，继续发达，无有止步。非惟法学若此，他之各科学莫不若此。乃谓一学者之言论，足以支配一切之制度，其言太失实矣。

该报过于重视卢梭之国民总意说，已如上论。乃观其批评国民总意说也，第一句云：

此说万不能实现者也。

此言又未免太轻视卢梭也，且与上文不复连贯。上文法云：“共和立宪制，其根本精神不可不采卢梭之国民总意说。”而下文即断然曰：“此说万不能实现。”此说非惟于理论之实质上大谬不通，即于论理之形式上亦大谬不通也。盖该报既谓共和立宪制，不可不采卢梭之国民总意说，然则反言之，则不采卢梭之国民总意说者，不得为共和立宪制明矣。此于解释上固当如是，且该报明言之。观其云：“苟非原本于国民总意，不足为纯粹的共和也。”可以为证。而卢梭之国民总意说，既断然曰“万不能实现”，然则共和立宪制亦将不能实现明矣。而共和立宪制之实现，如美国、法国等人所共见者，该报记者宁不知耶？乃观下文所举三理由，尤无所当，今分驳之如下。原文云：

　　夫所谓国民总意者,当由何术以求得之乎? 用代议制度耶? 决不可。今世各国行代议制度者,非谓以被选举人代表选举人之意见也,故代议士之意见,与选举代议士之人之意见,常未必相同。然则以代议士之意,即为国民总意不可也。故欲求总意,则举凡立法、行政皆不可不付诸直接投票。卢梭亦以为必如瑞士乃可谓之共和,亦以此也。虽然,瑞士蕞尔国也,而内部复析为联邦之本位者二十二。夫是以能行直接投票,顾犹不能常行,若在他稍大之国,能行之乎? 必不能矣。故国民总意之难实现者,一也。

　　此该报记者驳卢梭之国民总意说之第一点也,今即引申卢梭之说以驳之。卢梭之旨,谓国权之主体,在于各个人,各个人为主权者,故其行使主权也,不可不以各个人之全部为之。故代议制度,非卢梭所认真正之民主政治也。其言曰:"英人自诩其享自由,然其自由,第选举国会议员之片时而已。选举已终,则彼曹皆奴隶也。"其言可谓推类至尽矣。然其《民约论》第三编第四章,则云:"真正之民主政治,终不可睹。盖欲人民常相集合,以处理国家之事务,往往有不能致者。故近世筹便宜之方法,而有代议之说。此说于现今或将来,皆可得人民之信用,而至于为民主政治之通则,殆可决也。然使国小人稀,则人民结合至易,自无取乎代议耳。"此其为论,骤观之若与上文所引者相反,然有必不可混者。当注意于真正之民主政治一语,盖其理论,分纯理与实用二方面。自纯理方面以言,则国民全部直接行使主权,乃为真正之民主政治。而自实用方面以言,则真正之民主政治,常仅存于理想,其实际则以代议制度为原则,而国民直接行使主权者,反为例外。此《民约论》所主张者也,不得以此遂谓国民总意之难实现也。何也? 以代议制度非夺国民之权利,以与代议士,乃以代议士代表国民,以行使其权利耳。故代议会为国民思想之反映,若如该报所谓"以代议士之意思即为国民总意不可也"云云,其说理疏陋矣。

　　该报又有云:

　　复次即行直接投票,又必须极公平而自由。万一于有形无形间,有威逼之者,或愚弄之者,使其不得为本意之投票,则所谓总意者,缪以千里矣。此国民总意之难实现者二也。

　　此该报记者驳卢梭之国民总意说之第二点也。今诘之曰,凡研究事物之原因者，最当分别自身的原因与外来的原因。所谓自身的原因者，其原因由事物之自身所发生者也。所谓外来的原因者，非事物自身所发生，乃由于外铄者也。遇一事物，发见其自身的原因有缺点时，非于其事物之本体加以改变不可。若发见有外来的原因有妨害时，则但当求杜绝之方法，使于事物之本体不致受损伤而已。如该报所谓行直接投票之时，而有威逼愚弄之事实，此乃外来的原因，非自身的原因也。以非直接投票之本有斯弊，乃有舞弊于直接投票之时者耳。使设种种方法以防其舞弊，则虽行直接投票，而弊决无由生，故曰外来的原因也。例如选举议员之际，亦往往有用威逼、愚弄之手段以舞弊者。然此但当于选举法中，慎防其弊，而设之规定，不能因此遂废选举制度也。岂惟公法惟然，即私法上当事者之意思表示，亦往往有用诈欺、强迫之手段以舞弊者。然此但当于法文中慎防其弊，而设之规定，不能因此遂废意思表示制度也。因噎废食之见解，乃足以自完其说耶？吾非主张国民直接投票者，以此制惟极小之国乃得用之，不适用于中国也。所以不能已于言者，此该报所言，失实已甚，不得不略加纠正耳。

该报又有云：

复次即直接为公平自由之投票矣，遂能真得总意乎？总意云者，论理学上之全称命题也，必举国中无一人不同此意然后可。苟有一人焉，仍不得冒总之名也。而试问横尽虚空竖尽来劫，曾有一国焉，其国民悉同一意见，而无一人之或歧异者乎？必不能也。则所谓总者，仍不过多数与少数之比例，多数而名之曰总，论理学上所决不许也，故国民总意之终不能实现者三也。

此该报记者驳卢梭之国民总意说之第三点也。案卢梭之所谓国民总意与人民全体之意志之一致者，其用语有广狭之异。此卢梭所自言者，绝对的要人民全体之一致者，唯于结本来之社会契约时而已。卢梭之言曰："政治社会之结合，人所随意为之者，苟不愿为，无论何人，不得牵率而强之同意也。故结社会契约时，必须一致之承诺。"此言苟有一人不同意，则不必为契约之当事者也。然此乃指结社会契约时，而非指国家已成立时。该报之言曰："一切立法行政，非原本于国民总意不足为共和。"此明明指国家已成立以后。不知国家成立以后之人民，非复如结社会契约时之可以随意，此卢梭所已分别言之者。其言曰："国家成立之后，凡居于领土之中者，不可不服从于国民总意。是故会议之际,虽有反对于己之意见者,然使其说而得多数,则足以证己意见之误谬也。盖己之意见,虽假定为合于国民总意,而既逢多数之反对,则足证其已不合于国民总意也。"其言之明白晓畅若此。盖总意者,由各个人之自由意思以合成者也。然则各个人之服从于总意,即服从于自己之意思,决不因是而损其自由,此卢梭之说所以为精义入神。而后世之学者,谓其学说由个人主义转于团体主义,亦良以此也。而该报记者乃若熟视无睹,惟知肆口漫骂,多见其不知量而已。

该报之驳卢梭国民总意说,不外此三点,而其脆弱不足道若此。至于国民多数说以下别为一问题,且大都事实上之论点,于后文详驳之。吾不知其何乐于自欺欺人,至于如此也。

抑吾于卢梭之国民总意说,非能绝对赞成者也。彼其总意之说固含真理,然以国民之全部即为国家之主权者,则其说为不确。盖卢梭亦主张国家客体说之一人,故采人民主权说,谓人民总体之集合,得以缔造国家或解散之。在君主专制国,人民以君主为国家,故卢梭之说足以破此观念。然谓人民为国家,与谓君主为国家,同一以国家为客体,其失维均。明乎国家主权说,则君主乃国家之机关,革命者改造此机关而已,然后适于理论也。其流极将为民主专制,戾乎近世之法理,不可以不辨也。

原载《民报》1906 年第 6 号。

论法律之性质　日本法学博士奥田义人原著　饮冰(梁启超)译

(8)民约说　民约说者,谓国家由人民相约而成,法律由民意一致之结果而立。申言之,则法律者,民相约建国时所定之约章也。此说虽萌芽于古代,而大成之者为卢梭。其言虽辩,奈历史上无一根据,适成为空华幻想而已。国家法律果成于人民之约法乎?历史上曾见有先民为兹约法者乎?法律以前更有约乎?祖父约法,何故以其自由意思,侵缚子孙之自由意思乎?此皆民约论败绩失据之点也。

(9)公意说　公意说者,谓法律所以发表当时人民全体之意思者也。莎威尼曰,法律非人力所能创作,而发育于自然者也。人民于日用交际,积久而习成焉。因酿之以为法。故惯习法者,最良之法律也。何也?彼直接以发表人民之所信也,立法者之制定法律,不过取人民所信,加以形式云尔,实则人民公意间接而发现者也。此说与民约说略相似,其所异者,民约说谓初建国时相结契约,公意说谓当时人民全体意思,彼为一时的,而此为随时的,彼为有形的,而此为无形的也。然以此释法律,义亦未完。盖此说若信,则反于人民公意之法律,当不得复谓之法律。不宁惟是,所谓公意者,果由何道以形于外,抑太不分明也。

原载《新民丛报》1906年第4卷第12号。

题亚庐小像步原韵　天梅

为情而死也心甘,依恋群生似饮醽。依见犹怜依不解,冷清清地把伊看。亡国深尝味不甘,忍教长此醉醯醯。愿图万纸都传遍,当作庐梭第二看。

原载《复报》1906年第4期。

狮子吼　星台(陈天华)

文明种道:"这就难怪,坐,我讲来你听。《书经》上'抚我则后,虐我则仇'的话,不是圣人所讲的吗?《孟子》'民为贵,社稷次之,君为轻'的话,又不是圣人所讲的吗? 一部五经四书,那里有君可虐民,民不能弑君的语? 难道这些书你都没有读过吗?"那学生埋头下去,答不出话来。文明种又道:"后世摘出'普天之下,莫非王土'那一句书,遂以为国家是君所专有,臣民是君的奴才。你们想一想,这一句话可以说得去吗?"众人都没有出声。停了半晌,文明种又道:"是必先有君,后有臣民,才可说得去。又必自盘古以来,只有他一家做皇帝,方可说得去,你们道有这些事吗?"众人都道没有这些事,文明种道:"是照卢骚的《民约论》讲起来,原是先有了人民,渐渐合并起来,遂成了国家。比如一个公司,有股东,有总办,有司事,总办、司事,都要尽心为股东出力。司事有不是处,总办应当治他的罪。总办有亏负公司的事情,做司事的应告知股东,另换一个。倘与总办通同做弊,各股东有纠正总办、司事的权力。如股东也听他们胡为,是放弃了股东的责任,即失了做股东的资格。君与臣民的原由,即是如此。是第一项说不去了。"众人连道:"是是。"……(孙)念祖起来问道:"适才先生所讲的卢骚是那一国的人?"文明种道:"是法国人。当初法国暴君专制,贵族弄权,那情形和我现在中国差不远。那老先生生出不平的心来,做了这一本《民约论》。不及数十年,法国遂连革了几次命,终成了一个民主国,都是受这《民约论》的赐哩。"(孙)肖祖叹一口气道:"可惜我中国遂没有一个卢骚。"文明种道:"有有有。明末清初中国有一个大圣人,是孟子以后第一个人。他的学问、他的品行,比卢骚还要高几倍。无论新学、旧学,言及他老先生,都没有不崇拜他的。"肖祖道:"到底那人为谁?"文明种道:"就是黄黎洲先生,名宗羲,浙江余姚县人。他著的书有一种名叫《明夷待访录》,内有《原君》《原臣》二篇,虽不及《民约论》之完备,民约之理,却已括包在内。比《民约论》出书,还要早几十年哩。"绳祖道:"为何法国自有了卢骚的《民约论》,法国遂革起命来。中国有了黎洲先生的《明夷待访录》,二百余年没有影响,这是何故?"文明种道:"法国自卢骚之后,还有千百个卢骚,相继其后。中国仅有黎洲先生,以后没有别人了,又怎么能有影响呢?"肖祖奋臂起道:"以后咱们总要实行黎洲先生所言。"文明种道:"现在仅据黎洲先生所言的,还有些不对。何故呢? 黎洲先生仅伸昌民权,没讲到民族上来。施之于明以前的中国,恰为对症之药,于今又为第二层工夫了。"

原载《民报》1906 年第 7 号。

怀人诗　亚卢(柳亚子)
之一

今年春夏间侨寓海上,得识四方贤豪长者,时相过从,至足乐也。秋冬归里,辄复离索,风雨鸡鸣,情何能已,拟为怀人诗以纪之,涉笔未半,抽毫已秃,先成四章,余俟赓续焉。

英雄冷落作词人,路索文章屈子魂。小雅式微夷狄横,宗邦多难党人尊。一门竞树骚坛帜,君叔志攘、弟佛子皆工诗。只手难回病国春。赢得狂生知己感,飘蓬飞絮镇相亲。(天梅)

原载《复报》1907 年第 9 期

政治讲义　严复

今夕所论,未及政治本题,乃先言政治与历史相关之理。此语自表面观之,似若无甚奥义。虽然,俟闻吾言,始知其中大有新理也。盖二学本互相表里,西人言读史不归政治,是谓无果;言治不求之历史,是谓无根。诸公无谓此是陈言,须知十八世纪以前,已有言治不由历史者,希腊时如柏拉图,最后如卢梭。此二人皆诸公所习知,其言治皆本心学,或由自然公理推引而成。是故本历史言治,乃十九世纪反正之术,始于孟德斯鸠,至于今几无人不如此矣。(第一会)

夫古日市府国家,其形式大似今日之租界,其与邦域政府机关,自不可相持而并论。又况当此物竞大烈之秋,求以此独立,以为兵战,尤不易者也。乃不谓十八世纪欧洲,言治诸公,尚有以复古为说者,卢梭氏其职志也。此其意甚美,然而法之良否,斯无待深论者矣。

市府、邦域二种国家,固为绝大区别,得此民生世变,因以不同。然言此之时,当知于历史中,欲分市府时代何时而终,邦域时代何时为始,则又不能。盖历史中大半为过渡之世,战争纷纭,出此入彼,即如罗马解纽,为欧史中一大事因缘。顾笃而论之,则为分结邦域国家而有事者,只此一事,上下盖数百千年也。

十八世纪之政治家,意辄谓邦域国家,即非人功所缔造,至市府国家,以干局之小,当系用民约所公立者。此卢梭等所以多主小国分治之说也。顾考诸历史之事实,则又不然。市府之成,其本于家族、教会之渐变,历历有据。如希腊之雅典,义大利之罗马,其始之有神话时代,宗法时代,无异英伦、德意志诸邦。然则谓市府国以其小狭,其成立本于人为者,其说误矣。(第四会)

卢梭政论,为革命先声,亦以政府所问过烦,人民受治太过为说。当此之时,若宗教、若教育、若商政、若政治,诸家之说,往往多同,于是群主因任自然,无扰无为之义。盖其意以为伦有君臣,其事由不得已。受治本人道苦趣,而非可乐之端,故其权力,即不能去,亦宜删缩至于无可复减之地位。反言之,即斯民宜令得享最大自繇是已。夫此语为是为非,关于人道最巨,今不佞且不为定论,但云至今其说尚为欧洲多数之所持。而十九世纪前半,欧洲现象,大抵成于此说。且至于今,大有东渐之势,而将于吾国社会大著果效者也。(第六会)

更有进者,欲知专制一名词,所以为西人言治所深恶而痛绝者,宜察其中尚有他说存焉。盖西人以治权之出,有二本之不同,而不佞则以为一本而已。请先明二本之说:二本者,彼谓治权之出,有自上而达下者,有自下而逮上者,二者厘然,若旦夜之不可以合。入继大统,缵承丕基,以厥先祖父,受命自天,奄有此国。故诏书称制,各国皆同,而群下无敢越志。如此治权,当民情极为爱戴之时,则曰民之父母,名正言顺,此所谓自上达下者也。顾今之议者,则曰国民非王者之子女,即如前言,亦亶聪明首出庶物,而后作民父母。乃生帷幪而长阿保者,果夐聪明而首出庶物矣乎? 必不然矣。是故其说不足存也。曰自下逮上者,彼人君之有权,不过为国权之所托付者耳。元后者,一国之公仆也。国有兆民,举其分子虽甚贱,而其全体则至尊。小而譬之,国之君王,正如会邸公司之有经理领袖书记,乃社众界之以权,取达社众之目的,非其人本有权利,而应为一公司一会邸之长魁也。假使其人行事,与社众之主义背驰,乃至群情不合者过半,斯其人义应告休,否则逐之可也。此等义法,卢梭《民约》推勘最详。自其说兴,革命风潮,因之大起,此所谓国民无上之义是已。故晚近欧洲,以民主为最正之治制。乃至革命之世,兵权既盛,颇不乏专制之夫。如英之可仑谟尔(Crommell),法之拿破仑,其侵夺黔首自繇,岂减察理第一、路易十四。而人不之攻者,则以为彼之得权,乃由民自乐与之,彼之行权,亦为国民而后有事,与旧君保其世及之权,而自上达下者异耳。(第八会)

原载严复:《政治讲义》,商务印书馆 1907 年版,第 2—116 页。

法国革命史论 寄生(江东)

三、卢骚 孟德斯鸠素主平和,无诡激之论,福禄特尔、卢骚,则皆属激烈一派。卢骚尤甚。一千七百十二年,生于日内瓦。幼失母而离父,就叔父为养,漂荡诸国。千七百四十一年,始至法京。七百五十年,《论道德腐败之原因》一文获赏。悬赏题为:"学问及数理之进步为腐败道德之一原因乎?"〔千〕七百五十二年,著《社会不平之起源论》。至千七百六十二年,《民约论》公于世。《民约论》者,卢骚之杰作也。法国十八世纪后半期之思想界,实《民约论》操纵之。而千七百八十九年,震撼天地之大革命于是焉起。烟山专太郎氏曰,欲读《法国革命史》者,不可不知卢骚,欲知卢骚者,不可不揽《民约论》之大意。卢骚之言曰,古无所谓阶级,无所谓压制,无有失德,林林而居,熙熙而治,太平之极则也。自有国家,建法度,而社会日以不平,而俗日以漓。此非民之过,一人之罪也,所以拯其末流而扶其弊者,无他道,复古而已。卢骚又曰,今日社会之组织,盖所以攘夺天赋之幸福者而已,而政府者,又百弊之本原也。现行之法律规则,非法无理,妨人类天禀之权义,而终非吾人良能之所堪者也。又其言曰,游牧转徙者,人类之本态也。华院使人苦,骄奢使人不足,礼仪者虚式,而令色者,习惯之奴也,科学哲学者,务已者也,张皇者也,伦理道学者,腐败之甚者也。社会之万事,无不虚伪,无不欠缺。文明也者,人心之受诸激刺而妄思达于华美之域之谓也。教育也者,其为道已不善,而其效且将流毒于天下者也。学问者何?美术者何?是皆慰安人情之玩物也。文学者何?技艺者何?是皆所以孱弱民志而销磨之者也。痛快淋漓之文,一出之以平易条达之笔,佣保皆能解者,故农人辍锄,则相聚而读,掩卷而叹。呜呼噫嘻,彼萧寥一卷之书,实针砭膏肓之药石,发聋振聩之音,而叱咤风云之具也。综全书之纲领则有四,曰天赋人权,曰自由之理,曰平等说,曰四海同胞论。吾求之乎古人,惟老庄之说庶几类之。然一则收莫大之功,一则且负重庆而见斥于学者,此其故吾盖尝思之而难得其解者矣。

惟政府之嫉福禄特尔、卢骚也亦甚。福禄特尔著《沙尔第十二史》,不过创体之史论,初未尝攻击宗教及政府,及为没收,禁其发行。其后祖述洛克,著《哲学丛话》一书,身受纠问,书亦被毁。寻绍介奈端之格致学于法人,复遭焚毁之厄。卢骚亦以违犯出版法,见逐于国外。千七百七十八年,困顿以毕余生。氏不修道德,平生之行,可訾议者多,是在后人之善学氏者焉。

党锢之祸作,必非限于一二人。而以法国当日文学、哲理之隆,其受祸者可胜指数,又岂独卢、孟、福禄特尔已哉?请征其略。

弗棱之日记中,有古代法兰克酋长受称号于罗马一诘,遂投巴士的狱。希伯条斯之《心理学》,则以枢密院之命令而被没收。马勃利之《法国史》,则被禁不得发卖。勒纳尔著《印度史》,林圭著《齐休壹脱历史》,皆禁书击狱。摩勒尔译亚丹斯密之《计学论》,及白加利雅之《法理学》,身陷图圄,的德罗篇章极富,悉被焚弃,且没财下狱。他若迈氏之《法国法律论》,蓬塞氏之《封建制度论》,德罗尔之《英国宪法论》,若明氏之《思想论》,达利达朗之《财政论》,波尔巴之《战略论》,加都之嗜好说,脱克罗之《路易第十一史》,勒奔之《格理门第十一史》,脱尔宾之《暹逻国史》,波马赛氏之日记等,皆见焚毁,禁其出版。嗟夫,执政者果复何心,而必毁明塞聪,以侣吾民于鹿豕也哉?

虽然,天之所兴,则人莫能废。民犹天也,民之所趋,君何能遏?福禄特尔之言,既已染被一世,而妇人女子,与夫坎壈不遇之士,又皆沉溺于卢骚自由平等之主义,且经弟子解释,入于众耳,莫不深怀怨望,必求一逞。贵族之吸收新说者,亦能自毁崇阶,矻矻讲学。昔也优劣差等,有若层累,今也猜忌冰释,同集一堂。中惟孟德斯鸠之学说,知者较寡。盖宁静深远,垣不中乎国民知识之程,而绳人以规矩,固不若荡弃一切之易入也。然一时学者亦颇宗其说,于是文明之幕渐开,然而革命之铙吹,亦愈近急响而无缓调矣。

本论取材于河津祐之所译《佛国革命史》,及文学士奥田竹松所著《佛兰西革命史》,旁览文学士有贺长雄、文学士本多浅次郎所著《西洋历史》,参以文学士烟山专太郎之所讲述,而其撰述章句,则多本友人所译《法兰西革命史》(即奥田竹松本)。烟山为有贺高弟,著者素服其史识,故论断处亦间有所采述焉。　　　　　　　　　　　　　　　　　　　　著者附识

原载《民报》1907 年第 13 号。

卢梭《民约论》非《人权宣言》之渊源　德国耶陵涅著　伯阳重译

法人播尔查尼(Paul Janet)所著《政治学史》(Histoire de la science politique),浩瀚之籍也。彼自以为于社会民约论,极深研几。由是以论其及于法国革命之影响,谓权利宣言之思想,当求其渊源于卢梭。其言曰,宣言实本诸卢梭之思想,而为国家契约之实行,个个之权利,即其契约之约款及条件也(三版四五七页、四五八页)。余独怪查尼自命为研究卢梭之说者,奈何亦从于世俗之见,而无以自拔耶?

《民约论》所主张,一言以蔽之,曰个人一切权利,咸让之于社会。曰个人居于国家中,不能独立而有权利,一原子其有之者,皆自总意授之。惟总意能定其限界。总意者,无论依于如何之力,不得受法律上之制限,又不许受法律上之制限也。虽为所有权,亦惟依于国家许容,始属个人耳。社会契约使国家为国民之财产主体,国民惟以为公产之受托者,始得持续其占有。国民之自由,惟有国民义务而外所余之部分耳。此之义务,非以法律不得课之,而法律又须从于社会契约,对于国民不可不均,是对于主权一之制限也。虽然,是为基于主权性质之结果,而其保障则自行之。(Contrat social 1.6.7.9.11.4)

夫人类之于社会,莫不有原来之权利。以其权利可为主权之法律上制限者,是卢梭自相矛盾之思想也。羁束总意之基础,法莫之能为也,社会契约亦非有其羁束力者。

然《人权宣言》则欲于国家与个人之间,立为界限,久而勿逾,使立宪者常遵守之,永以为"人类自然的权利不可让之权利神圣之权利"而束缚之

者也。

是故《民约论》之主义,与《人权宣言》适成反对,《民约论》之结果,非个人之权利,而总利之万能力,法律上无制限者也。若天氏者,可谓较查尼氏能善解《民约论》之结果者。(Taine, Lancien regime p.321 ff.)

千七百八十九年八月二十六日之宣言,实与《民约论》反对而成立者。《民约论》之思想,虽《人权宣言》之二、三条项或潜受其影响,然此宣言之思想固别有其渊源。

原载《民报》1907 年第 13 号。

出使德国考察宪政大臣于侍郎式枚奏陈办法宗旨折　于式枚

中国旧章,本来立宪,薪皇朝制度,尤极修明。《周官》言宪法,言宪令,言宪禁,言邦宪,传称监于先王成宪,仲尼损益四代之制,以垂万世之宪。宪法为中国之名古矣。殷人作誓,汉代约法,尤与欧美所云立宪者相似。唐宋迄明,规模具在。其能贻数百年之基业,成数十年之太平者,无不以顺民情、申清议为致治之本原。

皇朝道监百王,治隆三代,科举律令,备极精详。行政皆守部章,风闻亦许言事。刑赏予夺,曾不自私。朝廷虽有特旨之允行,所司能举定例以更正。若有大政事、大兴革,内则集廷臣之议,外或待疆吏之章。且有下及儒官,询于庠士,所以勤求民隐,博采公论者。与立宪之制,无不相符。神圣相承,士民相习,上有教戒而无约誓,下有遵守而无要求。不言专制而权不下移,不言自由而情能上达。至于日久官吏失职,但有奉行之不善,而不能谓法之不良。又以近年海国开通,本为事例之所无,更不能谓法之不备。自可因时损益,并非变法更张。惟风气之开辟日新,则人心之趋向各异。当光绪初年,故侍郎臣郭嵩焘尝言西法人所骇怪,知为中国所固有,则无可惊疑。今则不然,告以尧舜禹汤、文武周孔之道,汉唐宋明贤君哲相之治,则皆以为不足法,或竟不知有其人。近日南中刊布立宪颂词,至有四千年史扫空之语。惟告以英德法美之制度,拿破仑、华盛顿所创造,卢梭、边沁、孟德斯鸠之论说,而日本之所模仿,伊藤青木诸人访求而后得者,则心悦诚服,以为当行。前后二十余年,风气之殊如此。朝廷深观时变,俯顺群情,既有宣布立宪之文,复有特派考察之举。事关重大,不惮详求。

原载《新闻报》1907 年 12 月 9 日。

卢骚画像小传　　世界社编

卢骚（Jean Jacques Rousseau）

卢骚，法国哲学家及著述家也，生千七百十二年，卒千七百七十八年。卢氏愤世事之无道，于演说词中，论人世不平等之原因，力攻贵族、帝王及俗所谓神圣之法律，谓“今之所谓文明，徒教人于困苦，野蛮则反觉自由及安乐”。其词之激昂类如此。著作甚富，而最有大名者，为《民约论》与《教育》。《民约论》之大旨，谓“人本生而自由，今反锢之”，《教育》则谓“人性本善，社会使之腐败”。二书皆重触时忌，政府议捕罚，乃遁瑞士。论者谓近世专制之摧毁，卢氏为有功。

原载世界社编：《近世界六十名人》，世界社1907年版。

孽海花　　东亚病夫（曾朴）编述

（柴）韵甫道：“办学堂，开民智，固然是要紧，但也有一层流弊，该慎之于始。兄弟从前到过各国学堂，常听见那些学生，终日在那里讲究什么卢梭的《民约论》、孟德斯鸠的《法律魂》，满口里无非‘革命’‘流血’‘平权’‘自由’的话。我国如果要开学堂，先要把这种书禁绝，不许学生寓目才好。否则开了学堂，不是造就人材，倒造就叛逆了。”美菽道：“要说到这个流弊，如今还早哩。现在我国民智不开，固然在上的人教育无方，然也是我国文字太深，且与语言分途的缘故，哪里能给言文一致的国度比较呢？兄弟的意思，现在必须另造一种通行文字，给白话一样的方好。还有一事，各国提倡文学，最重小说、戏曲，因为百姓容易受他的感化。如今我国的小说、戏曲太不讲究了，佳人才子，千篇一律，固然毫无道理；否则开口便是骊山老母、齐天大圣，闭口又是白玉堂、黄天霸，一派妖乱迷信的话，布满在下等人心里。北几省此风更甚，倒也是开化的一件大大可虑的事哩。”

原载曾朴：《孽海花》，小说林社1907年初版；见北京宝文堂书店1955年版，第158页。

贺四川杂志　　金沙

之四

要将只笔搅乾坤，文字精魂是国魂。同甫纵横陈虏状，卢骚慷慨代民言。一篇词藻心肝语，满纸西南涕泪痕。我亦甘居狂吠列，一生功罪有谁

原。（步剑夫韵）

原载《四川》1908 年第 2 期。

碧血幕　吴门天笑生（包天笑）编述

后来他父亲弃幕改官,宦游湖南。那个三湘七泽之间,本来是个种性不灭的地方,这也是地理上的关系,衡岳嶔奇,类多气节磊落之士,所以前有王船山,一班佚民遗老,结茅空山,著书穷谷,专播这种子。后来又有浏阳二杰等,持着流血主义,要想普救苦恼众生。中间还有许多枭雄怪杰、侠客大盗,时时出没,根尘所接,却能使人变化气质。那位秋姑娘,不觉脑中这个影子渐渐放大了。况且生性聪明,又好读书,加以近年来欧美学说,横渡太平洋,却从日本间接儿传至中国,什么卢骚的《民约论》、孟德斯鸠的《万法精理》,一进了人的脑子里,再也不能出去。这秋瑜又生就一副敏慧勇决的性子,只是家庭束缚,未敢展舒。后来又随官到了京师,瞧着政治上的腐败,官场中的黑暗,贵族家的专制,百姓们的野蛮,不免时时咨嗟太息,错愕不平。心想我虽是个女孩儿家,难道便没有爱国救世之心？因此这一片热心无处发泄,常常托诸吟咏,在中国女界中,要算是个不栉进士了。

原载《小说林》1907 年第 8 期。

考察宪政大臣达寿奏考察日本宪政情形具陈管见折　达寿

欧洲宪政,其渊源于历史之沿革者既已如是,而所谓渊源于学说之阐明者,何也？自十八世纪以来,欧洲人士竞谈新学,所谓权利、自由、独立、平等诸说,次第而兴。当时之君,固利自由之保障也,裁判官之独立也,国会参与立法议决预算也,征收租税必依法律也,国务大臣负责任也,君主无责任也。及此荦荦大端,莫非创始于英国,而实以学者之议论为之先河。其后法人孟德斯鸠考究英国政治,著《法意》一书,创三权分立之论,而卢梭又著《民约论》继之。三权分立者,谓行政、立法、司法三权,宜各由特别之机关独立对峙,互相节制之谓也。而《民约论》之大旨,则主张天赋人权,谓人本生而自由,不受压制,惟当共结社会契约,以社会之总意分配权利于人民,人民对于总意,受其拘束,此外悉可自由。此二氏立论之大概也。自孟德斯鸠之书成,而欧洲列国之政体咸以是为基础;自卢梭之论出,而拉丁民族之国体咸因此而变更。盖学说之力足以激动人心,左右世界,有如此矣。考之历史则如彼,征之学说则如此,本理论而遂生事实,借争斗而乃得自由。观其数十之条文,实捐万民之身命,缅怀列国,真可寒心。且夫察往者所以知来也,惩前者所以劝后也。绸缪牖户,知道惟未雨之诗;闲暇国家,明政有如时之训。见几不吝于终日,覆辙共鉴于前车。而于是日本之睦仁天皇,乃应运而起矣。

原载《新闻报》1908年8月28日。

法名士卢梭小传　高葆真译

卢梭者,法国反抗政教前之名士也。于千七百十二年,生于瑞士国之遮尼法城。其父与母均法产,从复元教。母早殁,卢年方十龄,其父以与人龃龉故,遁至城外,托卢于戚串家,使业雕匠,颇遭虐待。年十六,遂避至意大利之某都,为罗马教士所护养。复得嫠妇娃任夫人之助,入修道院,受洗礼,而得免于沟壑,因遂自喻谓热心宗教者。无何,被斥出院。欲往就工,顾又历久不得志。幸为某肆妇所援,受佣于该肆,与妇颇称莫逆。及肆主归,又下逐客令。卢于是遍历各处,或役于人,或为书记,卒无定业。及年十九,乃仍归至娃任夫人处。娃任夫人者,为某氏离婚妇,其夫必岁给银若干,以供所需。年二十八,光彩益艳,视卢不啻如弟,相伴九载,颇形投契。旋以夫人另昵一少年,卢遂舍去,之法之利安城,受教习职。嗣以昧于教法,不安于位。至二十九岁,因以新法编音乐谱,至巴黎而献之于该都之格致会,以冀录用。会中人纳之,惟亦不甚新异且无益,卒不果。卢不得已,仍以常法誊缮音乐谱为生计。继复受聘为某氏书记。时旅馆中有女名特勒色者,性愚鲁,不工书法,兼无姿色。卢私识之,前后生子女五人,均送入育婴院。

年三十七,以著艺术并格致论二种,为法国弟将城大学校所称许,一时脍炙人口,视为奇文。盖所论者,即工艺、格致中之事,然败德之机,实肇于是矣。年四十有一,著有剧文并音乐谱,为法王所赏悦。是岁又著《论文明与野蛮之比较》一书,大略谓文明之法,反不如野蛮之为有理,盖以野蛮为纯属天然者,凡如挟资作恶,及政治之苛暴、法律之不良,可谓奇文。与夫一切非分越礼之事,盖无非欲表其自由之意而已。时有贵妇对毕内夫人者,悯其才,特赐村屋一所。屋在大森林之旁,卢遂挈特勒色妇并其母偕居焉。未数年,结纳渐广,然与文人墨士,辄生竞争,以是恒郁郁,而与对夫人之谊,亦由此日疏,遂去而之他。为某公爵夫妇所优待,得栖居公邸园中之一矮庐。年四十有八,始著小说,众极欢迎。越二年,复作伦理一书,出版于荷兰国,盖欲免国人之阻力也。书中所论之政教,或攻击政府,或与罗马教为敌,甚形悖忤。事为国会所侦悉,下逮捕令,而卢已闻风远飏矣。匿迹于德王之属城,在瑞士国。由是即研究植物学,并以作细罗为业。而巴黎总主教特条驳其书,斤斤不已,卢亦致书答之,城中人民乃大哗,以卢为无教之徒,而驱逐之。年五十四,应英历史家胡墨之招,居英凡十有六月,著《植物字典》,并刊布己之小传,以诚笃之词,宣扬一生之事迹甚详,美恶悉该,不稍遗漏。顾卢性多疑,每与人谈吐之际,常怀英政府欲捕逮彼下狱之恐慌,戚戚不安,故即离英而返法。得某侯爵之庇护,于五十八岁归抵巴黎。复操誊缮音乐谱之故业,并著问答以证明其善行,文中颇含狂谬语,而后之著述,则佳作为多。未几癫疾渐发,致幽置于医院。年六十八,复得友赐村屋一所,不数月,遽卒,尝有人疑其自尽云。夫卢梭者,性羞怯如闺秀,鲜毅力,无自治志,而一易受外感之人也。于贞淫二字,尤少见解,并好自矜。然其性质则殊温雅,而其著作中笔法之娟秀,亦无出其右者。嘻,亦奇已。

原载上海《大同报》1908 年第 10 卷第 16 期。

卢 骚 英国张伯尔著 窦乐安、黄鼎等译

雅噶(Rousseau Jacques)生一七一二年,卒一七七八年。

法哲学家。其父寄居瑞士,生氏于真内瓦(Geneva)。氏生而失恃,其父又犯罪亡命,属氏于亲戚。年十三,从书记某氏游,无所就,去学雕刻。师待之虐,复去之,漫游四方。一七二八年,入法兰西之安西府(Annecy),寄食于华伦(Warens)某妇。氏家素信耶稣教,妇劝其改从旧教,送之都林(Turin)某教育院,受旧教洗礼,而氏之意终不属,乃复辞去。失业无聊,一店主妇悦之,收为伙。氏勤于其职,遂与妇通。旋为其夫所逐,穷困益甚,至辱身奴仆,或为人佣书,聊免冻馁。久之不能堪,复投华伦妇。时妇年二十八,貌美而性乖戾,离夫独居,不修边幅,遇氏甚厚。氏亦以师友事之,久之遂相爱好。居九年,察妇意有他属,去之里昂(Lyons),以舌耕糊口。一七四一年,持介绍书往巴黎著音律书,欲正当时音乐之失,为学部所驳斥,不得行。寻为人书记,私于旅店之婢。婢粗蠢无貌,举子女五,氏皆弃于育婴院。著《艺术辨讹》,昌言当时艺术及各种科学之讹谬,其词甚辨,夺标于提藏之文学院,声名顿起。氏尝谓天下有政教,而后风俗颓敝,不如太初之浑浑噩噩,至诚而无妄,至美而无疵。世人产业,其初皆得诸兼并,是故富

厚者,罪恶也。凡政府无不暴虐,凡法律无不偏私云。氏于是敝衣菲食,躬自刻苦,以显其独立不依人之主义。然爱比奈(Epinay)氏妇,赠以居室,氏则受之,偕其母及所私婢往居焉。性多疑,渐与爱比奈氏有隙,且屡与其友及己友相龃龉,乃迁居芒鲁意(Montlouis)。著《新豪杰》,读者称赏。旋成《民约论》,恐为法政府所诃,印于荷兰之安思丹(Amsterdam),名誉益著。氏书中辄诋毁人主,复驳击基督教之预言奇迹者,于是政府及教会俱深恶之,欲治其罪,奔瑞士,得无恙。遂于其间考究植物学,以织带为生。以议论宗教不合,为瑞士人所逐。又闻瑞士政府欲杀之,奔英,止于胡米(Hume)家年余,著《植物类典》。氏猜疑之心,至晚年益甚,与所知交,几无一不以诟詈割席。知将不容于英政府,急返其国。一七七零年至巴黎,仍以佣书为业,著书力自表白,语类癫狂,人疑其有心疾。基拉定(Girardin)某怜其志,与以田宅数亩,隐居自养。一日暴卒,人谓其自杀云。

其所著《民约》,有云合众民而成邦国,必有一天然之契约。故夫民约者,邦国之基础也,立约之意,盖以众力而保护各人之性命、财产,各人即屈己之愿欲,以从众人之愿欲,而仍毫不损其固有之自由权。此民约之要义也。书中又极力提倡共和政、公举权,及自由平等诸说,实为法国革命之先声。又有《教育论》,痛斥时人之忽于教育,于德育、智育、体育三者改良之法,深致意焉,后世教育家,宗其说以成名者不少。

原载(英)张伯尔著,窦乐安、黄鼎等译:《世界名人传略》,山西大学堂译书院 1908 年 11 月版,第 18—20 页。

奉天法政学堂甲乙两班学员毕业　徐钦帅训词　《吉林教育官报》

本大臣奉命来东受事之始,即以敬教劝学为先务。仰维两宫眷顾旧都之深意,俯察三省吏治窳败之情形,夙夜徬徨,忧心废坠。窃念此邦人士,凤号朴诚,韦平世族,绛灌名门,度必有磊落英多,足以固宗祊御外侮者,尤本大臣所乐为推挽而与之共济时艰者也。奉省法政学堂之设,经始于赵次珊制军,而本大臣适承其乏,值公私竭蹶、库款凋敝之余,凡所以扩充校舍,考取官绅,雅不欲稍从简陋,大都为培养人才计耳。今幸甲乙两班毕业生已有百五十余人之夥,虽非专门深造,大致已自可观,翘盼英才,良深悦怿。惟诸生研求法政,亦知法政何自昉乎?记曰:“言而世为天下则,行而世为天下法。”又曰:“为政在人,取人以身。”即泰西名儒,于人心公德、私德辨之尤力。今之莘莘学子,稍读旁行斜上之书,辄欲唾弃道德,抉我藩篱,一切破坏暴动之谈,昌言不讳。是岂国家培植教育之恩,所忍而出此耶?诸生当知正己为正人之本,惟心即惟物之基,法律、道德,并行不悖。徒知卢梭之《民约论》,不知伯伦知理之《国家学》,不可也。徒知弥勒约翰之自由说,不知斯宾塞耳之进化论,尤不可也。诸生讲明正学,亦既有年,知变法端在图强,截长斯能补短,不惟法律之明言,政治之要义,固当探索以致其精,而吾儒修己治人之道,忠君爱国之忱,尤当守而勿失。然后出为名宦,处为闳儒,顾亭林所谓"天下兴亡,匹夫有责"者,意在斯乎,意在斯乎!不然者,离经畔道,奇袤而已矣,法政云乎哉?挟私害公,顽固而已矣,知新云乎哉?兹趁毕业授凭之便,与诸生一宣究之。愿诸生勉思训言,本大臣有厚望焉。

原载《吉林教育官报》1908 年第 18 期。

西洋二十四教育家略传 《教育杂志》

卢 梭

卢梭以一千七百十二年六月二十八日生于瑞士,一千七百七十八年七月三日殁于法兰西。卢生而失恃,鞠养于父者八年。幼时喜读稗史小说,感情思想均极活泼。其后或为牧师,或学商贾,或为僧侣,或为家庭教师,或为领事馆书记生,境遇屡迁。所为多逾闲荡检,实不良少年也。一千七百四十九年,自意大利归巴黎。受自由思想家之戟刺,学音乐、哲学,著《民约论》及《伊米尔》二书,触政府忌,遁英(时一千七百六十二年)。未几归国,著《忏悔录》,以表白壮年之非焉。

卢愤法兰西政界、社会之积弊,乃主张民权自由之说,以著《民约论》,是实法国大革命之远因也。卢又鄙弃当时之教育,持不拾人唾余之宗旨(伊米尔之意义),教育界乃别开生面,而新教育家巴西笃、比斯塔洛齐等挺生矣。盖卢氏之文,实具一不可抵抗之魔力,大哲学家康德亦受其同化云。

原载《教育杂志》1909 年第 1 卷第 6 期。

论自治制度较代议政体为尤急 译《行政法论丛》

溯法国革命之所由来,必推源于卢梭之学说。使卢氏而生存于革命之时代,必自悔其学说之误,必悟自治较代议尤切之理。盖卢氏以谓人生而有平等自由之权,集一国有自由平等之人,而从事一国之政治,即可泯压制之弊。且以谓多数决事者,无论何人,不得逞其偏私。故认代议政治,为最良之政治。氏以此说惑乱法国人之脑筋,驱之实行其说,遂至酿成大革命之祸。彼所谓多数决议者,望之似极公平,而究之多数者横逞意见,少数者不独不能行其意见,反有生命、财产不保之虞,必也自由自治之制度,既已巩立,而后行代议制度以监督之。不然,斤斤于人民之细事,干涉其自由自治之境域,欲求人民之安全,决不可得也。

原载《吉林官报》1909 年第 8 期。

革命真理——敬告中国人　卢信

或曰,革命党毫无实力,但以笔墨文字为鼓吹,岂能达颠覆政府之目的乎? 曰,否否。夫言论者实事之母,不有言论,何有实事? 今试问十九世纪各国革命之潮流,其主动力者何人乎? 则路索也。路索以何势力而推倒世界之专制命运乎? 则一部《民约论》也。拿破仑雄才大略,为一代奇人,尚谓一张报纸甚于四千枝快枪。况满人之能压制汉人者,以汉人之耳目闭塞耳。先以言论启其耳目,耳目一通,实行之期渐近。且所谓毫无实力云者,盖未知汉人之地位与夫革命之大义,遂为此不智之言耳。满洲政府者,我四百兆人之仇也,使吾四百兆人咸知满洲政府之为吾仇,则革命犹反手耳,尚得曰毫无实力乎?

或曰,革命党屡举事而屡失败,可知革命之成功正自不易。曰,否否。此愚人之言也,天下岂有难事,有志者竟成耳。昔美国之革命也,其始亦岂能大胜,然前仆后继,愈进愈猛,终必有成功之一日。星星之火,其始固甚弱也,而及其盛也,可以燎原。试观孙文初倡革命时,附和者不过三五人,又不过广东一省,今则普及于少年有志之士,且遍于十八省,其进步如此,可见革命成功之期当在不远。

原载卢信:《革命真理——敬告中国人》,檀香山自由新报社 1911 年版;见章开沅等主编:《辛亥革命史资料新编》(1),湖北人民出版社 2006 年版,第 5 页。

读卢骚(Rousseau)《民约论》正谬　《真光报》

卢骚,法人,著《教育论》《民约论》等书,久已译行中国,而尤以《民约论》为最脍炙人口,所言固亦极当于理,极切于今日之用,不能非也。而吾独于其援引《圣经》之处,多所不合,不得不取而正之。

如第二章驳罗马帝某及荷、英学士,君主为神圣、人民为禽兽之说曰:"彼等所习闻之说,奉为圭臬者,希腊人拉立司他脱尔之说也。挨氏之言曰,人之天性,至不平等,有赋于天者,为奴隶之性,有赋于天者,为君主之性。挨氏之言,人或谓近理,实则不揣其本,而齐其末之说也。夫生于奴隶之中,自不能无奴隶之态。当其始生之时,即束缚之,驰骤之,以没其天性。迨其长也,遂安于阘茸,而以贱业为快,如希腊淫荡之流,纵欲败度,藉以自豪,绝无羞恶之心。习惯成自然,而后奴隶之心,竟若天纵之矣。盖始则威之虐之,使其俯首听命,而不敢逆己,终则昏之愚之,使其虽欲自奋,而无所适从。于是逞臆为谭者,佥谓奴隶之性,赋之于天。呜呼,天果有以奴隶之性赋于人者哉?"

"太古邈矣,不必远论。草昧初辟,生灵悉罹洪水之厄,其免于难者,不过诺爱(即挪亚)一人。后以世界之地,拆之为三,而以其三子分王各地。其三子者,即亚细亚、阿非利加及欧罗巴,各人种之始祖也。夫三人既为人类之始祖,而其子孙蔓延至于今日,则虽至贱如余,亦其苗裔无疑也。若余审其谱系,则余或为其嫡派,当享有王天下之权利,要未可知,而人亦不能非余者也。然此亦笑谭而已,使余纵有王天下之权利,将谁以余为天下之王哉?且当诺爱称王于天下之时,天下仅有诺爱一人,欲王则王,无牵制我者,如落平生之主无人岛,亦其例也。稗史谓落平生尝航海,忽遇飙风,流至一岛,极目荒凉,不见人迹,是与诺爱之世无异也。夫天下无人,则争竞不作,祸乱不起,政治、法律,俱无所用,独我一人,安居其位,余亦安用此天下,而以不经之说,骇人耳目也哉?然当此之时,君之者我,民之者我,以一人而兼君民之役,岂即以一人而备神圣、禽兽之贵贱乎?抑其性之赋于天者,具有君主、奴隶之二性乎?余益见器器之说之不可通也。"云云。

此说也,倘诺爱事诚如是,真绝精之理,绝妙之喻。以之攻君主神圣、人民禽兽及君主、奴隶之性俱赋之于天之说,诚绝对锐利之笔锋,当无坚而不破矣。无如《旧约圣经》之所记,之非如是也。

按《旧约·创世记》第七章十二三节曰:淫雨四旬,昼夜不息。当是日,挪亚(即诺爱)率妻及子闪、含、雅弗与三媳,皆登方舟。是当日获免于难者,并其妻与子与媳计算,共八口。《民约论》谓不过诺爱一人,一谬。既只一人,则无妻者必无子。《民约论》谓后以世界之地拆之为三,而以其三子分王各地,此三子从何得来?二谬。挪亚一家八口出险之后,《创世记》只言其三子之裔,蔓延遍地,并无以三子分王各地之事。《民约论》云云,不知何据?三谬。既称三人为人类之始祖,自然无论何人,皆其苗裔。然据《创世记》载,闪、含、雅弗三人,皆人各一妻,并无侧室。其时又并未为王,传子立嫡之局,并非闪、含、雅弗三人所及梦见。《民约论》乃谓若余审其谱系,则余或为其嫡派,当享有王天下之权利,要未可知。此虽自谓是笑谭,亦未免太远事实,四谬。挪亚原只为农,以植葡萄园为业,见《创世记》九章二十节,并无称王于天下之事。且其时挪亚一身之外,尚有妻子与媳,共八人焉。《民约论》亦既言以其三子分王各地矣,而此处乃曰当诺爱称王于天下之时,天下仅有诺爱一人。上所言之三子,究是何物?五谬。

噫,为此说者,只欲借以破君主神圣、人民禽兽之说耳。讵知凡引古作证,必须其古事真是如此,而后己之说乃能发生效力。今所引竟有此五谬,余每读此段至"当此之时,君之者我,民之者我,以一人而兼君民之役,岂即以一人而备神圣、禽兽之贵贱乎?抑其性之赋于天者,具有君主、奴隶之二性乎?"等语,未尝不叹此精美之言论,而竟非出于正当之根据之为可惜也。夫岂君主神圣、人民禽兽之说,别无他词之可破,而顾须擅改故实,以为此削足适履之举,抑或卢骚于《旧约圣经》,固亦是耳食相传,而未经一得其书而读之,故尔尔也。

顾吾考卢骚,固于《圣经》深造而有得者也。英国墨独克、美国罗密士所共辑之《泰西名人证道谭》,引卢骚评论《圣经》之言曰:"夫若是高深而又简切之书,岂人手所能出乎?此书所传之大人物,岂只为一寻常人格已哉?"又曰:"福音书所载,岂出杜撰而求悦人耳乎?古来造作说部故事者,未尝有此也。"此虽似专就《新约》言,然熟《新约》,必并熟《旧约》,即不熟,其案头亦必有是书,欲引用其故实,固可一展卷而即得,何至如此胡说。

吾以是知《民约论》此一段文字,在原文必非如是,必译者安弄笔墨,以蛊中国。非谓《民约论》宗旨之不正也,君民平等,固世界之公理,亦今日之中国所宜实行。特引《圣经》而如是割裂,如是生造,幸尚不是攻教之语,如其然也,则阅者或不能兼通西文,信译本一如其原本,其贻误中国,便不堪设想矣。

呜呼,卢骚之《民约论》之译行中国,固与达尔文之《种源论》、赫胥黎之《天演论》、斯宾塞之《群学》,同为学子所心醉者也,而一段之中,谬误已有五如此,译本岂尚可信?举是为例,凡非通教理人之译西哲书,而夹有论教语于其中者,无论其是否谤毁,概作如是观可耳。

原载《真光报》1911 年第 10 卷第 9 期。

黑龙江　周祥骏

孔圣教,变成了,陈腐稀烂,这只怪,后头人,解之不全。汤放桀,武伐纣,未曾遭贬,引《泰誓》,天视说,民就是天。"六经"中,睁着眼,仔细去看,无一处,不是在,暗讲民权。这江山,本非那,皇帝财产,人人的,都有份,性命相关。一国事,管几多,要人来办,因此上,立政府,托他仔肩。你不信,读卢梭,《民约》一遍,就晓得,专制体,大谬不然。我中国,四千年,风景习惯,把一个,皇帝儿,尊得像天。上古时,有尧舜,公道一点,临死时,不传子,竟肯传贤。夏商周,就把那,规模改变;一家的,坐了个,八百七年。秦始皇,愚黔首,威权越显;他儿子,称二世,可笑可怜。汉高祖,一亭长,光棍出现;赵匡胤,一痞子,打牌赌钱。论古今,的帝王,哪个尽善?我百姓,竟人人,拜伏马前。这都是,中国人,我且不叹。还有那,外族人,五胡金元。进了国,他是那,两样相看;把百姓,当奴仆,暴虐苛残。元朝时,就有那,四等分判;象于今,满汉界,立得最严。这是我,中国的,历史事件,临死时,特说一点,叫醒愚顽! 五伦上,君一伦,你要细辩。抚我后,虐我仇,载在简篇,倘若是,把地方,送人做脸,一个个,就不依,舍死当先。说罢了,不由我,肝肠痛断,想今朝,这田地,好不惨然。

原载周祥骏:《黑龙江》,张庚、黄菊盛主编:《中国近代文学大系1840—1919》第 5 集第 16 卷《戏剧集》,上海书店出版社 1996 年版,第445 页。

改良半新戏剧 爱

痴卢梭

(须生扮卢梭上白)爱国心肠热,忧时泪血干。俺乃法国一个爱国之人卢梭是也。眼见得我国君骄臣贪,民不聊生,专制淫威,有同水火。但我国居欧洲列强之中,一经示弱,衰亡随之。如今政府不事备敌,专务虐民,倘一旦外患骤至,国家立危,覆巢之下,岂有完卵? 俺想到其间,忧心如焚,为此不理家业,抛却妻孥,思得同志,共相挽救。不料奔走几年,知音不遇,舍身为国,落魄堪怜,不得已佣书度日,思想起来,好不伤感人也。(唱)恨平生,有志气,奈运未通。似蛟龙,困在那,浅水当中。倘一日,际会来,风雷飞动。定把那,涸辙鱼,扶上九重。(叹白)咳下

(花旦扮瓦伦妇上引)隔江商女唱,一曲后庭花。(白)奴家瓦伦妇,乃法国瓦伦人氏,今年二十八岁。恨夫重利轻离,为此反目另居。因见卢梭侧帽偏衫,仪表不俗,数年相聚,遂结良缘。不料他近来无心风月,满面愁容,连日通宵,在书房书空咄咄,不知为著甚事? 你看夜已深了,还不到卧

房中来。如此行为,岂非辜负千金一刻么?思想起来,好不恼恨人也。(唱)瓦伦妇,坐绣房,长吁短叹。思想起,人寂寞,好不伤心。你看那,月已斜,东方将亮。恨卢梭,还未来,进我香房。(白)夜深至此,他竟忘了睡觉,必定作有什么勾当。待奴家前去窃窥,定有分晓。正是美色人间重,无情定有他。下

(生上白)俺一心为国为民,欲著民约论说,为此夜以继日,不免进入书房,著作一番。(坐介叹介)(白)中国的班定远吓班定远,俺对你实在要羞死也。(唱)羡煞当初班定远,竟能投笔去从戎。如今有谁能知我,憔悴卢梭在法国中。

(花旦上白)来此已是书房门首,待奴吹灭灯火窃窥便了。(吹灯窥介)(生内白)你看月色当窗,夜已深了。俺为了国事关心,通宵不寐,不知娘子可曾安睡?啊呀娘子吓娘子,未免辜负你月貌花容了。如今俺国事忧深,美人情重,两事不能兼顾,我也管不得你了。(写字介,握笔介,对镜介,搓手介,搔首介,叹介)(白)咳,俺卢梭两鬓苍苍,未成一事,虽有救国之心,实无回天之力。年已强仕,落魄穷途。(投笔于地介,骂介)你这佣书奴,岂不羞死。(哭介)(唱)忽听樵楼五更敲,东方转瞬又将晓。俺为了国事心常焦,不知何日始能勾消。(旦白)啊呀不好了,卢梭发痴了也。(旦敲门介)(生内白)同志来了。(开门介)(白)我道是谁,原来是夫人。(旦白)你连宵不寐,却是为何?误我青春,怎生交代?(生白)啊呀夫人吓,你那里知道。(唱)俺眼见法民困虐政,上天无路地无门,俺有心欲把同胞救,怎奈权柄全无半毫分。因此上日夜焦思想计策,致负夫人风月情。请夫人帮我同设法,挽回虐政救苍生。

(旦笑白)相公差矣,这是官家之事,你空费心思,有何益处?倒不如与奴家朝朝作乐,夜夜并头,逍遥一生,安享艳福。何苦呕心吐血,作此力不从心之事乎?(生怒介)(白)都像你们这般存心,立可亡国。俺也无心与你啰唣,请今后无事,休得相见。(旦哭介)(唱)自寻烦恼撇风流,你有什么法子将民救?悔当初误作情种视,原来是个呆木头。泪涟涟独去空闺内,再寻浪子结鸳俦。(下)(生白)娘子负气而去,意存决绝。如今俺不但不能救国,且不能救身;不但不能救人,且不能救己。啊吓卢梭吓卢梭,你才大时非,遭途白眼。你一片苦心,终不能及身而显了。不免将《民约论》钞了数篇,分寄友朋,以待后人行之。俺寻个短见,以脱离此烦恼世界便了。啊呀苍天吓苍天,你既生其才,复悭其遇。这是什么道理,岂俺卢梭只能为导

线,不能膺重任乎?（哭介唱）久想立志救同胞,怎奈志高力不高。恨煞豺狼满当道,利民功德没分毫。欲除苛政削佞暴,又恨手中无宝刀。因此上留下《民约论》,等待后人立功劳。俺在世上无所恋,只有欲除专制是我的怀抱。（手拿火枪介白）卢梭呀卢梭,俺此生休矣。拍的一声,场上吹打,生变作阴魂。下

（生、净、末、丑四人上引）（生）法国脱专制,（净）多亏有卢梭。（丑）今日铸铜像,（末）巍峨又巍峨。（四人白）我们众民脱却专制羁绊,多亏卢梭下了一粒种子。后来英雄辈出,竟把百姓,悉出于水火之中。如今论起功来,应该推他为第一。闻得他的铜像,业经铸就,今日在卢梭街公园开光,我们众人世世受他恩惠,为此特地会齐前去礼拜他一番,以表我等感激之忱。你看前面人山人海,好不热闹,拍手欢呼,声如雷震。虽然生前苦死,如今得这般荣耀,他的在天之灵,也觉够了。然而我们应该以善存心,以救人为己任,学学他的榜样才好。不可贪吃懒做,日日在四马路,昏天黑地,糊涂了一生。来无影,去无踪,如禽兽在世一般,岂非可惜么?（生唱）想起当年一卢梭,（净唱）功劳反比君相多。（丑唱）千秋万载人崇拜,（末唱）地老天荒名不磨。

原载《申报》1912 年 1 月 2—5 日。

共和国教科书　新国文　樊炳清　庄俞编纂
第二十一　卢骚

卢骚者法人,生于瑞士日内瓦府。幼失母,天资颖敏,好读书,年甫成童,已卓然有所树立。以迫于贫窭,初为雕刻师,继为音乐师,非其所志也。

百五十年前,法国政治黑暗,贵族专横。卢骚夙研究政治之学,以矫弊救时自任,时发其所见,著之议论,虽非难蜂起,不顾也。

西历一千七百六十二年,卢骚著《民约论》,其大旨略曰:“人民之组成国家,虽无一定之契约,而实有公平之法律,为公意所许者,是不啻无形之契约也。今有人焉,政尚专制,言莫予违,则民约瓦解,不复成国。盖一国之主权,惟国民公有之,彼统治全国之政府,不过承国民之命以代行其意志而已。”

此论一出,卢骚得谤弥甚。执政者恶其异己,屡下逮捕之令,卢骚遁迹匿影,仅免于难。然终郁郁不得志,未几,发狂疾死。

卢骚死后十年,而法国革命起。西历一千七百九十三年,法王路易十

六被刑。法人念卢骚为革命先驱,乃改葬其遗骸,并立石像于巴黎。

卢骚民约之说,后世学者虽不无异议,然推究民主政治之起源,则无不归功于卢骚也。

原载樊炳清、庄俞编纂:《共和国教科书　新国文》(第 1 册),上海商务印书馆 1913 年 1 月版,第 16—17 页。

主权说　马质

(二)民主主权说

天之爱育斯民,一视同仁,无彼此之别。既命以相生相养之道,又与以自主自由之权,藉斯以允保生命,克受介福。故万民协稣,则天下兴,万民离散,则天下亡。天下者万民之天下,非一人之天下也。夫以君主一人,其明不能察千里之外,其聪不能听千里之外。故保持一国之主权,常在于万民之中,非一人所能得而专之者也。卢梭、辨端,皆主是说,而所以为说,其因各异。卢梭曰,社会成于众民之契约,众民自甘放弃其权利,服从社会共通之意向,以易其为社会一员之安便。而实行此社会共通之意向,即所谓主权也。社会共通之意向不能移于他人,故全体人民势必自出以当主权,使一国之群众皆不以政事为其主要之职务,相避不与政治之事,至以财货赁使他人,其国必陷于衰亡。盖其国人人不欲当政,避之唯恐不及,则是欲战事乎,必使佣兵,欲议政乎,必赖佣吏,而已乃游乐其间。兵士之擅威不顾也,政家之弄权不顾也。若夫真正之自由邦土则不然,其民不待他人之我助,而自尽其职,并散财货以供己为政之用。盖其主权既不能移与他人,又安能使他人得代为之哉?辨端曰,主权者,左右官职之权之谓也,使一国之人民保有之则善,而任官授职,其旨乃在使官职得当,所以谋一国众民之最大福祉也。

语云:"民犹水也,水能载舟,亦能覆舟。"此不过言其受动,言其反动,非有积极行为也。卢梭云,主权与社会之共通意向同一,故主权之变动,非人民全体集会之时,不能为所欲为。且法律非由人民亲自裁可者则无效,以其非法律也。抑人人自出以当政,始得知社会共通意向,其理无间。然人人当政,所谓真正之合众政治,惜不能实行于今日之天下。不难征诸事实,于是吾人尚未能遇确知共通意向之际会也。果无由确知社会之共通意向,则是吾人所谓主权其物存于此间否乎,亦无由明知也。然一国之主权固现存于世,明白无隐,吾人不必确知人民之共通意向而后知也。故以人民之共通意向为主权之所在,究其说乃不当事理之空谈也。至于辨端之说,专注重任官之权,此不过主权行使之一部,谓此为主权,其前提已谬,不足为讨论之资矣。

人民被治者也,天生民而立之君立之师,所以导其正也。民众矣,四民分业,各行其道,势不能皆参与国政,故今日之普通选举,尚有无教育、无财产之制限。且更有与此没不相关之妇人,殆居人民全体之半,如是而谓主权在民,亦不过其中之一小部分,主权其物,岂能偏归于其小部分,而舍其大部分者哉? 况普通选举,不过持以合成行使国权之一机关耳,非发表国家之意思者也,非决定国家之行动者也,而民主主权,将何所据而见其实相乎? 历代以来,暴君继起,民主主权之说不过其反响耳,非真理也。

原载《庸言》1913 年第 1 卷第 11 期。

民约说与米国之州权 法学博士穗积陈重原著　江西刘寿朋译述

北米合众国之独立,佛兰西之革命,于十八世纪世界之二大政变也,一创造新邦于新世界,一破坏旧邦于旧世界。虽前者、后者成败之迹不同,自学说史之侧面观察之,二者均不外同一思想之发现。其由来久矣,古代希腊哲学发其萌芽,为中期罗马法学之根本,至近世开政治论之花,不可谓非自然法学说之果实也。

自然法学说者,想象人类之自然状态,于自然状态中之人类之自由平等为其信条。自此前提,宜生必然之结果,则自由平等之原人,如何而由自然状态移于国家状态,受政权、法权之羁轭之疑问是也。对此疑问,自然法论者所与之解答,即以社会及君权之起原,归于人类之合意之民约说是也。

民约说者,解说君权及社会之起原者也。希腊哲学者、罗马法律家之中,既见得视为其端绪之说者虽不鲜,至中世纪,于罗马帝国皇帝之统治权之基础之论议甚盛。时帝权(Imperium)基于人民之让与(Concessio populi),臣民之义务服从契约(pactum subjectionis)而生之说行。近世纪之始,当民权论勃兴之时,兰格脱(Hubert Languet)、马利亚拿(Mariana)等过激之民权论者,破神授君权说之论据,盛唱君民契约论,比当时约罕雷司亚耳杂塞斯(Johannes Althusius)之人类自由生活之需要上缔结社会契约(Contractus societalis)之论,始稍稍具学说之体裁(Politik 1903)。次则格罗鸠斯(Hugo Grotius)谓人类固有之社交性,驱自然状态中人而移于国家状态者也,其方法即结社契约是。荷卜斯ホ"ツプス"(Thomas Hobbes)谓人类之自然状态,为恒久战争之状态也,人类为欲免战斗之灾害,因契约而移于社会状态者也。约翰罗克(John Locke)谓,为人类之欲脱不安之自然状态,依契约而移于社会状态者也。卢骚(J. J. Rousseau)以自然状态为自由平等有幸福无灾祸之黄金世界也。至浇季之世,人智皆失淳朴之原状,随而生种种之灾害。职是之故,乃依契约组织社会焉。如斯人类之自然状态及民约之原因,其学说虽各有异趣,然社会之起原及君权之基础,归之于自然状态之人类之合意者,则学者之见解大都一致也。于第十七、十八两世纪,民约之论殆风靡一世,政家、法家曾据此而欲解释政法之根本问题焉。

依上所略述,所谓民约者说有二种明矣。其一即社会创立之契约,又其一即君权设定之契约也。民约论者,因民权论之发达而生者,其始以之为君民契约论,即统治契约论(Governmental Compact Contoral, governmental, Herrschaftsvertrag),又臣从契约论(Pactum subjectionis)而现者也。而统治契约论,即惹起关于其契约之当事者之问题。其一方为君主,其相手方为人民,因无俟言。以人民为契约当事者之一方时,则不可不具备权利能力之团体(universitos),而有法人格焉。故以兰格脱、亚耳杂塞斯等之非君政论者为首,即维克多利亚(Victoria)、拔多(Soto)之宗教法律家,及薄当(Bodin)、格罗鸠斯等之自然法学者,皆以人民为一个之法人,与君主者结契约者也。如此明人民于统治权设立以前,为已存在之团体,其结果遂诱起关于民团之起原之问题。论者据同于君权之起原同一之论法,求其起源于契约者,亦自然之势也。古代谓有君而后有民,说明关于君主戴立之起原,同时即可说明国家之起原。然而中世民权论之勃兴,谓有民而后有君,有倡民团先存说者,遂生社会契约说。故上举二种之民约说,统治契约说发生于先,结社契约说发现于后者也。

民约说既稍稍具学说之体裁,不久遂影响于宗教及政治二方面。关于统治契约者,则于欧洲各国之暴君之放伐及革命之发现;关于结社契约者,则于北亚米利加殖民团创设及合众国独立之理论的基础中发现焉。

结社契约说实行之最先者,当第十七世纪之始,于英国脱宗教的迫害,移住亚米利加之会众自治派(Congregationalists)之教徒是也。会众自治派者,独立派(Independente)之改称。独立派否认法王、君主、议会及国教之权力,以教会为自主独立之共同体,依其与神之契约,而直隶于"エスクリスト"信徒之团体者也。主张非如法王、国教之僧侣、国王及议会属于人界之权力之教义。独立派后改称会众自治派者,非关其主义有变更,实为其主义有发展也。彼等信徒，先以消极的排斥人界之权力，得教会之独立，继则积极的信徒宜和衷协商，共行自主权。独立派之名称，只足以表示消极的方面，若欲表积极的意思，则必以会众自治派之名称代之。

吾人第一所不可留意者，则于北亚米利加最初之殖民地，依固信教义之信徒，而开辟之事也。千六百二十年，属会众派之比耳格林姆夫、阿撒儿斯，于本国愤政教之迫害，放其权力，一行百二十人，乘梅夫那号（The Mayflower）飘游大洋，以求信教之自由于新世界。同年十一月十一日，遥见新世界之陆地，彼等于船中作盟约书，愿新创立一自主独立之国家。其盟约书之开端，为"余辈于神及各自之面前，严肃相约为政治的国民团体之结合之宣言"。为达目的，制定法律，置公吏，自誓服从此宣言等。此实为世界历史纯然实行民约说之嚆矢也。边塞姆嘲民约说之非历史的，问民约史之页次，卡来儿揶揄民约论者，问民约之年月日。吾人若翻合众国之建国史，以千六百二十年十月十一日之部指示之，想二氏亦必笑而首肯也。

梅夫那号之移住民泛滥洋中，不过如自然状态之人类而已。初期之移住民，殆皆与自然状态之人类同其境遇，彼等以少数之人员，移住广漠之原野，作社会的创始者。各殖民必依契约而结团体，认知定其团体员之关系之必要，相率而缔结殖民契约，依此以维持秩序，确系信教之自由。当千六百三十六年，独立教会派之禄吉乌依辽里姆斯（Roger Williams）建设"ブロヴィテンス"市，因契约设立新团体。团体员于关于政治上之事，誓必服从其多数者。所定之法律，当千六百三十八年，十九人之移住者建设"アクエニ丨ネック"之殖民地，作誓约书，为"吾等署名者于'エホウア'之神前，严肃建设政事团体"之宣言。同年作"コネクチカット"之殖民地，"ビユ丨リタン"教徒略与"ブロヴィデンス"为同一之契约，于合众国建国史之开端，最显著之事实也。

如斯于北米利加之英领殖民地，于其初期，否认法王、国教、国王及议会之权力，即宗教上、政治上之中央高权之移住民，依契约而作自主独立之政治团体。最高洁信念坚固之初期移住民之气风，而遗传其子孙。关于新殖民地万般之公共事件，均厌于服从母国之中央权力，以各殖民地之自主自治相尚。所以经一世纪，竟脱本国之羁绊，后仍嫌厌移付权力于中央政府也。

以上略述依米国殖民地之起原史。当时支配欧洲思想界之民约说，宗教的亡命者于新发见地，设立新团体，与以最适切理论的根据。就中当时彼等之本国之大思想家约罕雷克之社会契约论,彼等所热心信奉,彼之《政论二编》(Two Treatises on Government)与耶稣《圣经》同为彼等之宝典。千七百七十二年十一月二十日,于ボストン之市民集会,撒米尔亚当谟斯"サミユ丨ルアダムス"(Samuel Adams)之提议起草人类"クリスト"教徒及公民之移住民之权利之宣言中,采用罗克之说,人类以自由意思之公意,而加入国家。于其原权,豫定国家之条件及其制限,言明有防护之权利焉。(美浓部博士译因里雷克"エリネツク"著《人权宣言论》第八节参照。)北米合众国独立,其政理的基础,采用民约说,依《独立宣言》及《人权宣言》,即可知之。千七百七十六年七月四日之《独立宣言》(The Declaration of Independence)之第二项曰:

我等以次之事项,为自明之真理,曰凡人类者,自由平等而造成者也。彼等自造物主或授不可让权利,生存、自由及幸福之追求,皆属此权利。为保障此等权利之故,于人类中设立政府,而其政府之正当权力,由被治者之合意而生("Deriving their just powers from the Consent of the governed")。勿论如何政体,有破坏是等之目的时,随时得变更或废止,而设立新政府,确保国民之安全及幸福,认为最适切。依此主义,定其政府之基础,作其权力之形体者,人民之权利也。

先此千七百七十六年六月十二日,"ヴアルヂ二ヤ"洲民之发《权利宣言》(The Declaration Rights)亦云:

一、凡人类于自然中平等自由独立,且有固有之权力者也。而是等之权力,当彼等入于社会状态,任以如何之约束,不得自其子孙而剥夺之云云。

二、凡权力存于人民而出也。官吏者,人民之受托者也,使用者也,无论何时,对于人民负其责任。

千七百八十三年之"二ユ丨ハンプシヤイヤ"之《权利宣言》云:

凡人类乍生,即自由独立者也。故凡正当之政府,自人民而生基于合意,为公益而设立者也。

千七百八十年之"マサチニ丨セツツ"宪法前文有云：

政治团体依个人之任意合同而成，是全人民对于各人民约诺，各人民对于全人民约诺，总为公益，依一定之法则，而定被支配之社会契约（Social Compact）也。

依是等之明文，北米合众国独立之理论基础于社会契约说也明甚。《独立宣言》之起草委员长，其执笔者为多马斯久夫尔松"トマスジエフフエルソン"（Thomas Jefferson），其委员约翰亚当晤士"ジヨン、アダムス"（John Adams）等，及马得生"マデイソン"（Madison），其他独立当时之政治家之多数，皆罗克民约说之热心信奉者，关于《独立宣言》中之理论部分，不过采罗克之《政论二篇》中之文章而略加修正耳。曾见"フイッシヤ丨"之亚米利加《历史协会年报》（G.P. Fisher，"Jefferson and the Social Contract Theory"，Annual Report of the American Historical Association，1893，P.173）所论者，哈门多之拟制民约合众国之人民，对此理论不可不以为建国遗训，而表敬意。若独立之首唱者，如第十九世纪之法理学，信其重视历史之理论，则彼等能否设立空前之自由政体，尚属一疑问（Hammond's note to Blackstone's Commentaries. Ⅰ，PP.144，145）。云者不能不着作示民约说与合众国宪法之关系之言也。

组成北米合众国联邦之各州，原依个人之民约所成立各殖民地之发达地也；合众国联邦，原依独立十三州之民约所创立者，既如上述。故自其形式上论之，合众国者，建设于二重之民约之上，而为政治团体者。各州之原约当事者，虽为个人联邦之原约当事者，固团体之各州也。个人之权力与各州政府之权力关系，依其原之殖民契约及各殖民地之权利典章（Bills of Rights）等而定。合众国政府之权力与联邦各州之权力之关系，依其原约证书《独立宣言书》及合众国宪法而定。各州特依宪法之明文，附与合众国议院、大统领及法院之权限之外，留保一切之权力。于对内关系，各州之位置为主权原体，却居中央政府之上。"国会"为各州及各州民之共同政府（宪法第一条），大统领由各州所任命，选举人选定之公仆也（第二条）。唯对外关系，大统领为外交上之元首，有缔造条约之权。即此条约缔结权，犹不可不经由各州之代表者所组成之元老院之承认。联邦中之一州所起之事件，而生对外关系时，于中央政府外交机关，往往为州权之掣肘时，其所生之障碍甚属不鲜。

于米国所付州权与国权之关系,现大统领威尔逊氏之说,不无兴味。于其著书《国家论》,论合众国之政体极重州权。论合众国与各州之关系曰:"州非合众国之行政区,为其构成员。故于其权力,与合众国居于同位(Coordinate),于其权限范围内,无论如何之意义,不可谓为从属的者也。各州依合众国之宪法,虽有几分不能行其权能,其得自行之权能极重大且重要,而非依合众国宪法所附与。是等之权能,依最完全自主自治之主义行之各州者也。"又曰:"自全体而视察我政府组织,虽州政府于其政治上之系统或居中央政府之下位,其实于受命令之意义非在下位,但其管辖区域较中央政府稍小耳。"

脱克苦依罗"トクヴィ丨ル"(Tocqueville)之引语曰:"中央政府,变则也,州政府,常法也。"("The Federal goverment is the exception, the goverment of the state is the rule.")欲知合众国之政体者,非自其中心之州之研究始不可,氏与学者之重州权,于此可见一斑矣。

合众国政府与各州之间,所以生如斯之关系者,不可不谓为其建国之基础之学说之结果所致。以合众国依各州之民约而建设者,则中央政府与各州之关系,依其契约之内容及效果而定。而民约之内容及其效果,受为其基础之学说之影响至大,可无待论。欲知定各州与中央政府之宪法之条项之由来及根据,非知合众国建设契约基如何学说而缔结不可也。

关于契约效果之学说,分为结社契约之效果与统治契约之效果二者说之,至为便利。

(甲)结社契约之效果

结社契约之效果,即在社会之设立,虽无俟言。为此契约,关于个人之提供自由之程度,民约论者之所说不归一致。其一谓人类依结社契约,于自然状态以自由之全部为契约之目的者也。其一谓当人类依契约设立社会于自然状态,留保自由之一部,以其他之一部为契约之目的者也。前者为全部移付说,荷布斯、卢骚等唱之;后者为一部移付说,罗克、维尔夫等唱之。

(一)全部移付说

荷布斯以自然状态为战争状态,欲脱此危险之生活状态,而迁于平和之生活状态。故各个人互相约,同时抛弃于自然状态之一切权利及自由,而移付于统治者(Decive, C.5 - 7. Leviatihan, C.14.17 - 19)。卢骚亦有社会契约之效果,在自然权之全部移付之说。彼论社会契约之效果,谓"社会契约之条项,可得归于各结社员,对全共同体,宜以彼之权利为全部交付之一项(Laliendtion totale)"。又曰:"此移付由其无留保者(Sams reserve),其结社必最完全者,各结社员之宜回复权利,一无留存。若各个结社员仍留保原权之几部,关于其部分者,彼等与公众之间,而无为裁判之共同首长,各人于或场合,不可为自己之裁判官。彼等于一切之场合,将皆成自己之裁判官。若此则自然状态仍存续其共同体,为压制的者乎? 不然,必然为无力者也。"(Contrat Social, liv. i, ch, Ⅵ.)卢骚以于自然状态人类提供其自由之全部,为结社原约之目的也甚明。而其结社员失"自然的自由"(Liberte 'naturelle)而得代以协定自由(Liberte Conventionelle),彼之所与者与彼之所得相对,当不仅一无所失,依共同体之力,彼得确实保有者也。彼于社会契约之效果,为自然权之全部移付之点,虽与荷布斯之说略同,荷布斯说其移付为自然权之绝对的丧失,卢骚依契约之解除,为其可复归之自然权之移付。此二点极端相反对,其结论一否认革命权,因为专制政治之论据,一是认革命权,假破坏论者以口实也。

康德"カント"亦谓各人以其自由之全部,为国家设立契约(Pactum unionis Civilis)之目的。依"依此社会契约,人类抛弃概括的及个人的,其外部之自由,同时共同体之成员,即以之为国之人类之一人,而回复之者也"。故依康德之说,各人依社会契约,一旦抛弃其自由之全部,原始之粗野自由,即亦又为(有保障法律状态)而复归者也。如谓社会契约之目的,在自由之精制之说是。

(二) 一部移付说

以自然原权之一部,为社会契约之目的,他之一部,契约者依然留保之之说,虽为约翰罗克、维尔卜、夫依堆、边卡利亚等诸学者所唱,就中最显著,可目之为一部移付说之首唱者,即约翰罗克是也。彼说国家之起原,谓自然状态者,自由平等之生活状态也。且各个人本有如自卫权、所有权等之自然权,人类依契约而组成社会时,其为组成员之各个人,以其同意于以一团体而活动。"无论何人去自由状态,合同而立社会者,其社会设立之必要权力,不可不看做移付于其社会之多数者。"其结果也,各个人于提供自然状态中之自由之一部,为契约之目的,依此而受他之部分之保护。其不移付之权利,即社会设立后,仍依原状继存等。其移付之权力,即统治者之权力,依其不移付之部分之权力而受制限者也(Two Treatises on Government. Ⅱ,§§ 27.95—99)。

他若维尔卜谓依国家契约而受制限之各人之原始的自由平等,于国权设立之必要程度定之,于其程度以上者,依旧保守其固有之自由平等焉(Wolf, Philosophia Civilis Polifica, Ius naturae; Institutiones Juris naturae et gantium)。夫依堆谓人权(Menschenrecht)者,不可让与或抛弃者也,不得以此为社会契约之目的(Fichte, Beitrage, Naturrecht)。边卡利亚谓人类为社会契约之目的所提供自由之部分即为保障各人之幸福,所必要之最少限度,牺牲不确实自由之一部分,其残部分可得确实享有者也(Cesare Beccaria, Dei Delitti e delle Pene)。

(乙)统治契约之效果

欲知米国中央政府与州权之关系,则为建国之基础之统治契约之理论,不可不知也。民约论者以统治权为由民约之效果所生,非君主若中央政府之固有权乃传承权也。此说元来虽大都一致,关于其樋原则各有异说,或谓之让与,或谓之委任,或谓之信托,故关于统治契约之效果之学说有三:(一)让与说,(二)委任说,(三)信托说,得分类述之。

(一)让与说

让与说者,谓统治权之让与,统治契约之效果也。为民约当事者之人民,其各个或让与其各个固有之自治权,于个人或个体,设立政权,在以自然状态之各人个个之自治自卫,以全员之权力合同而生统治权代之也。

让与说复得细别为授与说(Translatis)及许容说(Concessio)。前者统治权之移付,为绝对的政权授与,人民依此而全失其固有之自主权,且不能回复之谓也。后者其让与不过移付主权之行使(usus),而其实质(Subetantia)人民犹留保之。加之其让与附有解除之条件,若不能达其让与之目的,则人民得回复其固有之自主权之谓也。此二个反对之见解,中世以来,政论之分歧点,君权论者、民权论者各依此而异其趣。其关于统治权让与之论,既于中世已发其端绪,专于罗马法之依帝权法(Lex regia)帝权移付之意义,而注释派法曹(Glossators)间论议政,其后以为君权论者、民权论者之争题,遂生最深种种兴味之论决。而米国中央政府之权力,非由此让与说而生,毋须多言也。

(二)委任说

民约说者,素以伴民权论发达之学说,为民约说之保姆,非君政论者(Monarcomachi)等于中世纪之注释派法曹,关于罗马公法之帝权所下之"帝权移付"(translatis imperii)。又"帝权许容"(Concessio imperii)之解释,皆不欲以此而说统治契约之效果,却以罗马私法之蛮特兹谟(Mandatum)之观念说明君权之基础,人民于国家设立后,尚有主权,不但主权之实质不能让与,即主权之行使亦不许容,不过依契约而委任为主权之行使者而已。

兰格脱谓君主为国家之官吏,梭罗姆留斯(Solomonius)谓君主为受任者(Mandatarius),约罕雷斯亚原球斯明统治契约之目的,即政权之委任。彼以君主为"最高官吏"(Summus Magistratus),依统治契约人民与君主之间,生委任者(Mandator)与受任者(Mandatarius)之关系。其统治权之"所有"(Proprietas)属于结社员全体(Corpus universalis Consociationis),君主不过为"他权"(Aliena potestas)之执行者。故君主之权力,依委任之范围而定,其委任范围以外之权力,人民留保之,且于违约之场合,得解除其委任而新定统治者焉(Gierke, Johannes Aethusius, S. 31, 145)。

(三)信托说

依私法的观察之,契约说明国家之政权之起原,则其关于契约之效果,自私法观念类推者自然之势也。故继承罗马法之欧洲大陆之民约论者中,民权论者皆基于罗马法之蛮特兹姆之观念,谓民约之效果,为统治权之委任,然非直接继受罗马法。如英国民约论者说统治契约之效果,虽均依私法之原则,不采罗马法之蛮特兹姆之观念,而基于英国法固有之脱那斯脱(trust)之观念以说明之。就中如米尔当,谓为人民依契约而移付主权,于君主之目的,为确保各自主权利及自由,其移付盖信托行为也。故若君主违反其信托时,人民不仅得回复其主权,变更政体已也,且得问其违反信托之责任。当时有王党与民党之争乱,故以之辨护国王查里斯之审问死刑及库克林威尔之革命。彼曰:"国王之权力为传承的,为公益依人民之信托而移付者也。("Transferred and committed to them in trust from the people.")故人民留保其基础之权力,非害彼等之自然的固有权,则彼等不能夺此权力者也。"(Milton's prose works. 11, p.14. the Tenure of kings and magistrates, 1649)

约翰罗克亦以民约之效果为信托者也。彼常谓以统治权与立法权同视,彼曰:"国家只有唯一之最高权,而此权力即为立法权国家之他之部分,均从属于此,且不可不从属者也。此立法权,即为一定之目的而动之信托权(Fiduciary power)。且若立法部有反此信托行为时,人民得废其立法部,又变更之而保有最高权者也。"其他亘《政论二篇》之全部皆述统治契约之效果之信托。其他之美国之民约论者,与大陆论者异,以信托为民约之效果者至多,为亚米利加殖民之先驱者,会众自治派之毕耳若林姆发杂司为首。初期之移住民皆于本国受宗教的迫害,抵抗国教,君主议会之权力,求信教之自由于新世界之徒众,由所谓殖民契约,而创设自治团体,既如前述。米国于其建国之前史,为反抗中央政权,人民之移住之所即后及于伟大之发达,尚继承祖若父之精神,自主独立。当时约翰罗克之著书《信教自由论》(On Toleration, 1689)及《政论二篇》(The two Treatises on government, 1689),恰论彼等之父祖几费心血,为归实现信教之自由与结社契约者也。此两者普行于殖民地,多马斯久布尔孙及独立之政事家,皆为罗克之热心崇拜者也。罗克之社会说,为合众国建国理论之基础,《独立宣言》、合众国宪法及各州宪法并权利典章等,受其影响极大。然罗克之民约说既如上述,关于结社契约,取强硬一部移付说,契约当事者之自主权,于社会设立以后,仍于原状继存,即其移付之权力,依其不移付之权力而制限者也。关于统治契约唱信托说,以为统治者之权力,为其移付之目的,而被制限者,此学说实现于米国之宪法,为受托者之中央政府之权力,常为契约当事者信托者之各州之权所制限。州权重,国权轻,动辄形一尾大不掉之观,盖建国之基础之学说,有以使之然也。

原载上海《国民杂志》1913 年第 2、3 号。

忠敬文三代循环为三等政体论　廖平

礼说夏尚忠,其弊也野,则救之以敬。殷尚敬,其弊也鬼,则救之以文。周尚文,其弊也史,则更循环用忠。古有是说,三尚殊难实指。窃以世界时局考之,则所谓忠敬文者,即西人所谓专制、民权、共和也。《易》曰"汤武革命",以臣伐君,为诛一夫。正如法之大革命、美之独立。汤武世局,正与今西事相同,则古之汤武,即今之法美。今之报局,每以吾国为专制,以求在下之反动力。及考西史,见革命国之专制,每云别无法律,君命即为法律,较土司、酋长而有加,人民苦无以聊生,与吾国不免有霄壤之别。因以见古之汤武,其革命者大约与今海外同,所谓蛮野之君权尊君,故谓之忠。凡人当合群之初,以与禽兽争,必立君。君者群也,初籍君以合群,战胜禽兽,非君不能存立,故奉君以为圣神不可犯。积久弊生,君暴厉于上,苛政至猛于虎,民不堪命,乃轰炸以复其仇。夫欲定精进之法度,必上下皆无所偏,乃得持久。民之隐衷,必尽情发泄,使无余蕴,而后有公理。当此世界所谓民权、平等、自由,如虚无党之必欲尽去政府而后快。今之西人,正如古之汤武,孟子所有贵民轻君之说,为此时代而言。论公理不分贵贱,君民交战,正如水火阴阳,物极而反,变本加厉。如今海外之路索、孟德斯鸠等,民为主人,君为奴隶,各学说为时势所造,彼此是非,不能谓其偏僻。平权以为殷之立敬,又为质家,与夏文相反,与忠反之民权也。

吾国汤武以后,降为二伯之共和,则以民权积久弊生,弑君杀相,国无宁岁,人心厌乱,天意随之视听,虽取民权,不得不参用君权,合夏、商、周为一治,故谓之文物相参杂,谓之文。《论语》"周监于二代,郁郁乎文哉",此又蛮野之共和。从始至终,自孔子后则周而更始,再用夏忠。故《春秋》尊君,专明王法。然此为二次之三统,原因复杂,体质不一,与前之三统标帜新异,招人指摘者不同。盖蛮野之三统,为三者特异之原质,二次之君统,早已合三质而混化之。自其外貌观,君不似君,民不似民。由春秋至今,细为分划,以千年为一周,吾国正当二次共和之时代,故不能谓之为民权,亦不能谓之为君权,盖已变蛮野而文明。欧美见当初次民权时代,或乃自以为新理,自以为曝献,不知吾国革命民权,早在三千年前,已据全球上游之势。此吾国所以占文明之先步,为五洲之伯兄,仲叔随行,季则更为幼稚。自后数百年,共和之局又终,则当与全球合并而为大一统。从周而大夏,从大夏而大殷,从大殷而大周,三次之三统,当更文明,则固非吾辈所及见矣。大抵除初次三统后,其形迹皆隐晦,其原质皆揉杂,亦如《春秋》之三世例,事文隐微,及久乃觉,其变象不能沾沾以文辞求之也。西人乐利,实由革命而出,其推奖实出诚心,食芋而甘,欲推之世界。或乃倡言攻之,以为邪说,惑世诬民,或又以孟子之说,为大同之极点。崇拜者固失其原理,摧抑者又违其本义,左右佩剑,有如罪人。故推阐三统之宗旨,以明进化之步骤,中外各得其主义,庶无随人俯仰之弊焉。

原载《四川国学杂志》1913 年第 9 期。

卢 梭 华

列位,你看于今那一个不赞道法兰西的民,享自由的幸福,谁晓得他当二百年前,受那昏君贼官的压制,也与我现在一样。法兰西通国,只有中国一二省大,却有十三万家的贵族,都与那国王狼狈为奸,把百姓如泥似土,任意陵践。当明朝年间,法国出了一个大儒,名号卢梭,是天生下来,救度普世界的人民。自幼就有扶弱抑强的志,及长著了一书,叫做《民约论》,说道这国当初是由人民集合而成,公请一个做国王,替人民办事。这人民就是一国的主人,这国王就是人民的公奴隶。国王若有负人民的委任,这人民可任意更换。法国的人，先前把国认做是国王的，自己当做奴隶看待，任凭国王残虐，也不敢怨。闻了卢梭这一番言语，如梦初醒，遂与国王争起政来。国王极力镇压，把民党杀了无数。谁知越杀越多，一连革了七八次命，前后数十年，终把那害民的国王、贵族，除得干干净净，建设共和政府，公举一人当大统领，七年一换。又把立法权归到众议院，议员都由民间公举，从前的种种虐民弊政，一点没有，利民的善策，件件做到。这法兰西的人民，好不自由快乐，人人都追想卢梭的功劳，在法国京城巴黎，为卢梭铸一个大大的铜像，万民瞻仰，真可羡呀。

原载福州《通俗教育杂志》1913 年第 15 期。

民约说与美国之州权　日本法学博士穗积陈重　陈耿夫

北美合众国之独立，与佛兰西之革命，十八世纪世界之二大政变也，一为创造新邦于新世界，一为破坏旧邦于旧世界。前后成败之迹虽不同，而从学说史之侧面以观察之，二者思想之发现同出一辙。且其由来甚远，盖古代希腊哲学启其萌芽，中为罗马法学之根本，至近世可谓为开政治论之花，结自然法学说之果矣。

自然法学说者，想象人类之自然状态，人类之自然状态，以自由平等为其信条。此前提所生必然之结果，从原人时代之自由平等如何，为自然状态，寝移人于国家状态，受政权、法权二者之羁轭，至起疑问。多数自然法学者对于此疑问之解答，以社会及君权之起原，归于人类之合意的民约说。

民约说者，解说君权及社会之起原。希腊哲学者及罗马法律家中虽多唱此说，然罗马帝国皇帝统治权之基础，论者多谓帝权（Imperium）为基于人民之让与（Concessio populi），及谓臣民之义务，为服从契约（Pactum Subjectionis），是说风行于时。迨近世纪之初，民权论勃兴，有兰加（Hubert Languet）、马利亚拿（Mariana）等，持民权论最为激烈，力破神授君权之论据，而盛唱君民契约论。同时复有亚露卒士（Johannes Althusius），从人类生活之需要，以缔结社会契约（Contractus Societatis），其立论稍具学说体裁。次如格乐透（Hugo Grotius）谓，驱人类固有之社交性的自然状态之人，使移于国家状态，其方法即谓结社契约也。霍布士（Thomas Hobbes）谓，人类之自然状态，恒久战争之状态也，人类为免战斗之灾害，因契约而移于社会状态。洛克氏（John Locke）谓，人类为脱离自然状态，依契约而移于社会状态。卢梭氏（J.J. Rousseau）谓，以自然状态为自由平等，有幸福而无灾害之黄金世界也。挽近之世,人智渐失其纯朴之原状,因而生种种之灾害,遂依于契约组织社会。准是以谭,人类之自然状态及民约之原因虽各异其说,然以社会之起原及君权之基础,归于人类自然状态之人类的合意,则诸学者之见解一而已矣。当十七八世纪间之民约论,殆风靡一世,故政家、法家皆据之以解决法政之根本问题也。

如上所述,民约说可分为二种,彰彰明甚。其一为社会创立契约,其一为君权设定之契约。民约论固伴于民权之发达而生,其始为君民契约论、统治契约论、臣从契约论诸说并立。及以统治契约论惹起关于其契约之当事者之问题,其一方为君主,其相手方为人民,固不待言。虽然,人民为契约当事者之一方时,遂不可不为具备权利能力之团体,而有法人之资格者也。故兰加、亚露卒士等始为非君政论(Monarcomachi),至宗教法律家域多利亚(Victoria)、梳滔(Soto)等,及自然法学者布丹(Bodin)、格乐透等,皆谓人民为一个法人,当然与君主成此契约。审若是,人民既存在于统治权设立以前之团体,其结果遂诱起溯及关于民团起原之问题,据以与君权起原之论者,同一论法,以求其起原于契约,此自然之势也。古代以君主加乎人民之上,然考其关于戴立君主之起原之说明,并同时足以说明国家之起原。迨中世民权论勃兴,始倡为民贵君轻之说,由是唱民团先存说者,竟至生社会契约说。是上举二种之民约说中,故统治契约说发生于先,结社契约说表现于后也。

民约说既稍具学说之体裁,未几而宗教及政治两方面皆受其影响,欧洲诸国之放伐暴君,及举革命,关于统治契约说之影响也。亚美利加州之创说殖民团,及合众国之独立,以成其理论的基础,关于社会契约说之影响也。

当十七世纪之初,实行结社原约说之前卒,为会众自治派(Congregationalists)之教徒,为脱离英国政教之迫害,而移住于亚美利加州。此会众自治派为独立派(Independenst)之改称。该独立派否认法王、君主、议会及国教之权力,而以教会为自主独立之共同体,直隶于神父之信徒之团体也。故凡法王、国教之僧侣,国王或议会之人界权力之教义,皆不属其主张。至独立派之后改称为会众自治派,并非因其主义之有变更,或主义之发展也。彼等信徒,先以消极的排斥人界之权力,次得教会之独立时,然后积极的和衷协同以行其自主权。此独立派之名称,仅表示消极的方面,积极的意义,而以会众自治派之名称代之者,所由然也。

　　吾人第一不可留意于北亚美利加最初之殖民地,由深信此教义之教徒而开辟也。一六二〇年,属于会众派之"卑路高连"、"花渣鲁士",愤本国政教之迫害,弃其权力,一行百二人,乘 The Mayflower 船而浮于渺茫之大洋,殆仿佛人类之自然状态,以求信教自由于新世界。同年十一月十一日,遥见新世界之陆地,彼等于船中作盟约书,欲创立一自主独立之新国家。其盟约书之开首,宣言我辈于天神及各自之面前,严肃相约以结合为政治的国民团体,大旨以达其目的,则制定法律,设置公吏而服从之。此实世界历史有纯然民约说实行之嚆矢也。顾有问以民约之年月日者,吾人若翻合众国之建国史,以一六二〇年十一月十一日之事以指示之,窃嘲边沁氏之民约论为非历史的,及揶揄民约论者之嘉黎尔氏,两氏必当笑而首肯矣。

　　于麻夫罗化船之移住民,在大洋中不特与自然状态之人类无异,凡初期之移住民,其境遇殆皆与自然状态之人类相同者也。彼等以少数人员移住于广漠之原野,作成创始之社会。各殖民之不可不依契约而结团体,以定其团体员之关系,于是相率而缔结殖民契约,纯是以维持秩序,确保信教之自由。当一六三六年,独立教会派威廉氏(Roger Williams)之建设布罗威典士市时也,因契约而设立新团体。团体员相为誓约关于政治上之事项,要服从多数者所定之法律。一六三八年,十九人之移住者,建设亚高度匿古之殖民地,亦誓约书,宣言吾等署名者,要于衣苟威亚之神前,严肃建设政事之团体。同年建设亢匿古士确隋之殖民地,亦为誓约,与布罗威典士市同。此即合众国史开首最显著之事实也。于北亚美利加之英领殖民地,其初期之移住民,否认法王、国教、国王及议会之权力,依契约而作成自主独立之政治团体,其胸怀高洁,信念坚固,此等风气,遗传于子孙。凡新殖民地关于万般之公共事件,厌恶服从于母国之中央权力,专尚各殖民地之自主自治,虽经一世纪脱离本国羁绊之后,仍不移附其权力于中央政府之所以也。

　　以上略述美国殖民地之起原史。盖支配于当时欧洲之思想界之民约说,彼宗教的亡命者,设立新团体于发见地,与理论的根据最为适切。如其本国之大思想家洛克氏当日之社会契约论,为彼等所热心信奉。洛氏之《政论二编》(Two Treatises on Government),次于摆宝路之宝曲也。一七七二年十一月二十日之市民集会,沙门亚泵(Samuel Adams)之提议起草,采用(人类教徒乃公民移住民之权利之宣言)之说,以人类系由于自由意思之合意而加入于国家,其原约言明预定国家之条件及制限,有防护之之权利(美浓部教授著《人权宣言论》第八节参照)。

北美合众国独立,采民约说为其政理的基础,观于其《独立宣言》及《人权宣言》可以知矣。一七七六年七月四日之《独立宣言》(The Declaration of Independence)第二项:

我等以次之事项,自明之真理,曰凡人类皆造于平等,彼等由造物主所授以不可让之权利,其权利属于生存自由及幸福之追求。为保障此等权利,故人类中设立政府,而政府正当之权力,由被治者之合意而生("Deriving their just powers from the Consent of the governed")。无论如何政体,至破坏此等之目的时,虽何时变更之,废止之,设立新政府,而确保国民之安全及幸福,认为最切当之主义,而定其政府之基础,作此权力之形体,以为人民之权利。

由是一七七六年六月十二日澳亚劳戚涉州民发《权利宣言》(The Declaration of Rights):

一、凡人类于自然之平等自由独立,有固有之权利。是等之权利,当入于社会状态,无论如何约束,其子孙不得剥夺之。
二、凡权力存在于人民,随人民以出。官吏为人民之受托及使用者,无论何时,当对于人民负其责任。

一七八三年纽亨苦细之《权利宣言》:

凡人类生于自由独立,故凡正当之政府,为人民而生,基于合意之公益而设立。

一七八〇年之马沙地舍司司宪法之前文:

政治团体为依于个人之任意合同而成,此全体人民对于各人民约诺,各人民对于全体人民之承诺,凡为公益,依一定之法则,以定可支配社会契约(Social compart)。

此等明文,为北美合众国之独立之基础理论之社会契约说明矣。其初

独立之起草委员长，执笔者为多玛智花臣（Thomas Jefferson）及同一委员亚
泵士（John Adams）、玛迪臣（Madison）等，此外当独立时之多数政治家，热
心信奉洛克氏之民约说，故关于《独立宣言》中理论之部分，不过采洛克氏
《政论二篇》中之文字而略修正之耳。非沙亚美利加《历史协会年报》（G.P.
Fisher，"Jefferson and the Social Contract Theory"，Annual Rep of the
American Historical Association，1893，P.173）所曾论证者也。班门德之民
约，虽为拟制，而合众国人民之对此理论，自不得不表敬意于建国者之遗
训。然而独立之首唱者等，苟重视十九世纪法理学之历史，及深信其理论，
而得以设立如彼之空前自由政体否耶，不能无疑也（Hammond's note to
Blackstone's Commentaries. I，PP. 144，145）。故谓民约说与合众国宪法之
关系，不得不表示者矣。

　　组成北美合众国联邦之各州，元由各殖民地之发达，依于个人之民约
而成；合众国联邦，元依于独立十三州之民约而创立，既如上述。故从形式
上论之，则合众国者，建设于二重民约之上之政治团体。各州之原约当事
者为各个人，联邦之原约当事者，为各州团体各个人之权利。与各州政府
之权力之关系，依于其原约殖民契约及各殖民地之权利章典（Bills of
Rights）等而定。合众国政府之权力，与联邦各州之权力之关系，可称为依
于其原约证书之《独立宣言》及合众国宪法而定。各州依宪法之明文，附与
合众国议院、大统领及法院之权限外，留保一切之权力。于对内关系，各州
之位置为主权原体，且居于中央政府之上。亢高黎士为各州及各州民之共
同政府（宪法第一条），大统领为各州所任命之选举人所选定之公仆也（第
二条）。于对外关系，大统领为外交之元首，有缔结条约之权。然此条约缔
结权，须得元老院之承认。元老院为各州之代表者，联邦中之一州，遇有发
生事件，起对外之关系，中央政府于外交机关，动为州权所掣肘，因是而生
大障碍者不少。

　　于美国州权及国权之关系，听现任大统领威尔逊氏之说，颇有兴味。
氏著《国家论》一书，论合众国之政体，当极重州权。论合众国与各州之关
系，谓州非为合众国之行政区，乃其构成员，故其权力与合众国居于同等地
位（Coordinate），于其权限之范围内，无论如何意义，非从属的。各州依于
合众国宪法，虽不能行其权能之几分，然其自行之权能，为极重大且重要，
而非合众国宪法附与之也。此等权能，各州行之，为最完全自主自治之主
义云。又谓我政府之组织，从全体观察，虽或以为州政府政治上之系统，居

于中央政府之下位,其实受之命令,皆无在下位之意义,只其管辖区域不过小于中央政府而已云。彼引托忌威尔(Tocqueville)之语,以"中央政府为变则,州政府为常法"。(The Federal government is the exception, the government of the state is the rule.)故欲知合众国之政体者,须先研究其州之中心点,始可以说明其如何。观于学者威尔逊氏论州权之重,足以窥见一斑矣。

合众国政府与各州间之关系,至其建国之基础,可谓为学说之结果。合众国依于各州之民约而建设,中央政府与各州之关系,依于其契约之内容及其效果而定。而民约之内容及其效果之基础,受学说之影响至大,固无俟言。然欲知各州与中央政府之关系,与夫所定之宪法之条项之由来及其根据,则于合众国建设契约,基于如何学说缔结以成,可寻思矣。

关于学说民约之效果之结社契约之效果,统治契约之效果,兹分述之如下。(未完)

原载《民谊》1913 年第 9 期。

中国颠危误在全法欧美而尽弃国粹说　康有为

夫共和之美,洽于人心者,莫不曰得民意、发民权矣。吾先圣所谓"天视自我民视,天听自我民听",岂非公理之至论哉!卢骚之流,大发其义。此在欧洲,古之希腊,中世之威尼士、致那华,及德之汉堡、罕伯雷、伯来问、佉伦、佛兰拂,及今之瑞士,蕞尔之国,百数十万之民,有大事则人民共议之,则诚得民意矣,选举则人人有权,则亦庶几民权矣。卢骚亦谓二万人之国,可行共和。若二万人者,或可真得民意、真行民权矣。盖二万之少数,如吾粤之大乡云尔。吾粤南海之九江、沙头,顺德之龙山、容奇、桂州,新会之外海,番禺之沙湾,皆聚十数万人为一乡,比于卢骚之二万人已过之,其立乡约行乡法,能得民意与民权与否,尚不可知也,则甚矣真得民意,真行民权之难矣。南美洲之各共和国也,若玻理非、委内瑞拉、乌拉圭、巴拉圭,皆以数千人举一议员,即巴西、阿根廷、秘鲁、智利之大,亦不过以万人举一议员,塞维、布加利牙、希腊、罗马尼亚,亦略皆以万人举一议员。若比利时、荷兰、那威、丹麦,亦不过以万人举一议员。即英国之大,为宪法选举之祖,亦不过以三万人选一议员。然当威廉第三入英之际,英民不过四百万,至与拿破仑交战之时,亦不过五百万,是时英最盛昌,亦不过万人选一议员耳。夫尊民意民权者,不能直达而以代议名之,苟不能如瑞士之直议,何权之有？人与人面目既殊，心意必异，父子师弟亦难强同，而谓所举之人能达我意，必无是理矣。故以一人举一人，已不能得其意，况以万数千人而举一人，人人异意，而谓能以一人曲肖万数千人之意，代达万数千人之意，有是理乎？故万数千人选一议员之国，号称代议，其说已大谬矣。虽然，若英国三万人选一议员，三万人者，亦如吾粤一巨乡耳。既以代议为制，势不能不选于众，三万人之乡，其有才贤，乡人略皆知之，则虽不能得民意发民权，然既自民之耳目心思所自举者，则亦可谓之民举也。德、法以十万人举一人，日本以十三万人举一人，更不能比于英矣。然十万之乡县，耳目亦近，彼宪政既久，选举既熟，或能知其人者，谓之民举焉，亦未尝不可也。至于中国之大，人民之多，今之选举法也，以八十万人选一人。夫八十万人之多数，地兼数县，或则数府，壤隔千里，少亦数百里。吾国道路不通，山川绝限，人民无识，交游未盛，选举不习，则八十万人之中，渺渺茫茫，既为大地选举例之所无，而曾谓八十万人者，能知其人而举之，其人又能代达八十万人之意乎？此尤必无之理也。然则在今大地中，凡百有国，皆可言民意民权，惟我中国而言民意民权则无之也，徒资数万之暴民而已。是大妄也，是欺人也，惟国民真愚乃受其欺耳。

夫欧美之说，知直议不可得，则诡以代议为名以欺人，然曰代议，虽不得民意民权，告朔饩羊，犹有其名也。而今选举之学说，则猖狂而大言曰："代议者乃代一国之政，非代民个人之意也。"此说也，则明明非代民之意矣。以实事言之，彼议员自议国政，非代民之意，以虚名言之，则此学说亦大声疾呼，非代达民之意矣。然于其宪法也，于其国会也，于其选举法也，则大书特书曰代议院也、代议员也，名实相反，言议相乖，实而案之，不过欺民而已，不过豪猾之士欲搂夺国政，借民权民意以欺人而已。世说称愍道人过江，饥无所食，乃树义曰"心无二"，大见欢迎。其故人谓之曰："心无二，不是道，向者不过为啖饭耳。"今所谓代议云云者，亦所谓不是道，为啖饭也。故在欧人之说已是辞穷，而为欺民诱众之计矣。我国地等全欧，人民倍之，国与民相去至远，民意民权必不可得，而信欧美人之谬说，大声疾呼曰民意民权，我今质问四万万人，汝有何权？所选举者，谁为汝意？议员所陈，谁得汝心？吾意真选举之人，必不及四千，而得其心意者，必不及千也。若云权乎权乎，谁则有之？欺人自欺，无俟言矣。

原载《不忍》1913年第6册。

读《卢骚小传》感赋　吴虞

冶佚猖狂第一流,能招诽谤亦千秋。人皆欲杀真名士,别有空华境
自由。

肖像庄严俨若神,生前谁复慰沉沦。著书独解资金帛,我亦低头拜
美人。

挫折平生志益坚,何妨激诡动当年。英雄睥睨空千古,自养终须数
亩田。

苍茫政学起风涛,东亚初惊热度高。手得一编《民约论》,瓣香从此属
卢骚。

原载吴虞:《秋水集》,吴氏爱智庐 1913 年刊本,第 7、8 页;又见赵清、
郑城编:《吴虞集》,四川人民出版社 1985 年 3 月版,第 280 页。

民约说与美国之州权　译日本法学博士穗积陈重著　羞伍

北美合众国之独立,法兰西之革命,为第十八世纪中世界的二大政变,
一则创造新邦于新世界,一则破坏旧邦于旧世界。前者、后者其成败之迹
虽不同,而由学说方面观察之,要皆出于同一之思想,盖自然法学说之结果
也。此说由来已久,古代希腊哲学已见其萌芽,降至中世,又为罗马法学之
根本,至于近世,则发为政治论之花矣。

自然法学说,想象人类之自然状态,以自由平等为其信条。由此前提
所生之结果,则有自由平等之原始人类,何以由自然状态而移于国家状态,
至受政法羁轭之疑问。自然法论者大都以民约说答之,谓社会及君权之起
源由于人类之合意云。

民约说解说君权及社会之起源,在昔希腊哲学家、罗马法律家中已见
其端绪。泊乎中世,论统治权之基础而此说盛行,谓帝权由于人民之让与,
而臣民之义务则由服从契约而生。至于近世,当民权论勃兴之时,朗拿
(Hubert Languet)、马利阿那(Mariana)等之激烈派,唱君民契约论,以为破
神授君权说之论据。同时又有耀亨纳斯阿尔脱席斯(Johannes Althusius)
者,论人类因生活之需要而结社会契约,至是始稍具学说之体裁。其后葛
落杜(Hugo Grotius)曰,人类固有之社交性,使人离自然状态而入国家状
态,其方法则结社契约也。霍布士(Thomas Hobbes)曰,人类之自然状态,
永久战争之状态也。人类欲免战斗之灾害,故因契约以入于社会状态。落
克(John Locke)亦曰,人类欲脱不安之自然状态,故依契约以入于社会状

态。卢梭（J.J. Rousseau）曰，自然状态者，自由平等者也，有幸福而无灾祸之黄金世界也。浇季之世，人智渐失淳朴之原状，而种种之灾害以生，故依契约组织社会。由此观之，各学者于人类之自然状态及民约之原因，所述虽异，而社会之起源及君权之基础，归之于人类之合意，则学者之见解殆归一致。故在第十七八两世纪，民约论风靡一世，政家、法家悉据之以解决政法之根本问题云。

据上所述，则所谓民约者，计有二种。其一为创立社会之契约，又其一则设定君权之契约也。夫民约论因民权论之发达而生者也，故其始先有君民契约论（即统治契约论，又曰臣从契约论）之出现。其契约之当事人，一方为君主，其相手方即人民也。然由人民为契约当事人之一方观之，非具备权利能力而有人格之团体不可。故自朗拿（Hubert Languet）、阿尔脱席斯（Johannes Althusius）等之非君政论者，以至维多利亚（Victoria）、索托（Soto）举之宗教、法律家，仆定（Bodin）、葛落杜（Hugo Grotius）举之自然法学派，皆以人民为一个法人以与君主结契约。夫以人民为统治权设立以前既有之团体，其结果民团起源之问题以起。论者亦据同一论法，求其起源于契约，此亦自然之势也。盖古代以为先有君而后有民，说明君主之起源，同时即足以说明国家之起源也。然至中世民权论勃兴，以为先有民而后有君，有唱民团先存说者，遂有社会契约说之发生。故上举二种之民约说中，统治契约说发生在先，结社契约说发生在后也。

民约说之稍具学说之体裁也，其影响即及于宗教及政治二方面。关乎统治契约者，则有欧洲之革命，关乎结社契约者，则有北美洲殖民团之创设，而植合众团独立之理论的基础。

为实行结社契约说之先导者，第十七世纪初叶，欲脱英国宗教的迫害而移住美洲之会众自治派之教徒也。会众自治派为独立派之改称，独立派者不认法王、君主、议会、国教之权力，以为教会者自独立之共同团体也，与神结约而直隶于基督之信徒之团体也，以排斥人界之权力（即法王、国王、议会、国教之权力）为教义。其后改称会众自治派者，非其主义之变更，乃其主义之发展也。此派信徒，先之以消极的排斥人界之权力，以得教会之独立，其次更进而积极的主张信徒和衷共济，实行自主之权。此所以致独立派仅有消极的意义之名称，而以表现积极的意义之会众自治派之名称代之也。

吾人第一所当注意者，北美洲最初之殖民地，即此会众自治派之教徒所开辟者也。一六二零年,此派教徒愤本国政教之迫害,欲脱其羁绊,一行百二人,乘五月花(The Mayflower 船名)之船,渡渺茫之大洋,以求信教之自由于新世界。此情此景,殆与自然状态之人类相仿佛。是年十一月十一日,遥见新世界之陆地,彼等即于船中作盟约书,建一自主独立之国家。盟约书之起首,即有"吾辈在神及各自之面前,严肃相约结合一政治的国民团体"之宣言,又有制定法律,设置大吏,无论何人均须服从之誓约。此实世界历史中真正实行民约说之嚆矢也。边沁嘲民约说为非历史的,欲求民约史之记载,卡拉儿揶揄民约论者,询以民约之年月日。吾人若翻美利坚建国史,示以一六二零年十一月十一日之事,二子必将笑而首肯之矣。

五月花船中之移民,不仅在大洋中如自然状态之人类已也,即登陆后亦然。夫初次移住殆皆与自然状态之人类同其境遇,况彼等以少数之人员,移住于广漠之原野,创造社会,结合团体,故相率而缔结殖民契约,维持秩序,确保自由。一六三六年独立教会派之维廉(Roger Williams),当建浦洛腓登市时,有"依契约设立新团体,团体员关于政治上之事,须服从多数所定之法律"之誓约。一六三八年十九人之移住者,当建设阿开奈克殖民地时,其所作之誓约书,亦有"吾等署名者于神前严肃建设政事团体"之宣言,此皆美利坚建国史卷首最显著之事实也。

此美洲英领殖民地之移民,其初不认宗教上、政治上中央之最高权力(即法王、国王、议会、国教之权力),经依契约建设自主独立之政治团体,志气高洁,信念卓绝,流风余韵,传之子孙。故关于新殖民地之各种公共事件,莫不厌恶母国之中央权力而不肯服从,各殖民地以自主自治相尚,所以经一世纪脱本国羁绊之后,仍厌恶集权于中央政府也。

观以上所述美国殖民地之起源史,当时支配欧洲思想界之民约说,以宗教的亡命者设立团体于新世界,为最切于理论之根据。本国大思想家洛克(John Loche)之社会契约论,尤彼等所热心崇奉者也。《政论二编》视为金科玉律。一七七二年十一月二十日波士登之市民会议,亚丹(Samuel Adams)所提议起草之移民权利宣言中亦采用洛克(John Locke)之说。

北美合众国之独立,以民约说为其基础,观于《独立宣言》及《人权宣言》而知之。一七七六年七月四日之《独立宣言》第二项曰:

吾举以次之事项为不易之真理,曰凡人类皆属平等,造物主授以不可让之权利,生存自由及幸福之追求,即属于此。为保障此等权利起见,人类中设立政府,而政府之正当权力,由于被治者之合意而生。无论何种政体,至破坏此目的时,不论何时,均得废弃变更,设立新政府,确保国民之安全幸福,依认为最切当之主张。定政府之基础,其作成此权力之形体者,人民之权利也。

一七七六年六月十二日,伏尔其亚州人民所发之《权利宣言》亦曰:

一、凡人类自然平等自由独立,且有固有之权利者也。当其入于社会状态,此等权利,无论以何种约束均不得剥夺之。

二、凡权力在于人民,故由人民发出者也。官吏为人民之受托人使用人,无论何时,对于人民负其责。

一七八三年纽杭浦西亚之《权利宣言》曰:

凡人类生而自由独立者也,故凡正当之政府,由人民合意为公益而设立者也。

一七八〇年马萨邱塞宪法之前文曰:

政治团体依个人之任意合同而成,全人民对于各人民约诺,各人民对于全人民约诺,为公益而定之支配法则之社会契约也。

观此等明文,可知北美合众国之独立,为其基础之理论乃社会契约说也。当时《独立宣言》之起草委员长乾黻孙(Thomas Jefferson),委员阿丹(John Adams)、马棣孙(Madison),及其他独立当时之政治家,大都热心崇奉洛克(John Locke)之民约说,故《独立宣言》中关乎理论之部分,采洛克政论之文,不过略加修正耳。费晓(G.P. Fisher)曾于美洲《历史协会年报》论证之者也。哈孟特(Hammond)曰,民约不过拟别耳。但合众国之人民,对于此理论,以为建国者之道训,不可不特表敬意,若首唱独立之辈而信从重视历史之理论,则空前之自由政体能设立与否,尚属可疑。斯言也,足以示民约说与合众国宪法之关系矣。

由此观之,组成北美合众国联邦之各州,依个人之民约而成者也。而合众国联邦,则依独立十三州之民约而创立者也。故由形式上论之,合众国者,二重民约建设之政治团体也。各州之契约当事人,各个人是也。联邦之契约,当事人国体之各州是也。个人之格别与各州政府权力之关系,依其殖民契约及各殖民地之权利章典而定。合众国政府之权力与联邦各州之权力之关系,依《独立宣言》及合众国宪法而定。各州除宪法付与合众国议院、大总统、法院之权限外,保有一切权力。对内关系,各州之位置,为主权本体,居于中央政府之上。康格雷斯者,各州及各州民之共同政府也。大总统者,各州选举人选定之公仆也。惟对外关系,大总统为外交之元首,有缔结条约之权,但仍须经各州代表组成之元老院之承认,故对于联邦中一州所起之事件,有对外关系时,中央政府之外交机关,动为州权所掣肘,殊多阻碍也。

美国州权与国权之关系,现大总统威尔孙氏于所著之《国家论》中,论合众国之政体,极置重州权。其论合众国与各州之关系曰:合众国之各州,非合众国之行政区域,乃构成合众国之分子也。故其权力,与合众国居于同位。其权限之范围,亦非有从属的关系。其所得自行之权能,极重且大,而非由合众国宪法所付与,乃由完全之自主自治主义而行之者也。又曰:我国政府之组织,由全体观察之,或以其政治上之系统,州政府居于中央政府之下位,然其实不过州之管辖区域,较中央政府为小耳。并引托奎维尔(Tocqueville)之言曰:中央政府者变则也,州政府者常法也。其谓欲知合众国之政体,须先自研究其中心之州始。美国学者之如何注重其州权,亦可见一斑矣。

合众国政府与各州间所以生此种关系者,学说之结果也。何也?合众国依各州之民约而建设,故中央政府与各州之关系,依其契约之内容及效果而定。而民约之内容及效果,受学说之影响者至大。故欲知宪法规定各州与中央政府之关系,其条项之所由来及其根据,不可不察合众国建设契约之缔结,本于何种学说。以下试叙述之。关于民约效果之学说,分结社契约之效果与统治契约之效果述之为便。

(甲)结社契约之效果

结社契约之效果,在于设立社会,固不待言。然关于结此契约,个人所出自由之程度,则民约论者之说不能一致。有谓人类依结社契约,以自然状态之自由,全部为契约之目的者。此之谓全部移付说,霍布士(Thomas Hobbes)、卢梭(J.J. Rousseau)等唱之。有谓人类依契约设立社会时,自然状态之自由,犹留保其一部,而以他一部为契约之目的者,是为一部移付说,洛克(John Locke)、桓尔夫(Wolf)等倡之。(未完)

原载北京《法政学报》1913年第1卷第1期。

民约说者权原之剖解 了了

北美合众国之独立,与法兰西之革命,为第十八世纪世界之二大政变,一于新世界建造新邦,一于旧世界破坏旧邦。其成败之迹虽不同,而从学说史上观察之,不外于同一思想之发现。迹其由来,古代希腊哲学发其萌芽,中世罗马法学为其根本,至近世而于政治论上怒放其花,不可不谓自然法学说者之果实矣。

自然法学说,想象人类之自然状态,为各以其自由平等而为其信条。惟原始人类如何以平等自由自然之状态,移之于国家,且由是而受政权法权之羁轭,此一疑问也。对此疑问,而在多数之自然法学者间,不外以社会及国权之原起,归之于人类合意之民约说而已。

民约说者,剖解国权社会之起原,虽于希腊哲学、罗马法学者间开其端绪,而至中世纪罗马帝国,盛唱皇帝统治权之基础之说,以为帝权(Imperium)者基于人民之让与(Concessio Populi),臣民之义务由于服从契约(Pactum Subjectionis)而生。迨至民权论勃兴后,郎鞯(Hubert Languet)、姆哩那(Mariana)等主张过激,至破神授君权说,而倡为君民契约论。同是更有哟婆纳司阿罗鞯时氏(Johannes Althusius),以为人类者由于生活之需要,缔结社会之契约(Contractus Societalis)之论,于是权原之剖解更微。此外如克洛希鸟司(Hugo Grotius)、柏蒲司(Thomas Hobbes)、裘龙枯(John Locke)、卢骚(J. J. Rousseau)等氏,均为主张民约之一。惟卢氏之主张,以为人类之自然状态,本以自由平等为其幸福,无灾无阨,熙熙然一黄金世界。至叔季之世,人智浇薄,渐失敦朴之原状,至不得不各以其契约而因是组织国家。

以上诸氏关于民约起原,虽各异其说,然至国家之起原及国权之基础,无不归于人类间合意之缔结之契约,则无不同。试将诸氏关于权原之异同及其如何剖解,分社会契约、统治契约二者说明之。

(甲)结社契约 结社契约,关于各个人提供之自由之程度,民约论者之主张不一。或者以为人类之结社契约,而于其自然状态间,以其自由之全部为契约之目的,或者以为人类间据契约以设立社会,而于其自然状态间,应留保其自由之一部,而以他之一部为其目的。前者谓之全部移付说,柏蒲司、卢骚氏等唱之。后者谓之一部移付说,洛克、乌罗甫等唱之。

(一)全部移付说 柏蒲司氏以为,人类之自然状态,一战争之状态也。欲脱此战争之状态,以冀安稳而享平和之生活,则于各个人相互契约时,不可不抛弃其自然状态间一切之权利与其自由,而移付之于统治者。卢骚氏以社会契约之条项,各结社员,对于共同之团体,应将彼之权利全部移付(Laliendtion Totale)之,而以无留保(Sams Reserve)为要。此其结社,斯得达于完全。又曰:各结社员失自然的自由(Liberte Naturelle),代以协定之自由(Liberte Conventionelle),一与一失,不但并无一失,且得以共同体之力,为之确实保有之。故以卢氏之社会契约全部移付之点观之,虽与柏氏同其说,然柏氏之全部移付,其自然权为绝对的丧失,卢氏之全部移付,则依契约解除后,仍回复其所有之自然权。二者为极端之相反,一否认革命权,为专制政治之论据,一则认为有革命权,至为怀抱革新者之所藉口矣。

(二)一部移付说 以自然原权之一部,而为社会契约之目的,于他之一部,仍依然留保之,唱此说者为裴容洛克、怀鲁夫、蒲希台、培瓒林等诸氏,而其中尤以裴容洛克氏为最著。裴氏谓各个人于自然状态间,提供其自由之一部,而为契约之目的,同时即受其他之部分之保护,其未移付之权力,而于设立社会后,仍继存其原状。至其移付之权力,即为统治者之权力,而得以其部分内未移付之权力而为之制限之。

至怀鲁夫氏谓人类当各以其原始之自由平等,视国家之行动之必要之程度,而因以移付之,于其未移付之部分,均得确实保有之。蒲希台谓人类不可不抛弃或让与其人权之一部,而移付之于国家。培瓒林氏谓人类应提供其自由之部分,移付之于国家,牺牲其不确实自由之一部,而仍以其确实自由之一部,自己享有之。

(乙)统治契约 民约论者谓统治权之所由生,无不根据于民约,即以君主国论,君主与中央政府之固有权,虽得指为传承权,然关于权原之部分,则各异其说。兹从便利上计,约分让与、委任、信托之三者以研究之。

(一)让与说 民约当事者之一方为人民,而于个人个体各让与其自治权,以设立政府,而于他方,即代之以自治自卫,由是而生全员之合同之权力也。

让与说复得细别为授与说、许容说之二者。授与说之统治权之移付,为绝对的政权之授与,人民由是而全失其固有之自主权,而无由能回复之者也。许容说之统治权之移付,则于其移付之部分内,而为主权之行使,其实权仍为人民留保之。且许容说之让与,苟解除条件附,则无由达其让与之目的也。

(二)委任说 委任说者,根据于罗马私法之观念,以说明国权之基础。谓人民于国家设立后,仍为国家之主权者,而于主权,不但不为实质上之让与,不过于其许容行使之部分内,为委任之行为而已。

郎揅氏以君主者为国家之一官吏,叔洛孟宜乌司氏以君主者为受任者云,哟婆纳司阿罗揅时氏并说明统治契约之目的,不过为委任之行为,其统治权之所有,仍属之于结社之全员,君主第为他权之执行者,是以君主之权力,以委任之范围而定之,人民得留保其未委任之权力,且于违约之场合,得解除其委任而新定统治者。

(三)信托说 国家及政权之原起,可以私法之观念类推之。第关于承受罗马法之大陆诸国,关于民约说皆基于罗马法之观念。如非直接承受罗马法之英国,而于民约说虽亦以采私法为原则,然不采罗马法,而别基于其英国固有之托辣斯德。就中如米路吞之所主张,则亦以移付主权之目的,为确保其各自之权利及自由,而以其移付为一种之信托之行为也。若君主违反此信托,人民不但得回复其主权,变更其政体,且得据此以诘其违反信托之责任。裘容洛克氏亦以民约者为一种之信托之行为,第裘氏之主张,则以主权属之国会,而如立法权者,谓人类不过欲达其一定之目的,而因以表见其一种之信托之行为耳。若立法部反此信托行为,人民得变更其立法部,而保有其最高权,与米氏之信托说并无异趣。

上述种种,足以见权原之所在矣。我国共和发轫,而于学说上无有发明,或者亦为一种进行之障碍,用节取一二,以介绍之于我学者间,俾有所折衷焉。

原载《新闻报》1913 年 10 月 31 日、11 月 4 日。

新编中华修身教科书 沈颐等编

第八课 自 由

法国大革命宣布之词曰:不侵他人权利,而为己所欲为者,是为自由。天然者,自由之根本也。正义者,自由之标准也。法律者,自由之保障也。己所不欲,勿施于人者,自由之界限也。

卢梭曰:无自由,则国家不能存,无德行,则自由不能存。

原载沈颐、范源廉、董文编:《新编中华修身教科书》第 8 册,中华书局1914 年 1 月版,第 4 页。

新编中华修身教科书(教师用书) 董文编
第八课 自 由

要旨

　　本课使学生知自由之真相,以杜藉口自由,恣意妄为之弊害。

教材

　　法国大革命宣布之词曰:不侵他人权利,而为己所欲为者,是为自由。天然者,自由之根本也。正义者,自由之标准也。法律者,自由之保障也。己所不欲,勿施于人者,自由之界限也。

　　卢梭曰:无自由,则国家不能存,无德行,则自由不能存。

讲授

　　预备

　　问:他人可不许诸生来校读书乎? 答:……问:诸生在课室受课,他人可至课室扰乱乎? 答:……问:他人作事,诸生亦可阻碍乎? 答:……

　　教授

　　吾中华民国,民主国也。欧洲有法兰西者,亦民主国也。吾国由专制而至于共和,功在革命,法国亦然。夫革命者,所以求人民之自由也。专制政体,人民不得完全之自由,乃起而革命。革命既成,吾人乃得享自由之幸福矣。然自由二字,界限至宜辨明。法国大革命时宣布之词曰:"不侵他人之权利,而为己所欲为者,是为自由。"其意以为人各有固有之权,吾所欲为者,我自为之,他人不得干涉。然他人亦各有自由之权,为我自由而侵害他人之自由者,大不可也。譬如在家中读书,我之自由也。然家中之人,其时或已睡眠,而我高声朗读,则其人为我惊醒,其人即为我而失其自由矣。若此类事,谓之侵人自由,不得藉口于自由而为之。故法国革命宣布之词,首申明之。(解首四句)法国革命宣布之词,复申明其义曰:"天然者,自由之根本也。"自由皆本于天然,故言之。又曰:"正义者,自由之标准也。"人循正义而行,乃得永保其自由。譬如学生常守规则,则先生无庸责罚之,而学生自由之权,常可无失。若犯规则,即不能免先生之罚,而失自由之权矣。又曰:"法律者,自由之保障也。"盖人之行为,必不背法律而后能自由。若背法律而行,则他人可夺其自由之权矣。如车行于路,夜必燃灯。车行于路,固车夫之自由权也,不燃灯,则违背法律矣。违背法律,则车夫拘入警局,而不许其自由行路矣。总之,自由云者,以勿侵害他人为界限。故末句谓"己所不欲,勿施于人者,自由之界限也"。(解天然者九句)法国大革命之言如此,其国有学者曰卢梭。卢梭创自由之说者也。本课之图,即为其像。彼尝曰:"无自由,则国家不能存,无德行,则自由不能存。"其意盖谓人民不得享自由之福,必起而与政府争战,国家即因是而不能存。若既得自由之后,而无道德以维持之,终亦不得自由。前举读书与车夫二事,是其例也。(解第二节)

应用

诸生皆为共和国民,得享自由之幸福,幸也何如。然不可侵害他人之自由,侵害他人之自由者,其人终不得自由。

实践要项

自由必本于道德。欲自由,当去依赖心。在课室,勿占他人之座位,勿妨他人之功课。我不可侵他人之自由。他人不守正道,侵我之自由,当力争之,不可放弃。

习问

法国为何种国? 其革命宣布之词如何? 何者为自由之根本? 何者为自由之标准? 何者为自由之保障? 何者为自由之界限? 卢梭之言,其意如何?

注意

教授段中所举之例,有不合于当地情形者,教师宜易以相当之事。

备考

卢梭,法兰西之哲学家也。西历一七一二年生于日内瓦,父为钟表师。家甚贫,入寺院求学问。后游历诸国而学大成。常于演说词中,论人世不平等之原因,力攻贵族、帝王,及俗所谓神圣之法律。著《民约论》,触时忌,逃于瑞士。又著《忏悔论》,独立不羁,真理益明。卒为法国革命之先锋。

原载董文编:《新编中华修身教科书》(教师用书)第 8 册,中华书局 1914 年 2 月版,第 10—12 页。

民约平议 严几道(严复)

卢梭者,瑞士之几泥洼人也,其生去今二百年矣。家至贫贱,困苦殆不足自立,然好读古书,能为文。千七百四十九年,法之南部曰地棠(Dijon)学校者征文发策,问文物礼乐之事果所以进民德者乎? 卢梭奋笔为对,其说大似吾国之老庄。见者惊叹,乃日有名。越五年,而《人类等差原始》之书出。又八年,而《民约论》《教育说》诸书见于世。《民约论》之出,穷檐委巷,几于人手一编。适会时世,民乐畔古,而卢梭文辞,又偏悍发扬,语辩而意泽,能使听者入其玄而不自知。此遂见于美之独立、法之革命。嗣是以来,风声所施,社会岌岌,笃其说者,或不惜捐躯喋血,国量死者以求之。然而经百余年,诸种之民,用其法以求之,而所求者卒未至也。欧美言治之家,于卢梭各有所左右,亦大抵悟其说之不可行。顾旋死旋生,生则其祸必有所中。往尝谓杨、墨所存,不过二家之学说,且至今观之,其说于治道人心,亦未尝无一曙之用。然而孟轲氏奋毕生气力,以与相持,言其祸害,比诸洪水猛兽。至于情见乎辞,则曰:"予岂好辩,予不得已。"盖至今如闻其声焉。呜呼,岂无故哉!

中国老庄明自然,而卢梭亦明自然。明自然,故皆尚道德而恶礼刑。彼以为民生而有困穷苦痛者,礼刑实为之祸首罪魁焉。虽然,欧洲言自然,亦不自卢梭始。自希腊苏斐宗之天人对待,斯多噶(Stoics)之平等,罗马该克禄(Cicero)之取以明法,中间数百千年,宗教、法律两宗,人多所发明。直至钻禄虎哥(Hugo Grotius)之言国际,根于自然之说,未尝绝也。八十九年之大义,(如平等、自由、博爱之属,革命家所奉以为主旨者,史家谓之八十九年大义,以法革命于千七百八十九年也。)当十六世纪,英人已唱之,以起君民之争矣。其主之尤力者,又莫若布休儿(Boucher)、麻利安(Mariana)。或谓人类自由之身契久亡,得卢梭尊扎(Jean Jacques Rousseau)始为恢复者,其说乃大误也。

且卢梭之为政论也,固先熟于两英人之书,其一曰郝伯思(Hobbes),其一曰洛克(J. Locke)。二人者,欧之哲学政治大家,不独于英为杰出。民约之义,创于郝而和于洛,卢梭特发挥昌大之而已。民约云者,民相约而后立群也。顾二公虽皆主民约,而其书之言所以为约者乃大异。郝之书曰《勒肥阿丹》(Leviathan),亦名《国家形质力论》。其言曰:民之始犹禽兽也,离群处独,狞毅犷愚,人以其一而与其群为战。当此之时,其小己之自由固甚大也,然而弱肉强食,昼夜惴惴,无一息之休居,不得已,乃相约为群焉。夫群者,有君者也。既推择其一而为之君矣,则取其一身天赋之自由,与所主万物之权利,一切而皆付之。是故己之愿欲,其君之愿欲也;己之是非,其君之是非也。方其约之未解也,君有完全之自由,而民无有。何以故?民相约为服从,而其君则超乎约,而未尝有所服也。必如是者,其群治;不如是者,其群乱。郝之所谓民约者如此。今夫社会之未有君也,虽人人自由,平等无差,然以其性之恶,恒必出于竞争,其末流或至于相食,各具求存之性,乃相约而求君,此郝之说似也。顾谓如奴虏然,举其性命、物产,一切而付之,惟所愿欲是非,无所复问。此又反于人情,而不必然之说也。由是洛克著《治术论》以诤之,其言曰:人之性善。其生也,秉夫自然,本无拘碍,亦无等差。拘碍等差之兴,其始于各有其有,而民乐僭奢者欤?自淳朴散而末流纷,不得已而有治权之立。何言夫不得已?治权立,求自由之无缺必不能也。虽然,民之生也,有其直焉。(如《诗》"爰得我直"之直。)天之所赋,可以复之以理者也。理存于虚,法典所以定理,吏者所以举法,而兵刑者所以行法也,无治权则举无是焉。是故治权者,所以安其身,保其有而后有事者也。民屈自由焉,以为治权之代价。顾其奉此代价也,势必出于至慎,知其不可不奉者而后奉之。至于其余,方留若诅盟,而不轻为主治者之所侵夺。是故政府非佳物也,用事之权,必有所限制,而理者又最高之法律也。方群之未立,依乎天理,外无法焉。群之既立,法之存废,视理之从违。违理之法,虽勿从可矣。洛之所谓民约者又如此。此其说自今之学者而观之,常以为陋浅不足道,然为常识之所共知,而以为胜于郝,则以郝为绝对主义(Absolutism),以洛为限制主义(Constitutionalism)。而卢梭之为民约也,其名虽本于郝,而义则主于洛者为多云。

今试举卢梭民约之大经大法而列之:(甲)民生而自由者也,于其群为平等而皆善,处于自然,则常如此。是故自由平等而乐善者,其天赋之权利也。(乙)天赋之权利皆同,无一焉有侵夺其余之权利。是故公养之物,莫之能私。如土地及凡土地之所出者,非人类所同认公许者,不得据之为己有也。产业者皆篡而得之者也。(丙)群之权利,以公约为之基;战胜之权利,非权利也。凡物之以力而有者,义得以力而夺之。

民约之大经大法具如此,以其所系之重,不佞既谨而译之,于其义不敢有豪厘之增损。然而执是推行,将果为人伦之福利也欤?抑其深极,所害者不仅富贵之家,而贫贱者所蒙乃尤烈。自此论之出,垂二百年,不徒暴烈之子,亦有仁义之人,愤世法之不平,闵民生之况瘁,奉若玉律金科,以为果足以救世,一误再误,不能自还。此今吾平议之所由作也。

今案其第一条曰,民生自由,其于群为平等,则赫胥黎尝驳之矣。其言曰:吾为医,所见新生之孩为不少矣,累然块肉,非有保赤之勤,为之时其寒饥,历十二时寡不死者,是呱呱者,尚安得自由之能力乎?其于社会,尤无平等之可言。言其平等,无异九九家言,一切无皆平等耳。脑浆至气,不结意影。不结意影,而指为善不善之主体,卢梭殆谯耳。不然,不如是之恢诡也。且不必言其最初,即逮稍长,至十五六,使皆处于自然之境,而享其完全之自由,吾不知何等社会而后有此物也。儿之言语自由而成之欤?儿之饮食自由欤?穿着自由欤?所据以为是非宜忌之标准者自由欤?先生休矣,吾与汝皆奴隶也。缧绁鞭策,莫之或逃,逃且于其人大不利。特其事皆施于无形,而受者不自觉耳。

且稍长之儿,其不平等,尤共见也。若强弱,若灵蠢,若贤不肖,往往大殊,莫或掩也。一家之中,犹一国然。恒有一儿,严重威信,不仅为群儿之领袖也,即其长者异之。乌在其于群为平等乎?他日卢梭之论等差原始也,亦尝区自然之殊异,与群法之等威而二之矣。乃不知群法等威,常即起于自然之殊异。均是人也,或贵焉,或贱焉,或滋然而日富,或塌然而日贫,此不必皆出于侵陵劫夺之暴,亦不必皆出于诡谲机诈之欺也。无他,贤不肖、智愚、勤惰异耳,谁非天赋之权利也哉?而卢梭曰:"此不足论,使奴持此以论于其主之前可耳。"此语何足以服人。盖彼亦知深言之,则其说将破也。吾闻雅理斯多德之言曰:人生而奴。此诚诐辞,顾以比卢梭之言,犹为近耳。

虽然,吾意卢梭以贫士而著一书,其影响及于社会之大如此,一唱群和,固亦其时之所为,而其意之所存,必有以深入于人心,而非即其文辞可以轹得者。故尝平情静气,以察其所据依,庶几为当于作者,而无如其不可得也。夫自由平等之言,于欧洲尚无,然至罗马法家,乃奉之以为法律之公论。(二字依《几何原本》译,"omnes homines naturâ aequales sunt"。)此缘中古之时,罗马幅员最广,异族杂糅,本有等差,而法政所施,随地辄生荆棘。由是铲除苛绕,提示大同,民乃欢虞,而国势益固。是故自由平等者,法律之所据以为施,而非云民质之本如此也。大抵治权之施,见诸事实,故明者著论,必以历史之所发见者为之本基。其间抽取公例,必用内籀归纳之术,而后可存。若夫向壁虚造,用前有假如之术,(西人名学谓之 a'priori。)立为原则,而演绎之,及其终事,往往生害。卢梭所谓自然之境,所谓民居之而常自由常平等者,亦自言其为历史中之所无矣。夫指一社会,考诸前而无有,求诸后而不能,则安用此华胥、乌托邦之政论,而毒天下乎!

夫言自由而日趋于放恣,言平等而在在反于事实之发生,此真无益,而智者之所不事也。自不佞言,今之所急者,非自由也,而在人人减损自由,而以利国善群为职志。至于平等,本法律而言之,诚为平国要素,而见于出占投票之时。然须知国有疑问，以多数定其从违，要亦出于法之不得已。福利与否，必视公民之程度为何如。往往一众之专横，其危险压制，更甚于独夫，而亦未必遂为专者之利。不佞少尝于役海军，稍知御舟之事，假使波兴云谲之际，集舟中水手，乃至厨役火工，使之议决轮帆针向之事，则此舟前路，当为何如？夫政海风波，过于瀛海者千万，顾可争出手眼，轻心掉之也耶？然则平等非难，亦惟吾人慎用此平等已耳。

天然之自由平等，诚无此物，即稍变其说，而谓国民宜以完全之自由平等为期，此亦非极挚之说也。盖一国之民，宜皆自由平等与否，而所谓郅治极乐之世，其现象为然与否，此犹未定之问题，而有待于论证者也。所谓无侵人即得自由一言，亦不能即取之以为籀证前辞之用。何以故？盖当为后语之时，以名学言，已据人有平等权利一言为原例。既已据之，则不得更用之以籀证所据。且其言即含政论、哲学，而求之宗教之中，其与卢梭之意吻合者，亦渺不可得。盖佛固言平等矣，而意指平等于用慈；亦言自由矣，而实明自由于解脱。即使求诸犹大之旧与夫基督之新经，固言于上帝前诸色人平等。然其平等者，平等于不完全，平等于无可比数。然则宗教之所谓平等者，乃皆消极之平等，而与卢梭民约所标积极之平等，倜乎相远，有必不可强同者矣。

卢梭所标之平等自由，今求之各方面之中，既已为绝物如此，则（乙）款所谓人人不得有私产业，凡产业皆篡者，将不攻而自破矣。夫地为一行星，于古以为无穷，而今人知其有域。降邱宅土，可居之见方里数，可积算而坐得之者也。顾不幸人物孳乳寖多，设无凶灾、兵燹、疾疫之相乘，其数常数十年而自倍。夫以有域之土地，待无尽之孳生，早晚不可知，夫固必穷之势也，是故持政论者不一宗。至于户口问题，虽有圣者，莫措其手。今用卢梭之说，人皆平等，则坠地占居，本无主客，所以至于无立锥者，连阡越陌者害之也。乃憪然为之说曰：土地者，莫谁属者也，而出产者，皆有分者也。以谓得其说而存之，则相养相生，平等自由之局，将可与天地比寿，而免于竞争之厄者矣。而孰知其说之又大谬耶！盖土地出产者，皆有限者也，无论科学如何进步，农矿之事，无限神奇，而天之所界，只有此数。自一国而言之，强弱侵陵，尚有以邻为壑之事。若夫合大地而为计，总人类以为言，求相养之无穷，则固无术。卢梭民约，尝一变而为社会主义，于是有领土国有之政谈。此无论其繁重难行，行之或以致乱也。藉第令一日吾国毅然行之，则以天之灵，是二十二行省之封疆，与夫满、蒙、回、藏之戎索，皆吾黄人子孙之所固有,我疆我里,移密就疏,期可为一二千年之生聚,是亦稍可自慰已。乃不幸卢梭之言又曰:"公养之物,莫之敢私,土地物产,非人类所同认公许者,莫克有也。"今如有万分一,一日神州禹甸之土地物产,其宜归吾人永保享用与否,听大会之表决于海牙,异时之事不可知,或乃贸然以吾人为篡。当此之时,公等将俯首帖耳,以为此实民约之至平乎?抑将制梃揭竿,奋空拳,竭余力,以与之争一旦之命也。由此言之,则社会最后之事,固必出于竞争。而竞争矣,则返本复原,又必以气力为断。卢梭之说,仁则仁矣,而无如其必无是也,则奈何欲乱人国以从之乎?

至(丙)款所云,其最重者,莫若消灭战胜之权利。而云物之以兵力而取者,义得以兵力复夺之,此其大旨,犹是产业皆篡之所前云。而以生于十八世纪之欧洲,社会尚沿封建之余制,彼见民生困苦,而衣租食税者,席先人余烈,不独无所裨补于其众也,方锯牙钩爪,朘勤动者以为生。由是切齿腐心,而为此根本消除之学说。乃至今日,则欧美二洲,倡为社会主义者,又集矢于资本之家产。夫因时立义,各有苦心,虽在吾国,何尝不尔。是以远之则忠、质、文三政之相嬗,降之则任、清、和三圣之相资,凡皆救敝补偏,有所不得已也。今若取卢梭之说,而施之神州,云以救封建之弊,则为既往;将以弭资本之患,则犹未来。然则悬之勿论可耳。虽然,但据其语,以课其所主之是非,则亦较然有可论者,此又不妨与崇拜民约者共商榷也。

今夫社会一切权利,必以约为之基,此其说诚无可议。此在中国,谓之必有所受。产业权利之大者也,亦必有所受焉而后可。战胜之利,力征经营,故虽得之,实无所受。此卢梭之大法也。第必如其法,凡人得一权利,必待一切人类之公许而后成,此不独于实事为难见,即在理想,亦有可疑。不得已而求其次,则问凡战胜攻取者,果皆不应得之权利也欤?今不必言三代汤武,以征诛开国为顺天应人之事。即取近且小者而譬之,假有商舶,忽逢海盗,舶中有备,因而禽盗,并取其船。如卢梭言,将谓彼收此船者,乃以力而不以约,所以为不应得之权利也耶?此不必由法律言也,即以情理道德言,亦可以无疑义已。则由是而推之,乃至两战国之兵争,方其讲解术穷,不得已而出于战。胜者占城据港,要之以为息战之偿。夫和约亦约也,犹交易然,所售者,和平而息争也,而受约者,以土地为之代价。当此之时,计无复之,夫亦各得分愿矣。盖两国之宣战也,无异讼者之两造,质诸兵神,使为之理。理之成谳,则讼者不容以不遵,其权利遂为胜家所永享,约固在也,力实成之。安在力之不足畁人以权利耶?

总之,卢梭之说,其所以误人者,以其动于感情,悬意虚造,而不详诸人群历史之事实。孟子曰:"物之不齐,物之情也。"物诚有之,人尤甚焉。而卢梭所以深恶不齐者,以其为一切苦痛之母也。求其故而不得,则以为坐权利之分殊。而权利分殊,又莫重于产业。由是深恨痛绝,一若世间一切主产承业之家,皆由强暴侵陵、诪张欺诈而得之。非于其身,则其祖父,远虽百世不可宥也。是以其书名为救世,于穷檐编户,呕煦煺咻,而其实则惨刻少恩,恣睢暴戾。今者其书之出百数十年矣,治群学者,或讨诸旧文,或求诸异种,左证日众,诚有以深知其说之不然。无论何国,其产业起点,皆由于草莱垦辟者为最多,而不必尽由于诈力。乃至其书所乐称之自然时代,犹吾人所称之"无怀葛天,皞皞熙熙"。家得自由,人皆平等,则尤为往古之所未尝,且恐为后来之所无有。盖草昧之民,其神明既为迷信之所深拘,其形骸又为阴阳之所困阨,忧疑好杀,家相为仇。是故初民,号为最苦。然则统前后而观之,卢梭之所谓民约者,吾不知其约于何世也。

原载《庸言》1914 年第 2 卷第 1、2 号,又见《东方杂志》1914 年第 10 卷第 9 号。

读严几道《民约平议》 秋桐(章士钊)

严几道先生近作《民约平议》一首,揭于天津《庸言报》,[1] 以痛诋卢梭,大不满意于自由平等之说。其言诚辩,而可以进论之处,究不为少,愚辄忘其无似,而以此篇与商兑焉。惟先有一言以告读者曰,愚非醉心于卢梭之共和说者也,且虑国人过信此物,驰于空想,而因隳其所以立国之基,恒为称述西哲名言,[2] 谓自专制以至共和,乃有共通要素,非此不足以图存。而立宪之国,民意流通,有时且较之共和,愈形活泼。[3] 是故平等自由者,非共和国之特产,而卢梭之所能发明也。此立宪国有之,即专制国亦不能谓其无有。[4] 由是吾人之于卢梭,亦证其所持之理为何如耳。理有通于此不通于彼者,吾取此而舍彼,通于彼不通于此,吾取舍则反之,斯为善读古人之书,而不为所苦。初不宜挟一先入之成见,硬坐卢梭之说,邻于

---

[1] 第二十五、六期合本。(此文中注释均为作者原注。)

[2] 所谓西哲,如法儒奢吕、英儒梅因皆是。愚作《民立报》时,屡为称述,本期鄙著《政本论》亦言及之,可以参看。

[3] 如英吉利是。英国政象之活泼,乃远逾美利坚也。

[4] 中国社会所存平等自由之质本甚多,特其意义不必如西人所云耳。

虚诞,遂视为洪水猛兽而排之也。即如天赋人权之说,得卢梭而始大张于世,法兰西学者和之,此无足怪也。而德意志法家亦取其说,以为一切法律之基,初不以其为卢梭所倡之故,虑有妨于君主国体,废而不讲,何耶?英吉利之作者亦然,又何耶?苟吾不能字英德之士为狂易,则必有至理存乎其中矣。夫吾共和国也,而主张一说,必先为之辨曰,此非共和之说也,斯诚可笑。惟今居反动时代,名为共和,一切惟还乎专制是务,于是有无论何国所不能不备之质,而以为貌似共和,不免挟其雷霆万钧之力,以挤而去之者焉。此愚所为读严先生之论而有感,先表而出之于此,读者必谅斯意,而后观愚所以驳严先生之言,庶乎能得其平。

严先生之平议,全出于赫胥黎《人类自然等差》一文,[1]所列“民约之大经大法”三则,亦即赫氏所举。其比论郝伯思、洛克两家,与夫诠释自由平等诸义,并皆本之。故对于严说而加驳义,与直造赫室而抗辩焉,无或异也。夫赫氏为生物专家,近世寡其辈流,岂不可敬。愚学于沱北淀大校,彼曾领该校总长之职,学风所被,愚亦为私淑者之一人,岂有菲薄先贤之理。然赫氏毕生精力,用于专科,特以天资妙敏,文词慓悍,喜以刀圭余暇,纵谈教育、社会诸务,揭诸杂志。其文可诵者固多,而以拘墟于科学之律特甚,扞格不易通,且有时互相牴牾而不自觉者,亦自不少。是故以言物理,赫氏诚为宗工,以言政理,时乃驰于异教,术业专攻,势使然也。自有《民约论》以来,论者百家,名文林立,持说无论正负,要有不尽不竭之观。严先生作为平议,体亦大矣,乃皆外而不求,略而不论,独取一生物学者之赫胥黎,先入以为之主,即其平日所最崇信烂习之斯宾塞,徒以为说与赫氏不同,至此亦不欲引以自广,惟以“治群学者深知其说之不然”一语浑括之焉。[2]愚诚顽钝,乃不得叩严先生之门而请其说矣。

愚熟观严先生之论,而见其最为惶惑者,则民约之所自起也。其言曰:“草昧之民,其神明既为迷信之所深拘,其形骸又为阴阳之所困阨,忧疑好杀,家相为仇。是故初民,号为最苦。……卢梭之所谓民约,吾不知约于何世也。”此即生物学家所以窘卢梭者。实则初民相争好杀之相,郝伯思立说,已想象及之,并非生物学者之所创论。即在吾国,柳子厚作《封建论》,已能言其梗概,此先郝伯思又近千年矣。惟有当注意者,则二子之所推论,

---

〔1〕 Huxley, On the Natural Inequality of Men,见赫氏文集 Method and Results。
〔2〕 后幅说明。

虽与生物学者约略相通,而后者以证民约之不可能,前者则转以为民约之所由始。郝之言曰:"民之始犹禽兽也,离群处独,狞毅犷愚,人以其一而与其群为战。当此之时,其小己之自由固甚大也,然而弱肉强食,昼夜喘喘,无一息之休居,不得已,乃相约为群焉。"[1] 是所谓约,即约于弱肉强食之时也。柳之言曰:"彼其初与万物皆生,草木榛榛,鹿豕狉狉,人不能搏噬,而且无毛羽,莫克自奉自卫。荀卿有言,必将假物以为用者也。夫假物者必争,争而不已,必就其能断曲直者而听命焉。其智而明者,所伏必众,告之以直而不改,必痛之而后畏,由是君长刑政生焉。"兹虽未明言约,而争者皆愿听命于能断曲直者,非有约胡能? 是所谓约,即约于假物相争、争而不已之时也。卢梭之所言约,质虽不同,而起源大率如是。严先生尝评郝说而以为似矣,顾乃不知卢梭之民约约于何世,何耶?

愚知之矣,赫胥黎所刺取于卢梭,而以为大经大法者,其首条曰:"民生而自由者也,于其群为平等,而皆善,处于自然,则常如此。[2] 是故自由平等而乐善者,其天赋之权利也。"严先生必视卢言初民之性,与郝伯思有殊,而因未能以郝说概之。殊不知卢梭此段乃指生民之始,有此一境,而非即据以为民约之动因也。郝、卢之于人性善恶,诚各有其主张,然在逻辑,不得谓发点既违,由是而之焉,必无合辙之处。盖言性为一事,言民约又为一事,未可混也。是故攻卢梭者,以为初民无此境焉。是非暂不论,而要不得谓无的放矢。若夫执是为推,仿佛卢梭曾谓人类自由平等而皆善,因相与为约,造为一理想之社会焉,此攻之者闭门而造之,卢梭未为是言也。不独未为是言,愚尝勤攻而熟考,见其所言,且适得其反也。卢之言曰:"自然之境,人求自存,久之而接触日多,随处而见障碍,且障碍之为力,足以直袭其求存之性,使之处于自然,无计自保,苟非别求生存之法,则人类将无孑遗。初民确至此一境而见其然焉,此吾敢断言者也。"[3] 之数语者,正以说明约之所由生,其所写原始社会之状,衡之郝伯思而同,质之生物学者,亦不必有异。[4] 而毁

---

〔1〕 此依严译。

〔2〕 此处当作"处于自然,人口不增,争存不烈,则常如此",乃无语病,观后自明。

〔3〕 见《民约论》一篇四章。

〔4〕 或谓卢梭言初民有善境,生物学家反之,此终是异点。愚曰然,惟生物学家谓初民无善境,其所以然,则人以相仇而好杀也。其所以相仇而好杀,以人口日多,资生之具,为其分所应有者,日见不足,不得不侵人之分而夺之也。然则人口未繁,资生各足之时,其不至相仇而好杀,可以推见。卢梭之所谓善,亦正于是时云然尔,非至善之谓也。此与生物学者之言,不必有绝对不容之处。

卢梭者辄曰,上古者直一残忍好杀之境也,胡得谓善？而不知残忍好杀,实卢梭业已揣得之见象,笔之于书,与人共见。而人熟视无睹,转执作武器而攻之焉。是诚近于顽童之所为,而通人硕士辄不免焉。何也？无他,感情之所中,成见之所封,不暇深求其书,而以道听途说自满假也。英儒鲍生葵[1]尝病卢梭之书为人妄解,为之言曰："凡伟人之意见,一入常人之口,其所留意戒备,视为不可犯者,辄犯之不已,甚且假其名以行焉。"此诚慨乎其言之,而愚以为深中学者之弊也。[2] 是故目论之士,不加深察,以为卢梭曾虚悬人生最初之善境,而因武断其民约说径由此善境而生,初未经争存互杀之一级,宜乎不知卢梭之所谓约约于何世也。严先生博通西籍,其亦偶为道听涂说所蔽也耶？

　　严先生挤排民约,又发为绝奇可骇之论曰："今如有万分一,一日神州之土地物产,其宜归吾人永保与否,听大会之表决于海牙,异时之事不可知,或乃贸然以吾人为篡,当此之时,公等将俯首帖耳,以为此实民约之至平乎？"是说也,愚以为兼犯二病,一曰遁词,一曰误解。何言乎遁词也？大凡逻辑论法,首严范围。本论之范围,乃国家也,而国家舍民族则无意味,故政家之恒言曰,民族国家。[3] 夫民约者何？约为国家也。约为国家,则断不出乎一民族以外,今吾中国尚不得称为民族建国乎？如其然矣,则如严先生言,为约不为于一国以内,而与他民族共为之,至听海牙大会之表决,岂非怪事？而严先生图逞其词锋,不顾而作此譬,是民约言人与人之事,[4]而严先生以国与国之事诘之,使民约而能言,必不置答。其在逻辑,病曰"逸果伦楷"。逸果伦楷者,犹言忘其论点也。[5] 今且置逻辑不论,从严先生之譬,以为论思,而其所以释民约者,亦属误解。何以言之,夫约(此)[者]何？卢梭曰：约以意不以力,"屈于力者,乃势之事,非意之事

---

[1] Bernard Bosanquet,引语见所著《国家哲理》(Philosophical Theory of the State)一四页。据一八九九年本。
[2] 严先生亦尝举拉哈布(La Harpe)之言曰："甚矣,世俗读书之不审。俗书谓必民主而后有道德,犹之必君主而后有尊荣。此言出于孟德斯鸠,乃相与訾议其不审,不知孟氏原书具在,彼固未尝为此言也。"见严译《法意》三卷三章。
[3] Nation-State,惟卢梭书中,乃言市府国家 City-State,意义稍别。本文针对严先生之说,就吾国立论,故云。
[4] 卢梭严此别,观《民约论》一篇四章自明。
[5] ignoratio elenchi.

也。"〔1〕此其定义固甚明,而后之滥言民约者,则为之推广,谓凡两造所立之契,无势无意,皆称为约。赫胥黎者,即其一人也。其言曰:〔2〕

民约之理想,虽近于谲,然社会之结构,无论其为何式,而分子之间,或隐或见,实有一种契约存焉,则又事实之不可掩者也。盖社会全以武力维持者,既未曾有,亦不可能。如有人曰,黑奴之佣于其主,由约不由力,乍闻之似谬,而究含有真理,无容致疑。其约也,苟表而出之,当如下式——奴,汝为工若干,吾食汝,衣汝,室汝。否则杀汝,鞭汝,虐待汝——奴视其约将无良于此者,乃忍而受之。又余苟遇盗于涂,创余立死,夺余货以去,是以力盗余,名实不爽。惟或以枪拟余,命与金惟余所择,余又宁舍金而取命,则余惟有献金于盗,取其约中之轻而能为者为之而已。于斯时也,苟余仍不免为盗所杀,则人得从而断之曰,彼既犯盗与杀,而又取得一违约之罪也。是故专制政府,大都不过综贩奴者与路劫者之行事而集其成。然治者与被治者之间,终含一种有意识之盟约。自专制以往,政府之式,递进于良,其为有约,更不俟论。夫约者非他,乃两造各就一定之条件,而制限其自由也。路贼舍去杀余之自由,而以余之舍去财产自由为条件。余舍去虐遇黑奴之自由,而以奴之舍去游惰自由为条件。由是可见,社会组织或繁或简,而精神基础,要在所有分子,在某某方面,各抛弃自由权何许,而以与他分子共同生活所得之利益以为偿。质而言之,若而宪法,若而律令,若而风俗,其所以明言默认,某事可为,某事不可为者,无往非成文或不成文之约也。

约既有此广义,人遂以为卢梭所言,即属如是。严先生今以产业见夺于人,吾无力与之相抗,因俯首帖耳从其条件,疑即卢梭之所谓约,反词以诘之,冀崇拜民约者无敢置对,词穷而去,是殆先熟赫胥黎之论于胸,偶不加察,遂有此蔽也乎?愚今请得更诵卢梭之言曰,约以意不以力,"屈于力者,乃势之事,非意之事也"。必明乎此,而后可与言卢梭。

凡右所陈,意在指明严先生所为,在平反民约之说,而于民之所以为约,与约字之义解,未能求之卢书,细加体会。故虽号曰攻卢,其实于卢无

---

〔1〕 Ceder a la force est un acte de necessite non de volonte,见《民约论》一篇四章。

〔2〕 见 Administrative Nihilism 文中,赫氏文集 Method and Results。

与，今且进辨其所以论卢梭经法者。

赫胥黎举卢梭之原则共三条，第一为天赋人权。其词已前见，不更举。夫卢梭曰：人生而自由者也。此特以示自由之性，出于天生，不出人造已耳。犹心学家之言良知，言直觉，言凤慧，于生育之事无与也。今赫氏攻之曰："吾为医，所见新生之孩为不少矣，累然块肉，非有保赤之勤，为之时其寒饥，历十二时寡不死者，是呱呱者，安得有自由之能力乎？"[1]是由天生之生，转入生育之生，并为一谈，以欺庸众。[2] 在逻辑论法，谓之"媒语不明"。[3] 不图赫氏大家，而犯此病。间尝论之，良知之发见，必始自孩提之童。直觉之来，尤无定年。英儒穆勒号称凤慧，而亦六岁始受计学于其父。如赫氏言，吾人悉以医家之术，即呱呱堕地之儿，而验其有无，亦俱不外"累然块肉"而已，宁有他也。今质之严先生，吾人因谓孟轲为邪说，约翰乃痴儿可乎？愚谓赫氏拘墟于科学之律特甚此也。

赫氏之论平等，其说从体智身分而入，谓智愚、强弱、贵贱、贫富之不同，自然而然，无法齐之。其言不为无理，然当知此种不同，卢梭非无所见，且尝标题著论，说明其所以不同之故矣。[4] 然则以此间执卢梭，宁非无谓之尤。卢梭撰《民约论》，论产业终，结以一语曰："吾今此语，当用以为群制之本源，是何也？是乃民之初约，在不违反天然平等之性，[5]而以道德法律之平等，取体质之不平等而代之。以体质之不平等，乃造物以加于人，无可解免者也。由是民力民智纵或不齐，而以有约之故，其在法律，乃享同等之权利。"是则智愚强弱之不一，卢梭已有说处此。至贵贱贫富之所由异，有时乃属贤愚勤惰之结果，卢梭宁不知之？故其言曰："以言平等，其慎勿以为若权若富，吾人皆当保持同等之量。斯语之所谓，不外有权者不当使之为暴，其行权也，务准乎位依于法。富者不当使之足以买人，反之，贫不

---

[1] 语依严译。

[2] 赫氏之诋卢梭，本为护惜资本，冀动佣工之听者，文中自言及之。

[3] 三段论法，当作（1）人生而自由，（2）婴儿生，（3）故婴儿自由。此得结语不通，故赫胥黎以证卢说之谬。然须知生字凡两见，谓之媒语。在论法媒语必意义相准，而后结语不误。今两生字形同而义异，名为一字，实则两字，两字安能作媒语？故曰媒语不明。Ambiquity of middle term 亦曰四词之误，Fallacy of four terms 以论法只取三词，而今四词故也。

[4] 论题为："人类胡为不平等乎？不平等果合于自然法乎？"Quelle est l'origine de l'inégalité parmi les hommes, et si elle est autorisée par la loi naturelle?

[5] 兹所谓天然平等，仅指无特权无高位种种言之，意在消极方面也。

当使人不足自存,至于自鬻,如斯而已。"〔1〕是卢梭所以配置贵贱贫富之道,亦不如俗论所云。彼于权位财产,必荙夷蕴崇,绝其本根然后快也。鸣乎,世人一耳卢梭之名,几相惊以伯有矣。乃夷考其实,言之平正通达如此,且时时戒人勿作极端之思焉,宜乎鲍生葵为之太息也。

至卢梭谓人处于自然而善,赫氏以脑浆不结意影,无善不善可言驳之。此关乎心理、生理两科之斗争,范围至阔,非本篇所能议。即吾国性善性恶之辨,亦聚讼至今,迄无定论。惟有可言者,卢梭追想初民,而字之曰善,特指争存好杀之前一境,犹吾言浑浑噩噩,并非至善之善也。且当知以此搐击卢梭,首当其冲者,实为吾邦之孟轲,又非可滥"以惨刻少恩恣睢暴戾"加之者也。

严先生又述赫氏之词曰:"吾闻雅理斯多德之言曰:人生而奴。此诚诐辞,顾以比卢梭之言,犹近理耳。"此则卢梭已自为答矣,曰:"雅理斯多德之言,诚属事实。虽然,彼倒果为因,乃巨谬也。人苟生而为奴,则终身为奴说之确凿,无逾此者。奴既受梏,无复自主,即欲逃亡,亦不可能。……但如有天生之奴,在于今日,则必有非天生之奴,在于往时。盖第一奴者,必其以力成之者也。惟其恇怯无以自脱,遂奴奴相嬗,以有今形。"〔2〕以愚观之,卢梭之言,甚平情而近理。赫胥黎图其文之通俗而利己,所以攻卢者,乃至窃其题而没其说,严先生亦贸然而从之,窃有所未解也。

严先生既宗赫胥黎,以天赋人权为非,于是有不得不然之断语曰:"自由平等者,法律之所据以为施,而非云民质之本如是也。"则请问严先生曰,既云"所据",必有所据,自由平等,非天赋矣。今之法律据以为施者,胡自而来?持论至此,惟有引英儒边沁之语以相答曰:"一切权利,皆政府所造者也。"夫政府造之,非法律无由见,是不啻曰法律造之也。惟自由平等,既为法律所造矣,而法律复据之以为施,此种论法,得非丐词〔3〕之尤者乎?斯宾塞拥护天赋人权最力者也,尝排边说而有言曰:

造有二义,一从无生有,一即原有之物而营构之。或谓即以天主万能

---

〔1〕 《民约论》二章十一节。

〔2〕 《民约论》一章二节。

〔3〕 此依严译,拉体诺文作 Petitio principii,英文为 to beg the question。凡一物尚待证明,而即囫囵图以为证,旋求证彼,复以所证之物证之,谓之丐词。如吾以老训考,又以考训老之类,彼此相求,故曰丐。

之力,欲于无物之中生物,恐亦未能。至人为之政府,而谓其力足以胜此,尤决无是事。无已,所谓造者,亦惟曰即前有之物,政府从而范之而已,于斯问题起矣。前有之物,政府即而范之者,果何物耶?明明有物,安得曰造?是之曰造,纯乎丐词,此可以欺不求甚解者流,不足为通人言也。曩者边沁于立言作界,极其慎重,尝著一书,指陈逻辑诸谬,[1]而于用字之妄,尤有专篇,而其妄也,至此乃躬自蹈之。奇矣![2]

严先生慎于作界,又特致谨于丐词,可称为吾国之边沁,[3]而乃适同一病,得毋文字中有因缘乎?严先生又曰:"大抵治权之施,见诸事实,故明者著论,必以历史之所发见者,为之本基,其抽取公例,必用内籀归纳之术,而后可存。若夫向壁虚造,用前有假如之术,立为原则而演绎之,及其终事,往往生害。"此其藏理之确,无待讲明。惟非所论于天赋人权也。盖驾驭此题,不幸所谓前有假如之术,严先生自用之而不觉,而攻人之用斯术者,彼实非无史事以为之基。斯宾塞群学宗匠,旷代老儒,不得谓彼于史学无所知也,今请更以其说进:

吾观于世界种族,有以知未有政府以前,人事悉准乎习惯。贝楚纳人,全统于久存公认之俗。荷腾图虽有首领,而不甚服之;有时行事,俗中不见先例,则以己之所谓善者行之。亚纳坎利安所以为治,古习默例以外,无他物焉。黠戛斯之酋长,听讼一本俗情。撒拉瓦之土人,以俗为法,违俗科金。大凡初民视俗,每不忆其所自来,其当奉信与否,决无人敢发斯问。政府后起,权力为俗所缚,莫能自由。其在马达加斯加,君所发命,惟在无法无俗无先例时,始得有效。爪哇亦然,证之苏门答腊,君欲变例,民必不许。即在阿商提,以变俗始,每以废王终。夫所谓俗者无他,即所以认明个人权利者也。而所谓个人权利,又不外于何种范围而能行动,主于何种事物而运用也。即或财产制度,未之萌芽,而武器用具饰品种种,亦必各有其主人。况夫社会繁复过于是者,往往而然也。北美之红种,如斯雷克人无所谓政府,而马为私有。齐蒲魏阳人亦无所谓政府,而私阱所得之野禽兽,即

---

[1]　Book of Fallacies.
[2]　见 The man versus the State 八九页。
[3]　可阅严译《穆勒名学》卷首。

属私产。此外关于草屋器具,与夫日用之品类于是者,在埃斯奇摩,或巴西之红人,以及其他土著之族,随处见之,颇不胜述。恒见蛮族之惯例,垦地而种,谷视为己有,而地则否。妥达斯无政治组织,其所为畜与地之别者亦然。阿拉呼拉之人,尊所有权特甚,非长官依祖宗之成例,下以判断,无论何人,不得处理其产。此固不仅未开化人然也,吾疑边沁之徒,几忘己国之通行法,全胚胎于习惯。盖吾之所谓法,其能事不过本固有者而条理之而已也。于是边沁之徒曰,财产者法律所造者也。吾得以一语折之曰,有法以前,财产久已为国人所公认矣。[1]

为边沁之言者,苟即此而熟思之,已可废然而返。然尚进而论之,边沁曰:政府造权利以加诸人,信如斯也,各政府将各本其所欲造者造之。假非有法驱其所造者,出于一途,则所谓权利者,行或因政府而异其致。虽然,此等权利,实乃无乎不合也。凡属政府,禁令大抵相类,社会上之要求,亦大抵从同。若故杀,若盗窃,若奸淫,皆习惯之所不许。社会愈进,个人之受保护者愈多,如违约,如诽谤,如伪证,欲取偿焉,率有方术。一言蔽之,法典条文,尽不一律,而本根数义,莫或外之。此由比较而知,异常确凿。然果何由而得此,谓为偶然,不如是之巧也。平心思之,是乃人类生而为群,彼我相接,各有愿欲。根于愿欲,各有要求。既有要求,自不期而成俗,以交相主张,交相容许,势出自然,无能牵强。所造之法云者,亦就于主张容许之事,规之文书,诠为定义而已,非有他也。

(斯氏尚有三证,以避冗未录。)……由斯而谭,历史之相诏者,可以显人权之真理矣。吾敢断言,凡社会现象,剖晰至于微芒,苟非导吾入乎人生自然之法,则为无物,不反之是法,而谓己了然于社会现象,是谓自欺。[2]

斯氏之言如此,此而护持天赋人权之说,人尽以他语攻之,究不得讥其缺于内籀归纳之功矣。昔者王安石论礼有曰:"礼始于天而成于人,天则无是,而人欲为之者,举天下之物,吾盖未之见也。"今以斯氏之言参之,自然

---

[1] 此节所用种族各名,原语如下:贝楚纳 Bechuana,南非洲地。荷腾图 Koranna Hottentots,喜望峰之土人。亚纳坎利安 Araucanians,美洲土人。黠戛斯 Kirghizes,俄罗斯游牧种。撒拉瓦 Sarawak,在婆罗洲。阿商提 Ashantee,非洲一王国。斯雷克 Snakes,齐蒲魏阳 Chippewayans,近密西西壁河。埃斯奇摩 Esquimaux,美洲北岸土人。妥达斯 Todas。阿拉呼拉 Arafuras。

[2] The Man versus the State 九〇至九五页。

之说,诚所谓放诸四海而准,又可为吾儒喜者也。

惟于此有当注意者,斯宾塞用其天赋人权之说,以主张放任。而德意志学者用之,颇偏于国家干涉之为。愚虽引斯氏以张人权,而于其过于放任之处,究不敢附和。以故严先生曰:"今所急者,非自由也,而在人人减损自由,而以利国善群为职志。"斯语也,愚不敢非之,惟必举例以实之,何项自由宜减,何项自由宜损,然后有异点可商。今兹一茫乎无畔岸之词,可否未易言也。虽然,愚有数言,必以告读者,则利国善群,首重风俗,吾国风俗之恶,全球无对,故政治之恶,亦全球无对。试观今之政象,杂出于声色、货利、赌博无赖之中,即可概见。其所以然,则所得小己之自由过多,而国家制裁之力未至。在文明诸国,此种恶习虽不得言无,而于社会风纪尚无大碍。故彼中法家,尊重社会秩序,不轻以干涉为言。[1] 而吾又宁在此例者,吾之政客,直为博徒,吾之勾栏,即为政海,他国宁有此耶?他如广置姬妾,滥吸鸦片,穷奢极侈,纵欲败度,财贿公行,棍骗满地,纪纲堕地,廉耻荡然,他国宁有此耶?愚尝谓吾人治国,首当以国家绝对之权,整齐社会风习之事。《王制》曰:"变衣服者其君流。"《酒诰》曰:"厥或诰曰,'群饮',汝勿佚,尽执拘以归于周,予其杀。"王安石曰:"夫群饮变衣服,小罪也。流杀,大刑也。加小罪以大刑,先王所以忍而不疑者,以为不如是不足以一天下之俗而成吾治。"又曰:"昔周之人拘群饮而被之以杀刑者,以为酒之末流生害,有至于死者众矣,故重禁其祸之所自生。重禁其祸之所自生,故其施刑极省,而人之抵于祸败者少矣。今朝廷之法,所尤重者,独贪吏耳。重禁贪吏,而轻奢靡之法,此所谓禁其末而弛其本。"[2] 夫群饮变衣服,当禁与否,即禁而加以流杀大刑与否,在今日已不成问题。惟今之恶俗,万倍于此而未有已,愚不惮举之,乃在证明群俗之不可听其自坏,而先生之用心,良有可师耳。吾苟未能于此致谨,以国家束缚之力,大减人民之行己自由焉,恐国事未可言也。惟不审严先生所谓减损自由,与此说亦有合否?

严先生排斥平等,旋又曰:"须知国有疑问,以多数定其从违,要亦出于

────────────

[1] 参阅严译穆勒《群己权界论》篇五。惟其中有曰:"窃谓为恶之人,常有主从之分。今者挟邪之游,呼朋之博,彼躬为此事者主也,而设勾栏、具场馆者,则从而已矣。乃今之法,不问其主,而独严其从,其于理果为平乎?"似穆氏于社会恶习,亦有拔本塞源之想。

[2] 两段俱见《上仁宗言事书》。

法之不得已。福利与否,必视公民之程度为何如。"〔1〕此其为说之精,颠扑莫破。惟须知平等之事,出占投票以外,尚有多端。自愚言之,资地平等,置爵授勋之制宜除;裁判平等,普通行政之别宜废;信仰平等,国教不宜定;婚姻平等,姬妾不宜有。凡类于此者,可以推知。以参政言,亦不得借口于公民程度之低,而废多数取决之制。吾人亦严定制限,使人民不得滥有选举之权耳。此而尚疑国会议政之不可行,则愚敢言公民程度至此,立宪不能,专制亦将莫可。无已,惟有从南海康先生迎他国人为君主之"奇异说",稍变通之,而自侪于波兰、印度耳。此其理由甚长,非本篇所能畅论。有疑吾言者,愚以异日更为申说可也。又严先生于此,更征一例,谓:"少尝于役海军,稍知御舟之事,假使波兴云谲之际,集舟中水手,乃至厨役火工,使之议决轮帆针向之事,则此舟前路,当为何如"?〔2〕此说也,庸耳听之,将以为辩。惟稍一沉思,其似不于伦,可以立见。盖平等云者,乃言平时之法制,无与于变时之风云。国家苟至存亡危急之秋,而不许政府以权便宜行事,自非狂易,莫为此言。读者须知政府便宜行事,恒与平等之制,风马牛不相及也。如信仰平等、婚姻平等云云,至以国有大故,而废除之,愚未之闻也。

　　赫胥黎所举之乙款以攻卢梭者,则曰:"天赋之权利皆同,无一焉有侵夺其余之权利。是故公养之物,莫之能私。非人类所同认公许者,不得据之为己有也。产业者皆篡而得之者也。"〔3〕所谓同认公许者,盖卢梭理想中之民约,在组织国家之时,民各举其所有,纳之萨威棱帖〔4〕之下,再由萨威棱帖,视其所须,举而界之。于是人各自足,无有等差,自非然者,则悉由豪强兼并,社会不平等之原,确由于此。其所言与吾国井田之说,颇互相发明,是乃偏于理想,非今日生计世界所能行,自不待论。然须知是乃卢梭依理立训,使为国者得其最正之准绳以作法度,非必铲除社会已成之局,而以绝对之平等为期也。故其言曰:"恶政府之法律,皆利富而害贫,于是所贵

---

〔1〕　语本赫胥黎,见《人类自然等差》篇中。
〔2〕　此段亦本赫胥黎,语见《人类自然等差》篇中。惟赫未曾谓其少尝于役海军耳。
〔3〕　末语仿佛卢梭竟不认有产业然者,此于赫意稍失。赫原语乃谓"产业由他道而得者皆篡也",即产业非经人类同认公许而得之者曰篡。
〔4〕　Sovereignty,犹言一国最高权。

乎社会国家,〔1〕务使人群中无甚贫甚富之别。"〔2〕是卢梭之于富,亦特恶
其太甚而已。此观于欧洲封建之弊,地主之横,遽谓其说之不当有,未免过
当。故严先生亦曰:"因时立义,各有苦心。"其在吾国,封建之制久废,资本
之患未生,国中贫富之差,原不过远,诚如严先生所云,卢梭此说,"悬而不
论"可矣。

丙款曰:"群之权利,以公约为之基。征服者之权利,非权利也。凡物
之以力而有者,义当以力而夺之。"〔3〕严先生驳之,以为征服者不得谓其无
权利,欲明夫此,当先就卢梭之书求之。卢之言曰:

> 以力服人者,自谓有权利矣,吾且暂认之以起吾说。惟吾曰:即而求
> 之,空无一物。如曰有之,直梦呓已。何以言之? 如权利可由力造,则果随
> 因变,彼为后之有力者所倒,权利亦为彼所承,于是人之暴力,足以相倾,彼
> 即倾之而无所虞其违法。夫至最强者恒拥其权利,人之所为,亦惟为其最
> 强者而已。一旦失其所以为力,即失其所以为权利,此而谓之权利,果复成
> 何意味乎?〔4〕 大凡以力服人者,当其服时,纯乎由力,苟可不服,决无必服
> 之观念驱之而行。是力之所止,义务即随而止。可见权利之为物,以加于
> 力,并于力毫无所增,故此而曰权利,亦一无义之词而已。〔5〕

卢梭所以说权利者如此,严先生求反其说,论锋似当向此。然严先生
拥护征服者之权利,首以汤武之征诛为例,谓吾人将不得谓汤武革命,顺天
应人之事,其权利尚在不应得之列。不知汤武之革命,可曰光复,而不可曰
征服。征服者以力服人之谓,非所论于汤武也。严先生此言,又蹈"逸果伦
楷"之弊。欲明汤武征诛,在民约说之位置何似,首宜质之英儒洛克。盖洛
克理想中,有一自然之境,纯浸于自由平等之中。然解释自然法而施行之,
其事绝难,且断不尽如人意,民乃相与为约,割其天赋之权若干,属之首长,
其未割者,即藉首长之力以保持之。兹约也,首长与焉,其不得有违,与平

---

〔1〕 社会国家,为一合成名词,犹言基于社会公约之国家也。
〔2〕 《民约论》一篇九章。
〔3〕 语依严译,惟"征服"严作"战胜"。愚以易生误解,而赫胥黎原文,又为 Right of
　　 conquest,故妄易之。
〔4〕 法文权利 Droit,含有正义、公道等意在内,他国文字,无相当之语译之。
〔5〕 《民约论》一篇三章。

民等。如或所托人权,未之能保,则前约当然消失,而人民有权立复其原有之自由,重创政府。此洛克之大旨也。由斯而谈,汤武征诛,乃正桀纣违反民约蹂躏人权之罪,而回复人民之自由,以创造新政府也。故曰顺乎天而应乎人。顺乎天即本自然之法以用事,应乎人乃谓民意所归,犹言约也。此与卢梭之所谓征服,相去千里也。且又可以吾儒之说证之也。孟子曰:"得乎丘民而为天子。"何谓得?此如约然,得其同意也。天子不以约治其国,则民心失而约废,人民恢复其自由,若而"变置",若而"诛一夫",惟所欲焉。此曰变置,曰诛,与卢梭之所谓征服,相去千里也。宋苏轼言于神宗曰:"……人主所恃者谁欤?《书》曰:'予临兆民,懔乎若朽索之驭六马。'言天下莫危于人主也。聚则为君臣,散则为仇雠,聚散之间,不容毫厘。故天下归往谓之王,人各有心,谓之独夫。由此观之,人主之所恃者,人心而已。"此其说如前,曰聚乃相约而聚,曰散乃毁约而散,意尤明显。于是民散而仇雠其君,因颠覆之焉。此与卢梭之所谓征服,相去千里也。

又赫胥黎曰:"假如商舶忽逢海盗,舶中有备,因而禽盗,并取其船。如卢梭言,将谓彼收此船者,乃以力不以约,所以为不应得之权利也耶?"[1]没收盗物,而以征服为例,未免不伦。此其误与前段所举无异,推之国际,理亦相通。严先生更举两国宣战之条,兹不具论。

读者当忆赫胥黎所举丙款共两节,一曰,征服者之权利,非权利也;二曰,凡物之以力而有者,义得以力而夺之。严先生驳其一而遗其二,即以严先生驳其一者推之,而知其于次节,不但无以为驳,反为之加一铁证焉,此又思之最有兴味者也。夫所谓"以力而有",原含两义。一积极而有之,篡窃、侵掠之类是也。一消极而有之,凡非以约而有,或先有约而后背弃之皆是也。由是桀纣显违民意,用肆荼毒,虽承先业,而所以承之者大非其道,是与以力而有者,同在一例。由是汤有诸侯三千,资以黜夏,武有诸侯八百,资以胜殷。正所谓"义得以力而夺之",光复旧物,正指此也。吾中华民国之所由来,亦惟此义足以自立,是严先生汤武征诛之说,卢梭之所乐闻也。商舶之证亦然,盗之所有,皆为不顺,商舶禽而有之,义所在也。推之两国相争,权利致为胜家所享,此种权利,亦待败家回复其力,以时夺之,无所谓"永享",如严先生所云也。然严先生之言,与卢梭相表里者,犹不止此。彼既设譬,以吾国土地,受裁判于海牙而失之,旋谓"吾当制梃揭竿,奋

---

[1] 语依严译,见赫著《人生自然等差》中。

空拳,竭余力以争一旦之命",又谓"返本复原,必以气力为断"。是尚非义得以力而夺之之所有事耶?

愚驳严先生之说既终,敢赘数言以自警,并以进诸读者曰:大凡人著一书,得享天下后世之大名,影响及于一二百年,名儒硕学,笃信其说者,绵延至今而未有已,决非出于偶然,即欲攻之,亦当慎所从事。昔斯宾塞纵论天赋人权之说,深慨英儒之浅尝,辄为言以讽之曰:"倘吾英学者,早知大陆法家其所主张,与彼正成反对,则其发言,或且较为矜慎。吾知德意志之法典,悉以天赋人权〔1〕为之基,凡治彼邦哲学者,无论其所见何似,而决不能以浮浅目之。以德人为学之勤,制思之密,凡为学者,莫或逾之,则一说为彼所共持,决不当视作泛常,不顾而唾。"〔2〕此老之言,可以书诸绅矣。愚何人,宁敢谓于卢书有所心得,又宁敢妄于严著肆其讥评。特以吾国方深学绝道丧之忧,谓当有以养其慎思明辨之趣,抹杀之论,无端崖之辞,非所宜也。严先生持论,微偏于此,故愚辄忘其不肖,冀以狂悖易其教训,因使读者得自发其为学之方焉。兹篇之所由作,如是焉而已。

愚草此论既终,以付手民,手民谓有余白当补,乃更书此段于下:

严先生引赫胥黎之说,以攻卢梭之《民约》,至谓其约不知约于何世,不知赫胥黎固非不认民约之说者,特其所谓约,不如卢梭作界之严耳。卢梭曰,约以意不以力。而赫胥黎则曰,无意无力,两造相要,举谓之约。此两家不同之点,既已详陈于上矣,然赫胥黎究非能坚守己说者,今更得其所以言约者一说曰:

自群事既兴,人与人相与之际,必有其所共守而不畔者,其群始立。其守弥固,其群弥坚;畔之或多,其群乃涣。攻瘉强弱之间,胥视此所共守者以为断,凡此之谓公道。泰西法律之家,其溯刑赏之原也,曰民既合群,必有群约。且约以驭群,岂唯民哉?彼狼之合从以逐鹿也,飙逝霆击,可谓暴矣,然必其不互相吞噬而后行。是亦约也,岂必载之简书,悬之象魏哉?隤然默喻,深信其为公利而共守之已矣。民之初群,其为约也,大类此。心之相喻为先,而文字、言说皆其后也。其约既立,有背者则合一群共诛之,不背约而利群者,亦合一群共庆之。诛、庆各以其群,初未尝有君公焉,临之

---

〔1〕 Natur-recht.
〔2〕 The man versus the state 八七页。

以贵势尊位,制为法令而强之使从也。故其为约也,实自立而自守之,自诺而自责之,此约之所以为公也。夫刑赏皆以其群,而本众民之好恶为予夺,故虽不必尽善,而亦无由奋其私。私之奋也,必自刑赏之权统于一尊始矣。尊者之约,非约也,令也。约行于平等,而令行于上下之间。群之不约而有令也,由民之各私势力,而小役大,弱役强也。无宁惟是,群日以益大矣,民日以益繁矣。智愚、贤不肖之至不齐,政令之所以行,刑罚之所以施,势不得家评而户论也,则其权之日由多而趋寡,由分而入专者,势也。且治化日进,而通功易事之局成,治人治于人,不能求之一身而备也。矧文法日繁,国闻日富,非以为专业者不暇给也。于是有业为治人之人,号曰士君子,而是群者,亦以其约托之,使之专其事而行之,而公出赋焉,酬其庸以为之养,此古今万国之通义也。后有霸者,乘便窃之,易一己奉群之义,为一国奉己之名,久假而不归,乌知其非有乎? 挽近数百年,欧罗巴君民之争,大率坐此。幸今者民权日伸,公治日出,此欧洲政治,所以非余洲之所及也。虽然,亦复其本所宜然而已。

右说者,乃严先生取赫胥黎之意而敷陈之,以入乎所译《天演论》者也。愚于斯说,取数点焉。一曰民既合群必有群约;一曰其为约也,实自立而自守之,自诺而自责之;一曰尊者之约非约也,约行于平等;一曰民权日伸,公治日出,亦复其本所宜然而已。兹数说者,皆不啻为卢梭之书,下以铁板注脚,与赫胥黎他日之所以攻卢者,其意决不符。何以不符? 读愚论终篇,亦可得其大略。愚谓其文恒互相牴牾而不自觉者指此,严先生挟赫以排卢,或亦忘怀于十年前所译同一作者之论也耶。

原载《甲寅》(东京)1914 年第 1 卷第 1 号;又见章士钊:《甲寅杂志存稿》卷上,商务印书馆 1922 年 1 月版,第 383—411 页。

读暂行刑律补充条例一　刘相无

刑法一般皆有沿革,惟正当防卫无之,大抵视恒情之条理为指归。故古来学子,类皆认为自然法,而不认为成文法。夫既为自然法,则当准物竞之例,以为应付之资,初不宜故作骈枝之道,以为破坏自然之具。此事实、理论,两均不易者。况自笛卡儿个人独立之说出,而自我之思想盛,益以卢梭民约之论,而人权之主旨尤昌。卢氏《家族篇》有曰:"人之相聚为党,类亦蕃矣。其首出而且自然者,莫逾家族。然子之统属于父,独在婴孩不能自存之候而已。及长,则不复属父,而天然羁纽解矣。于是父不必为子操作,子亦不必承受于父,各得自守,自然之理也。世之为父者,子长犹与父居,事必咨禀而后行,子固欲其如是也,非不得已也。由是言之,家族亦因约而立矣。且父子所以各自守不相羁属者,乃天命使尔也。盖自由之权,天所以与人者,故为人之道,莫重于自图其生,而当务之急,尤在为己不在为人。是以人苟长成更事,凡可以便身者,皆自择而取之,所谓自主之权是也。既自主矣,虽父之尊,无得而制。"[1]此义无非阐发天赋人权之旨,其说虽不必尽是,每为后贤所呵,要真理所在,实亘古难易。故谈性法学者,率皆奉为圭臬。愚所以征之者,亦以证父子自父子,人权自人权。父子虽天性之亲,不过恩情之关系,属于私;人权乃天所付与,为法律上之关系,属于公。故恩情与人权无涉,不得坐是为削减防卫权之理由也。卢氏而降,国家主义日愈发达,个人自由之势亦与继长增高。

原载《甲寅》1915 年第 1 卷第 10 期。

卢梭《民约论》　步陶

武汉间检查党人书籍甚严密,而卢梭《民约论》五册,独以其为阐发共和原理之译本,发还递寄。然则共和二字,非尽不宜于今日之人心,固犹为当道所默许矣。

尝考卢氏一生,幼贫无以自给,发愤读书,遍游各国。归而有民权学说(即《民约论》)之大发明,政府大忌恶之,乃避地瑞士。旋客英伦,无所获,复返瑞。其时政府以卢为群情所系属,许之归国,而预约其勿复著述。卢氏俯仰身世,眷顾宗邦,不得已忍悲含痛,橐笔来归。然感群治之不进,念民生之益艰,自感病躯,难支晚景,深虞一旦陵谷丘山,又不忍并此寸衷素裕之人群真理,随以俱逝。爰复力疾著《忏悔论》等,畅发其半生来胸臆间,格格未吐之一腔心事。顾格于势,终不能出版,而卢氏憔悴忧伤,遂大有类于我国三闾大夫行吟泽畔之情况。久之,神益耗,志益苦,竟困顿以至于焦劳而死。呜呼,卢氏亦可哀已。

然而卢死越四岁,《忏悔论》卒为世传布,于是法国大革命之导线,即以触发。递阐递演,后起一般政治学家,对其学说,或有持其他异说者,而近世政治上公理,要不能或外其范围。今者中国政潮汹涌,一言及"共和"二

---

〔1〕 见中江介笃译《民约论》。——原注

字,无不为当道所厌恶,独对于卢氏译本,惴惴焉若有馀惧。呜呼,同是一卢氏,生则抑郁无聊,死则所如辟易,甚至百余年后之中国邮局,且视卢梭为神圣不可侵犯之名词,宁非可异之一端耶?虽然,孔子死而儒道乃行,释迦牟尼死而佛教乃昌,耶稣钉于十字架后而耶教乃大传,例固有然也。中国而欲留一线种子乎,穷愁著述者,其勿灰厥心,而人人以孔、释、耶、卢为前导之良师,一时虽或无所见,而人心国脉必终以保存不少。余盖不禁翘跂深之矣。

原载《申报》1915 年 10 月 28 日。

民约与邦本　高一涵

往古政治思想,以人民为国家而生;近世政治思想,以国家为人民而设。而揭此大经大法,明告天下,俾拘故袭常、陈陈相因之人心政论,别开新面,自其根本改图、以归正极者,是为民约说(Contract Theory)之殊勋。夫立国之始,必基于人民之自觉,且具有契合一致之感情意志,居中以为之主,制作典章制度,以表识而显扬之,国家乃于是立。故国家之设乃心理之结影,而非物理之构形。自觉心理,悬而非察,故国家本体亦抽象而无成形,非凭一机关,则不克行其职务。此机关之设,必与国家同时并生,以其直立于国家之后,执行国家之职务,其势常易于攘国家权力,据为己有也。故文明各国,皆规定宪法以制之。宪法由国家主权而生,非以限制国家自身之权力,乃以限制国家机关之权力,即规画政府对于人民布政运权之范围者也。政府之设,在国家宪法之下,国家之起,见于人民总意之中。政府施设,认为违反国家意思时,得由人民总意改毁之,别设一适合于国家意思之政府,以执行国家职务。政府之权力乃畀托而非固有,固有之主,厥惟人民,是之谓人民主权(Popular Sovereignty)。古今国家观念之根本差异,即在此主权所在之一点,于此不明,纵政论盈篋,终为词费。民约说精一微言,即在贯彻此理。是说盛行,而国家基础奠于人民,本根益牢固而不可拔。不佞谨摘其要旨,论厥大凡,俾关心国本者,得以观览焉。

民约说立论之本,皆肇自主权在民。而推演其流,其于政体也,乃由极端君主,趋于极端民主。其于国家政府之分也,乃由浑而之画。其于国家主权也,始则与人民权力划然判分,终则翕然丽合。考民约说夙分二派:曰行政契约(Governmental contract),曰社会契约(Social contract)。不佞所论,乃其后者。此派之首唱于欧洲大陆者,为奥塞秀(Johannes Althusius),

唱于英伦者为浩克尔（Richard Hooker），而阐扬遗蕴，发挥光大，以改正国家根本问题，造成掀天震地之伟绩者，厥惟霍布斯（Hobbes）、陆克（Locke）、卢梭（Rousseau）三子。三子者论据虽同，演绎之终，不免互有出入。不佞谨探其真诠，以为误会者告焉。

霍布斯以洪荒初辟之始，即为人群战斗之天，生命财产之权，举无所有，弱肉强食，无一息之安，不得已乃捐其天然自由之一部，相约而为群焉。一群之立，除一君（Sovereign）而外，余皆为民（Subject）。一经成约，则主权即为君主所固有，不得君主同意，人民绝不得撤回之，君主权力，独立无对，契约既成，则人民革命之权，早已消归乌有。何也？君主所为，无不合法，民约之事，乃民与民相约，而非民与君相约也。此说之误，即在混视国家、政府，而不明主权与君身之区别，谬以国家主权为属于国家机关，不识政府之权力为人民所托畀。夫人民之于国家，固不得任意毁坏者也，至政府之宜变更与否，则全视人民总意为转移。总意一去，则现存之政府已应时瓦解，无复存立之余地。故主权所托，专视人民总意之所归，能托诸人者亦能取而反之。霍氏以主权为不能转易，设由此种政体，变为彼种政体也，必先毁约破群而后可。不知政体之变迁，特政府之形式一转易间耳，于主权本体，夫固毫无亏损也。此则霍氏之误也。陆克特起，已开国家与政府区别之机，其第一要义，即在限制主权之行使。彼以为太初天下，人民之自由平等，得自天然。及相约为国，乃画定权力，若者托诸政府，若者仍留于人民。国家之存，专以保护人民权利为职务，治权运行，终不能超民权而独立。政府行使权力，设有所过，人民得收而反之，以返真归朴，乐乎天然之自由。霍氏以为就法律言，主权者无不合法之施设。陆氏以为就法律言，主权者无迫胁人民之理由。霍氏以为主权者之权力，在法无所不能。陆氏以为政府之权力，运用当有所限。盖陆氏之说较霍氏更进一步，明察政府为国家之政治机关，官吏为人民之政治代表，而人民对于不良政府之革命权，虽未认为法律上之权利，已允为道德上之权利矣。综陆氏之说，有发明重要之点三：一、最高主权时为人民所保留，二、政府权力乃寄托而非固有，三、政府行动缩纳诸定范常轨之中。自是而数千年来，窃权自恣，虽过无责，凭国为祟，莫敢谁何之不良政府，已失其护身之符，而施政方针，与夫人民总意，乃互相接近，趋集一途，而为民建国、国本于民之观念，遂大昌明于天下。反背民意之虚构政府，已为群演所淘汰，而破灭无遗。其永存不毁，巩若泰山者，则均建筑于民意上之政府。恶劣政府绝迹人寰，而淘汰所遗之政府,其根基方自此固矣。

虽然,陆氏之说,升堂矣,而犹未入于室也。入室者其惟卢梭乎？至卢氏,而人民主权乃克建极,国家、政府,判然划分,国家主权,几与人民之主权同视。政府为奉行国家意思之公仆,而绝不能发表国家之意思。立法之权,永存于人民之手。何也？以权力可委托于政府,而意志则绝不能委托者也。人民自由,与未约之初,其广阔之界,盖无异处。对于事实上之政府,其服从也视其愿,初无丝毫拘束力焉,其拘束者人民之总意耳。而此总意之发表,由人民直接集会票决之,故真正主权之人,惟属于人民全体。主权既在人民,断无自挟主权以迫胁人民自身之事。于是凡为政府,即为奉行人民总意之仆,选仆易仆,无容动其声色。已举政府、人民,迫胁抵抗,相持不下,痿痺万几之积弊,一扫而空,革新之事,日日流行。且政府之权既有所制,无拘胁人民之力,无壅塞心理之能,民情宣泄,无患渟潴,故革命之惨,自可绝迹于天地之间,此则卢氏之功也。

顾有辨者。论者曰,由卢梭之言,则政府及政府权力之恒久性,已被破坏无余。陆克限制政府之权力,卢梭则毕举其权力而消灭之。^{美儒 Willoughby 氏即持此说,见其所著《国家论》中。}曰：恶,是何言耶？ 自不佞观之,卢梭竭其全力,毕举革命之症结,破坏之消灭之耳。其于政府之恒久性,不翅铸金城以捍之。由卢氏之说,虽谓终古无革命之事可也。夫人情喜宣而恶郁,尚通而惧塞,善治国者,知人民之意见、感情、希望、痛苦,必令如量以泄也,则致之于适宜之所,俾得调剂融和之知;一阶一级一党一派之心思,念虑好恶利害,必令时得调和也,则致之于相安之域,俾得尽量流露之。此非防止革命之策,然革命之事,自拔本塞源,从其先天廓清之矣。盖一代大患之起,必先朝野壅塞,彼此情虑互捍格而不通,而强有力者每以一己意志,垄断他人之意志,是非之判举,以好恶异同为标准,执一部分心理,迫压各阶各级各党各派之心理。此阶此级此党此派之心理纾,则彼阶彼级彼党彼派之心理郁。心理者流通活泼,寻途前之,一遭顿挫,则萦回曲折,别寻他径以达之。人性不灭,此种心理必灵通于大地之内,回环于人我之间,在在求其感应。藉感应之机,互相印证,证得公同所在,则发之为舆论,主之为公理,正义人道,即此公同之所归。人类苟无此同情,则等于下劣动物,自生自死而已,绝不能成此世界。人情感发之和激,要以壅塞之久暂为权衡,断无一遇挫折,终古屈而不伸之理。速发者其祸小,迟发者其祸烈。此革命往例,所以必在屈抑至极无路可伸之时也。卢梭所谓人民总意,盖即指此公同而言。

主权质素,为此公同所构成。设此总意见夺于一人,虽法令如毛,初不与人民之公同相涉。主权质素,设非此人民总意、此人民公同所结合,则主权精神已离其躯壳而去。无精神之躯壳,焉有不日即腐坏之理? 卢梭谓权力可托于政府,而意志绝不能委托者,以政府而劫夺人民之意志,蔽之塞之,毁之灭之,而不听其自用,强以一己意志代之,是犹移他人之精神,强附诸吾人之躯壳,谓使之出死入生,是直行尸而走肉耳,犹得为人哉? 故卢梭又曰:"人民一正当集会,以设主权团体,则政府统辖之权,即应时消灭。"何也? 以离去人民总意,则政府凌空无据,迎风即仆,虽欲自持,以延残喘,不可得也。

然则欲防止革命之险,惟有听人民之总意流行,蔽之塞之,毁之灭之,是制造革命之煤也。世谓从卢梭之言,则革命终无可止之时,吾谓从卢梭之言,则革命将永无再见之日。古昔所扑灭之恶劣政府,果有一不显背卢梭之言者乎? 今日永存之善良政府,果有一不符合卢梭之旨者乎? 请以法兰西喻。法之民性,今固不异于昔也,何以当一千七百八十九年以后,不惮一再革命,至于数次而不已。迨自千八百七十五年至今,乃相安于一政府之下,而断尽革命之梦邪? 谓昔日所扑灭之政府,为合于卢梭之言乎? 抑今日现存之政府,为合于庐梭之言乎? 若今日现存之政府,符合卢梭主权在民之旨,则昔日所扑灭之政府,必为背弃卢梭之旨也明矣。谓从卢梭之言,则政府恒性破坏无余,则不从卢梭之说者,其政府必巍然终古也又明矣。信斯言也,则法兰西昔日之政府,当终古无恙,而今日之政府,当候建候亡。乃何以适得其反,昔日政府竟一仆再仆,朝建设而夕已崩颓,今日政府反日固一日,绝无动摇之虑耶? 且不独法兰西然也,如韦罗贝(Willoughby)氏之言,则民约之说早大行于德意志,英美政治,亦莫不靡然向风。美国宣布独立,联邦宪法且明采民约之说,规定于条文之内。何以英美德诸国,乃不闻有一次革命之举,而革命相续,鸡犬不宁之事,反叠见于排斥卢说,诋为异端,视若蛇蝎之邦。然则卢梭之功罪,要亦不烦言而解矣。设淫词以助之攻,宁非自制革命自取灭亡耶?

人事,演进者也,民情,流通者也。欲其循常轨而之,必因势利道,不激其流,区别条理,不壅其机。否则郁之久者宣必激,抑之甚者扬必高。凡力以其一冲击其一,必有反动之力以应之,冲力弥甚,抗力弥强。此无间于人情物理,莫不皆然者也。欲销除革命,惟有不挑激革命已耳。扼人民之心理,禁其流通,夺人民之意志,强之同我,人至于有良心而不能发表,有意志而不能径行,其神明所感受之痛苦,必较之奴隶、牛马,万万有加。侪人民于奴隶、牛马,是剥夺人民之人格也。夫人民对于国家,可牺牲其生命,捐弃其财产,而不得自毁其自由,斫丧其权利。国家对于人民,得要求其身体,不得要求其意志,得要求其人生,不得要求其人格。卢梭谓意志不可委托于政府,即保重人格之第一要义。盖意志乃自主权之动因,所以别于奴隶、牛马者,即在发表此意志,得以称心耳。一为政府所夺,他事不可知,先令失其自主权矣。自主权失,尚何人格之足言?人格丧失,宁非耻辱之尤者乎?愚民之政,固令人痛恶不堪,辱民之策,尤令人愤恨莫忍。天下难忘之事,孰有过于耻辱?最易逼起反抗之事,又孰有过于耻辱?吾读卢梭之言,吾心怦怦,吾神凛凛,吾欲使吾辈青年知永弭革命之道也,乃于是乎书之。

原载《青年杂志》1915 年第 1 卷第 3 号。

法儒卢梭(Jean Jacques Rousseau)学案　无锡孙鑫源编

(略,大致同梁启超撰《卢骚学案》,见前)

原载孙鑫源编:《新编泰西学案》,进步书局 1915 年 12 月版,第 29—50 页。

芦梭传(勤工俭学传之一)　石曾(李石曾)

芦梭为法国哲学家之最著者,关于彼之传记,汗牛充栋,今取录者虽颇短略,然已足代表多数人对于彼之观念,译者有所未满,论之于后。

芦梭者,钟表匠之子,于千七百十二年,生于瑞士日内埠。尝著书多种,意旨宏壮,影响至巨,与服尔德略同。于其所著之《忏悔篇》中,直道生平之误失无隐;于《爱梅传》中,主张幼年教育之新法;更于《民约论》中,阐明国权之原理甚力。芦氏曰:"唯全国之人,唯平民,乃有择其领袖之权。政府之权力,惟受诸平民而已。"吾人以为此固至简单者,然在当时,此则至新奇,因其时谓王室为神权所赋,犹云王室之强力,乃得之于上帝,而非得之于国者也。全国选举制之用于法国,即芦氏意想之实行耳。

芦氏生平处于忧困。早年为仆从以谋生,又以誊写音乐,坚苦而得小资。后以友人高谊,供养其晚年,世人亦崇爱甚笃,著述亦极受欢迎。然其意兴萧条,固不稍减。其末年,惟孤行独处,以近自然之境界。自然者,固彼之所深爱,常以优美之文形容之者也。终以忧郁死于巴黎之近乡,时千七百七十年也。千七九四年,国会以伟人祭礼,移葬其尸于"先贤墓",此固宜然,因彼乃革命先导之一人也。

译者曰:芦氏出于工匠之家,身为仆从,卒以勤学宏识,为民国之前导。而比葬于先贤,以世俗眼观之,固足荣矣。此等察视,匪但不知芦氏之价值,且适与其意相反。故彼晚年虽受世人之欢迎,而其意兴萧条,不为之稍减,盖世界一日不光明,则彼一日不安乐,以至积郁而死。后人不知彼之真性,而崇拜其虚荣者,不知凡几。无论其形而为铜像,形而为崇祠,或形而为名墓,东西之习俗不同,而其误谬之心理一也。

夫吾人之慕先贤也,不当求之于形式,而当求之于精神。吾敢决言芦氏之精神,不在后世之美称,而在当日之苦学;不在独得之名理,而在名理之普及。呜呼,世间为工匠、仆从而具芦氏之性格者,岂仅此一人?惟不得发展之机遇,遂致消灭于无形。勤工俭学家之所图,非欲减其障碍,而求尽其所能,使亿兆无形之芦氏,皆得有裨于社会乎?由是而慕芦氏也,庶乎近之。

其务虚名者流,固无足深论,然就芦氏学说之影响言,亦不可不察。今之景慕芦氏者,率皆以其为改革政治之先导,故传中谓"选举制即其意想之实行"。然此固不足尽芦氏,亦不可以此而专其毁誉。如选举也,议会也,其劣点已不可胜道。社会新学家多反对选举议会诸制之弊,谓为官僚之变态。然此固非芦氏之所预知,若其适生今日,亦必别有主张。虽然,今之社会新学家,固非与芦氏背驰,特更张大之改进之耳。(新学家为进步而讥议选举议会诸制,守旧党为阻挠进步而反对之,是二者名同而实异,不可不别。)是故政治之劣,不足以毁芦氏,然亦不可不深究其底蕴,盲从古人之说,以致蹈末流之弊而不察也。芦氏者固非仅共和政治之前导,实亦自由教育之先声,于其《爱梅传》中,倡自由教育,略谓"人性本善,而为社会所污,故教育须顺乎自然,脱其发展之阻力"。盖谓教育不足增人类之美德,特以防社会之恶俗耳。当时芦氏诸说,不见容于社会,终避走他国。今之教育家鹿毕曰:"十八世纪之初,基督徒党之教育布于民间,十八世纪末,则基督徒党已见逐于法国,而哲学家乃全胜,至是舆论崇拜芦氏甚笃,而《爱梅传》推为时尚,亦以自由教育施之于平民矣。"由是可见芦氏影响于教育者,固不逊于政治,或犹过之。且芦氏之政说,已将为明日之黄花,而教育之新说,犹若晓日之方起。此固"勤工俭学"家之所注意,亦慕芦氏者所当共知者也。

虽然,芦氏之教育说遂可谓为善乎?亦非也。彼乃百年前之人物,何能洽适于今日?然谓为新教育之先声,则不诬也。至自由教育,有无误解之歧出,此亦非倡其说者所能预为负责。芦氏乃主张绝对之自由者,故以防外界之恶俗为教育之所务,由是而知所谓自由,固非蹈放纵荒嬉之弊,特以真纯之意识,易伪谬之强制而已。若以自由教育行于"勤工俭学"之中,更足以审其性质,而明其趋势矣。

原载《旅欧杂志》1916年第4、5期。

卢梭及其学说(J. J. Rousseau, 1712—1778)　静观
卢梭之略历

法兰西哲人卢梭,以西历一千七百十二年生于褐涅堡。父伊撒克,该邑钟表师匠,兼业舞踏教习,母白尔那尔,俱属感情中人。卢梭为人忧郁热烈,两面兼备,所谓二重性格(Double character,天才之一特征),即吾人所称多情多恨者,实其先天的遗传也。冲幼丧其母,因受其父养育。嗣又寄养于诸姑家,常从其诸姑习诗歌。好读书,甫八岁,尽读其母所遗小说书类。又嗜读世界史论等,究中尤以普鲁搭克《英雄传》为最,其爱自由之平民的思想,盖蕴蓄于此时矣。其后又寄宿于某牧师家,以细故严被苛责,中心愤恨,遂离该牧师他去。此后蓬转萍漂,学业、居住,两无定所,所谓放浪时代也。年十四,为某雕刻师匠弟子,而遇人不淑,饱尝虐待。卢梭此时,无以为生,暴弃之余,以至窃取什物,亦可悲矣。年十六,寄居于华轮石夫人,因从其绍介改宗入旧教(其先世原奉新教),盖欲借教会之力,一谋生计也。所志不遂,乃入古璧珙伯爵家为其书记。伯爵爱其才,躬自教育之,欲补之为外交官,不幸又被恶友劝诱,不得久留,回忆华轮石遇彼之亲挚,因归之,时十八岁也。夫人始欲以之为教会牧师,嗣又劝其专攻音乐,均不果。时日荏苒,一事不成,只得借此清闲,田园台榭之中,吟风弄月,达观万象;一面从事学问,摄生修养,穷究希腊、腊丁之古学,读破宗教、戏曲之书籍,其思想之丰富,识见之阔博,有负于此者实多。计寄迹华氏以来,匆匆八年,其与夫人之关系,殊为暧昧,而此八年间,实彼一生最有固定、最为幸福之时代也。一千七百四十一年,赴巴黎,始与荻德萝等名人相善。其寄

寓某家有女婢特丽沙者，下愚之女子也，卢梭淑慕之，与订婚约，同居后伉俪甚笃，举子女五人，尽弃诸孤儿院，弗自顾其成行也。一千七百四十九年，适学士院以"科学、美术足以破坏道德乎，抑足以增进道德乎"之问题征文，卢梭应之，幸当选。彼素固能文，由是而声名大噪矣。然不欲以文士自居，常为人钞录乐谱度日。一千七百五十三年，复草《人类不平等之原因论》一论文，应学士会之征，发表以后，其文名益盛。尔后继著政治意见《民约论》、教育小说《伊密儿》等，中以《伊密儿》为最著，卢梭自谓为彼最信爱之著述，惜为当道忌刻，不得即时付梓。并坐彼以妨害公安之罪，欲捕之下狱。以某女史周旋，亡命英国，寄食修蒙家。遥望故乡，曷胜感慨。此间作其自叙传，世称《卢梭忏悔录》者，即此书也。返国后暂事逍遥，无以为慰，以一千七百七十八年逝于巴黎郊外业尔姆珑碧尔，时年六十六。或谓其死于自杀，是否属实，不得而知也。

原载《民铎杂志》1916 年第 1 卷第 2 期。

卢梭之教育说 叔琴
（一）卢梭略传

卢梭（Jean Jacques Rousseau）者，千七百十二年六月二十八日，生于日内瓦（Geneva）。其先为法之新教徒，避祸迁上地，世居焉。卢梭生后即丧母，自言于《忏悔录》曰，是为余最大之不幸。父慈，然业钟表匠，于子女教育多失德。常父子相伴，阅稗乘野史，至更深不为意。卢梭年九岁，父与法士官争，势危，卒置卢梭于伯父牧师某，离日内瓦他去。年十四，就习于铜版匠。其师遇之酷，苦之，一日自逃，无所依，流离迁徙，风尘憔悴，备尝青年飘泊之凄。曾一为记室，一为抄书卒，一为乐工，诸职皆不久，是亦英杰者之短乎。然虽在天涯逆旅，常以科学自娱，尤笃好爱智之学。以卢梭之天纵明睿，反经合道，出其余力，著为文章，岂仅纸贵洛阳，直使世人挢舌不得下。千七百四十九年，应地仁翰林院（Academy of Dijon）征文，主张艺术与科学之进步无益于改良风俗（"Discours sur Sciences et les Arts"，"Discourse on Sciences and Arts"）之文出，得一等赏，文名噪一时。彼尝自言曰，余为研几此题，忽开生面于心目中，余自此为新人间矣。彼守范就规者，散儒也，不足与伍。而益自奋进，遂与当时启蒙、保守二思想相冲突。阅年，又有《人类不平等原因》（"Discourse sur l'Origine et les Fondements de l'Inegalite parmi les Hommes"，"Discourse on the origine of Inequality"）之著,不仅疑学术进步有益道德向上与否,且近而疑及文明社会之生活是否为善,于是大张返纯还朴天然生活之议。辞路易十五世之赏金,若弃弊履,渊冲淡泊,在巴黎中不足贵耶。而以主张自由过急,已触政府及寺院之忌,及《哀密尔》(Emile ou sur l'Education)出,而焚书逮捕之令下矣。不得已,出走瑞西。又不能容,遂应友人招,赴英。未几,偶罹疾,疑其友有他意,再归法。以千七百七十八年七月二日卒。所著《忏悔录》《民约论》皆传诵人口,且非本书主旨,故不具论。

(二) 卢梭在教育学上之位置

卢梭一生,实无教育上功绩可记述。虽曾为人师,而自认为不称职。夫亦以彼之处顺则圣,处逆则愦之故乎? 彼又自明曰,余虽长于视察生徒,然见其恶,则无法以矫之,以是不称职。故卢梭所贡献于教育学者,唯其能对时弊烛照无遗,卓越一世之功之不可没耳。以《哀密尔》一书,遂占教育史上重要之位置者,非偶然也。

原载《民铎杂志》1916年第1卷第2期。

罗梭约翰约克斯传(Jean Jacques Rousseau) 魏易译

罗梭为法之文学家兼哲学家,生于千七百十二年六月二十八日,其诞生之地为几尼瓦。法国无此地名,当是意大利或瑞士。父业制表,少贫乏,教育限于小学而止。稍长,学艺于雕刻师,师遇之恶,而罗梭亦不驯善,卒乃逃至沙伏,其地今属法国。为华伦司夫人食客。夫人又为介绍于都兰今属意大利。某大学,罗梭得因是肄业其间。然大学为陶铸天主教教士而设,罗梭既不愿立誓为教士,校长遂勒令退学。此后遂依华伦夫人以居。如是者十年,事事悉仰给于夫人。后此罗梭尝著自忏文,极言夫人相遇之厚。然所以报酬夫人者,仅有"负心"二字。此中因缘,人遂无得而知之矣。千七百四十年,罗梭与夫人别,又与爱辟内夫人交厚。千七百五十六年,罗梭著《新爱罗斯》(Nouvelle Helloise),爱罗斯为欧洲著名钟情之女,后人论女子情重者,辄言爱罗斯以比之。时尚主爱辟内夫人家也。千七百六十二年,又著小说曰《爱密而》(Emile),论文论情,皆超《新爱罗斯》而上之。罗梭于是书中,借题发挥其理想中之新教育术。彼以为教育之道,宜重自然发育,不宜以人力定其范围。其时法之人士,以罗梭之说为邪僻,至于今日,则其主张之见于实行者,已比比皆是。寻又著《民约》一书,痛诋当时宗教及道德,因是大不理于政府,下令严捕。千七百六十六年,罗梭亡至英国,托庇休谟大卫之家。千七百七十年,与休谟口角,忿而归国,流离无宁日。千七百七十八年,贵族几拉定侯哀其遇,令居别邸中,罗梭即于是年卒。

原载魏易译:《泰西名小说家略传》,通俗教育研究会1917年3月版,第64、65页。

卢骚论　吴匡汉

时至乱世,天必生英雄以济其危。而其生也,天又必弃其生前之幸福,而荣其身后之名誉,可感亦可悲也。不观巍然石像,耸峙于巴黎者,岂非昔日之卢骚也哉?当十八世纪以前,法国政治黑暗,贵族专横。卢骚夙研究政治之学,以矫俗救时自任,发其所见,著为议论,虽非难蜂起,不顾也。其英雄慷慨之志,岂平常人所能及乎?夫共和真理,愈究而愈明,民权提倡,再接而再厉。卢骚民约之论,力驳专制之不当,发明民主之精神。夫然后法国革命思潮,乃愈唱而愈高,卒之革命军起,遂告成功矣。宜乎法人念卢骚为革命先驱,而改葬其遗骸,并立石像于巴黎也。呜呼,当是时也,暴君专制,民不聊生,使无卢骚其人,出而抗议,不特法国人民为牛马奴隶,终无已时,恐世之受君主蹂躏者,亦终无已时也。然则法国之共和,卢骚首倡之,即世界之有共和,亦卢骚首倡也。凡今之共和政治,固一本于卢骚,即凡有之为共和国人民者,亦无不思念于卢骚也。嗟乎,一卷之书,救国救世,卢氏之功,卓然千古矣。虽然,当其抑郁不伸,以挫以死,直待百十年后,始见其功表著,造福来世。吾钦卢骚,吾又悲卢骚当日之不得志也,噫嘻!

原载《菲律宾华侨教育丛刊》1917年第1期。

卢梭传(或作卢骚)　瘦鹃

欧美才人辈出,数奇莫如卢梭。卢梭抱绝世之才,为文章家,为政治家,为小说家,为社会革命家,而频年奔走风尘,卒致邑邑以死,亦可慨已。

卢梭,法兰西人,以一千七百十二年六月生于奇尼佛(Geneva),入世即丧其母,依父以长。迨十岁,父以事出亡,茕茕一身,无可依者。季父怜而收之,居三年,会有律师招生徒,因以氏往。律师见其无能,屏弗纳,遂学艺于一雕刻师家。雕刻师待之甚苛,如待奴厮,氏不能堪,得间而逃,往来流转,备尝百苦,欲图一啖饭处,乃不可得。有店家妇纳之,操作如隶仆。为日既久,妇竟倾心焉。迨夫归,立蹴氏出。于是转为圉人,为厮养,为书记,卒乃投止一慈善家华伦夫人（Mme de Warens）之门。夫人与其夫不睦，时方独居，绮年玉貌，一见有情。同处凡九载，夫人忽别有所眷，氏怒，即绝裾去。后赴利翁（Lyons），以教读为生，所入无多，困于寒毡。一千七百四十一年，挟介绍书数通并所著《音乐符号法》一卷，造科学院求售，院中评为无用，却之。计无复出，遂为人钞录药谱，用博微利。寻得一秘书职，差堪自赡。在逆旅中与一女侍曰山来丝勒佛秀（Therese le Vasseur）者通，得子女五，悉纳之弃儿院中。

一千七百四十九年，迭雍（Dijon）某文学院悬赏征文，氏草《文学科学论》（Discourse on Arts and Sciences）以应之，吐其中心郁勃，发为文章。文中痛斥当时文学、科学之不良，谓为社会腐败之由。文出，轰动一时，人以是知卢梭。一千七百五十三年，谱歌剧一，演于方登白洛（Fotainebleau）王宫，中多妙曲，听者为靡。是年复著《不平原理论》（Discourse on the Origin of Inequlity）一书，才名鹊起。书中言近代文明为退化，古昔野蛮为至善，财由盗剽而得，富为万恶所丛，政府皆无道，法律多不平，其持论之高，得未曾有。一千七百六十年，刊其说部《新爱缘》（The New Heloise），见者皆击节叹赏。继作《民约论》（Social Contract），为毕生杰作，论调偏激，恐为法政府所禁，因出版于阿姆斯透丹（Amsterdam）。两阅月后，又刊说部《哀密叶》（Emile），名满西欧。然卒为时人所忌，群欲得而甘心。因出亡普鲁士，得以无恙。英国大哲学家达维罕姆（David Hume）以书招之，遂往英伦。闲居无事，纂一《植物字典》（Botanical Dictionary），考订至详确。继著《忏悔》（Confessions）一书，自白生平。留英既久，复见嫉于人，自知大祸将作，不可以居，遂匆匆返巴黎，深自韬晦。顾贫困潦倒，无以为活，隐其姓名，仍为人钞录文件。每有所作，语如中狂，后果病痫。意欲入居医院，文学家叶拉亭氏（M. de Girardin）以精舍居之。一千七百七十八年七月二日，忽以死闻，说者谓为自杀云。

原载《申报》1917 年 7 月 15 日。

暴力与政治　守常（李大钊）

顾或者谓国家之所以维其存立者，必不可无至高无上之主权以守之，俾得保持其尊严也。而为主权之行使、政府之存立、法律之设施、治安之保卫，有时强力亦为必不可缺之物焉。抑知主权者，实由民约而成。民约云者，即人人相将自举其身与其力以与于众而藉其全力以相安相守也。民约

591

既立,而后土地变而为领域,人众变而为国民。国民者,众意之相与而成一体者也。是体也,以议会为神脑,以法律为血气,不自有其体,而以众体为一体,不自有其意,而以众意为一意,是之谓国家矣。国家为维持其政府之存在,自不能不有赖乎刑典,而欲刑典之得以施行而有效,自不能不需乎物质之强力。但此种强力之施行,概为法律所认许,专以防遏犯法之徒而与以强制之抑裁。故强力之于此时,与云为力,宁当谓权,权可以依法而施,力不可以任意而用也。且刑法上国家虽有施用强制之权,而以刑法有此规定,民咸知所儆惧,相戒勿犯。纵有犯者,亦以知施用权力以为迫制,有必要时固为法律所许,遂亦不待迫胁之来,即自致其身于囹圄之中或刑场之前,听候惩处。因畏权力而权力反归无用,因惧迫制而迫制反可勿施,故在今日国家施用强力之处殆已甚稀。国之社会,有争弗释,诉之强力,固其首图。人之社会,政体所趋,强力已全无所用。专制之世,强力固足为政府之础石,而于开明之群,自由之世,则断无丝毫之利益,非徒无益,而又害之。〔1〕盖依力为治以劫制斯民使之屈服于其下者,天下不安之事,莫斯为甚也。卢骚不云乎:“人或曰,人之所以致失自由权者,强有力者制之也,此邦国之本也。吁!曷其然?夫民为强者之所制,不得已而从之,固无不可,一旦能自振拔,蹶起焉破其衡轭,则孰得而御之!何者?彼其初所赖以夺我自由权者,独有威强而已,故我今亦赖我之威强以复之,彼得何辞于我。若此,则是邦国者天下之最杌陧不安者也。曷其然?夫邦国者,凡党聚之类之所取法焉,宜别有所本也,不宜如此之不安。然则邦国者,果何所本也?曰:此非本于天理之自然,而本于民之相共为约也。”〔2〕斯透宗之旨,当永县为政理之鹄。何今之君子,昧于此义,不自审其所处之世为何如时代,所属之国为何如体制,而犹欲恃乎强力临御斯民?以此图治,宁非南辕北适之类?夫立一政制而依力以为用,犹且不可,况乃逞其暴力,以毁法而虐民?士夫学士,亦复翕然阿之,以张其势,卒成今日无国家无政府之现象者,是又非倒行逆施之尤乎?

时贤如梁任公先生者,固以反对革命闻于时者也。居恒持论,畅阐革

---

〔1〕 参阅 Sir George Cornewall Lewis, *On the Use and Abuse of Some Political Terms* 第十七释 *Force* 篇。(此文中注释均为作者原注。)
〔2〕 见日人中江兆民译《民约论》第三页。

命不能产出良政治之理。精旨名言，最宜钦仰。忆当袁氏帝梦方酣之日，梁先生《异哉所谓国体问题者》之作，尤足以唤起人心。中有警语曰："夫变更政体为进化的现象，而变更国体则革命的现象也。进化之轨道恒继之以进化，而革命之轨道恒继之以革命。此征诸学理有然，征诸各国前事亦什九皆然也。是故凡谋国者必惮言革命，而鄙人则无论何时皆反对革命。"〔1〕愚虽非如梁先生之单纯反对革命，而以良知所诏，则无论何时皆反对暴力，其终极目的，亦在消免革命之祸。苟有术焉，纳强力于法律范围之中使不为暴，则吾侪反对革命之勇，庸讵逊于梁先生？盖革命恒为暴力之结果，暴力实为革之造因；革命虽不必尽为暴力之反响，而暴力之反响则必为革命；革命固不能产出良政治，而恶政之结果则必召革命。故反对革命者当先反对暴力，当先排斥恃强为暴之政治。执果穷因，宜如是也。愚尝怪梁先生既反对革命，而独不反对暴力，有时且与暴力相依为命，以致法律为宣告死刑之囚犯者，抑又何欤？在梁先生之意，岂不曰强力所在固足以镇压革命也？吾之依附强力以为政治活动，固本"生平无论何时皆反对革命"之言以趋于实践之途，不惟无所矛盾，抑且足为言行一致之征也。则愚请为更诵卢骚之言矣："今假为有所谓强者之权乎？吾必见义理之纷纭颠倒无所底止也。夫以力为权者，初无所事义矣。苟无所事义，何理之生？夫我有力而能制人，一旦又有人力胜我，我亦为其所制。若是转辗不已，祸乱相继于无穷。夫藉力制人而为合于义，则藉力抗人亦为合于义矣。力之所在即权之所在也，则天下之人将唯力是求。嗟乎！赖乎力之仅存者，岂得谓之权哉？且夫力不赡而屈者，出于不得已也，非由义而断也。既不由义而断，鸩毒扼咪，何施不可？是知强者之权，威力耳，非权也，权之名耳，无其实也。"〔2〕而蒲徕思亦云："致服从于治者，彼所据以为治之主权，仅为事实上之主权，而非法律上之主权，吾人之服从，不得视为义务。纵当法律上主权者失其能力或不能确定时，吾人以维持公安之故，于彼非法之事实上主权者致其服从，然在吾人之心中，顾不认彼有致吾人敬服之权位也。使彼据其权而滥用之，凡为善良公民者，非徒可以抗拒，且当然抗拒之。"〔3〕信斯言也，论势则力难永存，论理则民可峻拒。我有强力可以造成事实以制人，人亦有

〔1〕　见《大中华》杂志第八期。
〔2〕　见中江译《民约论》第八页。
〔3〕　依剑农君译说，见本志第五期《呜呼中华民国之国宪》。

593

强力时,谁则不可以同一之事实而强我?人人争以事实相迫制,弱者固可胁之使从,强者将揭竿而起以抗拒报之矣。种瓜得瓜,种豆得豆,善泅死水,善斗死兵,力力相寻,循环无已,推原祸始,皆任力为治之,谬想有以成之。然则暴力之施行,不啻为承认善良公民有革命权利之表示,乌在其能镇压革命乎?

原载上海《太平洋》1917年第1卷第7号。

李殿林评经古考卷语　徐珂

光绪时,李殿林督学江苏,按临苏属,举行岁试。某生以《四书》义见赏。其评语曰:"机圆调熟。"此与华金寿任山东学政时,评经解曰:"不蔓不支,有书有笔。"可称双绝。某卷内用卢梭二字,李瞠目不知所谓。其幕友有知卢梭出处者,具告之。李轩髯笑曰:"何谓卢梭,此真是噜苏。"噜苏,犹疙瘩也。发落日,邹侍郎福保往谒,李延之入。谭及学堂一事,李曰:"方今异端日亟,公宜力与维持。"邹对曰:"某拟定一章程,其西学,以蒙学课本当之,其算学,以市间通行之大九九小九九当之。庶几两无所背。"李揖之曰:"我公妙论,可谓洞见其微。坐而言者,傥起而行,真能为士林造福也。"

原载徐珂编纂:《清稗类钞》第2册考试类,商务印书馆1917年版,第44、45页。

共和平议　康有为
民主政体可行于小国不可行于大国

夫共和国能法于后世者,希腊也,莫如雅典矣,有议院、公园、戏院、博物院、图书馆、浴堂,并垂法万国。吾昔游之,其戏院遗址尚在,能坐四万人,以百万人之国而有此也,今纽约、巴黎无之。其贤人会议,各尽其心力,以为其乡谋公安公乐,势力才智,多皆相等,则无独上出人者,习俗久,安乐甚。邻国自斯巴达外,皆多民主,人自然无君主之思。此与今瑞士同,乃真共和也。其后意之市府,若郄那话、佛罗练士、威尼士,亦最治乐,吾皆游之。佛罗练士,始创银行及金银钱,遂操欧土商权,若今犹太人也。画为欧土中心,大画院凡八,全欧名画师必勒像,于是学画者宗焉。威尼士,海滨十余里小洲耳,始以盐富,既以商盛。当十字军之时,治海军为导,遂以富溢。其室庙之美,皆筑以五色文石文木,为欧土师,今多在焉。其制什器制玻璃,精美冠欧土。盖小共和国专以为乡人求富乐,不尚兵,不甚争人土,故无武人,即无武人干政争王之事,用是能久。其德之汉堡亨沙七十同盟府,若佉痕、佛兰拂皆是也。自奥败后,始并于普,今只余汉堡、伯雷问、罕伯雷、吕璧矣。汉堡人口百万矣,北海四市府,皆以制船富,而汉堡极盛,与古之雅典争驱,过于瑞士远矣。吾尝游瑞士之般京,为廿二村之都会,衢巷阒寂,山市萧条,惟其大学学者三千,为俄革命党人避地之所。盖民国之安乐盛治者皆小国,其政专谋人民安乐,而寡及国,其刑法日月推迁,盖小国寡民,易于改良。其最要则不治兵,故无武人,故无武人之干政,即无改君主之事变。即邻有君主,亦不尊荣,如丹墨、瑞典、那威然,不能动人歆羡之心,故绝无此想也。法之言民约言革命,始于卢骚,乃曰民主之制,宜于二万人国。今有铁路,故可多至二三百万人之国止矣。故民主宜乎小国而已矣。

原载《不忍》1918年第9、10册。

民主主义与社会主义之趋势　彭蠡

民主主义之语,常具二种意义:一、法理上之意义;二、政治上之意义。法理上之民主主义复分为二:一、绝对的,即自哲学上论理上推论,而主张国家主权非在人民不可者是也;一、相对的,此说非主张主权必在人民,不过就各国宪法解释,谓某国主权应在人民,某国主权不在人民而已。政治上之民主主义云者,不关于主权之所在如何,惟关于实际上主权运用行使之方法,而谓政治运用,当以人民为主之主义也。其惟一表现之形式,即国家立限制政府权力之宪法,置人民代议会,直接间接使人民参与政治,而尤以使人民参与立法为原则者也。法理上之民主主义,当法兰西大革命以前,学者大声疾呼,风行草偃,如孟德斯鸠、福禄特尔、卢梭等均主张自由平等,排斥君主主权说者也。而卢梭之《民约论》,当时尤奉若经典。彼谓凡主权皆应在民,法国主权之在不尔奔王家,不过夺诸人民,盗诸人民者而已。此说既出,披靡一世,遂酿成法国之大革命。其后研究进步,真理愈明,从前之迷信民主共和说者,渐知人民幸福之多寡,系于政治之良否,与国家主权之所在关系较微。由是法理上之民主主义说渐熄,而政治上之民主主义乃代之而兴,最近愈益发挥光大。

原载上海《太平洋》1918年第1卷第10期。

卢梭无政府学说之由来及其实现　陈日睿

人类之政治的发展(Political development)乃进化作用之一现象。此种进化现象,思想常为其主,然思想亦未尝能脱进化法则之范围,盖凡一思想之能风靡一世者,皆为其时之境遇,能与之适而不乖离也。世有远怀卓识,徒叹命途多舛,不容于时,待至数十年或百年之后,而人反慕其识见之高者。非其识之卑于前而高于后,特适与不适之分耳。是篇举卢梭无政府学说之由来及其实现,足以证之矣。当未有卢梭(Rousseau,1712–1778)学说以前,英有二大哲,一曰何博思(Hobbes,1588–1679),一曰罗苦(Locke,1632–1704)。何博思之说曰,原始人类,性贪而忍,不具社会的习性之动物也。然则社会何得以成乎?曰原始人日以掠夺杀戮为事,幸福固不可求,安全亦莫能图。原始人亦渐认以为非,遂择一晴日,集会于原野,议欲措社会如泰山之安,当以何法为最善。众决由群集之中举一人,付以无限之权力,使其除暴安良,维持秩序,即今日之君主是也。罗苦之说曰,人民付与君主之权力,乃有限非无限也。且罗苦以原始人为社会的动物,社会实存于政府未成之前,非立于政府已成之后。人民今日所享之权利,非自政府得之,政府唯为保护而用焉。故政府滥用其权,人民可鸣鼓而攻之。观二子之所论,一为君权无限说,一为君权制限说;一以社会始于政府已成之后,一以社会存于政府未成之前,乃其所异也。国家成于契约,主权操于人民,二子之说,毫无轩轾。卢梭受二子学说之熏陶,取民约与主权在民,而弃其立君之说。卢梭曰:"人民何故当如何氏所言,以其自由付于君主耶?又何故当如罗氏所言,而自取限定君主权力之烦耶?岂人民握一国政府于掌中,不能除从来误法所滋之弊害耶?"盖卢梭之意欲解除原始之契约,使人类恢复其自由未舍之状态也。善哉英人马华逊之言曰:"卢梭之志在变性(Transformation),非在变形(Modification)也。"观其痛斥英国代议制度之言,当更彰明较著矣。卢梭曰:"英吉利国民以自由自命,何其谬耶?自由只限于选举议员之瞬间,选举之后,即入于奴隶状态。故人民对于立法事务,当亲自参与,不可委人。至于行政官吏毫无思想、行为之独立,须受人民直接之指挥,其结果即使多数人民肆其残虐而已。所谓恐怖时代(Reign of Terror)即其实现也。"当卢梭之倡是说,人民不思其谬,反遵奉之若唯一之格言,卢梭固不能辞其咎,亦当时势使之然也。法自一六一四年至一七八九年,国民议会(States General)未尝一次召集,国民虽困苦颠连,无以诉其苦,故罗氏君权制限说,无所用于法也。暴君在上,苛征虐敛,肆其骄奢淫佚,人民陷于水火之中,视若秦越人肥瘠不相闻。何氏君权无限说,法人视之如冤言,是何、罗之说皆不足以服人,卢梭学说所以实现也。

原载《学艺》1918年第3号。

近代主义之第一人卢梭　日本新潮社著　过耀根译

第一节　卢梭之小史

约翰约克卢梭（Rousseau），以一七一二年生于瑞士之热内亚。其父伊沙克，钟表匠也，母为倍那尔牧师之女。两亲皆偏于感情，氏之多恨多情，实由遗传而来。其母以产后发热而亡，氏之《忏悔录》中，尝志之曰："十月之后，遂生虚弱之我，我乃牺牲吾母之生命，我之呱呱堕地，即我不幸之初步也。"其父善感，尝语其亡母之轶事，相与共泣。"父曰：'约翰约克，今亦欲闻汝母之事乎？'我则泫然答曰：'唯。'然吾二人又将共泣矣，吾父闻之，泪下如糜，曰：'汝何不返魂以慰吾生？汝实攫吾生命以去，乃令吾枯寂无俚。汝若为吾单生之子，则天下更无此快慰矣。'"其所述如此。而此枯寂之父子二人，每晚必就其母之文库中，择其十七世纪之感情小说，百读不厌。卢氏本偏于感情，至此遂益增其感情之度。氏既少失母，乃鞠育于叔母，尝自谓儿时所受于叔母之歌谣，终其身未尝忘。氏好读甚，八岁时已遍读其母所有之小说，则更旁及其外祖之文库，而尤爱坡琉他克（Plutarch）之《英雄传》，空想的倾向以是益强，而自由平等之思想，亦实涵育于此时矣。及九岁，其父与市中有力之家葛利母相讧，不得不引避。氏遂就养于叔父，与其叔父之弟，同就学于白西爱村之兰倍希牧师。教育颇顺适，会以事被冤，受严谴，氏大愤决去，放浪生涯于是始矣。

氏早慧，十二岁时，即爱一二十岁之女子名品逊者，同时又爱戈顿。唯氏情感甚烈，颇傲岸，欲得一切女子之恋爱，一切男子之尊敬，而终身未尝如志，愤懑不平以终其生。十四岁时，为一雕刻匠之徒，匠遇之虐，其性质益放僻。十六岁，遁至沙白亚，为旧教牧师白恩倍儿所拯。白欲其皈依旧教，送至华伦斯夫人许。夫人为二十七八之美妇，遇氏甚厚。氏之两亲，笃信宗教，（氏之先本法人，以奉新教而被逐至瑞士。）氏独不尔，且无职业。为夫人所动，以为不如姑入旧教，遂由夫人作书，为介于沙白亚国都之德利诺旧教堂，于时卢氏年十七矣。旋以改宗之故，不能复得年金，为寺僧所逐，仅得微资而去。氏大失望，遂复返其放浪生活之旧。尝为白尔基利伯爵夫人之侍者，悦其侍女曼利盎，盗主家之珍饰与之。事觉，乃诿之曼利盎，二人皆被逐。此事为其终身之玷，其《忏悔录》中有曰：

余心中所怀思不忘，自觉获罪无可祷者，即彼可怜之少女，隐约于吾梦中，时时含恨欲语。余生涯顺适之时，痛苦之感犹浅，一至生活动摇，回想前尘,则吾快慰之情,立为此纯洁之少女攘夺以去。悔恨者,遇得意而隐,遇失意而益增其苦者也。余尝自思欲以此事语人,顾终紧闭于吾心,未尝以语亲友,于华伦斯夫人亦然。此残忍之行,平居尝以自讼,吾事事语人,惟此事未尝稍泄。今吾惟欲稍减吾良心之苛责,故以书于《忏悔录》中。

其后氏又为古部恩伯爵之侍者。伯爵爱其才气,欲其以外交官自显,至亲执教育之劳。为损友所诱,遁而至他,中道变计,又别其友而重诣华伦斯夫人,时十八岁也。夫人初望其为旧教僧侣,既不成,又欲其为音乐家,亦终失败。至二十一岁,复至夫人许,居于其家,遂与夫人有关系,同居者八年。此为彼一生最乐之时,为田园之生活,乐自然之风光,而亦善于修养,研究希、罗古文,且好宗教戏曲之书。好学过度,体气大伤,遂疗养于法国莫倍利浴场。及归,则其在夫人家之地位,已别为一青年所夺矣。氏之失望,几于不可名状。其《忏悔录》中有曰:

新进者行止自若,绝无顾忌。顾吾深信吾母,(母即指华伦斯夫人。)以为其故善与人处,绝不虞有中变。既乃由吾母之口中觇得之。吾母之言,泰然自若。吾若为外人,则或至愤恚。顾吾母则谓此举绝无他意,不过汝既不理家事,且时时外出,殊为困难,故无论如何,必另择后继之人。余闻言即曰:“母乎,此何言乎?岂此即吾孺慕之报乎?累次援手,岂将以夺吾生涯之乐乎?余或以此而死,苟死者,母不将后悔乎?”然彼之所以答我者则曰:“汝诚稚子,人不当以此而死。且此亦何损于汝?余与汝终为母子,此心不变。余之所以念汝者,亦决至死无异也。”

氏既怏怏不乐,遂去夫人之家。其幸福之期,至此告终,放浪生涯,又以此而始。一七三四年,赴巴黎。其翌年,以其所创之新乐谱,提出于学士会。终见摈,遂为门达耦伯爵之秘书,赴倍内奇亚。两年又归巴黎。其在巴黎也,得与当世名人狄迫卢(Diderot)、霍耳巴哈(Holbach)、葛利母(Grimm)等相晋接。于是彼又与少女名泰雷慈者发生关系。此女绝无教育,无知识,而卢嬖之,与生子女五人,皆弃之孤儿院中。而卢爱之不变,至二十五年后,始举正式结婚之典焉。

一七四九年,奇约恩之亚加台米(即中学)以“科学、美术将使道德破坏乎,抑使道德进化乎”为题,征集论文。氏年二十八矣,应之,遂当选。氏于

《忏悔录》中,述其起草之情形曰:"此亦与他种著述同,于每晚睡眠之暇为之,奄卧之际,闭目凝神,一心转辗于句节之推敲,自以为是,乃储之于脑,以备伸纸挥毫。及朝离床而起,而夜来苦思力索之结果,乃忘诸无何有之乡,伸纸视之,亦复空无所有。"又曰:"此文以热与力为立论之主,顾论理不备,脉络不通。凡吾著述之中,推论之弱,内容之乏,格调之劣,未有如此文者也。"然彼之文名以是而振。文名虽振,终不乐为文士生涯,仅恃填写乐谱以为生。一七五三年,又应奇约恩阿加台米之征文,发表《人类不平等之原因》,而其文名大定。翌年,归其故乡热内亚,大为市人所欢迎。自是以后,氏常自称为热内亚市民,重入新教。一七五五年,去之巴黎郊外。二年,又移居莫路伊。翌年,草演剧编,盛攻达兰贝耳(D'Alembert)及福禄特尔(Voltaire)。一七五九年,其有名小说《新爱洛伊斯》成。又二年,教育小说《爱米尔》及《民约论》始公于世。又翌年,此三书相继出版。一七六二年,《爱米尔》为当时政府所禁,罹文字之祸,遁走瑞士,始免于难。一七六三年,在瑞士之莫气埃,刊一辩论之书,名曰《由山而下》。翌年,又见放逐,移圣彼得岛。又翌年,又不见容,遂赴英,依休谟(Hume)以居。作自传,即所谓《忏悔录》也。一七六七年,遁归法国,飘流累年。一七七零年,复归巴黎,留居者数年。后人即以其名,名其所居之地,曰约翰约克卢梭市。

氏之晚年,以愤恚及奋斗而终。文名日高,而说过奇矫,遂不能相安于世。其为人亦狷介拔俗,落落不与世合。尝与当世名人如福禄特尔、狄迫卢、霍耳巴哈、葛利母、休谟等相结纳,终致隙末凶终。于是氏之幻想,遂以为世人无一不重苦吾身。终以一七七八年之七月二日,忧郁而亡于巴黎郊外之爱姆能基。时去其文敌福禄特尔之死,裁一月耳。其日午前五时,尚散步户外,七时归,八时左右,体忽剧变,僵卧于枕石之上。其妻泰雷慈闻声急出,以手扶之起,则已血流满额,紧握其妻之手,默然而逝。其病,中风也,其额上之血,以仆而伤于石故也。其妻及医士等,皆证明之。一时尝盛传以枪自击,及服毒自尽之说,今已渐知其非。然自杀说亦有由来,氏之主义,承认自杀为是者也,故益为自杀说张目。氏所著《新爱洛伊斯》中,亦有是认自杀之证。如曰"凡人不堪其生之苦,藉自杀以自解其重荷,此决非不合理,亦决非不自然"。其一例也。以上所述,为氏一生之大略,继此将略述其品性。

第五节　人类不平等原因论与民约论

卢氏于政治、经济上之主张,可于其《人类不平等原因论》及《民约论》

者觇之。其《人类不平等原因论》,以扫除文明社会之弊害,返于原始自然之状态为第一要义。其言曰:人类之初,蛰居茅屋之中,杂花、鱼骨饰其衣,鸟羽、贝壳彩色文其身,以弓矢为装饰,以大石为攻击渔舟之具,一切乐器,亦复椎陋无文,而人人自以为满足。易言之,即人人皆从事于独力所能胜之事业,及无藉多人相助之技术。其时之生活,足以享受自然所许之自由、健康、正义、幸福。及其后,必藉他人扶助,一人不能不储二人之食,人始失其平等,生财产之观念,劳动之需以急,广漠之森林,一变而为田畴,农人终岁勤劬,以求升斗之获,而奴隶艰苦之境,遂与收获俱至。引起此大革命者,冶金术与耕作法而已,导人类于开化而卒蒙其损。诗人尝以归咎于金银之货币,其实则铁与谷而已。而弊之始生,实起于人类之群居。人类之集合生活,既驯致前所未有之新感情、新道德,罪恶即由之而生。人者,本非为群居生活而设者也。群居斯腐败矣,身体之虚弱,精神之罪恶,皆为群居所必致。人者,于一切动物中,最不适于群居。人之气息,足以毒人。此虽比喻,亦真理也。自有文明生活(即群居生活),人类乃互相猜忌,互相厌恶,而权利之争以生。设人类犹在原始之自然状态,则初不必有一定之居处也。无家族之生活,无财产之所有,无划地自私之风,亦无组织政治社会,而生治人受治之阶,贫富贵贱之别。人类之所谓不平等,几于一扫而空。霍布士(Hobbes)以为人类之初,必日事讧争,此謷言也。讧争之举,随文明而俱来。若失自然之世,其人皆以同情相结,而皆能自趋于正义。自文明进步,人类乃堕落,敢行不义。故欲救人类之堕落,由不善而返于善,则有破弃此可厌之文明,而复归于自然而已。此其立论之大旨也。

《民约论》所以述其理想中之社会制度,其卷首即曰:"人之始生,皆极自由,然在在处处皆有桎梏以苦之。"此可见其旨趣矣。其言曰:自然之世,人人独立以自全其生,及后互相缔结契约,始有所谓社会。盖人之初,本皆平等,欲对人行使正当之权利,势非根据契约不可。以个人言,固可捧自由于他人,而受其保护抚养,一听客之所为。国民则不能以一切权利,任之他人。然无契约,则人人独立,不胜天然之抑迫,于是不得已而结契约。人皆根据契约以为生,此所以有社会也。故吾人之社会,实成于契约(即民约)之上。缔结民约之结果,不唯无损于固有之平等关系,且藉法律而益安全,足以防止不平等之倾向。惟有民约,而后有社会,有国家,有政府。故国家主权,必属之人民,政府不过实行人民主权所规定者之机关而已。

卢氏之说,大略如此。其说以自由平等为根据,以为离人民无所谓主权,人民决非隶属于国家者也。人民各以其自由而订契约，以其契约而制法律，以其法律而为生活，决非放弃其自由，而服从于国家或政府之绝对权威。故其说最重法律。与其意见大致相同者，则为孟德斯鸠（Montesquieu）。顾孟氏以国家主权，分为立法、行政两部，互相对峙。卢氏则以为真正主权，仅有立法，行政其附属耳。其言曰：使伟大之君主，而果为非常之人者，则伟大之立法者，又为何物乎？伟大之君主，仅能纵横于模范之中，而为之制定模范者，非犹是立法者乎？其一制造机械之技师也，其一则运用机械之职工而已。又曰：立法者，不可不准酌人类自然之力，而代以法律之力。（即与他人联合而生之力。）顾此事非常艰困，其能尔者，则真伟大之天才也。犹太之法律，至今犹能令人想见创作者之伟大。虚伪之哲学家，与夫默守一宗一派之迂儒，或以此为诈术之幸成，然真正之政治家，则必知此为伟大天才之所创作，相与叹赏于无已也。又曰：正义与自由之存在，法律之力也。法律之力，代表一般意志，而于理义之上，植自然的平等于人类之中。法律与人以常识，人民恃此而行，可以自免于矛盾，法律之弛缓，足以驯致无穷之弊。故政府所最要而最难者，在一切处以公平。对于富者之暴横，有以举保护贫者之实。设斯世之中，而有当悯念之贫民，有当裁制之富豪，则大乱之端已见。法律之所能行者，仅限于中流社会，对于富者之财货，与对于贫民之不幸，法律之无效均也。富者避法而贫者不畏法，法之堕落，盖自忘其根本始也。因自由而有民约，因民约而有法律，自由与法律，互相终始，行则俱行，否则俱倒。一切法律之中，其尤重要者，非铸铜刻石之谓，为深入于人心，形成国家之真正宪法，而日日加以新势力之一物。法或陈腐消灭，而使之复活或更张者，此也。使人民顺于其制度之精神，以习惯之力，代官吏之力者，亦此也。然则此深入于人心之法律，果何物乎？亦曰道德而已。

卢氏之论自由，有曰人民之制法设官，将以保其自由，保其权利也，非为压迫其自由也。此为政治权利之根本格言，然真爱自由者，乃不多见。今世之所谓显达，不惜奉百主以蓄十从，真可慨叹。唯有此辈而平等乃伤，法乃失效。夫人而放弃自由，即不啻放弃人格，放弃人道之权利，放弃个人之权利。人至并此种种而一切放弃之，此实大背人之天性。人之放弃其自由，何异于行为之中，去除道义。古哲有言："奴隶之子，必生奴隶。"若此者，殆人而不能为人者也。夫所谓文明人者，在有道德之自由，从吾所自定之法律，即所谓自主之道德而已。又曰，所谓从属者，可大别为二，一为属于自然之事物从属，一为属于社会之人类从属。属于自然之从属，无伤自由,故亦无流弊。从属于社会,从属于人,弊乃寖滋,从人者与从于人者,皆不能免。欲去其弊,则唯有以法代人,保护公众之意志,不以私人之意,而以法律之力。设法律之力,能与自然律等,不屈不挠,不为人所胜,则人之从属,即物之从属也,自由与道义庶乎其一致矣。卢氏之法律论如此,《民约论》之精意,略具于是矣。

原载(日)新潮社著,过耀根译:《近代思想》第三章《近代主义之第一人卢梭》,上海商务印书馆1918年11月版,第34—42,54—60页。

卢梭与林肯　怪人

欧美历史上,许多英雄豪杰,吾最钦佩卢梭与林肯。盖除此二人而外,其他皆不离功利主义是也。推行其功利主义,或为一人,或为一国,范围虽有大小,而其结果则造成强权而已矣。

独卢梭与林肯之事业,能超然于功利主义之外,此吾之所以钦佩也。(寄)

原载怪人:《怪话》卷一,广益书局1919年3月版,第14页。

李殿林视学江苏　李伯元

李殿林之视学江苏也,除八股时文、五言试帖外,一切束诸高阁,甚至算学题目差至三万余,可谓谬以毫厘,失之千里。……李按临苏属,一题为普王啡哩特威廉第三恢复疆理之由,缴卷时,有请于李者曰:"威廉第三今德皇也,何以犹袭普王之旧号?"李大窘,不知所对。后检书,始知为威廉第一之讹。提覆日,李高坐堂皇,俟缴卷已如额,乃疾趋而入。明日发案,其马迟而不能枚速者,俱落孙山。《四书》义之取列前茅者,俱以讲章敷衍而成,一时有浸胖讲章之号。谑者曰:"以之对阴乾制艺,可称天衣无缝。"一生以《四书》义见赏宗工,其评语曰:"机圆调熟。"忆昔华金寿任山东学政,其幕中有严姓者,评经解曰:"不蔓不支,有书有笔。"与李可称双绝。一卷内用卢梭二字,李瞠目不知所谓。其幕友有知卢梭出处者,具告之,李轩髯笑曰:"什么卢梭,我看起来真是噜苏。"噜苏犹疙瘩也。发落日,邹福保鸣驺往谒,李延之入。谭及学堂一事,李曰:"方今异端日亟,公宜力与维持。"邹对曰:"某拟定一章程,其西学以蒙学课本当之,其算学以市间通行之大九九小九九当之,庶几两无所背。"李揖之曰:"我公妙论,可谓洞见其微。坐而言者,傥起而行,真是为士林造福。"

原载李伯元:《南亭笔记》卷一二,上海大东书局1919年版,第4、5页。

卢 梭 卢寿籛等纂

法国大政学家卢梭者,生于一七一二年。父某为匦人,家贫幼丧母。然天资明敏,不屑事家人生产,嗜读稗官野史,久之自悟句窦,因慨然自力于学。刻苦砥砺,崭然有睥睨千古之慨。后著《波兰政体考》一书,凡八阅寒暑。是书鸿博富奥,其中《民约论》一篇,尤为发前人所未发。其意以为邦国者,本民与君主相与共结契约而起也,而君主往往背契约,为民灾患,此政俗之亟宜匡正也。又曰国民者,主人也;官吏者,其所佣之工人,而执其役者也。其书既成,不数月而暴卒。或云为仇人所毒。然法自路易十四后,君主专制,正值全盛,国民习闻英国文明之化,思想渐异,其欲起而排政治之专制者,日见其众。而当时为全国之主动者,则有三人,即卢梭、福禄特尔、孟德斯鸠是也,而卢之功尤巨。厥后法国革命,共和告成,追念卢梭发明新学之功,为刻石像于巴黎,今人称为卢梭街,学士大夫,过者必式礼焉。

原载卢寿籛等纂:《学生之良友》,上海崇文书局1919年8月版,第44—45页。

卢梭政治学说之研究篇一 向复庵

卢梭(J. J. Rousseau)政治学说以其《群约》(Social Contract)一书为之代表,特兰福斯布利散克(Dreyfus Brisac)氏有言曰,谈《群约》书者至多,而读之者乃至少。盖当十九世纪之际,士夫倡言政治自由,动引卢梭,而不深究其义之所在,故氏感而为此言。吾国自民国肇建,卢梭之名,几于通国皆知。其《群约》一书,迻译者亦非一人。吾诚恐国人耳卢梭之名者虽多,而于其书义,犹未免有如特兰福斯布利散克氏之所云者,故取其原书以科学研究之法,分析论之,加以评骘。意在引起读者研究名家学说之兴味,而不在为文。至研究之法,或有未周,评论之处,或未尽当,亦望海内博雅君子有以教之。

凡研究名人学说,有不可不先注意者数端:一曰人之关系。盖性情气质境遇等项,均与其人所持之学说,有天然不可离之关系。是故欲知其学说,不可不先知其人。二曰时代之关系。名家学说虽往往有左右社会之力,而既为一时代之人,即万不能立于当时社会之外。故欲研究其人之学说,不可不先明其时代之社会情形。三曰同时名人学说之关系。凡一人之学说,未有不与其同时诸家相出入者。或因集思之广,而义益弘;或因论辩之多,而理愈精。苟非博观旁通,何足以知其学说在当代思潮中之特别地位。四曰先哲学说之关系。名家学说固非傍附古人,然古人微言,往往足开来哲。青胜于蓝,冰寒于水,推陈出新之功,是有待于后起者耳。五曰产地之关系。凡人生长于其地,濡染于其政俗者必深。乡土特别之情,认为人世同然之事,不独常人如此,即智士学者,亦往往不免。六曰书中论辩之法与其学说之关系。凡深于历史者,其书必多用内籀法(Inductive Method),而注意理性者,其书必多用外籀法(Deductive Method)。由其所采论辩之法,即可以知其书之大体,及作者平生得力之处。于是六者既明,而后其人之学说乃可得而言焉。吾欲与国人论卢梭之政治学说,故特于首篇,本斯旨以次论之于左。

(一)卢梭之人与其学说之关系

欲研究卢梭之政治学说,不可不先研究卢梭之人。卢梭果何如人者?彼固非政治家,而亦非学问家。彼不独无政治家之地位,且亦无政治家之器识;不独无学问家之渊源,且亦无学问家之性情。(参观 Morley: Rousseau Vol. Ⅰ。)然天才卓越,于文学之情感尤富。自一七五〇年著"科学与美术进步,足使人类道德益薄弱"之论,声名大噪于时。又十二年,其《群约》一书,乃见于世。吾尝细按其个人之历史,然后知其学说与其人之关系极大,世界名人中殆为罕见者。盖卢梭者,意气极盛,神经极锐敏之人也。其不羁成性,不独不能受人之约束,且亦不能受己之约束。故对于社会中现行之制,凡足以制限自由,或使人之行为出于一定规则者,则无不反对之。其于社交,落落寡合,始与之善者,终必与之恶。卢梭之文章,足引人为友,而卢梭之行为,则足反友为敌。(观 Morley's Rousseau Vol. Ⅰ-Ⅱ,即可证上论不谬。)亚利斯多德(Aristotle)氏尝谓人为善群之动物,如卢梭社交性之薄弱,则直可以为人中之变例。然而卢梭则以己之特性,为人之公性;因己之不能与人共为有秩序及利益之商业也,则意他人亦正复如是。其反对法律、习惯制限自由之精神,全书中几于无处不有。盖彼实无异现身说法,而彼即为其书中所描写之至可尊贵之自由野蛮人也。其论政治各书,实与其《自述》(Confession)书中所叙,互相证明,同为其自身之传记。

(二)卢梭之时代与其学说之关系

当十九世纪中叶,欧洲大陆社会状态颇惹学者注目,而尤以法国为最。其至显著者厥有三端:一曰封建阶级之区别。当是时,封建之制虽已打破,诸侯无复享有政治实权;各贵族犹存,种种旧有权利,犹思保守,不遗余力,暴戾恣睢,蔑视平民。此固爱自由之民所不能终于默忍者。二曰僧侣阶级之存在。自寺院解散以后,僧侣内不见信于国人,外为新教所排斥。僧侣一级,在社会上已视若赘旒。然而彼等旧有之权利犹未消灭,此又予爱自由之民以注目者。三曰君权神圣之势力。法国当路易第十五之世,人民处于专制之下,水深火热,而路易则方以天付神权自命,于人民自由,剥夺无余。物极则反,因之人民对于崇拜服从君主之旧观念,遂亦根本动摇。此固于爱自由者以最激烈之反动剂也。有是三端,而以卢梭处之。彼极爱平等,而社会中所遇处处不平等;彼极喜自由,而身世所经,事事不自由。此《人类不平等之本源》(The Origin and Basis of Inequality among Men)与其《群约》诸书所由作也。

(三)同时名人学说与卢梭学说之关系

当十八世纪之初叶,反对专制及顽固主义之思潮,在法国已早具端倪。当时如发儿德(Voltaire),如孟德斯鸠(Montesquieu)皆先卢梭而唤起革命之精神者。又如的都罗特(Diderot)则方寓反对当时治制之精神于编纂《百科丛书》之内。卢梭初论政治诸文,亦尝与彼表同意。惟卢氏持论,日趋激烈,不能稍自贬损,遂自处于的都罗特氏《百科丛书》社友之外。至《群约》出版时,二氏乃大参差耳。且欧洲大陆自十七世纪末叶以来,一时主张自由学说者业已振起旗鼓,与将死未死之顽固学说专制政治宣战。不独法国为然,即日耳曼诸邦,亦莫不如是。(参观 Dunning's Political Theories from Luther to Montesquieu。)惟当时学者之目的,大抵不过希望得一开明专制之治制,以解当时人民之倒悬。即以孟德斯鸠论,其所主张之治制,亦仅取英制而损益之,盖可见矣。卢梭则不然。彼之目的,不在取现世之制而损益之,以求小康,而在改造社会,以达其理想之民治主义。盖当时之各家学说,对于政治革命,大抵悉属于缓进派,即其健者,亦不过主张改良现制。而卢梭则单刀直入,力主根本改革。其受发儿德及的都罗特等所极痛诋者以此,而其为后世所称,至以今日法国共和之精神,美洲民主之幸福,归功于卢梭当时之文字者,亦即以此。(参观 Morley's Rousseau Vol. Ⅰ. P.3。)

(四)前哲学说与卢梭学说之关系

卢梭政治学说在当代思潮中之特别地位,既如上述,然而不可遂以其说为创也。马基非利(Machiavelli)、普凡多夫(Pufendorf)、霍布士(Hobbes)、洛克(Locke)、孟德斯鸠诸氏之学说,皆与卢梭之学说有直接间接之影响,而尤以受霍布士、洛克、孟德斯鸠三人学说之影响为最大。霍布士之政治学说,与卢梭立于反对地位,卢梭亦尝痛诋之。然而卢氏主权(Sovereignty)之义,实本霍氏之真谛,不可诬也。洛克学说与卢梭为同宗,卢氏亦尝自以所持原理,与洛克无殊。卢梭之主权在民,及主权本于群约之义,盖全师洛克之说。本霍氏主权之精意,师洛氏民主群约之要义,而遂成为卢梭主权人民(Sovereign People)之名论。孟德斯鸠之学说,卢氏亦尝自由采用其意,或直接援引其书。然其势力之及于卢氏学说之根本者,则远不及前二氏之深,此则可考而知也。虽然,卢梭之学说固不能谓之创,而前哲之论,既经卢氏镕铸后,则成为卢氏之说。卢梭之群约,不能与霍布士、洛克二氏之群约混,则又不可不知也。

（五）卢梭之产地与其学说之关系

卢梭生于瑞士市府小国,习见其市府国家共和之制,与法国君主专制迥异,当然益坚其反对君主、伸张民权之心。其《群约》一书,开宗明义,即以生为自由国公民,为主权体之一分子自豪,即可以见其梗概。尤有进者,卢氏自习于几尼哇(Geneva)之政治,遂益醉心于古代希腊之自由市府小国,及罗马共和之制。然彼于是等国家,并未尝有精深博大历史之研究,特眩于其文学上所传之美备治制,及其名人之完善道德,遂至悬为理想治制之鹄。故其论国家之生活,与天然人无异。人生必有死,国家亦必灭亡。至考其所根据之理由,则悉本之于希腊、罗马之历史。如谓"斯巴达与罗马尚陷于沦亡,何国更能永存"是也。又以公共教育制度为良善国家之重要条件,以罗马历史之未尝有此也,乃举罗马继续存在,至于五纪之事实,以为其理想上之解释。此等迂滞凿空,固由其未尝具有统系的历史学,及正确的论理学之研究,然亦由其囿于产地,致醉心希腊、罗马治制过其有以致之。总之,卢梭梦想之直接民主制度,不出于自由市府小国,皆为其产地所囿而然。彼固绝不料以北美合众国之大,竟能享民主之尊荣幸福,有如今日者也。

（六）卢梭书中论辩之法与其学说之关系

卢梭尝自言其哲学,为根本于通常不经意之事实上所观察而得者。是言也,取其论教育之书而证之,犹间有合者。(参观卢梭之 Emile liv. Ⅱ. & Ⅳ.)至其谈政治诸书,即如论科悉加(Corsica)及波兰(Poland)政治等书,虽据当时事实上以立言,然其归宿,亦不免为应用其早年所得理论之结果。既非本于历史之研究,亦非为其事实上实际观察之所得也。其论《人类不平等之本源》及《群约》等书,则尤为偏重理论者。如言"人生而自由,且到处桎梏"。是言也,如以历史证之,则全无理由之可言。何者? 人之生也,必有父母,父母必在一社会中。此社会或为原始,或为进化,俱有习惯或法律之存在。如何能生而自由? 即以卢氏所最喜谈之希腊、罗马史言之,彼雅典、罗马之人,固未尝生而自由。盖其法律,均予为父母者以完全自由处分新产婴儿之权。社会愈幼稚,则人生得自由之期愈迟。然而卢梭则固不计及此也。彼言"生而自由"者,理想中之人也,而到处桎梏,则为其社会中之人。去社会中之桎梏,而返于理想中之自由,此则卢氏之旨也。然而因此遂谓卢梭为完全抽象之思想家,惟就假定之历史例案立论,则又非也。研究政治学说者分为二派:一则博稽旁考,由人类社会万象之中,寻其普通之轨,以觇现时社会之实际如何,此历史派也;一则由人类结合之根本,彻底研究万途同归之原理,以明社会设施之应当如何,此理性派也。历史固可供是派之用,而是派则不依历史为根据。卢梭即属于后一派者,虽其书中亦往往有根据极狭隘之历史事实立论者,然要为其无正确论理学之研究所致,非其大体所在,此又为读者所不可不知也。

原载上海《太平洋》1920年第2卷第3期。

杜威博士讲演录:社会哲学与政治哲学　孙伏园记

洛克的学说,并不是民主的而是君主立宪的,不但主张人民保留政治权利,而主张把政治权利委托政府。但是政府须受限制,政府不守本分时,人民可以革命。他本是王党,是主张立宪的王党,所以他的学说如此。

此后一百年,一千七百八十九年,法国大革命起来,那完全是民主的运动。法国大革命的哲学代表是卢梭(Rousseau),正如英国大革命的哲学代表是洛克。卢梭提倡的是民主革命的学说。

卢梭的根本观念,是以前和现有的政府都不是良好的,良好的还没有出现哩。现在的政府,不过根据于势力威权。若是正当的政府,应该是根据于公民共同协商,人人把自己的意志暂时取消,尊重共同的意志,以代表社会全体的幸福乐利。所以说,能以社会全体的力量去帮助执行共同意志的政府,才是正当的政府。

卢梭以为法律是代表共同意志的,故立法权最为重要,应该让归国民全体。洛克的学说主张三权分立,立法、司法、行政并立,不能偏重,偏了就是专制。这是英国人相传的见解。卢梭既认立法为最重要,故不信代表制度,以为人人应该参预立法。司法行政不过是派出来管事体的,所以不甚重要,不得当的时候,只要更换就算了,只有立法权非归人民保存不可。这是极端的民主政体。

卢梭的学说,也如洛克学说之于英国革命,是法国革命的哲学,是革命思想上的背景。英国人不甚欢迎他,英国人看卢梭,正如现在守旧的人看Bolsheviki 一样。Bolsheviki 的学说,很有许多从卢梭传下来的。不过卢梭讲的是公民全体,Bolsheviki 只主张劳动工人全体;卢梭所讲的共同意志,Bolsheviki 只主张劳动工人的共同意志,略有不同的地方罢了。

原载《新青年》1920 年第 7 卷第 4 期。

社约论考社约旧译作民约　张奚若

数年前严几道作《民约平议》一文,攻击卢梭《社约论》[1]不遗余力。《甲寅》报记者章君秋桐起而驳之,于严氏非难卢梭不当之处,颇多指正。惟严、章两家为文本旨,均以当时国中实在政象为目标,非欲穷探哲理、作学术上有统系之讨论也。用意既殊,持说自异。故其终也,连篇累幅,不外枝节之辞,无与于社约论之大道正义。何言乎社约论之大道正义?曰:欲知社约论之大道正义,应先知社约论在历史上发生之由;既知其历史上之价值,其次又应问其在人类政治生活中所含永久不变之真理如何。二者既明,则人类最初平等与否,卢梭所言合理与否,均属无关紧要矣。

社约论在历史上发生之原因虽多,就其大者著者言之,可曰为抵抗专制、扶持人权而生。专制魔王视人民如奴隶如私产,凡百政令,惟王所欲。其所藉以拥护王位之具,悉惟武力。诵"帝王受命于天"之训,读"朕即国家"之说,可想见当时人民在政治生活中所处之地位若何矣。社约论之最大价值,即在以民意代天意,谓政权基础,不在天不在王,而在平民。此种论调,在今日已成老生常谈,然自人类政治生活发展史上视之,则为古今文明一大转机,为近代平民政治之张本。社约论发达之前,人民在政治生活中为被动的而非自动的。社约论实施之后,向者草芥之氓,一变而为其自己生命之主人翁。此在群众道德、个人人格上,均为一大进步。研究社约论者,不可不知也。然读者于此,切勿误会作者之意,以为一切社约论皆以

---

[1]　社约法文原文为 Contrat social,旧译作民约,既乖原意,又滋误会。今称社约,非敢好奇立异,不过欲免此弊耳。乖原意滋误会之处,详后"中世纪"节小注下。——此文中注释均为作者原注。

抵抗专制、扶持人权为职志,或近代平民政治尽属社约论之产物。不然不然,社约论者各家之用意,固不如是之一致,而促助政治进化、造成近代平民政治之份子,又不若是之简单。作者之意,不过谓社约论者中之最大部分,均以抵抗专制、扶持人权为职志,而造成近代平民政治之各种份子中,社约论乃其最有势力最有影响者耳。

社约论在政治进化史上已往之地位如此,其次请再言其在人类普通政治生活中所含永久不变之真理如何。前者为历史上过去之事,其兴趣仅及于历史家,后者则为现在及将来各种文明政治组织之一最大原则,举凡关心政治者均不可忽。此所谓普通政治生活中所含永久不变之真理维何?曰人民同意是也。一国之人,分治者与被治者两种。政权虽操于治者,而运用此政权之目的及方法,则须得被治者之同意。不然,若治者时时违反被治者之意志,积怨达于极点,被治者必起而驱逐旧治者而另置新治者,以求合乎其同意。此不但于现代行使议会政治各国为然,即在今日中国武人横行、民权不张时代,而犹有反对帝制、护法,要求惩办曹、陆、章诸举者何也?毋亦人民之求伸其同意耶?社约论之所谓人类最初平等自由享有权利等语,在今日科学发达时代,尽可视为神话小说,然其根本哲理,以人民同意为政治组织柱脚,则无论何时莫之能易。非惟不能易,且社会愈进化政治愈改良,将愈见此理之确切不拔也。

向来政论家对于社约论之意见,可分二派:一派视社约为历史上确有之事实,以为人类最初之社会或政府果建于约,约者即人民用以表示同意之具也。其他一派以为社约并不必为历史上必有之事,不过为论理上难逃之结论。第一派在今日社会学、人类学发达时代,已无人信。第二派则含理至微,犹多商量余地。[1]

"民约"二字,在中国几常与卢梭之名相联现,故人多以为社约论为卢梭特创,卢梭之外,再无人言社约者。不知社约论肇源于希腊哲学家,成形于中世纪,大发扬于霍布士(Hobbes)、洛克(Locke)及卢梭,而绝响于康德(Kant)、菲希特(Fichte)。据此可知,卢梭不过持此论者之一人,以其势力特伟,故较他家为知名,初非前无古人后无来者也。今请就社约论之历史沿革而略述之。

---

[1] 参阅 Ritchie, Darwin and Hegel, p.220。

七 卢梭

（一）自然境　卢梭之自然境,既别于霍布士,又异于洛克。盖霍氏之
自然境为战乱好杀之境,洛氏之自然境为平和乐善之境。自卢梭视之,一
则失之于太野,一又失之于太文,均非原人时代之真象。尝曰:"哲学家之
欲追建社会基础者,均觉非上溯自然境不可,然而从无人真至其地也。"[1]
何者? 以自然境中之人,孤居不与世通,知识情欲,均甚简陋,食息而外,别
无他事。间或彼此相遇,亦偶然之事,不足起永久之关系。[2] 谓为好杀,
是以今日文明社会之罪恶归之;谓为乐善,是又以今日文明社会之道德归
之。原人社会既非道德的,又非不道德的,而为非道德的。道德观念,社会
进化、人智较高时始有之,以之形容无知无识之原人生活,未免有画蛇添足
之诮也。[3]

霍布士谓自然境中之人,私利成心,日以攘夺权力为事。卢梭以为此
不但为事实上难有之事,即有之,其结果亦断不能如霍氏所言,成为争杀不
息之战境。以按之霍氏,战杀之目的,在灭尽敌类,据一切为己有。今若有
人果能达此目的,是适足以败其自私之心而违其争杀之本愿。何也? 灭尽
人类,据大地为私有,效果所及,将见无人代执劳役而非自苦不可,无人崇
拜其威权而虚荣之心以破,即真拥有天下之宝藏,试问无人健羡,无人拜
赏,有何用处? 卢梭于此,以最淋漓痛快之词诘之曰:"彼若为大地之上,绝
无仅有之人,试问即富有六合,究有何益? 茫茫宇宙,一人独居,私心纵炽,
谁将为之采天下之产物耶? 谁将为之扬名驰誉于四表耶? 谁将食其所蓄
而用其所储耶? 谁将矜其功业而慑其权力耶? 吁,吾知之矣,与其杀尽人
类,彼将束之缚之、桎之梏之而使其为彼之奴矣。但仅此舍杀戮而取奴蓄
一端,已经易尽全题面目,毁杀之说,已不复存,战境已不复有矣。"[4]霍布
士之所谓战境,卢梭不能赞成如此。反之,洛克之所谓和平乐善,卢梭亦大
示反对。盖洛氏以为自然境中之人,具有道德观念,其所异于政治社会者,
仅在缺乏公共裁判者一端。卢梭则大不谓然,以为道德以公道与不公道为
准则,而公道与不公道又皆政治社会之产物。有曰:"吾人道德不道德之观

〔1〕　Discours Sur l'inégalité,见 Vaughan, Political Writings of Rousseau, I, p.140.

〔2〕　Ibid, pp.148,158－161.

〔3〕　Ibid, p.159.

〔4〕　Neuchâtel 图书馆所藏《社约论》原稿,见 Vaughan, Political Writings of Rousseau, I, p.293。

念,完全得之于政治社会,以法律存于公道之前,非公道存于法律之前
也。"〔1〕据此可知,洛氏之自然境,为有道德的;卢梭之自然境,为非道德
的。有道德故其所求于政治社会者仅为维持道德之公共裁判者而已。非
道德故其所求者甚为复杂,不止公共裁判者一端。人之所求于政治社会者
不同,故政治社会权力之大小、功用之广狭亦不同。洛、卢两家,因其所言
自然境之性质不同,故其政治社会之性质亦大异。自然境于政治社会关系
之巨,有如是者。

按之卢梭,自然境中之人,孤居独处,不与世通,饱腹之余,贪眠好息,
与其他动物无异。〔2〕但难者将曰:自然境中之人既然孤居独处,不与世
通,是将老死不相往来,而所谓政治社会者,果何自而生耶? 以作者所知,
卢梭于此所言并不如霍、洛之较为明了,然撮其大意,可曰人之初也,虽处
自然境孤居不相往来,但厥后或以人口之增殖,或以渔猎之须互助,或以其
他偶然之事而相联合。联合既频,于是孤居独处之习渐破,而家族部落之
俗渐成。家族部落之俗成,而人类最初之社会生。社会发生之后,人性亦
因之而大变。所欲既多,所需自繁;所需既繁,所欲更多。〔3〕然个人之力
有限,不能胜外界之困厄而偿其所欲,其终也,乃非与人相约而互相为助不
可。〔4〕此约之来历也,此政治社会发生之原因也。

虽然,卢梭非信自然境为历史上必有之事者也。〔5〕社约之意,在彼不
过欲为政治社会建一强固的哲理基础,此观丁其《社约论》开宗明义第一章
之开首数语而益信者也。其言曰:

> 人生而自由者也,而今则尽在桎梏之中矣。凡人自信为他人之主者,
> 其为奴也更甚于人。此种变迁,何自而起乎? 吾不得而知之。如何而可使
> 其为合法乎? 吾以为吾可解决此题。

《社约论》全篇深旨,即在解决此人之生也本为自由,而今又不自由之
难题。其功用乃哲理的,非历史的也。

---

〔1〕 Geneva 图书馆所藏《社约论》原稿第二篇第四章,见 Vaughan, I, p.494。
〔2〕 Neuchâtel 原稿七八五六号,见 Vaughan, I, pp.298,306。
〔3〕 Discours,见 Vaughan, I, 150‒151;Geneva 原稿一篇二章,见 Vaughan, I, 447。
〔4〕 Contrat Social, I, 6.
〔5〕 Discours,见 Vaughan, I, 141.

（二）自然法　自罗马法家以来,自然法之观念侵入脑海,为政论家所宗引,言社约者均谓其为自然境中维系人类行为惟一之具,而洛克且几视之为一极严极显之神律。[1] 史比努札虽不之信,顾未明言其必无。[2] 其敢高倡革命之说而敝屣视之者,政论史上卢梭其第一人也。[3] 卢梭以为此法与其称之为自然法,不如称之为理性法。[4] 以所谓自然法者,不外人类一种大公无私之知觉或判断,此种知觉或判断,经历史上若干时代之道德的淘养、法律的训练,始克有之,并非自然境中之浑沌原人,所可一蹴而致者。自然境中之人,浑浑噩噩,既无所谓善,亦无所谓恶,又无所谓道德不道德。[5] 道德观念不存,自无自然法可言,以自然法乃一种理性的判断或道德的观念耳。自然法为道德观念之说,证之以历来自然法之意义,益为显著。自然法之意义,一时代与一时代不同,所以然者,以每一时代之道德观念不同,故其自然法之意义亦不能不因之而异。转言之,自然法乃人类道德进化的反照,视时势为变迁,并非固定之物,生人之初,造物者即以之植于人类之胸际也。

卢梭之自然境说,本已较霍布士、洛克为近情理,而其自然法论则更言前人之所不能言,见前人之所不见者矣。虽然,卢梭在社约论史上位置之重要,固在其社约论自身,自然境、自然法云云,特其中之枝节耳。今请述其最著名最有影响之社约论。

（三）社约　自然境中,困危太多,非个人之力所能胜,故群相约而联合其个人之力为一公共之力,以为抵抗外界困厄、保持群众生活之具。但个人之力及其自由为其保存生命最要之物,今若以之与一公共机关,岂能无害于个人自卫之能力乎？卢梭于此,高标其社约之根本问题曰：

社约难题,全在得一联合团体,令此团体以其所有全力抵御联合者每人个人之生命财产,且令此与全体相联合之个人,同时又仅服从其个人自己,自由不亚于未约之前。[6]

---

〔1〕　Divine Code.
〔2〕　Green, Principles of Political Obligation, 49 – 50, 55.
〔3〕　Geneva 原稿一篇二章,见 Vanghan, I, 449; Discours, Vaughan, I, 136 – 137.
〔4〕　La loi de raison.
〔5〕　Discours, Vaughan, I, 159.
〔6〕　Contrat Social, I, 6.

卢梭于此，既欲令个人以其权力与自由尽量降之于一联合团体，又欲令此服从团体之个人，同时又仅服从其自己，自由与昔无异。此诚有如卢梭所言为一莫大难题。但卢梭智慧无穷，自有利器解此盘根错节。其言曰：

约之条文，若以最简单之词出之，即与约者以其自己及其所有权利尽量与于社会全体。此并无害于个人，以每人既以其自己完全与于社会，是大家之条件相同。大家条件既同，则人无为不利于他人之心也。[1]

卢梭此处所注意者，不但在人人弃与之条件须为同等，且谓此种弃与须为尽量悉数绝对无限的。曰：

弃与既为绝对的，则其联合自为完全无缺，而个人毫无余剩权利可言矣。盖若有丝毫权利留于个人，社会之上、公私之间，将无公共裁判者。公共裁判者不存，每人将自为裁判，而不久又将作裁判大家之干涉矣。如此，则自然境犹将存在，而联合将变为强暴或无用矣。[2]

人人悉以其所有权利与之社会，其结果如何？卢梭曰：

每人以其个人与于全体，其结果等于与于无人。且以每人对于他人享有他人对彼所享之同样权利，其结果不但吾人以失之于他人者得之于他人，且获较大之权力以为吾人所有权利之保障。[3]

又曰：[4]

吾人于此，若弃社约中不关紧要之辞，其重要条件将如下："吾人每人以其个人及其个人所有之权力，共同置于公意[5]支配之下，同时吾人每人

---

〔1〕 Ibid.
〔2〕 Ibid.
〔3〕 Ibid.
〔4〕 Ibid.
〔5〕 Volonté Générale.

即变成全体中一不可分之部分。"

个人如此与社会融合而为一体,个人为部分,社会为全体。卢梭曰:[1]

联合之举,于多数个人人格之处,造一单一的道德集合体。[2] 此道德集合体所含组合份子之数,恰与集合者之人数相等。且此道德集合体,由此同一联合举动而得其单体。[3] 得其公我,[4] 得其生命,得其意志。

卢梭社约之作用,全在得人人之同意,造一公意公我。公意公我成,而政治社生。政治社会之为物,与人无异,以其为多数个人联合而成,故曰公人。[5] 卢梭曰:此公人昔称城市,今称共和或政治团体。当其静时,称之曰国家;动时,称之曰主权者。与其他同类团体对峙时,称之曰强权。与约之人,自其全体言之,谓之人民;自其个人参与主权言之,谓之市民;自其屈服于国家之法律言之,谓之国民。

霍布士之社约,仅得多数同意已足成立。卢梭则以最明了之词,谓政治社会成立之后,政治运用虽由多数取决,但当初立社会之时,却非人人同意不可。其理有二:一、政治联合为天下最自由之事,以人人生而自由,为其自己之主人翁,他人无权迫之使为奴隶也。[6] 二、政治社会成立后,一切政治运用,将由多数取决。但此多数取决之权,根于原约[7]之规定。若原约不得人人同意,则后来多数取决之权,将毫无根据。十人之中,九人无强迫一人之权,一人亦无服从九人之义也。[8] 以初立约时之同意作以后多数取决之根据,为卢梭社约论中一大要点,不可不察。[9]

由自然境至政治社会之方法及手续,约略如此。至入政治社会后,人性上所生之影响及变易如何,实甚重要。盖自卢梭视之,未入政治社会之

---

[1] Contrat Social, I, 6.
[2] Un Corps Morale et Collective.
[3] Unité.
[4] Moi Commun.
[5] Personne publique.
[6] Contrat Social, IV, 2.
[7] Contrat primitif,英文为 Original Contract。
[8] Contrat Social, I, 5; IV, 2.
[9] 关于此点之评论,阅 Green, Principles of Political Obligation, pp.88 – 90。

前,人之行为以天性利欲、自然倾向为断;既入之后,以公道道德、义务理性为断。此为人类生活上极大之变迁,所关极要者也。[1] 且人当入社会之时,虽失自然境中之利益不少,但其所得于社会者,较其所失者实多且大。以社会之上,人之能力扩大,思想发展,情欲因之高尚,灵魂因之超度,所谓社会"化蠢弱之动物为灵慧之人"者是也。[2] 然此仅就社会之影响于人类道德及性情者言,若就自由权利一方言之,其影响尤有大者。盖人于入社会时,所失者为其天然自由,[3]所得者为社会自由。[4] 天然自由,虽多而不稳;社会自由,即少而可靠。天然自由,视个人之力为依据;社会自由,以国家全体之力为干城。享受天然自由者,全受情欲之驱使;享受社会自由者,仅听道德之指挥。一为假自由,一为真自由,分别极严而关系极大也。[5]

(四)主权　社约之惟一作用,在为政治社会之主权建一坚固不拔之基。所谓自然境也,自然法也,社约也,皆为建此基础之方法手续。方之主权自身,其间固有轻重本末之别也,但历来社约论者之目的,虽俱为主权建置基础,惟其所建基础之性质,殊人人不同。霍布士以为,人民以社约,永弃主权于政府中之一人或数人;洛克以为,人民以社约,暂寄主权于政府,政府不道,人民得收回此权。卢梭则大异于二者,以为约成之后,人民自己变为主权者,主权永久存于人民全体或社会,与政府丝毫无与,既无所谓永弃,亦无所谓暂托。政府之为物,完全为主权者之行政机关,供主权者之驱使而不能自为主权者。易言之,主权者,造法者也,人民,从法者也,政府则介于主权者与人民二者之间,为执行主权者所造之法律之器具耳。[6] 然读者于此或将曰:若是,岂非人民同时既为制造法律之主权者,又为服从法律之人民乎? 卢梭应之曰然。以约成之后,人民成为主权者,社会中之个人,对于他人,由此生一二重关系:一、个人自己为主权者之一小部分,他人为服从主权者之人民。二、自己为服从主权者之人民,他人为主权

---

〔1〕　Contrat Social, Ⅰ, 8.

〔2〕　Ibid.

〔3〕　Liberté Naturelle.

〔4〕　Liberté civile.

〔5〕　Contrat Social, Ⅰ, 8.

〔6〕　Contrat Social, Ⅲ, 1.

者。[1] 譬如一国之中,有人一万,主权者之于个人,犹万之于一;个人之于主权者,犹一之于万。个人之为服从法律的人民,为完全绝对的,而其为主权者,则仅其万分之一也。[2] 于此生一问题,即个人既为主权者之一微小部分,又须完全服从主权者所造之法律,其结果岂非个人仅有主权者之名而无主权者之实,受多数压制而为不自由之甚者乎? 此在实在政治事实上,诚属无从解决之难题,但在卢梭之理论上,则毫无困难之处。盖彼于为主权二字作界说时,已下一限制,使之只能为善不能为恶也。兹请察其主权性质说。卢梭曰:主权者,公意也。何为公意? 曰以社会公利为目的之意也。其仅以私利为目的者,虽多,不为公意。卢梭于此,立公意与众意[3]之别。前者以公利公益为怀,为人人同有之意;后者以私利私益为怀,为彼此不同之意。一为私意之差,一为私意之合。[4] (如以算式表之将如下: 甲之意=a+b+c,乙之意=a+d+e,丙之意=a+x+y。公意=a,即各私意之差;众意=a+b+c+d+e+x+y,即各私意之合。)主权既为公意,公意又为人人同有之意,则主权之不能为非,个人之无从受压制,不言自喻。故卢梭曰:主权者既由个人组合而成,自无伤害个人之理。盖凡物自其本性言之,断无自害之理也。[5]

虽然,卢梭于此,并非不知私意有僭窃公意之患而未尝设法以防之也。防之之道有二: 一、主权之作用,限于立法。(反言之,即法为人民自己所造。)法之范围,仅及全体之公利而不能及私人之特利,法而涉及私人特利,即不为法而失主权之效力。[6] 二、主权者(即人民自己)依法规定,于每一定期中,自由集会,投票解决二事:"第一,主权者对于现有政体,是否愿再维持。第二、人民对于行政之权,是否犹愿存于现任官吏之手。"[7]有此二重防维,卢梭以为主权将永为人民之公意,而民权政治安如磐石矣。

八 社约论与美法革命

社约论之意义,观于以上所述霍布士、洛克、卢梭三家之言论,当已知其

---

[1] Ibid, I, 7.
[2] Ibid, III, 1.
[3] Volonté de tous.
[4] Contrat Social, II, 3.
[5] Ibid, I, 7; II, 3.
[6] Ibid, II, 4, 6.
[7] Ibid, III, 18.

梗概,今请再略言社约论在实在政治事实上之影响。以上所述自霍布士至卢梭,纯属玄想的理论,本段所言,则为玄想理论之效果。吾于本文之始,已标明社约论有二大价值,一为其在历史上助长民权已往之功,一为其在人类政治生活中所含永久不变之理。本节所述,即其历史上已往之价值耳。

近代民权发展史上最大之事,曰美、法二大革命。而美、法二大革命之政治原理,又多得之于洛克及卢梭。此观于当时两国学者之著述及其成文宪法而可知者也。讨论学者之著述,非本文篇幅所许,今请仅言其宪法中有关社约论之处。

(一)美国革命 一七七六年六月十二日美国之维紧尼亚州所立之宪法,其《权利宣言》章第一条即曰:"凡人自其天性言之,皆为平等的自由独立〔1〕而有数种固有之权利。此种权利,人于入社会之时,不能以约剥夺其子孙后代。"同年七月四日美国合众国之《独立宣言》书中有曰:"凡人皆平等,享有造物者所授不可弃之权利。此种权利为生命自由及幸福之获取,政府之设,原为保护此种权利。政府合法之权,得自被治者之同意。"以上权利同意云云,已可见社约论之影响,然犹未若一七八〇年麻塞丘塞州宪法所言之更为明切也。一七八〇年麻塞丘塞之宪法,于其开宗明义之权利章,大书特书曰:"政治社会成于各个个人之自由联合,联合之时,全体与个人,个人与全体,互相为盟而立社约。社约之目的,在令大家共同受治于同一法律之下而获公益。"

(二)法国革命 一七八九年震惊全欧之《人权民权宣言书》〔2〕之第一条曰:"权利上,人生而自由平等,而现在又继续为自由平等者也。"第二条曰:"政治社会之目的,为为人保存其自然不可失之权利。此种权利,曰自由,曰财产,曰安全,曰压制之抵抗。"第三条曰:"一切主权,存于国家。"第六条曰:"法为公意之表现。"第十二条曰:"人权民权之保障,须有一公力。〔3〕故此力之建置,乃为全体之公益,非为掌此力者个人之私利也。"

一七九三年宪法之《人权民权宣言书》,较之一七八九年更为激烈,更为透辟。其第一条曰:"社会之目的,为人民之幸福。政府之设,在为人担保其天然不可丧失之权利之安享。"第二条曰:"此种权利为平等、自由、安

〔1〕 "Equally free and independent."
〔2〕 Declaration des droits de l'homme et du citoyen,通常简称《人权宣言》。
〔3〕 Un force publique.

全、财产四者。"第三条曰:"凡人准乎自然之理及于法律之前皆为平等。"第四条曰:"法者,公意之自由尊严的表现也。"第二十五条曰:"主权存于人民,不可分,不可失,不可弃。"第二十六条曰:"一部分之人民,不能行使全体人民之权。"第二十八条曰:"一人民无论何时,均有修改或改良或更换其宪法之权。一世之人,不能以其法律束缚其来世也。"

原载上海《政治学报》1920 年第 1 卷第 2 号。

卢梭之学说　子然

卢梭以为人类原无辜而善良,而使之成为凶恶者,社会之罪也。思索文化,利己主义,皆不自然。而太古之自然的状态,仅有同情与自爱,无所谓我欲。我欲者,伴于社会之发展而始发生者也。人类之思惟考察者,已缺损其本来之美德者也。在自然的状态,无财产,无压制,无统治者。财产、压制、统治者,亦伴于社会之发展而始发生者也。有财产,故生贫富之别;有统治者,故生强者与弱者之差;有压制,故生君主与仆隶之等级。以财富易流于奢侈之故,益使人类成为不幸凶恶。科学者,罪业之结果,又其原因也。要之,由文化进步而人类本来之特质益缺损,欲匡正人类如此一般之堕落,莫若还归自然。又社会之秩序,非自然的。人决无支配他人之自然的势力。社会之秩序,本于契约,然非君主与臣民,而人与人之契约也。人类相集合而缔结社会的契约,将各自之势力、财产,委任社会全体,使之保护,于此始有国家。国家之组织既成,始有其统一与意志,称缔结社会的契约之个人全体,曰国民,国民之各员,有分有主权之权利,同时有服从之之义务。嗣个人失自然的自由,而代之以为国家之意志所制限之市民的自道德的自由者,非徇性欲之谓,而率由自身所制定之规则之谓也。是故主权者,以国民全体之安宁为目的之普遍的意志之规则,而国民之所有也,而至善者,自由平等之外无之云云。

原载《时报》1921 年 2 月 1 日。

近代哲学家　瞿世英编

第十章　卢骚(Rousseau)

我们读西洋书,无论是政治、社会、教育、文学、哲学、伦理,都发现此法兰西大思想家的名字的是谁? 他便是卢骚(Jean Jacques Rousseau)。卢骚生于瑞士之臣利伐(Geneva)。他父亲是一位忽格拉教徒(Huguenot),以教跳舞为业,亦有说是钟表匠的;他一生没有看见母亲,因为他母亲产后得病死了。幼时教育,得于父叔。十二岁为某雕匠的徒弟,十六岁遁归旧教。一七四一至一七四九〔年〕居巴黎,靠音乐自活,亦有时为人私家书记。娶妻生五子,皆送入育婴堂。后来又回到臣利伐,复返新教。又回到巴黎住在乡村里面著书。后来因所著的书,为法政府禁止,乃遁走各国。后仍返巴黎,一七七八年死。他的著作除《忏悔录》外,有第一次应征之文,大意说道德因当时文明而腐败沦丧。第二次应征文,大意说社会之不平等,由于所谓文明,而私产制度尤为重大原因之一。又著一本小说名"The New Heloise"宣传恋爱、婚姻与家庭生活的美趣。一七六二年两本大书发现,一是他的《民约论》(The Social Contract),一是《爱密耳》(The Emile)。《民约论》的大意说人本来是自由的,后来才结成契约而有各种组织,故政府或社会秩序,可以依人民意志而改变云。《爱米耳》是假设的一个人的名字,卢骚的教育学说,都在这本书上。全书分五卷:第一卷,一岁至五岁之教育。第二卷,六岁至十二岁之教育。第三卷,十三岁至十五岁之教育。第四卷,十六岁至二十岁之教育。第五卷,妇女教育。

他的一生和他的著作,大致如此。今请述其思想。

卢骚是一位感情论者(Sentimentalist),他很注重感情(Feeling)。他说感情是知识之泉源,所以亦可说他的哲学是感情哲学(Feeling Philosophy)。他又大声疾呼说"回到自然去"(Go back to nature)。"回到自然去"这是什么意思? 有一本书上说,卢骚说在上帝手里的人都是好的,一入尘凡,便都坏了。看纯知识之进步,人类生活之增高,在在使人愈加不真,而离自然愈远。文明社会的人为的组织,无一事不使人堕落。从自然手中来的时候,良美而且纯粹,慢慢儿一步一步的发展,便一步一步渐渐的离开了自然了。堕落的起原,是出于私产制度之发生,结果遂不得不分工作事,于是就分了阶级,而万般罪恶皆由此而起。所以他说社会要重来一次,以前的路走错了。人类历史要另起炉灶重来一次新的,再顺着正当的道路来谋发展。因此必须要先从这知识的、文明的、不自然的地方退回那自然的、感情的地方,从现在社会上各种假关系回到那纯然自然的自己。这是他的目的。卢骚的意见以为人类全体需要一种政治的宪章,使人人都可自由而权利均等,个人方面则主全赖教育使合于自然,以得相当之发展。

教育学上有所谓自然主义者,即卢骚所主张的教育说,今请详述其学说。他的教育的根本观念是有许多。那时人都说人性是恶的,他却说人性完全是好好的;教育的目的是为发展个性;教育的来源是自然(Nature)的事物(Thing)和人(Men);自然便是自然界;事物是物质的环境,人便是社会的环境。至于教育的步骤和妇女的教育,他却有他独到的主张,开新教育的门路。

他著的《爱米耳》一本书,是完全发表他的意见。爱米耳是假设的名字。全书分五卷,我在前面已经说了。第一期的教育是从一岁到五岁。这时候父亲是自然的先生,母亲是自然的保姆。须要让他自由游戏,衣服不宜过紧。须要住在乡村,使有自由的户外生活。玩意儿要自然的不要人造的。不要使他多得新字,"观念比字多是很不好的"。第二期呢,从五岁到十二岁。设法叫他跑路、跳高、游水等项。关于知识方面,须要在户外用感官研究自然。可以学习图画唱歌,不要教他读书。爱米耳十二岁的时候还不知道书是什么呢。第三期是自十三岁到十五岁。这个时候,他的能力比他的欲望大,须要养成他做工的能力,这时能学成一种手艺最好。爱米耳便学了木匠,这有两种好处,一是使他能够经济独立,二使他与下级社会的人有同情。知识方面,自然的调查是求学的动机,求学的向导,方法是要用直接的调查。卢骚言这"不是研究科学,乃是要发现科学"。这时候只能用几本书,最好是《鲁滨森飘流记》。第四期从十六岁到二十岁。这时候是成人的教育。无论社会方面、道德方面、宗教方面都要注意。使他知道两性的关系的重要与社会的性质。使之自觉身体的本能和道德的本能,而感情实为道德的感觉的基础。(卢骚之《教育学》译本。)所谓善恶,实在是爱和憎的表现。须要使他与社会接触,经验是最好的先生,各种事情最好能自己去阅历一下子。至于许多恶事却不必一定要自己去阅历,可以利用人家已经阅历的——历史——以资借鉴。爱米耳到了二十岁,教育的能力也就尽了。《爱米耳》书上第五卷是讲他的妻子索菲,便是卢骚对于女子的观念和妇女教育的意见。

卢骚一口的平等,然对于女人非常轻视。他那些话,实在难堪,使人对于他未免有不美的批评。他说教育女子的原故,就是为男子。他说"文明妇女是每人的妆饰"。身体方面要教育他使有力量而且美丽。美丽可以吸引男子,有力量可以养活小孩。须学习唱歌跳舞等事以使男子喜悦,更须学习缝纫、花边、刺绣等事。小的时候须服从父亲,大了便要服从丈夫。总之他对于妇女是非常专制的。他的教育学说大致若是。他的教育学说重要之点,综合起来可大别为八条。一、教育是自然的历程的发展。二、小孩子发展有一定步骤阶级,每期各有特点。三、小孩的生活须要自由无制限。四、天然的兴趣是最好的导师。五、个人的经验所得比书本上死记下来的有价值的多。六、道德的教育以"自然因果之训练"为最有价值。七、教育的目的是"完全的生活"。八、职业教育在教育上有相当之价值。他的要点大致若是。他这学说亦有好些地方可以批评。批评的也很多,限于篇幅,不详述了。

美国《独立宣言》上说:"所有的人生都是同等的,创造者赋以一种独立的权利。这里头有生活、自由和快乐。为维持保有这种权利之故,于是乎有政府……这种思想,从那里来的,这便是从法国的政治思想来的,便是从'社会契约说'来的。"

"社会契约说"并不是从卢骚才发明的,他以前就有胡克耳(Hooker)、霍布士和洛克都有这种思想。至卢骚而集其大成,以成其所谓"社会契约说"。这种学说是本于一种假设,说人本来是为自然法所支配。无论那一个人在"自然国"(State of Nature)中都是自由的,都是独立的。因为要互相吸引,互相扶助以保证个人的发展,故聚在一起成功政治的社会。在"自然国"中,个人都争强斗胜,起了少少冲突。这冲突只有各个人互相立一个契约,各人都牺牲一点权利,以保社会秩序之安宁。卢骚说道:"社会契约说"是要寻求"一种结合,可以用社会全力去维持保护各个人的生命财产。用这种方法,使与全体结合,可以仍然只服从他自己,与从前一样自由。"他又说道,这契约的本质是"我们各人将我们的生命与能力完全放在公处,受一般意志的支配;那么我就成了与全体不能分开的一部份。"他又说道:"人因社会契约而失去的是自然的权利……所得的市民的权利,这他自己有的仍是大家都有的。"人是因为"社会契约"而脱离自然政府以入于民事的政府。归总说卢骚以为人从前是自然的,自然人(Natural man)从来各个人间需要互助和协作,并且要免除冲突,故聚集定了一种契约,以成现在所为社会。他这种学说在欧洲史上的确有很大的影响。其实他的学说亦有好处,亦有坏处。好处是什么?是承认社会生活中个人的自由是有制限的,并且将社会和个人的关系说的很清楚。坏处呢,头一样决没有那样自然的人,我们按着社会学、人类学所得的结果与他所说的不一样。况且也忘记了别种社会力,未免与他这个学说一大打击。然而因他这个学说起的大变化、收的大功效,我们却不可埋没他啊!

关于他的书籍,特为介绍数种于下:

无论那本社会学,大概都有他的"社会契约说"或"民约论";无论那本教育史,都有他的自然主义的教育学说。还有两本书是很为名的。

1. Morley, Rousseau.

2. Davidson, Rousseau and Education According to Nature.

原载《时事新报·学灯副刊》1921 年 9 月 5—9 日。

新法历史教授书　吴研因等编纂
四　民治主义的来源及其影响

【课文】

欧洲人既逐渐脱离了贵族的压制和旧教的束缚,思想哩,学术哩都有进步,于是希腊、罗马几千百年中断的文明,都重新表演出来。起初人人喜欢复古,后来美术进步,才渐渐儿有了创造的新思想。

法国卢骚是近代第一个思想家,著作一部《民约论》,大致说:"人民要保持自己的自由权,于是彼此订约,彼此遵守。既有彼此遵守的契约,然后大家成群结队,有了社会。有社会,然后才有国家;有国家,然后才有政府。所以国家的主权必定归之人民,政府不过人民规定的一个机关罢了。"当时孟德斯鸠等也很提倡民权,于是"人民做主体"的理由,大多数人都已知道,后来各国革命就从此发端了。

【要旨】　使知何谓民治主义,与其所生之影响。

【准备】　卢骚像。

【教授顺序】

　　【演述】【补正】【诵习教科书】

　　【标记要项】　思想学术进步　复古　新思想　《民约论》大致　国民觉悟　革命之源

　　【推究内容】　脱压制束缚,思想学术何以即能进步?　思想学术进步之始,何故倾向于复古?(以初得自由,未有基础,不得不以古为法也。况希腊、罗马之文明,实足震烁当时之人心。)　思想学术进步之结果,为脱离古法,生出新思想。而其进步之梯阶,实在美术,则又何也?(美术者,足以引起人之欲望者也。例如色美使人欲视,声美使人欲听,工美使人欲学。欲望既生,必精益求精,不以现在为满足,才士当之,更思创造矣。美术如此,其影响于精神者,即思想亦因之改变。)　《民约论》之大意与中国人所谓"民为邦本"同否?(微有不同,民为邦本,不过说民为国家根本,其意政府当重视他们,保护他们,犹"食者民之天也"一个意思。《民约论》之意,政府乃国民的事务机关,并不承认受他保护。总之,前者以邦为主,后者以民为主,其大别也。) 与《孟子》所谓"民为贵"同否?(意同,而发语者之动机各别。卢骚为民言,欲民之自保其权。孟子为邦言,欲邦之不滥用其权。) 卢骚之说,始也见嫉于政府官僚,继也见迎于大多数人民,何以迎拒不同至是?(政府官僚自以为在民之上,彼已惯用其权矣,卢骚之说欲将彼等根本推翻,闻而拒之,所谓"反动"也固也。大多数人使不甘心为政府支配,为帝王奴隶,闻其言,孰不欢迎之乎?) 革命之举甚激烈,有他法以避免之乎?(惟有政府尊重民权耳。然政府又乌肯者?故不得不激烈。)

【整理】

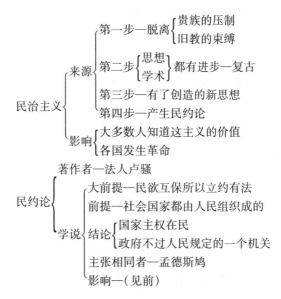

【应用】 哲人之学说,何自而生?(亦时势所造成。有春秋、战国之乱,乃生老子弃法弭兵之理想,孔孟尊王救民之议论,墨子非攻兼爱之论调。有各国王权之专制,乃生卢、孟之学说。) 一二人之学说,关系何如?(始似无人理会,继则往往影响于天下后世。) 民治主义自为不易之论,然人民固有反对之者,何也?(一则蔽于旧说,如老师宿儒,彼受毒已深,不可救药也。一则有所利而云然,如帝党、王党,彼衣食在帝王,民治主义盛行,有大损失也。否则同为民也,岂有独愿为帝王奴隶者?)

【次课自习之指导】　各国革命从民治主义发端,本课已言之矣。次课乃类似民治主义之实现者,"英国的政变"是也。英国实亦世界上一怪国也,素抱侵略主义,今其殖民地已遍全球矣。其内政何如? 其国性何如? 何故而变政? 吾人皆当一一研究之。

【附录】　质疑答案:因为野蛮人种侵入,宗教思想束缚,所以文明中断。美术既有进步,一般人民的思想就有独到之处了。物质上既有创造,人的心思自然开豁。人心既然开豁,自然容易发生有创造性的新思想了。《民约论》主张人民做主体,欧洲旧思想上帝、贵族做主体。

原载吴研因等编纂:《新法历史教授书》(高等小学教员用)第6册,商务印书馆1921年10月版,第20—23页。

新法历史自习书　吴研因著
四　民治主义的来源及影响

【释要】　卢骚或译作卢梭,是哲学家兼文学家,著作很多,有《不平等的起源论》和《民约论》诸书,很有价值。　《民约论》论人民相互间的契约的书籍。　孟德斯鸠或译蒙特斯鸠,也是法国人,著作也很多。

【质疑】　希腊、罗马的文明,因何而中断的?　美术进步和有创造的新思想,有什么联带关系?　《民约论》的主张,和欧洲各国的旧思想有何不同?

【析表】　(自填)

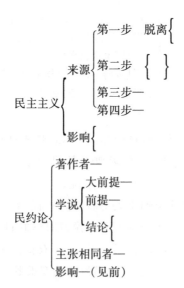

【演义】

第十章　卢骚和民治主义

什么是民治主义？社会国家的事情，都由人民自做主张，自行决定，自己施行，政府、贵族、资本家一部分人，都不能做主支配。人生在世，天给他生一个顶天立地的身子，有耳能听，有眼能看，有手脚能动作，有脑子能思想，大家原是一样，没有谁真生三头六臂的，所以彼此各有人格，各享权利，不该分别出谁主谁奴，谁便宜谁吃亏来，这就叫做"天赋人权"，最公正，最平等！可惜中古以上的人，他们不知道宝贵人权，自主自决自动，日常蠢蠢哉哉，靠着人多力大的人，给他设法，将他庇护，只因依靠惯了，懒怠惯了，于是无形之中，生下了一个崇拜英雄圣贤的劣根性。英雄圣贤自以为是人民的先觉，是众人的保护者，不免滥用权力，专制一切。而众人也因依赖崇拜的缘故，放弃自己的责任权利，由他们为所欲为。因此"习惯成自然"，政府、贵族、资本家一部分人，竟就"反客为主"，操纵了国家社会，而人民也"习非成是"，把他们认作主人，由他们垄断专横，不敢非难了。结果暴君污吏……满天下，人民呻吟疾苦，宛转沉沦，黑沉沉好比入了地狱，遭了魔鬼——这情形我国如此，欧洲各国也是如此——直到近代二百年来，"民治主义"轩然高揭，仿佛"一声棒喝，万里雷鸣"，专制的迷梦，那才被他们唤醒了，打破了，这实是难能可贵的。

你道揭橥这"民治主义"的，究竟是那一个？原来不是别的，就是近代第一个思想大家法人卢骚（Rousseau）。卢骚本是一个聪明绝顶、感情极富的人，他从小就没有母亲，但他却很喜欢看他母亲所遗传下来的小说。他幼时读书学雕刻，都没有成功，给师父们虐待了。他的性情却就十分放浪怪僻，他一生除掉东飘泊、西游荡，朝伤春、暮感秋以外，没有什么大事业。他言论奇矫，每遭政府的妒忌；他行为放诞，每受朋友的白眼；他生于忧患，死于悲愤——自一千七百十二年生，至一千七百七十八年死——但他的思想高超，著作丰富，文名隆盛，实是近古以来的有数人物。后世学者虽有人极端不赞成他的行为，但却从没有不佩服他的思想的！

卢骚著名的著作，有《人类不平等的原因论》和《民约论》等，都是揭橥民治主义的。《民约论》的大概道：

上古时代的人，人人独立做事，独立谋生，大家"戴发含齿"，"顶天立地"，所享的权利从没有不平等的。到后来，彼此互相结合了，在一处共同生活，智愚、贤不肖、心思才力不同，那就不免有了不平等的倾向。人类因为行使自己的权衡，保障自己的利益，于是自然而然，就定下一种可以互相遵守的契约。个人和个人，固然不妨把自己的自由权让给他人，受他人的保护抚养。若是一个团体，人数多，关系大，不可以人人供人牺牲，那就不能不定下一个契约，互相遵守了。所以契约是保障人权的东西，人群社会有了契约，方才可以安全，方才可以防止不平等的倾向。所以契约在人类社会中非常重要，有契约，然后才有社会；有社会，然后才有国家；有国家，然后才有政府。所以国家的主权，必定归之人民，政府不过人民行使主权所规定的一个机关罢了——除了人民无所谓主权，人民可以依着自己的自由而定契约，因契约而制法律，因法律而为生活，决不该放弃自由，而服从国家或政府的威权的。

卢骚最主张民权，所以他又说国家主权，在于人民所组织的立法机关，行政机关不过是立法机关的附属品罢了。他譬说立法机关是制造机械的技师，行政机关是运用机械的职工。《民约论》的立论，大概把自由平等做根据。他曾说：

人民的立法设官，将要靠他保障自由，拥护权利，并不是要他压迫人家。但是世间真爱自由的，却不多见。现代一般显达，不惜胁肩谄笑，奉承上司，一面又作威作福，指挥下属，这真深可慨叹的！只因世间有了这种人，平等自由就不免被他破坏——做了人，不能爱护自由，就无异放弃人格，放弃人道。古人有言"奴隶有子，必生奴隶"，像这种人，真是枉为人世，人而不能做人的了！

又说：

世间有宗主，有从属。所谓从属，大约可分两类：一是属于自然的事物从属，一是属于社会的人类从属。属于自然的从属，各能保持自由，所以也没有什么流弊；属于社会的从属，治人治于人的，都不能免。要免除这种弊病，惟有尊重法治，用法律保持公众的意思，中间毫不参杂私人的意思，那就人类的从属，和事物的从属一般了。

626

　　诸君试想,卢骚这种议论,岂不是"民治主义"的要义! 现代人的思想虽然也有比卢骚更进一层的,但"大辂椎轮",谁不从卢骚的思想脱化而出? 古圣贤人,到卢骚未生以前,也盈千累万了,又谁曾淋漓尽致,敢倡这番议论呢? 卢骚,卢骚,你真是近代的怪杰哪!

　　且住! 我们不要太推重卢骚了。要知道凡是一种思想、一种学说的产生,并不是从天掉下、凭空生出的。有了春秋列国的争乱,才有主张毁弃一切,纯任自然的老子;才有主张正名明伦,宰制天下的孔子;才有主张兼爱非攻,不惜缨冠往救的墨子。所谓"时势造英雄,英雄造时势",有这因,结这果,那是丝毫不爽的——若没有黑暗时代的消杀,那里来文艺复兴的发皇? 若没有复古学派的倒行,那里来理想主义的生发? 理想主义既然生发,那就万芽齐放,自然产生出卢骚的学说来了。卢骚,卢骚,也不过是一时代思想家的结晶体。那一时代,没有这一个卢骚产生,也有别一个卢骚出世的。诸君不信,请看当时的思想家,除卢骚之外,还有法人孟德斯鸠(Montesquieu)和福禄特尔(Voltaire)等一班人,也很提倡民权。

　　孟德斯鸠本是贵族出身,但他的性情却很温厚慈祥,颇多提倡民权的议论。他所著作的《法律精神论》,评论各种政体的好坏,称说国民参政的必要,《罗马盛衰考》也竭力攻击帝政时代暴君污吏的不是。福禄特尔本是富豪出身,但他也主张民权。他的著作很多,法王路易十四死了,法人因他横暴,很多痛骂他误国殃民的,福禄特尔也著论骂他,触犯了法政府,法政府曾将他关在牢里——那时他的年纪不过十九岁——从牢里出来了,他又著作小说、剧本,描摹贵族、教士们的丑态,竭力将他们非笑。一七五五年,住在日内瓦(Geneva)专心著作,鼓吹民权。一七七八年,游巴黎,巴黎市民大家开会欢迎他。但这年他就生病死了,死后一月,卢骚也愤世而死。

　　自从卢骚、孟德斯鸠、福禄特尔等提倡民权之后,民权自由的新学说传遍全欧,欧洲人的思想界也就大大变更,和以前迥然不同了。福禄特尔又从小说、剧本入手,将浅易的文字描写王侯贵族,痛骂社会秩序,教一般平民社会也都受了他的"文化运动"。于是欧洲大多数人的人心,从此真都激昂奋励,不再敬畏君主,尊重贵族,崇拜教士——人心既变,自然对那现实社会极不满足。不多时,美利坚合众国(The United States of America)在亚美利加(Americ)新大陆宣告独立,实行民主共和。欧洲人看了,以为这是新思想的实现,人心愈加阢陧不安,必要把旧社会改造一下而后可。后来甲国革命了,乙国立宪了……原来都从人心思想状态的变动而后发生的。佛家说:"一切皆由心造。"俗语也说:"理想者,事实之母也。"人的思想,真很厉害,所谓"天下无难事,只怕有心人",立宪革命……的事实,究竟如何? 且待下章写来。

原载吴研因著:《新法历史自习书》(高等小学学生用)第6册,商务印书馆1921年11月版,第53—54,57—62页。

政治哲学 法国狄骥氏著 鲠生译
第一章 卢梭与群约说

论到千七百八十九年之《人种宣言》,霞列氏(Paul Janet)尝曰:"如此文件,不出自孟德斯鸠,而但出自卢梭。"[1]察洛夫氏(Tchernoff)曾于孟德斯鸠、卢梭有一甚饶兴味之研究,亦曰"《人权宣言》之内容自身,就其哲理的部分言之,出自卢梭。"[2]斯二氏之说,代表一般通行之意见,然其根本的谬误,不可讳也。《群约说》之与《人权宣言》,适立于反对之两面。《人权宣言》者,充满自由派的个人主义,而对世间宣示限制国权之根本的义务者也。反是,而卢梭者,雅可兵党(Jacobin)压制主义,与恺撒式独裁政治之生父,而细察之,亦康德、黑智儿所唱专制主义之主动者也。欲证此言之不诬,请读《群约说》,但须通读全书耳。

一、卢梭政治学说之概观 卢梭之为个人主义笃信者,是固不容否认。彼亦谓在自然状态之人,自由独立,以其为人之故,生而具有种种权利,以构成人类之自主权。然在卢梭之学说,此等个人权利,不能为国家权力之限制,国权者,始终无限者也。卢梭之创见所在,恰如后来黑智儿之创见所在,在其为谋国家权力与个人自主之相容所致之努力。彼盖极力辩明,虽有国家之无限权力,个人仍是自由,而保有其自主之全权。为证明是说,不惜施以层层之说辩。然而立词工巧,徒以惑人,其书之影响诚大,然而流弊亦大矣。

据卢梭之说,凡人生而自由独立,其进而组成社会,实出于一自由意志之行为。人因群约而失其自然独立之一部分,但换得权利之保障及个人安全。在群约之下,人所失去之自然权利,并非全部,不过其若干部分,于社会之维持上,有抛弃之必要者耳。其他权利,仍保存之。然而决定应抛弃的权利与应保存的权利之范围者,厥为主权者,彼之为此,有完全独立的权

---

[1] Paul Janet, Histoire des doctrines Politiques, 2 édition, p.612.——此文中注释均为作者原注。

[2] Revne de Droit publice, 1903, II, p.96.

能，如是而国家之主权完全维持。

国家虽有如此无限之权力，然人仍旧自由，盖其本性使然，此卢梭之说也。

然此奇论何以成立，则赖有卢梭所谓群约之巧思。依群约之结果，质言之，即因众人默附于群体而为其构成分子之结果，创成一个公我（Moi Commun）。此公我者，为此团体之集合的意志，即卢梭之所谓总意是也。此项团体的意志或总意，即为国家之主权者意志。惟此意志，乃能绝对的任意加限制于个人之自由活动。但限制之形式，依下之两条件：（一）主权者意志直接发动，而不依代表者间接表示；（二）意志之决定当令一般适用，质言之，即立法当由主权者之人民全体直接行之，而立法之拘束力，当及于社会分子全部，不得因人制法也。

个人之活动既如此为国家限制减缩，人可以怨说，如是则彼已不复自由，而丧失其自主权乎？曰否。盖国家之意志，是为总意，是大众全体之意志，因是而上所言之限制，即为个人自己对于自己的意志所加之限制也。故个人并未服从一个高出自己之意志，彼等特服从由各人自己的意志所组成之总意耳。所以彼等仍旧完全自由。

人或谓为此项总意之表示，发生多数与少数，实际上是多数以其意志强加诸少数。质言之，则一群个人强加其意志于他一群人耳，此项多数，自然易流于压制的。然卢梭有以答之，曰是无价值之驳论也。盖在人民大会中，如果与少数的意见相反之意见制胜，是适证明少数方面之人所见错误，则以多数者代表总意，总意则决无错误之理也。

依此曲辩，总意之主权与个人之自主依旧保全，两者于国家之综合体中调和并立。黑智儿之哲学论中，所言亦正如是耳。

二、主权的意志之组成与群约 《群约说》起首之有名的一段，人所共知："人本生而自由，然到处皆陷于桎梏。彼自信为人众之主者，其为奴之状，且有甚焉。若而变化，是果何以致此？予不得而知。然何以使之合法，则予信能解决此问题。"《群约说》一书之目的，于此明白揭出：即在表示生而自由之人，到处陷于桎梏，何以能视为正当之事？易词言之，人本来是自由的，而国家乃得有无限之主权，是何以故？是必不能如此，除非是吾人能证明此施行于个人上之主权者权力，即为个人施行于自身之权力。此项证明本来为不可能之事，然而卢梭之雄辩，却能使人信彼已实行证明此事。

此无限之国家主权产生于群约。依卢梭所言，约之根本条件如下，"今将群约中不关根本之处除开",则群约之条件,可简括之如下:我们各人将己身及其所有势力,公同提出,受总意之最高的支配。我们再返而受纳各员,视为总体之不可分的部分。于是缔约者各别的人格之外,此结社契约产生一个集合的、伦理的团结,所包团员之数,适与大会中之投票权数相等。而此团结之单一性,其公我,其生命,其意志,皆受自此契约者也。依其他一切人之联合而组成之公人,从前冠以 Cité(市府)之名,今则称为République(公物或共和)或 Corps politique(政治的团结)。其组成团员之称彼,当其被动之时,称曰 Etat(国家),当其能动之时,称曰 Souverain(主权者),而与其同类比较以言,则称曰 Puissance(列强之强)。[1]

三、主权者之无限权力　此国家,此主权者,对于个人果有无限之权力耶? 抑反是,而其行动受一位于已上之规则之限制耶? 依彼契约,个人对于主权者,顿失其所有一切权力耶? 抑反是,而个人尚保存其权利之若干,而即以限制国家之行动耶?

如果仅读《群约说》之第二编第四章,或将以为卢梭,正如洛克及千七百八十九年《人权宣言》之作者然,承认个人在社会尚保存其自然,而不可取消的权利之一部分,以之限制国家之权力。此章原题为主权的"权力之界域"(Des bornes du pouvoir Souverain),其说如下:"凡各人依群约而让去之权力、财产与自由,不过凡此各项之一部分,其使用为社会所必需者。凡公民所能为国家躬行之服务,如值主权者要求,即当贡献之。但在他方面,主权者亦不得以无益于社会之负累,课于人民。"

彼谓《人权宣言》之彻底的自由主义,原由卢梭鼓动之论者,殆或仅读过《群约说》之此章。使彼等而读过前乎此与后乎此之各章者,当必不作是说。单独观之,上引卢梭之一段,斯与其书之全部完全冲突。在此同一章中,卢梭自述其意甚明了:"今兹之急务,在分别公民与主权者各自之权利,并分别前者以人民资格应履行之义务,与其以人之资格,应享有之自然权利。"然则个人如在社会保存有若干权利,此实以人之资格而然。自其为公民言之,则全然受制于国家之万能权力。卢梭之为此言,特取形式的说法。夫个人既屈伏于国家之万能权力下,诚不解人之自然权利,虽常存在,何以能限制此万能权力? 此问之无以答,至易明也。故卢梭于别处,亦不再为此分别,而直谓人之个性全般,完全为集合人所吸收,所谓集合人云者,即

---

[1]　Contrat Social, Livre I, Chap. VI.

国家是也。

《群约说》第一编第六章,有下之一段:"此等条项(群约之条项),要言之,可缩成一条,各团员将自身及其所有权利,全然让弃于社会全体。……且此项让弃之实行为无条件的,团结极其完全,而团员个人不能再有所要求。盖设令个人尚保有若干权利,然以无一公共之长上,可以为个人与公众间之裁判人,各人于若干处所自为裁判人,势必随即自以为对于凡事皆为裁判人。如是则自然状态必仍存在,而其结合必成压制,或则无用矣。"

不仅此也,《群约说》第一编第七章题为"论主权者",有下之一段:"兹有当注意者,公众之决议,可以拘束一切,人民便对于主权者生义务,以其在两重不同关系之下,彼等各人地位,看得不同,但不得拘束主权者自身,则正缘于相反之理由,以故主权者如对自身施以法律,自己不得违背,则是反乎政治团体之性质。主权者只立于唯一个关系下,彼恰是一个私人对自己立约。由是可以推知,对于人民之总体,绝无且绝不能有所谓根本法,可以拘束之者,虽即群约自身,亦不能拘束之也。"

今请对照千七百九十一年之宪法。第一章第三项之一段:"对于本章所载,及经本宪法保障之一切自然权利与公民权利,立法权不得制定何项法律,侵害或妨碍其行使。"而试问上述之著作家,究竟尚固执己见,以为千七百八十九年之《人权宣言》,及千七百九十一年之宪法关于权利之保障,原出自卢梭之民约说否也。

今欲彻底证明卢梭之专制主义,只须重引上述之一段。在那一段中,卢梭说过"各人依群约让弃其自由……但仅那一部分,其使用为社会所必需者。……"之语后,复急于补说:"然亦须知惟主权者,乃为此需要之裁判人。"[1]

试再引关于国教之一段:"兹有一项纯属公民的信仰,当由主权者定其信条,但不看作宗教之教义,而当看作合群之情感。舍是则无以成良好之公民,亦无以成忠诚之人民。主权者虽不能强人以崇信此信条,然可将凡不信之人放逐于国外。主权者之可以放逐此等不信之人,非以其不信教,而实以其不合群,以其不能诚心爱法,爱公道,而遇必要时,为义务牺牲其生命耳。如有人焉,公然承认教义之后,而其行为,一若不信此教义然,则

---

[1]　Contrat Social, Livre Ⅱ, Chap. Ⅳ.

当处以死刑。彼犯一最大之罪,彼在法律之前说谎。"〔1〕此诚真自由党之
言哉! 彼所以鼓动千七百八十九年之权利宣言者固如是哉,宁不知该宣言
固明明有"无论何人之言论,即令属于宗教上言论,不受干涉"之语耶?

卢梭主张此公民教之存在,而谓各人均须信奉实行,违者处死,且犹不
足,彼更进而制成信条。卢梭谓"公民教之信条,当简单,其条数当少,表白
当正确,不须说明,不用评注。威灵、明智、慈惠、先见、宽仁之神之存在,未
来之生命,善者之幸福,恶者之祸灾,群约及法律之神圣,此则肯定的信条
也。至若否定的信条,吾今只举其一,即异教排斥是,此项信条属于吾人上
所除外之教义中。"〔2〕

见卢梭之以不许排斥异教,立为信条,而以为卢梭意在为公民保留信
仰之自由及奉教之自由,是则误之甚者也。彼所欲除外之异教排斥主义,
是特加特力教义而已。今试读此章之末段:"今既无复,且不能复有独占的
国教,人当容忍一切宗教之肯容忍他教者,只要他们的信条中,无与公民义
务相反之处。然而谁敢曰'圣寺之外,无安护'者,若而人者,当逐出国
外。……所以致亨利四世崇奉罗马教之理由,应当致一切重名誉的人,尤
其是彼能推理之君主,离弃此教。"容许一切宗教,而放逐加特力教徒,是即
卢梭关于宗教自由之最后一语也。

四、国家万能与个人自主之调和　国家之无限主权,果无伤于个人之
自主乎? 卢梭曰然。彼之学说之主要目的,即在证明此义。自是而德意志
之哲学家、法学家获一途径,彼等承卢梭之后,断定个人必在国家,始能得
生活之完全,国家尽管有无上权力,个人之自主,决不因以减缩。卢梭谓以
群约之作用,创成集合的意志,个人服从此项意志,直服从自己,此其说与
上无异。此项集合的意志愈强,则个人自身亦愈强,则以集合的意志,即由
个人的意志组成者也。主张国家集合意志之无限主权,即主张个人自主之
无束缚。个人自主,依国家主权以实现。个人自主与国家主权,亦适为正
比也。

此种诡辩,通《群约说》全书皆见之,一若为是书之主动然。于第一篇
第六章之末,卢梭提出一问题:"求一种团结,以共同的势力,防护各团员之
生命财产。而依此团结,各人附于全体,而但服从自己,其自由如故。"卢梭

---

〔1〕　Contrat Social, Livre Ⅳ, Chap. Ⅷ.
〔2〕　Contrat Social, Livre Ⅳ, Chap. Ⅷ.

曰:"是乃根本的问题,群约之所解决也。"

斯问题果如何解决? 其答如次:"主权者由结合之个人所组成,断无且断不能有反乎个人利益之利益。故主权者权力,对于人民不需保证,因为团体之欲害其团员,为不可能之事,其不能害及个人资格之各人,随后亦可知已。主权者以其为主权者之故,始终是合理的。"〔1〕

于此有一反问,自然起于念头:此项集合的意志之表示,不免有一个多数与一个少数。实际上并不是所谓集合的意志加于个人意志,而是居多数之一群人的意志加诸少数,于是则上之一切推理,均不成立。然是并不足以难卢梭也。彼之答此反问,纯用诡辩,人其判断之可也。"各人以个人之资格,可有一个各别的意志,与其以公民资格所有之总意相反,或相异。彼之私人利益,所以动彼者,容或与公共利益不同。……为使群约不至成为空文,该约含有一约条,以保障其他约条之效力,即无论何人,苟不肯服从总意者,当由全体强之服从,此无他,亦将以强之自由而已。"〔2〕

是诚卢梭学说之中心点,而亦即黑智儿及现代德意志法学家所持专制主义之主动的思想也。依此观念,人非服从国家,不能真有自由。如其不肯服从国家,即是不肯自由,国家之命令权与强迫权是无限的,因其除强人自由之外,别无目的,别无效果。国家愈万能,人即愈自由。

此种思想重见于《群约说》许多处所。第二编之第三章题曰"总意是否会错的",而以下之语句起首:"由上所述,可知总意常是正当,而常趋于公益。"

在第二编第四章有此一段:"究竟何谓主权之表决? 此不是在上位者与在下位者之约定,而是全体与各员之约定。……但令人民所服从者,只于此等约定,则彼等并未服从他人,而实但服从自己之意志耳。"

在第四编第二章,有一段更为特征:"除此原始的契约以外,最大多数之决议,总是拘束其余者,是即此约之结果。然人将问:何以一个人可以自由,复迫而服从不属自己之意志? 何以反对者得自由,而乃服从彼所不赞成之法律? 予将应之曰:此问题之问法,误矣。公民同意于一切法律,并其所不赞成者,及其有敢于违反必罚之者,亦同意焉。国家全员之恒久不变的意志,即为总意,因此总意,彼等乃为公民,乃得自由。值人提出法律于

〔1〕　Contrat Social, Livre Ⅰ, Chap. Ⅶ.
〔2〕　Contrat Social, Livre Ⅰ, Chap. Ⅶ.

大会,人之所问于彼等者,不是彼等赞同,抑或反对此提案,而是问此法案是否合于彼等所有之总意。各人投票,以示对于此问之意见,而依投票之计数,以征总意之表示。值有反乎吾意之意见制胜,此亦特证吾所见之误,而始吾之以为总意者,究非总意耳。使吾个人私意而果行者,是吾为吾所未愿为之事,而吾于此,不为自由矣。”

然则人非静伏于总意之命令下,不能有自由。依卢梭之见,国家万能,正所以造成个人自由。黑智儿不过易词言之,其执义则无以异也。

五、法律之观念　然有须注意者,依卢梭之说,惟主权之表决,乃能绝对的加于个人意志。主权之表决者,法律是也。然而法律成于何时? 卢梭说之极明。

卢梭曰:“值全体人民关于全体人民之事,有所决定,此全体人民专顾及自己,如其中发生有何种关系,是全体对象在此一种见地下与在他一种见地下相异之关系,而非全体之分裂也。然则受决定之事件与下决定之意志,均为一般的。此项决定之表示,吾名之曰法律。”〔1〕

卢梭又曰:“吾谓法律之对象,常为一般的,吾意谓法律视人民为一体,视行为为抽象的,然绝不将人视作个别独立的,将行为视作特别的。……由是观之,今可以不必问何人可以立法,因为法律是总意之表决;亦不必问君主是否立于法律之上,因为彼亦是国家之一员;亦不必问法律是否能不公道,因为世未有对自己不公道之人;亦更不必问人何以服从法律而能自由,因为法律即是吾人意志之记录。复次,法律既联合意志之普遍性与对象之普遍性,无论何人,独自决定之件,不成法律。而主权者专为一特别事件所决定者,亦非法律,而直命令耳。此非主权者之表决,而直官吏之表决耳。”〔2〕

凡右所陈,于国家之权力,多少构成一种限制,是亦不能不承认者也。主权者可以无限的下命令,施禁制于个人,但须依下之条件: 此等命令或禁制,当对于万众一律,盖如果施于此人而不加于彼,则其所取之决议,不复为一般通行的,而为个别的,不复成为主权之表决矣。

以故卢梭说得很贯彻曰:“由是可知主权者权力,诚至为绝对的,至为神圣不可侵犯,但不能超过公约之界限。凡此公约所保留于个人之财产自

〔1〕　Contrat Social, Livre Ⅱ, Chap. Ⅵ.
〔2〕　Contrat Social, Livre Ⅱ, Chap. Ⅵ.

由,个人得完全处分之,故主权者绝无令此一人之负担,重于他人之权。盖如是则事成个别的,而主权者无此权能也。"〔1〕

总之,自卢梭视之,国家是万能的,国家得依一般的方式,以法规处理万事。此法规由人民大会通过,代表总意,代表国家之意志。斯意志者,不会错误,而能如愿造法,人则依旧自由,无论总意循一般的方式,加以若何束缚,无妨也。卢梭自简括其学说如下:"在一切政治社会,必有一最高权力,一个中心,万众所归依,一个原则,为万事之源,一个主权者,能为万事。……主权者权力之精髓,在其不容限制,彼或则万能,或则一无所能也。"〔2〕

此种说法并不为新奇,在十七世纪曾经牧师徐柳(Jurien)说过,其措词略同,彼乃卢梭之一先驱者,而人曾误称为自由派者也。〔3〕 此有名之牧师谓:"在一社会之中,应有一种权势,不需何种理由,可以使其行为有效。然而此权势,惟得于人民中求之。"〔4〕

然则卢梭之学说,不过对于古代市府之自由观念,赋与一新说法而已。此项观念,曾经苦南吉(Fustel de Coulanges)与赫曼(Hermann)申明,其词如下:"人类谬误之极奇者,莫如信在古代市府,人享有自由。彼不信对于市府,对于其神,尚有何等权利之存在。获有政治的权利,质言之,即投票权,此即人所谓自由。然而人犹是奴役于国家自若也。"〔5〕此苦南吉之言也。赫曼曰:"对于国家,则希腊人之自由,不过纯在其有不依赖何种权力之觉悟,同属市府公民之各人,依法律立于平等地位。"〔6〕是宁非恰与卢梭之学说,同一说乎?

六、卢梭政治学说之影响 然而《群约说》发生极大之反响于世界,有极深厚之势力及于政治思想,则文体之佳,辩论之巧,有以致之也。但法兰西除于其历史上最短时期内,从未实行《群约说》之主义,此诚法兰西之荣幸,而始终以大多数摈斥卢梭之专制主义的结论,则又法兰西法学家之荣誉也。

---

〔1〕 Contrat Social, Livre Ⅱ, Chap. Ⅳ.

〔2〕 Lettres écrites de la Montagne Partiè Ⅱ, Lettre Ⅶ.

〔3〕 参看 Lureau, Les Doctrines Politiques de Jurien 1904.

〔4〕 Jurien, ⅩⅢ lettre Pastorale, Rotterdam 168S, P.418.

〔5〕 Fustel de Coulanges, La Cité antique, nouvelle édition, P.267.

〔6〕 Hermann, Lehrbuch der Grieschischen Rechtsalterthümer édition Thaleim 1884, P.28.

法国人诚常常援引卢梭以为论据,然其所引为卢梭之说者,实不出自卢梭。论者以为卢梭主倡个人自然权利之观念,谓人在社会,保有此种权利,以为国家权力之限制。此则并非卢梭之说,前已说明矣。但人以此说归于卢梭,究自信为然。

实则卢梭之专制主义的学说,始终见弃于法兰西,无论持纯理派国家观念之人,抑持唯实派国家观念之人,无不摈斥之。所谓唯实派之观念,其发生于法兰西,因为见得在纯理派国家观念中,不能对于国家权力之法律的制限,与以坚固之根据。如是则唯实主义之法学家之摈斥《群约说》所倡之主义,自不足异。

然而持纯理派国家观念之徒,亦同摈斥专制主义之说。吾今姑举一位大教授为例,即有名之故叶思曼(Esmein)教授是。彼迄于死时,在法国为纯理派国家观念之最有力的代表。彼于其所著《宪法原论》之最后一版,有下之一段:"骤视之似主权必为无限的,因而国家之权利,当无界域。(叶思曼于脚注中,引卢梭《山中书简集》(Lettres de la Montagne)中一段。卢梭于此,正倡主权者万能之说。)是诚希腊古代对于主权者之观念,不容否认者。反是而近世有一最坚定最有益之思想,认个人有若干权利,先于国家之权利,而位于国家权力之上,因而应为国家所尊重。……斯原则一旦承认,则与其结论同为宪法之一主要目的。能严定主权之行使者,究莫如此原则。盖此原则禁止主权者制立有伤个人权利之法律,而命令主权者颁有法律以保障此等权利之享有。"[1]

反是而在德意志,纯粹的卢梭之说,为一切学说之直接主动,以造成国家之无限权力,而留一防护个人自主之表现。曰人非为强有力国家之一员,不能自由;曰国家之此项权力施行愈厉,个人愈自由;曰人之个人的意志之表决,虽为总意所禁斥,然人却仍是自由,因为总意之所为,不过"强之使自由"耳。此《群约说》之中心思想也。而此思想,宛然复见于康德与黑智儿之说。彼辈之哲学论中所言,恰即卢梭所已说得极明者。就细节上观之,康德与黑智儿诚有许多异于《群约说》之点,然根本思想则正同:人必于国家,且依国家,而后能自由。国家之万能,不仅未伤个人之自主,而且独能致之实现。

《群约说》与其所谓公民的宗教,已宣示国家之神化,康德倡政治的三

---

[1] Esmein, Droit Constitutionnel, édition Joseph Barthélémy 1915, PP.29 et 30.

位一体之秘义,原以基督的三位一体之神秘为模型。黑智儿以庄严率直之态度,宣言国家之神性,视国家自身为善之化身。自彼视之,人惟于国家,始能获道德的生命之实现;国家之权力为无限的,惟此万能之权力,始得确定保障个人之自由。

康德、黑智儿皆非法学专家,然而彼等之法学说,则对于当代德意志之公法家有直接之影响矣。

原载(法)狄骥氏著,鲠生译:《政治哲学》,上海《太平洋》1922 年第 3 卷第 6 期。

卢梭小传(Jean-Jacques Rousseau, 1712—1778)　译《法国旅行报》

卢梭,洗名若望雅格,以千七百十二年生于日内瓦誓反教家。父为钟匠,外祖为牧师。自幼一无可取,入学读书,进店学业,皆未成就。后逃至一本堂司铎处,司铎误托之于道心未稳之新信女。一千七百二十八年,卢梭弃绝誓反教,为人僮仆,屡次逃亡。后往亚纳西修院攻教理书,旋以不及格而见遣,乃涉猎医书,谬解填胸,竟自信其心生有肉笋。嗣后或为教习,或为乐师,轮流无定。卒充法国驻物尼士公使之秘书,时年约三十有五矣。

卢梭当时结交诸哲学士,皆自作聪明,而抱无宗教主义者,常被彼等嘲笑,而其忧苦之心中,已存新谬说之萌芽。卢梭曾为人掌柜,抄写音乐,编辑戏文。未几,回瑞士,背天主教,而复入誓反教。一日偶入巴黎上等社会中,其鄙野之状态,实足供人戏弄。彼之著述中,妄想之误点,与偏断之狂热,常与真理相混杂。而贵显人士竟为之鼓吹,实由彼辈才识浅小,不知此子恶焰方张,若加庇护,正是相与毁坏教会之基础,及法国向日之道德也。代比南女士招致卢梭于家,卒逐出之。卢梭乃往依卢森蒲尔之某将军。一千七百七十八年七月二日,死于巴黎邻近爱而末诺维尔城齐拉而廷侯爵家中。

其所著之书,盛行于十八世纪者,为世道人心,大有危害。卢梭对于宗教,不若华尔歹尔之不信主宰,然较彼更为可畏,因其貌似俯伏耶稣足下,内实攻击之,全无信德,与日后勒囊之行径相同。卢梭否认原罪,谓人生性善,遂引用己之自幼行为,以证善恶倾向,可以同时并有。彼欲化导后进,然贻彼等以丑恶之表,即以与己自由连合之德肋撒勒瓦酸,所生五孩,悉弃置于孤儿院也。

然此可怜之卢梭,情犹可原,因其出身卑污,秉性过刚,其罪恶可从未减。

彼与人寡合,到处龃龉,自信全法之人,悉仇视之。一日欲往海上,为风浪所阻,以为此亦恶运之一证。遂于同行者之前,肆口妄谈,闻者惑之。彼按占星术,向远树投石,以预测身后永远之祸福。按十九世纪治狂医学博士雅德伦氏之言(亦瑞士誓反教人),日内瓦人卢梭乃一癫狂才子。惟其狂而有才,故能遗毒于世,传之永久。予深愿教友之藏其书者,速即付之一炬可也。

按卢梭之受人崇拜,特以民约一论。虽曰不以人废言,然立说过偏,卒为法国革命原因之一,尚有何长之足取乎?   译者附识

原载《圣教杂志》1922 年第 11 卷第 9 期。

政治哲学导言　美国浮列尔原著　范用余译述
第十三节　卢　骚

卢骚(Jean Jacques Rousseau,1712—1778)负一世盛名,论他的生平事迹或嘉言懿行,究竟名不副实。不过他有一个出名的大原因,就是他那名著《民约论》之特别流行。他的社会契约说的解释比之洛克的概念较为一致而且明显。他的书使得学说飞向世界并且发露于欧美二洲。假若说卢骚的著作——或任何政治哲学家的著作——惹起美洲独立战争或法国革命,也许是错误的,但是假若说这些大革命是随《民约论》里面表现的理想而起的,也许是合乎真理的。卢骚的书很受美洲及法国的中等阶级欢迎,供给每次革命的首领及脑力。所以他的著作是重要的,不仅是因为他的内部的价值,并且因为他的奇巨的结果。

卢骚的父亲是日纳瓦(Geneva)的钟表匠。他幼时不曾有人教养,又遭了很大的变故,到了十六岁的时候就逃亡出去。从此以后,毕生未停止不定的飘泊及卑贱的冒险。他的著作使得他得了名誉、朋友及物质的愉快,但是他仍然狂放、嫉妒、不知足,在晚年的时候,他差不多成了疯人。他是人民的真诚的孺子,当他浪游于法兰西的时候,看见人民的困苦,遂生了极浓厚的同情,但他的同情被损于可憎的痴情,改变了他的生活及著作的态度,减少了他的同情及著作的价值。

第十四节　《民约论》(一七六二年印行)

自然状态——在先出的两篇应征的文章里面——即一七五四和一七

五五两年印行的有名的《不平等的原因》(Discours Sur l'origine de l'Inégalité)——及在一七六二年印行的《爱弥儿》(Émile)里面,卢骚想象自然世界的状态并且大为称颂在这种状态里面的人类生活的高尚的诚朴。但是他所说的"高尚的野人"不曾写入《民约论》。在这本书内,描写自然状态很为明白,但是暗指自然状态的主要形状是自由及平等。这不是特殊快乐的境界,因为这种状态于个人的保存有无限的阻力,而为个人的抵抗的力量所不能克服的,所以"人类若不改变生活的状态,必定一齐消灭"。[1] 至于在这种状态里面的人类,无异"愚蠢没有思想的动物",嗜欲冲动的奴隶,对于任何事物,只要是能够得到的,即有无限制的权利。而且这种状态里面的人民,"各人皆以战斗为自卫之具,遂不得不冒生命的危险而从事战斗,以求自卫"。[2] 因为在这种状态里面,"于己无用之物,才承认归属他人"。[3]

所以人民努力解决下列的问题:

设法寻出一种结合,这种结合能以全体的公力保护结合以内的各人的身命及财产,并且在这种结合之内,虽然各人与全体联合,同时仍然可以自主,并且仍然可以自由,与从前一样。[4]

这种问题由"社会契约"解决。

社会契约——契约的条件如下:

我们各人一齐以自己的人身(Person)及全力置诸总意(General will)监督之下,并且以我们联合的资格论,我们视各个分子如同全体的一个不可分割的部分。[5]

虽然各个分子把所有的权利让与社会,没有那一个人吃亏,因为一个人假若服从总意,仍然参与由社会执行的统治社会的各个人的管理。

〔1〕《民约论》卷一,章六。——此文中注释均为作者原注。
〔2〕 卷二,章四。
〔3〕 卷二,章六。
〔4〕 卷一,章六。
〔5〕 卷一,章六。

主权——主权是社会的总意,而这种社会是由许多人加入契约而成立的。这种主权不可转让,不可分割。主权不能委托。选举制的议会里面的人民代表没有主权者的权力,人民举他做什么事,他只能做什么事。所以英国人,既然受治于遵循提案权的国会,除在普通选举的时候,总不是真正的自由的。

主权者的权力是绝对的。假若个人的意志与"主权者的社会"(指国民全体)的总意相冲突,必须强迫个人让步,即是"迫之自由"。[1] 虽则个人放弃的自由只要足以谋公共的幸福,但是必须放弃的总数惟有听主权者判决。

立法及行政——然而"握主权的人民"(Sovereign People)能受人诱惑,其才智够不上制造法律,并且特别容易被政党引入邪途,沾染恶习,所以"总意"常不能明白表示出来。总意不能责备特殊的事件,因为在这种情形里面,受感动的个人必偏向某一党派,而公众必成了另一党派。因此,总意必须常是正当的,并且各个人为总意而工作及服从总意,是为自己的幸福而工作及服从自己的意志。所以总意只限于一般的惯例,并且法律的起稿必须委托于立法者——一位拉克尔格斯。(Lycurgus,纪元前九世纪时斯巴达的立法官,此处借用为有学问的立法家。)但是不可以行政委托于立法者,恐怕他因注重自己的利益要被引坏。应当把行政委托于其他官吏或官吏的团体——政府。这种行政的政府与洛克的概念很不相同,并且与浩布士的概念相差更远。因为卢骚的政府不过是"握主权的人民"的工具——传递"握主权的人民"的命令给与个人的媒介物。社会与政府之间没有契约,因为政府是社会的仆役,他们之间的关系属于一种委任,不是属于契约的。

政府的种类——卢骚附从亚里士多德,依国家的政府的形式把国家分为君主体政、贵族政体、民主政体三种。这三种政体不知不觉的互相的罾覆起来,并且也有一种混合政府。要问何种政体最良,是无从回答的,因为各种政体总有一个时候在某种情境是最良的。[2] 普通说民主政体较适合于气候寒冷、地小而贫的国家,君主政体适合于气候炎热、田土肥沃、地大而富的国家。政府的力量、效果及敏捷与组成政府的人数成反比例。[3]

---

[1]　卷一,章七。
[2]　卷三,章三。
[3]　卷三,章二。

所以假若君主常守本分,当然以君主政府为最可取,但是"最好的常化为最坏的",国君的私利与他的公共义务相冲突,并且设法窃取法外的主权,渐渐成为暴君。国君的治安官、谘议及官吏,因其忠诚或才能选任的,实不多见。[1] 至于承继的问题,更有巨大的困难。选择嗣君的问题常易惹起阴谋、邪诈,并且"使此空隙时间成为危险之时期,骚动之机充满于选择之中"。[2] 至于世袭的嗣续是最不好的,因为就经验所得,生于帝王之家的幼君大都缺乏良好治者必须具备的道德的品质。

民主政体必须具备的能力及勇气,阶级财产的平等,公民生活的简朴,限度过高,以致民主政体成为实行上不可能的政体。而且"没有那一种政府像民主的(Democratic)或平民(Popular)的政府那样容易惹起内乱及内争"。[3]

"假若有神的国民(People of gods)就可以采取平民政体的政府。这样完全的政府不是适用于人世的。"所以卢骚只赞成贵族政体。假若政体委托于公民中最良、最智、最有经验的人们——这可以称为自然的贵族政体——贵族政体便是最好的政体。在这种政体里面,管治者是选举的。"依这种方法,正直、智慧、经验,以及其他公众的敬仰,皆是良政府的最好的保证。"[4]

批评——假若卢骚反对君主政体,那些平民政府的拥护者一定也有几分满意他的。他对于君主政体及民主政体所下的破坏的批评总是精明的,言之成理的,但是历史和经验不能庇护他的辩论,真正的贵族政体是行选举制,历史上没有这种证据。卢骚很相信选举——"公共投票断不至于把无才无能的人升至最高的地位而与以尊荣"。

近世国家及古代希腊的历史皆很难维持这种概括的叙述。事实上与他的话适成反对,凡指挥选举并且藉以运动职务及权力的人多是有辩给的口才,能谄媚群众的政治首领。卢骚自己说:在选举的君主国家里面,选举充满骚动,及大量的阴谋和贿赂。[5]

卢骚以社会的总意代国家的最高的主权者,解释洛克的学说,得到一

---

〔1〕 卷三,章六。
〔2〕 卷三,章六。
〔3〕 卷三,章四。
〔4〕 卷三,章五。
〔5〕 卷三,章六。

个较合论理、较少矛盾的结论。虽则他的主权者还要比浩布士的较为专制——如他说,当国家的首长向其人民说,"你死,有利于国家",那人民就应该死,"因为人民的生命不仅是自然之赐,并且是由国家依一定条件授与的"。[1] 他的学说仍然比较浩布士的较为动人,因为操生死之权的主权者乃是社会的总意。但是不能说卢骚解释他的学说有浩布士那样的清楚,合乎论理,毫无畏惧。

自然状态及原始契约的暗昧——卢骚是否以为成立社会契约的第一次盟约,是一种实有的历史的事实,还以为是成立合法政府的惟一的路径,是很难知道的。自然状态不曾明白的确定,所以组成政治社会的原因也不曾明白的叙述。浩布士明白确切的说,个人的自私的并且冲突的利益是必须加以约束,因为这个理由,所以在这种状态里面的人民必须放弃一切的权利,给与"巨鲸"(Leviathan,指政府)。卢骚不曾明白的说自然状态里面与个人保护相反的障碍是什么,然而总括起来说,卢骚所说的自然状态的各种情形与浩布士描写的没有差别,并且卢骚也主张自然状态的个人必须加以约束,正与浩布士相同。"总意"能做这种事体么? 换句话说,以总意为主权者的国家有实行职务的能力么? 依总意的本身看起来,总意必定不能履行主权的职能及义务,所以指定立法者及行政的政府做他的工具。总意与立法的关系是不能令人满意的。

"盲目的群众因为不明白何者是有利的,每每不知道自己希望的是什么,像这样重大的困难的立法的事业,怎样能够办理呢。"[2] 所以不得不找一个立法者做这种事体,不过没有说谁来选择或指任立法者。其实卢骚几乎因为找不到胜任这种大事的贤智之人很为失望,并且即便找到这种人,已经草定法典,人民很为愚蠢,既然只有总意能够制定法律,就没有法子劝服人民接收立法者草定的法典。每每立法者只有伪托法律是神的意旨,才能制定法律。但是假若有了这种情形,总意的立法成了什么结果呢? 是不是总意说的全部仅仅是马扣啊翰尼教人民服从智者制定的法律的方法呢?

执行的政府——我们现今不再讨论卢骚的不定的根据,再来讨论执行政府——总意藉以实施本身于个人的工具。卢骚与亚里士多德一致,以为国家之内必须有法律的统治权,以限制君长或执行的政府的行动,君长或

---

[1] 卷二,章五。
[2] 卷二,章六。

执行的政府处置各种事体,只许依据由立法者提出的,经握主权的人民通过的普通法律。然而在法律规定的限制之内,执行的政府是至尊无上的,因为他命令人死,人不得不死。卢骚诚然不像浩布士,恐怕执行的政府不强,不能实行他的职能,但是很怕政府侵占真正的最后的主权者的职能。所以他不大说增强执行政府的力量,而多说握主权的人民约束政府的方法。

但是假设有势力的少数人或自称代表总意的政党反抗执行的政府,在这种情形里面,应当怎样办呢? 这种显明政党是否实在的代表握主权的人民,由谁判决呢?

欲防止执行的政府侵占主权的职能,必须按期招集握主权的人民审核政府的行动并且审核他的权势,并且当这种集会期内,政府的权力完全失效。诚然,这样一来,真正的最后的主权者就可以直接的运用他的权力,但是依吾人推测,这种办法断不会发生实效的。总意得因冲突的个人的意志的抵触而暗昧不明,失其效力。所以这些集会足以惹起倾轧、叛乱,无法和解的意见,其结果复回到自然状态的无政府状态。"长久辩论,互闹意见,喧吵不已,乃是私利增长及国家衰亡的现象。"〔1〕

总意——然而卢骚的根本错误在他的总意的概念。假若细心的考察,总意是很难找到的,差不多是没有的,总意不是在执行的政府的行动或决断里面可以寻出的,因为执行的政府仅仅是总意的工具。总意不是在指任执行的政府的行为里面可以寻出的,因为这种行为有多数人即能做成,与少数人的希望相反。总意不是在治理国家的法律里面可以寻出的,因为法律是立法者的作品。实在总意只出现一次——订立社会契约的最初决议,这种决议必须全体一致的。但是此处,卢骚也承认有许多人民不同意契约。"这种反对仅仅乎使得他们自己居于契约之外,他们总是公民之中的外国人"。〔2〕 他就用这种法子把不同意的人民弃去了,可是这种困难不是这样容易过去的。怎样处置这些"外国人"呢? 假若听他们怎样而不加以阻止,公民的利益就要陷于危险,并且建立国家所为的安全也不能达到。在他一方面,假若以总意的强力胁迫他们的行为遵循公民的希望,那么国家就成为最褊狭的最专制的寡头政体,无论如何,"总意"这个名辞,乃是误

---

〔1〕 卷四,章二。
〔2〕 卷四,章二。

用的名称。

安全与自由——卢骚因指出社会契约预备解决的最先问题,已明白言及政治哲学的根本问题。完全的安全怎样才可以与绝对的自由结合呢?照已经说过的,"自由"这个名词可以用作两个意义,并且假若把自由解作"为所欲为",这个问题就不能解决了。浩布士简直说这个问题无论如何总不能解决。他说,完全的安全(Complete Security)与绝对的自由(Absolute freedom)是不能两立的,倘你需要这个,务必弃去那个。

卢骚想把自由这个名词用在另一个意义上面以解决这种问题。他所说的自由,就是权利的割让只让与自己居其一部的主权者,因此能够得到安全而不失去自由。但是实在的情形是不是这样呢?近世民主政体的国家总依卢骚的方法解决这个问题,但是差不多这些国家里面总有永久的不能和合的少数,无论何种意义的自由他们总得不到,因为他们被逼着降服多数的意志,受治于他们不曾同意的政府,而"被强迫去自由"。这些少数人与那些不同意卢骚原始契约的人相当,所以被称为"外国人"。妇女及一切无选举的阶级,也不能说有任何意义的自由。所以在卢骚的国家里面,自由与安全总不能完全的得到。其实,此处已经叙过的用社会契约做根据的三种主权学说,只有浩布士的学说解释得清楚、一致,合乎论理,以达到他的苛刻的结论。三家的学说根据于同一假定:假若没有外界的力量约束人们的感情及自私之心,人们就要重行堕入互相残杀的战争的状态。知道这个,他们才举出一个主权者驾乎他们之上。但是洛克及卢骚皆不敢当面解答这个事实:假若主权要切实的实行建立国家所期望的职务,主权必须是无管束的,至尊无上并且不可分的。所以洛克创出他的"信托的权力"(Fiduciary Power),这种信托的权力时受民众的支配,随他们的心变及幻想为转移——实则这就是要待阻遏的感情,并且卢骚更进一程,把执行的政府作为社会委办事业的局所。独有浩布士见及,以通过判决及改变主权的权利给与人民,将于平民感情的防范上发生一个弱点,至于这种防范,就是原始契约所欲建立的。

在另一方面言之,浩布士只看到问题的一面。诚然绝对的安全只能依他的方法得到,但是他未免过于看高安全的价值。以自由的绝对让与交换安全,也是代价太大,得不偿失。无论如何,这句话似乎是近世的一般的意见,因为现今渐趋普遍的民主政体的国家,勉力想出互让的办法,虽则自由与安全皆不能完全得到,但因此总可以得到若干。所以卢骚的学说,虽然论理上不完全,但与一切实用政治学上很占重要的互让精神较为符合。然而这种互让的精神也有缺憾,在他力求保持平衡的两种原理之间——安全与自由——有永久无穷的冲突。各种政府不稳固的根本原因,就是这种永久无穷的冲突。卢骚对于此事有一个暗示。

因为特别的意志常与总意处于相反的地位,所以政府屡屡与主权冲突。

这乃是从政治团体产生的时候就发生的不能避免的,永久不去的缺点,刻刻不停的破坏政治团体,好像老死二事,要等到人类的身体全行毁坏,才能停止。[1]

卢骚于此处特别注意自由与安全之间的不绝的竞争,这种竞争惹起许多革命及政变,造成人类的立宪史。在危险及扰乱的时代,人民情愿抛弃自由以求安全,于是强力政府大得其时。但是当强力政府已经完成其目的,和平与昌盛替代危险及紊乱之后,就生出要求自由的呼声,政府遂为保护个人自由者所削弱。这种长落的潮流是从最古时代遗传下来的,柏拉图及亚里士多德的政府循环或连续的学说,就是因此发生的。就此看来,国家的组织没有终极,若想以浩布士、洛克,或卢骚一类的哲学的学说感化人们服从特定的政体,是无望的。

原载(美)浮列尔(Farrell)著,范用余译述:《政治哲学导言》第三章《政治哲学里面的大错误:霍布士、洛克及卢骚》,1922年11月版,第197—213页。

---

[1] 卷三,章十。

附录一

《民约论》著录及广告

《日本书目志》卷五·政治门

民约论覆义　原田潜译　三角五分

康有为：《日本书目志》卷五，大同译书局光绪二十四年（1898）石印本；又见姜义华、张荣华编校：《康有为全集》第三集，上海人民出版社1992年版，第751页。

大同译书局各种书目

民约通义一册　定价洋一角

康有为：《日本书目志》，大同译书局光绪二十四年（1898）石印本，书后末页所附广告，第1、2页。

大同译书局各种书目

经世文新编	廿四本洋叁圆五角	孔子改制考	十本洋贰圆
新学伪经考	七本洋贰圆	春秋董氏学	六本洋壹圆伍角
春秋中国夷狄辨	一本洋贰角	日本书目志	八本洋壹圆肆角
中西学门径书七种	二本洋肆角	南海先生四上书记	一本洋贰角
五上书记	一本洋壹角	六上书记	
七上书记附俄彼得变政记	一本洋壹角	桂学答问	一本洋壹角
大东合邦新义	一本洋贰角伍分	意大利兴国侠士传	一本洋壹角
伪经考答问	一本洋壹角	瑞士变政记	一本洋壹角
民约通义	一本洋壹角	日本变法由游侠义愤考	一本洋壹角
俄土战纪	二本洋肆角	英人强卖鸦片记	
实验制茶法		万国教育制度	
万国新历史		拿破仑战史	

美国南北战史	英美海战史
希腊自主战史	地球十五大战史
万国商业史	女权史
波兰灭亡记	法国变政记

尚未印出之书,故不列价。定价划一,不折不扣。

赵秀伟笔译:《瑞士变政记》,康同薇纂:《日本变法由游侠义愤考》,大同译书局光绪二十四年(1898)石印本,书后末页所附广告,第1、2页。

大同译书局各种书目

经世文新编	廿四本洋叁圆五角	孔子改制考	十本洋贰圆
新学伪经考	七本洋贰圆	春秋董氏学	六本洋壹圆伍角
春秋中国夷狄辨	一本洋贰角	日本书目志	八本洋壹圆肆角
中西学门径书七种	二本洋肆角	南海先生四上书记	一本洋贰角
五上书记	一本洋壹角	六上书记	
七上书记附俄彼得变政记	一本洋壹角	桂学答问	一本洋壹角
大东合邦新义	一本洋贰角伍分	意大利兴国侠士传	一本洋壹角
伪经考答问	一本洋壹角	瑞士变政记	一本洋壹角
民约通义	一本洋壹角	日本变法由游侠义愤考	一本洋壹角
俄土战纪	二本洋肆角	黄梨洲先生明夷待访录	一本洋壹角伍分
英人强卖鸦片记		实验制茶法	
万国教育制度		万国新历史	
拿破仑战史		美国南北战史	
英美海战史		希腊自主战史	
地球十五大战史		万国商业史	
女权史		波兰灭亡记	
法国变政记			

尚未印出之书,故不列价。定价划一,不折不扣。

(法国)戎雅屈娄骚著,(日本)中江笃介译解:《民约通义》,大同译书局光绪二十四年(1898)石印本,书后末页所附广告,第1、2页;以及康有为:《日本书目志》,《南海先生七上书记附俄彼得变政记》,谭济骞撰:《伪经考答问》,汤叡译:《英人强卖鸦片记》等多种书中,书后末页所附广告,第1、2页。

大同译书局新出时务各书

南海先生春秋董氏学,六本一元五角。孔子改制考,十本二元。新学伪经考,六本二元。……民约通义,一本一角。……地球十五大战纪,二本四角。以上之书,现洋买五十元以外者概九折,三百元以外者概八折,税厘寄费,买客自理。[1]

《新闻报》光绪二十四年五月十五日(1898 年 7 月 3 日);又见《申报》光绪二十四年五月十六日(1898 年 7 月 4 日)。

本馆新到(刻)各种时务书

皇朝经世文新编,每部钱三千七百文。春秋中国夷狄辨,每部钱二百二十文。

春秋董氏学,每部钱一千五百文。中西学门径书七种,每部钱四百五十文。

大东合邦新义,每部钱二百八十文。伪经考答问,每部钱一百文。

民约通义,每部钱一百文。俄土战记,每部钱四百文。

英人强卖鸦片记,每部钱三百文。日本书目志并有论说,每部钱一千五百文。

桂学答问,每部钱一百文。日本变法考,每部钱一百文。

明夷待访录,每部钱一百五十文。湖南时务学堂初集,每部钱一百文。

湖南时务学堂考卷,每部钱三十四文。

《湘报》第 102 期,光绪二十四年五月十六日(1898 年 7 月 4 日);又见《湘报》报馆编:《湘报》(下),中华书局 2006 年影印本,第 947 页。

本馆新到(刻)各种时务书

皇朝经世文新编,每部钱三千七百文。春秋中国夷狄辨,每部钱二百二十文。

春秋董氏学,每部钱一千五百文。中西学门径书七种,每部钱四百五十文。

大东合邦新义,每部钱二百八十文。伪经考答问,每部钱一百文。

民约通义,每部钱一百文。俄土战记,每部钱四百文。

---

[1] 《申报》刊登的广告个别文字略有不同,如"现洋",《申报》作"现钱"。

英人强卖鸦片记,每部钱三百文。日本书目志并有论说,每部钱一千五百文。

桂学答问,每部钱一百文。日本变法考,每部钱一百文。

明夷待访录,每部钱一百五十文。湖南时务学堂初集,每部钱一百文。

湖南时务学堂考卷,每部钱三十四文。

院试匪遥,时务书急宜购阅,第恐距馆较远者购取为难,现寄存南阳街经济书局分售。

《湘报》第106期,光绪二十四年五月二十日(1898年7月8日);又见《湘报》报馆编:《湘报》(下),中华书局2006年影印本,第991页。

大同译书局书目

南海先生春秋董氏学,六本洋一元五角。经世文新编,廿四本三元五角。孔子改制考,十本洋二元。……瑞士变政记,一本洋一角。民约通义,一本洋一角。……湘报,每本一角。

要者至大马路泥城桥西大同译书局及四马路工部局西大同译书分局购取。

《申报》《新闻报》光绪二十四年七月初三日(1898年8月19日)。

本馆代售各种书籍

……俄土战役,四角。春秋中国夷狄辨,二角。英人强卖鸦片记,三角。民约通义,一角。大东合邦新义,二角五分。……意大利兴国侠士传,一角。

《中外日报》光绪二十四年九月初七日(1898年10月21日)。

上海广智书局已译书目·饮冰室主人译 卢梭民约论

《民约论》之名久轰于我学界,然其书至今未出现,读者憾焉。《译书汇编》旧有译本,尚未及半,而其中讹谬殊多,往往失著者之本意。今饮冰室主人悉心校译,并多加注解及案语,卷首复著卢梭详传及学案,凡数千言,详述其哲学学说、教育学说,卷末复取近儒驳正卢说者条列之,以资考证。诚译界中不可多得之本也。现已成书,不日付印。

《新民丛报》第19号,光绪二十八年十月初一日(1902年10月31日),中华书局2008年影印本,第2513页。

《增版东西学书录》卷四·议论第三十

民约通议一卷。上海译书局本,一册。

(法)戎雅屈娄骚著,(日本)中江笃介译。

徐维则辑,顾燮光补辑:《增版东西学书录》卷四,光绪二十八年十二月(1903年1月)石印本,第20页;又见王韬、顾燮光等编:《近代译书目》,北京图书馆出版社2003年版,第279页。

作新社最新出版书

五洲三十年战史八角。……世界大事年表一元二角。路索民约论六角。……

上海四马路老巡捕房东五十五号发行。

《同文沪报》1903年3月10日。

开明书店出版新书目录

政治原论,七角五分。民约论,六角。……民约通义,一角五分。二十世纪之怪物帝国主义,四角。……

公奴:《金陵卖书记》后附。[1]

《民约》《社会》二书,《提要》中列为政治部首,知者绝少。有购求政治者,又视为非急务,辄讽以士夫居乡之义,始有受者。若鸣呼噫嘻派中人,一见便如石引针,翕合无间。

王维泰:《汴梁卖书记》上卷,开明书店1903年版,第10页。

开明书店新书目录
法律

民约论	六角	宪法要义	二角
法国律例	四元	民约通义	一角五分

杂著

金陵卖书记	一角	路索民约论	六角

王维泰:《汴梁卖书记》书后附"开明书店新书目录",第10、18页。

---

〔1〕 此书前有作者"公奴"写于壬寅(1902年)九月的序,当出版于1902年10月后。

集成书目提要·政治部

路索民约论,全二本,定价银六钱。

杨廷栋译。民约之说,始于路索自由论,发明天人至理,为列国改革政治权舆。支那上古帝尧倦勤民事,亦以为天下得人为尽君责,数千年来斯道晦塞殆尽,读是编如景星之再见,愿吾志士共宝之。

开明书店编:《集成书目提要》,第9、10页。

新学书目提要卷一·法制类　路索民约论上海文明书局本

《路索民约论》五卷,各分编章,法国路索近译多作卢骚。原著,吴县杨廷栋译本。其书译自日本,已非法文之旧,然译笔明通,当能不失其本意。路索为法学名家,此书宗旨尤为民政之先导,鸿哲伟著传于我邦,作者如庄生所云"博大真人",而述者之谓明不得不有所归美矣。按民约之说,盖谓国家之立,由人民相约而成,后之持异义者,皆谓其言不足征信,盖据史事以折其非,然当日之言,仅以为理所当然,不必求之事实。近人或援康德之书,以解所言民约之意,其词甚辩,可息群疑,昔人所以攻之者,大抵泥于言论之迹也。要而论之,路索盖薄视宗教之人,故能不为教约诸书所愚,而自树新义,以托为人类立国之始。盖教门之詟谈,每与政术、哲理不相符合,故为通人之所不称,路索因著书排斥宗教,致不见容于当时。此书亦时露圭角,而末章为尤著,至诋耶苏教之法,斥为大害政事,则掊击尤深,著论之旨于此可见。顾其不矜细行,终虑大德,亦由宗教之感微而无以剂之于中正之域,此其学术源流与行谊之品格可以臆测者焉。篇中宏旨公理所昭当于人心,无俟觇缕,惟读其论《生杀之权》一章,力辟赦罪之说,其言曰赦罪之权非为君主市惠而设,推其本意所在,良惧可以生之则可以杀之,而为上者得以操其柄而制之命,故哲学之名言,谓仁之为文不符平等之义,亦此理之所寄也。《人民论》第二章历数地大之国诸弊,《政府总论》第二章谓理事之人过众,则所理之事必荒,皆切中中国之病,几如为今日而言者,政谈之验,此其一端。所论设官之事,如监国、总裁、审查等职,皆就罗马、希腊旧法而言,读者察其用心,不必考其制度。又《生杀之权》章首节"杀人者死"以下十数语,似当另为一节,而误合前文者焉。

通雅斋仝人编纂:《新学书目提要》卷一,上海通雅书局1903年版,第94—96页;又见熊月之主编:《晚清新学书目提要》,上海书店出版社2007年版,第436页。

各种书籍

修身科讲义三角五。……民约论六角。自由原理六角。……

北京琉璃厂有正书局。

《时报》1904 年 8 月 11 日。

各种书籍

修身科讲义三角五。……民约论六角。自由原理六角。……

上海四马路本账房代售。

《时报》1904 年 8 月 29 日。

本馆出售新书地图

修身科讲义三角五。……民约论六角。英文典问答七角。……

本馆账房启。

《时报》1904 年 11 月 6 日。

镜今书局新书出版广告　国民必读中国民约精义出世

自卢梭《民约论》出,欧美均被其响,三十年前,又横渡太平洋而达日本。今大陆列国政体之改良,宪法之完备,公理日阐,民气大昌,所以为二十世纪文明世界者,皆卢氏赐也。吾国审此义者有年,顾犹闇昧无动,毋亦数千年专制古国,非卢氏一人所能为力欤? 骛新之子,等国学如弁髦。经史百家,其大义微言,有先乎卢氏而契合在千百载后,或视卢氏之论尤精者,湮然不著,致使楚仓豕哕,目专论为邪说;少年狐拜,认欧人为大师。而立言无本,一击辄踣。乌呼,前哲有灵,能勿恫乎! 是书博采古籍,举先民之言关于民约者,汇为三卷。起上古,讫近世,又复详加后案,条举卢氏之说,比较其得失,论列其是非。书凡五万余言,今日出版。昔日本中江笃介为东方卢梭,卢梭宁彼中江氏而已,翳我先哲人,是式是凭,他日国民军之兴,其足以作射击专制之爆弹者,吾知有赖于是书矣。洋装美制,每册定价大洋四角,凡我国民,亟宜购取。

总发行所镜今书局,分售处各大书坊。

《时报》1904 年 11 月 7 日。

再版万国史纲。中等学堂历史科之第一善本……定价一元。又英国革命史。定价四角。……民约通义。定价一角五分。

总发行所棋盘街镜今书局。

《时报》1904 年 11 月 13 日。

卢梭民约通义折价券

君权之祸,酷于洪水,赖生西哲,警聋发聩。民约一编,大昌厥旨,西欧革命,风潮乃起。东顾神州,夷酋专制,三复此书,用申民气。定价角半,照码七折。[1]

《警钟日报》第 268 号,1904 年 11 月 19 日。

石铅印书目

路索民约论四钱二分。

直隶官书局编:《直隶官书局运售各省官刻书籍总目》,清光绪间直隶省城官书局学校司铅印本,第 33 页。

时报馆发行各种小说·上海四马路有正书局发行各种新书

民约论　洋二角

女权篇　洋二角

《时报》1907 年 2 月 16 日。

国学保存会报告　第二十二号·特别捐款名单

陈无我先生,捐东方杂志十二册……卢索民约论一册,加藤弘之讲演集一册,未来世界论一册……

《国粹学报》1908 年第 4 卷第 5 期。

法国卢梭先生原著,日本中江笃介先生汉译:共和原理民约论价洋一角五分。

是书为提倡共和之元祖,其价值之崇高,直足以支配十九、二十世纪之思潮,巩固国家之根本。译者为日本维新大家中江笃介先生,先生博通汉籍,兼精法国学理,私淑卢梭,日本学界以"东方卢梭"名之。特重梓之,以饷我国人。

---

[1]　《警钟日报》此后至同月 24 日第 273 号,连续刊登了这则广告。

日本东京芝区南佐久间町,发行所民国社谨启。

《民国》1914 年第 2、3、4、6 期。

上海四马路泰东图书局发行·民约论

是书为提倡共和之元祖,其价值之崇高,直足以支配十九、二十两世纪之思潮,巩固国家之根本。译者为日本维新大家中江笃介先生,先生博通汉籍,兼精法国学理,私淑卢梭,日本学界以"东方卢梭"名之。特重梓之,以饷我国人。

和装一册,定价一角五分。

《新闻报》1914 年 12 月 18 日。

上海四马路一百十九号泰东图书局出版图书·共和原理民约论

法国卢梭著,日本中江笃介汉译,平制一册,纸数四四页,定价一角五分。

是书为提倡共和之元祖,其价值之崇高,直足以支配十九、二十两世纪之思潮,巩固国家之根本。译者为日本维新大家中江笃介先生,先生博通汉籍,兼精法国学理,私淑卢梭,日本学界以"东方卢梭"名之。特重梓之,以饷我国人。

（日）稻田周之助著,杨永泰译:《外交政策》,上海泰东图书局 1915 年版,书前附广告。

上海四马路一百十九号泰东图书局出版图书·共和原理民约论

法国卢梭著,日本中江笃介汉译。平制一册,纸数四四页,定价一角五分。

是书为共和国民一般必读之书,无待烦述。

殷汝骊编:《亡国鉴》,上海泰东图书局 1915 年版,书后附广告。

泰东图书局书目·再版民约论

法国卢梭著,日本中江笃介汉译。纸数四十四页,平制一册,定价一角五分。

是书为提倡共和之元祖,其价值之崇高,直足以支配十九、二十两世纪之思潮,巩固国家之根本。译者为日本维新大家中江笃介先生,先生博通汉籍,兼精法国学理,私淑卢梭,日本学界以"东方卢梭"名之。特重梓之,以饷我国人。

夏思痛:《南洋》,上海泰东图书局 1915 年版,后附《泰东图书局书目》,第 4 页;又见陈荣广、王几道编纂:《外交新纪元》,上海泰东图书局 1917 年版,后附《泰东图书局书目》,第 4 页。

泰东图书局　书讯·再版民约论

法国卢梭著,日本中江笃介汉译。平制一册,纸数四十四页,定价大洋一角五分。泰东图书局出版。

是书为提倡共和之元祖,其价值之崇高,直足以支配十九、二十两世纪之思潮,巩固国家之根本。译者为日本维新大家中江笃介先生,先生博通汉籍,兼精法国理学,私淑卢梭,日本学界以"东方卢梭"名之。特重梓之,以饷我国人。

《太平洋》(上海)1917 年第 1 卷第 4—8 期,1918 年第 1 卷第 9 期。

上海四马路泰东图书局发行

再版民约论法国卢梭著,定价一角五分。

《申报》1918 年 1 月 1 日。

泰东图书局迁移大扩充纪念特价赠品一月

本局出版各种名家著述,久蒙海内外所称许,曷胜欣幸。前因旧屋翻造,迁至四马路一百二十四五号,照常交易。本拟举行扩充纪念,当时迫于爱国热潮,激成罢市,嗣又霪雨连绵,迄不果行。今幸金风乍转,灯火可亲,特将本版书籍一律减价,并附赠品,用答雅意,良好机会,幸勿错过。

……

本馆各书一览表:

中华民国开国史,精一元二角,平八角。

……

民约论,一角五分。

上海四马路泰东图书局发行。

《申报》《时报》1919 年 9 月 3 日。

上海泰东图书局恭祝共和进步

共和,共和,我们庆祝他到了八次了。我们诚心敬意的庆祝他,他到弄了许多的"帝制""复辟""官僚""政客""军警""土匪",搅乱了我们个不亦乐乎。唉,大家仔细的想一想,可是共和的不好呀?可是我们不求进步的毛病呢?倘若不求进步,那就无话可说了。若是想求进步,往真心共和的路上走去,就请大家注意下列各书,快来买几本,看看,自然就会明白了。

中华民国开国史,谷镜秀编,定价一元二角。

……

民约论,定价一角五分。

半价券,剪此券寄下,照定价对折计算,此系特别优待,只限登出各书。

《申报》《时报》1919 年 10 月 10 日。

泰东图书局出版图书特别廉价

书名	定价	廉价
……		
民约论	一角五分	八分
法政要览丛书	六元八角	三元四角

上海四马路泰东图书局发行。

《申报》1920 年 8 月 18 日。

上海泰东图书局发行·民约论法国卢梭著,平装一册,定价一角五分

是书为提倡共和之元祖,其价值之崇高,直足以支配十九、二十两世纪之思潮,巩固国家之根本。译者为日本维新大家中江笃介先生,先生博通汉籍,兼精法国学理,私淑卢梭,日本学界以"东方卢梭"名之。特重梓之,以饷我国人。

(法)季特(Charles Gide)著,陶乐勤译述:《政治经济学》,上海泰东图书局 1920 年版,第 16 页;又见 1929 年版,第 16 页。

泰东图书局八周纪念赠送书券

赠券日期:自三月廿一日起至四月二十日止。

民约论,定价一角五分。

《申报》1921 年 4 月 2 日。

民约论,定价一角五分,实售九分。

上海四马路泰东图书局发行。

《申报》1921 年 6 月 4 日。

暑期廉价一月

自六月廿五日(即阴历五月二十日)起,至七月廿四日(即阴历六月二十日)止,过期无效。

地址在上海四马路昼锦里西首青莲阁东首。

求文化普遍,绝对的牺牲,新书大廉价。

欲教育普及,使人人读书,非视为营业。

完全是新书,无破碎缺页,旧书滥竽货。

(上海四马路泰东图书局)

民约论,原价一角五分,廉价八分。

《申报》1921 年 6 月 25 日。

上海四马路泰东图书局新书出版特价一月·杂著

法国卢梭民约论,定价一角五分,特价七分半。

《申报》1922 年 6 月 1 日。

上海四马路泰东图书局举行寒季廉价一月·杂著

民约论,法国卢梭著,平装一册,定价一角五分。

《申报》1922 年 12 月 21 日。

上海暑期廉价泰东图书局一月为限·杂著

民约论,定价一角五分,特价八分。

《申报》1923 年 8 月 1 日。

中华书局新出·政治

卢骚民约论,马君武,五角。

《申报》1926 年 5 月 29 日。

中华书局发行好公民的读物·政治

卢骚民约论,马君武,五角。

《申报》1927 年 3 月 4 日。

中华书局最近重版书

(五版)卢梭民约论马君武,一册五角。

《申报》1928 年 4 月 24 日。

上海泰东图书局半价·政治经济

民约论,卢梭著,定价一角五分。

《申报》1929 年 3 月 30 日。

泰东图书局书目 一

上海四马路中。各书廉价,一成助赈。

近世社会学　　定价二元

论理学　　　　定价一元四角

……

民约论　　　　定价一角五分

《申报》1929 年 10 月 16 日。

大同译书局编译书

经世文新编　　　　孔子改制考十卷

新学伪经考六卷　　春秋董氏学

……

瑞士变政记三卷附录一卷赵秀伟译

民约通义

……

刘声木编:《续补汇刻书目》卷三〇,直介堂丛刻初编,译著丛刊二卷,1929 年版,第 10 页。

苏州图书馆图书目录

五二四:民约通义,一册,戎雅屈娄骚。

苏州图书馆编:《苏州图书馆图书目录》,苏州图书馆 1929 年版,第 219 页。

卢梭民约论(社会科学名著选读丛书)

六开本,定价六角,邮费二分半。

英译者:Henry J. Tozer。节注者:张慰慈。

《民约论》(The Social Contract)为法国卢梭的名著,其价值可无待言论。此书由张慰慈先生就 Tozer 氏的英译本选节而成,难解字句,均加汉文注释,更于篇首冠以汉文导言,略述卢梭的性格及其政治与社会哲学的大要,使国人之欲欣赏此世界伟大著作者,得到一条便捷的途径。高中以上学校,亦可采作社会科学的读物。

商务印书馆出版。

《新闻报》1930 年 3 月 4 日;又见《申报》1930 年 3 月 5 日,《民国日报》1930 年 3 月 6 日,《时报》1930 年 3 月 8 日。

卢梭民约论(The Social Contract)

By J.J. Rousseau,定价六角。

Henry J. Tozer 英译,张慰慈节注。

民约论为法国卢梭的名著,其价值可无待言。此书由张慰慈先生就 Tozer 氏的英译本选节而成,难解字句,均加汉文注释,更于篇首冠以汉文导言,略述卢梭的性格及其政治与社会哲学的大要,使国人之欲欣赏此世界伟大著作者,得到一条便捷的途径。高中以上学校,亦可采作社会科学的读物。

商务印书馆发行。

《小说月报》1930 年第 21 卷第 10 期。

商务印书馆出版英文本各科用书(大学专门,高中适用)·政治学

英译民约论,张慰慈注,六角。

The Social Contract.

《申报》1930 年 9 月 5 日。

中华书局重版书

卢骚民约论,马君武(六版),一册,五角。

《申报》1930 年 12 月 26 日。

商务印书馆本版西书·政治　法律

英译民约论,张慰慈选注,六角。

Rousseau's The Social Contract.

《申报》1931 年 2 月 5 日。

（英文）社会科学名著选读丛书（Selected Standard Books of Social Science Series），王云五，何炳松，刘秉麟主编。

已出版及在印者列下：民约论，张慰慈选注，六角。Rousseau：The Social Contract.

商务印书馆出版。

《民国日报》1931 年 6 月 23 日。

中华书局新出版

卢骚民约论，马君武，一册，五角。

《申报》1931 年 7 月 7 日；又见《民国日报》1931 年 7 月 8 日，《生活周刊》1931 年第 6 卷第 31 期。

高中以上课本及参考书·中华书局出版

卢骚民约论，马君武，一册，五角。

《申报》1931 年 9 月 11 日。

中文图书目录·社会科学类

民约通义，法国卢骚原著，一册，同前（即徐新六先生赠）。

大同大学图书馆编：《中文图书目录》，大同大学图书馆 1931 年版，第 57 页。

社会科学·320　政治学

(英文本)民约论(社会科学名著选读丛书)张慰慈选注，纸面六开本。

H.J. Tozer 英译，J.J. Rousseau：Du The Social Contract.

商务印书馆：《图书汇报》（第 122 期），商务印书馆 1931 版，第 43 页。

中华书局图书目录·社会科学　政治

卢骚民约论，马君武，一册，五角。

中华书局编：《中华书局图书目录》，中华书局 1932 年版，第 75 页。

大学中学教科及参考用书　中华书局出版·社会　政治

卢骚民约论,马君武,一册,五角。

《申报》1932 年 9 月 4 日。

中华书局图书目录图书·社会科学　政治

卢骚民约论,马君武译,一册,五角。

中华书局编:《中华书局图书目录》,中华书局 1933 年版,第 79 页。

中华书局迁厂大廉价·高级中学教科及参教用书

一月一日起至三月底止。

高中主要参考书·社会政治:

卢骚民约论,马君武译,一册,五角。

《申报》1933 年 1 月 18 日。

商务印书馆本周重版书

英文民约论(社会科学名著选读丛书),卢骚著。张慰慈选注(一版),一册六角。

《申报》1933 年 7 月 22 日。

大学教本及参考用书·中华书局出版

减售八折。

法学院用:

卢骚民约论,马君武译,五角。

J.J. Rousseau：The Social Contract.

《申报》1934 年 9 月 10 日。

商务印书馆编印·万有文库　第二集丛　预约·政治学

社约论,Rousseau 著。

《申报》1934 年 9 月 10 日。

中华书局　总店·分局

半价二星期,四月八日起廿一日止。

社会科学类：

卢骚民约论，马君武译，五角。

《申报》1936 年 2 月 27 日。

普通图书馆图书选目·320　政治科学

320.11　民约论，卢骚（Rousseau，J.J.），马君武译。

杜定友编：《普通图书馆图书选目》，中华书局 1935 年版，第 49 页。

商务印书馆本周重版书·社会科学

英文民约论（社会科学名著选读丛书），张慰慈选注，（二版），一册，六角。

J.J. Rousseau The Social Contract.

《申报》《时报》1935 年 10 月 5 日。

商务印书馆赞助全国读书运动半价书目·社会科学　法律

社会科学名著选读丛书民约论（英文），张慰慈注，一册定价六角。

商务印书馆编：《商务印书馆赞助全国读书运动半价书目》，商务印书馆 1935 年版，第 10 页。

国立中山大学图书馆中文古书分类目录·340　法律

0/340.1/941.2　民约通义，娄骚（法人），中江笃介译解（日人）译。

梁格编，谢明章校阅：《国立中山大学图书馆中文古书分类目录》，国立中山大学图书馆编目部 1935 年版，第 183 页。

作者书社目录·政治学

社约论，J.J. Rousseau 著，徐百齐、丘瑾璋译，一册。

作家书社编：《作者书社目录》，上海作家书社 1935 年版，第 67 页。

社会科学·320　政治学

社约论（汉译世界名著），徐百齐、丘瑾璋译，软布面六开本。

J.J. Rousseau：Du The Contrat Social.

（英文本）民约论（社会科学名著选读丛书）张慰慈选注，纸面六开本。

J.J. Rousseau：Du The Social Contract.

商务印书馆：《图书汇报》（新 6 号），商务印书馆 1936 年版，第 35 页。

中华书局连环图书目录

新厂建成纪念大廉价,下列各书廉售五折。三月五日截止,外埠函购以邮局日戳为凭,邮费另加。

320　政治科学:

卢骚民约论,马君武译。

J.J. Rousseau:The Social Contract.

《申报》1936 年 2 月 27 日。

商务印书馆本周新书一览

四月廿一日,社约论,徐百齐、丘瑾璋译,七角五分。

《申报》《新闻报》1936 年 4 月 19 日。

商务印书馆本日初版新书

社约论(汉译世界名著),七角五分。

J.J. Rousseau 著,徐百齐、丘瑾璋译。此书(Du The Contrat Social)一名"政治权利之原则",主张国家之基础,系建筑于人类公共意志之上,其影响于西洋生活思想者至巨。全书分为四部,首论契约中公民社会之起源,次论公共意志与主权之学说,再次论及政府之组织,最后讨论公民之宗教。

《申报》《新闻报》1936 年 4 月 21 日。

商务印书馆本周重要新书

常读新书,智识日进。商务印书馆为应读书界之需要,每日出版新书两三种,兹介绍本周重要新书于次:

社约论,卢骚著,徐百齐等译,一册七角五分。

……

《立报》1936 年 4 月 24 日。

商务印书馆　本周已出新书

四月廿一日:……社约论,七角五分。

《申报》1936 年 4 月 25 日。

新书月报·商务印书馆

第四十二号(廿五年四月份出版)·汉译世界名著　续出九种

社约论,J.J. Rousseau 著,徐百齐,丘瑾璋译,七角五分。

《申报》1936 年 5 月 3 日。

商务印书馆最近出版新书

社约论,J.J. Rousseau 著,徐百齐、丘瑾璋译,七角五分。

《西北文化日报》1936 年 5 月 26 日。

商务印书馆最近出版新书

社约论,J.J. Rousseau 著,徐百齐、丘瑾璋译,七角五分。

《南宁民国日报》1936 年 6 月 18 日。

全国图书总目·社会科学民国二十五年六月一日起每日刊载(续)　近代各家政治学说

卢骚民约论,马君武译,五角。

《大公报》(上海版)1936 年 7 月 31 日。

社会科学名著选读丛书(英文本)Selected Standard Books of Social Science Series

王云五,何炳松,刘秉麟主编。纸面六开本。

民约论,张慰慈选注。

Rousseau：The Social Contract.

商务印书馆:《图书汇报》(新 8 号),商务印书馆 1936 年版,第 49 页。

中华书局图书目录·320　政治科学

卢骚民约论,马君武译,25 开本并装。

J.J. Rousseau：The Social Contract.

中华书局编:《中华书局图书目录》,中华书局 1936 年版,第 48 页。

饮冰室合集目录·残稿存目

译卢梭民约论,四十六页。

林志钧编:《饮冰室合集·专集目录》,中华书局 1936 年版,第 3 页。

政治学名著十一种

卢骚民约论,马君武译。原售五角,改售四角五分。中华书局出版。

唐孝刚:《非常时期之地方自治》,中华书局1937年版,书后附广告。

三通文库出版书目·本局编辑部编

社约论,卢骚著,徐百齐、丘瑾璋译。上海三通书局。

(法)佐拉著,王了一译:娜娜(上册),上海三通书局1941年版,书后附广告。

卢骚著、卫惠林教授译·民约论

本书为全世界民主运动其中最大经典,影响及于世界之近代政治与近代文化之发展,在人类思想上开辟一新纪元,而法国大革命即导源于此书。目前我国宪政潮流遍及全国,民主思想深入民间,故敝书屋特请卫惠林教授从原文译此民主思想经典,以供我爱国人士之参考。全书用上等纸精印,定价一二〇元。

《抗战文艺》1944年第9卷第3、4合期,1945年第10卷第1期。

世界民主政治最大经典·卢骚著、卫惠林教授译·民约论

当世界政治潮流趋于民主愈显明之今日,又值我国空前的促进宪政之大运动中,这部最初民主政治思想大经典之译印当有其特别重大之意义,为关心宪政及致力民主运动人士必读之书。本书九月内准出版。

《抗战文艺》1944年第9卷第3、4合期,1945年第10卷第1期。

民约论

民主政治之唯一经典。

卢梭著,卫惠林译,定价九十元。作家书屋刊行,重庆民国路特一号。

《中央日报》1944年10月10日。

作家书屋新书(重庆民国路特一号)·民约论

卢梭原著,卫惠林教授全译。(定价一百三十元)

世界政治思想古典名作。留心宪政运动的必读书,从事民主运动的必

读书,研究近代政治者的必读书,研究法律问题者的必读书,讨论人权问题者的必读书。

（欢迎参政员、参议员、大学教授、新闻记者、立法委员、律师,一律九折优待,十册以上八折优待）

《中央日报》1944 年 10 月 23 日。

作家书屋新书(重庆民国路特一号)·上月新书

卢梭著,卫惠林译,民约论。定价一百三十元。

《中央日报》1944 年 11 月 23 日。

中华书局图书馆基本教育图书教具展览目录

乙成人读物·午普通读物　二、史地公民类

编目	书名	册数	编著者	出版者	出版年月
28	卢骚民约论	一	孙中山	中华	民国七年
40	民约论	一	中江笃介	民教书社	民国三年

中华书局图书馆编：《中华书局图书馆基本教育图书教具展览目录》,中华书局 1947 年版,第 143 页。

全部图书·特价六折!

依照下列各书定价六折计算：

民约论(卢骚著),三万五。

经纬书局上海浙江北路东首海宁路(九四二弄)高寿里。

《申报》1948 年 1 月 9 日。

清史稿艺文志拾遗·子部法家类撰述之属：

中国民约精谊三卷刘师培(光汉)、林獬撰,光绪三十年上海镜今书局刻本,刘申叔先生遗书本,辛亥,丛录。

路索民约论不分卷杨廷栋译,文明书局本,辛亥。

王绍曾主编：《清史稿艺文志拾遗》(上),中华书局 2000 年 9 月版,第 1095 页。

东洋卢骚中江笃介传

（日）幸德传次郎著　无锡黄以仁译

第一章　绪　论

"寂寞北邙吞泪回，斜阳落木有余哀。音容明日寻何处，半是成烟半是灰。"忆去年送我兆民先生之遗骸于城北落合村也，时值初冬，一望旷野，风劲草枯，满目惨凄，万感湛胸，徘徊不能去者久之。日之夕矣，众皆言旋，予不得已，亦悄然信车而还。是诗系当日车上口占者。呜呼，韶光如流，不可停顿，匆匆于此，殆五阅月。落木萧萧之景，变而为绿阴杜鹃之天矣。今复有几人记忆兆民先生者乎？

予年十八，执贽先生之门，迄于今兹，殆十余年。其教养抚育之恩，深铭心肝，未获报于万一。忽遭死别之悲，遗憾何限。居恒触事接物，每至忆先生之生前，其容其音，仿佛于梦寝之间，今犹如昨，则其感人之深，可想见矣。

况夫持高才，抱利器，而不能有所遇，半世困于辗轲伶俜之里，将压代之经纶，与其五尺躯，空委于灰尘而不悔者，伊谁之咎耶？呜呼，空间缺隔，既弥补之无人；永劫浊流，复澄清之无日。磊磊丈夫，荦荦贤者，能无牵千古之恨，而同声一叹。孔子曰："从于彼旷野，我道非耶？"是言也，实含万斛之血泪，凝而出焉者。余岂特为师弟之谊泣哉！

先生亡数日矣，一夕独对其病中之小照，坐者数时，不觉泣数行下。既而思之，徒为涕泣，不过儿女之常态耳。先生诲我以文章，导我以意气，岂惟是乎？即援秃笔而终宵不寝。

所述何物乎？似传记而非传记，似评论而非评论，似吊辞而非吊辞，惟述余畴昔所见之先生，与今日所见之先生而已，述余无限之悲与无穷之恨而已。述之岂曰能尽乎？聊以此当儿女之泣，表追慕之情已耳。

第二章　少壮时代

中江兆民先生，以弘化四年生于高知城下新町。幼名竹马，长改笃介，兆民其号，别有青陵、秋水、南海仙渔、木强生等号。考曰卓介，姓曰柳子。有一弟，名虎马，不幸短命，先生生而逝矣。

先生年十三，卓介君卒。家甚贫，而母堂贞烈有胆气，常以纺织自给。其训诲二儿极为严明，人皆贤之。后数年，余亦在先生之家，亲受母堂之熏陶，知其为人，真不愧为先生之母也。

先生幼颖悟，夙通经史，善诗文。而其性极温顺谨厚，是可异也。母堂屡屡语余等曰："笃介少时，温顺谨厚如女子，深好读书，为乡党所赏赞。而今也饮酒放纵，无所不至，性情之变化，一至于此。此余不堪痛心者也。君等年少，慎勿效彼。"虽然，先生事母堂至孝，修身不渝，一事之命，莫敢或违，此又余身亲见之者也。

先生年十七八，而志于洋学，从荻原三圭先生、细川润次郎先生，读和兰书。十九岁（庆应元年），为高知藩留学生，游长崎，从平井义十郎先生，始修佛兰西学。

当时长崎之地，犹为西欧文明之中心，徽特留学生徒，于于而来。故坂本龙马君所组织之海军队，其根据地亦在于斯。土佐藩士之往来，极为繁盛。先生曾述坂本之状曰："豪杰自使人生崇拜之念。余当时虽为坚强不屈之一少年，然确信彼为豪杰之士，屡应其命，而为屑琐之事。"

奇哉，当时崇拜坂本龙马君之一少年，他年实欲为第二之坂本龙马者。坂本君为萨、长二藩之连锁，以促进幕府颠覆之气运，打自由、改进两党为一丸，以剿灭藩阀，是皆先生平生所欲为之事业也。而坂本君成功，先生失败，成败之所悬，天耶，抑人耶？

居二年，先生学大进，即有去而游江户即今之东京。之志。当时自长崎往来于江户之外国船，实需二十五两之船金，乃向同藩之先辈岩崎弥太郎言志。岩崎君依违不许，曰："少待。"及为先生所迫，乃断然排之曰："二十五两巨额也，岂得为一书生而掷之乎？"先生亦怫然曰："如此决不再请。虽然，仆之一身，果不值二十五两乎，否乎？请观他日之如何。"拂袂而去。盖当时土佐藩留学生，在岩崎君监督之下也。

于时适逢故后藤象二郎君以藩命来购置汽船，先生即往谒之，赋一绝以献。其前二句今已遗忘，后二句曰："此身合称诸生否？终岁不登花月楼。"后藤君笑而出二十五两与之。先生大喜，直搭外国船而赴江户，意气奋扬可想也。此诗系先生自书者，伊藤大八今藏之。

故村上英俊先生者，在日本称佛兰西学之泰斗，当时设塾于深川真田邸内，先生往从之。虽然，先生学术既高出侪辈，目中无人，负气放纵，不可羁缚，屡屡流连于深川之花楼，遂为村上先生所拒绝。然闻村上先生之晚年落魄也,先生思旧时之师恩,慰问不忘云。

先生去村上塾,即赴横滨,从教堂之僧侣学焉。神户大坂开港时,又随佛国领事赴大坂。未几有伏水之役,王政一新。箕作麟祥先生之江户,于里神保町,建设私塾。故先生又来江户,为箕作先生之门弟。其在箕作塾也,一时为大学南校之助教。明治二年,福地源一郎先生于汤岛设日新社,先生为其塾头。

先生常有言曰:"日新社之设也,诸生来学者不一而足。然未及一年,福地先生屡游于吉原不归,故英学之生徒渐散,所存者唯予所率之佛学指佛兰西学。生徒而已。彼终非教育家也。"然先生此时,亦在近傍之稽古所,学杆屋之三弦。

先生抱外游之志久矣。一日谒故大久保利通公,将有所请。阍人见先生蓬头垢衣之寒素,拒而不纳。先生出百计以图之。既见公,乃纵论留学海外,限于官立学校生徒之非。自表其学术之优等,在本国无可从之师,可读之书。且曰:"同是国民,同是为国家,何问出身之官与私。"公莞尔而笑曰:"足下土佐人也,何不乞之于土佐出身诸先辈?"先生曰:"同乡之夤缘情实,余之所不屑也。是余所以特来求阁下也。"公曰:"善。近日当咨后藤、板垣诸君决可。"后藤、板垣二君大为之斡旋。未几,司法省出学费,令留学于佛兰西。时明治四年,先生年二十五。

先生留学佛国时之事,未暇亲叩其详细,是予之遗憾也。然予闻之,先生初入小学校,见儿童之喧骚不堪,即去而之里昂,就某状师学焉。予又闻之,先生不拘于司法省之遣派,专研钻哲学、史学、文学,并佛译《孟子》《文章轨范》《外史》诸书,涉猎史籍,甚为赅博。而其归朝也,由当时我政府有召还一切留学生之议,先生亦在其中。而佛国之教师惜先生之才,给资止之。先生意颇动,然思母堂倚门相望,他年恐有风树之叹,不忍久居异国,竟就归途。余之所知,如是而已。

虽然,当时之佛国,新承拿破仑三世败衄之余,内而朝野之党争鼎沸,外而保守专制之反动澎湃,而彼爹亚、岳谟、倍太诸英雄,毅然以中流砥柱自任,挥一代之智勇辩力,鼓吹民主共和之大义。其激斗之状,轧轹之情,皆先生之所耳闻目睹者,乌得不血涌肉跃,而深有所感乎?

先生归朝时,年二十八。(明治七年)归,为元老院书记官,与大井宪太郎、嶋田三郎、司马盈之诸君,朝夕相共。未几而与元老院干事陆奥宗光君不合而去,为外国语学校长,未几又罢去。先是先生自设法学塾于番町,讲授政治、法律、历史、哲学之书。四方子弟,来学者前后凡二千余人。

虽然,先生究非甘为摘句寻章之儒生者。少时研求汉学,既驱其勃勃野心于治国平天下之业,壮岁研究洋学,复煽其炎炎热血于自由平等之义,值萨、长藩阀逞其专制压抑之暴威时,先生实不得不为一革命之鼓吹者。

第三章　革命之鼓吹者

呜呼,巴黎平民一揭竿起,欧洲列国之王侯将相,莫不震惶惊恐,无所措其手足者。何也? 民权至理也,自由平等大义也。持此至理大义以往,无所不摧,无所不破,孟子所谓"仁者无敌"是也。可怜东洋小帝国,曾未现此至理之光华,浴此大义之甘雨,齁齁然迷于专制之顽梦,不少惊觉,蠢蠢然囿于蛮野之域中,不自解脱。白居易之诗曰:"鲸吞蛟斗波成血,涧底小鱼乐不知。"当明治初年,呼吸泰西之新空气归者,焉得无此感乎?

先生之在法国也,深崇奉民主共和主义,恶阶级如蛇蝎,疾贵族如仇雠,誓必刘除之,以保持斯民之权利。且曰:"民权者,非他人所得赐与,惟在吾民奋往前进,自恢复之已耳。彼由于君主、贵族之赐与者,不久有剥夺之时。事有必至,理有固然,无足疑者。古今东西,乌有不一溅鲜血,而能确保真正之民权者乎? 吾人当各挥一己之能力,颠覆专制政府,建设正义自由之制度。"

由是而先生不得不为革命思想之鼓吹者。刊行《政理丛谈》,翻译卢骚《民约论》天赋人权之说,既洋溢三岛矣。而其佛学塾者,又为民权论之源泉,为一种政治之俱乐部,为侦吏物色之烧点。洎乎西园寺侯之《东洋自由新闻》起,自由党起,坂垣退助之《自由新闻》起,先生皆为之炽唱自由平等之说,而掊击专擅制度。

先生微特为革命思想之鼓吹者,更欲为革命之实行者。或漫游九州之地,结交志士,或设东洋学馆,欲大有为于支那,栖栖皇皇,运动不息。而屡屡困顿,屡屡蹉跌,满腔之不平,竟无所遣,遂至嗜酒骂世,放恣无忌。

先生所著《三醉人经纶问答》中有一节,盖夫子自描而逼其真者。其言曰:

南海先生酷嗜酒,又好论政术。而其饮酒也,仅醨一二小瓶,醺然而醉,意气飘摇,如游太虚,目怡耳娱,绝不知世界中有忧苦者。更饮二三瓶,心神顿激昂,思想频垒涌,身在一室之中,眼观世界以外。瞬息之间,溯千岁之前,跨千岁之后,指示世界之航路,讲授社会之方针。自言曰:"余人类入世之指南针也。世之暗于政理者,妄执罗针盘,导其船或触于礁,或胶于沙,自误误人,自祸祸人,可悯亦可怜也。"虽然,先生身居于今之世界,心常登于藐姑射之山,游于无何有之乡。其所说之地志,所述之历史,与今之地志、历史,仅同其名称,至其事实,往往有龃龉者。但其地志,亦有气候寒冷之邦,有温暖之邦,有强大之国,有弱小之国,有文明之俗,有野蛮之俗。其历史亦有治有乱,有盛有衰。极切合于斯世之地志、历史者,亦间有之。更饮二三瓶,则耳热目炫,腕动趾扬,发越非腾,不能自已。其末也,昏倒而不知前后。既而睡眠二三时,酒醒梦回,举凡醉时所言所行,一扫而不留痕迹。所谓梦幻泡影者,非此类耶?

先生之醉态实如此,世人见之,莫不以为一大醉汉。

虽然,于一端观之,固为一大醉汉,而于彼端观之,则常为革命之鼓吹者,为革命之实行者。惟其当时所规划之阴谋秘策,不能知其详,道其全,颇为遗憾。然先生或游说于某有力者,或献策于某先辈,乃皆不用,抱郁郁之利器以终。是则余之所深知,而亦余之所得明言也。

先生平素,有如何革命家之资格乎?请观左记之一事。先生自佛国归,未几,袖其所著策论一篇,欲依故胜海舟翁,进谒岛津久光公。胜翁乃使海江田信义君,献其所著于公。后数日,公召,先生拜曰:"向日所献之鄙著,赐清览否?"公曰:"曾阅一过。"先生曰:"鄙见如得蒙采择,幸甚幸甚。"公曰:"足下之论甚是,但实行之难耳。"先生乃进曰:"何难之有?公宜召西乡上京,使夺近卫之军,直围太政官,一举而事可成也。今也陆军中思乱者多,西乡来,响应之者必众。"公曰:"予虽召,隆盛不应命奈何?"先生曰:"遣胜安房,说之西乡必诺。"公沉思久之,曰:"更当熟虑。"先生乃辞归。先生之好过激之策,概如此,故他年人皆忌惮先生。

先生自少壮时,即获知胜海舟翁,深推服其人物。常语余曰:"胜先生,当代之英雄也。"后年因大隈君条约改正之事,而物议沸腾也。后藤象次郎窃以为胜伯获宫中之信任甚厚,时或有御咨询之事,乃遣先生往说之。胜翁一见先生之面,即大笑曰:"又以条约之事,来难老夫矣。"先生深服其高见。

先生又依海洲翁之谈,而想望西乡南洲之风采,钦仰不措,深以不与同时为恨。

先生尝吟曰:"圯上受书知既久,泽中谁是斩蛇人。"盖先生每窃以子房自况,曰:"诸葛亮天下古今第一流人物,非我所能企及。若夫张良,我犹能及之,但恨无汉高其人耳。假令西乡南洲而在,我之志或可伸,我之愿或可偿,而今也则亡。"语至此,每若不胜其感慨者。呜呼,士之不遇,千古同慨。彼无大泽斩蛇之英雄,遂使自由党解体,《自由新闻》废刊,佛学塾亦渐次溃散。明治之张良,空穷居陋巷,而与三数沧海公,共饮酒消日而已。

虽然,先生多年撒布之革命种子,不发萌芽决不已也。自明治十四年自由党创立前后,民权自由之思想正如燎原之火,浸昌浸炽,不可遏抑。政府恐惧,百方镇压,而朝野之纷乱轧轹益甚。至明治十五年,遂有河野广中等之福岛事件,赤井景韶等之高田事件。十七年,又有富松正安等之加波山事件,村松爱藏等之名古屋事件。迄十八年十月,竟至有大井宪太郎等之大坂事件。他如饭田事件、静冈事件、高崎事件,莫不发扬踔厉,如响斯应。则可知运于先生手中之三寸管,为力大而收效宏矣。

于时三岛风潮,渐冲渐激。明治二十年,际井上馨条约改正之失败,全国志士托名三大事件之建白,抱铁炮而集于辇毂下者数百人,政府狼狈,急发布"保安条例",捕疑似者放于东京三里约中国二十里。以外。而先生亦为逐客,即奉母堂之命,逾函山之险而西,时为十二月二十五日朔风凛冽之夕,先生年四十一。

翌明治二十一年,先生与票原亮一、寺田宽、故宫崎富要诸君,发行《东云新闻》于大阪,自为主笔。当时东京之政客、壮士被政府放逐者,尽集于大坂,政治上之言论、集会、出版,皆在此地。《关西日报》之末广重恭、森本骏,《大坂每日》之柴四郎、竹内正志,《大坂公论》之织田纯一、西村时彦,《经世评论》之池边吉太郎诸君,莫不竞为侃侃之论,攻击政府,言论自由,一时达其极点。而先生神韵之文,如天马行空,声名藉甚于关西。予之入先生之门,实在此时。

先生当时,犹甚贫困,其自新闻社所得,月仅五十余金耳。而其寓曾根崎仅有四室,先生夫妻与令爱、下婢四人,及予等书生,多或四五人,少亦二三人,常群居玄关。加之日夜访客满堂,政客来,商人来,壮士来,书生来,饮者、论者,求文者、乞钱者,扰扰不绝。母堂不堪其烦,遂携令弟虎马君之遗孤,别居于近邻。

此时也,先生之意气文章,正有旭日冲天之势。日挥椽大之笔,痛论时事,日酣醉淋漓,极卓落豪放之态。其长发鬎鬎,头戴真红之土耳其帽,身穿《东云新闻》之印半缠,而自由出入,实在此时。创壮士演剧,而为其顾问,亦在此时。然隙驹匆匆,早及宪法发布之日。

明治二十二年春,宪法之发布也,全国人民欢呼如腾。先生叹曰:"赐与之宪法,果如何之物乎? 玉耶,抑瓦耶? 未见其实,先醉其名。我国民之愚且狂,何若是乎?"及宪法之全文到时,先生通阅一遍,唯有苦笑而已。

先生又于其所著《三醉人经纶问答》中讽之曰:"世之所谓民权者,自有二种。英法之民权,恢复之民权也,自下而进取之者也。日本之民权,恩赐之民权也,自上而惠与之者也。惟恢复之民权,自下进取,故其分量之多寡,可随吾民之意以定之。惟恩赐之民权,自上惠与,故其分量之多寡,非吾民所得而定。"由是以观,则可知先生之志,决不以恩赐之民权为满足,况无分量之极寡少者乎? 乃复慨然曰:"咄咄,朝三暮四之计,愚黔首之甚者也。我党宜同心同力,变恩赐之民权,而成进取之民权。"

向拘于"保安条例"而受退去之令者,当宪法发布时,悉皆解除政治运动之中心,又移于东京。时后藤象二郎唱道大同团结横行政界,大有疾风拂枯叶之概,而其日刊杂志《政论》也,聘先生为主笔,先生乃挈眷还东京,予亦从之。

未几,后藤君卖其友入阁,大同团结解体,在野政党有四分五裂之状。先生乃与同志再兴自由党,为《自由新闻》《立宪自由新闻》等之主笔,专图民党之纠合,纵横之策最力,及乎议会开设,先生乃被大阪人民选举为议员。

呜呼,议会开已十年,其间议员候补者不知几万人,而不费一厘一钱之金,无一举手一投足之运动,强被选举民推为议员,如先生者,诚空前绝后之事也,非德高而能如是乎?

第四章　议员与实业家

宪法布,议会设,人庆得参政权,世贺入新天地。虽然,此宪法也,在先生眼中,果何物乎? 此议会也,在先生眼中,果何物乎?

先生者,主义之人也,理想之人也。此主义果得行乎,此理想果得现乎? 民权果得恢复乎,自由平等果得确保乎? 思至此,得无有烈风之日,身穿葛衣之轻,头铁铁帽之重之感乎? 乃作而言曰:"议会劈头之第一事业,不可不变恩赐之民权,而为进取之民权,尤不可不颠覆专制政府。""试观吾人之于宪法,有何关乎议会,有何权能乎? 内阁对于议会,有何责任乎? 上院与下院,非有同一之权能乎?内阁非恒超然于政党以外乎?豫算协赞之权,非被上院夺其半乎?如此则我议会者,微特不足为伸长民权之具,他日徒为政府之奴隶而已矣,内阁之爪牙而已矣,堕落腐败之标本而已矣。吾人诚不可不请求改正宪法。试更思之,吾人忝为人民之代表者,在如此宪法之下,非无论何事不能议乎,非不能增进国家之利益与民人之幸福乎?众议院议员宜于开会劈头,具此意而有所奏请。"是实于第一议会前先生之大抱负也,是实先生十年磨剑,所计图所规画之良策,而欲行之于平和之中者也。先生终不能不为革命之鼓吹者。

先生又以此议切告在野政友曰:"若今不决,他日必有噬脐之悔。余以为宜乘其基础未固而击破之,此膝一屈,不可再伸,勿失时机。"然当日无一人听信先生之言者,皆曰:"兆民矫激惊俗,何若是之甚乎?"且有以不忠不臣排先生者。先生见事不可为,退而浩叹者久之。

然先生犹不绝意于政界,日日包握饭于竹皮,出入议院。及预算八百万圆削减之内问题起,在野党与政府相冲突,先生以为殪藩阀在此一举,热心往来于各派之间,力为周旋。当时民党、吏党之新语,而先生所创作,而刊于《立宪自由新闻》纸上者也。

回顾民、吏两党之骈骞,而旗鼓堂堂,相待不下也,无异东西两军,战于关原,诚为一代之壮观。而民党之猪突蓦进,直将肉薄藩阀之垒,忽然现出金吾秀秋,即民党中所谓土佐派者,通款于敌,而成六百万削减之交让。九仞之功,亏于一篑。由是民党溃散,藩阀政府,讴歌万岁。

先生此时,发为之指,眦为之裂,乃草《无血虫》一文,揭之于《立宪自由新闻》,大骂倒反覆者。次上辞职表于议长中岛信行君,议长恳劝其在任,留京之选举人亦惊驰其门谏之,先生顽而不听。

先生罢议员后,与新井章吾等创办《经纶》杂志,次发行《民权新闻》,一面攻击政府及吏党,一面主张自由、改进两派之联合,以致全力于剿灭藩阀之事。且曰:"昔之维新革命,由有萨、长两藩之联合始得成之,今之自由、改进两派,犹当年之两藩也,欲成第二维新之业者,两派诚不可不联合也。"

自由、改进两党,其主义、政见虽不甚歧异,然因历史与感情之不同,反目揆离,无异犬猿。自第一议会以来,两者之间,骎骎有融和之倾。先生即乘此机,百方画策,竟得使板垣、大隈两杰会见于一堂。

多年为吴越之两杰,一朝相会,温其旧交,誓携手努力政治之改革,天下人心为之一新。政府恐惧,遂罢大隈枢密顾问之官。及民党大恳亲会开,民党意气大为奋扬,皆曰:"天下之事,唾手可成。"是实明治二十四年第二议会开会前事也。而其结果也,即为第二议会之解散,所谓二十五年之选举干涉是也。

此联合也,为先生政治运动最初之成功,又不能不为最后之成功。何也?先生未几投身于货殖之业故也。

盖先生自佛学塾解散之后,只衣食于新闻杂志,每月所得,不过五十金百金,多至二百金而止。而其所载笔,皆政党之机关,故其资金甚乏,且拙于利殖,朝起夕废,《自由新闻》也,《立宪自由新闻》也,《民权新闻》也,《京都活眼新闻》也,《东云新闻》也,《经纶》杂志也,比比皆然。家益贫,债益多。二十五年小樽之创《北门新报》也,欲聘先生主笔,先生因至北海道。居少时,遂退政界与文坛,赁屋于札幌,开纸店,次揭北海道山林组之商标,而汲汲于货殖。

先生当时语余曰,今之立于政海,而与铁面厚颜之藩阀斗,虽烂其笔舌,其功果终难骤睹。况今之政党员,莫不贫困,充其极,不至于饿死与自杀不止。其非然者,亦惟有枉节屈身,为权家富豪所颐使而已矣。夫人非尽夷、齐,决难以为节义饿死之事期之。彼某某岂不知节义之为何物乎?而暮夜叩权门流臭名者,其情实可怜也。方今之世,无阿堵物,能得为何事乎?

文学亦然。日夕奔走为衣食计者,岂能为不朽之文学乎?泰西文人有名于世界者,每仅出一二册杰作,忽有数万部需用,而为毕生糊口之资。由是以作悠悠任世之文,则绰有余裕矣。

若夫著作等身,流文名于后祀者,其人大抵有恒产。支那之文人诗家,唯杜甫真个困穷,如彼之《七歌》,殊足令人酸鼻。此外作家,皆非甚贫乏者。不观夫愬穷之韩愈,非犹蓄妾有余裕乎?云饥之陶潜,非归来有僮仆候门,既归有田园耕耘乎?彼等作诗文,俱非为驱金钱支衣食之故,故能出雄篇大作,馈饷天下后世。若我小岛国民,碌碌立日暮之生计,犹虞不足,此外乌能为何事乎?

丈夫生而取天下之权,以行其志,真快心之事。不然,退而饮水著书而已。而今也两难,呜呼,黄白哉!

自二十六年至二十七八年之间,先生自北海道至东京,自东京至大阪,往复频频。而家益贫,衣食典尽,藏书卖尽,晏如也。曾大笑曰:"大饥馑哉,朝暮唯豆腐之滓与野菜耳,何其惫耶?汝等姑待。余今日近于陶朱公,余得十余万金，又当创立新闻以横行于政界，以携汝游欧美，而为大著作。"而先生一取牙筹也，废酒慎行，殆如别人。后至于死，曾未饮一杯，夫亦可敬也已。

犹记二十六年之夏，先生自关西还，于京都停车场，见一人由多数从者扶病上车，近观之，则故陆奥宗光君也。先生曰："非陆奥君乎?"陆奥君曰："中江君乎?"先生怃然曰："第一议会以后，不见阁下仅三年，何其衰也? 容貌殆非现世之人，故余始见时，而以为非阁下也。"陆奥君曰："足下反之，极肥满。"若深羡其健康者。先生见彼去死期不远，不胜同情之悲，诚挚勤恳为慰藉之谈者少时。陆奥君闻先生禁酒之事，赏赞不已，叹己病之渐重，而论摄养之不可忽。夫孰知吊陆奥君之先生，不十年而为他人所吊之人乎? 呜呼!

当时先生转语曰："阁下以为光妙寺如何? 乞速有所图。"盖以故光妙寺三郎君晚年颇落魄故也。陆奥君曰："彼甚为政府所忌，故事颇难。虽然，早晚必当有所处置。"先生曰："彼不能如余为赤切符汽车票、汽船票也。生活，乞速图之。"陆奥君曰："足下为赤切符生活乎?"先生即出下等切符示之曰："如此。"两人相见大笑，陆奥君从者亦皆微笑，谛视先生。先生之为赤切符生活也，非衒奇也，实为贫故也。

先生货殖事业，惟中日战争后，会社勃兴之时，少有赢利，余皆无损。即偶有事业之成立者，其收益每不在先生之手。《一年有半》中有言曰："赢利则他人取之，损失则余任之。"信哉!

后年黑岩泪香君君翻译名家，与森田思轩齐名。于《万朝》报纸上评《一年有半》也，先生读之，作书示余。略曰："黑岩氏批评，推奖之处，虽不敢当，然能觑破小生为有操守之理想家者，茫茫天壤，唯泪香一人。仆不胜愉快。夫仆之于东洋策有理想，经济策有理想，营利业有理想，乃至起居饮养至琐极屑之事，莫不有理想存焉。人或语余自慢，余之所自慢者，亦唯理想之一点而已。"先生之理想如是，然先生亦遂以不能弃其理想而败矣。为政治家然，为文士然，为实业家亦然。

先生又为言曰："职业不论贵贱，一切平等，既为商人除诈伪与盗贼外，无不可为。彼议员政治家，是公务也，非营利之图也。而彼等利用其职，以捆金钱，是直诈伪盗贼尔矣。余虽饥死决不为也。"先生语商人除诈伪盗贼外，无不可为，犹云商人不得为诈伪与盗贼也。虽然，今之商人中有不为诈伪与盗贼者乎? 今之经济会社有不为诈伪盗贼而得成功者乎? 以正实之商人,而入投机社会,是犹以驯羊投豺狼之群也,宜也先生之连战连北。

先生屈身为实业家,茹辛含苦,战争十年,所赢者惟失败二字而已。宿昔青云之志,空蹉跎蹉跎,而鬓发忽惊斑斑之霜,登高举尊,眺望前途,觉日暮途远,慨然有自认倒行逆施之意。

方此之时,民间政党全无当年之气节,一任藩阀驱使,而汲汲求官职利禄,腐败堕落,日甚一日。第十议会,松隈内阁至行买收政策,丑陋亦云极矣。洎伊藤内阁立也,自由党又有托其提携而甘为奴隶之状,先生愤慨不能措,欲再起而任廓清政界之事,乃率数名同志,组织国民党,发行杂志《百零一》,以论在野党联合之急,唱藩阀之当讨灭,而以乏金钱之故,不能为自由运动,不数月而溃散,时为明治三十一年。

自是以来,先生贫益甚。三十三年秋,应《每夕新闻》之乞,而为主笔也,亦仅支米盐。次国民同盟会成,先生进投之,奔走颇力。

先生之入国民同盟会也,其志实在打破伊藤博文所率之政友会,而成政界之一大革新。余当时曾问之曰:"国民同盟会,盖以讨伐露国为目的者,所谓帝国主义者之团体也。先生与之,得毋戾乎自由平等之大义乎?"先生笑曰:"与露国战,胜则雄张于大陆,以支持东洋之平和,败则醒国民之迷梦,得乘此机以剿灭藩阀,革新内政,不亦可乎?"后予屡言同会之不足有为,先生不听。盖先生久矣不堪髀肉之生,直情一往,不遑论成败故也。

越数月,先生又为营利之事赴大坂,得病卒不起。

第五章　文　士

先生一挥椽大之笔,叱咤风云,吐纳正气,殆有匹夫而为百世师,一言而为天下法之概。文士界之先生,诚明治当代之第一人矣。夫先生之才,天才也,其文,神品也,断非庸众之力所能希。然非养之有素,培之已深者,又乌能如是乎?

先生幼读经史,善诗文,前既言之。后于读佛兰西书时,常以余暇兼修汉学不休。所作汉诗,殆数百首。其在箕作先生塾也,为讨查哲学译语之故研究佛典,而恐身体之失其健康。一旦突然访石黑忠惠翁乞诊,翁见其蓬头垢衣之状,闻其来意,深感之,大有所奖励。先生喜而赠麦酒三坛,代诊察料。后不数年,中江笃介之名大扬,翁拍手曰:"有是哉!"去年先生自堺市还,翁问其病状,谈及三十年前之事,两人相对哄笑,当时传为一佳话。然以此一事,亦是知先生当年殚精文字之状况矣。

　　先生文章之大进步在何时乎？则自欧洲归后，学于故冈松瓮谷先生之门时也。先生一日散步街头，于古书店见一和汉对译之书，译文纵横自在，绝无硬涩之处。先生深喜之，叹曰："有老手如此之人乎？"检著此之名，则冈松先生也。乃以在佛学塾教育子弟之余暇，执贽于冈松先生之门，学者数年。

　　冈松先生题于《译常山记谈》曰："自余入都，有诸生请受业者，必先授以记实法，从文简先生遗教也。中江子见之喜曰，循子之法，虽东西言语不同，未有不可写以汉文者也。遂与二三子谋，取《常山记谈》相传译之。余亦极力删定，已成，汇为十卷，以便后进之士相继及明者取则焉。"先生实从冈松先生之教，重叙事之文者也。常曰："学文者，当先学叙事，长于叙事，则无往而不可作矣。"

　　《译常山记谈》十卷，庞然巨册，实足征先生及同门诸君刻苦勉强之迹。后先生久有公行之意，曰："冈松先生不好活版，故欲从先师遗志，则不可不付木版。"而以需巨额之资，贫而不果，常以为憾。去年先生死前，取其写本于筐底，呼予曰："是文学至宝也，今授汝。我死后，幸爱护之，见此犹见我也。"此书现予谨保管之，他日幸得公行，以酬先生之志，予之愿足矣。

　　先生于《一年有半》评冈松先生之文曰："其取材极宏博，上自三代秦汉，下迄明今，旁及稗官野史、方伎之书，应时任意，驱使不遗，而其下笔之处，字字轩昂，且不失妥贴。"此语直可移以评夫子之文，盖先生学兼和汉洋，诸子百家，无所不窥，任手驱使，有足令人惊叹者。先生之文，微特字字轩昂，其飘逸奇突，常放一种异采，异于寻常文，是于佛典语录之类，深有所得故也。盖先生平素好禅，常结交方外，博涉佛典语录，颇有所悟，如《碧岩集》，为其最所爱读者。试一读昔年《新闻杂志》上所载先生之文字，必可知予言之不虚。

　　先生之运翰也如飞，无所改窜，如揭于《新闻杂志》者，皆一气呵成，曾无一回之复诵，投笔直付诸植字工之手。虽然，是决非其文之不湛实，又非不经辛苦也，唯其笔健使然耳。故虽咄嗟之作，曾不失文字之妥贴，但译书及碑铭与他之金石文字，有经数回之删正者，如《理学钩玄》一书，当时颇费推敲云。

　　先生于汉文，深有所自任。曰："邦人之汉文，使支那人读之，不能解者甚多。能作真正汉文者，冈松先生没后，有几人乎？"尝自取唐宋八大家文，一一贴批点，加评语，曰："予之批评也，优于山阳之《谢选拾遗》万万也。"此其不知今在谁氏之手,余欲访专。先生所作汉文,仅存竹井驹郎、宫城浩藏、植木枝盛诸君之墓碑,其他文稿,皆散逸无遗,惜哉!

余始寄食于先生之大阪寓居,目见先生之洋书,卖其大半,所剩无几,惟汉籍依然藏有数百卷。先生作文,大抵在朝餐后一二时之间,昼间每消耗于运动奔走、接客饮酒等事。每夜自二时顷梦醒,读书达晓,常以为例。

先生之好读书如渴,后年投身商界,潦倒困苦,卖尽藏书,常若不堪寂寞者。其在家也,苟有印刷物触于目,即欣读之。而其作文也,兴不来每不下笔,曰:"读书之难禁,犹吸烟之难禁,虽然为金钱而作文,则苦恼莫甚,常以为援笔之苦,不如荷锄之乐。"

先生于古今文,最推《史记》。曰:"《史记》之文,不拘拘于格法,神气一往,行其可行处,止其可止处,雄浑苍劲,真天下之至文也。"而先生亦以之自期。

先生诲余等曰:"日本之文字,非汉字乎?日本之文学,非汉文崩乎?不解用汉字之法,而能作文乎?真欲长于文字者,不可不多读汉文。世之译洋书者,藉口无适当之熟语,妄制疏率之文字,相踵于纸上,非仅拙恶不足观,且使人读之而不能解,实非无适当之熟语也,彼等之素养不足也,不可不思。"

又曰:"汉文之简洁有气力者,其妙冠绝于世界。泰西之文,丁宁反覆,不遗毫发,而自深于汉文者观之,往往嫌其冗漫生厌。以卢骚《哀弥尔》之妙,使余译之,犹得减其纸数三分之二。但东西之文,各有所长,如怀的尔之《谳尔尔十二世》,文气殆凌驾汉文,尤岳之诸作,亦实神妙之文也。而其真趣味,唯就其原文始得解之,决非寻常译述家所能抒写。余尝读佛译之《巴拉第斯洛斯》,虽深感其妙,然有不慊于心者。尝以为若就原文读之,其快当何如?以故多译学术理义之书,曾未译文学之书。凡译文学之书,非具原著者以上之笔力,徒戕残其妙趣而已。"

先生又非以汉文为满足者,常曰:"学士著书,宜求读者于世界,与区区岛国民上下其议论,能有何益乎?"以是先生之在佛兰西也,专心学作欧文。其所佛译之《孟子》《外史》《文章规范》之类,皆庞然成大册。乃谓予曰:"从余学佛兰西书之子弟盖几千人,而成名者寥寥无几。盖佛兰西学之于我国,需用之所不多故也。英语非独行于我国,实广行于世界者。汝先读英书作英文,庶几得为世界之人。"

先生日课予以汉籍,使别就师读英书。且命多作文,曰:"昔者东坡极力学孟子之文,而至于孟子以外,别成一家,始得不朽。文士之苦心,实在于脱古人范围,自出新机轴。汝之文学予之文,似余之文,将不能出余以上矣,不可不知。"呜呼,何其恳笃明是乎! 而予鲁钝,学业于今迟迟不成,不知何日能副先生之望。

先生初应政府之嘱,所译政法之书甚多,但未必尽行公行。今其译著之发售者,以予所知,有左之数种:

畜宾威尔《道德大原论》

《维氏美学》

卢骚《民约论》

《理学沿革史》

《理学钩玄》

《革命前佛兰西二世纪事》

《三醉人经纶问答》

《平民之醒目》

《忧世慨言》

《选举人之醒目》

《四民之醒目》

《一年有半》

《续一年有半》

《道德大原论》《维氏美学》《理学沿革史》,应文部之嘱而译者。卢骚《民约论》,发行于佛学塾。其文皆极自在,绝无斧凿之痕,有令人叹服不措者。

《革命前佛兰西二世纪事》一书,先生以得意之笔,写得意之事,苍劲跌宕,直欲摩《史记》之垒。先生叙事之妙,实存此篇。

《三醉人经纶问答》一书,先生自评曰:"是一时游戏所作,未脱稚气,不足观也。"虽然,以予对之,其挥洒从横,不经意之处,转足发露先生之天才而有余。而使先生之人物、思想、本领并时而活跃者,莫如此书。至其寸铁杀人之警句,冷骂入骨之妙语,相踵纸上,几使人眩目。

《平民之醒目》,为自由党隆盛之时,以平易之文学,鼓吹自由民权者。虽眇乎一小册,而其所感化甚大。凡先生译著各书中,除《一年有半》《续一年有半》外,其出版之类,以此书为最多。

《选举人之醒目》,系明治二十三年,始行总选举之前所载笔,实先生健康时最后之著作也。论代议制之本义,与其利弊之所在,以极飘逸之文,述极真面目之事,所谓奇趣横生者。

《理学钩玄》一书,出版已久,近又附刊于《续一年有半》之后,世人所熟睹,不俟喋喋也。

先生译著各书,议论文章,皆冠绝当代,而其出版之类,每不甚多。及《一年有半》之出也,顿使洛阳纸价,增高十倍。德富苏峰评之曰:"吾明治之社会,对于著者,不可谓恩薄。"是言也,予实不解。夫能震动学士社会如彼者,唯以其为绝笔之作,忽然惹起社会之好奇心故也,而何恩薄不恩薄之有哉?

先生夙以是类之书为不足称者,曾言曰:"余从来所作,不过古人之糟粕,曾未有所创见,余实耻之。虽然人生有限,真个雄篇大作,岂易多得乎?但得逸出古人范围,自出新机轴者,有一即足不朽,余将期之于他日。"

先生所谓期于他日者,即其哲学之组织是也。而贫乏不许之,健康不许之,时间不许之。其费五年十年之岁月,资千万卷之图书,所欲组织之哲学,仅于《无神无灵魂》(即《续一年有半》)一篇,现其鳞片而已,不其悲夫!

先生又善书画。书学羲之、真卿,而别具一家之妙。画学《芥子园画谱》,尤有脱俗之趣。

第六章 人 物

明治二十六年之夏,先生既禁酒,每夜晚餐之后,与家人踞椽侧,论古今,谈风月,或步庭中纳凉,常至晚九时十时之顷。

先生平生爱夜色,曰:"夜雅昼俗也,月雅日俗也。凡阴雅阳俗也,人生时莫俗,死时莫雅。予多年思昼时一家皆睡,卧至黄昏始起,三次之饮食,亦于夜中,或散步或门谈。经二三句,作妙文以记之,兴趣当极多。"先生诚多感多恨之诗人也。

一夜乘明月,步庭园,树林蓊郁而黑,池水潋滟而白。先生俯仰者久之,顾予曰:"余对此景,每想起杜甫'四更山吐月,残夜水明楼'之句。"绝唱哉!

先生之论诗也,必称杜甫。醉常吟"出师未捷身先死,长使英雄泪沾襟"之句。至于李白,即曰:"彼诚千古之一人也,而不如少陵之真气测测动人。少陵慷慨之忠臣也,太白无赖之醉汉而已。"

先生之爱杜诗,非独爱其诗,实拳拳于其人物之高。而其所以拳拳于其人物之高者,实欲为第二之少陵故也。

先生之飘逸放纵,被酒骂世,自皮相观之,颇有太白之遗风。虽然,其一生凛乎有操守,有血性,有慷慨之节,宛然少陵其人也。而玩味其文,冷嘲热骂之间,自藏至诚至忠之痛泪,而苍凉沉郁,邦人欲泣者,非宛然散文的杜诗乎?而其身世亦辗轲潦倒,宛然一明治少陵其人。要而言之,先生之为人,非太白而少陵也,非司马徽而诸葛亮也,非本佐多渡而真田幸村也。予尝曰:"佛国革命,千古之伟业也。虽然,予不堪其惨。"先生曰:"然予革命党也,然使予亲见当时路易十六世之上绞颈台,予必撞倒刽手,抱王而遁。"以此一语,亦可推知先生之多血多感,而有不忍人之心矣。

虽然,先生之败也,亦此之故。先生多血多感,喜直情径行,而恶迂回曲折;喜义理明白,而恶暧昧模棱;喜果决而恶因循,喜简易而恶繁褥,喜澹泊而恶执拗。直言无忌,敢为不惮,以欲现实其理想之故,而与社会激斗,乃败于革命家,败于政事家,败于商人,至文坛亦无容先生之余地。

呜呼,先生多血之人耳,多感之人耳。非仙人,非畸人,非狂人。德富苏峰评《一年有半》之文,又有曰:"著者之品格高,人物可爱,约而言之,著者真面目之人也,常识之人也。为夫爱其妻,为父慈其子,为友忠其所交之人也。但皮下血热,眼底泪多,腹似黑而实白,面似厚而实薄。以不堪触浊世风波之身,强欲凌之而不克,时或假酒,假奇言异行,以自排与世不相容之闷而已。而世往往以假为真,至视君为奇人,是岂君之知己哉?"盖知言也。

先生之假酒假奇言异行而排闷也,诚有如德富之言者。但酒有醉时,有醒时,至于身渐老,气渐衰,又知自然之可爱。禁酒慎行,一向于自然、家庭、道义等而求乐地,亦人之恒情也。不观先生晚年之持身乎,安命乐贫,处流离颠沛之余,曾不怨天,不尤人,悠然晏然,自适于荣辱之外,达观于死生之表。夫岂寻常人所可及哉!古人有言:"节义傲青云,文章高白雪。然若不以节义陶溶之,徒为血气之私,技能之末而已。"先生虽多感多血,然非徒逞血气之私、技能之末者可比。彼盖以德性自陶溶之,以保其真全其道者也。

先生《一年有半》起稿之前,予曾劝其著自传,先生哂曰:"一寒儒之生涯,有何事功之足传乎?且夫草自传,势不得不暴露故人之秘密。如彼卢骚,无忌惮之甚者,予之所不能忍也。"予服其谦逊而厚于人情,不敢强请。

呜呼,怀正志道之士,或潜玉于当年;洁己清操之人,或没世以徒劳,自古然也。以先生之才之识,一生不遇而老且死者,不足见其人品之高,而志向之远耶?

第七章　末　期

"残灯吹焰已,凉月半窗明。病客梦方觉,阴虫三五鸣。""西风终夜压庭区,落叶扑窗似客呼。梦觉寻思时一笑,病魔虽有兆民无。"此兆民先生死期前一月有半病中之诗也。展读数四,不胜凄怆,爰次其后诗之韵作芜诗云:"卅年骂倒此尘区,生死头岸仍大呼。意气文章留万古,自今谁道兆民无。"先生遂以明治三十四年十二月,殁于小石川武岛町自邸,享年五十有五。自受余命一年有半之宣告,未九月,而遽然萎化,国中知与不知,莫不悼惜,哀哉!

先是先生在泉州堺,著《一年有半》,次归京,著《续一年有半》。事详此二书中,世人之所熟知也。十月《续一年有半》刻成,先生苦痛益剧,屡书于石盘曰:"吾今一无欲望,一无执着,但欲死之速耳。与其长苦痛,不如别为计。"

入十一月,欲乐临他以慰苦痛,乃在卧褥上挥洒云烟,所书之楮缣皆颁于故旧以为别。笑曰:"我取人生万事,一切放掷之,惟文雅之乐,于今不意,可谓奇。"

至十一月下旬,疾益笃。头脑昏昏,时不能别梦与觉,笔谈之文字,每至颠倒,或竟有不成画者。至十二月十三日午后,遂溘焉。

翌十四日午后,亲戚浅川范彦、葛冈信虎,友人小岛龙太郎,门人初见八郎、原田十卫诸君,送先生遗骸于大学病院,付解剖,予亦往从之。冈田博士先向参观诸生,有所说明。次山极博士执刀,自喉头割至脐下。予未知人体解剖之状,一见悚然掩面。少顷,剪肋骨,出肺胃,捡咽喉,恙然向然,如庖丁之解牛。

是夕敛遗骸于棺中。诸君抱其头,予拱其两足,四围男女数十人,歔欷之声满室内。予亦不禁涕泪滂沱,趋入暗室恸哭者久之。

越二日,行葬仪于青山。从先生遗教,不用一切宗教上仪式。始为板垣退助君朗读吊文,次大石正巳君演说,次他二三诸君,朗读吊文、挽诗与追悼之词。毕,致敬礼于枢前而散。此日会者五百余名。

鸣呼,兆民先生,今也则亡。古人云:"云烟香火,千载遍于华夷;坡老姓名,至今口于妇孺。意气精神,不可磨灭。"夫惟意气精神不可磨灭,故先生虽死犹如生。

盖闻千仞庐山,峰峦冈岭之体势,各不相同。伟人杰士之多面多角亦同之。写之岂能尽写乎?惟余所见之兆民先生实如此,予所追慕之兆民先生实如此。明治三十五年四月末日记。

(日)幸德传次郎著、无锡黄以仁译《(东洋卢骚)中江笃介传》,国学社1903年6月版,第1—58页。

附录二

《民约通义》：上海大同译书局
初刊本的新发现及其意义

邬国义

卢梭是 18 世纪法国杰出的启蒙思想家,他的《民约论》(今通译《社会契约论》)作为近代西方思想界的经典之作,对欧美乃至中国近代民主思潮的发生、驱动,具有极为重大且持久弥深的影响。如所周知,在清末民初,有两部译作即严译《天演论》与卢梭《民约论》是最为引人注目的,它们与近代中国均有着极为密切的关联。从某种意涵上说,其在知识理论之旅中,所奠下的进化观以及蕴藏的民主、共和、革命的话语理念,在此后并构成了近代中国行进的主旋律。关于卢梭《民约论》清末民初在中国的传播及其影响,海内外学界已有过不少的研究,取得了甚为丰厚的成果。相关的研究论文和论著,不胜枚举。如香港学者林启彦、法国的玛丽安·巴斯蒂夫人(Marianne Bastid-Bruguière)、日本的岛田虔次、狭间直树、韩国的闵斗基等,均有专门性的研究。[1] 国内较早如郑永福、熊月之、宝成关、王宪明、

---

[1] 详可参林启彦:《卢梭〈民约论〉的传来及其对清末政治思想的影响》,香港中文大学《新亚学术集刊》1979 年第 2 期;又见氏著《步向民主:中国知识分子与近代民主思想》,篇名改为《卢梭〈民约论〉对近代中国思想界的影响》,香港中华书局1989 年版;及氏著《近代中国启蒙思想研究》,南昌百花洲文艺出版社 2008 年版。(法)玛丽安·巴斯蒂(Marianne Bastid-Bruguière)著,张芝联译:《辛亥革命前卢梭对中国政治思想的影响》,刘宗绪主编:《法国大革命二百周年纪念论文集》,生活·读书·新知三联书店 1990 年版。(日)岛田虔次著,贺跃夫译:《中江兆民著译作在中国的传播》,《中山大学学报论丛》1992 年第 5 期;狭间直树著,贺跃夫译:《中国人重刊〈民约译解〉——再论中江兆民思想在中国的传播》,《中山大学学报论丛》1991 年第 5 期;狭间直树著,管宁译:《卢梭〈民约论〉与中国》,中国社会科学院近代史研究所编:《“近代中国与世界”国际学术研讨会论文集》,中国社会科学院近代史研究所 1990 年版;狭间直树著,袁广泉译:《“东洋卢梭”中江兆民在近代东亚文明史上的地位》,沙培德、张哲嘉主编:（转下页）

夏良才、李华川、颜德如，以及之后的吴雅凌、彭姗姗、王瑶等，[1]直至新近在《思想史 3·专号：卢梭与早期中国共和》刊出的王晓苓、范广欣、萧高彦的专题论文，都对此作了较为深入的阐述。[2]

然而，新资料的发现与发掘，总是会给人带来意外之喜。数年前，笔者发现了上海大同译书局 1898 年出版的《民约通义》的最初版本。这一新的发现，不仅可以纠正以往研究中的失误，而且，无论对于研探卢梭《民约论》早期传入中国的初始状况，还是准确认识戊戌时期康梁维新派

（接上页）《近代中国新知识的建构》，台北"中研院"2013 年版；狭间直树：《中江兆民〈民约译解〉的历史意义——"近代东亚文明圈"形成史之思想篇》，狭间直树、石川祯浩主编，袁广泉等译：《近代东亚翻译概念的发生与传播》，社会科学文献出版社 2015 年版。（韩）闵斗基（Tu-ki Min）：*Late Ch'ing Reformists and Rousseau: Min-Ch'uan versus Popular Sovereignty*（《清季变法派之民权论与卢梭之〈民约论〉》），《清华学报》（台湾新竹）1985 年第 17 卷第 1、2 期合刊。以及川尻文彦：《清末中国接受〈社会契约论〉之诸相》，（韩）崔博光主编：《东北亚近代文化交流关系研究》，山东大学出版社 2008 年版。

[1] 参郑永福：《卢梭民权学说与晚清思想界》，《中州学刊》1985 年第 4 期；熊月之：《中国近代民主思想史》，上海人民出版社 1986 年版，上海社会科学院出版社 2002 年版增订本；宝成关：《梁启超的民权观与卢梭主权在民说》，《历史研究》1994 年第 3 期；王宪明、舒文：《近代中国人对卢梭的解释》，《近代史研究》1995 年第 2 期；夏良才：《卢梭》，中华书局（香港）1998 年版；李华川：《晚清知识界的卢梭幻象》，《中国比较文学》1998 年第 3 期；颜德如：《卢梭与晚清革命话语》，《学海》2005 年第 1 期；吴雅凌：《卢梭思想东渐要事汇编》，《现代哲学》2005 年第 3 期；吴雅凌：《卢梭〈社会契约论〉的汉译及其影响》，《现代哲学》2009 年第 3 期；彭姗姗：《半部〈社会契约论〉：中江兆民对卢梭的翻译与阐释》，刘东主编：《中国学术》总第 28 辑，商务印书馆 2011 年版；王瑶：《马君武对卢梭思想的阐释——以〈足本卢骚民约论〉为中心的探讨》，《华东师范大学学报》2012 年第 1 期。相关的博士论文还有彭姗姗：《卢梭在中国：历史语境下对〈社会契约论〉的翻译与阐释（1898—1926 年）》，北京大学 2010 年博士学位论文；王瑶：《卢梭与晚清中国思想世界（1882—1911）》，华东师范大学 2014 年博士学位论文；范广欣（Guangxin Fan）：*Contesting the Truth of Revolution, Democracy and Good Governance in the Land of Confucius: The Chinese Reception of Rousseau's The Social Contract, 1898—1906*, Doctor of Philosophy（Political Science）at the University of Wisconsin-Madison, 2014.

[2] 王晓苓：《卢梭"普遍意志"概念在中国的引介及其历史作用》，范广欣：《卢梭"革命观"之东传：中江兆民汉译〈民约论〉及其上海重印本的解读》，萧高彦：《〈民约论〉在中国：一个比较思想史的考察》，均载思想史编委会编著：《思想史 3·专号：卢梭与早期中国共和》，台北联经出版事业股份有限公司 2014 年版，第 2—158 页。

与其的关系,以及它在当时思想界的接受、传播及之后的影响等,都有相当重要的推进意义。故笔者以为,仍有必要审视既往的研究,在前人所获成果的基础上,对此最初的文本作一详细的考论,作出新的研判与诠释。

一、《民约通义》的早期文本

在《民约论》早期文本研究方面,尤为值得称道的是,日本学者在这方面做了大量基础性的工作。具体而言,有关 19 世纪末 20 世纪初卢梭《民约论》最初传入中国的版本及其流传,最为详细而深入的探讨研究,当以岛田虔次、狭间直树的相关论著最为典型,可以说是这方面代表性的成果。

关于《民约通义》早期的版本,岛田虔次在《中江兆民著译作在中国的传播》中指出,据其所知,翻刻或翻印本计有以下四种,为方便论述起见,现转录列举如下:

(1)《民约通义》一册,定价洋一角。未见。书目见于 1898 年初刊刻的康有为《日本书目志》所附末页广告"大同译书局各种书目"。

(2)《民约通义》一卷,上海译书局本,一册。署法戎雅屈娄骚著,日本中江笃介译。未见。光绪二十五年三月,即 1899 年春刊行的徐维则的《东西学书录》录其书目。

(3)《民约通义》一册,署为法儒卢骚著,不署译者及出版者名。扉页内标有定价大洋一角五分,似乎无版权记载。有署为"戊戌春,东莞咽血咙唎唎子志"的序文。戊戌春为 1898 年 2 月至 5 月中旬,戊戌变法始于次月。本书很可能于是年内出版。咽血咙唎唎子以及题写书名的"人镜楼主人"为何人,不得其详。本书为活字印刷本,共 21 张纸,42 页。其内容是中江兆民的单行本《民约译解·卷之一》的翻刻本,只是"叙"、"译者绪言"、"著者绪言"被删去,但"解"全部收入。

(4)《民约论译解》,载于中国同盟会的机关刊物《民报》第 26 号(中华开国纪元 4607 年,即西历 1910 年 2 月刊于巴黎,编辑人汪精卫)。作为该刊的附录,收入包括"解"在内的全文,但"叙"、"译者绪言"与"著者绪言"没有收入。在文字上,该翻印本对兆民译本作了适当的修正。其后记云:"按中江笃介有东方卢梭之称。殁后,所著《兆民文集》于今年十月八日始发行。取而读之,甚服其精义。中《民约论译解》凡九章,特录

之以饷读者。"〔1〕

　　综上,据岛田虔次的研究,中江兆民《民约译解》在中国翻刻出版有据可考的共有四种版本,即分别是 1898 年大同译书局的《民约通义》,1899 年上海译书局的《民约通义》,1898 年春不详译者和出版者名的《民约通义》铅印本,以及 1910 年《民报》第 26 号上刊载的《民约论译解》。此后,狭间直树在《中国人重刊〈民约译解〉——再论中江兆民思想在中国的传播》《卢梭〈民约论〉与中国》等文中,又揭出两种,即 1914 年 7 月(民国三年七月)田桐等在日本东京民国社重刊的《共和原理民约论》,以及同年上海泰东书局重新翻印中江汉译的《民约论》,并对此作了详细的论说,进一步推进了相关的研究。〔2〕

　　由上可见,在清末民初的近代中国社会,出现了诸多卢梭《民约论》的中译本,而其中竟有五六种都是日本中江兆民《民约译解》的翻刻本,可见其在中国的最初传播与之密不可分,也可见其对中国社会影响之深。

　　卢梭《民约论》进入中国最初的译本名为《民约通义》。如狭间直树所说:"这一版本的存在首先是由岛田虔次氏发现的,推定发行年代为 1898 年。"〔3〕川尻文彦也称:中江兆民《民约译解》(1882 年)的这个翻版(盗版)《民约通议》虽然见于康有为《日本书目志》的广告,"但实物一直不容易找到。1981 年,岛田虔次氏在上海图书馆发现并公布"。〔4〕

　　关于此书版本的发现,还有一段学术史上的故事。1981 年 6 月初,日本京都大学名誉教授岛田虔次在汤志钧先生陪同下,到上海图书馆看书,

〔1〕　(日)岛田虔次著,贺跃夫译:《中江兆民著译作在中国的传播》,《中山大学学报论丛》1992 年第 5 期;日文本原名《中国的兆民受容》,载《中江兆民全集》第 1 卷,附录《中江兆民月报》第 2 号,东京岩波书店 1983 年 12 月版。
〔2〕　参见(日)狭间直树著,贺跃夫译:《中国人重刊〈民约译解〉——再论中江兆民思想在中国的传播》,《中山大学学报论丛》1991 年第 5 期;日文本原名《中国人重刊〈民约译解〉——续中国的兆民受容》,载《中江兆民全集》别卷,附录《中江兆民月报》第 18 号,东京岩波书店 1986 年 4 月版。狭间直树著,管宁译:《卢梭〈民约论〉与中国》,中国社会科学院近代史研究所编:《"近代中国与世界"国际学术研讨会论文集》,第 581、582 页。
〔3〕　(日)狭间直树著,管宁译:《卢梭〈民约论〉与中国》,中国社会科学院近代史研究所编:《"近代中国与世界"国际学术研讨会论文集》,第 581 页。
〔4〕　(日)川尻文彦:《清末中国接受〈社会契约论〉之诸相》,(韩)崔博光主编:《东北亚近代文化交流关系研究》,第 86 页。

询问中江兆民的《民约通议》,馆长顾廷龙先生立即派人取出,其封面为"人镜楼主人题",戊戌(1898 年)铅字排印本。在上海图书馆发现《民约通义》译本之后,岛田教授高兴极了,返国后即写信给汤氏,特别提到此事。他在给汤志钧的信中甚为兴奋地谈到:此次在上海图书馆,"更大的收获"是"终于发现了《民约通议》。该书是明治时代最大的思想家中江兆民所著《民约译解》的翻译版,已是早有所闻的,但是该书由谁在何时何处出版?尚无一人所知,究竟是否出版成书,也一直是个谜,没想到此次亲眼目睹该书的存在,喜悦之情不必多说,这可真称得上是我近来最为愉快的一件事"。[1] 有关详情,岛田在同朋舍出版的宣传杂志《同朋》(1981 年 10 月号)上曾刊文予以介绍。正如他所设想的那样,中江兆民的《民约译解》确被翻刻,卢梭的《社会契约论》最初是通过兆民译本而传入中国的。后来《中江兆民全集》在日本出版,岛田虔次还专门提到此事。

岛田虔次发现的上图本《民约通义》译本,无疑是一个很重要的发现,具有重要的学术价值与意义。因而文章发表以后,引起了中外学界的广泛注意,此后凡研究卢梭《民约论》在中国早期的传播,无不把其作为最重要的文本证据,加以论说。事实上,确有不少的论著均以其为主要的依据,对卢梭《民约论》的东渐及其在中国早期的传播与影响,作了进一步的论证与阐发。

不过,岛田虔次这一重要发现虽被中外学界普遍引用,然有关上图本《民约通义》,依笔者之见,实还存在着诸多的疑窦和谜团。诸如此书前有署"戊戌春东莞咽血咙唎子"的序,但该书是否即出版于 1898 年,它是否是中江兆民汉译《民约译解》在中国最早的刊印本? 序言的作者"东莞咽血咙唎子"以及题写书名的"人镜楼主人"究竟是谁? 其具体的出版情况又如何? 另一方面,相关书目中著录的 1898 年上海大同译书局本和上海译书局本,到底是否真正存在? 上图藏本与上海大同译书局本及上海译书局本等又是什么关系? 这些基本问题仍有待于进一步探研,以弄清其与中江兆民《民约译解》之间的关系。只有在搞清版本的基础上,才能予以真正切实的说明。

---

[1]　汤志钧:《永恒的怀念——纪念顾廷龙先生诞辰一百周年》《悼念岛田虔次教授》,《汤志钧史学论文集》,上海社会科学出版社 2013 年版,第 273、274、286、287 页。

二、大同译书局本的新发现

关于大同译书局本《民约通义》是否正式出版,一直不得而知。虽说在以往的书目中也有所记载,但至今却始终无缘得见此书的真容。如岛田虔次在《中江兆民著译作在中国的传播》中所说,其书目见于 1898 年初刊刻的康有为《日本书目志》所附末页广告"大同译书局各种书目",但"未见"此书,"使我们感到困惑不解的是,不仅见不到这些书的实物,而且对它们的引用、提及,即足以证明其确实出版过的证据亦不可得(详见狭间直树文)"。[1] 狭间直树也称,这部序末注有"戊戌春"字样的《民约通义》,"在岛田氏发现之前,我们也曾怀疑过它的存在"。[2] 在近年发表的《中江兆民〈民约译解〉的历史意义——"近代东亚文明圈"形成史之思想篇》中,狭间认为康有为《日本书目志》卷末附《大同译书局各种书目》记"民约通义一本洋一角",参照其说明,该书似已出版。[3] 又说,该《民约通义》不知是否曾刊行,"但定价不同,应非上述'咽血咙唧子'叙本"。[4] 但长期以来,却始终没有发现过大同译书局这一版本。

在研究过程中,笔者发现,不仅康有为《日本书目志》末页所附广告著录有此书,在同期大同译书局出版的《南海先生七上书记附俄彼得变政记》《伪经考答问》《瑞士变政记》《日本变法由游侠义愤考》《英人强卖鸦片记》等多种书中,均附有《大同译书局各种书目》。该书目列有书局出版的书籍 33种,有 20 种列出价格,无价格的 13 种,称"尚未印出之书,故不列价"。而在上述诸书中,均有"民约通义一本　洋一角"的记载,表明此书应已付印。而且值得注意的是,其新书广告还直接刊登在光绪二十四年五月十五日(1898 年 7 月 3 日)《新闻报》和次日的《申报》上,在所刊《大同译书局新出时务各书》中,均载有"民约通义一本一角"的价目。又,此后 8 月 19 日《新

〔1〕 (日)岛田虔次著,贺跃夫译:《中江兆民著译作在中国的传播》,《中山大学学报论丛》1992 年第 5 期。

〔2〕 (日)狭间直树著,管宁译:《卢梭〈民约论〉与中国》,中国社会科学院近代史研究所编:《"近代中国与世界"国际学术研讨会论文集》,第 581 页。

〔3〕 文中又说:《日本书目志》刊于 1898 年 4 月中旬,"故视其所记咽血咙唧子序本,亦非无据。但因其定价不同,笔者推断应为另一版本。"(日)狭间直树:《中江兆民〈民约译解〉的历史意义——"近代东亚文明圈"形成史之思想篇》,狭间直树、石川祯浩主编,袁广泉等译:《近代东亚翻译概念的发生与传播》,第 45、46 页。

〔4〕 (日)狭间直树著,袁广泉译:《"东洋卢梭"中江兆民在近代东亚文明史上的地位》,沙培德、张哲嘉主编:《近代中国新知识的建构》,第 66 页。

闻报》和《申报》上刊登的《大同译书局书目》广告中,同样标有"民约通义一本洋一角",广告末尾并称:"要者至大马路泥城桥西大同译书局及四马路工部局西大同译书分局购取"。〔1〕 由此可见,大同译书局本《民约通义》无疑应该是正式出版了的,否则,就不会打出这样的广告。

自然,关键还是要找到实物的证据。那么,这种最早刊本的《民约通义》是否尚存人间,又藏于何处图书馆呢? 十分幸运的是,经笔者追踪寻觅,终于在前两年发现了这一刊本,证明了这种大同译书局本《民约通义》确实存在。

按此书今藏苏州大学图书馆。该书封面正楷题"民约通义",扉页题"民约通义"(魏碑字体)。内封有"上海大同译书局石印"字样,左旁下有"书经存桉,翻印定究"小字。书前有序,末署"戊戌春东莞咽血咙嘲子志"。继为"民约通义目录"和全书正文。目录自"绪言"、"第一章 本卷旨趣"至"第九章 土地"。正文首页为"民约通义",下面二行题:"法国戎雅屈娄骚著,日本中江笃介译解。"旁钤有"某某藏书"之印。关于此书版刻情况,每半页 11 行,行 24 字,四周单边,白口、白鱼尾,中缝题"民约通义"。全书有序言一页,目录一页,正文计有二十三页,后附《大同译书局各种书目》一页,共二十六页。〔2〕 又,此书的版权页与同期出版的梁启超《中西学门径书七种》相同,由此而言,该书确为上海大同译书局石印本无疑。

值得一提的是,在 1929 年苏州图书馆编《苏州图书馆图书目录》中,曾著录有上海大同译书局的这一版本:"五二四:民约通义 一册 戎雅屈娄骚。"〔3〕说明虽经戊戌政变和此后屡次的社会动荡,至上世纪 20 年代末,

〔1〕 《新闻报》光绪二十四年七月初三日(1898 年 8 月 19 日);又见同日《申报》,个别文字略有不同。

〔2〕 此书今藏苏州大学独墅湖校区炳麟图书馆古籍阅览室特藏部,著录编号为:"894,502638,民约通义,(法)戎雅屈娄骚撰,清光绪二十四年(1898),石印本,1 册。"

〔3〕 苏州图书馆编:《苏州图书馆图书目录》,苏州图书馆 1929 年版,第 219 页。刘声木编《续补汇刻书目》卷三〇"大同译书局编译书"中,其中也有"《民约通义》"的译作,庐江刘氏"直介堂丛刻"1929 年铅印本,第 10 页。又,梁格《国立中山大学图书馆中文古书分类目录》,在社会科学"法律"类载:"0\340.1\941.2 民约通义 娄骚(法人) 中江笃介译解(日人)译。"国立中山大学图书馆编目部 1935 年版,第 183 页。

此书还是保存下来,在苏州图书馆编目时依然存在。而此刊本,以前却一直藏在深闺人未识,几乎无人知晓。现又在苏州大学发现这一版本,说明除上海外,《民约通义》在其周边地区苏州等也有销售。

新发现的大同译书局本《民约通义》有以下四个特点:

(1)对照中江兆民《民约译解》,大同译书局本书首没有中江兆民的《叙》(明治十五年秋九月中江笃介撰),也没有书前中江的《译者绪言》和卢梭的《著者绪言》。(2)书前增加了"戊戌春东莞咽血咙嘲子"的序。(3)就正文首页而言,中江《民约译解》本作"民约译解卷之一",下有"民约一名原政"一行,此下署名为"法朗西 戎雅屈娄骚著,日本 中江笃介译并解",以下直接为正文"政果不可得正邪"云云。大同译书局本首页作"民约通义",此下署名为"法国戎雅屈娄骚著,日本中江笃介译解",在正文开始前有"绪言"二字作为标题。(4)比对两种文本,还可以发现大同译书局本与《民约译解》之间文辞上的一些修改与差异(详见后述)。

若与岛田发现的上图本《民约通义》相比较,则两者有相同之处。如两书前均有"戊戌春东莞咽血咙嘲子"的序,内《民约通义目录》从"绪言"、"第一章 本卷旨趣"至"第九章 土地"相同;正文开始前都以"绪言"为标题,而非中江《民约译解》本题为"民约一名原政"。正文中原低一格标示中江兆民解说的"(解)"字被省略。在内容、文字上,两书基本相同,上图本又有若干修改,由此来看,大同译书局本与上图本有高度的关联性。事实上,据笔者研究,上图本就是据大同译书局本翻印而来的,换言之,大同译书局本即是上图本的来源与底本(关于此以下再作详细讨论)。

关于此种《民约通义》的出版时间,据该书前序言,末署"戊戌春东莞咽血咙嘲子志",可知此书出版当在 1898 年春之后,而其确切的出版时间,据现有的资料,可以考定其在 1898 年 7 月之前已经正式出版。

在此之前,据光绪二十四年正月二十一日(1898 年 2 月 11 日)《时务报》第 51 册《大同译书局将已刻及译出之书价目列后》,[1]以及《新闻报》三月二十九日(4 月 19 日)和次日《申报》所刊《大同译书局新出各书》广告,其中已载有《大东合邦新义》《俄土战纪》《意大利兴国侠士传》《春秋董氏学》《孔子改制考》《新学伪经考》《日本书目志》《春秋中国夷狄辨》《经

---

[1] 《大同译书局将已刻及译出之书价目列后》,《时务报》第 51 册,光绪二十四年正月二十一日(1898 年 2 月 11 日),中华书局 1991 年影印本,第 3511—3512 页。

世文新编》《中西学门径书七种》《伪经考答问》等书,称"以上各书均已印出",并标出具体书价,但其中并无《民约通义》一书。[1] 不过,查上述出版的《日本书目志》《伪经考答问》等书后所附《大同译书局各种书目》,已标有"民约通义一本洋一角",因此,《民约通义》应在之前已列入或正在筹备出版之中。但直至5月2日(光绪二十四年闰三月十二日),在《大同译书局新出时务各书》广告上,尚未出现《民约通义》的书名,故此书在本年5月初应尚未出版。[2]

新书广告见于《新闻报》光绪二十四年五月十五日(1898年7月3日):

大同译书局新出时务各书

南海先生春秋董氏学六本一元五角,孔子改制考十本二元,新学伪经考六本二元,桂学答问一本一角,四上书记一本二角,五上书记一本一角,日本书目志八本一元四角,中西学门径书七种三本五角,经世文新编廿四本三元五角,春秋中国夷狄辨一本二角,伪经考答问一本一角,大东合邦新义一本二角伍分,俄土战纪二本四角,意大利兴国侠士传一本一角,日本变法由游侠义愤考一本一角,瑞士变政记一本一角,英人强卖鸦片记三本三角,民约通义一本一角,黄梨洲先生明夷待访录一本一角五分,地球十五大战纪二本四角。以上之书,现洋买五十元以外者概九折,三百元以外者概八折,税厘寄费,买客自理。[3]

此广告又刊登于次日的《申报》,个别文字略有不同。[4] 在广告中正式刊出"民约通义一本一角",可知大同译书局本《民约通义》在此年的旧历五月半(7月3日)已经正式出版发行。此后,在《新闻报》《申报》上还续登了此

---

[1] 《大同译书局新出各书》,《新闻报》光绪二十四年三月二十九日(1898年4月19日);又见次日《申报》,个别文字略有不用。

[2] 《大同译书局新出时务各书》,《新闻报》光绪二十四年闰三月十二日(1898年5月2日)。

[3] 《大同译书局新出时务各书》,《新闻报》光绪二十四年五月十五日(1898年7月3日)。

[4] 《大同译书局新出时务各书》,《申报》光绪二十四年五月十六日(1898年7月4日),广告个别文字略有不同,如《新闻报》"现洋",《申报》作"现钱"。

广告,直至此年的 8 月下旬。[1] 同时,《中外日报》九月初七日(10 月 21 日)"本馆代售各种书籍"广告中,还刊有大同译书局出版的《俄土战纪》《春秋中国夷狄辨》《英人强卖鸦片记》等书目,其中有"民约通义 一角"的记载。[2]

不仅上海地区的《新闻报》《申报》《中外日报》,远在湖南的《湘报》在五月十六日(7 月 4 日)第 102 期也刊登广告说:

本馆新到(刻)各种时务书

皇朝经世文新编	每部钱三千七百文
春秋中国夷狄辨	每部钱二百二十文
春秋董氏学	每部钱一千五百文
中西学门径书七种	每部钱四百五十文
大东合邦新义	每部钱二百八十文
伪经考答问	每部钱一百文
民约通义	每部钱一百文
俄土战记	每部钱四百文
英人强卖鸦片记	每部钱三百文
日本书目志并有论说	每部钱一千五百文
桂学答问	每部钱一百文
日本变法考	每部钱一百文
明夷待访录	每部钱一百五十文
湖南时务学堂初集	每部钱一百文
湖南时务学堂考卷	每部钱三十四文[3]

---

[1] 《大同译书局书目》,《新闻报》《申报》光绪二十四年七月初九日(1898 年 8 月 25 日)。

[2] 《本馆代售各种书籍》,《中外日报》光绪二十四年九月初七日(1898 年 10 月 21 日)。

[3] 《湘报》第 102 期,光绪二十四年五月十六日(1898 年 7 月 4 日),中华书局 2006 年影印本,第 947 页。或据此以为,湘报馆出版过《民约通义》《明夷待访录》,但其实这是一种误解,"本馆新到(刻)各种时务书",包括新到和新刻的书籍,《民约通义》即是上海大同译书局刊印本。见闾小波著:《中国早期现代化中的传播媒介》,上海三联书店 1995 年版,第 244 页。

广告中除最后两种《湖南时务学堂初集》《湖南时务学堂考卷》为长沙时务学堂自刻外,其余都是上海大同译书局新到之书。其中标有"民约通义每部钱一百文",一百文即一角,与《新闻报》《申报》的记载是一致的。至《湘报》第 106、107 期,广告后还加上"院试匪遥,时务书急宜购阅,第恐距馆较远者购取为难,现寄存南阳街经济书局分售",以及"现寄存南阳街经济书局、南正街维新书局分售"等字样。[1] 说明上述书籍由长沙经济书局、维新书局两处分售。

由上可知,《民约通义》不仅在上海大同译书局出版发行,而且远在湖南长沙的书局也有出售。此广告在《湘报》一直刊登至此年 8 月第 125 期。考虑到湘报馆刊登的上述新到的书籍还需要有一段运送的时间,那么,《民约通义》应在 6 月底已经印出。以此而论,咽血咙嗷子的序言虽署"戊戌春咽血咙嗷子志",而实际刊出此书已在此年的夏天。此时史称"百日维新"的戊戌变法,自光绪帝四月二十三日(6 月 11 日)颁布"明定国是"诏书起,正在紧锣密鼓地展开之际,大同译书局本《民约通义》的出版,可以说是伴随着戊戌变法同步进行的。

三、澄清版本研究的失误

这一新发现的大同译书局本《民约通义》,不仅为我们提供了卢梭《民约论》最初刊本的实物,证明 1898 年大同译书局确实刊印过此书,而且对于我们重新认识该书在近代中国早期的出版、传播状况,具有十分重要的价值与意义。

首先,它可以纠正以往研究中的一些错误认识。一是关于作者与译者名称的问题。由于之前岛田虔次发现的上图本题名《民约通义》,封面署"法儒卢骚著"(正文首页署"法国卢骚著"),不署译者及出版社名。因此,以往的研究大多据此认为,关于此书的作者,翻刻者改动了中江原本作"法朗西 戎雅屈娄骚著"的译法,而又有意删去了原书译者之名。如岛田在文中便说,是书的翻刻者"改其书名",又改作者娄骚之名,"著者名不写娄骚,而写成卢骚",且不署译者之名,"'中江笃介译'

〔1〕《湘报》第 106、107 期,光绪二十四年五月二十日、二十一日(1898 年 7 月 8 日、9 日),第 991、1003 页。

字样没有标出"。〔1〕 但如前所述,事实上大同译书局本仍按照中江原本的译法作"法国戎雅屈娄骚著",而非如上图本的"法儒卢骚著"。按卢梭法文名 Jean Jacques Rousseau,今译让·雅克·卢梭,中江兆民译作"戎雅屈娄骚",用的即是卢梭的法国本名,大同译书局本依然遵从了中江的译法,并无改动。

关于此书的译者,如狭间直树所说,该书扉页印有"法国卢骚著","而未注明译者"。〔2〕 他在《中江兆民〈民约译解〉的历史意义——"近代东亚文明圈"形成史之思想篇》中指出:"中国最早刊行的译著为《民约通义》,其序言写于戊戌(1898)春。尽管书名不同,《序》也出自别人之手,且没有任何地方提到中江兆民;但就正文看,该书无疑是汉译《民约译解》的翻刻版(盗版)。"又称正文前书名也仅作"民约通义""法国卢骚著","总之,译解者中江兆民的名字在该书没有出现"。〔3〕 狭间直树的这一说法,所据仅是后来的上海图书馆本。他认为此书"且没有任何地方提到中江兆民",然而实际情况并非如此。事实上,在新发现的大同译书局本中,虽说前面删去了《民约译解》原译者日本中江兆民的《叙》及《译者绪言》、卢梭的《著者绪言》,但在正文首页开端却明确写作:"民约通义 法国戎雅屈娄骚著,日本中江笃介译解。"可以说是完全遵照了中江汉译本的原署:"法朗西 戎雅屈娄骚著,日本 中江笃介译并解。"只是将"法朗西"改作"法国","译并解"删去了"并"字。因此,译解者中江兆民的名字并非"在该书没有出现",而是交代得十分清楚,并无任何有意隐瞒的地方。

这一署名还涉及到中江兆民"解"(即其解说)的归属问题。如狭间直树指出:此书正文全部照录《民约译解》卷一,包括"解"在内。"解"整段低于正文一字,"但原刊本'解'开头之'[解]'字样被删去,故读者恐不解何

〔1〕 (日)岛田虔次著,贺跃夫译:《中江兆民著译作在中国的传播》,《中山大学学报论丛》1992 年第 5 期。
〔2〕 (日)狭间直树著,袁广泉译:《"东洋卢梭"中江兆民在近代东亚文明史上的地位》,沙培德、张哲嘉主编:《近代中国新知识的建构》,第 66 页。王晓苓在《卢梭"普遍意志"概念在中国的引介及其历史作用》中也称,此书内含署有"'戊戌春,东莞咽血咙呷子志'的序言,但未署译者及出版者名",载《思想史 3·专号:卢梭与早期中国共和》,第 6 页。
〔3〕 (日)狭间直树:《中江兆民〈民约译解〉的历史意义——"近代东亚文明圈"形成史之思想篇》,狭间直树、石川祯浩主编,袁广泉等译:《近代东亚翻译概念的发生与传播》,第 44、45 页。

以低一字排版。此亦为与改变书名、删除译者名相对应的措施"。〔1〕 在另一处又说:"只不过,原书各段译解开头的'解'字被删除,尽管该部分在翻印版中降一字排版,但已难看出是原译者注解。"认为这应是删除"中江笃介译并解"、改书名为《民约通义》后的无奈之举。〔2〕 也就是说,由于该书删除了译者之名,原刊本低于正文一格的"解"字也被删除,因此,就难以知道这部分是中江兆民的"解"说。

其实,这种低一格以示区别于正文,是中国古籍中常见的著述形式。在中国古籍版刻中,凡正文以顶格排列,而注疏、解说等另行低一格书之,以使眉目清醒,此种体例见于古籍者甚多。在各种注疏本和史籍如元代马端临《文献通考》中,即采取了上述著述格式。事实上,由于大同译书局本正文首页已经明确标注"日本中江笃介译解",那么,即使文中"解"字被删除,但此段落内容既低于正文一格,其为中江兆民所作"解"的部分依然是明确的。以第一章《本卷旨趣》而言,有两段低一格中江的"解",如第一段云:

是段一篇之大纲领,盖以为上古之时,邦国未建,制度未设,人人肆意为生,无受人约束,自由权尤甚之候也。……如此者,非所谓弃自由权之正道也,无他,天命之自由与人义之自由,并失之也。论究此二者之得失,正本卷之旨趣也。〔3〕

再如另一段中江"解"云:

是段一篇驳论之纲领。自下第二章至第五章,总是论邦国所以非本于天理之故,且反覆究诘,著以威强为邦国之本之非,然后自第六章方入民约之本论,词义极明瞭,故不下解,下效此。〔4〕

---

〔1〕 (日)狭间直树:《中江兆民〈民约译解〉的历史意义——"近代东亚文明圈"形成史之思想篇》,狭间直树、石川祯浩主编,袁广泉等译:《近代东亚翻译概念的发生与传播》,第 45 页。

〔2〕 (日)狭间直树:《"东洋卢梭"中江兆民在近代东亚文明史上的地位》,沙培德、张哲嘉主编:《近代中国新知识的建构》,第 66 页。

〔3〕 (法)戎雅屈娄骚著,(日)中江笃介译解:《民约通义》,上海大同译书局 1898 年石印本,第 2、3 页。

〔4〕 (法)戎雅屈娄骚著,(日)中江笃介译解:《民约通义》,第 3 页。

从上引两段来看,在形式上既低一格,而中江的"解"开头即谓"是段一篇之大纲领"、"是段一篇驳论之纲领"云云,均不会与正文内容混淆,尤其是后一段,更明确讲到若书中词义明瞭的话,"故不下解,下效此",说明此处是"下解"即自己的解说。故两者区划分明,并不因此而会产生误解,将《民约论》的正文与中江的解说混为一谈。

由上而论,可知无论是在有关作者和译者署名,还是中江"解"说归属问题上,大同译书局本的处理是严谨而忠实的,并无如论者所说的有意删去中江兆民之名或隐去其作用与贡献的意图,因此也是无可厚非的。而上述删除的情况,只是在以后的上图翻印本中才出现的。

其次,有利于澄清《民约通义》早期版本著录的混淆及其相互间的关系问题。关于《民约通义》最初的刊本,如岛田所述,除大同译书局本外,还有上海译书局、上海图书馆藏本等三种版本。此外,还有一种流行的说法,即另有一种上海同文译书局或同文书局本。〔1〕但是,究竟有无上海译书局本、上海同文译书局本? 其是否与大同译书局本被混为一谈? 大同译书局本与上图本之间的相互关系又如何? 在以往的研究中也都模糊不清。这些均需要进一步重新梳理,辨证澄清,以下分别予以考订说明。

(1) 关于上海译书局本

此种即岛田虔次著录的《民约通义》的第二种版本。岛田在文中称:"《民约通义》一卷,上海译书局本,一册。署法戎雅屈娄骚著,日本中江笃介译。未见。光绪二十五年三月,即1899年春刊行的徐维则的《东西学书录》录其书目。"又说到:上图本"是否为上海译书局(即原大同译书局?)本,不得而知"。〔2〕对上海译书局本是否即原大同译书局本打了一个问

---

〔1〕 参见杨国光:《卢梭著作在我国的翻译和出版情况》,《人民日报》1962年8月7日;熊月之:《中国近代民主思想史》,第312页;林启彦:《卢梭〈民约论〉的传来及其对清末政治思想的影响》,《新亚学术集刊》1979年第2期;又见氏著《近代中国启蒙思想研究》,第63页。(日)川尻文彦:《清末中国接受〈社会契约论〉之诸相》,(韩)崔博光主编:《东北亚近代文化交流关系研究》,第86页;以及张晓编著:《近代汉译西学书目提要(明末至1919)》,北京大学出版社2012年版,第93页;(法)卢梭著,李常山、何兆武译:《卢梭文集——社会契约论》,附录三《〈社会契约论〉在中国的传播》,北京红旗出版社1997年版,第270页。

〔2〕 (日)岛田虔次著,贺跃夫译:《中江兆民著译作在中国的传播》,《中山大学学报论丛》1992年第5期。

号,表示有疑问待考。

岛田虔次并"未见"此本,所据出于1899年出版的徐维则辑《东西学书录》。据该书卷四"议论第三十"著录:"民约通议一卷_{上海译书局本一册}。[法]戎雅屈娄骚著,[日本]中江笃介译"。[1] 其著录十分简要,书名作《民约通议》。此后,这一说法为不少论著所采用,如王宪明、舒文在《近代中国人对卢梭的解释》中称:"光绪廿五年(1899年)二月,上海译书局印刷出版了中文本的《民约通议》,著译者分别署名为:(法)戎·雅屈·娄骚著、(日本)中江笃介译,共一册。……中江笃介的汉译本原名为《民约译解》,上海译书局则将之定名为《民约通议》。"[2] 其他如狭间直树《卢梭〈民约论〉与中国》、熊月之《西学东渐与晚清社会》,直至近期王晓苓《民国时期关于卢梭的论争》等论著,也多据此著录而采用此说。[3]

不过,据新发现的上海大同译书局本,结合一些新的资料,该书所著录的"上海译书局本",其实就是大同译书局本。从徐维则辑《东西学书录》来看,书中曾多次著录有"上海译书局"出版的书籍。据笔者审核,除上"民约通议"外,计有《俄土战纪》《意大利兴国侠士传》等数种。如该书"史志第一"著录:"俄土战纪六卷附录一卷_{上海译书局本}。[日本]□□□著,汤叡译";"意大利兴国侠士传一卷_{上海译书局本一册}。[日本]松井广吉著,[日本]桥本大郎译"。[4] 两书均著录为"上海译书局本"。按以上两书均见于上

---

[1] 徐维则辑:《东西学书录》,光绪二十五年(1899)三月刊本,第37页;又见徐维则辑、顾燮光补:《增版东西学书录》,光绪二十八年(1902)十二月刊本,其实际出版已在1903年初,第20页;并可见王韬、顾燮光等编:《近代译书目》,北京图书馆出版社2003年影印本,第279页。

[2] 王宪明、舒文:《近代中国人对卢梭的解释》,《近代史研究》1995年第2期。其称上海译书局本出版于"光绪廿五年(1899)年二月",不知所据何在?或系指光绪二十五年(1899)三月版徐维则《东西学书录》录其书目而言。又见刘岳兵:《日本近代儒学研究》,商务印书馆2003年版,第86页;王邦佐、潘世伟主编:《二十世纪中国社会科学 政治学卷》,上海人民出版社2005年版,第146页。

[3] (日)狭间直树著,管宁译:《卢梭〈民约论〉与中国》,中国社会科学院近代史研究所编:《"近代中国与世界"国际学术研讨会论文集》,第582页;熊月之:《西学东渐与晚清社会》,上海人民出版社1994年版,第654页。王晓苓:《民国时期关于卢梭的论争》,乐黛云、(法)李比雄主编,钱林森执行主编:《跨文化对话》(Dialogue Transculturel)第31辑,"生态美学与卢梭纪念专号",生活·读书·新知三联书店2013年版,第294页。

[4] 徐维则辑:《东西学书录》,第4、5页;又见徐维则辑、顾燮光补:《增版东西学书录》,第10、13页。

揭《大同译书局将已刻及译出之书价目列后》，以及《新闻报》《申报》刊登的《大同译书局新出各书》广告。证之实物，《俄土战纪》有 1898 年上海大同译书局刊本，前有梁启超撰《俄土战纪叙》，末署"丁酉十二月新会梁启超序"。[1] 大同译书局广告称："此书专纪光绪初俄欲灭土，设计使土与人战，以开其衅……甚若今日在东方措置情形，诚外交之要书也。"[2]《意大利兴国侠士传》有 1898 年上海大同译书局刊本，前有梁启超《序》称："呜呼，昔之意乃今中国也。……爰取《意大利兴国侠士传》译之，以告邦人，以验吾言焉。"末署"戊戌二月新会梁启超序"。[3] 大同译书局广告也指出："传中序其生平行事，皆我中国人可对镜而观也。"[4]故上述两种书实均为上海大同译书局本。

再如《东西学书录》"议论第三十"中，就在《民约通议》条目之下，即著录有："大东合邦论一卷附宇内独立一览表_{东洋刊本，上海译书局本一册}。"其中谈到此书日本森本藤吉著，"上海译书局翻刻易名'新义'"[5]，将其改名为《大东合邦新义》。按《大东合邦新义》同样见于《新闻报》《申报》刊登的《大同译书局新出各书》广告。此书版权页题"上海大同译书局刊"，旁有"书经存案，翻刻必究"字样。前有梁启超《序》，称"'合邦'云者，盖护教之庸庸，保民之规矩焉尔。……爰属门人陈生霞蹇，因其义，正其文，据缟素而增采绘焉"。末署"孔子生二千二百四十八年，光绪二十四年春二月梁启超序"。[6] 其为上海大同译书局 1898 年刊本无疑。

总之，就徐维则《东西学书录》所著录之书来看，其记为"上海译书局

〔1〕 梁启超：《俄土战纪叙》，汤叡译：《俄土战纪》，上海大同译书局 1898 年刊本，第 1 页。又载《时务报》第 51 册，光绪二十四年正月二十一日（1898 年 2 月 11 日），第 3511—3512 页；《饮冰室合集》文集之三，中华书局 1936 年版，第 33 页。

〔2〕 《时务报》第 51 册，光绪二十四年正月二十一日（1898 年 2 月 11 日），第 3512 页。

〔3〕 梁启超：《意大利兴国侠士传序》，《意大利兴国侠士传》，上海大同译书局 1898 年刊本，第 1 页；又见夏晓虹编：《饮冰室合集》集外文，上册，北京大学出版社 2005 年版，第 14、15 页。

〔4〕 《时务报》第 51 册，光绪二十四年正月二十一日（1898 年 2 月 11 日），第 3512 页。

〔5〕 徐维则辑：《东西学书录》，第 37 页；又见徐维则辑、顾燮光补：《增版东西学书录》，第 279 页。

〔6〕 梁启超：《大东合邦新义序》，（日）森本藤吉述，陈高第校定：《大东合邦新义》，上海大同译书局 1898 年刊本，第 1、2 页。

本",均为上海大同译书局刊本。[1] 事实上,后来 1902 年徐维则辑、顾燮光补的《增版东西学书录》,全书中也未出现大同译书局刊本的著作,亦可为证。因此,其书中所著录的《民约通议》"上海译书局本一册",实际上就是上海大同译书局本。换言之,《民约通义》其实并无所谓上海译书局本,而只有上海大同译书局印本。故岛田著录的《民约通义》第二种上海译书局本,实际上并不存在这样一个版本,应当予以剔除,以免以讹传讹。

需要说明的是,在版本实物方面,据笔者所见,上海大同译书局刊本确也有少数后来题"上海译书局刊"的。如有两种《大东合邦新义》,一种如前说题"上海大同译书局刊",一种则题"上海译书局刊",两者内容相同。上海大同译书局刊本,前署"孔子生二千二百四十八年,光绪二十四年春二月新会梁启超序"。上海译书局刊本,署"孔子生二千二百四十八年,光绪二十四年春二月序",已删去"新会梁启超"之名,出版当在戊戌政变之后。故此种"上海译书局刊"本应为上海大同译书局刊本后出的翻印本。另,麦仲华辑《皇朝经世文新编》也有类似的情况。[2] 而在相关文献中,也有将上海大同译书局简称为上海译书局的情况。据梁启超 1897 年所撰湖南《时务学堂功课详细章程》所附《第一年读书分月课程表》,其中"涉略之书"列有"周秦诸子任意涉猎,三史任意涉猎,《西学启蒙十六种》任意涉猎,西国政学事物源流_{上海译书局新刻本},各报"。[3] 这里所称"上海译书局"新刻本实即上海大同译书局出版的新刻本。另,据《光绪二十四年梁启超奏译书局事务折》说:"窃五月十五日……奉上谕,梁启超着赏给六品衔,办理译书局事务。钦此。旋于五月二十三日,奉到总理衙门札开,将上海译书局改为官督商办,饬将开办日期、妥议详细章程,呈送本衙门核定立案等语。"[4] 可知 1898 年五月有将"上海译书局"(即上海大同译书局)改为官

[1] 邹振环已指出,"凡上海大同译书局本,在该书中均被题为'上海译书局'"。邹振环编:《疏通知译史》,上海人民出版社 2012 年版,第 185 页。
[2] 一种题"上海大同译书局刊",前面梁叙末署"戊戌正月新会梁启超叙";另一种题"光绪戊戌孟夏上海译书局刊",梁叙末署"戊戌正月叙",已删去"新会梁启超"之名。
[3] 梁启超:《时务学堂功课详细章程》附录《第一年读书分月课程表》,《湘报》第 102 号,中华书局 2006 年影印本,第 946 页。
[4] 《梁启超奏译书局事务折》(光绪二十四年五月),宋原放主编,汪家熔辑注:《中国出版史料·近代部分》第 3 卷,湖北教育出版社、山东教育出版社 2004 年版,第 230 页。

督商办事,说明其也被简称为上海译书局。[1] 因此之故,上海大同译书局刊本或也被称为"上海译书局本"。由此,我们也就不难理解徐维则在《东西学书录》中著录为"上海译书局本"的原因。

(2)关于上海同文译书局本

还有不少论著认为,《民约通义》是 1898 年上海同文译书局出版的。最早如 1962 年杨国光在《卢梭著作在我国的翻译和出版情况》中指出:卢梭的《社会契约论》第一卷(全书共分四卷),"中文本最早是在 1898 年由上海同文译书局根据日本中江笃介译本转译出版的,书名为《民约通义》。"[2]之后如熊月之等认为,1898 年上海同文译书局将中江笃介用汉文翻译的《民约论》第一卷印刷出版,书名为《民约通义》,"这是《民约论》的最早中文译本"。[3] 吴雅凌在《卢梭〈社会契约论〉的汉译及其影响》中也说:"1898 年戊戌变法前夜,中江兆民的《民约訳解》第 1 卷由上海同文译书局刻印,更名《民约通义》。"[4]这些说法,不一而足。海外及港台地区的不少研究者如林启彦、黄克武、日本的川尻文彦、法国的王晓苓等,也大多采用了这一说法。[5]

此外,也有一些书目著录称上海同文书局出版的,如张晓编著《近代汉译西学书目提要(明末至 1919)》载录说:"0851:民约通义一卷 (法)戎

[1] 相关史著中也有此种记载,如尚秉和《辛壬春秋》卷三五载:戊戌政变,谭嗣同殉难而死,谭的学生林圭"仓皇自上海译书局归,哭谓人曰:'中国流血自谭君始,我承其后矣。'"可见当时有将上海大同译书局称为上海译书局的。见中国史学会主编:《戊戌变法》(4),"中国近代史资料丛刊",上海人民出版社 1957 年版,第 91 页。

[2] 杨国光:《卢梭著作在我国的翻译和出版情况》,《人民日报》1962 年 8 月 7 日。

[3] 熊月之:《中国近代民主思想史》,第 312 页;又见氏著《中国近代民主思想史》(增订本),第 329、330 页。书中所附《1898—1903 年国内翻译西方资产阶级民主政治学说要目》也称:"《民约通义》,著作与译者:(法)卢梭著,中江笃介译,出版单位:上海同文译书局,出版时间:1898 年。"第 334 页。

[4] 吴雅凌:《卢梭〈社会契约论〉的汉译及其影响》,《现代哲学》2009 年第 3 期。

[5] 参见林启彦:《卢梭〈民约论〉的传来及其对清末政治思想的影响》,《新亚学术集刊》1979 年第 2 期;又见氏著《近代中国启蒙思想研究》,第 63 页。黄克武:《自由的所以然——严复对约翰弥尔自由思想的认识与批判》,上海书店出版社 2000 年版,第 255 页;(日)川尻文彦:《清末中国接受〈社会契约论〉之诸相》,(韩)崔博光主编:《东北亚近代文化交流关系研究》,第 86 页;王晓苓:《民国时期关于卢梭的论争》,乐黛云、(法)李比雄主编,钱林森执行主编:《跨文化对话》(Dialogue Transculturel)第 31 辑,"生态美学与卢梭纪念专号",第 294 页。

雅屈娄骚著,(日)中江笃介译,上海同文书局 1898(清光绪二十四)年一册。"[1]由于长期以来一直未发现《民约通义》大同译书局本,故不少论著往往将上海同文译书局或同文书局与大同译书局混为一谈,在这一问题上造成了不少淆乱。

值得指出的是,国内出版的《卢梭文集》《卢梭全集》均采用了上述说法。如 1997 年出版的李常山、何兆武译《卢梭文集——社会契约论》,书后附录三《〈社会契约论〉在中国的传播》中便称:"1898 年,上海同文书局刻印出中江笃介的汉译《民约译解》第一卷,题名《民约通义》,以后又有上海译书局版,引起学界的高度重视。"[2]商务印书馆 2012 年版《卢梭全集》,在《总序》开首便说:"卢梭的著作传入中国,始于戊戌变法的时候。1898 年(清光绪二十四年)上海同文译书局出版了他的《民约通义》(即后来的《民约论》,今译《社会契约论》)。"[3]可见此种说法颇为流行,并直接影响到卢梭著作在近代中国早期传播的认知问题。

这一说法主要的依据,是由马君武《民约论译序》而来。他在《译序》中说:"卢骚《民约论》共四卷。一八九八年上海同文译书局刻日本中江笃介汉译第一卷,名《民约通义》。"[4]然而,马君武的说法并不足为据。这不仅因马氏的说法只是一种孤证,而据既有的资料,上海有同文书局,但并无上海同文译书局。当时上海有三家名称相近的出版社,一是大同译书局,一是同文书局,还有一家大同书局。同文书局 19 世纪 80 年代初在上海已经存在,主要出版古籍石印等业务,如其广告所称,"本局设在上海虹口西华路,分局一在本埠二马路抛球场,一在京都琉璃厂"云云。[5] 该书局在 90 年代初还发售过康有为的《新学伪经考》一书,并称道此书"为二千年未

---

[1] 张晓编著:《近代汉译西学书目提要(明末至 1919)》,第 93 页。

[2] (法)卢梭著,李常山、何兆武译:《卢梭文集——社会契约论》,第 270 页;又见邹振环:《影响中国近代社会的一百种译作》,中国对外翻译出版公司 1996 年版,第 136 页。

[3] (法)卢梭著,李平沤译:《卢梭全集》(1),商务印书馆 2012 年版,第 1 页。

[4] 马君武:《民约论译序》,(法)卢骚著,马君武译:《足本卢骚民约论》,中华书局 1918 年版,第 1 页;又见莫世祥编:《马君武集》,华中师范大学出版社 1991 年版,第 300 页。

[5] 《上海同文书局石印各种书帖发兑价目》,《申报》光绪十二年六月十七日(1886 年 7 月 18 日)。

辟之学,海内争先快睹者也"。[1] 大同书局创办于1887年,据《申报》刊登的《新开大同书局》广告,其地址在上海大马路泥城桥堍旁,主要业务为精制石印、铜板各种书籍、字画、碑帖,[2]曾出版《西学大成》《格致镜原》等书。三家书局名称相近,故很容易混淆。马氏《民约论译序》撰于1916年,已在《民约通义》出版18年以后,故很可能记忆有误,把大同译书局与同文书局搞混了,因而导致了此误。揆之实际,如上文所揭,既已发现上海大同译书局1898年出版的《民约通义》,而我们至今也未见过此种所谓上海同文译书局出版的《民约通义》,可知马君武的说法确实有误。

总之,笔者认为,事实上并不存在所谓的1898年上海同文译书局刊本。由于马氏记忆之误,后人不察,因而随之而误,从而造成了这一长期的错误而未能改正,这自然是需要予以纠正的。

以上有关上海译书局、上海同文译书局本的辨析,证明并不存在上述两种《民约通义》的刊本,这对于澄清以往在《民约通义》版本上的误解,纠谬解惑,无疑是很有必要的。

四、大同译书局本与上图本的相互关系

因上海大同译书局本的发现,对上海图书馆藏本也需重新加以审视。大同译书局本与上图本之间是什么关系? 两者出版孰先孰后? 上图本所据底本来源是什么? 这也是值得探讨的重要问题。下面着重讨论一下两者间的相互关系,以及上图本的底本来源、实际出版时间等问题。

关于上图藏本,岛田虔次指出,因为上图本"没有记出版者名,是否为上海译书局(即原大同译书局?)本,不得而知";另外,著者名不写娄骚,而写成卢骚,"中江笃介译"字样没有标出。定价有种记为一角,"是书则标记为一角五分,因而究竟是否为同一种书还难以断定"。不过,岛田本人还是倾向于上图本与大同译书局本"大概还是同一种书"。[3] 狭间直树则因其定价不同,故而"推断应为另一版本",认为该时期盗版泛滥,大同译书局亦

---

〔1〕 《上海同文书局告白》,《申报》光绪十八年正月二十一日(1892年2月19日)。

〔2〕 《新开大同书局》,《申报》光绪十三年二月十一日(1887年3月5日)。广告称,"本局加工精制石印铜板各种书籍字画碑帖,设于英大马路泥城桥堍,择吉开张"云云。

〔3〕 (日)岛田虔次著,贺跃夫译:《中江兆民著译作在中国的传播》,《中山大学学报论丛》1992年第5期。

曾为之,"故咽血咙唭子序本也很可能是盗版的盗版"。〔1〕认为上图本应是大同译书局本的盗版翻印本。

据新发现的大同译书局本与上图藏本相比较,可以确认两者是不同的版本。首先,如前所说,两者署名不同,大同译书局本署"法国戎雅屈娄骚著,日本中江笃介译解",上图本则仅署"法国卢骚著"。其次,大同本扉页有"上海大同译书局石印"字样,可知其为石印本,全书无句读,而上图本则为铅字排印本,无出版单位,全书均有断句,"定价大洋一角五分",两者印刷形式、价格不同。再次,大同译书局本书后附有《大同译书局各种书目》一页,而上图本则无此项。

除上述区别之外,就文本而言,两者的基本内容是相同的。有关前面的书序,两者均删除了中江兆民的《叙》《译者绪言》和卢梭的《著者绪言》,而代之以"戊戌春东莞咽血咙唭子"的序。其次,两书的目录,从开头的"绪言",第一章"本卷旨趣"到第九章"土地",是一致的;正文部分除若干文字的异同之外,两者也是基本相同的。这里仅举两例说明。如第二章《家族》中,《民约译解》原文作:"且夫父子之所以各自守而不相羁属者……既自主矣,虽父之尊,无得而制也。"〔2〕大同译书局本修改为:"且夫父子之所以各自守而不容偏爱者……既自主矣,虽父子之亲,亦不能自恃也。"〔3〕上图本与大同译书局本相同。〔4〕又如第四章《奴隶》,《民约译解》本原作:"与人约曰:由是约,吾专享之利,汝专当之害。又曰:吾便是约间,我固当守之……"〔5〕大同译书局本修改为"与人约曰:由是约,利之所在,吾专享之,害之所在,汝专受之。又曰:吾之所约,我固当守之……"〔6〕上图本文字与之相同,显然沿袭了大同译书本的文字。〔7〕由上而言,两本的编次、文字均相近,可知属于同一版本系统。

关于上图本的出版时间,以往的研究大多认为是在 1898 年。其主要的

〔1〕（日）狭间直树:《中江兆民〈民约译解〉的历史意义——"近代东亚文明圈"形成史之思想篇》,狭间直树、石川祯浩主编,袁广泉等译:《近代东亚翻译概念的发生与传播》,第46页。
〔2〕《民约译解》,日本东京佛学塾出版局明治十五年(1882)版,第8页。
〔3〕《民约通义》,上海大同译书局1898年石印本,第4页。
〔4〕《民约通义》,上海图书馆藏铅印本,第3页。
〔5〕《民约译解》,东京佛学塾明治十五年(1882)版,第29页。
〔6〕《民约通义》,上海大同译书局1898年石印本,第12页。
〔7〕《民约通义》,上海图书馆藏铅印本,第11页。

依据是该书《序》后署"戊戌春东莞咽血咙嗍子"。如岛田虔次认为,《民约通义》一册,有署为"戊戌春,东莞咽血咙嗍子志"的序文,戊戌春为1898年2月至5月中旬,戊戌变法始于次月,"本书很可能于是年内出版"。[1] 说得还比较谨慎。狭间直树也说:"最早将卢梭的著作译成中文并刊行于世的,恐怕要首推序言中带有'戊戌春'字样的《民约通义》了。这一版本的存在首先是由岛田虔次发现的。推定年代为1898年。"[2] 并同样以序文为据,指出"咽血咙嗍子"为广东东莞人,其序文注日期为"戊戌春","故刊行当在其后,至迟或在年底"。[3] 这一结论后来为学术界所普遍采用,不少论著在具体论述时,皆转相承述,还往往将其与大同译书局本、大同书局本等混为一谈,将两者等同起来。由于迄今未见大同译书局本《民约通义》,有的甚至直接将上图本作为大同译书局本加以评论探讨,[4] 由此造成了不少的误解。

然而,据笔者研究,上海图书馆所藏这一本子是否是《民约通义》最早的本子,及它是不是在1898年正式出版,其实并非没有疑问,而是令人颇启疑窦。虽说此书前有署作"戊戌春东莞咽血咙嗍子"的序,然而此书并没有版权页,因此,并不能光凭前面有"戊戌春"撰写的序,就认定其为1898年"戊戌春"的版本。事实上,"戊戌春"的落款只是写序的时间,而并非刊印出版的时间。我们只能说该书出版在1898年春之后,而不能判定它即出版于本年及"至迟或在年底"。

据新发现的大同译书局本,笔者经仔细比勘对照,发现上图本《民约通

〔1〕 (日)岛田虔次著,贺跃夫译:《中江兆民著译作在中国的传播》,《中山大学学报论丛》1992年第5期。

〔2〕 (日)狭间直树著,管宁译:《卢梭〈民约论〉与中国》,中国社会科学院近代史研究所编:《"近代中国与世界"国际学术研讨会论文集》,第581页。

〔3〕 (日)狭间直树:《中江兆民〈民约译解〉的历史意义——"近代东亚文明圈"形成史之思想篇》,狭间直树、石川祯浩主编,袁广泉等译:《近代东亚翻译概念的发生与传播》,第45页。

〔4〕 如近年范广欣在《卢梭"革命观"之东传:中江兆民汉译〈民约论〉及其上海重印本的解读》中,称"戊戌变法前夕,上海大同译书局重印了《译解》之单行本,并改名为《民约通义》"云云,便以上海重印本即上图藏本为大同译书局本。文中称其在上海图书馆和台湾"中研院"近代史研究所找到的《民约通义》均无版权页,所以找不到出版社的资料,出版时间则是由新叙落款(即"戊戌春东莞咽血咙嗍子"序)推断。故认为,"显然,大同译书局更可能是《民约通义》的出版者。"范文见《思想史3:专号:卢梭与早期中国共和》,第95页。

义》其实来源于大同译书局本,实际上是据大同本而来的翻印本。为什么说它是大同译书局本的翻印本,其根据又何在呢?

其实,只要将中江兆民《民约译解》、大同译书局本与上图本三种文本相对勘,其中文字的异同便足以证明。这里仅举两例。如第二章《家族》开头,中江《民约译解》本作:

> 人之相聚为党,其类亦蕃矣。其最首起且最自然出者,莫逾于家族焉。然子之统属于父,独在婴孩不能自存之候而已。及其年长,不复须属于父,而天然之羁纽解矣。于是为父者,不必为子操作,而为子者亦不必承受于父,而各得以自守,此自然之理也。[1]

大同译书局本修改为:

> 人之相聚为党,其类亦蕃矣。其最首起且出于自然者,莫逾于家族焉。然子之仰食于父,独在婴孩不能自存之候而已。及其年长,三明以镝之,百艺以磨之,则膂力之余,还当自养矣。于是为父者,不必婴视其子,为子者亦不容待食于父,而各得以自守,此自然之理也。[2]

其中改动不小,而上图本仅将"则膂力之余,还当自养矣"一句,删改为"则力当自养矣",[3]其余文字与大同译书局本相同。由此可见,上图本显然不是根据《民约译解》原文,而是据大同译书局本而来。

又如书中讲到亚当之子诺亚遭洪水之灾,《民约译解》原本记载作:"亚当开辟始祖,诺噎遭洪水之祸,生类荡尽,而诺噎独得免难。其三子分处亚细、阿非利加、欧罗,实为黄、黑、晳三族类之祖。"[4]大同译书局本后两句修改作"其三子分处亚细亚、阿非利加、欧罗巴,实为黄、黑、晳三族类之祖",[5]上图本又将最后一句改作"实为黄、黑、白三族类之祖",[6]其他

---

〔1〕 《民约译解》,东京佛学塾明治十五年(1882)版,第7、8页。
〔2〕 《民约通义》,上海大同译书局1898年石印本,第3页。
〔3〕 《民约通义》,上海图书馆藏铅印本,第3页。
〔4〕 《民约译解》,东京佛学塾明治十五年(1882)版,第13页。
〔5〕 《民约通义》,上海大同译书局1898年石印本,第5、6页。
〔6〕 《民约通义》,上海图书馆藏铅印本,第5页。

文字均同大同译书局本。这同样证明上图本源于大同译书局本,是在其文本基础上加工的。再如第四章中,中江译解本"且纵战胜得杀敌,而无宥在其敌人……不如夺其自由之为愈也",[1]大同译书局本修改为"且纵战胜敌,而无宥其在敌人……不如夺其自由权之为愈也"。[2]上图本文字与大同译书局本同,也说明其据大同本而来。此类例子,在全书中不胜枚举。

其次,从两书"戊戌春东莞咽血咙唲子"的序言来看,上图本有漏字、错字。如大同译书局本"穷寇反噬,亢龙爱将有悔矣",上图本作"亢龙将有悔矣",漏一"爱"字。大同译书局本"忍哉祖龙乎,忍哉恶祖龙者而复步祖龙之前辙也"两句,上图本后一"忍哉"误作"忽哉"。[3]此处"忍哉"为"残忍"之忍,指秦始皇心地残忍,"忽哉"则无此义。正文中,如"所谓弃自由权之正道也",《民约译解》、大同译书局本两本相同,[4]上图本"自由权"误作"自由观";[5]"或卤掠充军须"句,《民约译解》、大同译书局本两本皆同,[6]上图本"或"字误作"成"字。[7]又,两本中皆有误字,如大同译书局本序言末句"余岂敢忘崇异域习俗,以失吾忠厚之人心哉?"此句系仿中江译解本《叙》"如妄崇异域习俗,以激吾邦忠厚之人心,余岂敢焉?"[8]故大同本"忘"字当作"妄",而上图本仍作"忘",沿袭其误而未改。从序文、正文中这些漏字、错字等情况来看,显然是上图本在翻印时出错,其为晚出之本无疑。

第三,从译名来看,如前所说,《民约译解》署"法朗西　戎雅屈娄骚著",大同译书局本署"法国戎雅屈娄骚著",正文中也用"娄骚"译名。上图本将原署名改为"法国卢骚著",因而在全书正文中,均统一采用"卢骚"译名。如书前序中,大同译书局本"如娄骚《民约》一书是已"一句,上图本"娄骚"改作"卢骚"。[9]正文如《绪言》中:"娄骚本瑞西人,其称吾邦,即

---

[1]　《民约译解》,东京佛学塾明治十五年(1882)版,第28页。
[2]　《民约通义》,上海大同译书局1898年石印本,第11页。
[3]　分别见上海大同译书局石印本,第1页;上海图书馆藏铅印本,第1页。
[4]　分别见东京佛学塾《民约译解》本,第5页;上海大同译书局石印本,第2页。
[5]　《民约通义》,上海图书馆藏铅印本,第2页。
[6]　分别见东京佛学塾《民约译解》本,第26页;上海大同译书局石印本,第11页。
[7]　《民约通义》,上海图书馆藏铅印本,第10页。
[8]　《民约译解》,东京佛学塾明治十五年(1882)版,第9页。
[9]　《民约通义》,上海图书馆藏铅印本,第1页。

斥瑞西,非斥法朗西也。瑞西夙循民主之制,有合此书所旨,故娄骚崇奖之如此。"〔1〕大同译书局本文字与《民约译解》相同,上图本则将上述"娄骚"、"法朗西"都改作了通行的"卢骚"、"法兰西"。〔2〕此种改动原译人名、国名的情况,上图本所在多有。如将《民约译解》本、大同译书局本中原译人名"遏必"(即霍布斯)、"阿李士德"(即亚里士多德),分别改作"霍必"、"阿里士德",〔3〕原译国名"法朗西"、"是班牙"改为"法兰西"、"西班牙"等。这些人名、国名的改动,同样说明上图本是晚出修订之本。

第四,以书中分段不同而言,更可证上图本系据大同译书局本而来。如第四章《奴隶》,上图本自"且夫弃自由权者……"直到"请推战之本而论之"合为一段。〔4〕查《民约译解》本自"且夫弃自由权者……"至"有约之名而无其实"为一段,中间"亘鲁士(格劳秀斯)及诸为亘鲁士家言者"以下至"有约之名而无其实"再分为一段。〔5〕大同译书局本与《民约译解》本相同,也分为两段。但由于大同本第一段末尾"有约之名而无其实",最后一"实"字在一行最末,而下段开头"亘鲁士及诸为亘鲁士家言者"一句又刚好顶格刊印,〔6〕上图本未能分清此处须分段,因而误将两段合成一个自然段。

此类分段误合的情况,在书中其他章节也多有所见。如同章中上图本又将"昔者邦国之未立也……"至"安足置齿牙间也"合为一段。〔7〕再如第六章《民约》,上图本从开头"人恒言,昔者人之肆意为生也"至"而复归入囊日天命之自由矣"合为一段;〔8〕第七章《君》,上图本自"是故众共议所定……"至"与在两人间,无以异也"合为一段。〔9〕实际上在《民约译解》本、大同译书局本中,以上三处均分为两个自然段。〔10〕上图本之所以

〔1〕 《民约通义》,上海大同译书局 1898 年石印本,第 1 页。
〔2〕 《民约通义》,上海图书馆藏铅印本,第 1 页。
〔3〕 《民约通义》,上海图书馆藏铅印本,第 4 页。
〔4〕 《民约通义》,上海图书馆藏铅印本,第 8—9 页。
〔5〕 《民约译解》,东京佛学塾明治十五年(1882)版,第 22—23 页。
〔6〕 《民约通义》,上海大同译书局 1898 年石印本,第 9—10 页。
〔7〕 《民约通义》,上海图书馆藏铅印本,第 9 页。
〔8〕 《民约通义》,上海图书馆藏铅印本,第 12—13 页。
〔9〕 《民约通义》,上海图书馆藏铅印本,第 39—40 页。
〔10〕 分别见东京佛学塾《民约译解》本,第 24、32—34、39—40 页;上海大同译书局石印本,第 10、13—14、16 页。

误将两段合成一段,均是因上述同样的原因而引起的。如果上图本直接据中江《民约译解》原本而来,即不会出现这样的分段错误,然因其所据为大同译书局本,又未能参考《民约译解》本,故在书中多处将原分作两段的文字误合成一段。分析一下它在分段上致误的原因,即可知上图本并不是直接据《民约译解》原本而来,而是来源于大同译书局本。

以上几方面的证据,充分证明上图本并非据中江《民约译解》原本而来,而是来源于大同译书局本。换言之,上图藏本其实是大同译书局本的翻印本。从时间上说,无疑大同译书局本在先,上图本翻印在后。弄清了上图本与大同译书局本孰先孰后,以及两者之间的关系,有助于纠正我们原先对于上图本的一些错误认识。

因此,虽说上图本卷首同样有"戊戌春东莞咽血咙唭子"的序言,但显然它并不是1898年"戊戌春"出版的,而是一个后出的本子。事实上,此本的出版时间也并非如论者所说"至迟或在年底",即在1898年底,而是更在1898年乃至1900年之后。据现掌握的资料,其实际的出版时间恐怕还要往后移,依笔者之见,它很可能是1902年10月前后或1903年的翻印本。其理由如下:

据1902年公奴《金陵卖书记》后附《开明书店出版新书目录》,记载有"政治原论,七角五分。民约论,六角……民约通义,一角五分。二十世纪之怪物帝国主义,四角……"[1]上述诸书的出版均已在20世纪初年,如该书《绪言》所说:"自志士东游以来,译本书如风发云举,政法诸书尤辟浑茫,欧西巨子之学说,滔滔焉飞渡重洋,兢灌输入吾同胞之意识界矣。"[2]其中既有标价六角的《民约论》,又有标价一角五分的《民约通义》。又据1903年王维泰《汴梁卖书记》,上卷"记买书"谈到:"《民约》《社会》二书,提要中列为政治部首,知者绝少。有购求政治者,又视为非急务。辄讽以士夫居乡之义,始有受者。"[3]此书后也附有《开明书店新书目录》,其中"法律"类记载有:"民约论六角。宪法要义二角。法国律例四元。民约通义一角五分……""杂著"类又载"金陵卖书记一角。路索民约论六角。"[4]可知此处标价六角的

〔1〕 公奴(夏颂莱):《金陵卖书记》后附,无版权页,无页码。此书前有作者"公奴"写于壬寅(1902年)九月的序,当出版于1902年10月后。

〔2〕 公奴(夏颂莱):《金陵卖书记》,第2页。

〔3〕 王维泰:《汴梁卖书记》上卷,开明书店1903年版,第10页。

〔4〕 王维泰:《汴梁卖书记》后附《开明书店新书目录》,第10、18页。

《民约论》即 1902 年文明书局出版的杨廷栋译《路索民约论》,而所载"民约通义一角五分",定价与上图本"大洋一角五分"相符,应即是上图版铅印本《民约通义》。故上图藏本《民约通义》实际出版的时间,当在 1902 年 10 月前后或 1903 年。

作为大同译书局本的翻印本,此时之所以重新翻印出版铅印本《民约通义》,是与当时的时代背景相联系的。我们知道,经戊戌变法、庚子事变,在 1900 年之后,近代中国社会发生了巨大的变化,一方面中国的民族主义情绪日渐高涨,而在西学的传播方面也更为广泛。以卢梭思想的传播而论,1900 年底至 1901 年初,《译书汇编》连载了杨廷栋据日译本转译的卢骚《民约论》的前几章,之后在 1902 年,上海文明书局又出版了由杨氏全译的《路索民约论》。梁启超在 1899 年 10 月写的《破坏主义》中便称道:"欧洲近世医国之国手,不下数十家,吾视其方最适合今日之中国者,其惟卢梭先生之《民约论》乎?"[1] 1901、1902 年间,又先后在《清议报》《新民丛报》发表了两篇介绍卢梭思想的重要文章——《卢梭学案》与《民约论巨子卢梭之学说》,由此,卢梭的学说引起了社会广泛的关注。如 1902 年忧患余生生在《扪虱谈虎录》中,引梁启超近著《中国近世三大思想家》中《黄梨洲》之绪论所说:"今者卢梭之《民约论》,潮汹汹然,风蓬蓬然,其来东矣。吾党爱国之士,列炬以烛之,张乐以导之,呼万岁以欢迎之。"[2]

正是在这种民族主义日渐高涨的形势下,上海的书局看到其中所蕴含的重要商机,便以原先的大同译书局本为底本,以铅印本的形式加以重印,不失时机地推出了上图本《民约通义》。也正因如此,一方面,在作者问题上,仅突出原作者"法国卢骚著",而删去了大同译书局本原照日文本如实书写的"日本中江笃介译解"字样,有意使译者模糊化;另一方面,在译名如人名、地名等方面作一些技术性的修改,在全书中统一采用"卢骚"、"法兰西"等较通行的译名,以适应当时形势的需要。虽说此种铅印本的《民约通义》并非全本,但已包含了卢梭《民约论》最重要的原则与内容,而其"一角五分"的定价,相较于杨廷栋全译本《路索民约论》六角来说,还具有明显的

---

[1] 梁启超:《破坏主义》,《清议报》1899 年第 30 号;又见李华兴、吴嘉勋编:《梁启超选集》,上海人民出版社 1984 年版,第 98 页。

[2] 该文开头便说:"饮冰室主人近著一书,名曰《中国近世三大思想家》……吾憾其出版之迟迟也,攫取其《黄梨洲》之绪论,以实我录而公诸世。"忧患余生生(韩文举):《扪虱谈虎录:黄梨洲》,《新民丛报》1902 年第 14 期。

价格优势,更便于市场销售获利。可以说,上图本就是在这样的形势下出笼的,它既迎合了日渐高涨的民族主义的需要,也有商业利益上的考量,而与杨氏全译本《路索民约论》在书市上形成了竞争相辅之势。

值得一提的是,此种《民约通义》铅印本之后还续有翻印。据 1904 年 11 月 13 日《时报》刊登的上海镜今书局的书籍广告,便有《再版万国史纲》《英国革命史》《东洋文明史》《西洋文明史》等,其中有"卢梭民约通义定价一角五分",并称"以上各书均最新最要上海各大书坊都可批售"。[1] 在此前几日《时报》刊出的"镜今书局新书出版广告"中,并有刘师培《中国民约精义》,称:"昔日本以中江笃介为东方卢梭。夫东方卢梭宁彼中江氏而已,翳我哲人,是式是凭,他日国民军之兴,其足以作射击专制之爆弹者,吾知有赖乎是书矣。"[2] 说明两者是相辅而行的。又,同年 11 月《警钟日报》第 268 号上,也曾刊出一则广告:

卢梭民约通义折价券

君权之祸,酷于洪水,赖生西哲,警聋发聩。民约一编,大昌厥旨,西欧革命,风潮乃起。东顾神州,夷茜专制,三复此书,用申民气。定价角半,照码七折。[3]

"定价角半"即一角五分,并作七折优惠出售。这种《民约通义》与上述镜今书局"卢梭民约通义定价一角五分"标价相同,或即是同一种翻印本。虽然"卢梭"的译名与上图本"卢骚"不同,但书名相同,很可能即是"卢骚《民约通义》"。[4] 虽说尚不清楚其中关系,但至少可以说明,在 1904 年还有一种《民约通义》在发行流通。以上所述这一时期《民约通义》后续翻印的情况,

---

[1] 《再版万国史纲 中等学堂历史科之第一善本》,《时报》1904 年 11 月 13 日。这一广告连续登载至 11 月 19 日。

[2] 《镜今书局新书出版广告》,《时报》1904 年 11 月 7 日。

[3] 《警钟日报》第 268 号,1904 年 11 月 19 日(甲辰十月十四日)。此后至同月 24 日第 273 号,连续刊登了这则广告。

[4] 狭间直树认为,观其"定价角半",或许即上述咽血咙哃子序本,但时间间隔较大,故其推测或为另印本。"总之,戊戌后数年,《民约译解》的伪版《民约通义》曾有数个版本在大陆流传,当无疑义"。见(日)狭间直树:《中江兆民〈民约译解〉的历史意义——"近代东亚文明圈"形成史之思想篇》,狭间直树、石川祯浩主编,袁广泉等译:《近代东亚翻译概念的发生与传播》,第 46 页。

虽已在戊戌变法之后,但作为 20 世纪初年卢梭《民约论》早期文本传播的重要组成部分,显然也是值得引起我们关注的。

这里还想附带说一下为上图本题写书名的"人镜楼主人"问题。此书封面署"法儒卢骚著、人镜楼主人书",但"人镜楼主人"究竟是谁,一直未得其解。如岛田虔次即指出"人镜楼主人"为何人,不得其详。狭间直树也称,该书封面左侧为"人镜楼主人书"("人镜楼"不详)。[1] 韩国学者闵斗基认为,标题页的"人镜楼主人"应该就是自号"人境庐主人"的黄遵宪。闵氏并因此推论,黄遵宪促成《民约通义》的刊行,与之交情甚笃的梁启超不可能不知道此书。[2] 岛田后来也认为可能是黄遵宪,因联想到"人境庐"。其他如范广欣等认为,"也许他是资深外交官和改良主义运动的发起人之一黄遵宪(1848—1905),因为黄氏把自己的住所定为'人境庐'"。[3] 还有研究者推测说,如果人镜楼主人是黄遵宪,那此书的印行实与康梁一派有关。[4]

不过,这仅仅只是一种猜测,其实并无确凿的根据。众所周知,黄遵宪字公度,别署人境庐主人,广东嘉应州(今梅县)人,著有《人境庐诗草》。按黄氏"人境庐",取自东晋陶渊明的著名诗句"结庐在人境,而无车马喧",他并撰有"结庐在人境,步履随春风"之联,系集陶潜、杜甫两诗句而成。而"人镜"直接的出典见《旧唐书·魏徵传》:"以人为镜,可以明得失。"[5] 说的是以人为镜子,把别人的成败得失作为自己的借鉴。因此,就"人境庐"与"人镜楼"来说,人境与人镜、庐与楼并非是一回事。故笔者认为,并无证据可以认定"人镜楼主人"就是黄遵宪。从事实上说,在 1898 年戊戌政变后三天,黄遵宪即因受牵连被革职遣返乡里,"永不叙用",此后他返回广东

---

〔1〕 (日)狭间直树:《中江兆民〈民约译解〉的历史意义——"近代东亚文明圈"形成史之思想篇》,狭间直树、石川祯浩主编,袁广泉等译:《近代东亚翻译概念的发生与传播》,第 44 页。

〔2〕 (韩)闵斗基(Tu-ki Min):*Late Ch'ing Reformists and Rousseau: Min-Ch'uan versus Popular Sovereignty*(《清季变法派之民权论与卢梭之〈民约论〉》),《清华学报》(台湾新竹)1985 年第 17 卷第 1、2 期合刊。

〔3〕 范广欣:《卢梭"革命观"之东传:中江兆民汉译〈民约论〉及其上海重印本的解读》,载《思想史 3·专号:卢梭与早期中国共和》,第 96 页。

〔4〕 蔡乐苏:《严复与卢梭思想关系之新见》,王晓秋:《戊戌维新与近代中国的改革》,社会科学文献出版社 2000 年版,第 661 页。

〔5〕 刘昫等撰:《旧唐书》卷七一《魏徵传》,中华书局 1975 年版,第 2561 页。

老家,从此退出政坛,直至去世。当上图本《民约通义》于 1902 年翻印出版时,黄遵宪既不在上海,而从该书题写的字来看,也不像出于黄氏手笔。因此,笔者认为,题写书名的"人镜楼主人"并非黄遵宪,而是另有其人,尚需待考。当然,我们这样说,并不因此即否认此书与康梁维新派的关系,如前所考,《民约通义》1898 年由大同译书局刊印出版,这一事实本身便证明了其与康梁维新派的密切关系。

五、大同译书局本和上图本的两次修改

大同译书局本的新发现,还提供了与中江《民约译解》相对照的原始文本,有利于我们研究其与中江《民约译解》所作的修改与文本的异同,从而更好地把握其传入中国早期传播中的初始状况。

如前所论,《民约通义》最早的版本是大同译书局本,它在 1898 年刊印出版时,对原中江汉译《民约译解》本作了一些适应性的改动。此后,上图本又在大同译书局本的基础上作了第二次的修改。明瞭上述前后两次的修订过程,搞清其不同的修改情况,对于我们准确比较、评价其文本的变化,显然有着相当重要的意义。以下对此两本的修改情况作一具体的研讨与说明。

(一)大同译书局本的修改问题

由于中江《民约译解》原本即是用中文书写,所以大同译书局翻印出版《民约通义》本可不必作任何改动。但实际上校对两书,可以发现大同译书局本改动之处甚多,据笔者细加比勘,总计达 100 多处。那么,其修改的具体情况如何,为什么它要作这些修改呢?其原因、意义又何在呢?下面即以《民约通义》一书改动之处举例说明,以见其修改更动之迹,并进一步分析其修改的原因。

对照两本,其修改大体可分为以下四种情况:

(1)一般文辞方面的修改。此类包括一些地名和名词等的修改。地名的修改,如中江译解本第二章讲到亚当、诺暨"其三子分处亚细、阿非利加、欧罗,实为黄、黑、晳三族类之祖",[1] 大同本译书局本将原文"亚细"、"欧罗"分别改为通行的"亚细亚"、"欧罗巴"。[2] 名词类的修改,如中江译解本原作"僧门徒往往诿天为说……贼要我于途……贼之类耳,何不可

---

[1]《民约译解》,东京佛学塾明治十五年(1882)版,第 13 页。
[2]《民约通义》,上海大同译书局 1898 年石印本,第 6 页。

抗之有?"[1]大同本将"僧门徒"改为"僧门徒侣",两处"贼"字均改为"盗贼"。[2] 此类修改主要是采用通用的译名和较习见的名词。

至于一般文辞方面的调整,如中江译解本"初非有爱民之心,而其居尊莅下",[3]大同译书局本修改作"倘非有爱民之心,而独居尊莅下";[4]"余安敢于议之,不直一笑耳",[5]大同本修改作"余安敢轻议之,不值一笑耳";[6]"初不须有议也",[7]大同本修改作"初不容拟议也"。[8] 此类例子颇多,不一一枚举。有些则是日、中两国用词习惯或词汇含义不同,或致原文意思不太清楚,因此作了语词上的变换。如第三章中,中江译解本作:"夫以力为权者,初无所事义矣。苟无所事义,何理之生?"[9]大同本将两处"所事义"均改为"所谓义"。[10] 再如"独为相为益,而君莅乎上,民奉乎下",大同本修改作"独名之所系,则君莅乎上,民奉乎下";[11]"然后自利害人之心无由生矣",[12]大同本将"自利害人"改为"利己害人"。[13]这些改动,在不改变原文意思的情况下,均更符合汉语的用语习惯。此类修改,是全书中最常见的。

(2) 有关文句的修饰改动。如中江译解本"而帝云王云,不上仅仅数十百",[14]大同译书局本修改作"而阅古帝王,眇乎不上数十百";[15]又如中江译解本称史传由李士之僚甲乙等数人,"淫纵久成昏愚,而意气扬扬甚自得",[16]大同本修改作"沉缅好色,积成昏愚,而意气扬扬,犹甚自得",[17]

---

[1] 《民约译解》,东京佛学塾明治十五年(1882)版,第 18 页。
[2] 《民约通义》,上海大同译书局 1898 年石印本,第 7、8 页。
[3] 《民约译解》,东京佛学塾明治十五年(1882)版,第 9 页。
[4] 《民约通义》,上海大同译书局 1898 年石印本,第 4 页。
[5] 《民约译解》,东京佛学塾明治十五年(1882)版,第 13 页。
[6] 《民约通义》,上海大同译书局 1898 年石印本,第 6 页。
[7] 《民约译解》,东京佛学塾明治十五年(1882)版,第 14 页。
[8] 《民约通义》,上海大同译书局 1898 年石印本,第 6 页。
[9] 《民约译解》,东京佛学塾明治十五年(1882)版,第 16 页。
[10] 《民约通义》,上海大同译书局 1898 年石印本,第 7 页。
[11] 《民约通义》,上海大同译书局 1898 年石印本,第 4 页。
[12] 《民约译解》,东京佛学塾明治十五年(1882)版,第 35、36 页。
[13] 《民约通义》,上海大同译书局 1898 年石印本,第 14 页。
[14] 《民约译解》,东京佛学塾明治十五年(1882)版,第 10 页。
[15] 《民约通义》,上海大同译书局 1898 年石印本,第 4 页。
[16] 《民约译解》,东京佛学塾明治十五年(1882)版,第 10 页。
[17] 《民约通义》,上海大同译书局 1898 年石印本,第 5 页。

使文字更为工丽整齐。在修改中,既有增补文字,使文辞更符合中文表达习惯的。如中江译解本"不知自克修者",[1]大同本改为"不知自克修省者";[2]"不得复有侵",[3]大同本改作"不得复有侵夺";[4]"非大有变其生计",[5]大同本改为"非大有爱力变其生计"。[6] 也有删去不必要的语词或虚词,使文字更为简洁通顺的。如中江译解本"若有未有土地之前",[7]大同本删去"有"字,作"若未有土地之前";[8]"所变更极大……绝无自检饬",[9]大同本修改为"所变更大……绝无检饬"。[10] 以上此类修改,属于润色修饰性的改动,既不损害原意,也使文字更具可读性。

（3）在语法表达上的改动。有些因日、中两国在汉语表达习惯上或用词不同,故需作一些必要的改动,从而将较生硬的日式汉语改为中国惯用的汉语用法。如第四章中,中江译解本"且纵战胜得杀敌,而无宥在其敌人……不如夺其自由之为愈也",[11]大同本修改为"且纵战胜敌,而无宥其在敌人……不如夺其自由权之为愈也"。[12] 再如"由是约,吾专享之利,汝专当之害。又曰：吾便是约间,我固当守之……"一段,[13]中江译解本文字比较别扭,大同本改为"由是约,利之所在,吾专享之,害之所在,汝专受之。又曰：吾之所约,我固当守之……"[14]文句就顺畅多了。"若见人之无为守,若人之未下手",[15]大同本修改为"若见人之无所守,若之未下手"。[16] 也有稍微颠倒更动词序,以符合汉语习惯用法的。诸如"无复别

---

〔1〕《民约译解》,东京佛学塾明治十五年(1882)版,第48页。
〔2〕《民约通义》,上海大同译书局1898年石印本,第19页。
〔3〕《民约译解》,东京佛学塾明治十五年(1882)版,第57页。
〔4〕《民约通义》,上海大同译书局1898年石印本,第22页。
〔5〕《民约译解》,东京佛学塾明治十五年(1882)版,第32页。
〔6〕《民约通义》,上海大同译书局1898年石印本,第13页。
〔7〕《民约译解》,东京佛学塾明治十五年(1882)版,第54、55页。
〔8〕《民约通义》,上海大同译书局1898年石印本,第21页。
〔9〕《民约译解》,东京佛学塾明治十五年(1882)版,第44页。
〔10〕《民约通义》,上海大同译书局1898年石印本,第18页。
〔11〕《民约译解》,东京佛学塾明治十五年(1882)版,第28页。
〔12〕《民约通义》,上海大同译书局1898年石印本,第11页。
〔13〕《民约译解》,东京佛学塾明治十五年(1882)版,第29页。
〔14〕《民约通义》,上海大同译书局1898年石印本,第12页。
〔15〕《民约译解》,东京佛学塾明治十五年(1882)版,第47页。
〔16〕《民约通义》,上海大同译书局1898年石印本,第19页。

法可求",大同本改为"复无别法可求";〔1〕"何由得有变更乎权?"改为"何由得有变更权乎?"〔2〕等等。一般而言,此类改动更符合汉语的表达习惯。

这方面的例子,还有如第六章中,中江译解本"君也者,众相合所成,常常而一职,不可得而分别",〔3〕大同本将后两句改为"常守其职,不可得而分别";〔4〕"若约割与君权,约别有所奉戴为君之类",〔5〕大同本修改为"若显悖君权,别有所奉戴为君之类"。〔6〕 其他如"是故欲防民约之或坠空文,必当有一项插在其中",〔7〕大同本后一句改为"必当有一术寓乎其中";〔8〕"欲为其主,大有广版图",〔9〕大同本修改为"欲为其主,大有恢广版图之志"。〔10〕 两相比较,修改后的文字,在汉语表述上显然更为明白流畅。

(4)意义上有所改变的修正。值得指出的是,其文本中也有修改较大,甚至改变原文意义的情况,这方面需要稍作一些分析。如第二章谈到人类起源问题,中江译解本作:

> 若以家世,则天下人类,孰不自亚当、诺暄而出者?虽乃余之微贱,亦忝为二帝之裔……亦未必非二帝宗家之裔也。且亚当之为帝,属开辟之初,天下无所谓民者。〔11〕

大同译书局本修改作:

> 若以家世,则天下人类,孰不自父天母地而生者,虽乃余之微贱,亦为

---

〔1〕 分别见《民约译解》,东京佛学塾明治十五年(1882)版,第 19 页;《民约通义》,上海大同译书局 1898 年石印本,第 8 页。
〔2〕 分别见《民约译解》,东京佛学塾明治十五年(1882)版,第 51 页;《民约通义》,上海大同译书局 1898 年石印本,第 20 页。
〔3〕 《民约译解》,东京佛学塾明治十五年(1882)版,第 39、40 页。
〔4〕 《民约通义》,上海大同译书局 1898 年石印本,第 16 页。
〔5〕 《民约译解》,东京佛学塾明治十五年(1882)版,第 40、41 页。
〔6〕 《民约通义》,上海大同译书局 1898 年石印本,第 16 页。
〔7〕 《民约译解》,东京佛学塾明治十五年(1882)版,第 43 页。
〔8〕 《民约通义》,上海大同译书局 1898 年石印本,第 17 页。
〔9〕 《民约译解》,东京佛学塾明治十五年(1882)版,第 52、53 页。
〔10〕 《民约通义》,上海大同译书局 1898 年石印本,第 21 页。
〔11〕 《民约译解》,东京佛学塾明治十五年(1882)版,第 14 页。

天帝遗裔……亦未必非天帝宗家之裔也。且开辟之始,而噩噩,而盯盯,天下无所谓民者。[1]

将文中"亚当、诺暨而出者",修改为"父天母地而生者";"亦忝为二帝之裔",修改为"亦为天帝遗裔";"二帝宗家之裔",修改为"天帝宗家之裔";"且亚当之为帝,属开辟之初,天下无所谓民者",修改为"且开辟之始,而噩噩,而盯盯,天下无所谓民者"。由此段而言,原本讲述了亚当、诺亚这西方基督教的人类起源说,而修改本中则删去了亚当、诺亚的名字,采用了中国古代人类起源于开天辟地的说法,从而去掉了其中宗教色彩的成分,以符合中国传统的观念。

兹再举几例。如第二章《家族》开头"人之相聚为党"一段,中江译解本称:"然子之统属于父,独在婴孩不能自存之候而已。及其年长,不复须属于父,而天然之羁纽解矣。于是为父者,不必为子操作,而为子者亦不必承受于父,而各得以自守,此自然之理也。"[2]阐述了子女在成人之前对父亲的人身依附关系,而随着子女年长成人,就不必再隶属于父亲,其"天然之羁纽"即自然的亲情联系就消解了。大同译书局本则修改为:"然子之仰食于父,独在婴孩不能自存之候而已。及其年长,三明以镬之,百艺以磨之,则膂力之余,还当自养矣。于是为父者,不必婴视其子,为子者亦不容待食于父,而各得以自守,此自然之理也。"[3]认为就父子关系而言,父亲对子女的责任包括了抚养和教育两方面,子女成年后有"自养"即自食其力的义务,父亲与子女乃各有所守持,这是合乎自然的道理。由此,两者对父权的态度,强调的重点就显示出有所不同。再如,此下中江译解本又讲到:"且夫父子之所以各自守而不相羁属者……既自主矣,虽父之尊,无得而制也。"[4]大同本则修改作:"且夫父子之所以各自守而不容偏爱者……既自主矣,虽父子之亲,亦不能自恃也。"[5]同样表明了在此问题上两者不同的偏向。

上述几例有关基督教人类起源说和父权说的修改,显然不单纯是一般

[1]《民约通义》,上海大同译书局 1898 年石印本,第 6 页。
[2]《民约译解》,东京佛学塾明治十五年(1882)版,第 7、8 页。
[3]《民约通义》,上海大同译书局 1898 年石印本,第 3 页。
[4]《民约译解》,东京佛学塾明治十五年(1882)版,第 8 页。
[5]《民约通义》,上海大同译书局 1898 年石印本,第 4 页。

文字上的修改,而是他们认为中江译解本的某些内容不合适或在接受上有障碍,故有必要改动原本中的相关文辞,以适应其思想框架中的固有观念。这就在某种程度上偏离了原书,改变了原文表达的涵义,而此种改变无疑是其有意为之的。不过,这样的例子在全书中并不多见。

综上所说,上述第(1)(2)(3)类改动形式,为简单的将《民约译解》使用的一些词汇,改为中国较为常用的词汇,或是文法上的改动,将日本汉语改为中国汉语的习惯用法,使该书较为适合中国人的阅读习惯,可以说是为适应性而采取本土化的一种做法,此种修正自无可厚非。至于第(4)种改动形式,显示大同译书局的翻印者有意为之,意识到其间的异同而作了更改,从而在一定程度上改变了原文的涵义。虽说这样的例子在全书中并不多见,但也值得引起我们注意分析。

通过以上文本的对照,可知大同译书局在出版《民约通义》时,主要还是做了一些文字修缮工作,[1]就总体而论,它基本上采用了中江《民约译解》的译文和解说。虽说在一些个别的文字上有所调整、改换和修订,呈现出为适应本土化的一些痕迹,但大体上还是忠实于原著,与中江《民约译解》译文相一致,并无对中江译文进行改造、修正的意图。换言之,可以说它基本传达了卢梭《民约论》中江译解本的原旨与内容。

这里还有必要解释一下有关句式改变的问题。大同译书局本对中江《民约译解》的改动,岛田虔次和狭间直树还谈到有关句式改变的一例。如岛田特别提到,在第二章《家族》中"解"的一段,有如下文字:

> 故若由事实而言之,为民父母而肆威虐者有;为国宰相而恣贪冒者有;为父而不慈者、为子而不孝者、行诈者、为盗者,天下何不有?[2]

---

[1] 对照中江《民约译解》原本,大同译书局本也有个别应改而漏改的情况。如第五章中,中江译解本"是知其议立王之前,更有一事咸皆同意所定者⋯⋯曰相共约建邦是也",它在全书前面的《目录》后空页附有"正误"表,指出卅一页十行:"其民误,议上脱之字。"故此首句当改正为"是知民之立王之前"。大同本修改为"是知其议立王之前,更有一事咸为同意所定者⋯⋯曰相约建邦是也"。首句并未据"正误"表改正原文之误,此后上图本仍承此误而未改。分别见《民约译解》,东京佛学塾明治十五年(1882)版,第31、32页;《民约通义》,上海大同译书局1898年石印本,第12页;上海图书馆藏铅印本,第12页。
[2] 《民约译解》,东京佛学塾明治十五年(1882)版,第10页。

他曾请吉川幸次郎先生判定,吉川认为这是仿先秦文体的汉文,实为精彩文章。指出这样将"有"字置于句末的破格文法,有其精采之处。但兆民的这一番苦心不为人们所理解。而上图本《民约通义》改其断句,变为:

> 故若由事实而言之,有为民父母而肆威虐者;有为国宰相而恣贪冒者;有为父而不慈者……天下何不有?[1]

将此段文字改为最普通的"有"的用法(有××),而且这样断句,使文中差一个"有"字,故于文首补入一有字。此后 1910 年《民报》第 26 号上刊载的中江兆民《民约论译解》也有同样的情形。[2] 岛田认为,要是汉代以后的汉语,这样的语法的确比较通顺,然而,这样一改,却使兆民的一片苦心白费了。[3]

应当说,岛田这里的比对分析是很细致入微,但值得提出的是,在新发现的大同译书局本中,此段文字却与中江译解本完全一致,并没有改其断句,而是仍将"有"字置于句末。[4] 因此,大同译书局本在翻印过程中,其实还是遵从了中江汉译本《民约译解》,并无擅改句式的问题。至于此处句式的改变,则是在此后上图翻印本及《民报》刊载时所作出的改动,这也是应予指出的。

(二)上图本的第二次改动

如前所论,上图本系据大同译书局本而来,经比对两种文本,可以说上图本基本上是按照大同译书局本翻印的,但在此基础上,它在文字上也作了一些技术性的新的改动。有关这方面更改,这里也略作一些论述,以明瞭上图本第二次修改的情况。大体上说,其具体修改约包括以下几项:

(1)有关人名、地名的修改。如前所说,序言部分大同译书局本"如娄

---

〔1〕《民约通义》,上海图书馆藏铅印本,第 4 页。

〔2〕《民报》所载中江兆民《民约论译解》改为:"故若由事实而言之,为民父母而肆威虐者有之;有国大臣而恣贪冒者有之;为父而不慈者……莫不有之。"见《民报》1910 年第 26 号。

〔3〕(日)岛田虔次著,贺跃夫译:《中江兆民著译作在中国的传播》,《中山大学学报论丛》1992 年第 5 期;狭间直树:《中江兆民〈民约译解〉的历史意义——"近代东亚文明圈"形成史之思想篇》,狭间直树、石川祯浩主编,袁广泉等译:《近代东亚翻译概念的发生与传播》,第 19 页。

〔4〕《民约通义》,上海大同译书局 1898 年石印本,第 4 页。

骚《民约》一书是已",上图本将"娄骚"改为较通行的"卢骚"。在正文中也是如此。如将《绪言》中"娄骚"、"法朗西",分别改作了"卢骚"、"法兰西",[1]此后在全书中均采用了统一的译名。第五章中"勉杂母论用,而娄骚论体;勉杂母论末,而娄骚论本;勉杂母单论利,而娄骚并论义,其有不合也固宜"一段,[2]文中的"娄骚"均统改作"卢骚"。[3] 再如第二章,大同译书局本"罗马帝之言,与遏必、亘鲁士同旨。盖希腊阿李士德,先三人者有言曰……",[4]上图本将其中人名"遏必"(即霍布斯)、"阿李士德"(即亚里士多德)分别改为"霍必"、"阿里士德",[5]在全书中均作了统一。第九章中,"昔者是班人钮熟斯航至弥利坚南部","近世法朗西、是班牙、英吉利诸国"云云,[6]上图本分别改作"西班人"、"法兰西、西班牙"。[7] 诸如此类,均作了整齐划一,目的则是为了以通行的译名统一全书。

(2) 对大同本文句的若干增删。删改之例,如第二章中,"而邦国斯立矣。此言殊似近理,独奈父之于子……出乎至情,益故可得也",[8]上图本修改作"而邦国立矣。此言殊似近理,独父之于子……出乎至情,故益也"。[9] 删去了句中"斯"、"奈"两字,又将"益故可得也"改为"故益也"。再如大同本"及其年长,三明以鑰之,百艺以磨之,则膂力之余,还当自养矣",[10]后二句上图本删作"则力当自养矣"。[11] 第五章"今纵舍此,特就事实而征焉",[12]上图本改作"今特就事实而征焉"。[13] 第九章"然亦必须保有之,然后方始见效矣",[14]上图本将后一句改作"方始见效"。[15]

---

[1] 分别见上海大同译书局 1898 年石印本,第 1 页;上海图书馆藏铅印本,第 1 页。

[2] 《民约通义》,上海大同译书局 1898 年石印本,第 14 页。

[3] 《民约通义》,上海图书馆藏铅印本,第 13 页。

[4] 《民约译解》,东京佛学塾明治十五年(1882)版,第 11 页。

[5] 《民约通义》,上海图书馆藏铅印本,第 4 页。

[6] 《民约通义》,上海大同译书局 1898 年石印本,第 21 页。

[7] 《民约通义》,上海图书馆藏铅印本,第 20 页。

[8] 《民约通义》,上海大同译书局 1898 年石印本,第 4 页。

[9] 《民约通义》,上海图书馆藏铅印本,第 3 页。

[10] 《民约通义》,上海大同译书局 1898 年石印本,第 3 页。

[11] 《民约通义》,上海图书馆藏铅印本,第 3 页。

[12] 《民约通义》,上海大同译书局 1898 年石印本,第 12 页。

[13] 《民约通义》,上海图书馆藏铅印本,第 11 页。

[14] 《民约通义》,上海大同译书局 1898 年石印本,第 20 页。

[15] 《民约通义》,上海图书馆藏铅印本,第 18、19 页。

此类均在文字上有所精简。增字之例,如大同本第四章"斯约也,毋论其两人相与,或君民相与",〔1〕上图本后二句修改作"毋论其两人相与约,或君民相与约",〔2〕增加了两处"约"字,使意思表达得更为清楚。

一般而言,此类增删并无损原意,其功用也仅是为了简洁文字或使文意更为明晰。应当说,就全书而言,其中句子改动稍大的并不多见,如第五章中,大同本"与其论民之所以奉于君也,不若先论邦之所由以建也",〔3〕后一句上图本修改为"不若论民之共约而建邦也";〔4〕第七章"是故欲防民约之或坠空文,必当有一术寓乎其中",〔5〕上图本后句修改作"必当为之法令于其中"。〔6〕已经是改动较大不多的几例了。

(3)个别文字与语序的调整。上图本较多的则是个别文字的调整,包括诸如"而"、"乎"之类虚词的删改。如大同译书局本"而我从奉之君之,就听命焉",〔7〕上图本改作"而我从而奉之君之,且听命焉"。〔8〕"非不易之理也",〔9〕上图本改作"弗不易之理也";〔10〕"先人之未下功而行之",〔11〕将后句改作"先人之未下手而行之";〔12〕"若之未下手",〔13〕改作"或未下手"。〔14〕虚词类之删改,如大同译书局本"往往乎外为强臣之所胁","无乎所失而有乎所得矣",〔15〕上图本分别删去前一句中的"乎"字与后一句两个"乎"字;〔16〕又如,"夫既得以正乎名,又得以增乎力",上图本

〔1〕 《民约通义》,上海大同译书局 1898 年石印本,第 12 页。
〔2〕 《民约通义》,上海图书馆藏铅印本,第 11 页。
〔3〕 《民约通义》,上海大同译书局 1898 年石印本,第 12 页。
〔4〕 《民约通义》,上海图书馆藏铅印本,第 12 页。
〔5〕 《民约通义》,上海大同译书局 1898 年石印本,第 17 页。
〔6〕 《民约通义》,上海图书馆藏铅印本,第 16 页。
〔7〕 《民约译解》,东京佛学塾明治十五年(1882)版,第 2、3 页;上海大同译书局 1898 年石印本,第 2、3 页。
〔8〕 《民约通义》,上海图书馆藏铅印本,第 2 页。
〔9〕 《民约通义》,上海大同译书局 1898 年石印本,第 4 页。
〔10〕 《民约通义》,上海图书馆藏铅印本,第 4 页。
〔11〕 《民约通义》,上海大同译书局 1898 年石印本,第 19 页。
〔12〕 《民约通义》,上海图书馆藏铅印本,第 17 页。
〔13〕 《民约通义》,上海大同译书局 1898 年石印本,第 19 页。
〔14〕 《民约通义》,上海图书馆藏铅印本,第 17 页。
〔15〕 《民约通义》,上海大同译书局 1898 年石印本,第 2、15 页。
〔16〕 《民约通义》,上海图书馆藏铅印本,第 2、14 页。

修改作"夫既得正其名,又得增其力"。[1] 其他如"则彼之与我相为敌",上图本作"则彼之与我为敌";[2]"其享利于君虽洒大",改作"其享利于君虽大",[3]等等。再如"天为奴隶者哉",上图本作"天而为奴隶者哉",[4]增加一"而"字,使读起来语气更为舒缓。

同时,为使句子阅读起来更顺,上图本还对一些语序作了颠倒调整。如大同译书局本"皆己专所有",上图本改作"皆己所专有";[5]"请得比而较之",改作"请得而比较之"。[6] 这些改动,均更符合中国人的阅读习惯。此外,还有更动个别语词,使其口语化的例子。如大同译书局本"其三子分处亚细亚、阿非利加、欧罗巴,实为黄、黑、皙三族类之祖",[7]后一句上图本修改作"黄、黑、白三族",[8]用"白"字比"皙"字更为通俗易懂和口语化。

除此之外,上图本还有极个别句式改变的情况。如前岛田所指出的第二章《家族》中有关句式改变的一例,即将原"有"字置于句末修改为置于句前,此不赘述。不过,这一改动,虽说改变了中江兆民仿先秦文体的汉译,但从实际效果而言,在语法上确实比较通顺,也更符合当时国人的阅读习惯,便于接受其句式,故上图本的此处改动并非无故,有其合理性的一面。

综上而言,上图本作为大同译书局本的翻印本,基本上遵照了大同译书局的文本,又在文字上作了一些新的修改和更动,但改动不多,主要是一些文字、语序等技术性方面的修改。因此,上图本虽说是大同译书局本的翻印本,甚至是盗版本,但它在 20 世纪初以铅印本的形式出版,无疑也是其中一个重要的版本,在卢梭《民约论》在近代中国早期传播方面,还是起了十分重要的作用。

六、余论:康梁维新派与《民约论》

大同译书局本《民约通义》的新发现,不仅确证了大同译书局本的实际

---

[1] 分别见上海大同译书局 1898 年石印本,第 20 页;上海图书馆藏铅印本,第 18 页。
[2] 分别见上海大同译书局 1898 年石印本,第 11 页;上海图书馆藏铅印本,第 10、11 页。
[3] 分别见上海大同译书局 1898 年石印本,第 17 页;上海图书馆藏铅印本,第 15 页。
[4] 分别见上海大同译书局 1898 年石印本,第 5 页;上海图书馆藏铅印本,第 4、5 页。
[5] 分别见上海大同译书局 1898 年石印本,第 17 页;上海图书馆藏铅印本,第 16 页。
[6] 分别见上海大同译书局 1898 年石印本,第 19 页;上海图书馆藏铅印本,第 17 页。
[7] 《民约通义》,上海大同译书局 1898 年石印本,第 6 页。
[8] 《民约通义》,上海图书馆藏铅印本,第 5 页。

存在,更为重要的是揭示了康梁维新派与卢梭《民约论》之间的关联。之前有一种观点认为,在戊戌变法时期,康有为、梁启超均未提到或引用过《民约通义》,[1]因此,这一时期康梁维新派的"民权说"与卢梭的《民约论》似乎并没有多少联系,只是在戊戌政变后,他们流亡日本,在1901、1902年间,梁启超才接触、宣传卢梭及其《民约论》学说。不过,如前所述,从1898年大同译书局出版《民约通义》一事来看,康梁维新派显然是完全知道中江兆民《民约译解》及其翻印本《民约通义》的。这就直接关涉到中国近代思想史上一个极为重要的问题,即康梁维新派是不是受到卢梭《民约论》思想的影响,以及其与卢梭《民约论》的相互关系问题。因此,有必要重新审视两者之间的关系。

大同译书局是康梁维新派在上海创办的专门译书机构。光绪二十三年秋冬(九、十月间),由梁启超等人集股创办,当时筹资银五六千两,而由康有为之弟康广仁担任经理。其地点在上海大马路泥城桥西首,并在四马路中西药房对面设有分局。在戊戌变法时期,译书是康梁维新派的一个重要目标。1895年,在由康有为起草的《上海强学会章程》中,即提出"欲令天下士人皆通西学,莫若译成中文之书",称该会所办"最要者四事",第一就是"译印图书",[2]把译书作为最为重要的会务。梁启超在所撰《变法通议》中,也大力鼓吹翻译西书的重要性。在他们看来,由于语言与文化相近,通过日文翻译来学习西方知识更为便捷容易,因此主张多译日本的西学之书,以为维新变法服务。

光绪二十三年九月,梁氏在《时务报》上发表《大同译书局叙例》说:"译书真今日之急图哉!……故及今不速译书,则所谓变法者,尽成空言,而国家将不能收一法之效。"但是若以此事望之官局,仍是"万不备一",于

[1] 如狭间直树指出:"令人不可思议的是,梁启超从未提到《民约通义》。"韩国学者闵斗基也认为,康有为以及梁启超在这段时间都未曾引用《民约通义》,虽然这个版本刊行于戊戌年春。见(日)狭间直树:《中江兆民〈民约译解〉的历史意义——"近代东亚文明圈"形成史之思想篇》,狭间直树、石川祯浩主编,袁广泉等译:《近代东亚翻译概念的发生与传播》,第51页;(韩)闵斗基(Tu-ki Min):*Late Ch'ing Reformists and Rousseau: Min-Ch'uan versus Popular Sovereignty*(《清季变法派之民权论与卢梭之〈民约论〉》),《清华学报》(台湾新竹)1985年第17卷第1、2期合刊。
[2] 康有为:《上海强学会章程》,姜义华、张荣华编校:《康有为全集》(2),中国人民大学出版社2007年版,第93页。

是他们"联合同志,创为此局。以东文为主,而辅以西文,以政学为主,而次以艺学"。梁启超指出,该译书局成立的主要任务,就是"首译各国变法之事,及将变未变之际一切情形之书,以备今日取法"。又具体规定,译学堂各种课本,以便诵读;译宪法书,以明立国之本;译章程书,以资办事之用;译商务书,以兴中国商学、挽回利权。至于农书、医书、兵书等,则有农学会、医学会等或各省官局专译办理,"故暂缓焉"。〔1〕

在大同译书局成立之后,除刊印康有为、麦孟华、梁启超等人的著作外,又刻印了诸如《大东合邦新义》《意大利兴国侠士传》《日本变法由游侠义愤考》《瑞士变政记》《俄土战纪》等译著,包括中江兆民的《民约译解》,并将其改名为《民约通义》。

虽说有关康梁一派如何得到中江《民约译解》文本的来源与途径,现已不能确知。据现有的资料,在维新派中最早读到日译卢梭《民约论》的,应是光绪初 1877—1882 年间曾任驻日使馆参赞的黄遵宪。他后来在给梁启超的信中便谈到:"明治十二三年时,民权之说极盛,初闻颇惊怪,既而取卢梭、孟德斯鸠之说读之,心志为之一变,以谓太平世必在民主,然无一人可与言也。"〔2〕描述了他初到日本时读到卢梭《民约论》的感受。不过,黄遵宪于 1882 年 3 月 7 日离日,据有关记载,中江兆民的汉译本《民约译解》,此书自 1882 年 3 月起在《政治丛谈》杂志分 26 期连载,10 月才在日本出版,因此,他所读的并非是中江《民约译解》,而可能是中江兆民 1874 年以日文译的《民约论》初译本,或服部德 1877 年 12 月翻译出版的《民约论》译本。诚然,后来他在与康梁维新派的交往中,很有可能会谈起卢梭的《民约论》,也可能会注意到中江汉译本的《民约译解》,不过,并无证据表明黄遵宪提供了有关中江《民约译解》的文本。

我们知道,康有为在《日本书目志》卷五"政治门"中,最早著录了原田潜《民约论》的日译本:"民约论覆义,一册,原田潜译,三角五分。"〔3〕不过,这仅是著录书目,事实上康有为未必读过此书,但可说明其应知卢梭

---

〔1〕 梁启超:《大同译书局叙例》,《时务报》光绪二十三年九月二十日(1897 年 10 月 16 日);又见《饮冰室合集》文集之二,第 57、58 页。

〔2〕 黄遵宪:《饮冰室师友论学笺 东海公来简 壬寅五月》,《新民丛报》1902 年第 13 期。

〔3〕 书中称"右政治杂书五十一种"。康有为《日本书目志》卷五,姜义华、张荣华编校:《康有为全集》(3),第 751 页。

《民约论》之名。至于他们如何得到中江汉译《民约译解》此书的来源、途径,既可能是出于《时务报》聘请的专任日文翻译如古城贞吉等,经由他们介绍或访求而来。另一种可能是,大同译书局直接派出人员至日本采访收书得来。据丁文江、赵丰田编《梁启超年谱长编》记载:1897 年大同译书局在上海创设,梁启超即"托其友韩云台往日本调查采访应译之书,并请深通汉文之日人襄助译事。云台亦《时务报》社员也"。[1] 韩云台(昙)为韩文举之弟,广东番禺人。两韩兄弟曾在广州万木草堂读书,均为早期康门弟子。韩云台既是《时务报》社员,又参与大同译书局的工作,据上引他曾往日本帮书局调查采访"应译之书",日文书籍由此得来,中江的《民约译解》作为其中之一,也是很有可能的。

关于大同译书局如何筹划出版《民约通义》,由于相关资料的阙失,现尚无法说明其计划具体实施及出版的经过。这里想对为《民约通义》作序的"东莞咽血咙胡子"先稍作一些分析。

关于作序的"东莞咽血咙胡子",虽然我们至今尚不清楚其是谁,但对作者的这一化名仍可作一推测和分析。按咙胡即喉咙,《后汉书·五行志一》记载,桓帝之初,天下童谣曰:"吏买马,君具车,请为诸君鼓咙胡。"史称:"鼓咙胡者,不敢公言,私咽语也。"[2] 谓有话要说而咽在喉咙口,不敢说出来。作者取名"咽血咙胡子",意思是指犹如骨鲠在喉,只能把血咽在喉咙。

结合其所作序言来看,序中首先写道:"孔圣因民之义,子舆民贵之说,莫不平等阴阳,一体民物。"指出中国孔孟儒家原本倡导"因民"、"民贵"学说,主张平等之义,而在之后,"祖龙煽威,妖氛蔽日,计臣瘤犬马,黔首膺鱼肉",自从秦始皇以后,便开始了专制主义威权的统治,鱼肉人民。晋唐以降,迄无宁宇,"外侵内讧,势逾冰炭,血走魂殍,骷髅起舞"。作者沉痛地写道:"忍哉祖龙乎,忍哉恶祖龙者而复步祖龙之前辙也。惨哉中国乎,惨哉笑中国者而复鞏中国之顽态也。"在最后结尾中称道:"余读其书(娄骚《民约论》),想见其为人,月凉风萧,犹低徊展卷而不能已。……余亦岂忍觍然

---

[1] 丁文江、赵丰田编:《梁启超年谱长编》,上海人民出版社 1983 年版,第 71 页。

[2] 《后汉书·五行志一》,中华书局 1982 年版,第 3281 页。咙胡也作"咙胡",即胡咙,顾炎武《日知录》卷三二"胡咙"条说:"古人读侯为胡。《息夫躬传》师古曰:'咽,喉咙。即今人言胡咙耳。'"顾炎武著,黄汝成集释:《日知录集释》,栾保群、吕宗力校点,上海古籍出版社 2006 年版,第 1845 页。

阿世,以悖吾孔圣因民之微意哉!"〔1〕可以想见其在戊戌变法前夕阅读卢梭《民约论》所激发起的愤激之情。他在序文中慷慨激昂,激烈地批判了中国的君主专制制度,对从秦始皇以来人民的痛苦表示深切的同情,可以说是一篇讨伐君主专制的檄文。由序言来看,他显然是一位思想相当激进的维新派人士。

就地域而论,表明他是广东东莞人。事实上,在上海大同译书局中,有不少广东地方人氏,有的还直接与东莞有关。如1893、1894年间,梁启超与韩云台(昙)曾在东莞讲学,因此在当地有不少追随者。康门早期弟子中,如王觉任、叶湘南、张伯桢等,均是广东东莞人,康有为万木草堂的学生。再如书局出版的《大东合邦新义》,即由日本"森本藤吉述,东莞陈高第霞骞校定",陈氏为东莞人,也是梁启超的门生,曾参与大同译书局的工作。

从大同译书局出版的书籍来看,除康有为、麦孟华、梁启超等人的著作外,就为数不多的译著而言,《日本变法由游侠义愤考》由康有为女儿康同薇译纂,前有康氏所撰之序;《大东合邦新义》《俄土战纪》《意大利兴国侠士传》三种译作,前均有梁启超所作的序。《大东合邦新义》由东莞陈高第校定;《瑞士变政记》由"新会赵秀伟芹甫笔译",赵还是梁启超的"舍亲";〔2〕《俄土战纪》译者汤叡,还译有《英人强卖鸦片记》,题"番禺汤叡顿觉笔译",三人都是康有为的弟子。《地球十五大战纪》的译者赖鸿翰,字仲渊,广东归善人。由此来看,这些译著的作者、校定者,他们多是广东地方人,均与康、梁有密切关系。而担当译著写序任务的,则多由康、梁亲自出马,或由其弟子等执笔,或请人撰写。另,书局出版的著作,如麦孟华辑《皇朝经世文新编》和徐勤《春秋中国夷狄辨》的序言,也是由梁启超撰写的。

这就充分显示出书局对写序的重视。由上述情况分析,为《民约通义》写序的"东莞咽血咙哃子",他既是广东东莞人,也应是康、梁在东莞地方的追随者,与维新派有甚密的关系,又与大同译书局相关联,否则也不会选他来为该书重新作序。至于他在写序时之所以用了一个化名,则是因其序中所说言论过于激进,故不得不有所忌讳而隐去真名的缘故。就此而言,虽

---

〔1〕 东莞咽血咙哃子:《民约通义序》,《民约通义》,上海大同译书局1898年石印本,第1页。

〔2〕 梁启超:《致汪康年》(21),上海图书馆编:《汪康年师友书札》(2),上海古籍出版社1989年版,第1847页。

说现已难以知晓他的真实姓名、身份,但他应该是一位与康梁维新派有甚密关系的人物,大概无多少疑义。

《民约通义》是由梁启超主持的大同译书局翻刊的,书局的经理人为康广仁,此书与康梁维新派的关系自不言而喻。不过,或许还有这样一个疑问需要解答,在书局创办不久,光绪二十三年(1897)十月,梁氏即赴湖南主持长沙时务学堂,直至次年二月离开,在那里约四个多月。二月他因病赴沪医治,三月病愈,再由上海起程赴京参加北京的举人考试。那么,梁启超等是否与《民约通义》的出版相关联,或有时间关注到《民约通义》的出版事项呢? 这方面的情况也需要作一分析交代。

笔者认为,现虽无直接的资料说明梁启超参与《民约通义》的出版事务,但从一些现象分析来看,还是有迹可寻的。首先,《民约通义》出版于1898年6、7月间,"东莞咽血咙唦子"的序写于"戊戌春",书局出版的译著后附《大同译书局各种书目》并列有其书,故书局规划筹备此书出版则还要更早些,说明在此年三月之前即有此规划,已确定要出版此书。一般而言,一种书籍的出版,由筹划选题到正式落实刊印,总是需要一段酝酿、实施的时间。从实际操作层面说,中江汉译《民约译解》文本的获得,及找人写序须提前物色合适的人选,均需作出必要的安排。何况如前所说,《民约通义》在刊印前,还要对中江《民约译解》的原文作不少适应性的修订,此项工作自然也需要一定的时间。因此,筹划此书出版应有一前期准备和具体落实的过程,其时间或更早至书局创办后的1897年冬或1898年初春。故在梁启超未赴湖南长沙之前,他们可能已有所商量,或梁氏在长沙时,也可以通信往来的方式互相通报,商榷此事。

其次,虽说我们现已无法确切知道究竟是谁负责重印了中江的汉译本,并将其命名为《民约通义》,但作为筹划中的大同译书局出版物的一种,显而易见,应是经过书局同人商量讨论、集体决定的。梁启超作为大同译书局主要创办人和主持者,和担任书局经理的康广仁,是书局的主要领导者,同时也是筹划具体出版事项的参与者和决策者。在书局刚创办时,梁启超便在《时务报》上发表了《大同译书局叙例》,为之宣传推广,此后他又一直关心书局相关论著的出版。不仅他自己编纂《中西学门径书七种》交由书局出版,且为书局出版的论著和译著写了不少序言。有些译著的出版,还是他亲自参与或直接组织译介出版的,而就译著的翻译、校订者来说,也多是受梁的嘱托而从事此类工作的。如《意大利兴国侠士传》,梁启超在序中称:"爰取《意大利兴国侠士传》译之,以告邦人,以验吾言焉。"〔1〕梁氏《大东合邦新义序》说:"余偶览群籍,摭撺《合邦新义》一书……爰属门人陈生霞骞,因其义,正其文,据缟素而增采绘焉。"〔2〕汤叡译《俄土战纪》,前有梁启超序称:"吾愿取汤君觉顿笔译俄土之事,悬诸国门,以为我四万万人告也。"〔3〕汤叡译《英人强卖鸦片记》,梁序也称:"汤君觉顿瞭于此义,爰取日人所志鸦片战者译成一书,夫亦曰度在身,稽在人,庶不至如国史之铺张扬厉云尔。"〔4〕可见这些译著均与梁启超甚有关系。就此而言,由他和康广仁来组织译刊《民约通义》一书自也是可能的。

书局成立不久,1897年11月梁启超赴湘就任长沙时务学堂总教习,临行前,他还特地致函汪康年,交代两件事,其中之一是要求《时务报》为大同译书局"将来印出各书"刊登"告白"。信中说:"译书局将来印出各书之事,拟常在报末登告白。本报前者曾有报新出各书之事,外间书犹且报,况在同舟共济者。度无不可,惟望勿嫌其琐碎烦渎耳。"到湘后,又一再嘱托说:"译局出书,如有须登告白之处,乞照登为盼","译书局若有出书告白交来,乞为代登报末。"〔5〕可见其对书局的事务,事无巨细,均有过问,且很认真,甚至对在报刊上刊登大同译书局的出版广告都十分关注。因此也可推测,此后《新闻报》《申报》等刊出的广告中有《民约通义》一书,对此他应是知情的。

即在长沙时务学堂期间,梁启超还不时关注着上海方面大同译书局的事务。如1897年十二月,他还为书局出版的译著《俄土战纪》写序,并在1898年正月《时务报》第51册上刊出。〔6〕次年一月梁氏罹病,二月赴沪医治,三月病愈,由上海起程赴京。据皮锡瑞《师伏堂日记》记载,此年二月

---

〔1〕 梁启超:《意大利兴国侠士传序》,《意大利兴国侠士传》,第1页。

〔2〕 梁启超《大东合邦新义序》,(日)森本藤吉述,陈高第校定:《大东合邦新义》,第1页。

〔3〕 梁启超:《俄土战纪序》,汤叡译:《俄土战纪》,上海大同译书局1898年刊本,第1页。

〔4〕 梁启超:《英人强卖鸦片记序》,汤叡译:《英人强卖鸦片记》,上海大同译书局1898年刊本,第2页。

〔5〕 梁启超:《致汪康年函》(25)(27)(44),上海图书馆编:《汪康年师友书札》(2),第1850、1851、1866页。

〔6〕 末署"丁酉十二月新会梁启超序"。梁启超:《俄土战纪叙》,汤叡译:《俄土战纪》,第1页。

十四日,"梁卓如已往沪,乃翁在沪,待彼入都"。可知梁启超在二月十四日前,已经离开长沙赴上海。到上海之后一段时间,三月十四日,《师伏堂日记》有"卓如初一由上海起程"的记载。[1] 也即在二月下旬至三月初,梁启超都在上海。在这段时间中,他还给书局所出的书籍写序,如《大东合邦新义》前有梁启超叙,末署"光绪二十四年春二月新会梁启超序";[2] 又如《意大利兴国侠士传》前有梁序,末署"戊戌二月新会梁启超序"。[3] 可知以上两篇梁序当作于他在沪期间,或在沪交由上海大同译书局出版。在此期间,他自然会关注到大同译书局的事务,康广仁等同人也会告诉他书局的相关事宜。

　　至于大同译书局的经理康广仁,他无疑也是应该知道《民约通义》出版一事的。作为掌管书局实际运营的经理,他负责具体落实书局的各项大小事务,包括大同译书局的广告在《新闻报》《申报》刊出等,均需经过其手处理。如为了打开发行渠道,他便多次写信给汪康年兄弟,要在《时务报》登载大同译书局的出书广告,由此还引起了两者间的冲突。在写给汪诒年的信中就说:"此告白交阁下已久。如有应与令兄商之处,似应早商。且昨晚见告白,始知未刻。"并称:"弟受卓如之托,不得不稍竭言语以相(请)诘耳。"在另一封信中又催促说:"敝局书已写,日间发刊报告刊出,书可成矣。若待成书乃刊,又去一月矣。书在必刻,似无甚不便之处。"[4] 经过交涉,后来《大同译书局书目》才在《时务报》第51册以另纸的形式"附送"。如梁启超《康广仁传》所说:"其所办之事,则在澳门创立《知新报》,发明民政之公理,在上海设译书局,译日本书以开民智。"又称:"以君久在大同译书局,谙练此事"云云。[5] 此年三月梁启超赴京,因梁氏生病,康广仁善医,他因此陪同梁赴北京,一路护理照料,后因戊戌政变而死难。虽说《民约通义》是在本年五月中旬正式出版的,其时他与梁启超均在北京,但筹备此书

〔1〕 皮锡瑞:《师伏堂日记》(第3册),国家图书馆出版社2009年版,第53、103页;又见《师伏堂未刊日记》,《湖南历史资料》1958年第4期。
〔2〕 梁启超:《大东合邦新义叙》,(日)森本藤吉述,陈高第校定:《大东合邦新义》,第1页。
〔3〕 梁启超:《意大利兴国侠士传序》,《意大利兴国侠士传》,第1页。
〔4〕 康广仁:《致汪诒年》(2)(3),上海图书馆编:《汪康年师友书札》(2),第1667、1668页。
〔5〕 梁启超:《康广仁传》,《清议报》1899年第6期;又见梁启超:《戊戌政变记》,《饮冰室合集》专集之一,第97、98页。

石印出版等事务,显然是他们在上海时就作了交代安排的。

再者,从《民约通义》所作的一些适应性修改来看,其中文字也与梁启超似甚有关联。如前举中江《民约译解》第二章开头有一段讲到家族问题:"然子之统属于父,独在婴孩不能自存之候而已。及其年长,不复须属于父,而天然之羁纽解矣。于是为父者,不必为子操作,而为子者亦不必承受于父,而各得以自守,此自然之理也。"[1]大同译书局本后几句修改为:"及其年长,三明以镭之,百艺以磨之,则膂力之余,还当自养矣。……此自然之理也。"[2]查其时梁启超在所撰写的《中西学门径书序》中说:智力强则学问开新有自来矣,"汶汶胚胎,生之质也,三明以镭之,六艺以游之,则其机动矣"。[3]其中"三明以镭之,百艺以磨之,则……",两者文字、句式相似,故其修改应与受到梁氏的影响有关。

此外,关于《民约通义》与康梁维新派的关系,还有一点颇值得注意。戊戌变法失败后,在康、梁流亡日本不久,1899年2月18日(光绪二十五年正月初九),日人宫崎寅藏在一封信中认为,只有极少数人想拥护皇帝继续改革,不可能以国内保皇党的力量来恢复帝位,因此康有为东山再起的希望,实在微乎其微。又称康有为在万木草堂时,"他的存在有如卢梭。他对他的门徒以理想来鼓吹的是美国的自由共和政体。他向其徒弟郑重推荐的书是中江笃介译的《民约论》《法国革命史》《美国独立史》和《万国公法》等等。他所以为理想的人物是美国的华盛顿,且时以有见识的吉田松阴自任。"[4]按宫崎寅藏即宫崎滔天,在戊戌变法前即结识康有为门弟子和孙中山革命一派。1898年10月戊戌政变发生后,康有为受英国保护先逃到香港,曾由宫崎与宇佐穗来彦陪同康氏一行乘船赴日。之后,他与康、梁和孙中山革命派均有甚密往来。宫崎信中称早在万木草堂时,康有为即向其弟子推荐中江笃介的《民约论》,在时间上或许未免提前稍早,但宫崎此信作于1899年的年初,此时距康、梁戊戌政变后流亡日本才几个月,信中所说

[1] 《民约译解》,东京佛学塾明治十五年(1882)版,第7、8页。
[2] 《民约通义》,上海大同译书局1898年石印本,第3页。
[3] 末署"孔子生二千四百四十九年,为光绪二十四年三月新会梁启超记"。梁启超:《中西学门径书序》,《中西学门径书七种》,第1页。
[4] 原文载(日)宫崎寅藏著,陈鹏仁译:《论中国革命与先烈》,台北黎明文化事业股份有限公司1979年版;转引自陈锡麟主编:《孙中山年谱长编》(上),中华书局1991年版,第177页;又见清华大学历史系编:《戊戌变法文献资料系日》,上海书店出版社1998年版,第1316页。

康有为在国内时即向其弟子"郑重推荐"中江笃介译的《民约论》一事,显然也从一个侧面反映出康梁维新派与《民约论》的联系。结合上述大同译书局出版《民约通义》一事,应该说亦是相吻合的。因此,他们推崇中江译介的卢梭《民约论》而由自己创办的大同译书局翻版刊印,也是顺理成章、符合其思想逻辑的。总之,如上所揭,无论如何,《民约通义》1898 年由大同译书局刊印出版这一事实本身,便最清楚不过地证明了其与康梁维新派的密切关系。

值得进一步深入探讨的是,在戊戌变法时期,康梁维新派之所以翻刊中江《民约译解》为《民约通义》的更为深层的原因,并进而考察维新派与卢梭《民约论》思想的脉络关联。这里有一个问题必须提出:一般说来,当时大同译书局出版的译著,大多是一些有关变法、时政、历史类的译著,而非思想理论性的译著。那么,为什么大同译书局要独独刊印卢梭《民约通义》这样一部纯思想理论性的译著呢? 其要义、动因又何在呢?

相比较而言,就书局出版的几部译著来说,无论是直接写变法改革政治的《瑞士变政记》,或论述意大利、日本维新志士的《意大利兴国侠士传》《日本变法由游侠义愤考》,还是写日本以"合邦"之名吞并韩国的《大东合邦新义》,叙述俄土战争历史教训的《俄土战纪》,及写英国对中国发动鸦片之役的《英人强卖鸦片记》,这些译著与康有为译纂的《日本变政考》《俄彼得变政记》一样,以中外正反两方面为借鉴,无疑都是为当时的戊戌变法制造舆论,显然有着直接的现实针对性,或有一种翻译的迫切性和实际需要。因此,翻译这些书籍,从而为康、梁现实的维新变法活动服务,是很可以理解的。值得注意的是,在上述译著中,《民约通义》是其中唯一的一种纯思想理论性著作,由此可见大同译书局对其的重视程度。显然,书局的这种选择绝非偶然。

笔者认为,最重要的应当是基于以下三个最为主要、关键的原因:一是卢梭《民约论》本身的思想理论魅力;二是中江汉译《民约译解》独具的文本特点;三是和戊戌时期康、梁等维新派倡导的"民权"学说密切相关联。

首先是卢梭《民约论》学说本身的思想理论魅力。作为 18 世纪法国启蒙时期思想史上的一部经典之作,卢梭《民约论》所阐述的一些重要的核心观念,如天赋人权说、人民主权论、公意、契约论等,无疑为人们提供了极为重要的思想理论资源,并因而对中外思想界产生了深远的影响。这方面不必赘述。

其次,上述卢梭思想学说的传递,又与中江汉译《民约译解》的文本特点相联系,并以其为中介,通过其富有自身特色的译著而进入中国。因此,对中江译著本身蕴含的丰富复杂性也需稍加分析。

前已指出,中江《民约译解》并非卢梭《民约论》一书的全部内容,而仅限于其书第一卷的内容(共有四卷),并对其进行了解说。我们知道,《民约论》第一卷是全书的纲领,它包括了本卷旨趣、家族、强者之权、奴隶、终不可不以约为国本、民约、君、人民、土地等九章,可以说已基本涵盖了卢梭民约说的主旨和重要概念。因此,虽说中江所译仅为该书第一卷,但不可否认,中江的译著已集中反映了卢梭《民约论》的基本理论,传递了原著的要旨精义和主要概念。正如有论者所指出,"尽管中江采用了儒家的政治术语,但其译文相当清楚地转达了卢梭《社约论》的要旨"。〔1〕 另一方面,中江《民约译解》还有一重要特点,即其具有儒家思想色彩的特色。中江兆民曾留学法国,同时以熟谙"法兰西学"和"汉学"造诣闻名。作为日本自由民权运动的思想领导者,他既享有"东洋卢梭"之称,又是一位深受儒家传统浸润的学者。其译著包括翻译和"解"两部分的内容,中江在翻译、注解过程中,尤其是在"解"的部分,在其译本中加入了自己的个人意见。他根据自己的理解,对其作了文本诠释,对卢梭思想有所发挥。许多论者已注意到,中江在译解时,还以自己儒家的立场,试图通过译著以沟通儒家经典传统和西方政治思想理论,从而使得卢梭的"民约说"与传统儒家的学说、概念相连接疏通,互为表里。从思想特点上说,由于中江《民约译解》具有以儒家学说来理解、阐说卢梭《民约论》的倾向,并用儒家的传统术语来表达卢梭的思想政治理念,因而在某种程度上已是一种"文本再造",是经过改造了的卢梭民约学说。

中江兆民在《民约译解绪言》中指出:当法兰西国王路易十五时,娄骚与孟德斯鸠、伏尔泰诸子著书论政,鼓倡自治之说,"而戎雅屈为最剀切,所著《民约》一书,掊击时政,不遗余力,以明民之有权,后世论政术者,举为称首"。〔2〕 在该书《叙》言中又论述说:

---

〔1〕 王晓苓:《卢梭"普遍意志"概念在中国的引介及其历史作用》,载《思想史 3·专号:卢梭与早期中国共和》,第 13 页。
〔2〕 中江兆民:《民约译解绪言》,《民约译解》,东京佛学塾明治十五年(1882)版,第 1 页。

近时泰西诸国,各张雄乎一方,文物之丰,学术之精,兵马之强,法、英、日弥利坚(亚美利加)北部,最其尤者也。而其为政,或立君置相,或民相共主治,体制虽各不同,要皆置所谓国会者,令民票选有誉望者荐之,自租赋律例、海陆军政,以至与邻国往复交接,一由众议取决焉。其广通民志,防祸乱于未萌,岂亦因人情,而裁成者非耶?……西方诸国之立政制治,盖亦有本矣。[1]

他强调《民约论》的主旨在于"以明民之有权",指出西方诸国的立政之本是由孟德斯鸠、卢梭等人的学说所奠定,"而后世最推娄骚为之首者,以其所旨,在于令民自修治,而勿为官所抑制也"。[2] 卢梭思想的宗旨即在于人民自主自治的权利,而不受外在官府即国家机器的抑制,西方立政的根本即基于此。这种说法与指向无疑符合了戊戌时期康、梁维新变法的需求,是与其提倡"民权"说的思想旨趣相一致的。再者另一层,中江汉译的这部《民约译解》不仅翻译传达了卢梭《民约论》的基本要旨,而且有译有"解",在其译解中又以儒家的立场、概念术语对其作了解说发挥,这同样符合康梁维新派意识形态与政治上的需要。如"咽血咙唎子"在序中开头所说:"孔圣因民之义,子舆民贵之说,莫不平等阴阳,一体民物,"又称:"智者明之,又不得不沉详而咏叹之,如娄骚《民约》一书是已。余读其书,想见其为人……余亦岂忍觍然阿世,以悖吾孔圣因民之微意哉!"[3] 在他们看来,以孔、孟为代表的中国儒家学说中因民、贵民、以民为本的思想,是与卢梭的《民约论》思想一脉相通的,两者是互补、相互促进的。以上两方面,就构成了康梁维新派与之双重的契合,因而他们选择中江《民约译解》予以翻印出版,并命名为《民约通义》,将其称为是天下的"通义",就思想倾向而言,可以说是一种必然性的选择。

康梁维新派引入中江的《民约译解》,在很大程度上又与其在思想理论上的"饥荒"状况相关,或也可称之为一种理论"饥渴"症。如梁启超在《清代学术概论》中描述说,光绪间所谓"新学家",欲求知识于域外,所能看到的只有上海制造局翻译的二三十种科学书,或是传教士的一些译著,"盖当

---

[1] 中江兆民:《叙》,《民约译解》,东京佛学塾明治十五年(1882)版,第3—5页。
[2] 中江兆民:《叙》,《民约译解》,东京佛学塾明治十五年(1882)版,第7页。
[3] 东莞咽血咙唎子:《民约通义序》,《民约通义》,上海大同译书局1898年石印本,第1页。

时之人，绝不承认欧美人除能制造、能测量、能驾驶、能操练之外，更有其他学问，而在译出西书中求之，亦确无他种学问可见"。[1] 戊戌变法之前，在这种缺乏西学知识与理论的状况下，即使是如康、梁等一些思想新进的人士，他们所能读到的，也只是一些如《海国图志》《瀛寰志略》，以及传教士傅兰雅、李提摩太等翻译的《佐治刍言》《泰西新史揽要》等读物，于此可见一斑。[2] 因而梁启超曾评论说："康有为、梁启超、谭嗣同辈，即生育于此种'学问饥荒'之环境中，冥思枯索，欲以构成一种'不中不西即中即西'之新学派，而已为时代所不容。盖固有之旧思想，既深根固蒂，而外来之新思想，又来源浅觳，汲而易竭，其支绌灭裂，固宜然矣。"[3]在这种普遍"学问饥荒"的情势下，故其所汲取的西学甚为有限，而其所创学说也难免支离破碎。梁氏的上述论述，无疑反映出当时他们对理论的饥渴状况。在这种"学问饥荒"中，他们亟需西学思想营养的补给装置，并导致他们对西学的"饥不择食"。因此，康梁维新派创办大同译书局自己翻译西书，包括引入、翻印中江《民约译解》而为《民约通义》，实与此种理论上的"饥渴"症直接有关，并成为他们亟需的重要的西学思想理论资源。

第三，从根本上来说，大同译书局之所以筹划出版《民约通义》，与他们在戊戌时期提倡"民权"说有着密切的关系。戊戌前后，在康、梁等的倡导下，形成了一股鼓吹"民权"的思潮。康有为曾不无自负地说："仆在中国实首创言公理，首创言民权者，然民权则志在必行，公理则今日万不能尽行也。"[4]梁启超在《康南海先生传》中也有类似的说法。梁启超当时也是"民权"说的积极鼓吹者。正如其本人后来在《清代学术概论》中所说："自著《变法通议》，批评秕政，而救敝之法，归于废科举、兴学校。亦时时发'民权论'，但微引其绪，未敢昌言。"又称自己在主持湖南时务学堂期间，就"醉

---

〔1〕 梁启超：《清代学术概论》，《饮冰室合集》专集之三十四，第71页。
〔2〕 如康有为在《我史》中即称，光绪五年（1879），他途经香港，"乃复阅《海国图志》《瀛寰志略》等书，购地球图，渐收西学之书，为讲求西学之基矣"。梁启超于光绪十六年（1890）赴京会试落榜后，"归道上海，从坊间购得《瀛寰志略》读之，始知有五大洲各国"，从而受到世界观念的启蒙。见康有为：《我史》，江苏人民出版社1999年版，第9页；梁启超：《三十自述》，《饮冰室合集》文集之十一，第16页。
〔3〕 梁启超：《清代学术概论》，《饮冰室合集》专集之三十四，第71页。
〔4〕 康有为：《答南北美洲诸华侨论中国只可行立宪不可行革命书》，汤志均编：《康有为政论集》，中华书局1981年版，第476页。

心民权革命论"。"启超每日在讲堂四小时,夜则批答诸生札记,每条或至千言,往往彻夜不寐。所言皆当时一派之民(乐)〔权〕论,又多言清代故实,胪举失政,盛倡革命。"〔1〕又说:"我们的教学法有两面旗帜,一是陆王派的修养论,一是借《公羊》《孟子》发挥民权的政治论。"〔2〕

如果说,这些是康、梁后来本人的回忆,自然未免有夸大之辞。而从事实层面来看,在戊戌时期,康梁维新派对于"民权"说确是情有独钟。如康有为在《孔子改制考》中说:"天下归往谓之'王'……以势力把持其民谓之'霸',残贼民者谓之'民贼'。……今中国圆颅方趾者四万万,其执民权者二十余朝,问人归往孔子乎?抑归往嬴政、杨广乎?"〔3〕梁启超更是"民权"说的积极宣传者,他同样把中国历代君主斥之为"民贼","二十四朝,其足当孔子王号者无人焉,间有数霸者生于其间,其余皆民贼也"。〔4〕并写下了《论君政民政相嬗之理》《论中国积弱由于防弊》等一系列文章。他揭露君权与民权的对立,指出:"西方之言曰:人人有自主之权。何谓自主之权?各尽其所当为之事,各得其所应有之利,公莫大焉,如此则天下平矣。防弊者欲使治人者有权,而受治者无权,收人人自主之权,而归诸一人,故曰私。虽然,权也者,兼事与利言之也。"〔5〕在《与严又陵先生书》中,提出民主是国家强弱的原因:"国之强弱悉推原于民主。民主斯固然矣。君主者何?私而已矣。民主者何?公而已矣。"〔6〕认为君主专制是中国积弱的根源,强调只有兴民权,才能强国家。在《论中国积弱由于防弊》中,他写道:"自秦迄明,垂二千年,法禁则日密,政教则日夷,君权则日尊,国威则日损。……历代民贼,自谓得计,变本而加厉之。"〔7〕进而明确指出:"当知三代以后,君权日益尊,民权日益衰,为中国致弱之根原。"又说:中国历代制

〔1〕 梁启超:《清代学术概论》,《饮冰室合集》专集之三十四,第61、62页。
〔2〕 梁启超:《蔡松坡遗事》,载《晨报》1916年《蔡公松坡十年周忌纪念特刊》;又见丁文江、赵丰田编:《梁启超年谱长编》,第122页。
〔3〕 康有为:《孔子改制考》卷八,姜义华、张荣华编校:《康有为全集》(3),第101页。
〔4〕 《时务学堂日记梁批》,苏舆编:《翼教丛编》卷五,上海书店出版社2002年版,第147页。
〔5〕 梁启超:《论中国积弱由于防弊》,《时务报》1896年第9期;又见《饮冰室合集》文集之一,第99页。
〔6〕 梁启超:《与严又陵先生书》,《饮冰室合集》文集之一,第109页。
〔7〕 梁启超:《论中国积弱由于防弊》,《时务报》1896年第9期;又见《饮冰室合集》文集之一,第96页。

度,"皆为保王者一家而设,非为保天下而设",并称道:"又如《春秋》之义,议世卿以伸民权,视西人之贵重爵执政分数等者何如矣?"〔1〕在《说动》一文中,又指出:"今夫压力之重,必自专任君权始矣;动力之生,必自参用民权始矣。"〔2〕

以实践层面而言,梁启超此后在主持长沙时务学堂期间的活动,同样说明了此点。在湖南时务学堂课艺中,梁启超批曰:"《春秋》大同之学,无不言民权者,盍取六经中所言民权者编集成书,亦大观也。"〔3〕在批语中,他还就君民关系加以阐发,称"夫臣也者,与君同办民事者也",如开一铺子,君主是店铺的总管,臣子是店铺的掌柜,"有何不可以去国之义"?〔4〕又说:"公法欲取人之国,亦必其民心大顺,然后其国可为我有也。故能兴民权者,断无可亡之理。"〔5〕另一教习韩文举批道:"后世为臣者,不明以臣佐君之义,皆是为民作用,而遂甘为奴隶妇稚,至于国破时,仅以一死塞责,后世遂目为忠臣,二千年之锢蔽,牢不可破。"〔6〕谭嗣同也指出:"生民之初,本无所谓君臣,则皆民也。民不能相治,亦不暇治,于是共举一民为君。夫曰共举之,则非君择民,而民择君也。……君也者,为民办事者也;臣也者,助办民事者也。"〔7〕后来梁启超在《湖南时务学堂遗编序》中称说:"时吾侪方醉心民权革命论,日夕以此相鼓吹,札记及批语中盖屡宣其微言。"〔8〕他

---

〔1〕 梁启超:《西学书目表后序》,《饮冰室合集》文集之一,第 127、128 页。

〔2〕 梁启超:《说动》,《知新报》1898 年第 43 期;又见《饮冰室合集》文集之三,第 40 页。

〔3〕 《总教习梁启超批》,《觉迷要录》卷四,第 29 页,见《四库未收书辑刊》贰辑 21 册,北京出版社 2000 年版,第 803 页;又见《湖南时务学堂答问》,李华兴、吴嘉勋编:《梁启超选集》,第 65 页。

〔4〕 《教习梁批》,《湖南时务学堂初集》,光绪二十四年(1898)长沙刻本,第 25、26 页。

〔5〕 《学堂日记梁批》,《觉迷要录》卷四,第 30 页,见《四库未收书辑刊》贰辑 21 册,第 804 页;又见《湖南时务学堂答问》,李华兴、吴嘉勋:《梁启超选集》,第 65 页。

〔6〕 《分教习韩文举批》,《觉迷要录》卷四,第 30 页,见《四库未收书辑刊》贰辑 21 册,第 804 页;又见《湖南时务学堂答问》,李华兴、吴嘉勋:《梁启超选集》,第 65 页。

〔7〕 谭嗣同:《仁学》下,《谭嗣同全集》,生活·读书·新知三联书店 1954 年版,第 56 页。

〔8〕 梁启超:《湖南时务学堂遗编序》,湖南时务学堂编:《湖南时务学堂遗编》,第 1 页;又作《时务学堂札记残卷序》,《饮冰室合集》文集之三十七,第 69 页。

在写给湖南巡抚陈宝箴的信中,更是明确指出:"今之策中国者,必曰兴民权。兴民权斯固然矣,然民权非可以旦夕而成也。权者生于智者也,有一分之智,即有一分之权……"他认为要兴民权,就必须先开民智,开民智和兴民权是成正比的,"是故权之与智相倚者也。昔之欲抑民权,必以塞民智为第一义。今日欲伸民权,必以广民智为第一义"。[1]

《梁启超年谱长编》中还有一段记载颇值得注意体味,其中说:

> 任公于丁酉冬月将往湖南任时务学堂时,于同人等商进行之宗旨:一渐进法;二急进法;三以立宪为本位;四以彻底改革,洞开民智,以种族革命为本位。当时任公极力主张第二、第四两种宗旨。其时南海(康有为)闻任公之将往湘也,亦来沪商教育之方针。南海沉吟数日,对于宗旨亦无异词。所以同行之教员如韩树园、叶湘南、欧榘甲皆一律本此宗旨,其改定之课本,遂不无急进之语。[2]

说明当梁启超赴长沙时务学堂前与同人讨论运动方针时,决定采用"彻底改革,洞开民智,以种族革命为本位"的"激进法",康有为专门来上海商讨教育方针,对于这一"宗旨亦无异词",因此才有上述梁启超等"醉心民权革命论"的言辞。正如康有为所说:"故当时鄙见专以救中国四万万人为主。用是奔走南北,大开强学、圣学、保国之会,欲开议院、得民权以救之。因陈右铭之有志,故令卓如入湘。"又说:"卓如与复生入湘,大倡民权,陈、黄(遵宪)、徐(仁铸)诸公听之,故南学会、《湘报》大行。湘中志士于是靡然发奋,人人种此根于心中,如弟所云是也。"[3]

在他们的鼓吹倡导下,戊戌变法前后,民权思想大兴,形成一个沛然莫之能御的思潮。不仅是康梁维新派,甚至是汪康年这样的人物,也在《时务报》上撰写了《论中国参用民权之利益》,开头便指出:"中国之言治者,曰以君治民而已。至泰西而有民主之国,又有君民共主之国。中国之儒者,莫不骇且怪之。虽然,何足怪哉!"文中又分析说:"且夫居今日而参用民权,

---

〔1〕 梁启超:《论湖南应办之事》,《饮冰室合集》文集之三,第41页。
〔2〕 狄记(狄平子):《任公先生事略》,丁文江、赵丰田编:《梁启超年谱长编》,第87、88页。
〔3〕 康有为:《致赵曰生书》(1901年),丁文江、赵丰田编:《梁启超年谱长编》,第94页。

有三大善焉。"称"反散为聚,反愚为智,非用民权不可",并提倡西方国家君民共主之制。[1] 于此可见当时"民权"说的盛行与影响。自然,从另一方面来说,"民权"说的广为盛行也引起了保守派的激烈批评。如当时张之洞的幕僚梁鼎芬、叶瀚、缪荃孙便纷纷来信批评,梁鼎芬在致汪康年的书信中说:"以后文字真要小心……周少璞御史要打民权一万板,民权屁股危矣哉!痛矣哉!"[2]岳麓书院的宾凤阳等致书书院院长王先谦,要求湖南巡抚陈宝箴罢免梁启超等。信中指出:"今康、梁所用以惑世者,民权耳,平等耳。试问权既下移,国谁与治? 民可自主,君亦何为? 是率天下而乱也。平等之说蔑弃人伦,不能自行,而顾以立教,真悖谬之尤者。"[3]《王猷焌上王院长书》称:熊希龄、谭嗣同诸人"耸抚宪聘康有为之弟子梁启超来湘主讲,专以民权、平等、无父无君之说,为立教宗旨,论其罪状,何殊叛逆。于是承其风者,若樊锥、若易鼐、若唐才常等,肆行无惮,显悖伦常,丧心病狂,莫此为甚。"[4]官僚张之洞在《劝学篇》中更严厉指出:"民权之说一倡,愚民必喜,乱民必作,纪纲不行,大乱四起。"[5]对维新运动中崛兴的民权之说肆行谩骂。甚至像湖南巡抚陈宝箴这样曾支持维新变法的人物,在光绪二十四年五月上奏《请厘定学术造就人才折》中,也认为康有为之学导致"民权平等之说炽矣,甚或逞其横议,几若不知有君臣父子之大防"。[6] 这也从另一侧面说明在"民权"问题上的尖锐斗争。

如上所说,在戊戌变法时期,以康、梁为代表的维新派十分重视开民智、兴民权,而双方之间的斗争也十分激烈。在鼓吹"民权"说时,他们自然需要寻求理论上的依据与思想资源。因而,一方面利用中国传统经典的"民本"思想资源,如梁启超所说,"一是借《公羊》《孟子》发挥民权的政治论"。他在《读孟子界说》"界说六·保民为孟子经世宗旨"中指出:"《孟子》言民为贵,民事不可缓,故全书所言仁政,所言王政,所言不忍人之政,皆以为民也。泰西诸国今日之政,殆庶近之。惜吾中国孟子之学之绝也。

─────────────

[1] 汪康年:《论中国参用民权之利益》,《时务报》1896 年第 9 期。

[2] 梁鼎芬:《致汪康年》(40),上海图书馆编:《汪康年师友书札》(2),第 1900 页。

[3] 《宾凤阳等上王益吾院长书》,苏舆编:《翼教丛编》卷五,第 144 页。

[4] 《王猷焌上王院长书》,苏舆编:《翼教丛编》卷六,第 155 页。

[5] 张之洞:《劝学篇》,台北文海出版社影印本 1967 年版,第 51 页。

[6] 《陈宝箴奏厘正学术造就人材折》,《觉迷要录》卷一,第 15 页,见《四库未收书辑刊》贰辑 21 册,第 738 页。

明此义以读《孟子》,则皆迎刃而解。"〔1〕还说:"行孟子之言者为谁? 今日
欧美诸国是也。"〔2〕康有为的另一弟子徐勤撰《孟子大义述》,在《自序》中
揭示说:"《孟子》一书,以民为体,以井田、学校为用,斯二义而已。……三
代圣王尚矣,而孔子独尊尧舜何也? 为其官天下而为民也。"指出"由今以
后,君民之世,非君之世也,天下之世,亦一国之世也。此《孟子》之所以为
天下之士、古今之士所由来也"。〔3〕 这可以说是中国传统的"民本"思想
资源。另一方面,他们又积极努力地寻求西学新的思想理论资源,以资作
为"批判的武器",作为其思想理论的基础。在戊戌变法以前,中国人对西
方民权学说的了解是零碎的、不系统的,然而长期以来,却没有一部相关的
思想理论专著的译介与引进。就卢梭《民约论》而言,中江兆民翻译的《民
约译解》既是法国思想家卢梭的经典之作,同时中江在译解中又糅合了中
国传统的儒家学说对其进行了解说,正符合了康梁维新派在这方面的政治
需要。在清末的政治语境下,康梁维新派既不能直接接触到卢梭的原著或
英译本,特别是中江译介的《民约译解》又是用汉文写成的,在阅读上并无
文字上的障碍,缘此之故,当他们获得了这一汉译的文本,发现了卢梭《民
约论》蕴藏的思想理论与社会价值,而中江又以儒家的立场、概念术语予以
解说、沟通,他们对其的欢迎、接纳与兴奋是可想而知的。因此,他们采取
"拿来主义"的态度,利用现成的中江汉译的《民约译解》,在此基础上又对
其作了一些适应性的修改,便赶紧将其刊印出来,以为他们鼓吹的"民权"
说张本,为维新变法运动制造舆论,如梁启超所说:"在上海设译书局,译日
本书以开民智",〔4〕也就成为理所当然、顺理成章之事了。

最后还有一个问题值得一谈,即戊戌时期《民约通义》的阅读接受与流
传影响的问题。如岛田虔次所说:中江兆民的《民约译解》确被翻刻,"那
么,翻刻本在中国流传多广? 如已谈到过的,究竟为多少读者所读,在今天
仍是有待解答的问题"。〔5〕 这或许是一个比较难以确切回答的问题,但仍

〔1〕 梁启超:《读孟子界说》,《饮冰室合集》文集之三,第 18 页。
〔2〕 《湖南时务学堂答问》,李华兴、吴嘉勋编:《梁启超选集》,第 65 页。
〔3〕 徐勤:《孟子大义述自序》,《知新报》1897 年第 21 期。
〔4〕 梁启超:《康广仁传》,《清议报》1899 年第 6 期;又见梁启超:《戊戌政变记》,《饮
冰室合集》专集之一,第 97、98 页。
〔5〕 (日)岛田虔次著,贺跃夫译:《中江兆民著译作在中国的传播》,《中山大学学报
论丛》1992 年第 5 期。

有必要做一尝试性的分析勾勒,以见其在当时社会上的实际作用与影响。

从实际情况来看,据现有的资料,在康梁维新派中,至少大同译书局内部有部分人读过《民约通义》,应是可以肯定的。又因其在 1898 年 7 月初的《新闻报》《申报》和《湘报》上都刊登过出书广告,在社会上有公开出售,故在上海和其周边地区如苏州等,以及湖南长沙、广州等也应有部分知识分子读到此书。如上所论,徐维则辑《东西学书录》1899 年刊本中,便著录有《民约通议》"上海译书局本",实即大同译书局本,说明在此年徐氏撰写此书时,还可看到这一版本。从读者方面来说,据载 1898 年黄兴调湘水校经堂新生,"复调湖北两湖书院",此后至 1901 年,他一直在两湖书院读书。[1] 据毛注青《黄兴年谱》1899 年记载:黄兴在"入院后,课程余闲,悉购西洋革命史及卢梭《民约论》诸书,朝夕盥诵。久之,革命思想遂萌芽脑蒂中矣。居年余,有白逾桓者,亦入院肄业,先生与之语,大悦,遂订交焉。"[2] 如果这一记载确实的话,此时黄兴所读应即是在长沙出售的大同译书局本《民约通义》。这些例子说明,虽说大同译书局本的流传十分稀少,然如上所论,这一版本在上海、苏州和湖南长沙、广州等地还是有一定的流传。

不过,从总体上说,大同译书局本《民约通义》看来在社会上流传并不多。至于此书为何流传甚少? 从当时政局急剧变化分析,笔者认为,应与很快发生了戊戌政变直接相关。如前文所述,《民约通义》出版于戊戌变法之际,但两个多月后,马上遭遇戊戌政变,当时主持书局的康广仁被杀,康、梁等受到通缉,被迫流亡海外,作为维新派在上海重要据点的大同译书局也遭封杀。据《申报》光绪二十四年八月十一日(1898 年 9 月 26 日)报道《犯党脱逃》称:上海"道宪蔡观察接得密电,尚有粤省举人梁启超即梁卓如,系康门生,在大马路开设大同译书局,亦令一体拿究"云云,甚至书局的职工也受牵连遭到审讯。[3] 在这种惶恐紧张局面下,书局被查封,康、梁的著作与《民约通义》等书的售卖也被停止或销毁。总之,由于戊戌变法的失败,"百日维新"犹如昙花一现,无疑打断了其正常的传播进程,致使该书

---

[1] 雷恺:《黄克强先生小传》,见毛注青编著:《黄兴年谱》,湖南人民出版社 1980 年版,第 14 页。

[2] 《黄克强先生荣哀录》,毛注青编著:《黄兴年谱》,第 15、16 页。

[3] 《申报》光绪二十四年八月十一日(1898 年 9 月 26 日)。

流传稀少,甚至长期以来一直未知其是否真的存在。[1] 由此自然造成其在影响方面就很小,也限制了其发挥应有的效能。如论者所说,这一时期康梁维新派均未提到或引用过《民约通义》,或与此原因不无关系。

当然,书局既有公开出售,自有一部分书籍在社会上流通,故如前所论,该书此后还有上海翻印本的出现,这方面也值得一提。如 1902、1903 年间公奴《金陵卖书记》、王维泰《汴梁卖书记》后所附《开明书店出版新书目录》,均载有标价"一角五分"的《民约通义》,说明上海翻印本还在南京、开封等地有售卖。直至 1904 年 11 月,《时报》上海镜今书局的广告中还有"卢梭民约通义定价一角五分",同时《警钟日报》上还刊出"卢梭民约通义折价券"的广告。即如觉佛在《墨翟之学说》所说:"近年以来,热心志士,非不采取西洋健全之学说,以为输入文明计。孟德斯鸠之《万法精理》,则译之,卢梭之《民约通义》,则译之,至若黄梨洲之学说,亦尝有人焉以发挥之。彼其人固为扩张民权计,而为共和政之先声也。"[2]均说明《民约通义》还有翻印本出售,在 1902 年至 1904 年间还在流通。以实物而言,据笔者所知,现存上海翻印本除上海图书馆藏本外,另还有复旦大学图书馆、台湾"中研院"近代史研究所两种藏本,也是很好的证明。

然而,此种上海翻印本在社会上的流传似也不广。据 1903 年夏刘师培在《中国民约精义序》中说:"吾国学子,知有'民约'二字者三年耳。大率据杨氏廷栋所译和本《卢骚民约论》以为言。"[3]这里所说杨译本,即是指 1900 年底起在《译书汇编》上连载的《卢骚民约论》前几章,及后取名为《路索民约论》于 1902 年出版的上海文明书局全译本。说明当时大多是从杨廷栋译本知道有《民约论》的,而对之前大同译书局本的《民约通义》已不太知情。刘师培撰《中国民约精义》,所据也是此种杨廷栋译本。于此可见,当时已难见到大同译书局本《民约通义》,包括后来的上海翻印本似也流布不广。

尽管如此,1898 年康梁维新派刊印出版《民约通义》,仍是中国近代思

---

[1] 狭间直树认为,中江兆民汉译本《民约译解》对中国人的影响并不大,"署期为戊戌(1898 年)春的咽血咙胡子作序的版本的淹没不彰,正是兆民译本影响力之小的一个佐证"。见(日)狭间直树著,贺跃夫译:《中国人重刊〈民约译解〉——再论中江兆民思想在中国的传播》,《中山大学学报论丛》1991 年第 5 期。

[2] 觉佛(高增):《墨翟之学说》,《觉民》1904 年第 7 期。

[3] 刘师培:《中国民约精义序》,《中国民约精义》,上海镜今书局 1904 年版,第 1 页。

想史上的一件大事。从今天来看,《民约通义》无疑是大同译书局出版的最为重要的译著之一。虽说该书的内容并不完整,仅是卢梭《民约论》第一卷,但它毕竟传达了《民约论》一书的要旨与精义,比较清楚地反映了其主要内容和核心理念,由此开创了在中国近代翻刊、传播卢梭《民约论》的先河,使当时的中国人包括康梁维新派在内的士人第一次接触到了《民约论》,对卢梭的思想学说有了直接的感觉认同,并成为戊戌时期康、梁维新派短促的理论装备。以此为嚆矢,它开启了卢梭《民约论》在近代中国早期传播的历程,激起了先进的中国人对西方社会契约观念的向往和追求,从而在中西思想传递的链条上,构成了极为重要的一环。虽说在戊戌变法时期,大同译书局本《民约通义》流传甚少,康梁维新派未能充分发挥其效用,然而,耐人寻味的是,在此后的日子里,该书的上海翻印本则成了继起的革命派的一种宣传工具,在鼓吹的"民族主义"思潮中发挥了相当重要的作用。如 1904 年在刘师培主办的《警钟日报》上连续刊出的"卢梭民约通义"广告中,便称"君权之祸,酷于洪水,赖生西哲,警聋发聩。民约一编,大昌厥旨",指出在清廷"夷酋专制"的统治下,读此书可"用申民气",以此来鼓吹民族民主革命。这或许是当年康梁维新派在将中江《民约译解》翻刊为《民约通义》时所意想不到的吧。之后 1910 年《民报》再次刊登中江《民约论译解》,1914年田桐等在日本重刊《共和原理民约论》,同年泰东书局又重版中江汉译的《民约论》。虽说其直接所用的都是中江《民约译解》卷之一的翻印版,而从某种意义上说,都可以说是在这一历史延长线上的一种延伸和扩展。从思想脉络上说,与康梁维新派首开先路,率先刊印《民约通义》也是一脉相承的。近代中国的思想启蒙是个连续体,如果说,戊戌时期康梁维新派刊印这一文本,主要还在于宣传其改良的"民权"论,而随着时势的推移,卢梭《民约论》所蕴藏的潜在的"革命话语"则被凸显出来,日益沿着急进的路向且行且远。历史进程所呈现的这种趋向,可以说是出乎意料之外,而又在理势之中,这或许也是一种势之必然,即所谓"风会所趋,不期然而然者耶"?[1]

2018 年夏初稿

2019 年 6 月 10 日修改

本文原刊于《中华文史论丛》2021 年第 2 期。

---

〔1〕 况周颐:《蕙风词话》卷二,人民文学出版社 1960 年版,第 53 页。